Die Chronik

Die Chronik-Bibliothek des 20. Jahrhunderts

Beate Schindler

Chronik 1940

Tag für Tag in Wort und Bild

Chronik Verlag

Abbildungen auf dem Schutzumschlag
(oben links beginnend)
Einsatz von Flammenwerfern gegen französische Stellungen
Charlie Chaplin in dem Film »Der große Diktator«
Britische Kriegsschiffe versenken deutsche Zerstörer vor Narvik
Adolf Hitler (v. r.) und Albert Speer nach Besichtigung des Eiffelturms in Paris
Szene aus dem Film »Pinocchio« von Walt Disney
Rudolf Harbig (l.) wird Deutscher Meister über 800 m

Lektorat: Manfred Brocks, Ekkehard Kroll
Fachautoren: Dr. Ingrid Loschek (Mode), Jochen Rentsch (Musik)
Anhang: Ludwig Hertel, Bernhard Pollmann
Bildredaktion: Klaus zu Klampen
Graphiken: Roman Necki
Redaktionelle Abwicklung: Barbara Reppold-Hinz, Annette Retinski
Gesamtherstellung: Mohndruck Graphische Betriebe GmbH, Gütersloh

Leihgeber für Zeitungen und Zeitschriften: Institut für Zeitungsforschung, Dortmund

ISBN 3-577-14040-2

Inhalt 1940

Hauptteil (ab Seite 8)

Jeder Monat beginnt mit einem Kalendarium, in dem die wichtigsten Ereignisse chronologisch geordnet und in knappen Texten dargestellt sind. Sonn- und Feiertage sind durch farbigen Druck hervorgehoben. Pfeile verweisen auf ergänzende Bild- und Textbeiträge auf den folgenden Seiten. Faksimiles von Zeitungen und Zeitschriften, die im jeweiligen Monat des Jahres 1940 erschienen sind, spiegeln Zeitgeist und herausragende Ereignisse.
Wichtige Ereignisse des Jahres 1940 werden – zusätzlich zu den Eintragungen im Kalendarium – in Wort und Bild beschrieben. Jeder der 403 Einzelartikel dieses Bandes bietet eine in sich abgeschlossene Information. Die Pfeile des Verweissystems machen auf Artikel aufmerksam, die an anderer Stelle dieses Bandes ergänzende Informationen zu dem jeweiligen Thema vermitteln.
582 teils farbige Abbildungen und grafische Darstellungen illustrieren die Ereignisse und Entwicklungen des Jahres 1940 und werden damit zu einem historischen Kaleidoskop besonderer Art.
Hinter dem Hauptteil (auf S. 210) geben originalgetreue Abbildungen einen Überblick über alle Postwertzeichen, die im Jahr 1940 im Deutschen Reich neu ausgegeben wurden.

Übersichtsartikel (ab Seite 19)

19 Übersichtsartikel, am blauen Untergrund zu erkennen, stellen Entwicklungen des Jahres 1940 zusammenfassend dar.
Alle Übersichtsartikel aus den verschiedenen Jahrgangsbänden ergeben – zusammengenommen – eine sehr spezielle Chronik zu den jeweiligen Themenbereichen (z. B. Film von 1900 bis 2000).

Anhang (ab Seite 211)

Der Anhang zeigt das Jahr 1940 in Statistiken und anderen Übersichten. Ausgehend von den offiziellen Daten für das Deutsche Reich (mit Österreich) und die Schweiz, regen die Zahlen und Fakten zu einem Vergleich mit vorausgegangenen und nachfolgenden Jahren an.
Für alle wichtigen Länder der Erde sind die Staats- und Regierungschefs im Jahr 1940 aufgeführt und werden wichtige Veränderungen aufgezeigt. Die Zusammenstellungen herausragender Neuerscheinungen auf dem Buchmarkt sowie der Premieren auf Bühne und Leinwand werden zu einem Führer durch das kulturelle Leben des Jahres 1940.
Das Kapitel »Sportereignisse und -rekorde« spiegelt die Höhepunkte des Sportjahres 1940.
Internationale und deutsche Meisterschaften, die Entwicklung der Leichtathletik- und Schwimmrekorde sowie alle Ergebnisse der großen internationalen Wettbewerbe im Automobilsport, Eiskunstlauf, Fußball, Gewichtheben, Pferde-, Rad- und Wintersport sowie im Tennis sind wie die Boxweltmeister im Schwergewicht nachgewiesen.
Der Nekrolog enthält Kurzbiographien von Persönlichkeiten, die 1940 verstorben sind.

Register (ab Seite 231)

Das *Personenregister* nennt – in Verbindung mit der jeweiligen Seitenzahl – alle Personen, deren Namen in diesem Band verzeichnet sind. Werden Personen abgebildet, so sind die Seitenzahlen kursiv gesetzt. Herrscher und Angehörige regierender Häuser mit selben Namen sind alphabetisch nach den Ländern ihrer Herkunft geordnet.
Wer ein bestimmtes Ereignis des Jahres 1940 nachschlagen möchte, das genaue Datum oder die Namen der beteiligten Personen aber nicht präsent hat, findet über das spezielle *Sachregister* Zugang zu den gesuchten Informationen.
Oberbegriffe und Ländernamen erleichtern das Suchen und machen zugleich deutlich, welche weiteren Artikel und Informationen zu diesem Themenfeld im vorliegenden Band zu finden sind. Querverweise helfen bei der Erschließung der immensen Informationsvielfalt.

Das Jahr 1940

Das Jahr 1940 steht im Zeichen der deutschen militärischen Eroberungen in Europa. Der Krieg, der mit dem deutschen Überfall auf Polen am 1. September 1939 begonnen hat, weitet sich auf den nördlichen und westlichen Teil des europäischen Kontinents aus. Ganz Europa wird in den Kriegszustand versetzt; bestehende Machtverhältnisse und politische Strukturen werden umgeworfen. Das seit 1938/39 mit dem »Anschluß« Österreichs und der Zerschlagung der Tschechoslowakei konkret gewordene Weltmachtstreben von Führer und Reichskanzler Adolf Hitler erreicht einen Höhepunkt.

In zwei aufeinanderfolgenden Blitzkriegen – geführt mit modernstem militärischen Gerät und bei massiven Truppeneinsätzen – bringt das Deutsche Reich von April bis zum Juni sechs Staaten unter seine direkte Herrschaft. Mit der Besetzung von Dänemark und Norwegen beginnt am 9. April das Unternehmen »Weserübung«. Die unter dem Vorwand eingeleitete Operation, die Neutralität dieser Staaten vor Einflußnahme der Alliierten Frankreich und Großbritannien schützen zu müssen, soll der deutschen Rüstungsindustrie Rohstoffressourcen sichern; die Kriegsmarine zielt auf Eroberung strategisch wichtiger Stützpunkte für den Seekrieg gegen Großbritannien. Der zweite Überraschungsangriff im Westen, am 10. Mai unter dem Decknamen »Fall Gelb« eingeleitet, eröffnet die Offensive an der Westfront mit dem erklärten Ziel, Frankreich zu unterwerfen. Die nur ungenügend gerüsteten Armeen der neutralen Staaten kapitulieren kurz nach dem Einmarsch deutscher Truppen. Französischen und britischen Verbänden droht durch den deutschen Vormarsch im unwegsamen Gebiet der Ardennen die Umzingelung. Nur durch die Evakuierung auf die Britischen Inseln entziehen sie sich einer vernichtenden Niederlage bei Dünkirchen. Der am 5. Juni beginnende Vormarsch gegen Frankreich bringt für Hitler den bisher größten Triumph der Kriegsführung. Am 14. Juni marschieren deutsche Truppen in Paris ein; drei Tage später erklärt die französische Regierung die Kapitulation. Hitler, der sich daraufhin »als größter Feldherr aller Zeiten« feiern läßt, besiegelt den militärischen Erfolg mit dem Abschluß eines Waffenstillstandsvertrages in Compiégne am 22. Juni. Der Vertrag soll die deutsche Niederlage im Ersten Weltkrieg wettmachen und eine Revision des Versailler Abkommens von 1919 darstellen. Das Waffenstillstandsabkommen in Compiégne teilt Frankreich in eine besetzte Nord- und eine unbesetzte Südzone auf, die unter der Regierung Marschall Philippe Pétains eng mit dem Reich kooperieren soll.

Der britische Premier Winston Churchill – nach der Niederlage seines Verbündeten Frankreich auf sich allein gestellt – ist entschlossen, den Krieg gegen das Reich weiterzuführen. Ein Friedensappell Hitlers vom 19. Juli, den bevorstehenden Luftkampf zu verhindern, wird von der britischen Regierung abgelehnt. Deutsche Bemühungen, durch die »Luftschlacht um England« die geplante Landung deutscher Truppen auf den Britischen Inseln vorzubereiten (Unternehmen »Seelöwe«) scheitern.

Auf der Suche nach einem außenpolitischen Erfolg wird am 27. September der Dreimächtepakt zwischen den faschistischen Staaten Deutsches Reich, Italien und Japan unterzeichnet. Der Dreimächtepakt soll die Vereinigten Staaten von Amerika, die Großbritannien in seiner Kriegführung unterstützen, von einem Kriegseintritt abhalten. Nach ergebnislos verlaufenden deutschen Verhandlungen am 12. und 13. November mit dem Ziel, den Bündnispartner UdSSR ebenfalls zu einem Beitritt zum Pakt zu bewegen, richtet sich das Bündnis schließlich auch gegen den Nachbarn im Osten. Aufgrund mangelnder Erfolgsaussichten im Kampf gegen Großbritannien entschloß sich Hitler am 31. Juli, im Frühjahr 1941 einen Feldzug gegen die seit 1939 mit dem Deutschen Reich verbündete Sowjetunion zu führen. »Neuer Lebensraum« im Osten soll erschlossen und der Machtausweitung der UdSSR im Balkan begegnet werden. Ende November treten Ungarn, Rumänien und der deutsche »Schutzstaat« Slowakei dem Dreimächtepakt bei und stellen ihre Territorien als Aufmarschgebiet für den geplanten deutschen Ostfeldzug zur Verfügung. Italien, das am 10. Juni 1940 auf der Seite des Deutschen Reichs in den Krieg eingetreten ist, versucht unterdessen, sein Imperium um die britischen Kolonialbesitzungen in Nord- und Ostafrika zu erweitern und die Vorherrschaft im Mittelmeer zu erlangen. Militärische Offensiven gegen die britischen Streitkräfte sind jedoch wenig erfolgreich und laufen sich bald fest. Um das Gesicht zu wahren, greift die italienische Wehrmacht von Albanien aus am 28. Oktober Griechenland an. Entscheidende Niederlagen Italiens auf allen Kriegsschauplätzen bewegen Hitler zu Überlegungen, den Achsenpartner militärisch zu unterstützen.

In den USA wächst angesichts der Kriegsentwicklung in Europa die Interventionsbereitschaft der Regierung Franklin Delano Roosevelts. Massiv wird die Aufrüstung betrieben und erstmals in Friedenszeiten beschlossen. Auf die Expansionsbestrebungen Japans in China reagieren die Vereinigten Staaten mit einer aggressiven Außenhandelspolitik.

Die innenpolitischen Ereignisse und entscheidenden gesellschaftlichen Veränderungen im Deutschen Reich treten angesichts der Kriegserfolge in den Hintergrund. Vorrangig sind die Verantwortlichen bemüht, ihren Herrschaftsanspruch im Großdeutschen Reich und in den besetzten Ländern zu festigen sowie den Widerstands- und Sabotageaktionen rigoros zu begegnen. Vor allem die jüdische Bevölkerung wird mit Repressionen belegt und ihre Entrechtung wieder vorangetrieben. Während sich Großunternehmen im Deutschen Reich günstige Perspektiven für eine europäische Großraumwirtschaft erhoffen, bestimmen Mehrarbeit, Zwangsbewirtschaftung und Dienstverpflichtungen den Alltag der meisten Bürger. In Łódź und Warschau werden die jüdischen Wohnbezirke zu geschlossenen Ghettos umfunktioniert, in Auschwitz entsteht ein Konzentrationslager. Verschärfte antisemitische Maßnahmen greifen auch im kulturellen Bereich Raum. Filme wie »Die Rothschilds«, »Jud Süß« und »Der ewige Jude« feiern unrühmliche Erfolge.

Die Kulturszene in Europa, durch den Kriegsalltag ohnehin geschwächt, flieht vor den deutschen Truppen nach Übersee. Schriftsteller, Regisseure, Schauspieler, Musiker und bildende Künstler weichen vor der nationalsozialistischen Gewaltherrschaft.

Die reichsdeutsche Filmindustrie präsentiert neben den antisemitischen Hetzfilmen eine Vielzahl von Unterhaltungsproduktionen: »Kora Terry«, »Kleider machen Leute«, der Film »Wunschkonzert« u. a. sollen den Träumen der Zuschauer von einer wieder »Heilen Welt« im Kriegsalltag entsprechen. Bezug auf die Expansionsbestrebungen des Dritten Reichs nimmt die Charlie-Chaplin-Filmsatire »Der große Diktator«, John Ford bringt die sozialkritische Produktion »Die Früchte des Zorns« nach dem gleichnamigen Roman John Steinbecks auf die Leinwände der US-amerikanischen Kinos.

Auf sportlichem Gebiet hat das Olympiajahr 1940 nur wenige Sensationen zu bieten. Die Olympischen Spiele und auch die meisten anderen großen internationalen Wettbewerbe werden abgesagt. Einzig der überraschende Sieg des jungen italienischen Radprofis Fausto Coppi beim Giro d'Italia findet als herausragendes Ereignis Beachtung.

Das Jahr der deutschen Blitzkriege mit seinen einschneidenden politischen Veränderungen in Europa stellt die Weichen, die bald die ganze Welt in das Kriegsgeschehen einbeziehen. Der Kampf um die Vorherrschaft in der Welt zwischen den faschistischen Staaten (Deutsches Reich, Italien, Japan) einerseits und den Großmächten UdSSR, Großbritannien und USA andererseits zeichnen die weltumspannenden Kriegsverwüstungen vor.

Beate Schindler

◁ *Die französische Armee räumt Paris kampflos. Am 14. Juni marschieren deutsche Truppen am Arc de Triomphe vorbei in Paris ein.*

Januar 1940

Mo	Di	Mi	Do	Fr	Sa	So
1	2	3	4	5	6	7
8	9	10	11	12	13	14
15	16	17	18	19	20	21
22	23	24	25	26	27	28
29	30	31				

1. Januar, Neujahr

In seinem Neujahrsaufruf erklärt Führer und Reichskanzler Adolf Hitler, daß »der Zusammenschluß des deutschen Volkes im Großdeutschen Reich . . . der anderen Welt nichts geraubt und in nichts geschadet« habe. Der Reichsminister für Volksaufklärung und Propaganda, Joseph Goebbels, stellt in einer Rundfunkansprache das Deutsche Reich als wiedererstarkte Großmacht dar. → S. 13

Im Deutschen Reich tritt die »Studentische Dienstpflicht« in Kraft. Sie muß während der ersten drei Semester in den Kameradschaften des Nationalsozialistischen Studentenbundes und den Dienstgemeinschaften der Deutschen Studentenschaft abgeleistet werden. → S. 18

Der türkische Ministerpräsident Ismet Inönü trifft in Erzincan (Anatolien) ein, wo er die Leitung der Rettungsarbeiten nach der Erdbebenkatastrophe übernimmt. 70% der Bevölkerung des Gebietes sind durch das Naturereignis um die Jahreswende getötet worden. → S. 24

König Georg VI. von Großbritannien und Nordirland gibt eine Verordnung bekannt, nach der alle männlichen Staatsangehörigen zwischen 19 und 28 Jahren zum Militärdienst eingezogen werden können.

Marcel Pilet-Golaz tritt das Amt des Bundespräsidenten der Schweiz für das Jahr 1940 an. Er löst damit Philipp Etter ab. Pilet-Golaz ist nach 1934 zum zweitenmal Bundespräsident.

Reichsverkehrsminister Julius Dorpmüller fordert die deutsche Bevölkerung dazu auf, für die Funktionstüchtigkeit bereits stillgelegter Kraftfahrzeuge Sorge zu tragen. Die Wagen sollen jederzeit als Reserve für das Transportwesen der Wehrmacht zur Verfügung stehen. → S. 20

2. Januar, Dienstag

Der traditionelle Neujahrsempfang von Führer und Reichskanzler Adolf Hitler für das Diplomatische Korps in der Berliner Reichskanzlei wird aufgrund der »Sonderverhältnisse des Krieges« abgesagt.

Der ehemalige deutsche Generalstabsoffizier Ludwig Beck verfaßt eine Denkschrift zu seinen geheimen Umsturzplänen (→ 24. 2./S. 38).

Anläßlich der Eröffnung der Reichsbankstelle Salzburg betont Walther Funk, Reichswirtschaftsminister und Präsident der Deutschen Reichsbank, daß »auch die finanziellen Lasten des Kampfes von der Gesamtheit des Volkes getragen werden« müßten. → S. 16

3. Januar, Mittwoch

Reichserziehungsminister Bernhard Rust verfügt durch Erlaß eine Studienzeitverkürzung für die Ausbildung von Volks- und Berufsschullehrern von bisher vier auf drei Semester. Der durch Einberufungen entstandene Lehrermangel im Reich soll damit ausgeglichen werden.

In London werden Anstrengungen zur Evakuierung der britischen Staatsverwaltung unternommen. Bisher sind 1500 Beamte in die Provinz versetzt worden.

4. Januar, Donnerstag

Hermann Göring, u. a. Beauftragter für den Vierjahresplan, wird zum Leiter der Kriegswirtschaft ernannt. Gleichzeitig wird Walther Funk Generalbevollmächtigter für die Wirtschaft. Die Regierung folgt damit Überlegungen von Reichswirtschaftsminister Funk zur weiteren Vereinheitlichung in der Lenkung der Wirtschaftspolitik.

Die polnische Exilregierung vereinbart in Paris mit französischen Regierungsstellen ein Abkommen über die Aufstellung polnischer Truppen und Luftwaffenverbände in Frankreich (→ 8. 8./S. 145).

Aus Furcht vor Luftangriffen veröffentlicht der Schweizerische Luftschutzverband in der »Neuen Zürcher Zeitung« Hinweise zum Tragen von Gasmasken.

Der Film »The Grapes of Wrath« (Die Früchte des Zorns) nach dem gleichnamigen Roman von John Steinbeck wird in New York uraufgeführt. → S. 26

Im Rahmen der am 3. Januar begonnenen Deutschen Meisterschaft im Eiskunstlauf in Wien gewinnt Horst Faber (München) den Einzelwettbewerb der Herren. Die amtierenden Weltmeister im Paarlauf, Maxi Herber und Ernst Baier (München/Zittau), werden am letzten Tag des Wettbewerbs Deutsche Meister. → S. 27

5. Januar, Freitag

In Großbritannien tritt Kriegsminister Leslie Hore-Belisha zurück. Das Kriegsministerium leitet ab dem 6. Januar der bisherige Handelsminister Oliver Stanley. → S. 22

Das irische Parlament in Dublin genehmigt die am Vortag eingebrachte Gesetzesvorlage zur Internierung von Mitgliedern der Irisch-Republikanischen Armee (IRA). → S. 22

US-Präsident Franklin D. Roosevelt legt dem Kongreß einen Haushaltsentwurf in Höhe von 8,4 Milliarden US-Dollar (37,9 Mrd. RM) vor. Allein 1,8 Milliarden US-Dollar (8,1 Mrd. RM) sind dabei für die Landesverteidigung vorgesehen (→ 12. 7./S. 135).

Nach einem Runderlaß von Reichsarbeitsminister Franz Seldte sollen im gesamten Reichsgebiet Behelfswohnungen in der Nähe von großen Industriebetrieben errichtet werden, um die Unterbringung von Arbeitern aus entfernteren Gegenden zu gewährleisten (→ 15. 2. / S. 36).

Nach heftigen Regenfällen in den vergangenen Tagen kommt es in großen Teilen Südspaniens zu verheerenden Überschwemmungen. Vor allem die Landwirtschaft ist von den durch die Wassermassen angerichteten Schäden betroffen.

Der Film »Zwei Welten« (Regie: Gustaf Gründgens) wird in Berlin uraufgeführt. Hauptdarsteller sind u. a. Marianne Simson, Max Eckard und Ida Wüst.

6. Januar, Sonnabend

Auf Anordnung des Reichsministers für kirchliche Angelegenheiten, Hanns Kerrl, kann die als Sanktion verhängte Sperre staatlicher Pfarrbesoldungsbeihilfen aufgehoben werden. Notwendig ist eine schriftliche Erklärung des betroffenen Pfarrers, in Zukunft die staatlichen Verordnungen anzuerkennen.

In den USA werden Maßnahmen zur Erweiterung der Bundespolizei getroffen, um verschärft gegen Spionage und Sabotage vorgehen zu können.

7. Januar, Sonntag

Richard Walther Darré, Reichsminister für Ernährung und Landwirtschaft, erläßt Richtlinien zur Klassifizierung von sog. Selbstversorgern: Sie werden von Lebensmittelzuteilungen im Rahmen der Zwangsbewirtschaftung ausgenommen. Zu dieser Gruppe zählen demnach nicht nur Landwirte, sondern auch Kleintierhalter, die ihre Lebensmittel, z. B. durch die Haltung von Hühnern, zum Teil selbst produzieren.

Reichspropagandaminister Joseph Goebbels beruft den bisherigen Reichskultursenator Friedrich Bethge zum Präsidenten der Reichstheaterkammer.

Das Haus der Deutschen Kunst in München veröffentlicht einen »Aufruf an die bildenden Künstler Großdeutschlands«. Darin werden alle Kunstschaffenden aufgefordert, an der Großen Deutschen Kunstausstellung 1940 teilzunehmen (→ 27. 7./S. 136).

8. Januar, Montag

In zwei seit dem 5. Januar andauernden Schlachten gelingt es der 9. finnischen Division östlich von Suomussalmi (Mittelfinnland), die 44. sowjetische Schützendivision zu schlagen. Für die Rote Armee sind dies die größten Verluste seit Beginn der Auseinandersetzungen am 30. November 1939. → S. 14

Unter Leitung des französischen Generals Maxime Weygand wird in Syrien eine Orientarmee aufgebaut, die in der Hauptsache aus Kolonialtruppen besteht. Sie soll nach offiziellen Angaben zum Schutz des Mittleren Ostens eingesetzt werden.

Die Stadt Bromberg (heute Bydgoszcz), die im Zuge des Vormarsches deutscher Truppen im September 1939 durch Racheaktionen von Polen gegenüber dort lebenden Volksdeutschen verwüstet wurde, soll nach amtlichen deutschen Angaben als sog. Gartenstadt neu aufgebaut werden.

9. Januar, Dienstag

Die seit Herbst 1939 durchgeführte Umsiedlung der deutschstämmigen Bevölkerung aus den baltischen Staaten Estland und Lettland ins Deutsche Reich ist abgeschlossen. Die Umsiedler sollen im Reichsgau Posen (ab 29. 1. Gau Wartheland) angesiedelt werden (→ 26. 1./S. 17).

Das Sondergericht am Landgericht Weimar verurteilt eine 19jährige deutsche Frau zu zwei Jahren Zuchthaus und fünf Jahren Ehrverlust. Die Angeklagte hatte gegen die Verordnung des verbotenen Umgangs mit polnischen Kriegsgefangenen vom 25. November 1939 verstoßen.

10. Januar, Mittwoch

Ein deutsches Flugzeug kommt wegen schlechten Wetters vom Kurs ab und muß bei Mecheln in Belgien notlanden. Dabei gelangen Fragmente eines geheimen Operationsplans über eine bevorstehende Westoffensive in belgische Hand. → S. 15

Nach Auswertung der Optionsabstimmung vom 31. Dezember 1939 in Südtirol haben sich amtlichen Angaben zufolge 69% der Abstimmungsberechtigten für das Deutsche Reich und damit für ihre Umsiedlung bis zum 31. Dezember 1942 entschieden. → S. 16

Flugzeuge der Royal Air Force fliegen einen ersten Angriff auf den deutschen Luftwaffenstützpunkt Sylt. → S. 13

Das »Schwarze Korps«, ein Organ der Schutzstaffel (SS), veröffentlicht Pläne, wonach ein Teil des Arbeitslohns in Zukunft per Gutschein ausgezahlt werden soll. → S. 18

An der Universität Freiburg im Breisgau wird das erste deutsche Institut für Rundfunkwissenschaften gegründet.

11. Januar, Donnerstag

In der Zeitschrift »Die Straße« werden Pläne für den Ausbau der Reichsautobahnen in den eingegliederten Ostgebieten (Westpolen) veröffentlicht. → S. 20

Auf einer Mitarbeiterkonferenz im Reichspropagandaministerium in Berlin kritisiert Reichsminister Joseph Goebbels die Strafen für das Abhören ausländischer Rundfunksender als zu milde. → S. 18

Nach einem Erlaß des Reichspropagandaministers Joseph Goebbels zum »Schutz der nationalen Symbole« dürfen die Nationalhymne, das »Horst-Wessel-Lied« und Militärmärsche nicht in Gaststätten und bei Tanzveranstaltungen gespielt werden. Werbung mit nationalen Größen bedarf einer besonderen behördlichen Erlaubnis.

Das Leningrader Kirow-Theater zeigt das Ballett »Romeo und Julia« von Sergei S. Prokofjew als sowjetische Erstaufführung. → S. 26

Die französische Zeitschrift »L'Illustration« verdeutlicht auf ihrer Titelseite vom 27. Januar 1940 die Schrecken des Finnisch-Sowjetischen Winterkriegs

L'ILLUSTRATION

N° 5056 • 27 JANVIER 1940

PRIX : 5 FRANCS

41.994.

L'IMAGE DE LA DÉROUTE

Un soldat de la 44e division russe, peut-être blessé, épuisé de fatigue et de froid, est passé du sommeil à la mort et n'est plus qu'un bloc glacé.

(Voir les pages 79 et 81 à 88.)

DANS CE NUMÉRO :

LA DÉBACLE RUSSE EN FINLANDE (dix pages de photographies).

EN PATROUILLE SUR LE FRONT AVEC UN CORPS FRANC, par Pierre Ichac.

STRASBOURG ENDORMIE SOUS LA NEIGE

L'ÉVEIL DES NEUTRES, par Ludovic Naudeau.

VISITE AU VATICAN, par Henry Bordeaux, de l'Académie française.

LE CONSEIL NATIONAL POLONAIS EN FRANCE (avec autographe de Paderewski).

SUR LES CHAMPS DE PÊCHE ET SUR LES CHAMPS DE MINES, par Anita Conti.

Etc...

12. Januar, Freitag

Werner Willikens, Staatssekretär im Reichsernährungsministerium, veröffentlicht in der »Nationalsozialistischen Landpost« Pläne zur Umsiedlung von Landwirten aus Baden und Württemberg in den Reichsgau Posen (→ 26. 1./S. 17).

13. Januar, Sonnabend

Im Rahmen der Bauarbeiten zur Neugestaltung des Borgo-Viertels von Rom fällt die letzte Häuserzeile, die bislang den freien Blick vom Tiberufer an der Engelsbrücke auf den Petersplatz versperrt hat. → S. 24

14. Januar, Sonntag

Die japanische Regierung unter Ministerpräsident Noboyuki Abe tritt zurück. Mit der Regierungsneubildung wird Admiral Mitsumasa Yonai beauftragt. → S. 22

Durch die Teilnahme an Schulungskursen für die »wehrgeistige Erziehung« sollen Lehrer im Reichsgau Hessen auf den Schulunterricht im Krieg vorbereitet werden.

Ihren ersten Länderkampf in der laufenden Wintersaison verliert die deutsche Eishockey-Nationalmannschaft gegen das Team des Protektorats Böhmen und Mähren in Prag 1:5 (1:2, 0:1, 0:2).

15. Januar, Montag

Die belgische Regierung lehnt Forderungen der Alliierten, eine Marscherlaubnis durch belgisches Territorium zu erteilen, ab, ebenso das Angebot militärischer Hilfe. → S. 22

Die deutsche Reichsregierung erläßt eine erste Durchführungsverordnung zur »Sicherstellung des polnischen Vermögens« im Generalgouvernement für die besetzten polnischen Gebiete, die eine Beschlagnahme sämtlicher »feindlicher Werte« umfaßt.

Die schwedische Schriftstellerin Selma Lagerlöf stiftet die ihr im Jahr 1909 verliehene Nobelpreismedaille zur Unterstützung der finnischen Truppen im Finnisch-Sowjetischen Winterkrieg (→ 8. 1./S. 14; 12. 3./S. 52).

16. Januar, Dienstag

Im Deutschen Reich wird eine Anordnung zum Schutz des Großhandels erlassen. Die Errichtung eines Großhandelsbetriebes ist zukünftig genehmigungspflichtig. → S. 20

In der Düsseldorfer Frauenklinik (Medizinische Akademie) wird eine Stelle zur kostenlosen Beratung von Krebserkrankungen eingerichtet.

Das Unternehmen Siemens-Schuckertwerke AG in Berlin stellt eine neue Röntgenanlage für den Einsatz bei der Krebstherapie vor. → S. 21

Leopold Ružička wird in Zürich der Nobelpreis für Chemie des Jahres 1939 verliehen. → S. 21

In unmittelbarer Nähe der italienischen Filmstadt Cinecittá in Rom weiht Italiens Ministerpräsident und Duce Benito Mussolini den Neubau der Filmschule Centro Sperimentale di Cinematografia ein. → S. 27

17. Januar, Mittwoch

Der jugoslawische Prinzregent Paul Karadordević beendet seinen Besuch in Kroatien. → S. 22

Die französische Abgeordnetenkammer in Paris genehmigt einen Regierungsantrag, wonach kommunistischen Abgeordneten der Wahlauftrag aberkannt wird. → S. 24

Das Solinger Schöffengericht verurteilt zwei Personen, die unter »nichtigen Vorwänden« ihrem Arbeitsplatz längere Zeit ferngeblieben waren und sich gegenüber Kollegen regimekritisch äußerten, zu sechs Monaten Gefängnis.

18. Januar, Donnerstag

In Anwesenheit von Reichsstudentenführer Gustav Adolf Scheel wird der erste Lehrgang des nationalsozialistischen Langemarck-Studiums in der Ostmark (Österreich) eröffnet. → S. 27

19. Januar, Freitag

Der französische Ministerpräsident Édouard Daladier fordert den Oberbefehlshaber der alliierten Streitkräfte in Frankreich, General Maurice Gustave Gamelin, auf, »eine Denkschrift über eine eventuelle Intervention zur Zerstörung der russischen Ölfelder« zu erarbeiten. Ziel ist es, die Rohstofflieferungen aus der Sowjetunion an das Deutsche Reich zu unterbinden (→ 22. 2./S. 35).

20. Januar, Sonnabend

Die Deutsche Lufthansa und die sowjetische Fluggesellschaft Aeroflot nehmen den regelmäßigen Flugverkehr zwischen den Hauptstädten Berlin und Moskau auf. → S. 21

An der Berliner Staatsoper wird der dramatische Tanz »Joan von Zarissa« von Werner Egk in einer Inszenierung von Heinz Tietjen uraufgeführt. → S. 26

In Übereinkunft mit dem Oberkommando der deutschen Wehrmacht richtet der Großdeutsche Rundfunk einen sog. Kameradschaftsdienst als Soldatenfunk ein.

21. Januar, Sonntag

Ein britischer Kreuzer stoppt südlich von Jokohama den japanischen Dampfer »Asama Maru« und verhaftet 21 an Bord befindliche Reichsbürger. Dieser Vorfall führt zu ernsten britisch-japanischen Spannungen. → S. 23

22. Januar, Montag

Die seit Wochen anhaltende Kältewelle in Süd- und Mitteleuropa verursacht durch das Einfrieren von Gleisanlagen und Wasserstraßen erhebliche Verkehrsprobleme. Nach einer Meldung der »Neuen Zürcher Zeitung« sind in den USA bereits 150 Todesfälle aufgrund von Kälterekorden bis zu – 40 °C zu verzeichnen. → S. 23

23. Januar, Dienstag

Ignacy Paderewski, ehemaliger polnischer Ministerpräsident und Außenminister, wird in Paris zum Sprecher des polnischen Staatsrats im Exil gewählt.

Reichswirtschaftsminister Walther Funk sperrt jüdischen Bürgern den Bezug von Spinnstoffen, Schuhen und Ledermaterial. Ihre Lebensmittelkarten werden mit einem »J« gekennzeichnet.

Im Alter von 68 Jahren verstirbt in Bern der schweizerische Politiker Giuseppe Motta. 1924 war der katholisch-konservative Motta Völkerbundpräsident. Fünfmal bekleidete er das Amt des Bundespräsidenten.

24. Januar, Mittwoch

Das rumänische Amtsblatt veröffentlicht das Gesetz über die Neuorganisation der »Front der nationalen Wiedergeburt«, das eine engere Zusammenarbeit von staatlichen Verwaltungseinheiten und Partei vorsieht.

25. Januar, Donnerstag

In einer Stellungnahme des Schweizer Bundesrats zum Emigrantenproblem im Lande wird darauf hingewiesen, daß die Schweiz kein Erwerbsland für Einwanderer sein könne, sondern nur eine Durchgangsstation für die Weiterreise nach Übersee (→ 12. 3./S. 55).

Der japanisch-amerikanische Handelsvertrag aus dem Jahr 1911 erlischt. US-Außenminister Cordell Hull unterrichtet die japanische Regierung davon, daß der Handel auf einer »Von-Tag-zu-Tag«-Basis weitergeführt werden kann. → S. 23

Das Verbot des britischen Kriegsministers Oliver Stanley, den schottischen Kilt in der britischen Armee zu tragen, löst erhebliche Proteste der schottischen Soldaten aus.

26. Januar, Freitag

Der letzte Aussiedlertreck von Wolhynien-Deutschen überschreitet bei Przemyśl (Ostpolen) die deutsch-sowjetische Interessengrenze. → S. 17

Im Generalgouvernement für die besetzten polnischen Gebiete wird durch Gesetzeserlaß Juden die Benutzung der Eisenbahn untersagt.

Das Parlament der Südafrikanischen Union lehnt die am 23. Januar von James Barry Hertzog, Führer der burischen Nationalen Partei, eingebrachte Friedensresolution zur Einstellung des Krieges gegen das Deutsche Reich ab.

27. Januar, Sonnabend

Führer und Reichskanzler Adolf Hitler läßt im Oberkommando der Wehrmacht die Studie »Weserübung« zur Besetzung dänischer und norwegischer Stützpunkte ausarbeiten (→ 9. 4./S. 70).

Der Reichskommissar für Österreich, Josef Bürckel, äußert sich anläßlich einer Kundgebung in Wien abwertend über die Habsburger Dynastie wegen ihrer Kriegspolitik und rechtfertigt die deutsche Besetzung. → S. 16

Die deutsche Reichsregierung in Berlin fordert von der Regierung des Generalgouvernements für die besetzten polnischen Gebiete die Bereitstellung von mindestens einer Million Industrie- und Landarbeiter zum Arbeitseinsatz im Reich (→ 8. 3./S. 57).

Im Rahmen eines internationalen Wettkampfes der Berufsboxer in Berlin besiegt der amtierende Deutsche Meister im Schwergewicht, Walter Neusel, seinen Herausforderer Paul Wallner in einem Zwölf-Runden-Kampf nach Punkten. → S. 27

28. Januar, Sonntag

Eine Verordnung von Reichsinnenminister Wilhelm Frick überträgt grundsätzliche Entscheidungen, die das österreichische Schul- und Ausbildungswesen betreffen, Reichserziehungsminister Bernhard Rust.

29. Januar, Montag

Durch Führererlaß wird der Reichsgau Posen in Reichsgau Wartheland umbenannt.

Adolf Hitler unterzeichnet eine Verordnung, derzufolge NS-Reichsleiter Alfred Rosenberg mit der Gründung der »Hohen Schule« für nationalsozialistische Forschung, Lehre und Erziehung beauftragt wird. → S. 18

30. Januar, Dienstag

Anläßlich des siebten Jahrestages der NSDAP-Machtübernahme (30. 1. 1933) hält Adolf Hitler eine Rede im Berliner Sportpalast. → S. 17

In einer Rede fordert Heinrich Himmler, Reichsführer SS und Chef der Deutschen Polizei, alle Männer der SS und Polizei auf, »möglichst noch während des Krieges Väter« zu werden. → S. 18

31. Januar, Mittwoch

Durch Abschluß eines Wehrwirtschaftsvertrages zwischen dem Deutschen Reich und der Slowakei wird ein Großteil der kriegswirtschaftlich wichtigen slowakischen Betriebe für die deutsche Rüstungsproduktion gewonnen.

Der Erwerb neuer Kraftfahrzeuge aus der laufenden Kriegsproduktion ist im Deutschen Reich nur noch im Bezugsscheinverfahren möglich (→ 1. 1./S. 20).

Das Wetter im Monat Januar

Station	Mittlere Lufttemperatur (°C)	Niederschlag (mm)	Sonnenscheindauer (Std.)
Aachen	– 5,0 (1,8)	29 (72)	– (51)
Berlin	– 9,6 (– 0,4)	23 (43)	– (56)
Bremen	– 8,2 (0,6)	18 (57)	– (47)
München	– 9,1 (– 2,1)	36 (55)	– (56)
Wien	– 8,3 (– 0,9)	37 (40)	– (56)
Zürich	– 5,5 (– 1,0)	55 (68)	47 (46)

( ) Langjähriger Mittelwert für diesen Monat
– Wert nicht ermittelt

»Feindbeobachtung« ist das Thema des Titelblatts der »Hamburger Illustrierten« vom 1. Januar 1940. Eine selbstkritische Kampagne der britischen Tageszeitung »The Times« wird für deutsche Propagandazwecke verwertet.

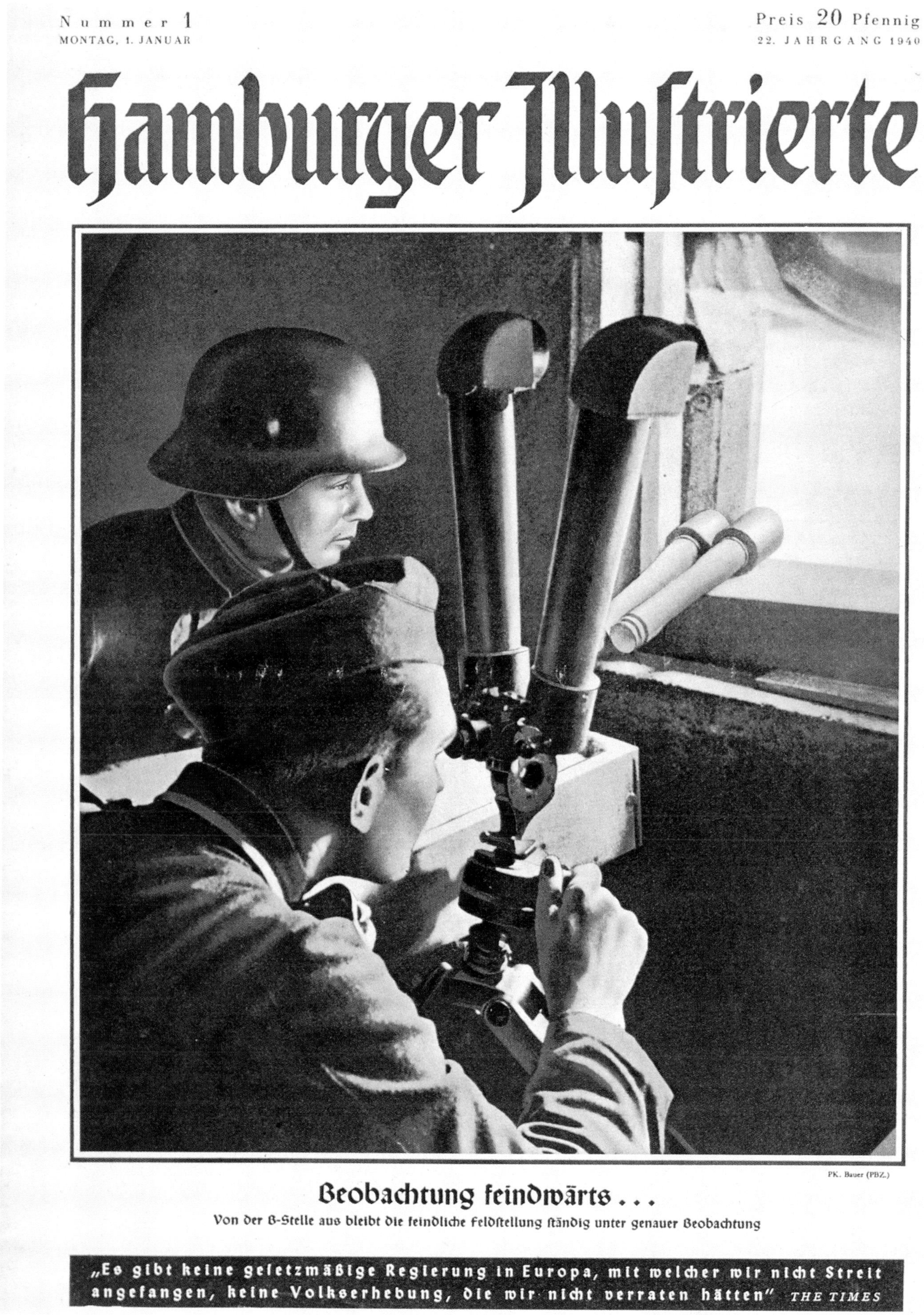

Nummer 1
MONTAG, 1. JANUAR

Preis 20 Pfennig
22. JAHRGANG 1940

Hamburger Illustrierte

PK. Bauer (PBZ.)

Beobachtung feindwärts ...

Von der B-Stelle aus bleibt die feindliche Feldstellung ständig unter genauer Beobachtung

„Es gibt keine gesetzmäßige Regierung in Europa, mit welcher wir nicht Streit angefangen, keine Volkserhebung, die wir nicht verraten hätten" THE TIMES

Der europäische Konflikt geht in das zweite Jahr

Nach der Eroberung Polens durch die deutsche Wehrmacht (1. 9. 1939 – 6. 10. 1939) ist die offene militärische Aggression der deutschen Wehrmacht vorerst zum Stillstand gekommen. Die Zerschlagung des polnischen Staates war aus Anlaß des Nichtangriffspaktes zwischen der UdSSR und dem Deutschen Reich (23. 8. 1939) in einem geheimen Zusatzprotokoll vereinbart. Da Großbritannien und Frankreich gegenüber Polen Garantieerklärungen abgegeben hatten (25. 8. 1939), sahen sich beide Staaten gezwungen, dem Deutschen Reich den Krieg zu erklären (3. 9. 1939).

Aus strategischen Überlegungen beschränkt sich die Kriegführung der Alliierten (Großbritannien, Frankreich) zu Beginn des Jahres 1940 zunächst auf die Durchsetzung der am 6. September 1939 verhängten Seeblockade. Im »Sitzkrieg« sichern französische Truppen den Schutzwall Maginotlinie an der nordöstlichen Grenze Frankreichs, vermeiden jedoch, um Zeit für die Aufrüstung zu gewinnen, eine direkte Konfrontation. Auch die deutsche Militärführung, die ursprünglich den Konflikt auf Polen begrenzen wollte, berät über das weitere Vorgehen an der Westfront (→ 10. 1. / S. 15). Während sich die Staaten in Westeuropa auf eine offene militärische Auseinandersetzung vorbereiten, versucht die Sowjetunion, mit Waffengewalt ihre Gebietsansprüche durchzusetzen.

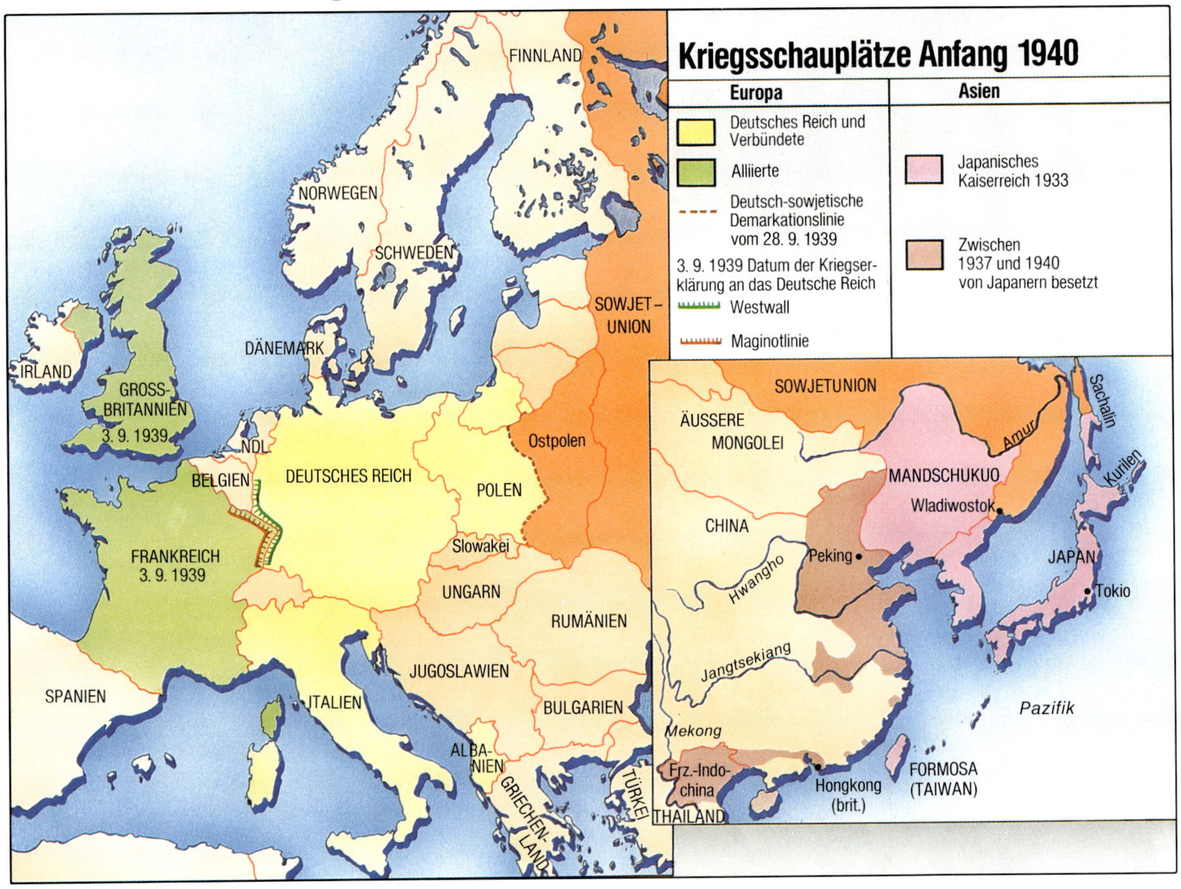

Die baltischen Staaten (Estland, Lettland, Litauen) räumten durch erzwungene Beistandspakte (September/Oktober 1939) der Sowjetunion Stützpunkte auf ihren Territorien ein; Finnland lehnte jedoch sowjetische Ansprüche auf die Karelische Landenge ab. Am 30. November 1939 griffen daraufhin Streitkräfte der Roten Armee Finnland auf breiter Front an (→ 8. 1. / S. 14). Nachdem eine beabsichtigte Intervention der Alliierten in Finnland und die gleichzeitig damit geplante Unterbrechung skandinavischer Rohstofflieferungen an das Deutsche Reich durch den finnisch-sowjetischen Friedensschluß am → 12. März (S. 52) vereitelt wird, vermint die Royal Navy am → 8. April (S. 70) die norwegischen Küstengewässer. Am → 9. April (S. 70) landen schließlich deutsche Truppen in den neutralen Staaten Dänemark und Norwegen.

General **Maurice Gustave Gamelin,** *seit 1931 Chef des Generalstabs der französischen Armee, wurde am 20. September 1872 in Paris geboren. Vom September 1939 bis zum 19. Mai 1940 leitet er als Oberbefehlshaber die alliierten Landstreitkräfte u. a. in Frankreich und in Belgien*

General Lord **John Standish Vereker Gort,** *seit November 1939 Oberbefehlshaber der britischen Expeditionsarmee in Frankreich, wurde am 10. Juli 1886 in London geboren. Während des deutschen Westfeldzugs leitete er den erfolgreichen Rückzug der Briten aus Dünkirchen*

General **Franz Halder,** *seit dem 27. August 1938 Chef des Generalstabs des Heeres, wurde am 30. Juni 1884 in Würzburg geboren. In der Phase vor und während der deutschen »Blitzkriege« gehört Halder zu den engsten militärischen Beratern von Führer Adolf Hitler*

Generaloberst **Wilhelm Keitel,** *seit dem 4. Februar 1938 Chef des neugeschaffenen Oberkommandos der Wehrmacht, wurde am 22. September 1882 in Helmscherode bei Braunschweig geboren. Keitel leitet nach dem »Sieg im Westen« die Kapitulationsverhandlungen mit Frankreich*

Generaloberst **Walter von Brauchitsch,** *seit dem 4. Februar 1938 Oberbefehlshaber des Heeres, wurde am 4. Oktober 1881 in Berlin geboren. Obwohl von Brauchitsch Adolf Hitler skeptisch gegenüberstand, unterstützt er den Führer bei seinen Eroberungszügen in Europa*

Hertzog scheitert ein weiteres Mal

26. Januar. Das Parlament der Südafrikanischen Union lehnt mit 81 zu 59 Stimmen den drei Tage zuvor von General James Barry Hertzog, dem Führer der burischen Nationalen Partei, eingebrachten Antrag ab, die Kriegführung gegen das Deutsche Reich an der Seite der Alliierten zu beenden. Nach Hertzogs Ansicht verfolgt die nationalsozialistische Reichsregierung mit ihren militärischen Aktionen allein das Ziel der Wiederherstellung eines geeinten Deutschen Reichs, strebt aber nicht nach einer Vormachtstellung in Europa oder in der Welt.

Hertzog mußte aufgrund seiner Weigerung, die Südafrikanische Union an der Seite Großbritanniens im September 1939 in den Krieg zu führen, sein Amt als Premierminister an Generalfeldmarschall Jan Christiaan Smuts abtreten; er scheitert damit zum zweitenmal an seiner antibritischen Politik.

In seiner eindeutig prodeutschen Haltung wird Hertzog von dem Führer der »gereinigten« Nationalen Partei und ehemaligen Innenminister (1924 – 1933) Daniel Malan bestärkt, der eine radikal nationalistische Rassenpolitik vertritt. Zur Durchsetzung der faschistischen Ideologie wurde 1938 die burische Kampf- und Terrororganisation Ossewa-Brandwag (Ochsen-Brandwache) gegründet, die maßgeblich von der Auslandsorganisation der NSDAP unterstützt wird.

Erste Luftangriffe auf die Insel Sylt

10. Januar. Mehrere Kampfflugzeuge der Royal Air Force greifen die Nordseeinsel Sylt an. Die Bomben verfehlen jedoch das anvisierte Ziel: Die dort stationierte Luftwaffe. Nur der Hindenburgdamm, der die Insel mit dem Festland verbindet, wird beschädigt. Ein Großteil der abgeworfenen Bomben landet im Meer.

Seit der am 6. September 1939 von Großbritannien gegen das Deutsche Reich verhängten Seeblockade konzentrieren sich die britischen Angriffe vorzugsweise auf deutsche Handelsschiffe. Der Luftkrieg bleibt bis zum Beginn des Westfeldzuges am → 10. Mai (S. 88) auf kleinere Schwerpunktangriffe und Erkundungsflüge beschränkt.

Wunsch nach Sieg, Frieden und Freiheit

Die Kriegsereignisse seit dem 1. September 1939, das Großmachtstreben des Deutschen Reiches und die Hoffnung auf eine möglichst baldige Wiederherstellung des Friedens bestimmen den Inhalt der traditionellen Neujahrsansprachen. In den Reden der Regierenden aller durch den Krieg betroffenen Nationen wird das Konfliktpotential spürbar, das auch im zweiten Kriegsjahr die Weltpolitik beherrschen wird.

Joseph Goebbels (* 29. 10. 1897 in Rheydt), seit 1933 Reichsminister für Volksaufklärung und Propaganda, hebt in seiner Rundfunkansprache zum neuen Jahr die militärischen Erfolge der deutschen Wehrmacht über Polen hervor und sieht das Deutsche Reich als wiedererstarkte Großmacht

»Wiederum liegt ein Jahr, das größte und stolzeste des nationalsozialistischen Regimes, hinter uns. Wir nehmen mit Ehrfurcht und Dankbarkeit von ihm Abschied. Es war ein Deutsches Jahr in der Geschichte Europas. Ehrfurcht erfüllt uns vor den Opfern, die das ganze deutsche Volk in diesem Jahr gebracht hat ... Dieser Krieg wird vom ganzen Volk geführt. Es ist ein Krieg um unser nationales Leben ... Es kann nicht mehr daran gezweifelt werden, daß die Kriegshetzercliquen in London und Paris Deutschland zerstükkeln und das deutsche Volk vernichten wollen. Sie geben das heute auch offen zu. Nur für die Dummen halten sie noch ihre scheinheiligen Phrasen bereit, daß sie nur den Hitlerismus beseitigen, dem deutschen Volk aber nichts Böses zufügen wollen ... Darauf fällt in Deutschland heute niemand mehr herein ... Alle Deutschen wissen jetzt, woran sie sind; und deshalb ist das ganze Volk von einer fanatischen Entschlossenheit erfüllt ... Deutschland ist heute wirtschaftlich, militärisch und geistig bereit, dem Angriff seiner Gegner die Stirn zu bieten ... Es wäre vermessen, das neu anbrechende Jahr in seinen Einzelheiten festlegen oder analysieren zu wollen. Es ruht noch im Schoß der Zukunft. Nur so viel steht fest: Es wird ein hartes Jahr werden, und es gilt, die Ohren steif zu halten. Der Sieg wird uns nicht geschenkt werden. Wir müssen uns ihn verdienen, und zwar nicht nur an der Front, sondern auch in der Heimat. Jeder hat daran mitzuarbeiten und dafür mitzukämpfen. Und deshalb richten wir in dieser Stunde, da wir Abschied nehmen von einem großen Jahr und eintreten in ein neues, großes Jahr, unseren Gruß von der Heimat an die Front ... Indem wir unsere Herzen in ehrfürchtigem Dank zum Allmächtigen emporheben, erbitten wir uns von ihm auch für das kommende Jahr seinen gnädigen Schutz. Wir wollen es ihm nicht schwer machen, uns seinen Segen zu geben. Wir wollen kämpfen und arbeiten ...«

Der seit 1933 amtierende US-Präsident Franklin D. Roosevelt (* 30. 1. 1882 in Hyde Park) fordert in seiner Ansprache zur Eröffnung des Kongresses am 3. Januar die Verteidigungsbereitschaft der USA zu erhöhen, um im Kampf für den Weltfrieden eine führende Stellung einnehmen zu können

»Ich kann die Gefühle derjenigen verstehen, die unser Volk darauf aufmerksam machen, daß sie nie wieder dafür stimmen werden, die Jugend Amerikas auf die europäischen Schlachtfelder zu schicken. Aber soviel ich weiß, hat das niemand von ihnen verlangt – denn niemand rechnet mit einem solchen Unternehmen. Die überwiegende Mehrheit unserer Mitbürger gibt nicht im mindesten die Hoffnung und Erwartung auf, daß es den Vereinigten Staaten gelingen werde, ein militärisches Eingreifen in den jetzigen Krieg zu vermeiden. Ich kann die Sehnsüchte der Leute verstehen, die die ganze Situation dadurch allzusehr vereinfachen, daß sie immer wieder erklären, wir hätten weiter nichts zu tun, als unseren eigenen Geschäften nachzugehen und das Land vor dem Kriege zu bewahren. Aber es ist ein großer Unterschied, ob man den Krieg vermeidet, oder ob man so tut, als ob der europäische Krieg uns nichts anginge. Wir brauchen nicht gegen andere Völker Krieg zu führen, aber wir können wenigstens gemeinsam mit anderen Völkern einen Frieden anstreben ... Wir müssen vorausschauen und begreifen, was für ein Leben unsere Kinder führen müssen, wenn ein großer Teil der übrigen Welt gezwungen wäre, den Gott anzubeten, den ein Militärregime vorschreibt ... – wenn es der übrigen Welt verboten wäre, die tatsächlichen Vorgänge, die täglichen Neuigkeiten aus dem eigenen und aus anderen Ländern durch Presse oder Radio zu erfahren ... Ich betone, daß unser Land, wenn es erst einmal um die Wiederaufrichtung des Weltfriedens geht, eine führende Stellung einnehmen kann. Unser Einfluß aber wird sinken, wenn wir uns zu einem handelspolitischen Neidhammel machen.«

Schwedens Außenminister Christian Günther bekundet in seiner Neujahrsbotschaft den Willen des Landes, seine Politik auch im gegenwärtigen Konflikt unbeeinflußt von den Großmächten zu gestalten und den Status der Neutralität nicht aufzugeben

»Vor allem beschäftigt das Schicksal Schwedens unsere Gedanken ... Wir ahnen Gefahren für unser Dasein als freies Volk und für unsere Zukunft ... Wir können feststellen, daß niemand unser Recht auf Selbstbestimmung des eigenen Schicksals bestreitet. Es ist, als ob die großen Nationen, um leben zu können, den kleinen Nationen das Recht auf ihre Existenz absprechen würden. Wir sind überzeugt, daß wir das Recht haben, unser eigenes Leben zu leben und über unser Schicksal selbst zu entscheiden. Das ganze Land hat einhellig auf die Frage geantwortet, ob wir den unerschütterlichen Willen haben, unsere Freiheit im Interesse des Volkes zu bewahren. Wir alle wissen, daß wir jetzt einheitlich für das gleiche Ziel wirken, das für uns als schwedisches Volk das höchste ist, das es geben kann.«

Sowjetische Panzer und motorisierte Einheiten der Roten Armee kommen in den schneereichen Wintermonaten bei Suomussalmi nur sehr mühsam voran

Tote Soldaten der 44. sowjetischen Schützendivision bei Suomussalmi; der von der UdSSR als »Grenzbereinigung« gedachte Krieg fordert viele Opfer

Finnlands Anfangserfolge über die UdSSR

8. Januar. Nach dreitägigen, heftigen Auseinandersetzungen gelingt es der 9. finnischen Division, die 44. sowjetische Schützendivision bei Suomussalmi (Mittelfinnland) in zwei Schlachten entscheidend zu schlagen. Die sowjetische Einheit wird zum größten Teil vernichtet, versprengte Truppenteile ziehen sich, von den Finnen verfolgt, durch die Wälder östlich des kleinen Ortes Suomussalmi zurück.

Die Verluste der Roten Armee belaufen sich auf 27 000 Tote und 1300 Gefangene; Finnland hat 900 Tote und 1770 Verwundete zu beklagen. Auch an den anderen Frontabschnitten südlich von Suomussalmi im Kuumoabschnitt und an der Karelischen Landenge verteidigen die finnischen Truppen ihre Stellungen; die 125 km lange und tiefgestaffelte Mannerheim-Linie (benannt nach dem finnischen Oberbefehlshaber Feldmarschall Carl Gustaf Emil Freiherr von Mannerheim) nahe des Ladogasees ist noch an keiner Stelle vom Feind durchbrochen worden.

Dieser zweite große Erfolg der finnischen Armee seit Ausbruch des Finnisch-Sowjetischen Winterkriegs (30. 11. 1939) – schon im Dezember 1939 (11.–28. 12.) wurde im Raum von Suomussalmi die 163. sowjetische Schützendivision vernichtet – läßt sich auf die bewegliche Kampfführung und die finnische Skitechnik in den nur schwer zugänglichen Waldgebieten (Motti-Taktik) zurückführen. Die Rote Armee, auf diese Art der Kriegführung in den schneereichen Wintermonaten nicht vorbereitet, kann sich mit ihren schweren Panzern und Geschützen gegen die geschickte Verteidigungsstrategie der Finnen nicht durchsetzen. Erst am 11. Februar gelingt der sowjetischen Armee der entscheidende Sturmangriff, der zwei Tage später den Durchbruch durch die Mannerheim-Linie bei Summa ermöglicht und an allen wichtigen Frontabschnitten Rückzugsgefechte der Finnen einleitet.

Durch einen Bombenangriff in Brand gesetzte finnische Kirche

Einmarsch dänischer Freiwilliger zur Unterstützung der Finnen

Bittere Kälte, Eis und Schnee bestimmen den Kriegsverlauf

Der Kriegsverlauf im Überblick

Von Finnland nicht akzeptierte ultimative Forderungen der UdSSR nach Einräumung von Stützpunkten und nach einem Beistandspakt führen zum Angriff der Roten Armee.

Feldmarschall Carl Gustaf Emil Freiherr von Mannerheim führte im finnischen Unabhängigkeitskrieg 1917/18 erfolgreich die »weißen« Truppen gegen die finnische Rote Armee und erlangte als finnischer Reichsverweser 1918/19 internationale Anerkennung.

- ▷ 28. 11. 1939: Die UdSSR erklärt den 1932 mit Finnland geschlossenen Nichtangriffspakt für ungültig.
- ▷ 29. 11. 1939: Die UdSSR bricht die diplomatischen Beziehungen zu Finnland ab.
- ▷ 11. 12. 1939 – 3. 2. 1940: Die 9. finnische Division vernichtet im Raum von Suomussalmi die 163. und 44. sowjetische Schützendivision.
- ▷ 11.–23. 2. 1940: Der 7. sowjetischen Armee gelingt der Durchbruch durch die Mannerheim-Linie bei Summa.
- ▷ 3. 3.–12. 3. 1940: Im Zuge einer sowjetischen Großoffensive auf der Karelischen Landenge wird Wyborg eingenommen.

Plan für Westoffensive gerät in Hand des Gegners

10. Januar. Der deutsche Fallschirmjägermajor Hellmuth Reinberger und der Kommandeur des Fliegerhorstes Münster, Major Erich Hoenmanns, kommen auf ihrem Flug von Münster nach Köln durch schlechte Witterung vom Kurs ab und sind gezwungen, in Mecheln (Belgien) notzulanden. Reinberger, der ins Hauptquartier der zweiten Luftflotte nach Köln befohlen ist, trägt die geheimen Aufmarschpläne für die am 13. Januar geplante Westoffensive bei sich. Der Versuch, die geheimen Dokumente zu verbrennen, gelingt den Offizieren nur zum Teil, da sie bald nach ihrer Landung von einem Trupp belgischer Soldaten gefangengenommen werden und diese die internen Wehrmacht-Unterlagen beschlagnahmen.

Die in belgische Hand geratenen Pläne einer deutschen Westoffensive, die einen Teil des deutschen Vorgehens preisgeben, bewirken in den Niederlanden und Belgien die Verstärkung der Verteidigungsbereitschaft (→ 15. 1. / S. 22). Jedoch setzt sich hier wie in Frankreich und Großbritannien immer stärker der Verdacht durch, die Dokumente seien ihnen von deutscher Seite absichtlich zugänglich gemacht worden, um sie über die wirklichen Angriffspläne des Deutschen Reiches zu täuschen. Der französische Oberkommandierende General Maurice Gustave Gamelin leitet deshalb keine direkten Gegenmaßnahmen ein. Er erwartet eine Wiederholung des deutschen Angriffs aus dem Ersten Weltkrieg nach dem Muster des von General Alfred Graf von Schlieffen erarbeiteten Planes mit einem massierten Angriff durch Belgien und Stoßrichtung auf Paris. Mitte Januar beziehen die Alliierten Stellungen an der belgischen Grenze. Dies gilt für die deutsche Heeresführung als Beweis dafür, daß die Elite der britischen und französischen Streitkräfte nach dem von General Gamelin entworfenen Dyle-Plan eingesetzt werden soll, der den Einmarsch in Nordbelgien unter Vernachlässigung des Frontabschnittes an der Maas vorsieht.

Auf deutscher Seite wird bereits einen Tag nach dem Zwischenfall bei Mecheln von Hitler der »Grundsätzliche Befehl Nr. 1« erlassen, der strikte Geheimhaltung anordnet: Dienststellen und Offiziere dürfen danach von einer geheimen Operation nicht mehr erfahren, als für die Durchführung ihrer Aufgaben notwendig ist. Den Offizieren wird so jeglicher Zugang zu den weiteren militärischen Planungen unmöglich gemacht. Eine vollkommene Umstellung des Angriffsplanes sowie eine terminliche Verschiebung des ursprünglich für Mitte Januar vorgesehenen Angriffs im Westen scheinen unabdingbar. Am 30. Januar gibt Hitler den offiziellen Befehl, eine neue Version des Aufmarschplanes »Gelb« zu erarbeiten.

Die Kuriermaschine kurz vor ihrem Start auf dem Fliegerhorst in Münster; aufgrund schlechter Witterung muß die Maschine bei Mecheln notlanden

Pläne für die Westoffensive

Am 19. Oktober 1939 legte Generaloberst Franz Halder, Generalstabschef des Heeres, dem Führer und Reichskanzler Adolf Hitler einen ersten Plan der Aufmarschanweisung »Gelb« vor. Diese sah vor, die britischen Expeditionstruppen von den französischen Verbündeten zu trennen und zunächst alle strategisch wichtigen Luftbasen für eine spätere Operation gegen Großbritannien zu besetzen. Der Plan vermied jegliche Entscheidungsschlacht und wurde deshalb von Hitler abgelehnt. Nach einer am 29. Oktober vorgelegten, revidierten Fassung sollte die 4. Armee mit vier Panzerdivisionen die Maas links und rechts von Namur überschreiten. Neue Aspekte für den Plan einer Westoffensive brachte Generalleutnant Erich von Manstein in die Diskussion; dieser schlug den Versuch einer vollständigen Vernichtung der französischen und belgischen Armee durch einen Schwerpunktangriff auf der Linie Arras – Boulogne vor. Der Einsatz von Panzern im schwer zugänglichen Gebiet der Ardennen sollte dabei den Gegner überraschen. Manstein, der zuerst beim Oberkommando des Heeres (OKH) kein Gehör findet, bekommt am 17. Februar Gelegenheit, Hitler seine Angriffsstrategie zu erläutern. Der am 24. Februar vom OKH ausgearbeitete »Sichelschnittplan« berücksichtigt schließlich die Überlegungen Mansteins: Baldige Besetzung der Niederlande und Vorstoß über die belgisch-luxemburgische Grenze, um möglichst starke Teile der gegnerischen Streitkräfte zu besiegen. Die Heeresgruppe A südlich der Linie Lüttich – Charleroi soll sich parallel zur Heeresgruppe B, die im Norden die belgischen Grenzbefestigungen durchbrechen soll, den Übergang über die Maas nach Sedan erkämpfen und bis zur Somme vordringen, um so den Gegner von hinten sichelförmig zu umfassen.

Erste Untersuchungen im »Fall Mecheln«

Der belgische Major Verhaegen entdeckt als erster das deutsche Kurierflugzeug bei Mecheln und leitet die Untersuchungen des Vorfalls ein. In einem Protokoll hält er fest:

»Am 10. Januar 1940 bemerkte ich gegen 13.00 Uhr, daß ein deutsches Zivilflugzeug auf belgischem Boden bei Mecheln an der Maas gelandet war. Obwohl es sich um kein Militärflugzeug handelte, beschloß ich, mich im Wagen sofort an die Stelle zu begeben, um eine Untersuchung vorzunehmen ... Als ich bei der Wachmannschaft eintraf, fand ich die beiden deutschen Offiziere in Begleitung von Kommandant R. und anderer Soldaten, die ihr Tun und Lassen überwachten ... Bei der ersten Überprüfung der Dokumente konnte ich mir darüber Rechenschaft geben, daß es sich um einen Angriffsplan gegen unser Land handelte. Bei der ersten Prüfung glaubte ich, daß diese Offiziere mit der Karte in der Hand an Bord ihres Zivilflugzeuges mit der Absicht gekommen waren, im Fluge die Möglichkeiten einer Ausführung dieses Planes zu studieren ... Die gründliche Untersuchung, die daraufhin angestellt wurde, bewies, daß meine erste Hypothese falsch war ... In der Tat ging aus dem Ganzen hervor, daß es sich weder um eine Spionagesache, noch um einen Verrat, noch um eine in Szene gesetzte Angelegenheit handelte, um den Nervenkrieg anzustacheln, in dem die Deutschen Spezialisten waren.«

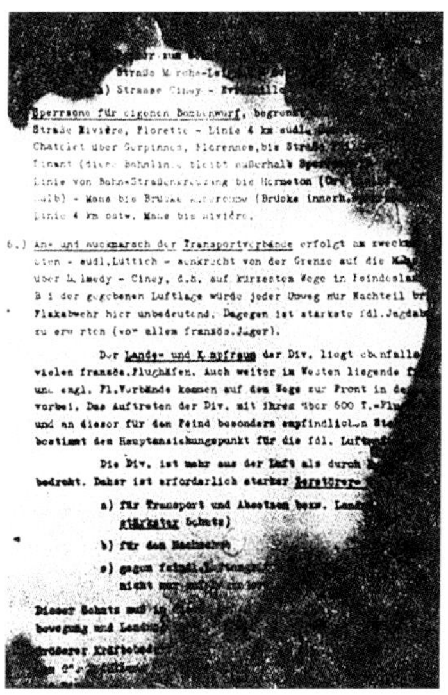
Sperrzone für eigenen Bombenwurf, begren
Strade Rivière, Florette – Linie 4 km südl
Chatelet über Gerpinnes, Florennes, bis Straße
Linie von Bahn-Straßenkreuzung bis Hermeton
Linie 4 km ostw. Maas bis Rivière.

6.) An- und Rückmarsch der Transportverbände erfolgt am zweck
Flakabwehr hier unbedeutend. Dagegen ist stärkste fdl. Jagdab
zu erwarten (vor allem franzö. Jäger).

Der Lande- und Kampfraum der Div. liegt ebenfalls
vielen franzö. Flughäfen. Auch weiter im Westen liegende f
und engl. Fl.Verbände kommen auf dem Wege zur Front in de
vorbei. Das Auftreten der Div. mit ihren über 600 T.-Flu
und an dieser für den Feind besonders empfindlichen St
bestimmt den Hauptansichungspunkt für die fdl. Luft

Die Div. ist mehr aus der Luft als durch
bedroht. Daher ist erforderlich starker Zerstörer-

a) für Transport und Absetzen bzw. Land
stärkster Schutz)
b) für den Nachschub

Teil des halbverbrannten Plans

Walther Funk, Wirtschaftsminister und Reichsbankpräsident

Sparaktionen für den Krieg

2. Januar. Anläßlich einer Feier zur Eröffnung der Reichsbankstelle Salzburg erläutert Reichswirtschaftsminister und Präsident der Deutschen Reichsbank Walther Funk in einer Ansprache die Notwendigkeit von Kriegssparaktionen im Großdeutschen Reich.

Formen des Kriegssparens:

▷ Schul- und HJ-Sparen
▷ Spargeschenkgutscheine für das Weihnachtsfest
▷ Betriebssparen durch Lohnabzug, Listensystem, Sparmarken
▷ Steuerbegünstigtes Prämiensparen durch langfr. Geldanlagen

Über Steuererhöhungen, Kriegsanleihen und die Verhängung eines Lohnstopps hinaus finanzieren diese Spargelder einen beträchtlichen Teil des staatlichen Kriegshaushalts. In Ergänzung der zum Teil schon im Rahmen der Kriegswirtschaftsverordnung vom 4. September 1939 eingeführten Maßnahmen soll das von Funk vorgestellte steuerbegünstigte Prämiensystem künftig auch für Kleinsparer einen besonderen Anreiz zum Sparen bei Banken und Sparkassen schaffen. Die sich in der Bevölkerung ausbreitende Angst, das dem Staat anvertraute Spargeld nicht wiederzusehen, hat seit Kriegsbeginn verstärkt zu umfangreichen Investitionen in Sachwerte geführt.

Bürckel rechtfertigt Österreichs »Anschluß«

27. Januar. Im Verlauf seiner Rede auf einer Wiener Veranstaltung der NSDAP vergleicht der Reichskommissar für die Wiedervereinigung Österreichs mit dem Deutschen Reich, Josef Bürckel, die aktuelle Situation des Landes nach der Besetzung durch deutsche Truppen am 12. März 1938 mit der Stellung Österreichs im Ersten Weltkrieg (1914–1918). Mit vehementen Angriffen gegen die Repräsentanten der Habsburger Monarchie, die aufgrund ihrer Kriegspolitik im September 1918 den militärischen Zusammenbruch sowie den Zerfall der Donaumonarchie verschuldet hätten, rechtfertigt Bürckel die deutsche Besetzung. Durch den Friedensvertrag von Saint-Germain-en-Laye 1919 wurde die Erste Republik Österreich gegründet. Bürckel, der auf diese Ereignisse zu sprechen kommt, führt aus: »Man kann es vielleicht bedauern, daß ein Haus, das einige große Fürsten, wie Rudolf von Habsburg, Maria Theresia und Josef II. hervorgebracht hat, das in der deutschen Geschichte in diesen wenigen Gestalten eine ruhmreiche Rolle spielte, so in der Schande enden mußte. Daß der Sohn ... des Verräters Karl [Karl I.], der Erzherzog Otto, um kein Haar besser als sein Vater sein konnte, ist begreiflich. Das ist eben der Fluch der bösen Tat, daß sie fortzeugend Böses muß gebären. Dieser Otto ..., der völkisch heimatlos ist, und der mit dem schändlichen Versagen des Vaters belastet ist, konnte nur ein internationaler Hochstapler werden ...«

NSDAP-Gauleiter Josef Bürckel
Der am 30. März 1894 in Lingenfeld (Pfalz) geborene Josef Bürckel (Abb.) macht unter den Nationalsozialisten schnell Karriere: 1926 Gauleiter der NSDAP in der Rheinpfalz; 1930 Mitglied des Reichstages; 1934 Saarbevollmächtigter der Reichsregierung, nach dem Anschluß des Saargebietes 1935 dann Reichskommissar der Region; ab 23. April 1938 mit dem »Anschluß« Österreichs an das Reichsgebiet Reichskommissar für Österreich und Gauleiter von Wien. Am 7. August 1940 wird Bürckel zum Chef der Zivilverwaltung in Lothringen ernannt.

Mehrheit für Umsiedlung ins Deutsche Reich

10. Januar. Das Abstimmungsergebnis des Volksentscheids in Südtirol, bei der die deutschstämmige Bevölkerung in den Provinzen Bozen, Udine, Belluno und Trient bis zum 31. Dezember 1939 die Möglichkeit hatte, sich zwischen der italienischen oder deutschen Staatsbürgerschaft zu entscheiden, steht fest: Nach amtlichen Angaben haben sich 185 000 von 267 948 Stimmberechtigten für das Deutsche Reich und damit für die Umsiedlung bis zum 31. Dezember 1942 entschieden. Dieser Mehrheitsentscheid ist auf die Propaganda der volksdeutschen Gruppe in Südtirol zurückzuführen. Südtirol, am 10. September 1919 zum italienischen Staatsgebiet erklärt, bildet im Verhältnis der beiden Achsenmächte Italien und Deutsches Reich ein stetiges Konfliktpotential.

Waffenfähige Südtiroler Umsiedler beim ersten Appell

Umsiedler in ihrer neuen Heimat

Mit Pferdefuhrwerken erreichen Deutschstämmige aus Wolhynien die deutschsowjetische Grenze bei Przemyśl

»Völkerwanderung« nach Westpolen

26. Januar. Die in einem Abkommen zwischen dem Deutschen Reich und der Sowjetunion vom 3. November 1939 vereinbarte Umsiedlung von Volksdeutschen aus Wolhynien (Westukraine) und Ostgalizien ins Reichsgebiet ist abgeschlossen. Letzte Umsiedlertrecks der volksdeutschen Minderheiten überschreiten die deutsch-sowjetische Interessensgrenze. Sie kommen aus den seit dem 17. September 1939 von der UdSSR besetzten und nach dem Grenz- und Freundschaftsvertrag (28. 9. 1939) zum sowjetischen Staatsgebiet erklärten, ehemals ostpolnischen Gebieten. Seit dem 20. Dezember 1939 erfolgt die Umsiedlung in großer Eile; die Landstraßen sind mit endlosen Trecks überfüllt. Im rauhen Winterklima mit Temperaturen bis zu −40° legen die Auswanderer an einem Tag Strecken von 60 km zurück. Bis zum 23. Januar haben bereits rund 12 000 Fuhrwerke (53 Umsiedlertrecks) die Grenze bei Przemyśl überschritten.

Schon am 9. Januar wurde die Umsiedlung von 70 000 Baltendeutschen aus Estland und Lettland entsprechend den vertraglichen Vereinbarungen vom Oktober und November 1939 abgeschlossen. Estland und Lettland zählen seit Abschluß des Deutsch-Sowjetischen Nichtangriffspakts (23. 8. 1939) zum sowjetischen Interessensgebiet.

Die Volksdeutschen, deren Auswanderung zahlenmäßig den Ausmaßen einer Völkerwanderung gleichkommt, werden vorerst in sog. Umsiedlerlagern in der Nähe von Litzmannstadt (Łódź) untergebracht oder im weiteren Reichsgebiet verteilt. Nach den Plänen des Reichsführers SS und Chef der Deutschen Polizei, Heinrich Himmler, sollen sie später in den westpolnischen Gebieten angesiedelt werden, um die von dort ins Generalgouvernement ausgewiesenen Polen zu ersetzen. Nach Plänen der Reichsstelle für Raumordnung soll die zusätzliche Besiedlung der Reichsgaue Posen (ab 29. 1. Reichsgau Wartheland) und Westpreußen (ab 2. 11. 1939 Danzig-Westpreußen) sowie auch die vorgesehene Umsiedlung von 110 000 Familien aus Baden und Württemberg der Errichtung eines neuen Lebensraumes für das deutsche Volk im ehemaligen Westpolen dienen.

Mit entsprechenden Parolen werden die Umsiedler bei ihrer Ankunft im Lager Litzmannstadt (Łódź) begrüßt. Neben Litzmannstadt dienen auch sog. Umsiedlungslager im alten Reichsgebiet zur vorläufigen Aufnahme der Volksdeutschen. Die Volksdeutschen sollen später im Reichsgau Wartheland angesiedelt werden. Rund 205 000 Volksdeutsche wollen ins Deutsche Reich.

Sieben Jahre der NS-Herrschaft

30. Januar. Anläßlich des siebten Jahrestages der Machtübernahme hält Führer und Reichskanzler Adolf Hitler – wie alljährlich – eine Rede im Berliner Sportpalast. Nach Begrüßung der im Sportpalast aufmarschierten Parteianhänger und Mitglieder der Schutzstaffel (SS) sowie der Sturmabteilung (SA) durch Reichspropagandaminister Joseph Goebbels beginnt Hitler gegen 20.00 Uhr mit seiner einstündigen Rede, die vom Rundfunk übertragen wird. Nach einleitenden Bemerkungen über die seit dem 30. Januar 1933 »errungenen Erfolge« der NSDAP, bei denen Hitler vor allem die außenpolitischen Expansionsbestrebungen und die deutsche Aufrüstung hervorhebt, schildert er die anscheinende Zwangsläufigkeit der Ereignisse bis zum Kriegsbeginn: »1934 begann die deutsche Aufrüstung . . . 1935 führte ich die allgemeine Wehrpflicht ein, 1936 ließ ich das Rheinland besetzen, 1937 begann der Vierjahresplan anzulaufen, 1938 wurden die Ostmark und das Sudetenland dem Reich angegliedert, und 1939 begannen wir das Reich abzuschirmen gegen jene Feinde, die sich unterdes bereits demaskiert hatten. Zum Schutz des Reiches sind die Maßnahmen von 1939 geschehen.«

Hitler (am Rednerpult) vor vollbesetzten Rängen im Sportpalast

Abhören unter Strafe gestellt

11. Januar. Auf einer der seit Oktober 1939 täglich im Berliner Reichspropagandaministerium abgehaltenen Mitarbeiterkonferenzen kritisiert Reichspropagandaminister Joseph Goebbels die seiner Ansicht nach zu milde Rechtsprechung in Verfahren um das Abhören und die Weiterverbreitung ausländischer Rundfunkmeldungen. Exemplarische Verurteilungen seien dringend erforderlich. Urteile unter vier Jahren sollen nach Goebbels nicht mehr in der Presse veröffentlicht werden. Durch die Verordnung über außerordentliche Rundfunkmaßnahmen vom 1. September 1939 wurde das Abhören ausländischer Sender unter hohe Strafe gestellt. In Fällen der Weiterverbreitung »feindlicher« Nachrichten kann auch die Todesstrafe ausgesprochen werden. Trotz der drakonischen Strafen, die sog. Rundfunkverbrecher erwarten, werden in großen Teilen der Bevölkerung ausländische Sender weiter gehört. Besonders Wehrmachtsangehörige und Mitglieder der NSDAP verstoßen häufig gegen die Rundfunkverordnung, da sie sich nach wie vor berechtigt fühlen, ausländische Nachrichten zu empfangen.

NS-Hochschulmodell des Architekten Hermann Giesler (1938)

Hochschule für die NS-Forschung

29. Januar. Adolf Hitler überträgt dem Reichsleiter der NSDAP, Alfred Rosenberg, die Bildung einer »Hohen Schule« für nationalsozialistische Forschung, Lehre und Erziehung. Bis zur Fertigstellung des Gebäudes am Chiemsee sollen die Hochschulinstitute anderen Universitäten angegliedert werden.

Dienstverpflichtete Studentin in einem Rüstungsbetrieb

Studentische Dienstpflicht

1. Januar. Im Deutschen Reich tritt die Studentische Dienstpflicht in Kraft. Während der ersten drei Semester sollen Studenten kriegswirtschaftlich wichtige Aufgaben übernehmen. Auch für Propagandazwecke nutzbare Forschungsarbeiten gehören zum Arbeitseinsatz, der abgeleistet werden muß.

Gutscheine statt Lohnauszahlung

10. Januar. Das »Schwarze Korps«, Mitteilungsblatt der Schutzstaffel (SS), gibt in einem Artikel bekannt, daß künftig ein Teil des allgemeinen Arbeitslohnes in Form von Gutscheinen ausgegeben werden soll. Mit der Einbehaltung eines noch festzulegenden Prozentsatzes der Gehälter ist es dem nationalsozialistischen Staat somit möglich, über den am 4. September 1939 im Rahmen der Kriegswirtschaftsverordnung verhängten Lohn- und Preisstopp hinaus »überflüssige Kaufkraft« abzuschöpfen und so die latente Inflation im Reich weiter zu verschleiern.
Die Verhängung eines rigorosen Lohnstopps zu Kriegsbeginn wurde durch die Gewährung gewisser Härteausgleichszahlungen schon im November 1939 stellenweise wieder aufgehoben. Dadurch ist die Möglichkeit zu verdeckten Lohnerhöhungen gegeben, mit deren Hilfe vor allem die Leistungsbereitschaft von Arbeitern in der Rüstungsindustrie angespornt werden sollte. So steigen die z. T. aufgrund von Mehrarbeitszuschlägen gezahlten Wochenlöhne für Arbeiter reichsweit von 1938 bis 1940 um durchschnittlich 7%.

Heinrich Himmler rechtfertigt die SS-Einrichtung Lebensborn

30. Januar. In einem Aufruf an alle Männer der Schutzstaffel (SS) und der Polizei erläutert Reichsführer SS und Chef der Deutschen Polizei, Heinrich Himmler, seinen Befehl vom 28. Oktober 1939, in dem er alle Männer der SS aufforderte, noch während des Krieges Väter zu werden. Himmler verleiht damit der von ihm verfolgten rassenbiologischen Ideologie Nachdruck, ein »arisches« Volk zu züchten, das anderen Völkern gegenüber einmal die Führung beanspruchen und übernehmen soll.
Um Mißverständnissen unter den SS-Angehörigen entgegenzutreten, führt der Reichsführer SS mit Bezug auf die moralischen Dimensionen seines Befehls aus: »Man stößt sich insgesamt an der klar ausgesprochenen Tatsache, daß es uneheliche Kinder gibt, und daß ein Teil der unverheirateten und alleinstehenden Frauen und Mädel ... außerhalb einer ehelichen Verbindung Mütter solcher Kinder geworden sind ... Das stärkste Mißverstehen befaßt sich mit dem Absatz (des Befehls), der lautet: Über die Grenzen vielleicht notwendiger bürgerlicher Gesetze und Gewohnheiten hinaus wird es auch außerhalb der Ehe für deutsche Frauen und Mädel guten Blutes eine hohe Aufgabe sein können, nicht aus Leichtsinn, sondern in tiefstem sittlichem Ernst, Mütter der Kinder ins Feld ziehender Soldaten zu werden ... Die SS-Männer würden danach – so mißverstehen das manche – aufgefordert, sich den Frauen der im Felde stehenden Soldaten zu nähern ... Es ist für uns als SS-Männer so klar und selbstverständlich wie für jeden anderen Deutschen, daß niemand der Frau eines im Felde stehenden Soldaten nahetritt ... An Euch, SS-Männer, aber liegt es ... das Verständnis der deutschen Männer und der deutschen Frauen für diese heilige ... Lebensfrage unseres Volkes zu gewinnen.«
Der am 12. Dezember 1935 von Himmler gegründete Lebensborn e. V. gilt als organisatorischer Rahmen dieses »Zuchtgedankens«. In von der SS geführten Heimen finden werdende Mütter und Kinder Aufnahme.

Der von H. Himmler begründete »Wahrspruch« über Lebensborn

Ein altarähnlicher Aufbau für die Zeremonie der Namengebung

Arbeit und Soziales 1940:

Furcht der Regierung vor unpopulären Maßnahmen

Die wachsende Furcht vor Mißstimmungen unter der Bevölkerung bestimmt den arbeits- und sozialpolitischen Kurs der deutschen Reichsregierung im Jahr 1940.

Der Rückgang des Arbeitskräftepotentials gleich zu Kriegsbeginn um 10% verschärft die schon 1938 angespannte Lage auf dem Arbeitsmarkt in zunehmendem Maße. Durch die Einberufung von 5,7 Millionen Wehrpflichtigen in diesem Jahr (1939: 1,5 Mio.) hat sich der Anteil der deutschen männlichen Arbeitskräfte im Reich auf 56,7% reduziert. Die in dieser Situation notwendig gewordenen staatlichen Eingriffe in den Arbeitsmarkt bringen massive Einschränkungen der üblichen, arbeitsrechtlichen Bestimmungen mit sich. Eine schon im Februar 1939 eingeführte Dienstpflichtverordnung ermöglicht es den Arbeitsämtern, jeden noch nicht eingezogenen Facharbeiter zwangsweise in einen kriegswirtschaftlich wichtigen Betrieb zu versetzen. Diese Dienstverpflichtungen, die einem militärischen Gestellungsbefehl gleichkommen, ermöglichen so die reichsweite, beliebige Umverteilung der Arbeitskräfte zwecks Sicherung der kriegswichtigen Produktion.

Die konsequente Umverteilung der Arbeiter in Rüstungsbetriebe und Landwirtschaft kann jedoch die entstandene Lücke auf dem Arbeitsmarkt nicht ausgleichen. Aus diesem Grund angestellte Überlegungen, die weibliche Bevölkerung generell für den Arbeitseinsatz zu verpflichten, finden aber innerhalb der nationalsozialistischen Führung keine Mehrheit. Ein entsprechender Gesetzentwurf vom → 27. April (S. 78), dieses 3,5 Millionen starke Arbeitskräftepotential zu rekrutieren, wird von Generalfeldmarschall Hermann Göring, dem Vorsitzenden des Ministerrates für die Reichsverteidigung, aus ideologischen Gründen abgelehnt.

Das NS-Plakat deutet auf die sich allmählich wandelnde Rolle der Frau im Dritten Reich während des Kriegs hin: Das noch vor Kriegsbeginn ausschließlich propagierte Hausfrauen- und Mutterideal wird zunehmend eingeschränkt. Vor allem junge, alleinstehende Frauen sollen, während der Großteil der männlichen Bevölkerung an der Front ist, in kriegswirtschaftlich wichtigen Betrieben und in der Landwirtschaft arbeiten.

Nicht nur generelle Befürchtungen, diese Maßnahme zerstöre das von der NS-Propaganda geförderte Idealbild der Hausfrau und Mutter, bringen diesen Entwurf zu Fall. Er scheitert auch an der noch anstehenden Frage einer generellen Entlohnung der Frauenarbeit in den sonst üblicherweise Männern vorbehaltenen Berufen. So geht die Zahl der berufstätigen Frauen Ende Mai 1940 im Vergleich zum Vorjahr aufgrund niedriger Verdienste (80% des männlichen Lohns bei gleicher Tätigkeit) und der am 2. Oktober 1939 erhöhten Ausgleichszahlungen für Verheiratete von zum Kriegsdienst einberufenen Soldaten sogar noch um weitere 200 000 zurück.

Im Bereich der Landwirtschaft versucht die Reichsregierung, durch den Einsatz sog. Fremdarbeiter, hauptsächlich polnischer Zivilarbeiter und Kriegsgefangener, die Produktion zu sichern. Ihre vorrangige Beschäftigung auf dem Land soll dort den durch Einberufungen besonders betroffenen Kleinbetrieben helfen. Vorbehalte, die etwa 300 000 zwangsweise verpflichteten Arbeiter aus den Ostgebieten auch in der Industrie einzusetzen, resultieren aus Befürchtungen, diese seien zu gering qualifiziert und könnten das soziale Klima in Großbetrieben zersetzen. Nach dem Westfeldzug (Mai/Juni) bedient sich die deutsche Industrie dann auch vorzugsweise französischer, belgischer und niederländischer Kriegsgefangener für den Einsatz in der Rüstungsproduktion (→ 15. 7. / S. 133). Auch die deutsche Lohnpolitik ist, soweit sie deutsche Arbeitskräfte betrifft, 1940 noch von der Furcht der Regierung begleitet, Mißfallen in breiten Bevölkerungsschichten zu erregen. Die im Rahmen der Kriegswirtschaftsverordnung verfügten Restriktionen werden aus diesem Grunde vielfach zurückgenommen.

In Berlin übernehmen Frauen als Schaffnerinnen den Kartenverkauf

Betriebe richten zur Entlastung der Mütter Kindertagesstätten ein

Latzhosen bilden die ideale Kleidung in Industriebetrieben

Arbeiterin bei sonst Männern überlassenen Flugzeug-Montagen

Reichsautobahnen – Plan und Wirklichkeit

11. Januar. Im amtlichen Blatt des Generalinspekteurs für das deutsche Straßenwesen »Die Straße« veröffentlicht Oberregierungsrat Carl Schnell Pläne zum Bau eines Autobahnnetzes. Es soll nach der politischen Angliederung der westpolnischen Gebiete an das Deutsche Reich (8. 10. 1939) die verkehrstechnische Anbindung der nun deutschen Ostgebiete herstellen.

Nach diesen Plänen sind u. a. in der nächsten Zeit folgende Autobahnverbindungen projektiert:

▷ Die Strecke Elbing – Stettin soll als nördliche Ostverbindung bis 12 km vor Danzig weitergeführt werden

▷ Die schon bestehende Reichsautobahn Berlin – Frankfurt an der Oder soll nach ihrem weiteren Ausbau über Posen bis nach Litzmannstadt (Łódź) führen

▷ Das schlesische Industriegebiet wird durch die Weiterführung der Reichsautobahn Breslau an das Netz der Reichsautobahnen angeschlossen

▷ In Nordsüd-Richtung ist als wichtigste Strecke die Verbindung Danzig – Breslau geplant, die das Rückgrat des Gaus Danzig-Westpreußen bilden soll.

Diese umfangreichen Projekte zur Vervollständigung des Reichsautobahnnetzes verdeutlichen den immer noch hohen verkehrspolitischen Stellenwert des Straßenbaus im Dritten Reich. Bis auf die Fertigstellung einiger Teilstrecken, wie z. B. der einspurigen Streckenführung Nürnberg – Tennenlohe und weiterer Bauarbeiten an der Linie Breslau – Wien, die 76 km durch das Protektorat Böhmen und Mähren (Tschechei) führen soll, machen jedoch die Kriegsereignisse und die Verlagerung aller ökonomischen Mittel und Rohstoffe auf die Rüstungsproduktion weitere Pläne zunichte: Am 1. Oktober 1940 müssen auf insgesamt 958 km Autobahnen die Arbeiten völlig, auf 2031 weiteren Kilometern teilweise eingestellt werden. Im Kriegsverlauf können später insgesamt nur noch 70 km Autobahnen dem Verkehr übergeben werden, 2900 km begonnener Autobahnbauten bleiben unvollendet. Bis zum Kriegsausbruch am 1. September 1939 waren 4000 km von ursprünglich 12 000 km geplantem Autobahnnetz im Deutschen Reich fertiggestellt worden.

Die einseitige Konzentration der wirtschaftlichen Mittel auf das Straßenwesen führen mit Beginn des zweiten Kriegsjahres 1940 zu erheblichen Transportproblemen im vernachlässigten Güter- und Personenverkehr der Deutschen Reichsbahn (→ 12. 5. / S. 97).

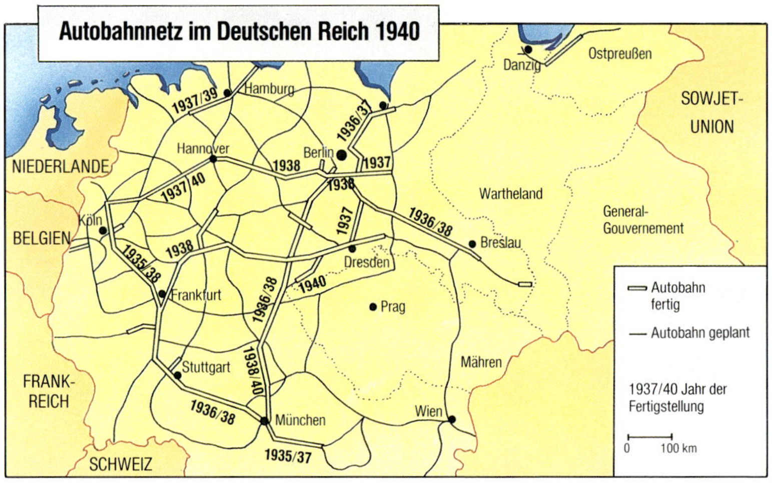

Privatfahrzeuge für die Wehrmacht

1. Januar. In einem öffentlichen Aufruf unter dem Titel »Pflegt eure stillgelegten Kraftfahrzeuge!« fordert Reichsverkehrsminister Julius Dorpmüller die deutsche Bevölkerung auf, alle nicht mehr genutzten Automobile und Kraftwagen in Garagen unterzustellen und sie dadurch vor Witterungsschäden zu bewahren. Private Automobile sollen so als Reserve für die Wehrmacht erhalten werden.

Die am 20. September 1939 verhängte Treibstoffrationierung erlaubt es nur noch bestimmten Bevölkerungskreisen, so etwa Ärzten oder Lebensmittelhändlern, beruflich und volkswirtschaftlich wichtige Fahrten mit dem Auto zu machen. Nur 15% des Bestands an Automobilen darf überhaupt noch zu diesen Zwecken genutzt werden. Ab dem 31. Januar 1940 ist auch der Neuerwerb von Kraftfahrzeugen nur noch mittels Bezugschein möglich.

Beschränkungen für den Handel

16. Januar. Auf der Grundlage eines Gesetzes über die Errichtung von Zwangskartellen wird die Eröffnung von Großhandelsbetrieben im Deutschen Reich durch einen Erlaß von Reichswirtschaftsminister Walther Funk genehmigungspflichtig. Diese Anordnung ist zunächst bis zum 1. Januar 1942 gültig.

Die Einschränkung der freien Unternehmertätigkeit im mittelständischen Bereich stellt den Versuch dar, die Verlagerung der Wirtschaftskapazitäten und Arbeitskräfte zugunsten der Schwerindustrie zu beschleunigen. Mit Beschränkungen im Konsumgütersektor geht die allmähliche Anpassung der Friedenswirtschaft auf die kriegswirtschaftlichen Erfordernisse vonstatten. Um die Stimmung in der Bevölkerung nicht durch allzu drastische Maßnahmen zu beeinträchtigen, sollen nach der Aussage von Funk friedensähnliche Zustände solange wie möglich erhalten bleiben. So wird zwar die am 4. September 1939 eingeführte Sperre für die Eröffnung von Einzelhandelsbetrieben aufrechterhalten, jedoch ein effektiver Abbau des Geschäftsbestands im Deutschen Reich noch bis zum Jahr 1943 vermieden.

Das Unternehmen Reichsautobahnen

Mit Eröffnung der Autobahnteilstrecke zwischen Frankfurt am Main und Darmstadt am 19. Mai 1935 konnten die ersten Erfolge des »Unternehmens Reichsautobahnen« im Deutschen Reich verbucht werden. Nach der Ankündigung des Straßenbauprogramms durch Führer und Reichskanzler Adolf Hitler am 27. Juni 1933 und der drei Tage später erfolgten Ernennung des Generalinspekteurs für das deutsche Straßenwesen, Fritz Todt, wurde bereits am 23. September des gleichen Jahres mit dem ersten Spatenstich durch Hitler das ehrgeizige Straßenbauprojekt in Angriff genommen.

Die Absicht, das Reichsgebiet mit »Straßen des Führers« verkehrstechnisch optimal zu erschließen, entsprang vor allem militärischen sowie arbeitspolitischen Überlegungen: Die Reichsautobahnen sollten in einem künftigen Krieg als Aufmarschlinien genutzt werden; der Einsatz des Reichsarbeitsdienstes bei den Bauarbeiten leistete einen Beitrag zum Abbau der Arbeitslosigkeit im Reich.

Das Propagandagemälde von Fritz Gärtner zeigt Adolf Hitler bei der Eröffnung einer Autobahnbaustelle. Noch bis Kriegsbeginn wurde die Fertigstellung jedes Autobahnteilstücks von umfassenden Propagandamaßnahmen begleitet

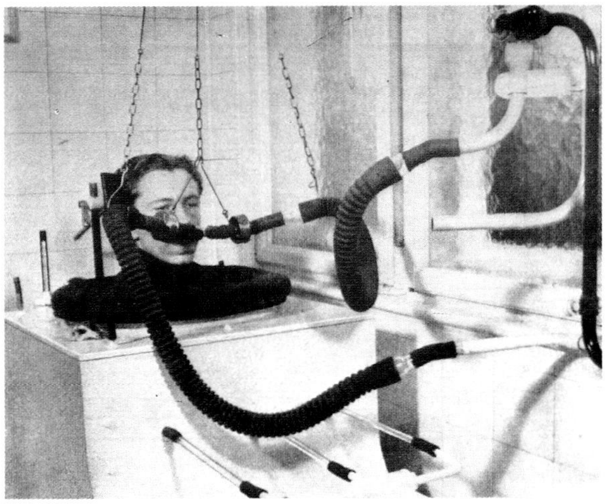

In einem Versuch testet das Kaiser-Wilhelm-Institut für Biophysik in Frankfurt am Main die Wirkung von Röntgen- und Radiumstrahlen auf den Organismus

Eine dicke Bleiwand schützt das Bedienungspersonal der sieben Meter hohen Röntgentherapieanlage vor den gesundheitsschädlichen radioaktiven Streustrahlen

Röntgenanlage für die Krebstherapie

16. Januar. Das Berliner Unternehmen Siemens-Schuckertwerke AG stellt der medizinischen Fachwelt eine neue Röntgenanlage vor, die sich besonders für den therapeutischen Einsatz bei der Krebsbekämpfung eignet. Diese vom Hamburger Senat in Auftrag gegebene Anlage ist für ein medizinisches Forschungsinstitut bestimmt, das dem Röntgeninstitut des Städtischen Krankenhauses in Hamburg-Barmbeck angegliedert werden soll.

Die Röntgenanlage läßt sich mit verschiedenen Stromspannungen bis zu 1,2 Millionen Volt betreiben und liefert bei einer Filterung durch einen 5 mm starken Bleimantel eine Strahlung, die der Strahlenintensität von 10 kg Radium entspricht. Mit der senkrecht angeordneten Röntgenröhre, einem langen Zylinder aus hochwertigem Spezialglas, ist eine Bestrahlung des Patienten aus kürzester Entfernung (14 cm) sowie eine Fernbestrahlung aus einer Distanz bis zu 2 m möglich. In ihrem Funktionsaufbau ist die ganze Anlage als technische Betriebsapparatur so weit automatisiert, daß sie erstmals auch vom nicht eigens ausgebildeten Krankenhauspersonal bedient werden kann.

Die von dem deutschen Physiker Wilhelm Conrad Röntgen 1895 bei einem Experiment entdeckten Kathodenstrahlen, von ihm selbst als X-Strahlen bezeichnet und später nach ihm Röntgenstrahlen genannt, werden nach dem Ersten Weltkrieg mit Entwicklung geeigneter Apparaturen verstärkt in der Medizin zur Diagnostik und zu Therapiezwecken wie bei der Bekämpfung von Krebsgeschwulsten eingesetzt.

Nobelpreis in Zürich verliehen

16. Januar. Im Rahmen eines Festakts in der Eidgenössischen Technischen Hochschule (ETHZ) in Zürich überreicht der schwedische Gesandte Baron H. G. Beck-Friis dem aus Kroatien stammenden Wissenschaftler Leopold Ružička den Nobelpreis für Chemie des Jahres 1939. Die traditionell für den 10. Dezember des Vorjahres in Stockholm vorgesehene feierliche Übergabe von Medaille und Urkunde durch den schwedischen König Gustav V. hatte kriegsbedingt nicht stattfinden können. Ružička, seit 1929 Professor am chemischen Institut der ETHZ, wurde der Nobelpreis am 9. November 1939 zusammen mit dem deutschen Wissenschaftler Adolf Butenandt für seine grundlegenden Forschungsarbeiten über die Konstitution und Synthese von männlichen Sexualhormonen zugesprochen.

Der Wissenschaftler Leopold Ružička wurde am 13. September 1887 in Vukovar/Kroatien geboren. Bis zu seiner Übersiedlung nach Zürich im Jahr 1929 lehrte der Chemiker an der Unversität Utrecht.

Eröffnet: Fluglinie Berlin–Moskau

20. Januar. Nach mehreren Probeflügen wird der regelmäßige Luftverkehr auf der Strecke Berlin – Moskau aufgenommen. Die Linie wird täglich in beiden Richtungen beflogen. Neben Passagieren transportieren die propellergetriebenen Verkehrsmaschinen auch Postsendungen und Frachtgut. Mit einer Zwischenlandung in Königsberg dauert der Flug von Berlin in die sowjetische Hauptstadt zwei Tage.

Die von der Deutschen Lufthansa und der sowjetischen Fluggesellschaft Aeroflot unterhaltene Flugverbindung stellt auch ein Symbol für die Verständigung im Rahmen der am 23. August und 28. September 1939 geschlossenen Bündisverträge zwischen dem Deutschen Reich und der Sowjetunion dar.

Die deutsche Verkehrsluftfahrt befindet sich bei Kriegsausbruch (1. 9. 1939) auf dem Höchststand ihrer Entwicklung: Mit einer Flotte von 150 Flugzeugen und einem weltweiten Streckennetz von fast 80 000 km beträgt der Anteil der Deutschen Lufthansa am Weltluftverkehr 7,5%. Im Jahr 1939 beförderte die Fluggesellschaft 243 317 Passagiere; 1940 geht diese Zahl jedoch drastisch auf 95 210 Beförderungen zurück. Während des Krieges hält die Lufthansa weiterhin Flugverbindungen mit dem neutralen Ausland und verbündeten bzw. annektierten Staaten aufrecht. So konnte am 15. Januar 1940 neben den schon bestehenden Flugstrecken Wien – Budapest und Berlin – Wien als dritte Verbindung nach Osteuropa die Linie Berlin – Prag – Wien eröffnet werden.

Die sowjetische Verkehrsmaschine ist nach einem Probeflug auf der Strecke Moskau – Berlin auf dem Sportflugplatz Rangsdorf eingetroffen, der seit Kriegsbeginn den Flughafen Tempelhof ersetzen muß. Dekken schützen die Maschine vor der Kälte

Forschen für die Kriegsernährung

28. Januar. Im Mittelpunkt eines zweitägigen Kongresses des Vereins Deutscher Chemiker in Berlin steht die Erforschung von Naturstoffen. Der Verein hofft nach eigenem Bekunden, daß aufgrund seiner Forschungsergebnisse »Fehlernährungen und gesundheitliche Schäden durch fehlende Vitamine während des Ersten Weltkrieges nicht wieder auftreten werden«.

So sind z. B. die auf der Tagung vorgestellten Forschungsergebnisse über das Vitamin A für die Ernährungswissenschaft von Bedeutung: Das in der Tier- und Pflanzenwelt weitverbreitete und wichtige sog. Provitamin A (Karotin) verursacht die Rotfärbung der Karotte. Durch Verzehr von Karotten, Leber, Eiern, Milch, Margarine oder Aprikosen kann der tägliche Vitamin-A-Bedarf des Menschen gedeckt werden.

Kroatien erhält Autonomierechte

17. Januar. Der jugoslawische Prinzregent Paul Karadordević und seine Frau Prinzessin Olga beenden ihren viertägigen Aufenthalt in Agram (Zagreb). Anlaß des Staatsbesuchs des Monarchen in Kroatien war die Unterzeichnung des Landtagswahlgesetzes am 14. Januar, das der autonomen Banschaft Kroatien einen eigenen Landtag zugesteht.

Das Wahlgesetz sieht ein aktives Wahlrecht ab dem 21. Lebensjahr vor. Frauen, Offiziere, Unteroffiziere und Soldaten sind nicht stimmberechtigt. Alle Parteien, die in den 15 Wahlkreisen eigene Kandidaten aufstellen, müssen zugelassen werden, sofern sie nicht »gegen den Staat und die Ordnung im Staate arbeiten«. Die Formulierung bedeutet für die Kommunistische Partei praktisch ein endgültiges Verbot.

Die Unterzeichnung des Landtagswahlgesetzes durch den Prinzregenten schließt eine Etappe in Richtung einer Annäherung von Kroaten und Serben ab. Es stellt den Versuch der jugoslawischen Monarchie dar, zu einer demokratischeren Verfassung des Landes zu gelangen.

Der jugoslawische Prinzregent Paul Karadordević (2. v. l.) wird während seines Besuchs in Agram (Zagreb) von der Bevölkerung freundlich aufgenommen

Der Konflikt zwischen Kroatien und Serbien geht auf die im Jahr 1929 vollzogene Zusammenfassung der eigenständigen Monarchien Serbien, Kroatien und Slowenien zum Königreich Jugoslawien zurück. Durch die beherrschende Stellung der in Belgrad angesiedelten Zentralregierung entstanden im neuen Staat Jugoslawien bald kroatische Autonomiebestrebungen. Um der Annäherung Kroatiens an die Achsenmächte (Deutsches Reich und Italien) und der Gefahr einer beabsichtigten Intervention durch eine dieser Mächte zu entgehen, wurde am 26. August 1939 eine grundsätzliche Übereinstimmung zur Errichtung einer kroatischen Banschaft mit Autonomierechten erzielt.

Kriegsminister zurückgetreten

5. Januar. Die überraschenden Meldungen über den unter völliger Geheimhaltung vollzogenen Rücktritt des britischen Kriegsministers Leslie Hore-Belisha erregen in der europäischen Öffentlichkeit große Aufmerksamkeit.

Hore-Belishas Reformen im britischen Kriegsministerium, so z. B. die Anordnung von Beförderungen ohne Rücksicht auf das Rangalter, waren schon vor Kriegsausbruch Gegenstand der Kritik. Zunehmende Differenzen zwischen dem Kriegsminister und dem Befehlshaber des britischen Expeditionskorps für Frankreich, General John Gort, über die in Nordfrankreich errichteten Feldbefestigungen (die der Minister für völlig unzureichend hält) führen zur Intervention des britischen Premierministers Arthur Neville Chamberlain. Chamberlain, der bis dahin die Politik seines Kriegsministers unterstützte, entläßt Hore-Belisha aus seinem Amt, um die internen Konflikte in der Armee nicht zur außenpolitischen Handlungsunfähigkeit anwachsen zu lassen. Überlegungen Chamberlains, Hore-Belisha das Handels- oder Informationsministerium zu übertragen, scheitern am Widerspruch des britischen Außenministers Edward Halifax. Die Leitung des Kriegsministeriums wird am 6. Januar dem bisherigen Handelsminister Oliver Stanley übertragen.

Karikatur des »Simplicissimus« zum Rücktritt von Hore-Belisha

Belgien besteht auf Neutralität

15. Januar. Nach dem Bekanntwerden der deutschen Angriffspläne im Westen durch eine Flugzeugnotlandung bei Mecheln (→ 10. 1. / S. 15) fordern die Alliierten Belgiens Regierung auf, ihnen die Erlaubnis zur präventiven Besetzung des Landes zu geben. Ministerpräsident Hubert Graf Pierlot ist bemüht, die Neutralität des Landes zu wahren und lehnt diesen Antrag ab. Zur Sicherung ihrer Staatsgrenzen ordnen die belgische und niederländische Regierung die Bereitschaft ihrer Truppen an. Für alle Soldaten gelten ab dem 14. Januar Urlaubssperren; das Heer an der Grenze wird verstärkt.

Hubert Graf Pierlot (* 23. 12. 1883 in Cugnon), belgischer Ministerpräsident seit 1939, versucht sich gegen den außenpolitischen Druck der Großmächte zu behaupten. Durch die Aufrechterhaltung der Neutralität will er Belgien vor einer militärischen Aggression bewahren.

Antiterrorgesetz gegen die IRA

5. Januar. Das irische Parlament genehmigt die Gesetzesvorlage zur Terroristenbekämpfung, die der Regierung die Vollmachten gibt, Personen, die staatsgefährdender Aktivitäten verdächtigt werden, ohne Gerichtsverfahren zu internieren. Damit erhält die Regierung unter Premierminister Eamon de Valera außerordentliche Vollmachten für das Vorgehen gegen die Irisch-Republikanische Armee (IRA). Mit dem Ziel, einen irischen Einheitsstaat zu schaffen, sind Mitglieder der 1919 gegründeten IRA seit 1921 als Untergrundkämpfer in der Republik Irland und in Nordirland tätig.

Eamon de Valera (* 14. 10. 1882 in New York), 1921/22 und seit 1932 Premier der Republik Irland (Eire), beteiligte sich 1916 am Osteraufstand. 1921 schloß de Valera mit Großbritannien einen Vertrag über die Errichtung eines irischen Freistaats unter Abtrennung Nordirlands ab.

Die Außenpolitik bringt Abe zu Fall

14. Januar. Aufgrund seiner gescheiterten Außenpolitik tritt der japanische Ministerpräsident Noboyuki Abe nach gut viermonatiger Amtszeit zurück. Zu seinem Nachfolger wird der ehemalige Marineminister Admiral Mitsumasa Yonai (1937 – 1939) ernannt.

Abe, nach dem Abschluß des Deutsch-Sowjetischen Nichtangriffspaktes vom 23. August 1939 auf der Suche nach einer neuen außenpolitischen Orientierung im Rahmen der japanischen Antikominternpolitik, schaffte es nicht, die Handelsbeziehungen zu den Westmächten auf eine neue Basis zu stellen (→ 25. 1. / S. 23).

Noboyuki Abe trat am 30. August 1939 als Nachfolger von Kiichiro Freiherr Hiranuma das japanische Ministerpräsidentenamt an. Während seiner nur kurzen Amtszeit schaffte Abe es nicht, das durch den Krieg mit China geschwächte Land wirtschaftlich und politisch zu stabilisieren.

»Asama Maru« vor Japan gestoppt

21. Januar. Der japanische Dampfer »Asama Maru« wird 35 Seemeilen südlich der japanischen Küste, unweit der Hafenstadt Jokohama, von einem britischen Kreuzer gestoppt. 21 der an Bord befindlichen deutschen Staatsangehörigen, Angestellte einer Tochtergesellschaft des US-amerikanischen Konzerns Standard Oil, werden verhaftet und auf britische Schiffe gebracht.
Eine am folgenden Tag an die Regierung Großbritanniens gerichtete japanische Protestnote verurteilt die britische Aktion als eklatante Verletzung der völkerrechtlichen Bestimmungen und fordert die sofortige Freilassung der deutschen Zivilisten. Die britische Regierung legitimiert ihr Vorgehen mit der Begründung, daß es sich bei den Verhafteten zwar nicht um Militärpersonen handele, daß aber aufgrund des im Seekrieg geltenden sog. Prisenrechts auch Techniker und andere qualifizierte Angehörige einer feindlichen Macht festzunehmen seien; sie könnten jederzeit zum Militärdienst verpflichtet werden.

US-Handel mit Japan erschwert

25. Januar. Der im Jahr 1911 zwischen Japan und den Vereinigten Staaten abgeschlossene Handelsvertrag läuft aus. Der Aussage des US-Außenministers Cordell Hull zufolge werden die weiteren Handelsbeziehungen zwischen den beiden Staaten davon abhängig gemacht, »ob Amerika ausreichende Garantien für den Schutz amerikanischer Interessen in den Teilen Chinas erhalte, die [seit 1937] unter japanischer Kontrolle stehen«.
Nach dem Scheitern der Gespräche über die von den USA geforderten Freihandelsgarantien hatte die US-Regierung am 26. Juli 1939 einseitig die Kündigung des Handelsvertrages mit Japan ausgesprochen.
Die nun ungeregelten Handelsbeziehungen dienen vor allem den USA als politisches Druckmittel. Bei Importen, die sich vor allem aus kriegswirtschaftlich wichtigen Produkten (Brennstoffe, Schrotteisen und Maschinen) zusammensetzen, ist die japanische Rüstungsindustrie mangels eigener Rohstoffe von den US-Lieferungen abhängig.

Gewaltige Eisblöcke türmen sich auf der Donau bei Wien

Der Schiffsverkehr ist in vielen Teilen Europas lahmgelegt

In New York reißt eine Hauptwasserleitung

Ein Schlepper auf der zugefrorenen Themse

Schneeräumer in den Straßen Londons

Selbst das südliche Rom liegt unter einer Schneedecke

Hilferuf eines gestrandeten Eisbrechers auf der Zuidersee

Kältewelle in Nordamerika und Europa fordert erste Todesopfer

22. Januar. *Schneestürme und Kälterekorde mit Temperaturen bis zu – 40 °C legen das normale Leben in ganz Europa von Schweden bis Jugoslawien lahm. Vom nordamerikanischen Kontinent berichten Zeitungsmeldungen über erste Todesopfer durch Schneeverwehungen. Die extremen Witterungsverhältnisse schaffen vor allem Transportprobleme. Donau und Rhein sind auf weiten Strecken vereist, die Gleisanlagen der Eisenbahnen eingefroren. Im Deutschen Reich treten aus diesem Grund erste Versorgungsengpässe auf. So berichten die geheimen Lageberichte des Sicherheitsdienstes der SS am 8. Januar über Unmutsbekundungen unter der Bevölkerung. Bemerkungen, »daß man nicht wieder hungern und frieren wolle wie im [Ersten] Weltkriege«, verdeutlichen vor allem die herrschende Mißstimmung in den Großstädten.*

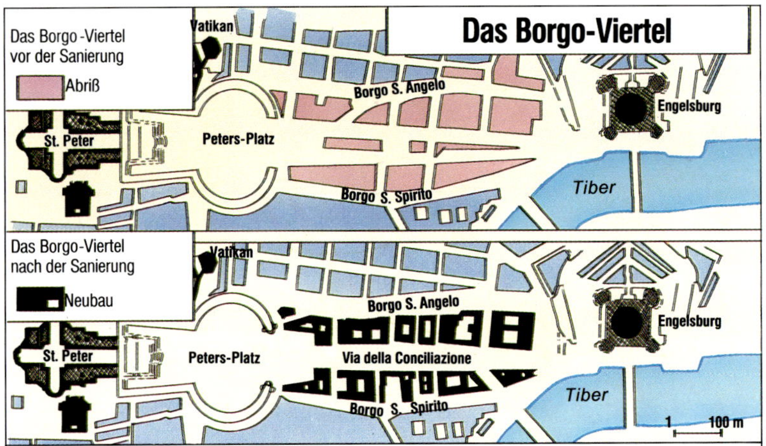

Umbauplan für das römische Borgo-Viertel zwischen dem Petersdom und der Engelsburg

Von der Engelsburg zum Petersplatz

13. Januar. *Die Sanierungsarbeiten im römischen Borgo-Viertel, das von der Vatikanstadt bis zum Tiberufer an der alten päpstlichen Festung Engelsburg reicht, sind so weit gediehen, daß der Blick von der Engelsbrücke bis zum Dom St. Peter freigegeben ist.*

Der Abriß des z. T. aus dem 9. Jahrhundert stammenden Viertels in Rom, am 29. Oktober 1936 von Ministerpräsident und Duce Benito Mussolini angeordnet, erfolgte in dem Bestreben, durch eine offene architektonische Lösung eine direkte Lichtlinie zwischen dem Petersplatz und dem Tiberufer herzustellen. Eine großzügige Straßenverbindung, die Via della Conciliazione, soll zukünftig als prachtvolle Mittelachse das Gesicht des Borgo-Viertels prägen. Die Neugestaltung im Kern der Hauptstadt soll bis zur geplanten Weltausstellung 1942 fertiggestellt sein.

Heftiges Erdbeben in Ostanatolien

1. Januar. Um sich ein Bild über das Ausmaß der Katastrophe zu machen, trifft der türkische Ministerpräsident Ismet Inönü in der ostanatolischen Stadt Erzincan ein. Die Stadt ist durch ein Erdbeben um die Jahreswende völlig zerstört worden. Die Zahl der Opfer im anatolischen Erdbebengebiet, zu dem auch die Städte Tokat und Erzurum zählen, liegt nach amtlichen Schätzungen bei 45 000 Toten und Vermißten. Die überlebenden Bewohner sind völlig von der Außenwelt abgeschnitten. Notdürftig wird die Versorgung der Erdbebenopfer aus der Luft und auf dem Seeweg vorgenommen. Ein an den Rettungsarbeiten beteiligter türkischer Bürger berichtet: »Ganze Straßenzüge sind eine einzige Trümmerstätte, und mehrere Stadtteile stehen (in Folge von Explosionen) noch in Flammen. Da kein einziger der Erzurumer Ärzte am Leben geblieben ist, sind die Verwundeten zunächst sich selbst überlassen. Viele der Einwohner, die vom Erdbeben verschont geblieben sind, sind der Kälte zum Opfer gefallen.«

Maßnahmen gegen Kommunisten

17. Januar. Mit 251 gegen zwei Stimmen nimmt die französische Abgeordnetenkammer einen Antrag der Regierung an, wonach den kommunistischen Abgeordneten im französischen Parlament, in den Provinzialversammlungen und Gemeinderäten der Wahlauftrag aberkannt wird. Betroffen sind davon alle kommunistischen Volksvertreter, die sich bis zum 1. Oktober 1939, vier Tage nach Auflösung der kommunistischen Partei in Frankreich, nicht öffentlich von der Dritten Internationale losgesagt haben. Am 20. Januar wird der Antrag mit großer Mehrheit vom Senat angenommen und erhält damit Gesetzeskraft. Von insgesamt 73 Abgeordneten werden nach diesem Beschluß 60 von der Mitwirkung ausgeschlossen.

Diese antikommunistische Politik und Verfolgung kommunistischer Propagandatätigkeit bedeutet eine bewußte Loslösung Frankreichs von der Sowjetunion, die im sog. Hitler-Stalin-Pakt (23. 8. 1939) einen Nichtangriffspakt mit dem Deutschen Reich eingegangen ist.

Wohnen und Design 1940:

Funktionelle Möbelformen

Zunehmender Materialmangel und zu wenige Arbeitskräfte erweisen sich im zweiten Kriegsjahr für die Möbelindustrien Europas als schwere Beeinträchtigung ihrer Produktionsmöglichkeiten. So bestimmen in zunehmendem Maße funktionelle Erwägungen die Gestaltung von Gebrauchsgegenständen und Einrichtungen. Während im Deutschen Reich auf die schon vor Kriegsbeginn favorisierten Entwürfe von »schlichter Schönheit und guter Werkmannsarbeit« zurückgegriffen wird, entwickeln britische Designer eine gemäßigte Form des Funktionalismus. Im Rahmen des staatlich verordneten »Utility-Program« (Gebrauchsmöbelbau) wird die Möbelproduktion auf rationalisierte Fertigungsverfahren umgestellt. Die Utility-Entwürfe berücksichtigen die verschärfte Holzrationierung von 1940, sind gebrauchsorientiert und von gedrungener, meist rechteckiger und strenger Form.

Auch der im Deutschen Reich angebotene Hausrat, zweckbestimmt, haltbar und ohne täuschenden Prunk, ist Produkt der nationalsozialistischen Design-Devise für das Volk. Im Gegensatz zu der Prunksucht der herrschenden Schicht im Reich, die sich mit Vorliebe für überladene und schwülstige Formen entscheidet, soll sich die Bevölkerung mit Alltagsgegenständen von »Einfachheit« und »Wahrhaftigkeit« begnügen.

Ein sog. Manager-Studio im Stil exklusiven Pariser d'Éxotisme

Vornehmes Wohnen in Frankreich

Exklusives Mobiliar, geprägt durch Stilelemente des 18. Jahrhunderts sowie chinesisch-japanische Einflüsse, soll die modernen Appartements einer gutverdienenden Schicht in Frankreich aufwerten. Diese als Décor d'Éxotisme bezeichnete Modeerscheinung etabliert sich im bewußten Gegensatz zu der nüchternen Moderne.

Luxuriöse Raumausstattungen, geschaffen von den französischen Designern Édouard Decour und Jean-Gabriel Domergue, gewinnen ihren besonderen Reiz durch Spiegelwände, aufwendig bedruckte Tapeten, Teppiche und einzelne Möbelstücke vergangener Epochen.

Ausgewählte Teppiche und Bilder

Wiederbelebte Tradition: Ein »Sippenschrein« von Klara Ege, 1940

Die deutsche Wohnkultur bleibt schlicht

»Bescheidenheit an Ausdruck und Umfang« bestimmt die staatlich propagierte Formgebung der Einrichtungsgegenstände für den Normalverbraucher im Deutschen Reich. Der Baustil des heimatverbundenen, pseudobäuerlichen Siedlungshauses, der vom NS-Regime als wünschenswerte Wohnform gefördert wird, soll sich so auch in der Inneneinrichtung niederschlagen. Der Siedler wird von der NS-Ideologie als Träger des zukünftigen Volkstums verstanden, der dem Elend der Mietskasernen entronnen, das notwendige Verständnis für einen schlichten und schönen Wohnstil aufbringt.
Als angemessene, großstädtische Alternative zum ländlichen Siedlungshaus wird die drei bis fünf Zimmer große Etagenwohnung angesehen. Geräumige Wohnungen in Mehrfamilienhäusern und Siedlungseigenheimen, die einem erhofften Bevölkerungszuwachs im erweiterten »Deutschen Lebensraum« Rechnung tragen, sollen nach einem Führererlaß vom 15. November in der Nachkriegszeit im Rahmen eines sozialen Wohnungsbauprogramms errichtet werden.
Großzügige Raumausstattungen mit Wohnküche, Musik- und Arbeitszimmer, mehreren Schlafzimmern und Duschräumen sind jedoch im Jahr 1940 nichts mehr als Utopie. Mit dem am 29. Februar durch den Generalbevollmächtigten für die Bauwirtschaft Fritz Todt verfügten Neubaustopp für zivile Projekte fällt das Wohnungsbauwesen in der Hierarchie der »nationalen Aufgaben« an die letzte Stelle. Nach der Weisung Todts, schon begonnene Projekte noch fertigzustellen, können im Reich 1940 nur noch 105 000 Neubauwohnungen (1939: 205 000) vollendet werden. Der zu diesem Zeitpunkt errechnete Mehrbedarf von etwa 1,5 Millionen Wohnungen kann jedoch nicht mehr produziert werden. Hinter dem kriegsbedingt vorrangig betriebenen Bau von Bunkern sowie von Unterkünften für Rüstungsarbeiter müssen die weitgreifenden Projekte im Rahmen der propagierten deutschen Wohnkultur bis auf weiteres zurückstehen.

Offene Wohnformen in den USA

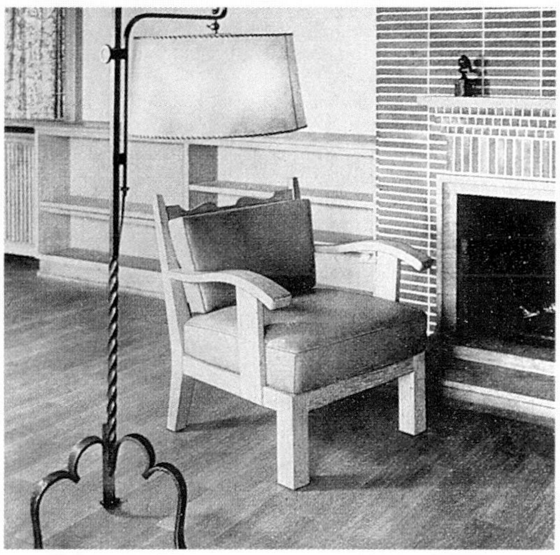

Solides Mobiliar wird in Berlin vorgestellt

Beispiel einer deutschen Kantineneinrichtung

Museum of Modern Art fördert neue Ideen im modernen Möbeldesign des 20. Jahrhunderts

Die größten Neuerungen auf dem Einrichtungssektor gehen im Jahr 1940 von den Vereinigten Staaten aus. Hier finden vor allem die preisgekrönten Arbeiten eines Wettbewerbs Beachtung, der unter dem Titel »Organic Design in Home Furnishings« vom New Yorker Museum of Modern Art ausgeschrieben wird und dessen Ergebnisse die grundlegende Linie des Einrichtungsstils auch in Westeuropa weit über das Jahr 1940 hinaus bestimmen.
Einen herausragenden Beitrag zu dieser als inneramerikanische Talentsuche gedachten Ausschreibung liefern Charles Eames und Eero Saarinen namentlich auf dem Gebiet der Sitzmöbel. Unter den Bezeichnungen »Relaxation Chair« und »Lounging Chair« stellen die US-amerikanischen Designer ein Konzept vor, bei dem die beiden konstruktiven Bestandteile eines Stuhles – Sitz und Rückenschale sowie der stützende Unterbau – unabhängig voneinander im Hinblick auf ihre unterschiedlichen Funktionen betrachtet werden.
Auch die auf der Wettbewerbsausstellung präsentierten Anbau- und Schrankelemente setzen für das Jahr 1940 maßgebliche Akzente: Anbaueinheiten in Standardgrößen lassen sich in unterschiedlichster Weise als Regal-, Schubladen und Schrankkombinationen auf fertig bemaßten, niedrigen Sockeln nach den Wünschen des Benutzers zusammenstellen.

Szene aus »Früchte des Zorns«: Mit einem alten Ford tritt die Farmerfamilie Joad ihre Reise nach Kalifornien an

Ruhender Pol und Mittelpunkt des Familienclans: Jane Darwell als Ma Joad mit Sohn Tom (H. Fonda)

Offizielles Standfoto; v. l.: Granpa Joad (C. Grapewin), Tom Joad (Henry Fonda), Pa Joad (Russel Simpson)

John Ford verfilmt »Früchte des Zorns«

4. Januar. In New York wird der unter der Regie von John Ford entstandene Film »The Grapes of Wrath« (Früchte des Zorns) der Öffentlichkeit vorgestellt. Der in Anlehnung an den 1939 veröffentlichten gleichnamigen Roman des US-Schriftstellers John Steinbeck gedrehte Film berichtet über die verzweifelten Bemühungen einer verarmten Farmerfamilie aus dem sandsturmgeplagten Oklahoma, in den kalifornischen Obstplantagen Arbeit zu bekommen. Aber auch im »goldenen« Kalifornien trifft sie auf Not und Elend, wird als Erntehelfer ausgebeutet, unterdrückt und muß schließlich, von der Polizei vertrieben, auch von dort wieder flüchten.

Dieser Hollywoodfilm mit seinem tiefgreifenden sozialkritischen Anspruch und seiner realistischen Darstellung der Verhältnisse in einer typischen US-amerikanischen Durchschnittsfamilie zur Zeit der wirtschaftlichen Depression in den 30er Jahren findet trotz seiner unbequemen Thematik die Gunst des US-amerikanischen Publikums. Der Erfolg resultiert nicht zuletzt aus der Tatsache, daß im Jahr 1940 die schwerste Krise überwunden scheint und die beginnende Aufrüstungspolitik in den USA auch einen spürbaren Beitrag zum Abbau der Arbeitslosigkeit leistet.

»The Grapes of Wrath«, für den John Ford am 21. Februar 1941 mit dem Academy Award (Oscar) ausgezeichnet wird, gilt als einer der progressivsten US-Produktionen der 40er Jahre. Neben Henry Fonda, in der Rolle des Farmersohnes Tom Joad, spielen Jane Darwell, Dorris Bowdon, Russel Simpson und John Carradine die Hauptrollen in diesem Erfolgsfilm.

»Romeo und Julia« in Leningrad

11. Januar. Als sowjetische Erstaufführung inszeniert Leonid M. Lawrowski am Leningrader Kirow-Theater das Ballett »Romeo und Julia« nach der Musik von Sergei S. Prokofjew. Die Inszenierung der Prokofjewschen Partitur durch Lawrowski stellt eine der werkgetreuesten Aufführungen des Shakespeare-Dramas dar.

Bei der Leningrader Premiere – die Uraufführung fand bereits 1938 in Brünn (Tschechoslowakei) statt – tanzt die sowjetische Primaballerina Galina Ulanowa die Julia, ihr Partner in der Rolle des Romeo ist Konstantin Sergejew.

Lawrowski, Ballettdirektor am Kirow-Theater (1937–40), ist einer der berühmtesten Choreographen der UdSSR. Große Beachtung fand schon 1938 seine Choreographie des Tanzwerks »Der Gefangene im Kaukasus« nach der Musik von Boris Assafjew. Für seine Verdienste um das Tanztheater wird er mehrfach ausgezeichnet. Auch wird ihm der Titel eines »verdienten Künstlers« der Sowjetrepublik verliehen.

Egks Ballett erntet Lob der Kritiker

20. Januar. In einer Uraufführung zeigt die Staatsoper Berlin das dramatische Tanzwerk »Joan von Zarissa« des deutschen Komponisten Werner Egk. Die Premiere des Ballets, das der Generalintendant der Oper Heinz Tietjen inszenierte und Lizzie Maudrik choreographierte, wird vom Publikum begeistert aufgenommen.

Joan von Zarissa, der Titelheld des Stückes, stellt eine Verkörperung des Don Juan dar. Der Name stammt vom Komponisten, der auch die Handlung erdacht und dramaturgisch bearbeitet hat. Die Handlung spielt in der Mitte des 15. Jahrhunderts am Hof des Eisernen Herzogs von Burgund. Prunkvolle höfische Szenen mit großen Ensembles beeindrucken ebenso wie glanzvolle Soloauftritte. Die Titelrolle tanzt Bernhard Wosien, die Rolle der Isabeau Ilse Meudtner, den Narren Lefou Rolf Jahnke. »Joan von Zarissa« begründet den Ruf des zeitgenössischen Opern-Komponisten Werner Egk, auch ein besonderes Gespür für das Ballett zu besitzen.

Erziehung zu Härte und Kampfesmut

18. Januar. In Anwesenheit des Reichsstudentenführers Gustav Adolf Scheel wird in Wien der erste Lehrgang des sog. Langemarck-Studiums in der Ostmark (Österreich) eröffnet. Das Langemarck-Studium erinnert an den Einsatz von studentischen Freiwilligenregimentern, die am 22./23. Oktober 1914 den in Westflandern gelegenen Ort Langemarck stürmten. Es gilt im Nationalsozialismus als Sinnbild der totalen Einsatzbereitschaft der Jugend. Mittels eines strengen Ausleseverfahrens werden junge Männer im Alter zwischen 17 und 19 Jahren für den einjährigen, kostenlosen Studiengang ermittelt, der als Vorbereitung für ein anschließendes Hochschulstudium gilt. Der Studiengang soll Mitgliedern aller sozialen Schichten offenstehen. Die Bewerber werden nach ihrer politischen Einstellung,überdurchschnittlicher oder im Rahmen der Gemeinschaft einsatzfähiger, fachlicher Begabung, körperlicher Gesundheit und erbtüchtiger Veranlagung sowie positiver charakterlicher Eigenschaften wie Beharrlichkeit, Kameradschaftsgeist und Wille zur Leistung ausgewählt. Von ursprünglich 250 Bewerbern aus der Ostmark werden nur 24 Studenten für den diesjährigen Elitestudiengang vereidigt.

Ein im Frankfurter NS-Gaudienst veröffentlichter Beitrag erläutert die Zielsetzung des Langemarck-Studiums: »In allen Ständen, Berufen und Schichten geht es heute darum, politische Menschen und aktive Nationalsozialisten zu erziehen. Im Rahmen des Erziehungsprogramms der NSDAP hat das Langemarck-Studium die Aufgabe, seine Männer zu hervorragenden Kämpfern zu erziehen, die jederzeit die Gewähr dafür bieten, daß sie in ihrem zukünftigen Leben die nationalsozialistische Idee in die Tat umsetzen.«

Ausbildungsrichtlinien an den Hochschulen im Deutschen Reich werden zunehmend nach militärischen Erfordernissen ausgerichtet

Knapper Sieg für Neusel in Berlin

27. Januar. Zu einem ersten internationalen Wettkampf des Jahres der Berufsboxer treffen im Schwergewicht Walter Neusel und Paul Wallner im Berliner Sportpalast aufeinander. Die beiden populären deutschen Boxer liefern den Zuschauern vor vollbesetztem Haus einen spannenden Kampf.

In einem Zwölf-Runden-Kampf schlägt der amtierende Deutsche Meister Neusel Wallner knapp nach Punkten. Obwohl sich Neusel nicht in körperlicher Hochform befindet, punktet er durch schnelleres und genaueres Schlagen in jeder Runde mehr. Mit einer ähnlichen Kampfweise wurde Neusel am 11. November 1938 durch einen Punktsieg nach zwölf Runden gegen den Berliner Arno Kölblin Deutscher Meister.

Auch in den unteren Gewichtsklassen sind auf dem Berliner Großkampftag interessante Begegnungen angesetzt. Der für Bonn startende Leichtgewichtsboxer Hans Heuser unterliegt dabei dem Prager Kurt Stary in einem Sechs-Runden-Kampf klar nach Punkten.

Schule für den Filmnachwuchs

16. Januar. In unmittelbarer Nähe des größten italienischen Filmateliers, der sog. Cinecittá im Südosten von Rom, weiht Ministerpräsident und Duce Benito Mussolini die erste italienische Schule zur Förderung des Filmnachwuchses ein.

Das Centro Sperimentale di Cinematographia – als Institution schon 1935 begründet – verfügt über ein eigenes Filmatelier und vermittelt den Absolventen neben schauspielerischen Fähigkeiten auch technische Kenntnisse in Tontechnik, Kameraführung und Beleuchtung. Der Ausbildungsgang erstreckt sich über zwei Jahre. Auch Ausländer können an den Kursen teilnehmen: Juden – selbst italienischer Staatsangehörigkeit – sind jedoch vom Besuch der Schule ausgeschlossen.

Vorrangige Zielsetzung der Filmschule ist die Nachwuchsförderung, um den inländischen Markt stärker als bisher mit eigenen Produktionen versorgen zu können.

Damit zählt Italien zu den wenigen Ländern in Europa mit einer staatlich organisierten Filmförderung.

Herber/Baier werden wieder Meister

4. Januar. *Im Rahmen der am Vortag begonnenen ersten Kriegsmeisterschaft des neuen Jahres wird in Wien die Deutsche Meisterschaft im Eiskunstlauf ausgetragen. Höhepunkt des Paarlauf-Wettbewerbs ist der erneute Zweikampf der beiden weltbesten Eislaufpaare Maxi Herber (München) – Ernst Baier (Zittau) sowie Ilse und Erik Pausin.*

Während die Kür des Wiener Geschwisterpaares Pausin vom einheimischen Publikum begeistert gefeiert wird, setzen die Punktrichter das deutsche Paar wieder auf Platz eins; es ist der sechste deutsche Paarlauftitel für Herber/Baier, der dritte in Folge. Im Herren-Einzel verteidigt der Münchner Vorjahresmeister Horst Faber seinen Titel erfolgreich. Bei dem am 12. und 13. Januar in München ausgetragenen Wettbewerb der Frauen wird Lokalmatadorin Lydia Feicht Deutsche Meisterin.

◁ Das Paar Herber/Baier auf VI. Wintersportwoche in Garmisch-Partenkirchen

Februar 1940

Mo	Di	Mi	Do	Fr	Sa	So
			1	2	3	4
5	6	7	8	9	10	11
12	13	14	15	16	17	18
19	20	21	22	23	24	25
26	27	28	29			

1. Februar, Donnerstag

Im zweiten Jahr nach der Einführung des sog. Pflichtjahrs im Reich, eines Dienstjahrs für junge Frauen in Haus- und Landwirtschaftsbetrieben, befinden sich 300 000 Mädchen im Arbeitsdienst. Die Gründe liegen in einem eklatanten Arbeitskräftemangel sowie in der Notwendigkeit zu erheblichen Produktionssteigerungen im Agrarbereich (→ 15. 2./S. 36).

Durch Reichsverordnung wird die Seßhaftmachung bislang freier Zigeunergruppen im Protektorat Böhmen und Mähren (Tschechei) verfügt.

Infolge eines Beschlusses des britischen Marineministeriums vom 4. Januar tritt die Beschlagnahme aller unter britischer Flagge verkehrenden Handelsschiffe in Kraft.

Der Marineausschuß des US-amerikanischen Abgeordnetenhauses bewilligt ein Flottenbauprogramm, das für die nächsten zwei Jahre den Bau von 21 Kriegsschiffen, 22 Hilfskriegsschiffen und die Aufstockung der Luftflotte auf mindestens 4500 Flugzeuge vorsieht. Die Gesamtkosten werden auf 655 Millionen US-Dollar (2,95 Mrd. RM) veranschlagt (→ 12. 7./S. 135).

Eine Anordnung der Reichsmusikkammer erklärt jegliche Aufführungen des Balletts »Der Feuervogel« und anderer Werke des Komponisten Igor Strawinski für die Dauer des Krieges als unzulässig. → S. 46

In Gstaad beginnt das 34. Schweizerische Skirennen unter Beteiligung von 264 Teilnehmern. Sieger der am 4. Februar endenden nationalen Meisterschaft sind: Im Abfahrtslauf Adi Scheuing und Erna Steuri, im Slalom Rudolf Rominger und Nini von Arx-Zogg.

2. Februar, Freitag

In Kopenhagen werden Planungen zum Bau einer Luftschutzanlage für insgesamt 90 000 Menschen abgeschlossen.

Der Reichspropagandaminister Joseph Goebbels empfängt anläßlich einer Arbeitstagung in Berlin die Filmstellenleiter der einzelnen Reichsgaue. In einer Ansprache weist er darauf hin, daß der Film die Grundregeln wirksamer Propaganda, Vereinfachung und ständige Wiederholung, nicht außer acht lassen dürfe. → S. 44

Der Abenteuer- und Frauenfilm »Zwielicht« wird von der Universum Film AG (Ufa) in München uraufgeführt. Darsteller des unter der Regie von Rudolf van der Noss entstandenen Films sind u. a. Viktor Staal, Ruth Hellberg und Carl Raddatz.

3. Februar, Sonnabend

Hermann Göring, Beauftragter für den Vierjahresplan, ordnet in einem Schreiben an Reichswirtschaftsminister Walther Funk an, daß die Rüstung »im Jahre 1940 zur größtmöglichen Höhe gebracht werden soll«. Hinter dieser Maßnahme müßten alle nicht so dringenden Projekte und Programme, die erst spätere Wirkung zeigten, zurückstehen.

Reichsjugendführer Baldur von Schirach gibt den Dienstplan der Hitlerjugend (HJ) für das Jahr 1940 bekannt. Die wichtigsten Punkte dabei bilden die weltanschaulich-politische Schulung, nationalsozialistische Kulturarbeit und die Anleitung zur Selbsterziehung.

Reichserziehungsminister Bernhard Rust erläßt reichseinheitliche Bestimmungen für Erziehung und Unterricht an Volks- und Mittelschulen. Der stärkere Einbezug handwerklicher Lehrinhalte sowie berufsvorbereitender Kurse bilden den Kern dieser NS-Schulreform.

4. Februar, Sonntag

Der am 2. Februar in Belgrad zusammengetretene Ständige Rat der Balkanentente schließt seine Verhandlungen mit der Veröffentlichung eines Kommuniqués ab, das den gemeinsamen Willen der Mitgliedstaaten zur Aufrechterhaltung des Friedens zum Ausdruck bringt. → S. 33

Bei den Baseler Verkehrsbetrieben werden aus mobilmachungsbedingtem Personalmangel Frauen als Schaffnerinnen und Fahrerinnen eingesetzt.

In Garmisch-Partenkirchen endet die IV. Internationale Wintersportwoche. Die erfolgreichsten Sportler des am 26. Januar begonnenen Wettbewerbs sind Christl Cranz und Josef (Pepi) Jennewein. → S. 47

5. Februar, Montag

Der Vizekönig von Indien, Victor Alexander John Hope, Marquess of Linlithgow, und der Führer der indischen Unabhängigkeitsbewegung, Mohandas Karamchand (Mahatma) Gandhi, treffen in Delhi zu einer Unterredung über die zukünftige Indienpolitik zusammen. Es geht um Indiens Forderung nach völliger Unabhängigkeit. → S. 35

Die Regierungen der 21 Nationen auf dem amerikanischen Kontinent beschließen in Washington die Errichtung einer Panamerikanischen Bank mit Sitz in New York. Sie hat die Aufgabe, die Währungen und den Handel ihrer Mitgliedstaaten vor den Auswirkungen des europäischen Krieges zu schützen. → S. 43

6. Februar, Dienstag

Um den Erfolg seiner bisherigen Wirtschaftspolitik des sog. New Deal (neue Handlungsweise) zu beweisen, gibt US-Präsident Franklin D. Roosevelt Zahlen über die positive wirtschaftliche Entwicklung der Vereinigten Staaten vom Ende des Vorjahrs im Vergleich zu 1932 bekannt. → S. 42

7. Februar, Mittwoch

Zwei Mitglieder der Irisch-Republikanischen Armee (IRA) werden von einem Londoner Gericht aufgrund eines im Dezember 1939 begangenen Bombenanschlags in Coventry (Südengland) zum Tode verurteilt (→ 5. 1./S. 22).

Das Nationalsozialistische Frauenwerk richtet eigene Ausbildungslehrgänge für Hausfrauen ein. Die Kurse sollen an hauswirtschaftlichen Fach- und Berufsschulen abgehalten werden.

8. Februar, Donnerstag

Der US-amerikanische Konzern Standard Oil Company, New Jersey, bestätigt offiziell den Erwerb von Patenten zur Herstellung synthetischen Kautschuks des Chemieunternehmens I. G. Farbenindustrie AG. → S. 40

Große Umwälzungen in der Textilindustrie mittels neuer Stoffe und Waschmittel werden auf einer Tagung des Gauamtes für Technik in Dessau angekündigt. → S. 41

Die »Deutsche Allgemeine Zeitung« veröffentlicht einen Appell des Fachamtes Druck und Papier der Deutschen Arbeitsfront (DAF), in dem alle deutschen Betriebe aufgefordert werden, die vorhandenen Altpapiermengen für die Wiederverwertung zu sammeln.

Im Zürcher Schauspielhaus findet die Premiere des Dramas »Dantons Tod« von Georg Büchner unter Mitwirkung von emigrierten deutschen Schauspielern statt. → S. 46

Der Berliner »Gloria Palast« zeigt den Propagandafilm »Feuertaufe« (Feldzug in Polen) als Uraufführung (→ 2. 2./S. 44).

In New York stellt der US-amerikanische Trickfilmzeichner Walt Disney (eigentl. Walter Elias Disney) seine neueste Filmproduktion mit dem Titel »Pinocchio« vor. → S. 44

9. Februar, Freitag

Wegen des unerlaubten Empfangs »feindlicher« Sender und der Verbreitung ihrer Nachrichten verurteilt das Hanseatische Sondergericht in Hamburg einen Mann zu fünf Jahren Zuchthaus (→ 11. 1./S. 18).

In New York siegt der US-Boxweltmeister im Schwergewicht, Joe Louis, über Arturo Godoy (CHI) in einem 15-Runden-Kampf nach Punkten.

10. Februar, Sonnabend

Reichsarbeitsminister Franz Seldte erläßt eine Anordnung über den Mißbrauch von wirtschaftlichen Dienstverpflichtungen in Betrieben. Diese sollen Fachkräfte nur im notwendigen Rahmen beschäftigen, so daß eine gerechte Verteilung der qualifizierten Arbeitskräfte über das Reichsgebiet gewährleistet ist (→ 15. 2./S. 36).

Die USA gewähren Finnland eine Anleihe in Höhe von 20 Millionen US-Dollar (90,2 Mio. RM), die ausschließlich zum Kauf von umfangreichen US-Kriegsmaterial bestimmt ist.

Ein Gesetz der mexikanischen Regierung stellt die gesamte Erziehung der Jugend unter die Kontrolle des Staates mit dem Ziel, eine umfassende sozialistische Erziehung zu ermöglichen.

11. Februar, Sonntag

Eine großangelegte Offensive der sowjetischen Roten Armee gegen die finnische Mannerheim-Linie (benannt nach dem finnischen Oberbefehlshaber Carl Gustaf Emil Freiherr von Mannerheim) führt zum Durchbruch der Roten Armee bei Summa und zwingt die Finnen zur Rücknahme ihres Südflügels in den Raum östlich von Wyborg (→ 8. 1./S. 14; 12. 3./S. 52).

Ein in Moskau unterzeichnetes Wirtschaftsabkommen zwischen dem Deutschen Reich und der Sowjetunion sichert dem Reich u. a. umfangreiche Erdöl-, Edelmetall- und Getreidelieferungen. → S. 40

Bei der am 10. Februar in Arosa begonnenen Schweizerischen Meisterschaft im Eiskunstlauf siegen in den Einzelwettbewerben Karl Enderlin und Angela Anders. Den Paarlaufwettbewerb gewinnen die Geschwister Dubois.

12. Februar, Montag

Reichsjustizminister Franz Gürtner verfügt in einem Erlaß zur Vereinheitlichung der deutschen Justiz die reichseinheitliche Ausbildung für Amtsanwälte.

Aus dem Reichsgebiet werden bis zum 15. Februar die ersten Judendeportationen in den Bezirk Lublin durchgeführt. Die Transporte kommen u. a. aus den Städten und Kreisen Schneidemühl (Pila), Stettin (Szczecin) und Stralsund. → S. 37

In Kopenhagen verbessert die Dänin Ragnhild Hveger den Weltrekord im 500-m-Kraulschwimmen um eine Sekunde auf 6:27,8 min. Die bisherige Weltbestleistung hielt die Belgierin Fernande Caroens.

13. Februar, Dienstag

In München tritt das Oberste Parteigericht der NSDAP über Julius Streicher, Herausgeber der antisemitischen Kampfzeitschrift »Der Stürmer« und Gauleiter von Franken, zusammen. → S. 36

Vom Amtsgericht Darmstadt wird eine Jüdin zu sieben Monaten Gefängnis verurteilt, da sie sich an der Wahl zum Reichstag vom 10. April 1938 beteiligt und damit gegen das geltende Reichstagswahlgesetz verstoßen hatte.

Die schwedische Regierung lehnt ein Ersuchen Finnlands um Waffenhilfe ab (→ 12. 3./S. 52).

In einer Presseerklärung führt der britische Luftfahrtminister, Sir Kinsley Wood, die Vermutung an, daß die Zahl der von Deutschen erschossenen Polen

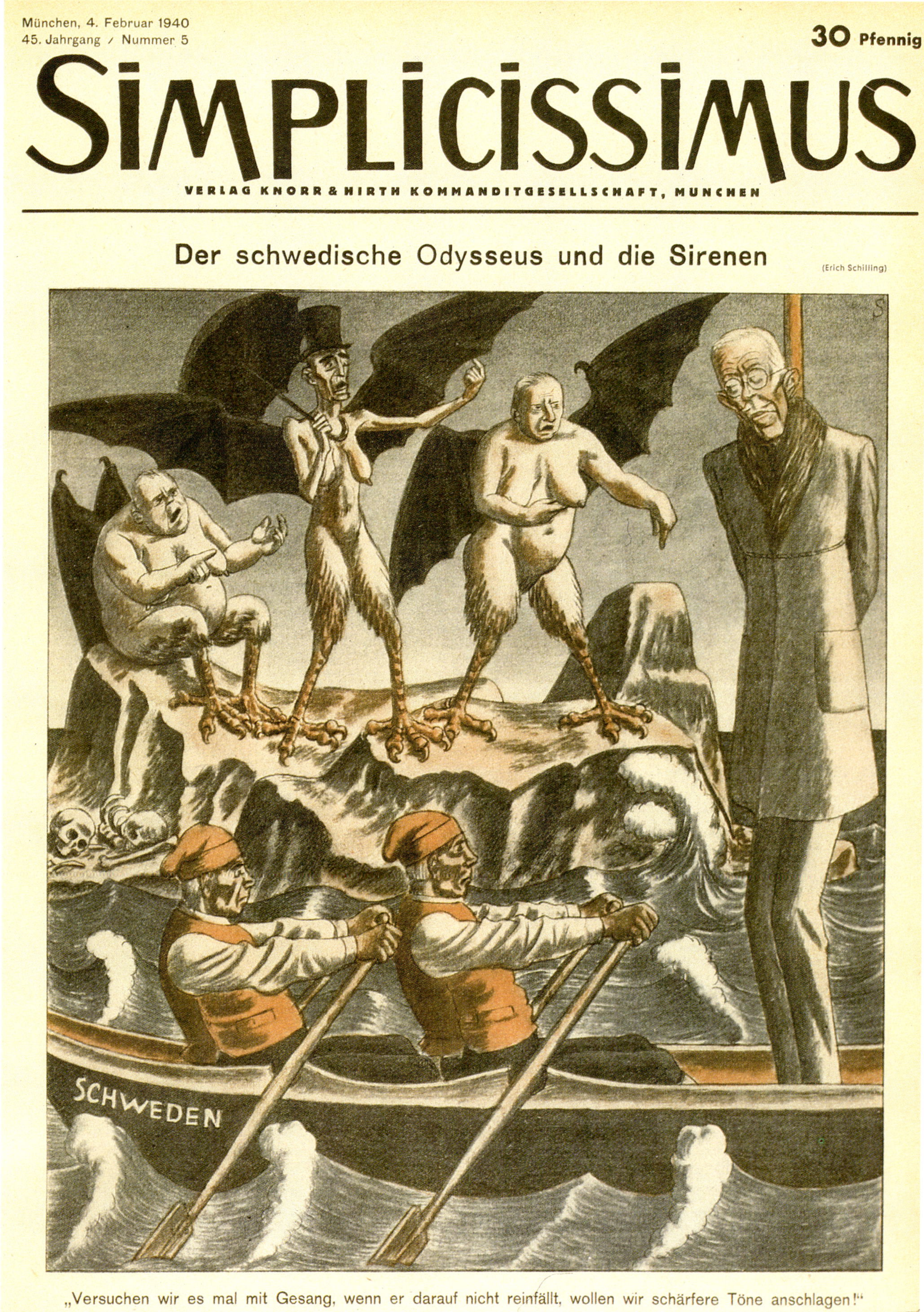

Karikatur auf der Titelseite des »Simplicissimus« vom 4. Februar 1940 zu den wiederholten Bemühungen der Alliierten, Schweden zur Aufgabe seiner Neutralität zu bewegen. Die ehemals kritisch-satirische Zeitschrift wurde von den Nationalsozialisten gleichgeschaltet

etwa 15 000 Menschen betrage (→ 15. 2. / S. 37).

Die »Frankfurter Zeitung« veröffentlicht Tips und Regeln zur Anfertigung von Kleidungsstücken mit nur einer Rolle Nähseide.

14. Februar, Mittwoch

Der US-amerikanische Senat nimmt eine Gesetzesvorlage an, die eine Erhöhung des Kapitals der Ex- und Importbank um 100 Millionen US-Dollar (451 Mio. RM) zur Finanzierung von Handelsgeschäften mit Südamerika vorsieht.

In Berlin ruft die Reichsmusikkammer die Veranstaltung »Stunde der Unterhaltungsmusik« ins Leben, in deren Rahmen »wertvolle deutsche Musik« regelmäßig in Cafés und bei öffentlichen Anlässen aufgeführt werden soll.

15. Februar, Donnerstag

Der Oberbefehlshaber der deutschen Besatzungsstreitkräfte in Polen, Johannes Albrecht Blaskowitz, protestiert beim Oberbefehlshaber des deutschen Heeres, Generaloberst Walter von Brauchitsch, gegen die Vorgehensweise der Schutzstaffel (SS) und der Polizei in Polen. → S. 37

Führer und Reichskanzler Adolf Hitler beauftragt Robert Ley, Reichsorganisationsleiter der Deutschen Arbeitsfront (DAF), Vorschläge zur »Durchführung einer umfassenden und großzügigen Altersversorgung des deutschen Volkes« zu erarbeiten (→ 4. 4./S. 76).

Hermann Göring, Beauftragter für den Vierjahresplan, betont in einer Rundfunkrede an die landwirtschaftliche Bevölkerung die Notwendigkeit einer Produktionssteigerung. Die Parole für die »Erzeugungsschlacht 1940« lautet: »Jeder Hektar muß ausgenutzt werden«. → S. 36

Großhandel und Gewerbe im Deutschen Reich werden in die Zwangsbewirtschaftung von Rohstoffen miteinbezogen. Der Kauf von Spinnstoffwaren ist nur noch mittels Bezugsschein möglich.

Die »Neue Zürcher Zeitung« veröffentlicht den Aufruf: »Schweizerfrau, lerne schießen!« Nach offiziellen Verlautbarungen haben sich schon 130 Frauen freiwillig zur Ausbildung an der Waffe gemeldet.

Durch den seit Wochen anhaltenden Frost ist die Ostsee zwischen der baltischen Küste und Schweden so weit zugefroren, daß schon bald eine fußfeste Verbindung entstehen kann. Schweden und Dänemark sind bereits über den zugefrorenen Öresund miteinander verbunden.

In der Weltrangliste der besten Sechstagefahrer stehen die Dortmunder Radprofis Heinz Vopel (97 Punkte) und Gustav Kilian (92 Punkte) an dritter und vierter Stelle (→ 13. 4./S. 83).

16. Februar, Freitag

Der britische Zerstörer »Cossack« entert im Jössingfjord innerhalb norwegischer Hoheitsgewässer das deutsche Marine-Hilfsschiff »Altmark«. → S. 32

Bezugsscheine für die Brautausstattung werden nach einer Verordnung von Reichswirtschaftsminister Walther Funk nur noch nach Vorlage des standesamtlichen Aufgebots ausgegeben.

Der Schweizer Bundesrat verbietet die Veröffentlichung des Werkes »Gespräche mit Hitler« des emigrierten, ehemaligen Danziger Senatspräsidenten Hermann Rauschning in der Schweiz. → S. 36

Das Zürcher Kunsthaus zeigt eine Paul-Klee-Ausstellung anläßlich des 60. Geburtstages des Künstlers. Die Kunstausstellung endet im März. → S. 46

In Hamburg wird der Film »Ein Mann auf Abwegen« (Regie: Herbert Selpin) uraufgeführt. Hans Albers spielt die Hauptrolle. → S. 46

17. Februar, Sonnabend

Erich von Manstein, General der Infanterie, trägt Adolf Hitler seinen Plan für eine Westoffensive vor, der den Schwerpunkt des Angriffs auf einen Panzervorstoß gegen Sedan legt (»Sichelschnittplan«) (→ 10. 1./S. 15).

Die Bergbau AG Ewald-König-Ludwig, Herten, ist einer Mitteilung der »Frankfurter Zeitung« zufolge mit sofortiger Wirkung in die Reichswerke Hermann Göring eingegliedert. → S. 43

Das Berliner Sondergericht verurteilt einen Berliner Drucker als sog. Volksschädling zu drei Jahren Zuchthaus wegen Nachdrucks von Fleischmarken.

Das Budapester Eishockeyteam unterliegt der Zürcher Mannschaft bei einer Begegnung in Zürich 2:9 (1:3, 1:4, 0:2).

In Ruhpolding beginnen die nordischen Deutschen Skimeisterschaften. Einer der erfolgreichsten Teilnehmer des bis zum 19. Februar dauernden Wettbewerbs ist Weltmeister Gustl Berauer (→ 10. 3./S. 65).

18. Februar, Sonntag

Mit einem Flottenvorstoß unter Führung von Admiral Wilhelm Marschall (Unternehmen »Nordmark«) versucht die deutsche Kriegsmarine, den alliierten Geleitverkehr zwischen Großbritannien und Skandinavien zu unterbrechen. Die Aktion muß jedoch zwei Tage später ergebnislos abgebrochen werden.

19. Februar, Montag

Der Rotary-Club, eine internationale Vereinigung führender Persönlichkeiten, von Rechtsanwalt Paul Harris in Chicago gegründet, feiert sein 35jähriges Jubiläum.

Das am 17. Februar begonnene Etappenskirennen rund um die Dolomiten in Cortina d'Ampezzo endet mit folgendem Gesamtergebnis: Gewinner im Gesamtklassement ist Achile Compagnoni (ITA); Zweiter wird Giovanni Scandola (ITA).

20. Februar, Dienstag

Äyptens Ministerpräsident Ali Mahir Pascha erklärt öffentlich, er wolle weder Truppen nach Europa schicken noch sich an dem europäischen Krieg beteiligen.

Mit dem Aufruf »Hilf mit im Deutschen Frauenwerk« sollen Frauen für Näharbeiten von Soldatenkleidung in sog. Ausbesserungsgemeinschaften geworben werden.

21. Februar, Mittwoch

Adolf Hitler ernennt General Nikolaus von Falkenhorst zum Leiter der Operation »Weserübung«, der geplanten Besetzung Dänemarks und Norwegens (→ 9. 4./S. 70).

SS-Gruppenführer Richard Glücks, Inspekteur der Konzentrationslager, berichtet dem Reichsführer SS und Chef der Deutschen Polizei, Heinrich Himmler: »Auschwitz, eine ehemalige polnische Artilleriekaserne (Stein- und Holzgebäude), ist nach Abstellung einiger sanitärer und baulicher Mängel als Quarantänelager geeignet« (→ 14. 6./S. 118).

Nach einem Abkommen zwischen dem italienischen Spitzenverband der Landarbeiter und zuständigen deutschen Behörden soll die Anwerbung italienischer Arbeiter für das Deutsche Reich auch im Jahr 1940 weiter fortgesetzt werden.

Ein Erlaß von Reichserziehungsminister Bernhard Rust über die »Pflege des Luftfahrtgedankens in der Schule« verfügt, daß das Thema in allen Schulfächern behandelt werden soll.

22. Februar, Donnerstag

Der Oberbefehlshaber der alliierten Streitkräfte in Frankreich, General Maurice Gustave Gamelin, legt seine Studien über einen möglichen Angriff der Alliierten auf die russischen Ölfelder bei Baku der französischen Regierung vor. → S. 35

Der erst vierjährige Tanchu Dhondup wird in Lhasa zum 14. Priesterfürst von Tibet inthronisiert. → S. 43

In einem Brief an NS-Reichsleiter Alfred Rosenberg gibt Stabsleiter Martin Bormann Richtlinien zur Erteilung des Religionsunterrichts bekannt. Die christliche Glaubenslehre soll danach mit nationalsozialistischen Inhalten in einen Zusammenhang gebracht werden.

Der US-amerikanische Großindustrielle und Milliardär Nelson Aldrich Rockefeller überreicht der finnischen Regierung zur Unterstützung ihrer Truppen im Finnisch-Sowjetischen Winterkrieg (→ 8. 1/S. 14; 12. 3./S. 52) einen Scheck in Höhe von 100 000 US-Dollar (451 000 RM).

23. Februar, Freitag

Zum erstenmal seit Kriegsbeginn tagt die Exekutive der Sozialistischen Arbeiter-Internationale (SAI) in Brüssel. → S. 35

Der Generalinspekteur für das deutsche Straßenwesen, Fritz Todt, wird zum Generalinspekteur für Sonderaufgaben im Vierjahresplan ernannt (→ 17. 3./S. 58).

Das dominikanische Parlament beschließt, die sofortige Einreiseerlaubnis für 500 jüdische Familien zu erteilen. Dies bedeutet den ersten Schritt zur geplanten Ansiedlung von rund 100 000 jüdischen Flüchtlingen in Santo Domingo.

24. Februar, Sonnabend

Zum »20. Gedenktag der Verkündung des Parteiprogramms« hält Adolf Hitler eine Rede in München, in der er auf die für beide Völker »segensreiche deutsch-sowjetische Verbindung« eingeht. Diese sei am → 11. Februar (S. 40) durch das neue Wirtschaftsabkommen noch einmal gefestigt worden.

Der deutsche Botschafter a. D. Ulrich von Hassell verfaßt nach geheimen Beratungen mit Ludwig Beck, Carl Friedrich Goerdeler und dem preußischen Finanzminister Johannes Popitz ein Programm für den Fall des Umsturzes. → S. 38

25. Februar, Sonntag

In Schweden tritt ein neues Gesetz zur Devisenbewirtschaftung in Kraft. Nur die schwedische Reichsbank und zu Devisenbanken erklärte Geldinstitute sind danach zur Devisenabgabe ermächtigt.

26. Februar, Montag

Das Reichsgesundheitsamt warnt Frauen vor dem Rauchen. Es teilt mit, daß »die rauchende Frau schwerwiegende Folgen für die Zukunft und Gesundheit des gesamten deutschen Volkes« mit sich bringe.

27. Februar, Dienstag

Das Sondergericht in Ibbenbüren verurteilt zwei Postbeamte wegen Unterschlagung von Feldpostpäckchen zu 15 Jahren Zuchthaus und Aberkennung der Ehrenrechte auf Lebenszeit.

28. Februar, Mittwoch

Reichspresseleiter Otto Dietrich hebt auf einer Tagung in Berlin die Bedeutung der Presse für propagandistische Aufgaben während des Krieges hervor.

29. Februar, Donnerstag

Eine Anordnung der britischen Regierung legt Siedlungsrechte für Juden und Araber in Palästina fest, um »die angestammten Rechte der arabischen Bevölkerung« zu wahren. → S. 41

Im Rahmen der Pressegleichschaltung stellt die »Wiener Zeitung« ihr Erscheinen ein.

Das Wetter im Monat Februar

Station	Mittlere Lufttemperatur (°C)	Niederschlag (mm)	Sonnenscheindauer (Std.)
Aachen	1,1 (2,1)	49 (59)	– (74)
Berlin	–7,1 (0,4)	32 (40)	– (78)
Bremen	–5,2 (0,9)	26 (48)	– (68)
München	–2,8 (–0,9)	50 (50)	– (72)
Wien	–6,3 (0,6)	29 (41)	– (81)
Zürich	0,2 (0,2)	78 (61)	52 (79)

( ) Langjähriger Mittelwert für diesen Monat
– Wert nicht ermittelt

Titel der britischen Zeitschrift »The Illustrated London News« vom 24. Februar 1940 anläßlich des Eintreffens des Zerstörers »Cossack« mit den von der »Altmark« befreiten Gefangenen an Bord

THE ILLUSTRATED LONDON NEWS.

SATURDAY, FEBRUARY 24, 1940.

BRINGING HOME THE "ALTMARK" PRISONERS: JUBILANT CROWDS GATHERED AT LEITH AS THE "COSSACK," THE DESTROYER THAT MADE THE DARING RESCUE, DRAWS IN.

The apoplectic exasperation of the Nazi Press and radio at the swift and complete rescue carried out by H.M.S. "Cossack" on the night of February 16 of over 300 British merchant officers and men from the German naval auxiliary and prison ship "Altmark," in the Jössing Fjord, Norway, is fully understandable if, as it seems, the unfortunate prisoners were to be paraded, in Roman fashion, "a living advertisement for the earlier achievements of the 'Admiral Graf Spee'" and their arrival in Germany made "a proof that the British Navy had been swept from the seas!" However, our Admiralty had other views, and as the Norwegian authorities apparently failed to fulfil their duties as neutrals in searching the "Altmark" and interning or liberating the prisoners, the British Navy took the matter in hand—to the delight of the Empire. Illustrations of different aspects of the "Altmark" rescue operations appear on later pages. *(Keystone.)*

Fall »Altmark« beschleunigt Offensive im Norden

16. Februar. Das deutsche Versorgungsschiff »Altmark« wird gegen 17 Uhr von einem britischen Kreuzer und fünf Zerstörern vor der Westküste Norwegens verfolgt und durch Warnschüsse zur Unterbrechung seiner Fahrt aufgefordert. Es hat etwa 300 britische Kriegsgefangene an Bord. Der Altmark-Kapitän Heinrich Dau mißachtet die Aufforderung und flüchtet in den Jössingfjord. Der britische Zerstörer »Cossack« folgt. Gegen 22 Uhr wird das deutsche Schiff geentert. Nach kurzem Gefecht werden die britischen Gefangenen befreit. Zwei norwegische Kanonenboote sind zur Stelle, greifen jedoch nicht ein. Norwegen protestiert vergeblich gegen die Verletzung seines Hoheitsgebietes.

Die Geschichte der »Altmark«
Der 1937 von den Kieler Howaldtswerken gebaute deutsche Motortanker »Altmark« (10 698 BRT), am 14. November 1938 als Hilfsschiff der deutschen Kriegsmarine in Dienst gestellt, wurde seit August 1939 als Versorger des Panzerschiffes »Admiral Graf Spee« eingesetzt. Als das Panzerschiff am 17. Dezember 1939 – nach einem Gefecht mit britischen Kreuzern an der La-Plata-Mündung – schwer beschädigt von der eigenen Besatzung versenkt wurde, gelang es der »Altmark« mit den von der »Admiral Graf Spee« im Handelskrieg gefangengenommenen Briten an Bord, den britischen Verfolgern bis in den Nordatlantik zu entkommen. Am 14. Februar wurde es von britischen Aufklärern vor der norwegischen Küste ausgemacht. Nach dem Vorfall im Jössingfjord setzt das Hilfsschiff am 26. März seine Fahrt fort und erreicht zwei Tage später den Kieler Hafen.

◁△ Der Versorger »Altmark« (links) nach dem Überfall britischer Marinesoldaten im Jössingfjord

△ Auf Tragbahren (rechts) werden die verletzten Matrosen der »Altmark« geborgen

◁ Erleichterung und Triumph spiegeln sich in den Gesichtern der befreiten britischen Soldaten

▽ Am 28. März erreicht die »Altmark« den Kieler Hafen und wird aus Tarnungsgründen am 6. August in »Uckermark« umgetauft

Die auf ausdrücklichem Befehl des Ersten Lord der britischen Admiralität, Winston Churchill, durchgeführte Kaperung der »Altmark« löst heftige öffentliche Proteste der deutschen und norwegischen Regierungen gegen die Neutralitätsverletzung durch Großbritannien aus. Der Vorfall bestärkt die deutsche Reichsregierung in ihrem Entschluß, die seit dem 27. Januar vorbereiteten militärischen Maßnahmen zur Besetzung Dänemarks und Norwegens voranzutreiben (→ 9. 4./S. 70).

Letzte Konferenz der Balkanstaaten

4. Februar. In Belgrad endet nach dreitägigen Verhandlungen die Konferenz des Ständigen Rates der Balkanentente. Die Außenminister der vier Bündnisstaaten Rumänien, Jugoslawien, Griechenland und Türkei beschließen die Konferenz mit einem Kommuniqué. Nach den einstimmig gefaßten Beschlüssen wird an der bisherigen Machtkonstellation in Südosteuropa festgehalten. Der Balkanpakt wird um weitere sieben Jahre verlängert und die Notwendigkeit einer engeren wirtschaftlichen wie politischen Zusammenarbeit untereinander besonders hervorgehoben.

Im Mittelpunkt der Gespräche stehen Fragen zur Stellung der neutralen Balkanstaaten angesichts des am 1. September 1939 ausgebrochenen Krieges in Europa. Der Staatenbund zeichnet sich aus durch reiche Rohstoffvorkommen einerseits und Kapitalarmut andererseits. Damit bildet er ein politisches und marktwirtschaftliches Interessengebiet für das Deutsche Reich und Italien. Das am 9. Februar 1934 geschlossene Bündnis zur gegenseitigen Garantie der gemeinsamen Grenzen und Stärkung der außenpolitischen Position gegenüber den Großmächten steht in erster Linie im Konfliktfeld der deutsch-italienischen Beziehungen. Es wird latent durch wirtschaftspolitische und machtpolitische Interessen der Achsenmächte bedroht: Während Italien einen Balkanblock unter seiner politischen Vorherrschaft anstrebt, ist die deutsche Regierung aus handelspolitischen Erwägungen bemüht, den Status quo in Südosteuropa zu erhalten.

Die in Belgrad proklamierte Einmütigkeit und der gemeinsame Friedenswille der Balkanentente ist eine der letzten Vereinbarungen des Staatenbundes. Schon am → 27. Mai (S. 94) schließt Rumänien mit dem Deutschen Reich einen Wirtschaftsvertrag, der eine deutschfreundliche Politik und entscheidende Annäherung an die Achsenmacht zur Folge hat. Mit den im zweiten Wiener Schiedsspruch vom → 30. August (S. 142) sanktionierten Gebietsabtretungen Rumäniens an Ungarn übernehmen das Deutsche Reich und Italien die Garantie für die rumänischen Grenzen. Durch den Angriff Italiens auf Griechenland vom → 28. Oktober (S. 173) wird die Balkanentente praktisch gegenstandslos.

△ *Die vier Minister während ihrer Verhandlungen in Belgrad (v. l.): A. Markovic (Jugosl.), S. Saracoglu (Türkei), I. Metaxas (Griechenland), G. Gafencu (Rumänien)*

◁ *Das Territorium der Balkanentente*

▽ *Rumänische Wachtposten patrouillieren an der Grenze zur UdSSR*

Beschlüsse der Balkanländer

Im Abschlußkommuniqué der Balkankonferenz betonen die beteiligten Länder:

▷ Das gemeinsame Interesse der vier Staaten an der Aufrechterhaltung des Friedens, der Ordnung und der Sicherheit.

▷ Den festen Entschluß, ihre Friedenspolitik fortzusetzen und ihre Einstellung zum gegenwärtigen Konflikt aufrechterhalten.

▷ Ihren festen Willen, im Rahmen des Balkanbundes, der nur seine eigenen Ziele verfolgt und gegen niemand gerichtet ist, einig zu bleiben.

▷ Den aufrichtigen Willen, im Sinne gegenseitigen Verständnisses und friedlicher Zusammenarbeit mit den Nachbarländern freundschaftliche Beziehungen zu unterhalten.

▷ Die Notwendigkeit, die wirtschaftlichen Beziehungen zwischen den Balkanländern auszubauen.

▷ Den Beschluß, den Balkanbund um die vertragliche Frist von sieben Jahren zu verlängern.

▷ Die Vereinbarung, bis zur nächsten ordentlichen Zusammenkunft in engem Kontakt zu bleiben.

Noch herrscht Ruhe an der Westfront

Die nach dem britisch-französischen Kriegseintritt vom 3. September 1939 hinter den Verteidigungslinien der Maginotlinie (benannt nach dem französischen Kriegsminister von 1929 bis 1932, André Maginot) und des Westwalls zusammengezogenen alliierten und deutschen Truppen warten seit Monaten auf den Angriffsbefehl. Dieser mittlerweile als »Sitzkrieg« oder »Komischer Krieg« verspottete Kampf bleibt auf kleinere Grenzgefechte, Erkundungsflüge, Täuschungsmanöver und Propagandaaktionen begrenzt. Während die militärischen Führungsstäbe auf deutscher Seite mit Fragen der Strategie und Festlegung des besten Zeitpunktes für die beabsichtigte Westoffensive beschäftigt sind und die Alliierten Möglichkeiten der wirksamsten Verteidigung diskutieren, verharren die Soldaten an der Front in Wartestellung. Deutsche Offizierkuriere bringen aus dem Führerhauptquartier in Berlin immer neue Termine für die Stunde Null, die bald darauf aber wieder für ungültig erklärt werden, weil Wetter, Straßenverhältnisse und viele andere Momente in diesen Wintermonaten einen Angriff aussichtslos erscheinen lassen. Bis zur am → 10. Mai (S. 88) beginnenden Offensive wird der Termin für die entscheidende Schlacht mit den Alliierten insgesamt 29mal verschoben.

Die Wachmannschaften hinter den Verteidigungslinien, die unter der großen Kälte des Winters zu leiden haben, arrangieren sich mit den Verhältnissen. Mit Büchern und Kartenspiel machen sie es sich in den unterirdischen Kasematten so gut es geht bequem. Um einer größeren Demoralisierung der Truppen vorzubeugen, werden Theaterensembles an die Front gerufen. Die Mannschaften erhalten außerdem häufiger Heimaturlaub.

In einem Memorandum hält der französische General Charles de Gaulle am 26. Januar zur Situation an der Westfront fest: »Im gegenwärtigen Konflikt, wie auch in jedem vorangegangenen, trifft das Gesetz zu: Der Untätige ist der Geschlagene. Die erzwungene Untätigkeit übt einen gefährlichen Einfluß auf die Moral der Armee und der Nationen aus.«

Ein deutscher Soldat beobachtet Vorgänge auf der französischen Seite; die sog. Feindbeobachtung bildet einen Schwerpunkt im »Sitzkrieg«

Ein Pionier hat sich bis in die unmitt stes herangearbeitet, dieses kann nun n

Eine französische Patrouille passiert einen verschneiten Schützengraben

Eine französische Abteilung auf dem Weg zu ihren Stellungen

Betonherstellung für den Bau von Bunkern und Befestigungen

Deutscher Spähtrupp auf dem Weg zum Kirchberg eines Dorfes an der deutsch-französischen Grenze, von wo aus er einen guten Überblick hat

Meinungen zum Westwall-Alltag

27. Februar. Über das Leben der Soldaten am Westwall und in den dahinterliegenden Gebieten ist in einem Kriegstagebuch zu lesen: »Das Verhältnis zwischen Mannschaften und Offizieren ist nicht besonders gut, oft sogar recht gespannt. Alle jüngeren Offiziere, die bis Mitte Dezember an der Front lagen, waren, bis auf Ausnahmen, Nazis, viele sogar Mitglieder der SS . . . Es besteht kein Haß gegen Frankreich und gegen die französischen Soldaten, auch gegen die englischen Soldaten nicht. Hier und da sagt schon mal einer, warum schießen wir auf die da drüben? Das ist doch alles so sinnlos.«

re Nähe eines französischen MG-Ne-
m Flammenwerfer bekämpft werden

Soldaten stehen vor den Magazinen im Maginotlinien-Tunnel

»Anfassen verboten – Lebensgefahr« warnt dieser »Unterstand«

Indiens Kampf um die Unabhängigkeit

5. Februar. Zu einer zweieinhalbstündigen Unterredung treffen der Führer der indischen Unabhängigkeitsbewegung, Mohandas Karamchand Gandhi, genannt Mahatma (Sanskrit »dessen Seele groß ist«), und Indiens Vizekönig Lord Victor Alexander John Hope, Marquess of Linlithgow in Delhi zusammen. Die seit dem 8. September 1920 von Gandhi und den Mitgliedern des Indischen Nationalkongresses erhobene, durch Aktionen passiven Widerstandes unterstützte Forderung, Indien die völlige Unabhängigkeit von Großbritannien zu gewähren, bildet den Kern der Gespräche.

Der Vizekönig, als Generalgouverneur Interessenvertreter des kolonialen Mutterlandes, betont in der Unterredung den Wunsch der britischen Regierung, daß Indien sobald wie möglich den Status eines Dominions innerhalb des britischen Commonwealth erhalten solle. Linlithgow unterbreitet Gandhi dabei das in den Augen der indischen Kongreßpartei unzureichende Angebot, nach Beendigung des Krieges in Europa für Indien u. a. eine neue Verfassung vorzubereiten sowie den Exekutivrat des Vizekönigs durch eine größere Zahl indischer Mitglieder zu erweitern. Am 29. Februar spricht sich die Kongreßpartei gegen eine Fortsetzung der Verhandlungen mit dem Vizekönig aus.

Victor Alex. John Hope Linlithgow

Freiheitskämpfer Mahatma Gandhi

Kriegspläne der Alliierten

22. Februar. Der Oberbefehlshaber der alliierten Streitkräfte in Frankreich, General Maurice Gustave Gamelin, legt der Regierung in Paris eine Studie über die mögliche Zerstörung der sowjetischen Ölfelder im Kaukasus vor. Gamelin, am 19. Januar mit der Erarbeitung dieser Denkschrift von Ministerpräsident Édouard Daladier beauftragt, entwickelt im Rahmen seiner Überlegungen Vorschläge, die auf eine Bombardierung der Erdölzentren in Baku und Batum abzielen.

Pläne für eine Intervention in der Sowjetunion seitens der Alliierten entspringen Überlegungen, die Versorgung des Deutschen Reiches mit Erdöl zu unterbinden, das die Reichsregierung seit Abschluß des gemeinsamen Wirtschaftsvertrages vom → 11. Februar (S. 40) hauptsächlich aus der Sowjetunion bezieht. Eine erfolgreiche Zerstörung der Erdölraffinerien würde nicht nur die Lücke in der von Großbritannien am 6. September 1939 gegen das Deutsche Reich verhängten Wirtschaftsblockade schließen, sondern auch die Kampfkraft der sowjetischen Truppen im finnisch-sowjetischen Konflikt (→ 8. 1./S. 14; 12. 3./S. 52) wesentlich schwächen. Die Intervention in der UdSSR, bei der eine Kriegserklärung der Sowjetunion an die Alliierten miteinkalkuliert werden muß, wird von den Alliierten noch bis Anfang April in Erwägung gezogen (→ 28. 3./S. 54).

Denkschrift zur Baku-Aktion

»Angesichts der Schwierigkeiten aller Art, die eine Operation zu Lande mit sich bringt, muß man also einen Angriff auf Baku aus der Luft in Aussicht nehmen ... Die Stützpunkte für einen Angriff auf Baku müßten liegen: Entweder in der Türkei ... oder im Iran oder in Syrien und im Irak ... Eine Aktion gegen die russische Erdölindustrie im Kaukasus ist ... von sehr großem Interesse für die Alliierten. Sie ermöglicht es ... einen entscheidenden Schlag gegen die militärische und wirtschaftliche Organisation Sowjetrußlands zu führen ... Wenn dieses Ergebnis erzielt würde, so würde sich gegen Deutschland, dem die gesamte Versorgung aus Sowjetrußland gesperrt würde, die Blokkade im Osten schließen ...«

Letzte Tagung der SAI in Brüssel

23. Februar. Zu ihrer ersten Sitzung während des Krieges tritt die Exekutive der Sozialistischen Arbeiter-Internationale (SAI) in der belgischen Hauptstadt Brüssel zusammen.

Die Vereinbarungen des Münchner Abkommes vom 30. September 1938 (Abtretung des Sudetengebiets an das Reich) werden in ihrer Bedeutung unterschiedlich eingeschätzt. Die gegenwärtige Kriegssituation führt auf der Brüsseler Sitzung zu Spannungen unter den Delegierten der SAI, die die Auflösung der Organisation zur Folge haben. Fragen einer einheitlich ausgerichteten sozialistischen Politik bleiben trotz aller Bemühungen prominenter Sozialistenführer, darunter Léon Blum (Frankreich), Hugh Dalton (Großbritannien) sowie der deutschen Vertreter Erich Ollenhauer und Hans Vogel offen. Zu unüberwindlich sind die Gegensätze zwischen einer neutralen Haltung zum Weltgeschehen, wie sie von den skandinavischen Ländern vertreten wird oder der Befürwortung eines bewaffneten Widerstandes gegen die faschistische Aggression, für die sich Großbritannien ausspricht.

Parteigericht urteilt über Julius Streicher

13. Februar. Ein Urteil des Obersten Parteigerichtes der NSDAP in München unter Vorsitz von Walter Buch enthebt den Gauleiter von Franken, Julius Streicher, aller politischen Amtsvollmachten. Streicher bleibt jedoch nominell Gauleiter.
Die Verurteilung des umstrittenen NSDAP-Mitglieds beruht auf der Mißachtung eines von Führer und Reichskanzler Adolf Hitler im Herbst 1939 ausgesprochenen Redeverbots im Zusammenhang mit der Behauptung Streichers, Generalfeldmarschall Hermann Göring sei impotent und seine Tochter Edda ein Produkt künstlicher Besamung. Göring entsandte eine Kommission nach Franken und leitete Untersuchungen ein, die weitere umfangreiche Machenschaften des Gauleiters von Franken aufdeckten.
Streicher, seit April 1923 Herausgeber der antisemitischen Wochenzeitschrift »Der Stürmer«, ist einer der schärfsten Propagandisten des Dritten Reiches und wird durch seine überzogene antisemitische Hetze selbst in Kreisen seiner Gesinnungs- und Parteifreunde als politisch untragbar angesehen.
Seit Jahren häuften sich die Klagen über sein geradezu psychopathisches Verhalten. So wurde er der Vergewaltigung und Quälerei politischer Gefangener und der unrechtmäßigen Aneignung von jüdischem Vermögen beschuldigt. Die sich gegen Streicher formierende innerparteiliche Opposition veranlaßte schließlich auch Hitler, dessen Sympathien und Schutz der langjährige Parteifreund und Kampfgefährte der ersten Stunde bis dahin genoß, gegen den Gauleiter vorzugehen.
Vor allem den »Stürmer« nutzt Streicher als Forum seiner vielfältigen Denunziationen. Besonders die sog. Pranger-Spalte, in der regelmäßig Juden und »judenfreundliche« deutsche Bürger »vorgestellt« werden, schafft ein Klima der Angst und Einschüchterung. Streicher, ein wesentlicher Mitinitiator der am 15. September 1935 erlassenen Nürnberger Rassegesetze, kann trotz der vielfach erhobenen Forderungen, »Der Stürmer« sei eine Kulturschande und deshalb zu verbieten, seine Kampagnen fortsetzen. Das Blatt, voll von rüden Karikaturen und abstoßenden Fotos, wird von Hitler aufgrund seiner primitiven Propagandamethoden als wirksames Mittel gesehen, breite Schichten der Bevölkerung in ihrem Antisemitismus zu bestärken. Während des Kriegs liegt die Auflage des »Stürmer« bei 200 000 Exemplaren.

NSDAP-Gauleiter Julius Streicher
Der am 12. Februar 1885 in Fleinhausen bei Augsburg geborene Julius Streicher (Abb.) zählte 1919 zu den Mitbegründern der nationalsozialistisch-antisemitischen Deutschen Sozialen Partei, die zwei Jahre später in der NSDAP aufging. Neben seiner Position als Gauleiter von Franken (seit 1925) und Herausgeber des »Stürmer« (seit 1923) verlegt er zehn Tageszeitungen. 1933 wurde Streicher Mitglied des Reichstages, ein Jahr später SA-Gruppenführer. Nach seiner Verurteilung durch das Kriegsverbrechertribunal in Nürnberg wird er am 16. Oktober 1946 hingerichtet.

»Gespräche mit Hitler« verboten

16. Februar. Auf Intervention der deutschen Gesandtschaft in Bern verbietet der Schweizer Bundesrat das Erscheinen der vom ehemaligen Danziger Senatspräsidenten Hermann Rauschning verfaßten »Gespräche mit Hitler«.

Nach seinem Rücktritt als Senatspräsident der Freien Stadt Danzig 1934 rechnet der am 7. August 1887 in Thorn (Westpreußen) geborene Hermann Rauschning mit dem Nationalsozialismus ab. In seinen Werken »Gespräche mit Hitler« und »Revolution des Nihilismus« (1938) prangert er die Menschenfeindlichkeit des Regimes an.

Rauschning, ehemaliger Vertrauter des Führers und Reichskanzlers Adolf Hitler, trat am 24. November 1934 nach einem Konflikt mit dem Danziger Gauleiter Albert Forster von seinem Amt zurück und ging zwei Jahre später ins schweizerische Exil. Sein 1939 erstmals in den USA erschienenes Buch stellt eine Anklage und Abrechnung mit dem Nationalsozialismus dar. Die als authentische Gesprächsprotokolle verfaßten Aufzeichnungen wurden von Rauschning aber erst nach den Unterredungen mit Hitler zusammengefaßt und sind deshalb mit fiktiven Elementen angereichert.

Arbeitskräftemangel und Dienstverpflichtungen

15. Februar. In einer Rundfunkansprache an die deutschen Bauern ruft Hermann Göring, Generalfeldmarschall und Beauftragter für den Vierjahresplan, die Landwirte im Reich zu erheblichen Produktionssteigerungen auf. In der »Erzeugungsschlacht 1940« soll die Landwirtschaft als wichtigster Nahrungslieferant in Kriegszeiten vor allem die Milchwirtschaft und den Anbau von Hackfrüchten (Steckrüben) und Ölfrüchten intensivieren.
Zur Unterstützung dieser ehrgeizigen Ziele angesichts eines eklatanten Arbeitskräftemangels werden im Rahmen des 1938 eingeführten Pflichtjahres junge, ledige Frauen unter 25 Jahren für den Landeinsatz verpflichtet. Die Ableistung eines Landjahres, für das ab 1. Februar 300 000 Frauen zur Verfügung stehen, ist Bedingung für eine spätere Berufsausbildung und -tätigkeit der weiblichen Jugend.
Der akute Arbeitskräftemangel bringt aber nicht nur für die Landwirtschaft Probleme. Eine rigide Handhabung von Dienstverpflichtungen für Facharbeiter, die in kriegswirtschaftlich wichtigen Betrieben eingesetzt werden, führen zu sozialen und familiären Spannungen. Die Arbeiter leben auf unbestimmte Zeit weit von ihrem Wohnort entfernt in eigens zu diesem Zweck errichteten barackenähnlichen Unterkünften.

Propaganda für das Pflichtjahr: »In Reih und Glied« marschieren die Frauen singend zur Arbeit im Feld

Bei der arbeitsintensiven Maisernte müssen neben den Familienangehörigen auch fremde Arbeitskräfte helfen

Proteste gegen SS-Übergriffe

15. Februar. Während einer Unterredung mit dem Oberbefehlshaber des deutschen Heeres, Generaloberst Walter von Brauchitsch, überreicht General Johannes Albrecht Blaskowitz, Oberbefehlshaber der deutschen Besatzungsstreitkräfte in Polen, eine von ihm verfaßte Protestnote gegen die Terrormaßnahmen der Schutzstaffel (SS) und der Deutschen Polizei.

Denkschrift Blaskowitz (Auszug)
»Es ist abwegig, einige 10 000 Juden und Polen, so wie es augenblicklich geschieht, abzuschlachten; denn damit werden angesichts der Masse der Bevölkerung weder die polnische Staatsidee totgeschlagen noch die Juden beseitigt ... In kürzester Zeit wird es dahin kommen, daß unsere Erzfeinde im Ostraum – der Pole und der Jude ... – sich in ihrem Haß gegen ihre Peiniger auf der ganzen Linie gegen Deutschland zusammenfinden werden ... Wenn hohe Amtspersonen der SS und Polizei Gewalttaten und Brutalität verlangen und sie in der Öffentlichkeit belobigen, dann regiert in kürzester Zeit nur noch der Gewalttätige ... Die einzige Möglichkeit, sich dieser Seuche zu erwehren, besteht darin, die Schuldigen und ihren Anhang schleunigst der militärischen Führung und Gerichtsbarkeit zu unterstellen.«

Die schon im Polenfeldzug (1. 9. – 6. 10.) eingesetzten SS-Divisionen, ausgestattet mit sog. volkspolitischen Sonderaufträgen, zeichnen sich auch nach Eingliederung der westpolnischen Gebiete (8. 10. 1939) durch brutale Vorgehensweisen gegen die jüdische und polnische Bevölkerung aus. Allein in der Zeit vom 28. Oktober 1939 bis zum 18. Februar 1940 werden 33 Übergriffe im Gebiet des Reichsgaus Wartheland (Posen) registriert: Willkürliche Erschießungen verdächtiger Polen, Schikanen, Zerstörungen und Plünderungen. Blaskowitz ist darum bemüht, daß die Wehrmacht nicht mit solchen Aktionen in Verbindung gebracht werde; er stößt aber bei von Brauchitsch auf keine Resonanz. Auch seine erste Note vom 18. November 1939 wurde von der militärischen Führungsspitze ignoriert.

Auf engstem Raum leben die Menschen in Lublin

Ein »Schwarzhändler« wird samt seiner Ware abgeführt

Notdürftige Behausungen dienen Juden als Heimstatt

Oft sind nur verdorbene Nahrungsmittel erhältlich

Judendeportation ins »Lublinland«

12. Februar. In einer großangelegten Deportation werden erstmals Juden aus dem Reichsgebiet ins Generalgouvernement für die besetzten polnischen Gebiete transportiert. Von der bis zum 15. Februar abgeschlossenen »Umsiedlungsaktion« sind insgesamt 6000 Juden aus Stralsund, Stettin, Schneidemühl, Wien und Mährisch-Ostrau betroffen. Sie werden im Raum Lublin angesiedelt, der durch ein Dekret des Führers und Reichskanzlers Adolf Hitler vom 9. Oktober 1939 als sog. Judenreservat ausgewiesen wurde.
Die maßgeblich dem Reichsführer SS und Chef der Deutschen Polizei Heinrich Himmler unterstellten Deportationen werden von Mannschaften der Schutzstaffel (SS) mit größter Brutalität durchgeführt. Ein Augenzeuge aus Stettin berichtet: »An Gepäck durfte jede Person nur einen Handkoffer mitnehmen ... Soweit Bankkonten und Haus- und Grundbesitz vorhanden waren, wurden die Juden in Stettin veranlaßt, einen Verzicht auf diese Vermögenswerte zu unterzeichnen ... Auch die Insassen der beiden jüdischen Altersheime in Stettin, darunter Frauen und Männer über 80 Jahre, wurden deportiert. Soweit sie nicht mehr zu gehen imstande waren, wurden sie auf Tragbahren zum Güterbahnhof transportiert.«
Die in Güterwaggons abtransportierten Juden stoßen im Generalgouvernement auf die denkbar schlechtesten Lebensbedingungen. Aufgrund ungenügender organisatorischer Vorbereitung bestehen kaum Unterbringungsmöglichkeiten; die Ernährungslage ist nicht ausreichend. Himmler, der mit seiner Volkstumspolitik eine fortlaufende Entrechtung der Juden im Generalgouvernement durchführt, bereitet als Lösung für die Unterbringung der »Umgesiedelten« die Errichtung von Ghettos vor (→ 30. 4./S. 75; 15. 11./S. 191).

Von Hassells Staatspläne

24. Februar. Der zur bürgerlich-konservativen Widerstandsgruppe Carl Friedrich Goerdeler und Ludwig Beck zählende Botschafter a. D. Ulrich von Hassell legt in einer Denkschrift Grundsätze für eine Regierung nach dem Umsturz nieder. Hassell, ehemaliger deutscher Botschafter in Italien, infolge seiner ablehnenden Haltung gegenüber der NS-Expansionspolitik am 4. Februar 1938 aus dem Dienst entlassen, gilt als außenpolitischer Experte der Widerstandsgruppe.

Als Befürworter eines Verhandlungsfriedens plädiert er nicht für die Ermordung des Führers und Reichskanzlers Adolf Hitler, sondern will durch einen Staatsstreich, bei dem Hitler verhaftet und vor Gericht gestellt werden soll, die Machtverhältnisse im Reich verändern.

Von Hassell geht bei seinen Überlegungen von der Entschlossenheit einer (neuen) deutschen Regierung aus, den Krieg weiterzuführen, bis der Friede, der Bestand, die Lebensfähigkeit, aber auch »die alte Reichsgrenze« gegenüber Polen gesichert ist. Ein »starkes Deutschland« unter Einbeziehung Österreichs und des Sudetenlandes und der Grenzrevision aus dem Versailler Vertrag (28. 6. 1919) bildet so ein »Bollwerk gegen den Bolschewismus«.

Grundlagen für einen dauerhaften Frieden sieht der ehemalige Botschafter in der Freiheit der Person und ihrer freien Meinungsäußerung, der Integrität von Recht und Gesetz. Eine große Bedeutung mißt er dem Einheitsgedanken bei. Zwar soll die NSDAP mit ihren Gliederungen aufgelöst und deren Vermögen beschlagnahmt werden, aber z. B. der Arbeitsdienst in veränderter Form weiterbestehen, um somit von vornherein eine Organisation der sozialen Gruppen zu erhalten. Ein parlamentarisches System mit geheimem und freiem Wahlrecht wird jedoch von ihm nicht erwogen.

In der Betonung des Berufsbeamtentums, im Gegensatz zum politischen Beamtentum der NSDAP, sowie dem Vorbehalt, die Wehrmacht nicht auf die Verfassung, sondern auf die künftige Regentschaft zu vereidigen, dokumentiert Ulrich von Hassell im Grunde seine Absicht, die Staatsform einer Militärdiktatur im Deutschen Reich zu etablieren.

Gen.-Oberst a. D. Beck

Carl Friedr. Goerdeler

Ulrich von Hassell

Widerstandsgruppe Goerdeler-Beck-Hassell

Die Entlassung des Oberbefehlshaber des Heeres, Generaloberst Werner Freiherr von Fritsch am 4. Februar 1938, erregte in Offiziers- und bürgerlich-konservativen Kreisen Oppositionsbekundungen gegen das NS-Regime. Von Fritsch hatte jegliche Kriegführung abgelehnt und wurde zum Rücktritt gezwungen.

Als sich nach dem »Anschluß« Österreichs an das Reich (13. 3. 1938) die deutschen Aggressionen kurz darauf gegen die Tschechoslowakei richteten (Münchner Abkommen, 30. 9. 1938) versuchte der Generalstabschef des Heeres, Generaloberst Ludwig Beck, den Widerstand in Offizierskreisen gegen diese Pläne zu organisieren. Nachdem es ihm nicht gelang, die militärische Führungsschicht gegen Adolf Hitlers Pläne zu mobilisieren, trat er am 18. August 1938 zurück.

Beck pflegt in der Folgezeit besonders gute Kontakte zum konservativen Oppositionskreis, zu dem im Kern der ehemalige Leipziger Oberbürgermeister Carl Friedrich Goerdeler, Botschafter a. D. Ulrich von Hassell sowie der noch im Amt befindliche preußische Finanzminister Johannes Popitz zählen. In ihren z. T. anachronistisch anmutenden Staatsplänen spielt die Wiederbelebung einer Hohenzollern-Monarchie eine tragende Rolle.

In agrarwissenschaftlichen Instituten gezüchtete Sojapflanzen sollen dazu beitragen, den Eiweißmangel in der Ernährung auszugleichen

Essen und Trinken 1940:

Die »gute Küche« ohne Fett

»Haushalten mit dem Vorhandenen« lautet auch im zweiten Kriegsjahr 1940 das vom Reichsministerium für Ernährung und Landwirtschaft ausgegebene Motto für die Verbraucher. Nach den am 27. August 1939 eingeführten ersten Rationierungen von Nahrungsmitteln im Deutschen Reich stehen auch weiterhin die Bemühungen um Selbstversorgung im Mittelpunkt der nationalsozialistischen Propaganda.

Richard Walther Darré (* 14. 7. 1895 in Belgrano), seit 1933 Reichsbauernführer und Reichsminister für Ernährung und Landwirtschaft, wurde für die Zwangsbewirtschaftung von Lebensmitteln zuständig

Die Sicherung der Lebensmittelversorgung aus heimischem Grund und Boden nach dem sog. Autarkieprinzip nötigt die Bauern, für eine optimale Nutzung ihrer Böden und für einen ausreichenden Viehbestand Sorge zu tragen. Darüber hinaus sollen Aufrufe und Appelle an Kleingärtner und Gartenbesitzer, ihre Flächen anstelle von Zierblumen mit Gemüse zu bepflanzen, einer weiteren Verknappung des ohnehin eingeschränkten Lebensmittelangebots entgegenwirken.

Die durchschnittlich zugeteilte Lebensmittelration pro Person und Tag beträgt im Jahr 1940 gerade noch 2000 bis 2300 Kalorien und sichert damit den Grundbedarf eines Menschen zum Überleben. Allerdings bringen die Erfolge der Blitzkriege auch für die Ernährungslage vorübergehend eine erhebliche Verbesserung. So tragen die Importe, vor allem unrationierter Nahrungsmittel aus Dänemark, Frankreich und den Niederlanden in das Deutsche Reich erheblich zur Versorgung der Reichsgebiete bei. Die Nahrungsmittelexporte dieser Staaten verdreifachen sich zwischen 1938 und 1942 nahezu. Reichlicher als in den letzten Friedensjahren erscheinen Gemüse und Obstwaren im Sommer 1940 auf den offiziellen Lebensmittelmärkten.

Das Bestreben der NS-Regierung, eine Hungerkatastrophe wie die im Ersten Weltkrieg zu vermeiden, äußert sich in der Förderung zahlreicher Forschungsarbeiten auf dem Gebiet der Ernährungswissenschaften: Die Erforschung der Zusammensetzung von Vitaminen und ihrer Wirkungsweise, daraus entwickelte neue Methoden in der Gefriertechnik und Konservierung sowie Trocknungsverfahren von Obst und Gemüse sollen die Bevölkerung vor Mangelerscheinungen bewahren und die für eine weitere Kriegführung wichtige »Volksgesundheit« erhalten. Besonders der Gemeinschaftsverpflegung und hier vor

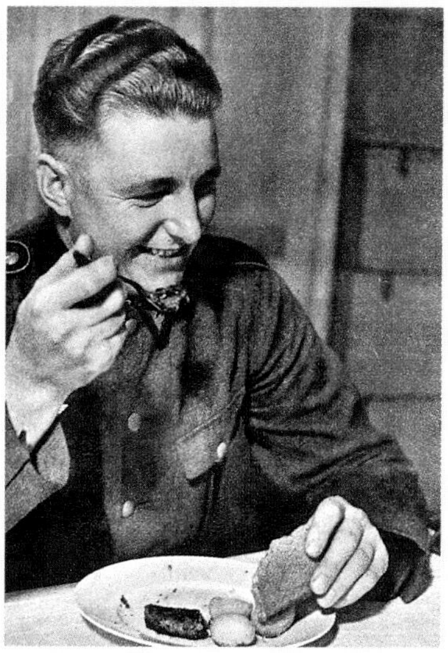

Soja-Gerichte sind eiweißhaltiger und vitaminreicher Fleischersatz

In Zeitschriften veröffentlichte Anzeigen und Tips zeigen der Hausfrau Möglichkeiten einer alternativen Küche mit rationierten Lebensmitteln; auf die Verwendung von Milch, Eiern oder Fetten muß dabei oft verzichtet werden

Die Entwicklungen in der Kältetechnik machen Fortschritte; im Sommer geerntetes Obst und Gemüse wird in Gefrierschränken eingefroren und kommt im Winter »gartenfrisch« auf den Tisch

Da Einmachgläser fehlen, werden Obst, Gemüse und Pilze im Backofen zur Haltbarmachung gedörrt

allem der Feldküche wird in diesem Zusammenhang größte Aufmerksamkeit geschenkt. Unter der Devise »Ernährung ist so wichtig wie Munition« werden spezielle Lehrgänge für Feld- und Kantinenköche durchgeführt.

Der aufgrund knapper Zuteilung (durchschnittlich 400 g Fleisch und 270 g Fett pro Person und Woche) sich vor allem bei diesen beiden Nahrungsmitteln ausbreitende Schwarzhandel und zunehmende Hamsterfahrten, die Anlage unzulässiger Lebensmitteldepots und das »Schwarzschlachten« können trotz drastischer Strafmaßnahmen gegen diese »Volksschädlinge« im Rahmen der Kriegswirtschaftsverordnung (4. 9. 1939) nicht eingedämmt werden. Auch die vor Festtagen gewährten Sonderzuteilungen von Bohnenkaffee und Fleisch halten viele Menschen nicht davon ab, sich einen angemessenen »Festtagsbraten« auf illegale Weise zu beschaffen.

Zeitungen und Zeitschriften kennen in ihrem Erfindungsreichtum von Rezepten und Tips für die deutsche Hausfrau, schmackhafte Gerichte auch ohne die sonst notwendigen Zutaten zuzubereiten und sich verstärkt mit den angebotenen Ersatzstoffen anzufreunden, kaum Grenzen:

Gerichte aus Gerstengrütze

▷ Suppe: 50 g Gerstengrütze, $1^1/_2$ l Wasser, Salz, Kräuter. Die Gerstengrütze wird mit Wasser kalt angesetzt und in etwa 50 Minuten gar gekocht. Dann schmeckt man sie mit Salz oder Zucker ab.

▷ Brei: 180 g Grütze, $1^1/_4$ l Wasser, Salz, Zucker nach Geschmack. Die Grütze wird mit Wasser kalt angesetzt und dick ausgequollen. Man schmeckt sie mit Salz oder Zucker ab.

▷ Grütz-Pfannkuchen: 200 g Grütze, $^1/_2$ l Wasser, Eiaustauschmittel. Aus den angegebenen Zutaten wird ein Teig hergestellt und in einer Pfanne knusprig gebraten.

Gebäck mit und ohne Fett und Ei

▷ Braune Kugeln: 100 g Roggenmehl, 60 g Zucker, 30 g Kakao/Milchpulver, $^1/_4$ Tasse Milch, 10 g Fett. Das Mehl in der Pfanne ohne Fett rösten, dann werden Kakaopulver, Milch, Zucker und Fett hinzugefügt. Die aus dem Teig geformten Kugeln werden in Zucker gewälzt und getrocknet.

▷ Grießplätzchen: 1 Ei oder Eiaustauschmittel, je 1 Tasse Zucker und Mehl, 2 Tassen Grieß, 3 Eßlöffel Milch, Backpulver. Ei und Zucker vermischen, Mehl mit Backpulver unterheben, mit Grieß und Milch vermengen. Den fertigen Teig ausbacken.

Deutsch-sowjetisches Handelsabkommen

11. Februar. Nach fast sechsmonatigen Verhandlungen wird in Moskau der für das Deutsche Reich wichtige Vertrag eines deutsch-sowjetischen Handelsabkommen mit einem Handelsvolumen von 600 bis 700 Millionen Reichsmark unterzeichnet.

Der auf ein Jahr befristete Vertrag verpflichtet das Deutsche Reich neben Kohlelieferungen zum Export umfangreicher Rüstungsmaterialien vor allem aus dem Marine- und Werkzeugmaschinenbereich; im Gegenzug liefert die Sowjetunion für die deutsche Kriegswirtschaft so wichtige Güter wie Getreide, Öl und Phosphate. In einem geheimen Zusatzprotokoll sichert die UdSSR dem Reich außerdem zu, als Zwischenhändler den Einkauf von Metallen und anderen wichtigen Rohstoffen in Drittländern zu tätigen, zu denen das Reich seit Kriegsbeginn (1. 9. 1939) keine Wirtschaftsbeziehungen mehr unterhält.

Das von der NS-Propaganda als großer wirtschaftspolitischer Erfolg dargestellte Abkommen entspricht in seinem verabredeten Volumen jedoch nicht den deutschen Erwartungen. Dennoch stellt der Vertrag einen wichtigen Schritt für die deutsche kriegswirtschaftliche Planung dar. Vor allem die umfangreichen Rohstofflieferungen stellen – trotz der von Großbritannien am 6. September 1939 verhängten Seeblokkade – den materiellen Bedarf für die geplante Westoffensive (→ 10. 5./S. 88) sicher. Andererseits begibt sich das Deutsche Reich – unter dem Druck kriegswirtschaftlicher Sachzwänge – in eine starke Abhängigkeit von der UdSSR. Einer sinkenden Exportfähigkeit der deutschen Wirtschaft steht ein Anstieg von Lieferverpflichtungen gegenüber, die von der deutschen Rüstungsindustrie, ursprünglich auf eine begrenzte Kriegführung im Rahmen der »Blitzkriegstrategie« eingerichtet, nur schwer zu erfüllen sind. Die im Frühjahr 1940 am Rande einer Krise stehende deutsche Schwerindustrie weigert sich wiederholt, sowjetische Aufträge anzunehmen, so daß sich die Regierung in Berlin bemüht, wenigstens Teilbereiche der Exportverpflichtungen zu erfüllen, um der Gefahr eines sowjetischen Lieferstopps zu entgehen. Lieferstreitigkeiten zwischen den Bündnispartnern veranlassen die UdSSR schließlich sechs Wochen vor Beginn der Westoffensive (→ 10. 5./S. 88) zu einer vorübergehenden Einstellung aller Öl- und Getreidelieferungen, um ihre Ansprüche durchzusetzen.

Der sowjetische Volkskommissar Anastas Mikojan (l.) und der deutsche Sonderbevollmächtigte Karl Ritter unterzeichnen den Vertrag in Moskau

Die erste sowjetische Getreidelieferung nach Abschluß des Wirtschaftsvertrags wird in einem Bahnhof an der deutsch-sowjetischen Grenze mit Kippkarren auf einen deutschen Güterzug verladen (links); die im Abkommen vorgesehene Liefermenge von 1 Million t Getreide soll die Lebensmittelengpässe im Deutschen Reich ausgleichen

Über Rohrsysteme wird das Öl von sowjetischen in deutsche Tankwagen umgefüllt (rechts); insgesamt eine Million t Erdöl soll die UdSSR liefern

Buna-Patente für die Standard Oil

8. Februar. Der US-amerikanische Konzern Standard Oil Company in New Jersey teilt offiziell mit, die Herstellungsrechte für synthetischen Kautschuk des deutschen Chemieunternehmens I. G. Farbenindustrie AG übernommen zu haben. Nach dem Ankauf der Patente für Buna N und Buna S, die aus Rohölgasen gewonnen werden, sollen schon in Kürze Produkte aus synthetischem Gummi angeboten werden können.

Der in der US-amerikanischen Öffentlichkeit großes Aufsehen erregende Transfer der Buna-Patente wird in Wirtschaftskreisen von der Hoffnung begleitet, daß sich die USA in ihrem Kautschukbedarf binnen fünf Jahren von den durch die japanischen Expansionsbestrebungen (→ 30. 3./S. 55) gefährdeten südostasiatischen Importen unabhängig machen könne.

Verflechtung der Großindustrie

Von Leistungen der I. G. Farbenindustrie AG sind allein 53 Firmen in den Vereinigten Staaten abhängig. 14 Produkte, die 1940 in einer Dringlichkeitsliste des US-Verteidigungsprogrammes an erster Stelle stehen, werden ausschließlich in Lizenz deutscher Patente hergestellt. Die weitreichenden Wirtschaftsverflechtungen zwischen beiden Staaten umfassen neben der Groß- und Petrochemie auch die Elektroindustrie sowie die Automobilherstellung. So stellen Tochtergesellschaften der Detroiter General Motors Corporation Opel und Ford in Rüsselsheim und Köln 90% der LKW-Produktion für die deutsche Wehrmacht her; 50% aller Bombertriebwerke des Junkers-Modells Ju 88 kommen aus Rüsselsheim.

Das im Oktober 1939 geschlossene Abkommen zwischen Standard Oil und I. G. Farbenindustrie AG, mit dem etwa 50 Buna-Patente überschrieben wurden, ist im Einvernehmen beider Verhandlungspartner auf Anfang September zurückdatiert worden, um das Abkommen als Vorkriegsdokument auszuweisen.

Die Handelsbeziehungen von Großunternehmen der deutschen und US-amerikanischen Industrie haben trotz der Kriegsbedingungen weiterhin große Bedeutung.

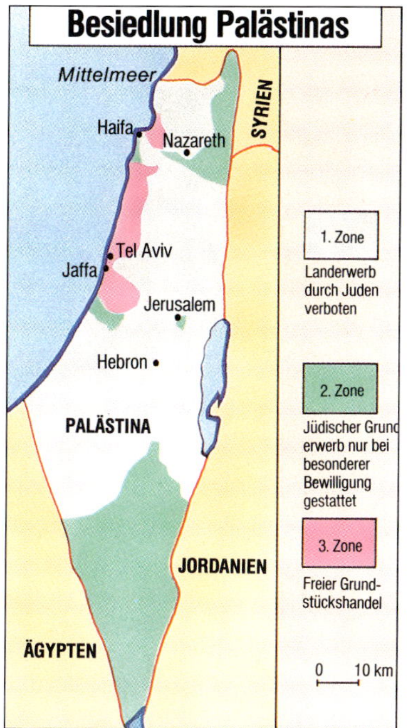

Zonen des Landerwerbs in Palästina

Siedlungserlaß

Nach dem neuen Siedlungserlaß besitzt die jüdische Bevölkerung nur noch im maritimen Gürtel Palästinas das Recht, Grundbesitz zu erwerben.

Palästina in drei Zonen geteilt

29. Februar. Als Inhaberin des Mandats über Palästina erläßt die britische Regierung eine Verordnung, mit der der Landerwerb für Juden und Araber geregelt wird.
Durch die »Land Transfer Regulations« wird Palästina in drei verschiedene Zonen aufgeteilt: Im wenig fruchtbaren Gebiet der Gebirgs- und Hochebene ist Juden jeglicher Landbesitz verboten, im südlichen, lediglich als Weideland geeigneten Teil ist der Erwerb von Land an eine besondere Genehmigung geknüpft, während in der fruchtbaren Region zwischen Haifa und Jaffa die Erweiterung des jüdischen Besitzes keiner Beschränkung unterliegt. Diese widersprüchliche Beschneidung des Landerwerbs für Juden in Palästina, die rückwirkend zum Mai 1939 in Kraft tritt, stellt einen weiteren Versuch der britischen Regierung dar, die im ständigen Konflikt stehenden arabischen und jüdischen Bevölkerungsgruppen zu einer gemeinsamen, friedfertigen Besiedlung Palästinas zu bewegen.
Ein erster gescheiterter Teilungsplan vom 6. Juli 1937 sah die Gründung zweier unabhängiger jüdischer und arabischer Staaten vor, wobei das arabische Gebiet, vorwiegend aus Wüste bestehend und ohne Zugang zum Mittelmeer, den jüdischen Flächenanteil um das Dreifache übersteigen sollte.
Am 7. Februar 1939 legt die britische Regierung der in London einberufenen Palästinakonferenz die neue Landerwerbsverordnung vor. Unbeeindruckt vom Widerspruch der jüdischen Delegation entschließt sich die britische Mandatsverwaltung Anfang 1940 jedoch zur zwangsweisen Durchsetzung dieses Besiedlungskonzeptes. Nicht zuletzt soll damit auch die Einwanderung von Juden eingeschränkt werden.

Aufgrund der unentschiedenen Siedlungspolitik Großbritanniens kommt es in Palästina häufig zu Auseinandersetzungen zwischen Juden und Arabern

Forschung sucht nach Ersatzstoffen

8. Februar. Auf einer Veranstaltung des Gauamtes für Technik in Dessau werden neue Forschungsergebnisse in der Zellwollerzeugung vorgestellt. Die von der deutschen Textilindustrie in Auftrag gegebenen Projekte sollen Verfahren zur Herstellung von Kunstfasern auf der Grundlage von Abfall- und Nebenprodukten aus Landwirtschaft und Industrie entwickeln.
So ist es z. B. gelungen, das herkömmliche Sisalbindegarn für Erntemaschinen durch eine künstliche Faser zu ersetzen. Zur Erzeugung von Zellwolle findet als Ersatz für den wertvollen Rohstoff Holz mittlerweile schon das Abfallprodukt Kartoffelkraut Verwendung.
Unter dem Markennamen »Solanum« wird ein Zellstoff vorgestellt, der sich sogar für die Herstellung von wollähnlichen Stoffen eignet.
Zur schonenden Reinigung dieser Produkte bietet die Textilindustrie darüber hinaus neue Waschmittel aus Substanzen an, die ebenfalls als Nebenprodukte der Benzin-Synthese anfallen.

Neues Mikroskop macht Moleküle sichtbar

Februar. Die »Berliner Illustrirte Zeitung« berichtet über den erfolgreichen Versuch des Berliner Physikers Manfred Baron von Ardenne, ein Universal-Elektronenmikroskop zu entwickeln. Das in Zusammenarbeit mit der Deutschen Forschungsgemeinschaft gebaute Mikroskop ermöglicht eine Vergrößerung auch kleinster Objekte um das 500 000fache. Selbst Teile mit einem Durchmesser von einem millionstel Millimeter sind mit Hilfe des Mikroskops noch zu erkennen. Somit ist es zum erstenmal möglich, auch Moleküle für das menschliche Auge sichtbar zu machen.
Die Entwicklung einer magnetischen Linse durch den deutschen Physiker Hans Busch im Jahr 1927 markierte den Durchbruch in der Forschungsarbeit; 1931 konzipierten die Berliner Wissenschaftler Ernst Brüche und Helmut Johannson ein Elektronenmikroskop mit elektrostatischen, die deutschen Elektrotechniker Ernst Ruska und Max Knoll ein solches mit magnetischen Linsen. Im Jahr 1937/1938 von dem Unternehmen Siemens und Halske produzierte Elektronenmikroskope übertrafen Lichtmikroskope bei weitem.

Manfred Baron von Ardenne (* 20. 1. 1907 in Hamburg), ist auch durch zahlreiche Erfindungen in der Funk- und Fernsehtechnik bekannt. 1931 entwickelte er einen ersten Fernsehempfänger mit einer Kathodenstrahlröhre.

Das Elektronenmikroskop fördert Erkenntnisse in der Forschung

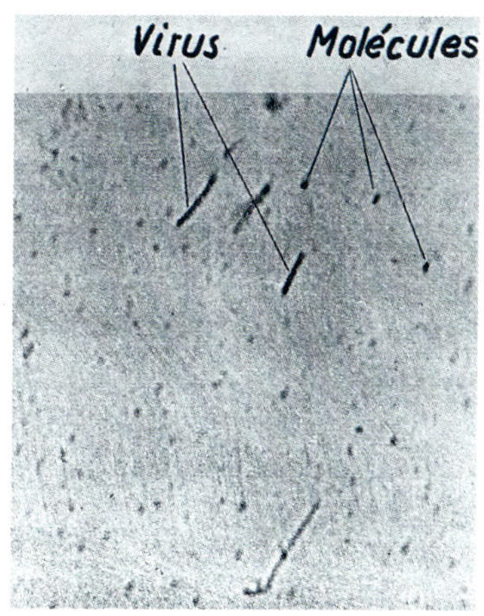

Unter dem Elektronenmikroskop werden die Moleküle sichtbar

Kritik an dem New Deal

Viele Farmer müssen ihre unrentabel gewordenen Betriebe verkaufen

6. Februar. In einer Presseerklärung tritt US-Präsident Franklin Delano Roosevelt der Kritik an dem von ihm verfolgten Wirtschaftskurs des New Deals (Neue Handlungsweise) zur Belebung der Ökonomie in den Vereinigten Staaten entgegen.

Ein Vergleich der wirtschaftlichen Daten aus den Jahren 1932 und 1939 soll den Aufschwung belegen: Der Präsident führt aus, daß sich das nationale Einkommen Ende 1939 gegenüber dem Jahr vor seinem Amtsantritt (4. 3. 1933) um 71% gesteigert habe. Die durchschnittlichen Gehälter seien im gleichen Zeitraum um 62% angehoben worden. Auch das nationale Einkommen der Landwirtschaft sei im Jahr 1939 auf 8,5 Milliarden US-Dollar (38,3 Mrd. RM) gegenüber 4,6 Milliarden US-Dollar (20,7 Mrd. RM) im Jahr 1932 angewachsen. Kritik erfährt die Wirtschaftspolitik Roosevelts vor allem vor dem Hintergrund einer künstlichen Belebung der Ausfuhr durch verstärkte Rüstungslieferungen an Großbritannien (12. 7./S. 135). Vor diesem Tatbestand werden die angeblichen Erfolge des New Deals in Zweifel gezogen.

Düster und ärmlich sind die Wohnverhältnisse in einer Bergarbeitersiedlung in West Virginia 1938

Nur unzureichenden Schutz bieten die flachen Holzhäuser vor einem Sandsturm in Oklahoma 1936

Der New Deal ändert am sozialen Status des Bergmanns wenig

Auch in den Großstädten, wie hier in New York, sind die Wohnverhältnisse der unteren Schichten 1936 eher bescheiden. Staatliche Sozialleistungen und eine Absicherung im Krankheitsfall fehlen.

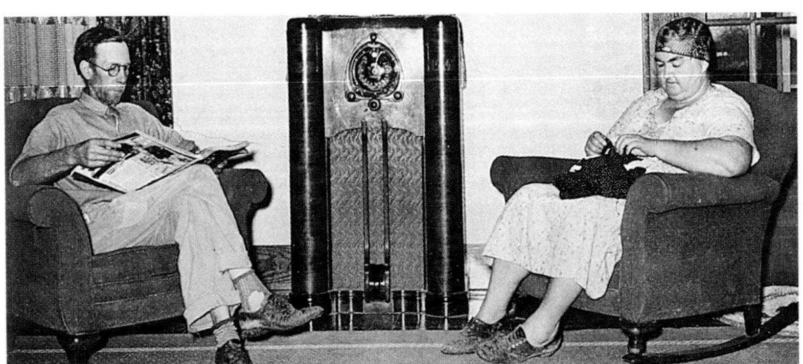

Wohnkomfort kann sich in den Vereinigten Staaten nur eine gutverdienende Mittelschicht leisten; die sozialen Gegensätze sind extrem groß

New Deal gegen die Depression

Die weltweite Wirtschaftsdepression seit dem Jahr 1929 veränderte mit ihren Auswirkungen die Sozial- und Wirtschaftsstruktur der Vereinigten Staaten vollständig. Eine Unterkapitalisierung der Industrie, Folge der durch den Börsenkrach (25. 10. 1929) sinkenden Einnahmen der Finanzinstitute, die Vernichtung der Luxusgüterindustrie sowie das extrem niedrige Einkommensniveau im Agrarsektor hemmen die Wirtschaftsentwicklung in den USA. Schon 1931 gab es in den Vereinigten Staaten 8 Millionen Arbeitslose. Damit war jede sechste Familie von Arbeitslosigkeit betroffen. Arbeitslosenversicherung oder sonstige Absicherungen existierten nicht, die örtlichen Wohlfahrtseinrichtungen erwiesen sich als völlig unzureichend.

Um der in den 30er Jahren sich ausbreitenden wirtschaftlichen und sozialen Krise Herr zu werden, verkündete der am 4. März 1933 sein Amt als neuer US-Präsident antretende Demokrat Franklin Delano Roosevelt sein Aktionsprogramm des New Deal (neue Handlungsweise). Das in zwei Phasen unterteilte Reformprogramm sollte mit Hilfe staatlicher Marktinterventionen eine direkte Belebung der Wirtschaft erreichen. Eine breit angelegte Sozialgesetzgebung (Alters-, Unfall- und Arbeitslosenversicherung), die gezielte Unterstützung der Landarbeiter sowie die Stärkung der Gewerkschaften sollten einer weiteren Verarmung der US-Bevölkerung Einhalt gebieten.

Die New-Deal-Maßnahmen, von ständiger Kritik aus politisch-konservativen Kreisen, aber auch von großen Streiks der Gewerkschaften begleitet, können keine dauernden Erfolge bei der Lösung der Wirtschaftsprobleme erzielen. Erst infolge der erhöhten nationalen Verteidigungsbereitschaft durch den Kriegseintritt der USA (11. 12. 1941) werden die Finanz- und Beschäftigungsprobleme durch Aufrüstung und Mobilisierung allmählich abgebaut.

Bank soll Handel in Amerika sichern

5. Februar. Die Regierungen der 21 Republiken der Panamerikanischen Union beschließen in Washington die Errichtung einer Zentralbank mit Sitz in New York. Ziel dieser Bank soll es sein, die Währungen und den Handel dieser Länder vor den inflationären Auswirkungen des europäischen Kriegs zu schützen. Vor allem soll eine Anlehnung der Wechselkurse der einzelnen Landeswährungen an den US-Dollar angestrebt werden, um damit eine Loslösung vom britischen Pfund Sterling zu erreichen.

Die Pläne zur Errichtung einer Panamerikanischen Bank gehen auf eine am 3. Oktober 1939 in Panama abgehaltene Konferenz der beteiligten Länder zurück. Der dort eingesetzte Ausschuß wurde mit der Aufgabe betraut, Konzepte für die wirtschaftliche Intensivierung der amerikanischen Handelsbeziehungen zu erarbeiten. Nach den ersten Vorschlägen des Gremiums soll die neu zu errichtende Bank mit einem Kapital von 100 Millionen US-Dollar (451 Mio. RM) ausgestattet werden, wobei die Hauptlast der Finanzierung auf die USA entfällt. Neben ihrer währungspolitischen Funktion und der Förderung von Handelsbeziehungen unter den angeschlossenen Staaten fällt der Bank auch die Aufgabe zu, einzelne südamerikanische Staaten wirtschaftlich zu erschließen und sich dort besonders der Entwicklung von industriellen Produktionsanlagen zu widmen.

In New Yorker Finanz- und Bänkerkreisen finden die Pläne zur Gründung dieser Bank aufgrund von Konkurrenzbefürchtungen wenig Zustimmung. Dennoch entspricht das Vorhaben dem von US-Präsident Franklin Delano Roosevelt verfolgten Kurs der »Guten Nachbarschaft«, der den USA in Südamerika Absatzmärkte eröffnen sowie den Import von Rohstoffen – und hier vor allem Öl – sichern soll. Durch die Schaffung eines solidarischen, amerikanischen Staatenbundes soll die politische und wirtschaftliche Einflußnahme der Achsenmächte in südamerikanischen Staaten weitgehend abgebaut werden.

Ein am US-Dollar orientierter Wechselkurs soll vor Inflation schützen

Göring-Konzern vergrößert sich

17. Februar. Nach einer Meldung der »Frankfurter Zeitung« ist das Aktienkapital der Bergbau AG Ewald-König-Ludwig in Herten vollständig in den Besitz der Hermann-Göring-Werke übergegangen.

Für den Göring-Konzern bedeutet dieser Erwerb die Sicherung der notwendigen Kohlezulieferungen für die konzerneigenen Eisenhüttenwerke in Salzgitter.

Der am 17. Juli 1937 unter dem Namen Reichswerke AG für Erzbergbau und Eisenhütten »Hermann Göring« als Unternehmen des Vierjahresplans mit Reichsmitteln gegründete Konzern erlebte nach dem »Anschluß« Österreichs (13. 3. 1938) und der Annexion der tschechischen Gebiete durch das Reich (1938/39) einen erheblichen Aufschwung. Die Übernahme zahlreicher Unternehmen in diesen Gebieten, darunter der Alpine Montan-Konzern, Linz, und die Skoda-Werke, Pilsen, machten im Juli 1939 die Gründung einer Konzernholdinggesellschaft für die Verwaltung der wichtigsten Betriebe des Unternehmens notwendig.

Ein vierjähriger Bauernsohn wird Priesterfürst von Tibet

22. Februar. Der erst vierjährige Bauernsohn Tanchu Dhondup wird im Tempelpalast (Potala) von Lhasa feierlich als 14. Dalai Lama inthronisiert. Der Dalai Lama (mongol.-tibet. »Lehrer, dessen Weisheit so groß ist wie der Ozean«) ist als tibetanischer Priesterfürst weltliches und geistliches Oberhaupt Tibets. Er gilt als Wiedergeburt des vorangegangenen Dalai Lama. Geboren wurde der neue Gottkönig zwar in dem schon zur chinesischen Provinz Chinghai gehörenden Dorf Taktser im Dokham-Gebiet, stammt jedoch – entsprechend den Religionsvorschriften – von rein tibetanischen Eltern ab. Der Dalai Lama wird nach dem Tod seines Vorgängers aufgrund einer Reihe bestimmter als göttlich gegebener Zeichen angesehener Körpermerkmale ausgewählt.

Bestimmung des Dalai Lama

Ein Dalai Lama offenbart sich z. B. durch die tigerähnlich gefleckte Haut seines linken Beines, die Augenbrauen sind hoch gewölbt. Prophezeihungen des alten Dalai Lama oder die Befragung des Staatsorakels geben Hinweise auf ein Kind mit solchen Merkmalen.

Prunkvolle Inthronisation des erst vierjährigen Dalai Lama in Lhasa

In einer Prozession begeben sich die Tibeter zu ihrem neuen Herrscher

Deutscher Film soll Kriegsmoral stärken

2. Februar. In den Räumen seines Berliner Amtssitzes empfängt der Reichsminister für Volksaufklärung und Propaganda, Joseph Goebbels, die Gaufilmstellenleiter des Reiches, die sich zu einer Arbeitstagung in der Reichshauptstadt aufhalten. In seiner Begrüßungsrede geht Goebbels, dem das gesamte Filmwesen im Deutschen Reich unterstellt ist, auf die besonderen Aufgaben dieses Mediums im Krieg ein. Der Film, nach Goebbels neben der Presse und dem Rundfunk eines der wichtigsten Propagandamittel, dürfe nicht in »intellektualisierende Experimente« verfallen, sondern müsse sich mit seiner Botschaft an die breite Masse wenden; er sei »ein wahrer Mittler zwischen Führer und Volk«. Die Grundprinzipien »guter Propaganda«, Vereinfachung und ständige Wiederholung, dürfe auch der Film nicht außer acht lassen. Goebbels führt aus: »Propaganda ist im übrigen nur Mittel zum Zweck: ... den Widerstandswillen auch des letzten Volksgenossen so zu stärken, daß unsere Kriegführung zum vollen Erfolg führt.«

Während in Spielfilmen die Propaganda in unauffälliger Weise an die Gefühle des Publikums appellieren soll und eine direkte Zurschaustellung nationalsozialistischer Symbole zu vermeiden ist, tritt in Produktionen mit dokumentarischem Charakter die nationalsozialistische Weltanschauung in den Vordergrund. Filme, die Eroberungszüge oder bestimmte NS-Institutionen thematisieren, erfüllen ihren Werbezweck direkt. Als Beispiele dafür stehen die am 8. und 11. Februar in Berlin uraufgeführten Filme »Feuertaufe« (Feldzug in Polen), »Glaube und Schönheit«, »Der Marsch zum Führer« und »Die Erde ruft«.

Als strebsame und immer bemühte Helferinnen sieht der Film »Glaube und Schönheit« die jungen Frauen

Anmut und Schönheit soll die 18- bis 22jährigen Frauen des BDM-Werks »Glaube und Schönheit« auszeichnen

Kinoerfolg für Disneys »Pinocchio«

8. Februar. Der US-amerikanische Trickfilmzeichner und Filmproduzent Walt Disney stellt im Center Theatre in New York seine neueste Filmproduktion »Pinocchio« vor. Der nach dem Kinderbuch des Italieners Carlo Collodi gedrehte Film ist der zweite abendfüllende Zeichentrickfilm Disneys. Mit seiner 1937 uraufgeführten ersten Produktion »Snow White and the Seven Dwarfs« (Schneewittchen und die sieben Zwerge) errang der US-amerikanische Zeichner Weltruhm.

Die von Disney stark abgewandelte Literaturvorlage um den »hölzernen Bengel« gilt im Hinblick auf ihre zeichnerischen Raffinessen als gelungenste Produktion Disneys. Nach zweijähriger Arbeit und Produktionskosten in Höhe von 2,5 Millionen US-Dollar (11,3 Mio. RM) wird der Film schon bei der Uraufführung vom Publikum und von der Kritik begeistert aufgenommen. Die bald darauf in sieben Sprachen synchronisierte Produktion wird weltweit jedoch erst nach Beendigung des Zweiten Weltkrieges vorgestellt.

Titelfigur Pinocchio mit Jiminy Grille, dem ständigen Begleiter und »guten Gewissen« des zu allerlei Streichen aufgelegten »hölzernen Bengels«

Der zweite Animations- und Musikfilm Disneys in diesem Jahr mit dem Titel »Fantasia«, am 13. November in New York uraufgeführt, kann als experimenteller Film an den Erfolg »Pinocchios« nicht anknüpfen.

Literatur 1940:

Exilliteratur au

Der deutsche Buchmarkt wird im Jahr 1940 vorwiegend von völkisch-nationaler sowie den Krieg heroisierender Literatur bestimmt. Titel wie »Der große Jania. Ein Kattowitzer Roman« von Arnold Ulitz oder »Die Straße des Unrechts« von Georg Langer begleiten mehr oder weniger propagandistisch die Eroberungszüge des Deutschen Reiches in Europa. Die auf dem »Großdeutschen Dichtertreffen« in Weimar am 27. Oktober des Jahres vom deutschen Lyriker Hermann Burte beschworene »europäische Sendung der deutschen Dichtung« verfolgt den Gedanken der Großraumpolitik auf literarischem Gebiet. Zu diesen in ihrer schriftstellerischen Qualität nur geringen Anforderungen genügenden Neuerscheinungen, die im Rahmen der kulturellen Gleichschaltung als »artgerechte« Literaturwerke ausgewiesen werden, gesellen sich auf dem Buchmarkt des Jahres 1940 die großen deutschen Klassiker. So erscheinen Neuausgaben von Johann Wolfgang von Goethe, Heinrich von Kleist und Friedrich Hölderlin, die vor allem in sog. Feldpostausgaben als Lesestoff für Frontsoldaten Verbreitung finden.

Demgegenüber steht das deutsche Literaturschaffen in der inneren Emigration. Schriftsteller, die nicht mit dem System konform gehen, schreiben abseits von der Öffentlichkeit im Reich weiter. Hierzu zählen u. a. Luise Rinser, die Lyriker Oskar Loerke und Gottfried Benn sowie Werner Bergengruen.

Das deutsche Literaturschaffen im europäischen Ausland wird im Jahr 1940 durch eine seit Kriegsbeginn einsetzende dritte Emigrationswelle bestimmt. Die deutschen Schriftsteller fliehen vor dem Einmarsch der deutschen Truppen in die westeuropäischen Staaten (Mai/Juni) nach Übersee. Diese erneute Umbruchphase stellt die Schriftsteller in ihrem weiteren Schaffen vor z. T. unüberwindliche Probleme. Die bis zum Westfeldzug bestehenden Literaturzentren in Paris und Amsterdam verlagern sich in die USA, nach Mexiko, Argentinien und Palästina. Einige Autoren, denen die rechtzeitige Flucht vor den Nationalsozialisten

Übersee

nicht mehr gelingt, versuchen, ihre Arbeit im Untergrund weiterzuführen, werden aber häufig sehr bald interniert oder begehen aus Verzweiflung Selbstmord. Zu den Autoren, die den Belastungen der ständigen Gefahr, an das NS-Regime ausgeliefert zu werden, nicht mehr gewachsen sind, zählen u. a. Walter Hasenclever, Ernst Weiß und Walter Benjamin. Die Flucht nach Übersee treten Anna Seghers, Heinrich Mann, Franz Werfel und Alfred Döblin an. Das Exil selbst und die für deutsche Autoren dort oft problematischen Lebensverhältnisse werden auch in vielen Neuerscheinungen des Jahres 1940 thematisiert. Der Roman »Exil« des im Herbst aus Frankreich in die USA geflohenen Schriftstellers Lion Feuchtwanger sowie sein 1940 abgeschlossener Roman »Der Teufel in Frankreich« spiegeln die Erlebnisse des Autors in der Fremde wider. Einen berühmten Exilroman verfaßt auch Johannes Robert Becher mit »Abschied. Einer deutschen Tragödie erster Teil«.

Die sich seit den 30er Jahren in den Exilländern etablierenden neuen deutschen Verlage, aber auch dort heimische Anbieter schaffen mit Neuerscheinungen auf dem Zeitschriftenmarkt ein Forum für den Widerstand gegen das Dritte Reich. Diese literatur- und zeitkritischen Organe wie »Das Neue Tage-Buch« und »Maß und Wert« (→ 1. 10. / S. 179), die von bedeutenden Exilautoren (Thomas und Klaus Mann, Robert Musil, Hermann Hesse) betreut werden, sind aber in immer stärkerem Maße durch den sich in Europa ausbreitenden Krieg in ihrer Existenz bedroht und stellen überwiegend ihr Erscheinen im Laufe des Jahres 1940 ein.

Zu den interessantesten Publikationen der ausländischen Literatur des Jahres 1940 zählen die in den USA erscheinenden Romane »For Whom the Bell Tolls« (Wem die Stunde schlägt) von Ernest Hemingway, William Faulkners »The Hamlet« (Das Dorf) sowie der Roman des britischen Autors Graham Greene »The Power and the Glory« (Die Kraft und die Herrlichkeit). (Siehe auch Übersicht »Buchneuerscheinungen« im Anhang.)

◁ *Die in der »Berliner Illustrirten Zeitung« veröffentliche Anzeige des Wilhelm Goldmann Verlags verdeutlicht die Themenschwerpunkte im Jahr 1940: Rohstoff- und Ernährungsproblematik sowie das wieder aktuell gewordene Thema einer deutschen Kolonialisierung Afrikas*

▽ ◁ *Der Schriftsteller Ernest Hemingway (M.) mit Offizieren der spanischen Republikanischen Armee während seiner Tätigkeit als Kriegsberichterstatter (1936/37)*

▽ *Hemingway, hier im Gespräch mit spanischen Soldaten, verarbeitete die Erlebnisse im Spanischen Bürgerkrieg in seinem Roman »Wem die Stunde schlägt«*

Strawinskis Werke nicht erwünscht

1. Februar. Eine Anordnung der Reichsmusikkammer in Berlin verbietet für die Dauer des Krieges jegliche Aufführungen des von 1920 bis 1938 in Frankreich lebenden Komponisten Igor Strawinski.
Seine besonders an deutschen Opernbühnen häufig gezeigten Ballettwerke »Das Kartenspiel«, »Kuß der Fee« oder »Petruschka« sollen der von den Kulturverantwortlichen des Dritten Reiches eingeleiteten »Säuberungswelle« zum Opfer fallen. Unter dem Vorwand, der russischstämmige und seit 1939 in den USA lebende Strawinski sei Jude, werden so Kunstwerke, die nach offizieller Darstellung einem deutschen Musik- und Hörverständnis fremd sind, aus dem Kulturgeschehen entfernt, darunter auch der seit 1935 etwa 18mal im Reich inszenierte »Feuervogel«.

Filmerfolge für Hans Albers

16. Februar. Der populäre Filmschauspieler Hans Albers spielt die Hauptrolle in der Filmkomödie »Ein Mann auf Abwegen«, die in Hamburg uraufgeführt wird. Albers verkörpert in diesem unter der Regie von Herbert Selpin entstandenen Film einen Millionär, der vorübergehend seine geschäftlichen Verpflichtungen vernachlässigt und sich den Vergnügungen des Lebens widmet. Die weiteren Rollen in dieser für das Dritte Reich typischen, »unverfänglichen« Unterhaltungsproduktion sind mit Hilde Weissner und Charlotte Thiele besetzt.
Albers, der mit seinem männlich-herben Charme vor allem das weibliche Publikum erobert, zählt zu den meistbeschäftigten Schauspielern im Reich. Schon am 23. August ist er wieder in dem Film »Trenck, der Pandur« zu sehen, einem historischen Kostümfilm um den preußischen Offizier und Baron Friedrich Freiherr von der Trenck. Darin übernimmt Albers die Darstellung des jungen, erwachsenen und alten Trenck, der eine Vielzahl abenteuerlicher Husarenstücke zu bestehen hat. Als Partner in diesem Film stehen ihm neben Hilde Weissner und Käthe Dorsch auch die Schauspieler Elisabeth Flickenschildt und Hubert von Meyerinck zur Seite.

Paul Klees »Dame und Mode« (Öl auf Jute) aus dem Jahr 1938, ein Spätwerk des Künstlers, gezeigt im Kunsthaus Zürich im Februar 1940

Spätwerke des Malers Paul Klee im Zürcher Kunsthaus vorgestellt

16. Februar. *Anläßlich des 60. Geburtstages von Paul Klee zeigt das Kunsthaus in Zürich 213 Zeichnungen und Gemälde des deutsch-schweizerischen Künstlers. In den ausgestellten Spätwerken Klees beschränkt sich der Maler in seinen künstlerischen Ausdrucksmitteln auf die Benutzung einer elementaren Symbol- und Zeichensprache. Als exemplarische Werke gelten hier die »Eidola-Zeichnungen«, die ihren Ausdruck von Beschwörungsformeln für Vergangenes in ironischer Deutung der Gegenwart erfahren. Charakteristisch ist ebenso die umfangreiche Folge von Varianten zum Thema »Engel«.*
Paul Klee, seit Jahren an Sklerodermie leidend, thematisiert in seinen Spätwerken vor allem den Tod und das Sterben. Als ehemaliger Bauhauslehrer und Professor an der Kunstakademie Düsseldorf am 23. Dezember 1933 nach Bern emigriert, zählt er zu den Künstlern der Avantgarde. Von den Nationalsozialisten 1937 als »entartet« deklassiert, versucht Klee im schweizerischen Exil in einer Art inneren Emigration seinen Protest gegen das Dritte Reich zu formulieren. Durch Kontakte mit Wassily Kandinsky, Franz Marc und Pablo Picasso entwickelte sich Klee schon vor dem Ersten Weltkrieg zu einem der bedeutendsten und einflußreichsten Maler der Moderne. Klee, am 29. Juni 1940 in Muralto bei Locarno seiner Krankheit erlegen, verfügt neben seinen bildnerischen Fähigkeiten auch über musikalisches Talent, das sich auch in seinen Zeichnungen und Gemälden niederschlägt.

Exilbühne in Zürich zeigt »Dantons Tod«

Szene aus »Dantons Tod« in einer Inszenierung von Gustaf Gründgens am Staatlichen Schauspielhaus, Berlin, mit Marianne Hoppe

8. Februar. Mit anhaltendem Beifall feiert ein begeistertes Publikum die Premierenvorstellung des Dramas »Dantons Tod« von Georg Büchner im Zürcher Schauspielhaus.
In dem von Leopold Lindtberg, Regisseur des Hauses, inszenierten französischen Revolutionsdrama, erstmals am 5. Januar 1902 in Berlin aufgeführt, werden die Hauptrollen von den deutschen emigrierten Schauspielern Wolfgang Langhoff und Wolfgang Heinz verkörpert. Beide haben an der 1938 von dem schweizerischen Verleger Emil Oprecht als »Neue Schauspiel AG« reorganisierten, deutschen Exilbühne ein festes Engagement gefunden.

Wintersportwoche als Olympiaersatz

4. Februar. In Garmisch-Partenkirchen endet die IV. Internationale Wintersportwoche. An dem als Ersatz für die Olympischen Winterspiele veranstalteten Wettbewerb sind außer dem Deutschen Reich Italien und Jugoslawien beteiligt. Auch der letzte Tag der Sportwoche, an dem drei große Wettkämpfe abgehalten werden, erfreut sich eines großen Besucherandranges.

Die erfolgreichsten Sportler des alpinen Skiwettbewerbs sind die Deutschen Christl Cranz und Josef (Pepi) Jennewein. Die Weltmeister aus dem Jahr 1939 können sich in den Disziplinen Abfahrt, Kombination und Slalom vor ihren Konkurrenten als Sieger behaupten. Der am letzten Tag im Anschluß an den Slalomwettbewerb auf der großen Olympiaschanze in Garmisch ausgetragene Spezialsprunglauf bringt den knappen Sieg des Oberstdorfers Josef (Sepp) Weiler.

Im Eishockey-Endspiel steht die Mannschaft des Protektorats Böhmen und Mähren den Ungarn im Olympiastadion gegenüber. Die spielerfahrene Mannschaft des Protektorats siegt mit 3:2 Toren über das ungarische Team. Das in den Pausen durch Schauläufe der diesjährigen Deutschen Eiskunstlaufmeister Lydia Veicht, Horst Faber, Maxi Herber und Ernst Baier (→ 4. 1. / S. 27) angereicherte Programm der Wintersportwoche schließt mit einer feierlichen Siegerehrung der Skisportler in der Garmischer Festhalle ab.

△ Schauläufe der Eiskunstläufer sind beim Publikum der Garmischer Wintersportwoche besonders beliebt. Neben Darbietungen im Paarlauf zeigen auch die Damen hervorragende Leistungen. Hier die Wiener Läuferinnen Liesl Neustadt, Hanne Niernberger, Erika Haudeck und Elfriede Scharf (v. l.) während einer Pause.

◁ Die Weltmeisterin Christl Cranz kurz vor ihrem Sturz beim Slalomlauf: Aber auch dieses Mißgeschick verhindert nicht, daß sie in Garmisch in drei Disziplinen gewinnt und zu den herausragenden Sportlerinnen zählt.

Die Wiener Eiskunstläuferin Hertha Wächtler bei ihrem Kürvortrag

Der Italiener Chierroni belegt den sechsten Platz im Torlauf

Pepi Jennewein wird Sieger in allen alpinen Disziplinen

Sepp Weiler bei einem Sprung von der Großen Olympiaschanze

März 1940

Mo	Di	Mi	Do	Fr	Sa	So
				1	2	3
4	5	6	7	8	9	10
11	12	13	14	15	16	17
18	19	20	21	22	23	24
25	26	27	28	29	30	31

1. März, Freitag

Führer und Reichskanzler Adolf Hitler unterzeichnet die erste operative Weisung (Unternehmen »Weserübung«) zur Vorbereitung einer deutschen Besetzung Dänemarks und Norwegens (→ 9. 4./S. 70).

An zahlreichen italienischen Truppenstandorten findet die feierliche Übernahme von insgesamt 132 faschistischen Schwarzhemdbataillonen in das italienische Heer statt.

Das Wrack des für 39,4 Millionen Reichsmark erbauten deutschen Panzerschiffes »Admiral Graf Spee«, das am 17. Dezember 1939 aufgrund eines irreparablen Maschinenschadens von der deutschen Marine im Hafen von Montevideo (Uruguay) versenkt wurde (→ 16. 2./S. 32), ist für etwa 9,85 Millionen Reichsmark an eine Nahrungsmittelimportfirma verkauft worden.

Henry Armstrong (USA) verteidigt im Kampf um die Weltmeisterschaft im Weltergewicht gegen Ceferino Garcia in Los Angeles seinen Titel. Der Boxkampf endet nach 15 Runden unentschieden (→ 6. 10./S. 179).

2. März, Sonnabend

Adolf Hitler empfängt den US-Unterstaatssekretär im Auswärtigen Amt, Sumner Welles, der sich seit dem 25. Februar in Europa aufhält, zu einer Unterredung in Berlin. → S. 56

Durch die versehentliche Verbindung einer Wasserleitung mit einer Brauerei und Sodafabrik im US-Bundesstaat Illinois kommen die Bewohner der Stadt Joilet kurzzeitig in den Genuß, Limonade und Bier aus der Wasserleitung trinken zu können.

In Cambridge findet trotz des Krieges die traditionelle Ruderregatta im Achter zwischen den Universitätsmannschaften von Cambrigde und Oxford statt. Cambridge schlägt Oxford mit fünf Längen Vorsprung.

3. März, Sonntag

Aufgrund einer Vereinbarung mit Vertretern des Reichsgaus Wartheland (Posen) und dem Reichssicherheitshauptamt sind im Rahmen eines sog. Zwischenplans 40 000 Polen aus dem Reichsgau Wartheland ins Generalgouvernement deportiert worden (→ 8. 3./S. 57). Die Zwangsumsiedlung wird fortgesetzt.

Der Reichspropagandaminister Joseph Goebbels eröffnet die Leipziger Frühjahrsmesse, die bis zum 8. März dauert. → S. 63

Josef Bürckel, Reichskommissar für Österreich, vollzieht die Eingliederung der staatlichen Wiener Kulturinstitute in die Verwaltung des Reichsgaus Wien (→ 1. 4./S. 74).

Reichsinnenminister Wilhelm Frick legt in einem Runderlaß fest, daß die Verleihung des »Ehrenkreuzes der deutschen Mutter« künftig nur noch am Muttertag, dem dritten Sonntag im Mai, stattfinden soll.

Eine Fußball-Länderspielbegegnung zwischen den Nationalmannschaften Italiens und der Schweiz in Turin endet 1:1 (1:1).

In der Berliner Deutschlandhalle kann sich der Bochumer Radrennfahrer Walter Lohmann im Steherrennen um das »Goldene Rad von Berlin« behaupten. → S. 65

4. März, Montag

Die deutsche Seekriegsleitung stoppt das Auslaufen weiterer Unterseeboote zum Handelskrieg gegen Großbritannien, um sämtliche Seestreitkräfte für das Unternehmen »Weserübung« (Besetzung Dänemarks/Norwegens) zur Verfügung zu haben (→ 9. 4./S. 70).

Adolf Hitler empfängt den schwedischen Asienforscher Sven Hedin. Dieser versucht, Hitler zu einer Vermittlung im Finnisch-Sowjetischen Winterkrieg (→ 8. 1./S. 14; 12. 3./S. 52) zu veranlassen. → S. 56

Nach Angaben der »Neuen Zürcher Zeitung« arbeitet die Regierung der Niederlande mit größter Dringlichkeit Pläne zur Evakuierung der Zivilbevölkerung aus.

Ingrid Bergman spielt die Hauptrolle in dem Film »Juninaten« (Eine Juninacht), der – unter der Regie von Per Lindberg gedreht – in Stockholm uraufgeführt wird.

5. März, Dienstag

Der Ministerrat für die Reichsverteidigung verbietet allen polnischen Stiftungen, Gesellschaften und Genossenschaften, ihre Tätigkeiten weiterzuführen. Die Neugründung einer Organisation wird mit Geldstrafen und Gefängnis geahndet.

Das Kölner Arbeitsgericht verfügt die fristlose Entlassung eines Arbeiters wegen Verweigerung des Luftschutzdienstes.

Nach einem Dekret des französischen Finanzministers Paul Reynaud ist an drei Tagen in der Woche der öffentliche Ausschank von hochprozentigen Alkoholika in Frankreich untersagt. Lediglich der Genuß von Tafelwein ist an den betreffenden Tagen (dienstags, donnerstags, sonnabends) erlaubt.

»Der Feuerteufel«, ein historischer Film aus der Zeit der Kärntner Befreiungskämpfe gegen Napoleon I., Kaiser der Franzosen (Regie: Luis Trenker), wird in Berlin uraufgeführt.

Das diesjährige Etappenrennen für Berufsradfahrer, die Tour de France, der Pariser Sportzeitschrift »L'Auto« (heute »L'Equipe«), wird laut Pressemeldungen »aus Gründen der Undurchführbarkeit aufgrund des Krieges« zunächst auf unbestimmte Zeit verschoben (→ 21. 4./S. 83).

6. März, Mittwoch

Das nach dem Tod Giuseppe Mottas (22. 1.) verwaiste Außenministerium der Schweizer Bundesregierung wird dem Bundespräsidenten Marcel Pilet-Golaz übertragen.

Reichsarbeitsminister Franz Seldte appelliert an die Betriebsleiter, den beschäftigten Frauen während des Fronturlaubes der Ehemänner Urlaub zu gewähren. → S. 58

»The Fifth Column« (Die fünfte Kolonne), ein Schauspiel des US-amerikanischen Schriftstellers Ernest Hemingway, wird in einer Bearbeitung von Benjamin Glazer in New York uraufgeführt. Das Theaterstück thematisiert Erlebnisse des Autors im Spanischen Bürgerkrieg (1936 – 1939).

7. März, Donnerstag

Der finnische Generalfeldmarschall Carl Gustaf Emil Freiherr von Mannerheim plädiert im finnischen Kriegsrat für eine Beendigung des finnisch-sowjetischen Krieges, da nach dem Verlust von 20% der eigenen Streitkräfte eine Fortdauer des aussichtslosen Kampfes nicht zu verantworten sei (→ 12. 3./S. 52).

Das größte Passagierschiff der Welt, der britische Luxus-Liner »Queen Elizabeth«, trifft auf seiner Jungfernfahrt im New Yorker Hafen ein. Das Schiff war am 28. Februar aus Liverpool ausgelaufen. → S. 63

8. März, Freitag

Das Reichssicherheitshauptamt erläßt umfangreiche Bestimmungen zur Regelung von Arbeits- und Lebensbedingungen polnischer Zivilarbeiter im Reich, die sog. Polenerlasse. → S. 57

Eine Delegation der finnischen Regierung begibt sich unter Führung des finnischen Gesandten in Stockholm, Juho Kusti Paasikivi (eigentl. Juho Kusti Hellsten), zu Friedensverhandlungen nach Moskau (→ 12. 3./S. 52).

Der US-Botschafter in London, Joseph Kennedy, der nach einem längeren Aufenthalt in den USA nach Großbritannien zurückgekehrt ist, tritt gegenüber der britischen Öffentlichkeit für eine Isolationspolitik der US-amerikanischen Regierung ein (→ 1. 12./S. 203).

9. März, Sonnabend

Eine Polizeiverordnung »Zum Schutz der Jugend« des Reichsführers SS und Chefs der Deutschen Polizei, Heinrich Himmler, verbietet Jugendlichen unter 18 Jahren den Besuch von Gaststätten, Kinos und Tanzveranstaltungen nach 21 Uhr ohne Begleitung von Erziehungsberechtigten sowie das Rauchen in der Öffentlichkeit. → S. 59

In der Schweiz und Italien werden Pläne zum Bau einer Großschiffahrtsstraße ausgearbeitet, die der Schweiz einen Anschluß zum Adriatischen Meer verschaffen soll. Grund ist die Ausweitung der alliierten Seeblockade und damit die Unterbindung der deutschen Kohlelieferungen nach Italien. → S. 62

10. März, Heldengedenktag

In seiner Rede zum Heldengedenktag im Berliner Zeughaus erklärt Adolf Hitler: »Der von den kapitalistischen Machthabern Frankreichs und Englands aufgezwungene Krieg muß zum glorreichen Sieg der deutschen Geschichte werden.«

Unter Vorsitz von Reichswirtschaftsminister Walther Funk wird in Wien die Südost-Europa-Gesellschaft e. V. gegründet. Die Vereinigung soll zur Intensivierung der deutschen Handelsbeziehungen mit den Balkanstaaten beitragen. → S. 62

Den Schwerpunkt der in Wien eröffneten Frühjahrsmesse bildet die technische Ausstellung, die als Ersatz für die diesjährige Internationale Automobilausstellung in Berlin gelten soll. Die Messe dauert bis zum 17. März. → S. 63

Auf Anweisung von Papst Pius XII. werden im Festungsturm des Vatikans Luftschutzräume eingerichtet.

Der seit 1938 in den USA lebende deutsche Dramaturg Erwin Piscator inszeniert am Belasco Theatre in Washington D. C. das Schauspiel »Saint Joan« von George Bernard Shaw.

Mit dem Straßenrennen Mailand – Turin wird die diesjährige Radsportsaison in Italien eröffnet. Das Rennen über 239 km unter ausschließlich nationaler Beteiligung gewinnt Gino Favalli in 6:00:38 h.

Die am 9. März begonnene alpine Deutsche Skimeisterschaft in Sankt Anton am Arlberg gewinnen Josef (Pepi) Jennewein und Christl Cranz. → S. 65

Im Alter von 49 Jahren stirbt in Moskau der sowjetische Schriftsteller Michail Afanasjewitsch Bulgakow.

11. März, Montag

Papst Pius XII. empfängt Reichsaußenminister Joachim von Ribbentrop, der sich seit dem 9. März in Rom aufhält, zu einer Audienz im Vatikan. Am 10. März traf von Ribbentrop zu einer Unterredung mit Italiens Ministerpräsidenten und Duce Benito Mussolini zusammen. → S. 56

Zur Störung der alliierten Handelsschiffahrt stellt die deutsche Seekriegsleitung den ersten Hilfskreuzer in Dienst. → S. 62

Die Regierungen Großbritanniens und Frankreichs fordern eine Durchmarscherlaubnis für ihre Truppen durch Norwegen und Schweden nach Finnland (→ 12. 3./S. 52).

Österreichische Emigranten gründen in London das »Austria Office« als ihr politisches Zentrum. → S. 55

Aus deutscher Sicht ein historisches Treffen: Die Titelseite der »Münchner Illustrierten Presse« vom 28. März 1940 hebt die Begegnung von Führer und Reichskanzler Adolf Hitler mit Italiens Ministerpräsidenten und Duce Benito Mussolini am 18. März auf dem Brenner hervor

17. Jahrgang / Nr. 13
28. März 1940
Verlag Knorr & Hirth
Kommanditgesellschaft,
München

Münchner Illustrierte Presse

Preis: 20 Pfennig
Italien: 2 Lire / Schweiz: 40 Rappen
Jugoslawien: 5 Din. / Holland: 20 Cent
Estland: 40 Cent / Belgien: 2 Fr.
Lettland: -.40 Lat

Aufnahme: Presse-Hoffmann

Die historische Begegnung auf dem Brenner

Adolf Hitler, der Führer Großdeutschlands, und Benito Mussolini, der Duce des italienischen Imperiums, am Fenster des Salonwagens, in dem die historische Besprechung stattgefunden hat

(Siehe auch den Bildbericht im Innenteil des Blattes!)

12. März, Dienstag

Der »Friede von Moskau« beendet den Finnisch-Sowjetischen Winterkrieg. → S. 52

Angesichts der am 1. März auf die deutschen Kohlelieferungen erweiterten britischen Seeblockade wird in Rom eine Vereinbarung unterzeichnet, nach der sich das Deutsche Reich verpflichtet, die Kohlelieferungen an Italien vollständig auf dem Landweg durchzuführen. → S. 62

Der Schweizer Bundesrat bewilligt Kredite zur Errichtung von Arbeitslagern für Emigranten. → S. 55

13. März, Mittwoch

Nach einer Erklärung der deutschen Reichsregierung in Berlin sollen die während des finnisch-sowjetischen Konflikts (→ 8. 1./S. 14; 12. 3./S. 52) unterbrochenen Handelsbeziehungen mit Finnland wieder aufgenommen werden (→ 6. 10./S. 175).

14. März, Donnerstag

Hermann Göring, Beauftragter für den Vierjahresplan, ruft die deutsche Bevölkerung zu einer freiwilligen Spende von Kupfer, Bronze, Messing, Zinn und anderer Metalle auf. → S. 59

Eine Verordnung des NSDAP-Gauleiters Arthur Greiser löst die deutsche evangelische Kirche im Reichsgau Wartheland (Posen) im staatlichen Sinne auf. → S. 61

Der Generalstab der niederländischen Marine gibt allen unter niederländischer Flagge fahrenden Schiffahrtsgesellschaften bekannt, daß aufgrund der Gefahren des Seekriegs jeder Schiffsverkehr bis auf weiteres einzustellen ist.

Mitarbeiter der seit Kriegsbeginn bestehenden Auskunftzentrale des Internationalen Roten Kreuzes in Genf recherchieren über den Verbleib und das Schicksal von Kriegsgefangenen. → S. 61

15. März, Freitag

Unter der Herausgabe von Reichspropagandaminister Joseph Goebbels erscheint die erste Nummer der Wochenzeitschrift »Das Reich«. → S. 59

In Düsseldorf öffnet die Frühjahrskunstausstellung »Nordwestdeutsche Kunst 1940«, deren Schirmherrschaft Reichspropagandaminister Joseph Goebbels übernommen hat, ihre Pforten. Die Ausstellung endet am 31. März.

»Michelangelo«, ein Film über das Leben und Werk des Künstlers und Wissenschaftlers – entstanden unter der Regie von Curt Oertel – wird in Berlin uraufgeführt.

16. März, Sonnabend

Zum Abschluß der seit 14. März in Riga tagenden Konferenz der Baltischen Entente erklären die Außenminister der Mitgliedstaaten (Estland, Lettland, Litauen) ihren Willen zu einer intensiveren wirtschaftlichen Zusammenarbeit sowie der Aufrechterhaltung ihrer Neutralität.

Richard Walther Darré, Reichsminister für Ernährung und Landwirtschaft, nimmt die jüdische Bevölkerung von der Fettzuteilung für die minderbemittelte Bevölkerung aus.

Die schwedische Nobelpreisträgerin für Literatur, Märchenautorin und Schriftstellerin Selma Lagerlöf, verstirbt im Alter von 81 Jahren an ihrem Geburtsort Gut Märbacka auf Värmland.

Im Endrundenspiel um die Deutsche Meisterschaft im Eishockey siegt die Wiener Eislaufvereinigung gegen die Düsseldorfer Eislaufgemeinschaft mit 1:0. → S. 56

17. März, Sonntag

Adolf Hitler ernennt den Generalinspekteur für das deutsche Straßenwesen, Fritz Todt, zum Reichsminister für Bewaffnung und Munition. → S. 58

Die Herrenmannschaft der Yale-Universität stellt in New York einen Weltrekord über 4 × 100 m Freistil in 3:54,4 min auf.

In Freiburg werden die Schweizerischen Rad-Querfeldeinmeisterschaften ausgetragen. Sieger des Laufs wird zum dritten Mal (der auch in den Vorjahren erfolgreiche) Fritz Hartmann.

18. März, Montag

Adolf Hitler und der italienische Ministerpräsident und Duce Benito Mussolini treffen sich zu einer Unterredung auf dem Brenner. → S. 56

19. März, Dienstag

Der Bildfunkverkehr zwischen dem Deutschen Reich und Japan kann über eine Entfernung von mehr als 10 000 km eröffnet werden. Reichspostminister Wilhelm Ohnesorge tauscht mit Mitgliedern des japanischen Verkehrsministeriums über die drahtlose Verbindung Glückwünsche aus.

Das seit dem 15. März in San Remo ausgetragene internationale Tennisturnier entscheidet Gottfried Freiherr von Cramm (GER) in der Begegnung mit Francesco Romanoni (ITA) für sich. Bei den Damen siegt die Jugoslawin Hela Rovac über die Deutsche Meisterin Anneliese Ullstein. → S. 65

20. März, Mittwoch

Nach dem Rücktritt der französischen Regierung Édouard Daladier bildet der bisherige Finanzminister Paul Reynaud am 21. März ein neues Kabinett, mit dessen Hilfe er die Kriegführung intensivieren will. → S. 55

In der Schweiz ist mit sofortiger Wirkung die Ausfuhr von Filmen, Fotografien und Schallplatten nur mit einer besonderen Bewilligung der Abteilung Presse und Funkspruch im Armeestab, Sektion Film, zulässig. Die Ausfuhr von unentwickeltem, belichtetem Filmmaterial ist verboten.

Der seit vier Tagen anhaltende Ausbruch des Ätna-Vulkans auf Sizilien ist nach Meldungen aus Catania noch nicht zum Stillstand gekommen. Es handelt sich um die heftigsten Eruptionen seit 40 Jahren.

Der Film »Stern von Rio« (Regie: Karl Anton) mit der erst kürzlich verstorbenen (13. 3.) Tänzerin La Jana (eigentl. Henriette Heibl) wird in Berlin uraufgeführt. → S. 65

21. März, Donnerstag

Der ehemalige finnische Ministerpräsident Aimo Kaarlo Cajander gibt während einer Beratung in Stockholm erste Auskünfte über das Ausmaß der Kriegszerstörungen, Gebietsabtretungen, Umsiedlungen sowie Verluste durch Bombenangriffe in Finnland. → S. 53

Grete Weiser spielt die Hauptrolle in der Filmkomödie »Polterabend«. Für den in Berlin uraufgeführten Film schrieb Will Meisel die Musik.

22. März, Karfreitag

Italiens Ministerpräsident Benito Mussolini empfängt in Rom eine Abordnung aus Oberetsch, deren Bewohner bei der Volksabstimmung über die nationale Zugehörigkeit (31. 12. 39) für Italien optiert haben (→ 10. 1./S. 16).

23. März, Sonnabend

Nach einem Erlaß zur reichsdeutschen Arbeitsschutzverordnung ist die Überschreitung der täglichen Arbeitszeit von zehn Stunden sowie die Beschäftigung von Frauen und Jugendlichen im Nachtdienst nur noch in außergewöhnlichen Fällen und mit besonderer Genehmigung der zuständigen Behörden zulässig.

24. März, Ostersonntag

Insgesamt 5000 Juden aus dem Gebiet von Wilna (Litauen) sind in britischen Kolonien angesiedelt. Jüdische Vereinigungen haben zu diesem Zweck rund 600 000 Hektar Land angekauft.

25. März, Ostermontag

Das türkische Passagierschiff »Satarya« wird von einem britischen Kriegsschiff auf hoher See gestoppt und nach Beirut gebracht. Das Schiff hat 2000 Juden aus Konstanza (Rumänien) an Bord, die heimlich in Palästina an Land gesetzt werden sollten.

26. März, Dienstag

Führer und Reichskanzler Adolf Hitler entscheidet nach einer Lagebesprechung mit Großadmiral Erich Raeder, Oberbefehlshaber der Kriegsmarine, das Unternehmen »Weserübung« (→ 9. 4. / S. 70) mit einem zeitlich geringen Vorsprung vor der Westoffensive (→ 10. 5. / S. 88) zu beginnen.

Mit Abschluß eines britisch-spanischen Handels- und Verrechnungsabkommens stellt die britische Regierung Spanien einen Kredit von 2 Millionen Pfund Sterling (19,7 Mio. RM) zur Behebung der Kriegsschäden aus dem Spanischen Bürgerkrieg (1936 – 1939) zur Verfügung.

27. März, Mittwoch

Reichsführer SS und Chef der Deutschen Polizei, Heinrich Himmler, befiehlt die Errichtung eines Konzentrationslagers in Auschwitz (Oświęcim) (→ 14. 6./S. 118).

28. März, Donnerstag

Auf seiner sechsten Tagung in London berät der Oberste Kriegsrat der Alliierten über weitere Strategien der Kriegführung. → S. 54

Auf einer Sitzung der Interparlamentarischen Union, zu der Vertreter mehrerer europäischer Staaten in Lugano zusammentreffen, werden die Möglichkeiten zur Herstellung normaler internationaler Beziehungen nach dem Krieg und der Übergang von einer Kriegs- zur Friedenswirtschaft erörtert. → S. 55

Der britische Kriminalfilmregisseur Alfred Hitchcock stellt in New York seinen Film »Rebecca« vor. → S. 65

29. März, Freitag

Im New Yorker Boxweltmeisterschaftskampf im Schwergewicht besiegt der US-amerikanische Titelverteidiger Joe Louis seinen Herausforderer Johnny Paychek (USA) durch K. o. in der zweiten Runde (→ 16. 12./S. 206).

30. März, Sonnabend

US-Präsident Franklin D. Roosevelt gibt nach der Rückkehr seines Unterstaatssekretärs Sumner Welles in Washington vor Pressevertretern bekannt, daß die Europareise von Welles (→ 2. 3./S. 56) keine konkreten Friedensergebnisse gebracht habe. Die gesammelten Informationen dieser Reise seien jedoch für die Außenpolitik der USA von größtem Wert.

In Nanking (China) nimmt die japanfreundliche chinesische Zentralregierung unter Wang Ching-wei ihre Regierungsgeschäfte auf. → S. 55

Der Ministerrat für die Reichsverteidigung erläßt eine Verordnung »zum Schutze der Metallsammlung des deutschen Volkes«. Jegliche Bereicherung an diesen Metallen oder andere »unehrenhafte« Verwendungen werden mit dem Tode bestraft (→ 14. 3./S. 59).

31. März, Sonntag

Der neue Großflughafen New Yorks, La Guardia Field, wird nach zweijähriger Bauzeit eröffnet. → S. 63

Das Wetter im Monat März

Station	Mittlere Lufttemperatur (°C)	Niederschlag (mm)	Sonnenscheindauer (Std.)
Aachen	6,4 (5,5)	87 (49)	– (125)
Berlin	2,1 (3,9)	73 (31)	– (151)
Bremen	3,4 (4,0)	83 (42)	– (117)
München	3,1 (3,3)	70 (46)	– (142)
Wien	2,4 (4,9)	46 (42)	– (135)
Zürich	4,9 (4,2)	81 (69)	127 (149)

( ) Langjähriger Mittelwert für diesen Monat
– Wert nicht ermittelt

Für Benzin, in allen kriegführenden Ländern rationiert, wirbt die Titelseite der italienischen Automobilzeitschrift »Auto Moto Avio« vom 15. März 1940

Finnisch-sowjetischer Friedensvertrag in Moskau

Außenminister Väinö Alfred Tanner, Mitglied der finnischen Delegation

W. M. Molotow, Außenminister der UdSSR, unterzeichnet den Vertrag

12. März. Nach fünftägigen Verhandlungen wird in Moskau ein Waffenstillstands- und Friedensvertrag zwischen Finnland und der Sowjetunion abgeschlossen. Das von den Delegationen am folgenden Tag unterzeichnete Dokument beendet den am 30. November 1939 ausgebrochenen Finnisch-Sowjetischen Winterkrieg (→ 8. 1./S. 14). Der Friedensvertrag verpflichtet Finnland zu umfangreichen Gebietsabtretungen; die Hafenstadt Hangö wird als militärischer Stützpunkt für 30 Jahre an die UdSSR verpachtet.

Weiterhin legt der Vertrag fest, daß keiner der beiden Staaten Bündnisse eingehen darf, die gegen eine der vertragschließenden Parteien gerichtet sind. Der UdSSR werden handels- und verkehrspolitische Transitrechte im Gebiet des eisfreien Hafens Petsamo eingeräumt. Finnland verpflichtet sich darüber hinaus, keine Kriegshäfen oder militärische Basen an den Küsten des nördlichen Eismeeres anzulegen.

Der Friedensvertrag stellt den Finnen harte Bedingungen, erhält aber die Souveränität des Landes. Sogar zu Konzessionen ist die UdSSR bereit: Auf die noch vor Kriegsbeginn geforderten Nickellagerstätten im Petsamogebiet, die zu einem Teil in britischem Besitz sind, verzichtet die Sowjetunion, um einen Konflikt mit den Westmächten zu vermeiden.

Die Bereitwilligkeit der sowjetischen und finnischen Regierungen, über eine Beendigung des Krieges zu verhandeln, kommt für die Weltöffentlichkeit überraschend. Sie gründet auf sowjetischer Seite in der Furcht vor einer möglichen Intervention der Alliierten in Skandinavien, zum anderen für die Finnen in den nur unzureichenden und teilweise völlig veralteten schwedischen und alliierten Waffenlieferungen. Starke Verluste der finnischen Armee seit Anfang Februar (rund 20%) zwingen zum Einlenken; am 29. Februar erklärt sich die finnische Regierung zu Friedensverhandlungen mit der UdSSR bereit. Nachdem der finnische Oberbefehlshaber Carl Gustaf Emil Freiherr von Mannerheim am 7. März im finnischen Kriegsrat offen für einen Waffenstillstand mit der UdSSR eintritt, begibt sich einen Tag später eine finnische Delegation nach Moskau zu Verhandlungen, die Tage später zur Einstellung der Kampfhandlungen führen.

Die am 5. Februar von den Alliierten beschlossene Entsendung eines Expeditionsheeres mit einer Stärke von 50 000 Mann kommt aufgrund der Weigerung Schwedens und Norwegens, den Truppen eine Marscherlaubnis durch ihre Gebiete zu erteilen, nicht zustande. In der Furcht, ein derartiges Angebot würde die skandinavischen Staaten in den Krieg einbeziehen, bewahren sie ihre Neutralität. Trotz der ablehnenden Haltung der skandinavischen Staaten geben die Alliierten noch am Tag des Friedensschlusses den Befehl zur weiteren Vorbereitung der geplanten Aktion.

Die deutsche Regierung, die nicht nur an einer ungestörten Erzlieferung aus dem Norden interessiert ist, sondern auch die freie Zufahrt für ihre Seestreitkräfte durch die Shetland-Bergen-Enge erhalten will, diskutiert seit dem 27. Januar die Möglichkeiten einer Intervention in Nordeuropa (→ 9. 4./S. 70).

Politische Eckdaten des Konflikts

5. Oktober 1939. Nachdem das finnische Staatsgebiet im deutsch-sowjetischen Geheimprotokoll vom 23. August 1939 als sowjetischer Interessensbereich festgelegt wird, fordert die UdSSR von Finnland die Abtretung der Karelischen Landenge und die Verpachtung der Stadt Hangö am Eingang des Finnischen Meerbusens zur Errichtung von Militärbasen. Im Austausch soll Finnland ein wenig besiedeltes und unerschlossenes Gebiet in Ostkarelien erhalten.

28. November 1939. Nach gescheiterten Verhandlungen mit der finnischen Regierung (13. November) kündigt die UdSSR den 1932 geschlossenen Nichtangriffspakt auf.

2. Dezember 1939. Nach Beginn der Kampfhandlungen (30. 11. 1939) schließt die von der Sowjetunion gebildete finnische Gegenregierung unter dem ehemaligen Vorsitzenden der Kommunisten-Partei Finnlands, Otto Wilhelm Kuusinen, einen Beistandspakt und erfüllt formal die sowjetischen Forderungen. Diese Regierung findet aber im Volk keine politische Unterstützung. Eine neue bürgerlich-nationale Regierung konstituiert sich am 1. Dezember unter dem bisherigen Präsidenten der Staatsbank Risto Heikki Ryti.

14. Dezember 1939. Die Sowjetunion wird aufgrund ihrer Aggression gegen Finnland aus dem Völkerbund ausgeschlossen.

12. März 1940. Nach viermonatigen Gefechten schließen beide Parteien in Moskau Frieden.

Finnische Soldaten verfolgen Verhandlungen in Moskau

Aushang des Moskauer Friedensvertrags in Helsinki

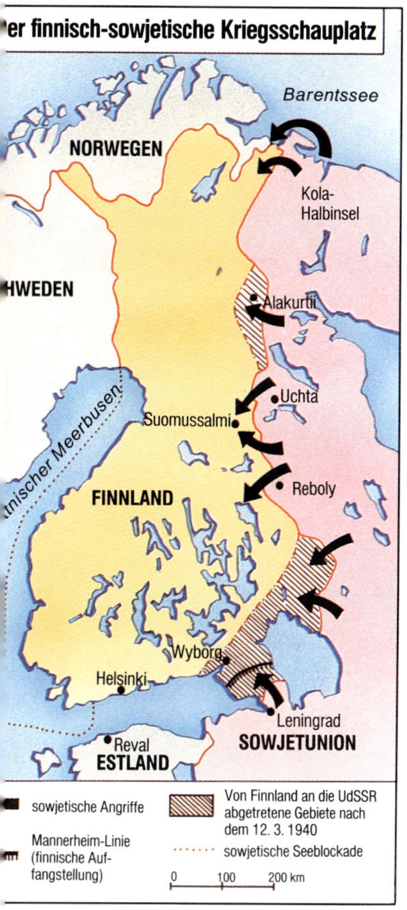

Die bedeutende Karelische Landenge und Gebiete in Mittel- und Nordfinnland gehen 1940 an die UdSSR

Finnland nach dem Friedensschluß

21. März. Anläßlich einer Beratung in Stockholm über Hilfeleistungen für das durch den Krieg schwer geschädigte Finnland gibt der ehemalige finnische Ministerpräsident Aimo Kaarlo Cajander einen ersten Situationsbericht über die von Finnland zu verkraftenden Kriegsschäden und -folgen.

Mit den im Friedensvertrag festgelegten Gebietsabtretungen büßt Finnland rund 40 000 km^2 seines Territoriums ein: U. a. die Karelische Landenge einschließlich der Hafenstadt Wyborg, das West- und Nordufer des Ladogasees, eine Reihe von Inseln im Finnischen Meerbusen, Gebietsstreifen in Mittel- und Nordfinnland und die Fischerhalbinsel im nördlichen Eismeer. Finnland verliert 10% seines Ackerlandes, 11% seines Waldbestandes und 10% seiner Industrie mit 400 Gewerbebetrieben. Etwa 500 000 Menschen, größtenteils Kleinbauern, müssen aus den abgetretenen Territorien evakuiert und neu angesiedelt werden. Die Unterbringung der Umsiedler bedeutet für das vom Krieg gezeichnete Land eine unerhörte Kraftanstrengung. Die Kriegsschäden belaufen sich auf rund 1 Milliarde Finnmark (5,05 Mrd. RM). Allein die Kosten für den Wohnungsbau werden auf 1,2 Milliarden Finnmark (6,06 Mrd. RM) geschätzt. 637 Zivilisten sind durch sowjetische Bombenangriffe ums Leben gekommen. Am 1. April errichtet die UdSSR als neuen Teilstaat die Karelisch-Finnische Bundesrepublik. Finnland selbst ist bestrebt, sich von der politischen Dominanz der Sowjetunion zu befreien. Die konsequente Verfolgung dieser Politik führt im Verlauf des Jahres 1940 zu einer Annäherung des Landes an das Deutsche Reich. Vom 17. August an schließt Finnland mehrere Wirtschafts-, Waffen- und Transitabkommen mit der deutschen Reichsregierung in Berlin ab (6. 10./S. 175).

Nach Abschluß der Friedensverhandlungen räumen finnische Skipatrouillen die karelische Hauptstadt Wyborg, nun ein Gebiet der Sowjetunion

Finnen verlassen die ehemals umkämpfte Region

Hinweisschilder nach Wyborg werden entfernt

Sanitäter transportieren finn. Kriegsverletzte

Sowjetbürger siedeln auf ehemals finn. Gebiet

Finnische Umsiedler auf dem Weg in eine neue Heimat

Briten und Franzosen nicht einig über Strategien

28. März. Nach dem überraschenden Friedensschluß zwischen Finnland und der Sowjetunion (→ 12. 3./S. 52) berät der Oberste Kriegsrat der Alliierten während seiner sechsten Tagung in London über die weitere Kriegsstrategie. Neben der seit dem 5. Februar geplanten Intervention in Skandinavien zur Unterbrechung schwedischer Erzlieferungen an das Deutsche Reich steht auch eine Unterbrechung der rumänischen und sowjetischen Öllieferungen sowie die Verminung des Rheins (Aktion »Royal Marine«) und der norwegischen Küstengewässer (u. a. vor Åndalsnes und Narvik durch die Royal Navy) zur Diskussion.
Unterschiedliche Auffassungen darüber, auf welche Weise die Wirtschaftskraft des Deutschen Reiches am wirksamsten zu schwächen sei, bestimmen die britisch-französische Unterredung. So scheitert der von Frankreich favorisierte Plan, die Zufuhr von Rohöl aus der UdSSR durch eine militärische Intervention zu unterbinden, an den Vorbehalten Großbritanniens: Es könnte dadurch möglicherweise ein offener Konflikt mit der Sowjetunion ausgelöst werden. Der britische Premier Arthur Neville Chamberlain votiert dagegen für die Aktion »Royal Marine«.

Ergebnisse der Londoner Tagung

▷ Verminung der norwegischen Hoheitsgewässer und Besetzung von militärischen Stützpunkten
▷ Störung der Donauschiffahrt durch Sabotageaktionen.

In einem Vertrag verpflichten sich beide Regierungen, während des gegenwärtigen Krieges über einen Waffenstillstand oder Friedensvertrag weder zu verhandeln noch ihn abzuschließen, sofern nicht beide Parteien damit einverstanden sind.

Aber auch dieser letztlich gebilligte Vorschlag kommt nicht zur Durchführung: Schon am 30. März bittet die neue französische Regierung unter Paul Reynaud (→ 20. 3./S. 55), die Verminung des Rheins um drei Monate zu verschieben. Die für den 5. April vorgesehene Aktion in Norwegen wird schließlich am → 8. April (S. 70) durchgeführt. Ein Sabotageversuch zur Störung der Donauschiffahrt vom 5. April scheitert an der deutschen Abwehr.

April 6, 1940 THE ILLUSTRATED LONDON NEWS 441

THE WAR COUNCIL'S MEETING, PRESAGING A MORE VIGOROUS WAR POLICY.

MR. CHURCHILL—NAZI *BÊTE NOIR*—PHOTOGRAPHED WHEN THE ALLIED SUPREME WAR COUNCIL MET IN LONDON.

FRANCE'S PREMIER: M. REYNAUD IN SMILING MOOD IN DOWNING STREET FOR THE COUNCIL—THE FIRST HE HAD ATTENDED.

BRITAIN'S PREMIER: MR. CHAMBERLAIN ARRIVING AT THE WEST END HOTEL WHERE A LUNCHEON WAS GIVEN TO THE FRENCH LEADERS.

A HIGHLY POPULAR MINISTER OF MARINE, WHO HAS DONE BRILLIANT WORK FOR FRANCE: M. CAMPINCHI IN LONDON.

FRANCE'S CHIEF OF THE NAVAL STAFF, ADMIRAL DARLAN, LEAVING NO. 10, DOWNING STREET, WITH HIS EXPERTS.

COMMANDER-IN-CHIEF OF THE ALLIED FORCES IN THE FIELD AND HEAD OF THE ARMED FORCES OF FRANCE: GENERAL GAMELIN AT NO. 10.

BRITAIN'S FIRST SEA LORD AT NO. 10. THE COUNCIL IS BELIEVED TO HAVE DISCUSSED THE MORE VIGOROUS PROSECUTION OF THE WAR.

GENERAL IRONSIDE (WHO WORE HIS LÉGION D'HONNEUR STAR FOR THE MEETING) AND AIR MARSHAL SIR CYRIL NEWALL.

THE ALLIED AIR MINISTERS: SIR KINGSLEY WOOD AND M. LAURENT EYNAC. DOUBTLESS THE SYLT RAID FIGURED IN THEIR DISCUSSIONS.

SIR CYRIL NEWALL'S "OPPOSITE NUMBER." GENERAL VUILLEMIN, HEAD OF THE FRENCH AIR FORCE, WITH AN *AIDE*, OUTSIDE NO. 10.

Eine Einigung wird auch beim sechsten Treffen des Obersten Kriegsrats der Alliierten in London nur in einigen Punkten erreicht: Kontroversen über strategische Fragen machen das Zustandekommen einer gezielten Kriegführung unmöglich. Die landespolitischen Interessen Frankreichs und Großbritanniens werden von den jeweiligen Regierungschefs Arthur Neville Chamberlain und Paul Reynaud (erste Bildreihe, M.) vertreten. Während Reynaud für eine Intervention auf dem Balkan und in der Sowjetunion eintritt, um weitere Rohstofflieferungen aus diesen Regionen an das Deutsche Reich zu unterbinden, will Chamberlain das Reich durch die Verminung skandinav. Gewässer schwächen. Ihre Positionen werden von ihren militärischen Befehlshabern unterstützt. Schon am 22. Februar präsentierte der Befehlshaber der alliierten Landstreitkräfte in Frankreich, Maurice Gamelin (2. Bildreihe, M.), einen Plan, der die Bombardierung sowjetischer Ölfelder vorsieht. V. l: Winston Churchill, Paul Reynaud, Arthur N. Chamberlain, Frankreichs Marineminister Campinchi, Admiral François Darlan, General Gamelin, Admiral Dudley Pound, General Edmund Ironside, Luftmarschall Cyril Newall, Kingsley-Wood, Laurent-Eynac, General Vuillemin

Neue Regierung Japans in China

30. März. Der bis 1939 amtierende Vizepräsident der Kuomintang (Nationale Volkspartei), Wang Ching-wei, wird als Staatspräsident einer neu errichteten chinesischen Zentralregierung in Nanking eingesetzt. Die von Japan kontrollierte Regierung soll als legitime chinesische Vertretung den Machtbereich der nationalchinesischen Truppen unter Marschall Chiang Kai-shek in Tschungking untergraben und diese zur Aufgabe ihres militärischen Widerstandes in dem seit 1937 bestehenden Konflikt veranlassen.
Aufgrund des von Wang Ching-wei mit Japan geschlossenen Bündnisses verpflichtet sich die Regierung in Tokio, die chinesische Souveränität anzuerkennen und auf weitere Gebietserweiterungen zu verzichten. Wang Ching-wei erhält Vollmachten zur Stellenbesetzung aller Reichsämter und Ministerien.

Wang Ching-wei (eigtl. Wang Chao-ming), geb. 1884 in Kanton, gehört seit 1917 zu den Führern der Kuomintang. Er war in den Jahren von 1932 bis 1935 Ministerpräsident und 1938/39 stellvertretender Parteiführer. 1939 brach er mit seinem Rivalen Chiang Kai-shek und wechselte ins japanische Lager über.

Das Bestreben Japans, den Krieg mit China zu beenden, gründet in der seit 1939 wenig erfolgreich betriebenen Offensive sowie in der Einsicht, das Großreich China niemals ganz beherrschen zu können. Nachdem Japan die wichtigsten Städte und Wirtschaftszentren Zentral- und Südchinas Anfang 1940 unter Kontrolle hat, versucht es mit der Regierung Wang Ching-wei, ein chinesisches Protektorat aufzubauen, um auf diesem Weg das Land politisch und wirtschaftlich zu beherrschen. Außenpolitisch sollen durch den Versuch der Befriedung die angeschlagenen Handelsbeziehungen mit den USA und Großbritannien auf eine neue Basis gestellt werden (→ 25. 1./S. 23). Jedoch schlagen all diese Hoffnungen fehl: Chiang Kaishek, der von den USA und Großbritannien unterstützt wird, gibt seinen Widerstand nicht auf; nach Erklärung vom 31. März sind die USA nicht bereit, die Satellitenregierung Japans anzuerkennen.

Nach ihrer Vereidigung durch den Präsidenten Albert Lebrun am 21. März stellt sich die neue Regierung vor: Links neben Ministerpräsident Paul Reynaud (5. v. l.) sein Vorgänger und jetziger Verteidigungsminister Édouard Daladier

Kein Vertrauen für Regierung Daladier

20. März. Ministerpräsident Édouard Daladier sieht sich aufgrund seiner unentschlossenen Kriegspolitik starker Kritik durch das französische Parlament ausgesetzt. Er stellt daraufhin die Vertrauensfrage. 239 Abgeordnete sprechen sich für eine Regierung Daladier aus, 303 Abgeordnete hingegen enthalten sich der Stimme. Nach dieser Abstimmungsniederlage tritt der Ministerpräsident sofort von seiner Regierungsverantwortung zurück.
Gründe für das Scheitern der Politik Daladiers sind vor allem in seiner Haltung zum finnisch-sowjetischen Konflikt zu suchen (→ 8. 1./S. 14; 12. 3./S. 52). Daladier hatte sich für eine rasche Intervention in Skandinavien ohne Rücksicht auf die norwegische und schwedische Neutralität ausgesprochen, die aktive Durchführung des Unternehmens aber weitgehend Großbritannien überlassen wollen. Differenzen zwischen den Bündnispartnern über die alliierte Kriegführung (→ 28. 3./S. 54) belasteten darüber hinaus die außenpolitische Handlungsfähigkeit der Regierung Daladier.
Der mit der Regierungsneubildung von Staatspräsident Albert Lebrun beauftragte bisherige Finanzminister Paul Reynaud stellt am 21. März sein Kabinett vor: Reynaud selbst übernimmt neben dem Ministerpräsidentenamt auch das Außenministerium; Daladier wird in der neuen Regierung mit der Leitung des Verteidigungsministeriums betraut. In seiner am folgenden Tag verlesenen Regierungserklärung betont der neue Regierungschef die Notwendigkeit des entschlossenen Zusammenstehens aller Franzosen und plädiert für einen totalen Kriegseinsatz: »Siegen heißt, alles retten; unterliegen heißt, alles verlieren.«

Autonomie für das Heimatland

11. März. Als Zentrum für die politische Tätigkeit der nach Großbritannien geflüchteten Österreicher wird in London das »Austria Office« gegründet. In seiner Funktion als Treffpunkt der etwa 12 000 in Großbritannien lebenden Österreicher setzt sich das Büro zur Aufgabe, die Befreiung Österreichs von der deutschen Besatzungsmacht publizistisch vorzubereiten.
Informationen aus dem Untergrund im Heimatland liefern Hintergrundberichte über die Entwicklung in Österreich, mit deren Hilfe die britische Öffentlichkeit auf die Probleme und notwendigen Maßnahmen zur Wiedererlangung der vollständigen Autonomie des österreichischen Staates aufmerksam gemacht werden soll. Das Londoner »Austria Office« gilt nicht als offizielle Exilregierung Österreichs.

Graf Carton de Wiart (2. v. l.) in Lugano

Union in Lugano

28. März. *Unter Vorsitz des belgischen Staatsministers Henri Victor Graf Carton de Wiart beraten in Lugano Mitglieder der Interparlamentarischen Union über internationale Beziehungen nach dem Krieg.*

Emigrantenlager in der Schweiz

12. März. Der Schweizer Bundesrat in Bern bewilligt auf Antrag des Volkswirtschaftsdepartements Kredite zur Errichtung von Arbeitslagern für Emigranten.
Mit der offiziellen Begründung, den Flüchtlingen »die Möglichkeit zu einer körperlichen Betätigung zu geben und gleichzeitig Arbeiten, die im Interesse der Landesverteidigung sind, zu fördern«, sollen alle Emigranten nach ihrer Einweisung im schweizerischen Straßen- und Wegebau beschäftigt werden.
Die Berner Regierung betont jedoch zum Emigranten-Problem, daß die Schweiz für alle politischen Flüchtlinge nur eine Durchgangsstation nach Übersee sein könne. Die nun eingerichteten Lager sollen damit auch die Aufgabe erfüllen, die Internierten zu einem baldigen Verlassen des Landes anzuhalten.

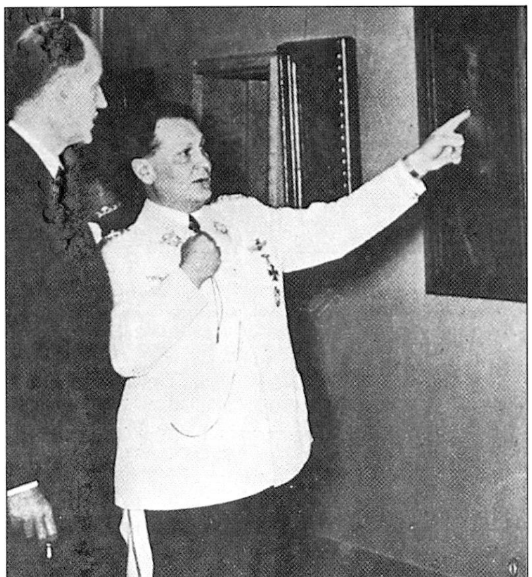

Sumner Welles (l., neben ihm Hermann Göring) in Berlin

Welles sondiert Frieden

2. März. *Im Rahmen seiner Europareise trifft der US-Unterstaatssekretär Sumner Welles in Berlin zu einer Unterredung mit Adolf Hitler zusammen. Welles ist vom US-Präsidenten Franklin D. Roosevelt beauftragt, Möglichkeiten eines europäischen Friedens zu erkunden; er stößt auf Ablehnung, da »sich das Deutsche Reich lediglich gegen eine Vernichtung durch die Alliierten behaupten müsse«.*

Sven Hedin (l.) bittet erneut vergebens um Vermittlung

Hedin – Mittler für Finnland

4. März. *Der schwedische Asienforscher Sven Hedin versucht zum wiederholten Mal, Adolf Hitler zur Vermittlung im Finnisch-Sowjetischen Winterkrieg zu bewegen. Unter Hinweis auf das Bündnis mit der Sowjetunion (23. 8. 1939) lehnt Hitler ab. Hedin, der den Reichskanzler seit 1933 zum drittenmal konsultiert, erkundete von 1926 bis 1935 im Auftrag der Lufthansa Flugrouten nach Fernost.*

Joachim von Ribbentrop (M.) mit Dolmetscher Paul Schmidt

Audienz bei Papst Pius XII.

11. März. *Reichsaußenminister Joachim von Ribbentrop bereitet das für den 18. März geplante Treffen zwischen Ministerpräsident Benito Mussolini und Adolf Hitler in Rom vor und wird von Papst Pius XII. empfangen. Der von der deutschen Regierung als Demonstration ihres guten Verhältnisses zur Kirche propagierte Papstbesuch soll von der Unterdrückung im Reich ablenken.*

Hitler und Mussolini konferieren auf dem Brenner

18. März. Auf dem Brenner-Grenzbahnhof treffen Adolf Hitler und Benito Mussolini zur ersten Konferenz während des Krieges zusammen.

In der Unterredung erklärt der Duce Italiens grundsätzliche Bereitschaft, in den Krieg einzutreten. Der italienische Außenminister und Schwiegersohn Mussolinis, Galeazzo Ciano, Graf von Cortellazzo, nimmt am Gespräch teil und hält in seinem Tagebuch fest: »Die Unterredung ... ist eigentlich eher ein Monolog. Hitler spricht unentwegt ... Mussolini hört mit Sympathie und Ergebenheit zu. Er spricht wenig und bestätigt sein Versprechen, mit Deutschland zu marschieren.«

Hitler heißt den Duce herzlich willkommen ▷

▽ *Hitler und Mussolini schreiten die Front der italienischen Ehrenkompanie ab*

Zwangsarbeit und Deportation polnischer Arbeiter

8. März. Als Resultat der seit Februar von Reichsführer SS und Chef der deutschen Polizei Heinrich Himmler vorangetriebenen Vorbereitungen zur Regelung der Arbeits- und Lebensbedingungen polnischer Zivilarbeiter im Reich werden die sog. Polenerlasse herausgegeben. Die aus zehn Dokumenten bestehende Verordnung sieht neben der Kennzeichnung von Polen mittels eines »Polenabzeichens« eine rigorose gesellschaftliche Beschränkung sowie ein Verbot jeglicher Kontaktaufnahme zur deutschen Bevölkerung vor. Kommt es dennoch zu geschlechtlichen Beziehungen zwischen einem polnischen Arbeiter und einer deutschen Frau, wird über den Mann die Todesstrafe verhängt, die Frau öffentlich an den Pranger gestellt und in ein Konzentrationslager eingewiesen.

Anwerbung polnischer Zivilarbeiter für das Reich

1940	1941	1942	1943	1944 (1. Hj.)
301 962	262 648	359 809	175 568	52 446

Arbeitseinsatz polnischer Kriegsgefangener im Reich

Zeitraum	Beschäftigte	Landwirtsch.	Industrie
Okt. 1939	213 115	–	–
Febr. 1940	294 393	89,9%	10,1%
April 1940	287 348	93,3%	6,1%

Die Anwerbung polnischer Zivilarbeiter aus dem Generalgouvernement (besteht seit dem 12. Oktober 1939) sowie auch der Einsatz polnischer Kriegsgefangener soll den Arbeitskräftemangel im Reich vor allem in der Landwirtschaft lindern, der durch Einberufungen zur Wehrmacht entstanden ist. Nachdem jedoch das von der Reichsregierung in Berlin verlangte Soll, bis zum April mindestens 500 000 Arbeiter ins Reich zu entsenden, nicht erfüllt werden kann, setzt die zwangsweise Deportation von Polen ein.
Als Ausgleich verfolgt die Reichsregierung das Ziel, das Generalgouvernement im Sinne eines Sklavenstaates mit polnischen Bevölkerungsgruppen zu besiedeln. Im Rahmen eines sog. Zwischenplanes werden bis zum 3. März 40 000 Polen aus dem Reichsgau Wartheland (Posen) dorthin deportiert. Von Ende April bis Oktober 1940 folgen monatlich 10 000 bis 15 000 zwangsumgesiedelte Polen.

Öffentliche Anprangerung einer Frau aus Pommern

Umgesiedelte Polen aus dem Warthegau in Lublin

Kinder werden oft nach »rassischen« Merkmalen selektiert

Nur das Notwendigste darf mitgenommen werden

Repressionen aufgrund der »Polenerlasse«

Nach den Bestimmungen des Sonderrechtes für polnische Arbeiter im Reich sind den Polen u. a. folgende Pflichten und Einschränkungen auferlegt:

- ▷ »Alle Zivilarbeiter polnischen Volkstums sind zum Tragen des Kennzeichens ›P‹ auf sämtlichen Kleidungsstücken verpflichtet.
- ▷ Für Polen besteht Aufenthaltszwang am Arbeitsort. Nur mit besonderer polizeilicher Genehmigung ist das Verlassen des Arbeitsortes zulässig.
- ▷ Im Zusammenhang hiermit steht das Verbot der Benutzung von öffentlichen Verkehrsmitteln. Der Besitz von Fahrrädern ist Polen nicht erlaubt.
- ▷ Der Besuch von Kirchen ist Angehörigen der polnischen Volksgruppe untersagt.
- ▷ Öffentliche Veranstaltungen wie Kino, Theater und dergl. bleiben Polen verwehrt.
- ▷ Ehegemeinschaften von Polen im Reich werden aus Gründen des (Arbeits-)Einsatzes nicht zugelassen. Die Übertretung des Verbots jeglichen Verkehrs mit deutschen Frauen und Mädchen führt zur Verhängung der Todesstrafe. Die Vollstreckung (Justifizierung) durch den Strang geschieht nach Versammlung der in der Umgegend tätigen Polen.«

Polnische Juden werden zwangsweise zu Arbeiten herangezogen

Fritz Todt wird neuer Reichsminister

17. März. Um in der Rüstungsindustrie des Großdeutschen Reichs eine wesentlich höhere Leistungsfähigkeit zu erreichen, wird ein neues Ministerium geschaffen. Führer und Reichskanzler Adolf Hitler ernennt den Generalinspekteur für das deutsche Straßenwesen, Fritz Todt, zum Reichsminister für Bewaffnung und Munition. Ihm unterstehen ab sofort alle Bereiche der Produktion von Waffen und der dazugehörigen Munition.

Mit der Einrichtung dieses neuen Ministeriums wird eine zentrale Instanz zur Lenkung der Munitionsproduktion geschaffen, wesentliche Aufgaben der staatlichen Rüstungsproduktion werden der Industrie überantwortet. Maßgebliche Befugnisse der Auftragserteilung und -lenkung, die zuvor bei Beschaffungsstellen des Heeres lagen, gehen auf neugebildete Arbeitsgemeinschaften und Ausschüsse der Privatwirtschaft über. Deren Aufgabe besteht in der koordinierten Zusammenarbeit mit allen zuständigen staatlichen Stellen bei der möglichst zweckmäßigen Ausgestaltung von Produktionsabläufen in der Rüstungsindustrie. Dazu gehören insbesondere Fragen der Organisation des Transportwesens, der Arbeitskräfteverteilung und der Sicherung von Rohstoffen. Über eine planvolle Zusammenarbeit sollen die Arbeitsergebnisse der beteiligten Unternehmen im Reich optimiert werden.

Die Vorsitzenden der Arbeitsgemeinschaften kommen regelmäßig in sog. Munitionsausschüssen zu Beratungen zusammen. Der Errichtung dieser Arbeitsgemeinschaften für die Munitionsfertigung folgen am 25. Mai die Bildung von Sonderausschüssen, die für eine beschleunigte Umstellung auf devisenfreie Rohstoffe, Austausch wirtschaftlicher Fertigungsverfahren zwischen den Betrieben sowie für die Beratung bei der Auftragslenkung zuständig sind. Auf diesem Wege soll eine bessere Planung und Koordination von Bedarf, Produktion und Ressourcen erreicht werden.

In allen Bereichen der Rüstungsindustrie zeichnen sich schon bald nach Kriegsbeginn (1. 9. 1939) Versorgungsschwierigkeiten ab. Vor allem aus Kreisen der Großindustrie wird daher der Ruf nach einer koordinierten Wirtschaftslenkung laut.

Das neue Ministerium, das den wirtschaftlichen Interessen der Großindustrie im Sinne von hohem Produktionsvolumen und geringem Investitionsaufwand entgegenkommt, entwickelt sich bald zur Konkurrenz schon bestehender staatlicher und militärischer Wirtschaftsorganisationen. Seit dem 23. Februar ist Todt auch für Sonderaufgaben im Vierjahresplan zuständig.

Baukolonnen der sog. Organisation Todt auf dem Weg zu ihrem Einsatzgebiet; 1938 organisierte Fritz Todt Arbeitskräfte für den Bau des Westwalls

Wettstreit um die beste Position

Seit Kriegsbeginn (1. 9. 1939) teilen sich drei zentrale Staatsorgane die Aufgabe, Wirtschaft und Produktion im Reich auf die Kriegserfordernisse auszurichten: Der Reichswirtschaftsminister Walther Funk als Generalbevollmächtigter für die Wirtschaft, das Wehrwirtschaftsamt beim Oberkommando der Wehrmacht unter der Leitung von Generalmajor Georg Thomas sowie der Vierjahresplan, deren Leitung Generalfeldmarschall Hermann Göring seit 1936 innehat.

Der ständige Konkurrenzkampf dieser Ämter untereinander und die Verfolgung unterschiedlicher Konzepte der Wirtschaftsförderung erweisen sich insbesondere für die Rüstungsindustrie als hinderlich. So vertritt Funk die Strategie einer friedensähnlichen Wirtschaftspolitik, da er aufgrund der Blitzkriegstrategie nicht mit einer langen Kriegführung rechnet. Thomas, der sich für eine totale Kriegsökonomie ausspricht, steht in Konflikt mit Göring, dem es nicht gelang, das im November 1939 gegründete Wehrwirtschafts- und Rüstungsamt in die Organisation des Vierjahresplanes zu integrieren und so eine einheitliche Lenkung der Wirtschaft herzustellen.

Freizeit für Frauen von Fronturlaubern

6. März. Reichsarbeitsminister Franz Seldte erklärt, daß es eine »Ehrenpflicht der Betriebsführer sei, dem Wunsch werktätiger Frauen auf Beurlaubung während des Fronturlaubs der Ehemänner weitgehendst entgegenzukommen«. Die NS-Regierung reagiert damit auf die sich häufenden Fälle von unerlaubtem Fernbleiben der Frauen von ihrem Arbeitsplatz während des Heimaturlaubs ihrer Männer. Bisher wurden diese Arbeitsverstöße meist stillschweigend geduldet. Nun soll im Sinne des Familienzusammenhalts während des Kriegs ein gemeinsamer, legaler Urlaub ermöglicht werden.

Mit derben Späßen vertreiben sich Frontsoldaten die lange Bahnfahrt bis zur Ankunft bei ihren Familien in der Heimat. Der Fronteinsatz der Väter führt in vielen Familien zu sozialen Spannungen und Erziehungsproblemen.

Erzählungen vom Front- und Kriegseinsatz sind bei den daheimgebliebenen Veteranen des Ersten Weltkriegs beliebt; mit Gabeln, Löffeln und anderen Utensilien wird in geselliger Runde eine militärische Situation simuliert

Verordnung soll Jugend schützen

9. März. Mit Wirkung ab 16. März erläßt Reichsinnenminister Wilhelm Frick eine reichsweit gültige Polizeiverordnung »Zum Schutz der Jugend in der Öffentlichkeit«.
Jugendliche unter 18 Jahren dürfen sich gemäß dieser Verordnung auf öffentlichen Straßen und Plätzen während der Dunkelheit nicht aufhalten; der Besuch von Gaststätten, Kinos, Varieté- und Kabarettvorstellungen ist ihnen nach 21 Uhr ohne Begleitung von Erziehungsberechtigten verboten. Darüber hinaus wird den Minderjährigen der Genuß von Alkohol, das Rauchen in der Öffentlichkeit sowie der Besuch von Tanzveranstaltungen untersagt. Heranwachsende, die gegen diese Verordnungen verstoßen, haben mit einer Haftstrafe von drei bis sechs Wochen oder einer drastischen Geldstrafe in Höhe von 50 bis 150 Reichsmark zu rechnen.
Diese Anordnungen, die nach den geheimen Lageberichten des Sicherheitsdienstes der SS vom 1. April auf allgemeine Zustimmung bei Eltern und Erziehungsberechtigten stoßen, zeigen die Befürchtungen des NS-Regimes, den Einfluß auf die Jugend unter den fortdauernden Kriegsverhältnissen zu verlieren. Die staatlichen Versuche einer umfassenden Organisation der Heranwachsenden in der Hitlerjugend (HJ) reichen nicht aus, der kriegsbedingten Auflösung der Familien in erzieherischer Hinsicht zu begegnen.

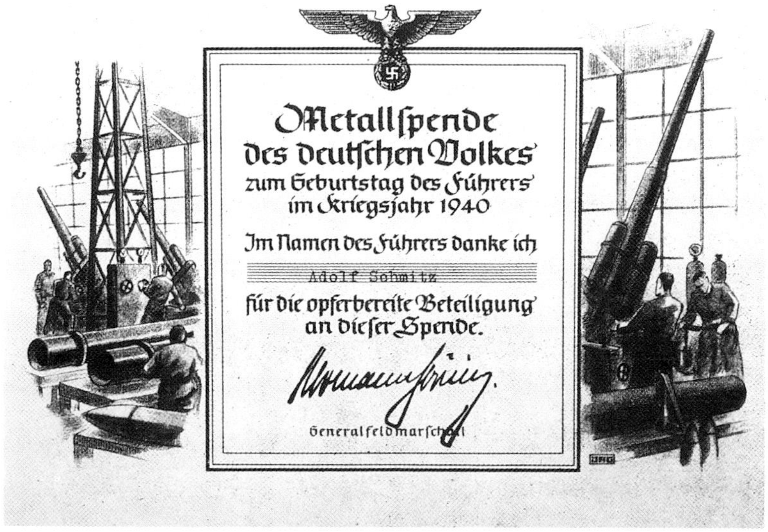

Jeder »Metallspender« erhält auf Anweisung von Reichspropagandaminister Joseph Goebbels eine Urkunde als Anerkennung und den »Dank des Führers«

Metalle für den Führer

14. März. Der Beauftragte für den Vierjahresplan und preußische Ministerpräsident Hermann Göring ruft das deutsche Volk zu einer großangelegten Metallspende auf. Alle entbehrlichen Gegenstände aus Kupfer, Bronze, Messing, Zinn, Blei oder Nickel sollen in »nationaler Opferbereitschaft« für die deutsche Rüstungsproduktion zur Verfügung gestellt werden.
Als »Metallspende für den Führer« ausgewiesen, wird diese Sammelaktion als Geschenk des Volkes anläßlich des 51. Geburtstages von Adolf Hitler am 20. April propagiert. Die Sammlung von Altstoffen ist für das von ausländischen Rohstoffen nahezu abgeschnittene Dritte Reich eine kriegsbedingte Notwendigkeit. In der Presse erscheinen Meldungen über die »hochherzigen Spenden« hoher NS-Minister; und auch die »Opferbereitschaft« des Führers selbst, der die schmiedeeisernen Tore vor der Berliner Reichskanzlei zur Verfügung stellt, wird dem Volk als Beispiel vorgeführt. Diese Werbemethoden zahlen sich aus: Durchschnittlich stellt jeder Haushalt im Reich 1/2 bis 15 kg Metall zur Verfügung; diese Sammlung sichert laut Zählung die Vollbeschäftigung von sieben Metallhütten.

NSDAP-Presse beherrscht Markt

15. März. Die neue Wochenzeitschrift »Das Reich« erscheint in ihrer ersten Ausgabe. Das von Reichspropagandaminister Joseph Goebbels herausgegebene Organ ist inhaltlich auf intellektuelle Leserkreise ausgerichtet.
Augenscheinlich um einen sachlichen Berichterstattungsstil bemüht, enthält sich das großformatige Blatt aufdringlicher Polemik und hebt sich somit von den Parteizeitschriften wie »Völkischer Beobachter«, »Der SA-Mann« und »Der Stürmer« ab. Als Aushängeschild veröffentlicht »Das Reich« (erscheint ab 25. 5. regelmäßig) Beiträge von Schriftstellern und Journalisten, die ihre Distanz zum Dritten Reich bewahrt haben. So zählen u. a. Luise Rinser, Wilhelm Emanuel Süskind und Theodor Heuss zu Mitarbeitern der Zeitschrift. Auf der Titelseite erscheint jede Woche ein vom Reichsminister selbst verfaßter Leitartikel zur weltpolitischen Lage. 1942 erreicht die Wochenzeitschrift eine Auflage von 1,5 Millionen Exemplaren.
Nach der im April 1935 vom Vorsitzenden der Reichspressekammer und Chef des NSDAP-Zentralverlags Franz Eher Nachf., Max Amann, verfügten systematischen Konzentration im Pressewesen beherrscht die NSDAP-Presse mit einer täglich erscheinenden Auflage von rund 13,2 Millionen (gesamte Presse 19,8 Mio.) den deutschen Zeitschriften- und Zeitungsmarkt.

△ Der Fronturlaub des Vaters ist für die ganze Familie ein großes Ereignis; freudig wird der Vater nach monatelanger Abwesenheit von seinen Kindern begrüßt. Auch die werktätige Mutter erhält zur gleichen Zeit Urlaub
▷ △ Mußestunden im Familienkreis sind selten genug geworden und nur während des mehrwöchigen Fronturlaubs möglich. Die Frauen sind durch die Einberufung ihrer Ehemänner starken Belastungen ausgesetzt. Alleinverantwortlich für die Erziehung der Kinder werden viele von ihnen auch für die Rüstungsproduktion dienstverpflichtet.
◁ »Kremserfahrten durch Alt-Berlin« bietet das »Kraft-durch-Freude«-Amt den Fronturlaubern als besonderen Service während ihres Aufenthalts in der Heimatstadt – ein kleiner Ausgleich für Entbehrungen und Strapazen

Bildungswesen 1940:

NS-Erziehung durch Kriegsereignisse stark beeinträchtigt

Ziel von schulischer Erziehung und Ausbildung des Heranwachsenden durch den NS-Staat ist die Vermittlung und Festigung einer nationalsozialistischen Weltanschauung. Sie kann wie auch andere von der Propaganda angepriesene Errungenschaften des NS-Staates, z. B. im sozialen Bereich, unter den herrschenden Kriegsverhältnissen nur noch mit Mühe aufrechterhalten werden. So werden im Jahr 1940 Ausbildung und Einrichtungen der Schule einer zunehmenden Reglementierung und Beschneidung unterworfen. Lediglich die Anstrengungen um die Heranbildung einer NS-Führungsschicht sind von diesen Restriktionen ausgenommen.

Durch gezielte Reformen, so die Durchsetzung reichseinheitlicher Unterrichtslinien an Volks- und Mittelschulen (3. 2.) und die fortgesetzte Umwandlung von Bekenntnisschulen in Gemeinschaftsschulen (1941 abgeschlossen), versucht der Staat auch im schulischen Alltag seinen Einfluß auszubauen. Die zunehmenden Eingriffe in die Lehrinhalte machen selbst die Kriegsereignisse zum täglichen Lehrstoff. Ziel soll sein: Eine »bewußte, selbstsichere, wehrhafte und tatbereite Jugend voller Wagemut und Gefolgschaftstreue«. Eine Verordnung vom 29. Juni z. B. veranlaßt die Schulräte, dafür Sorge zu tragen, daß in den Oberstufen täglich der Bericht des Oberkommandos der Wehrmacht besprochen wird. Die Schüler sollen einen Einblick in die laufenden Kampfhandlungen gewinnen und mit »Spannung« den weiteren Verlauf verfolgen. Über die Vermittlung von Kenntnissen des Aufbaus der Wehrmacht und deren einzelner Waffengattungen soll dieser Anweisung zufolge auch schon in den Grundstufen das entsprechende Verständnis gefördert und das Interesse der Schüler für militärische Belange frühzeitig geweckt werden.

Nach dem Willen der Propagandisten hat der Schulbetrieb diesen hohen Erziehungszielen zu dienen. Aber die Umsetzung in die Unterrichtspraxis funktioniert nicht so, wie es das Regime gerne glauben machen will. Besonders im Volksschulbereich zeigen sich Mängel: Die voll ausgebaute achtklassige Volksschule, an der zumindest sieben, acht oder mehr Lehrer unterrichten, bildet eher die Ausnahme. Meist gibt es sie nur in Städten oder großen Landgemeinden des Reiches. Von den 57 255 Volksschulen, die 1940 bestehen, sind nur 5399, also 10%, voll ausgebaut. Demgegenüber stehen 40% einklassige Schulen. Im Reichsdurchschnitt hat eine Schule 1940 nur 3,5 Klassen. Die Zusammenlegung mehrerer Jahrgänge zu einer Klasse verschärft den Notstand.

Ein echter deutscher Junge, so die Propaganda, läßt sich wie sein tapferer Vater an der Front nicht unterkriegen – Sport als ideale Vorschulung

Diese Verhältnisse sind für eine fundierte Ausbildung nicht förderlich, sie verschlechtern sich durch die Auswirkungen des Kriegs noch weiter. Am 3. Januar 1940 wird die zweijährige Ausbildung der Volksschullehrer um ein Semester verkürzt. Der Lehrermangel nimmt durch Einberufungen zur Wehrmacht zu. Dadurch fällt Unterricht aus. Der außerschulische Einsatz von Schülern und Lehrern in der Landwirtschaft oder bei diversen Sammelaktionen, beispielsweise für das Kriegswinterhilfswerk, reduzieren die täglichen Schulstunden zusätzlich. Ohnehin ist deren Dauer in der Regel auf 40 Minuten beschränkt. Fliegeralarm, Kohlemangel und die Belegung von Schulraum durch das Wehrwirtschafts- und Rüstungsamt sowie den Luftschutz machen einen geregelten Schulbetrieb im zweiten Kriegsjahr beinahe unmöglich.

Auch die Hochschule bleibt nicht von den Auswirkungen des Krieges verschont. Die Studenten werden verstärkt zu staats- und kriegsdienlichen Aufgaben herangezogen, die als sog. Studentische Dienstpflicht und Propagandaeinsatz in das Studium integriert werden (→ 1. 1. / S. 18). Die kommende akademische Elite, zu der das Regime ein gespaltenes Verhältnis hat, soll ihre Regimetreue an Aufgaben für die Volksgemeinschaft beweisen.

Das von der NS-Führung angestrebte Ziel, eine ausgewählte Elite für die Spitzenpositionen in Staat und Partei heranzuziehen, wird auch noch 1940 weiterverfolgt. Mit der Einführung des Langemarck-Studiums in Österreich (→ 18. 1. / S. 27) sowie der am 9. Oktober eröffneten ersten Nationalpolitischen Erziehungsanstalt im Reichsgau Wartheland (→ 22. 10./S. 176) soll das bisher auf das Reich ausgerichtete Konzept sogar auf die annektierten Gebiete ausgedehnt werden. Die an NS-Eliteschulen ausgebildeten Schüler sollen einmal die Führungsschicht des Großdeutschen Reiches stellen.

»Luftfahrt« ist an deutschen Schulen Bestandteil des Lehrplans; Schüler mit ihren Modellflugzeugen

Schul- und Lehrfilme sollen den Kindern verschiedene Lebens- und Berufsbereiche näherbringen

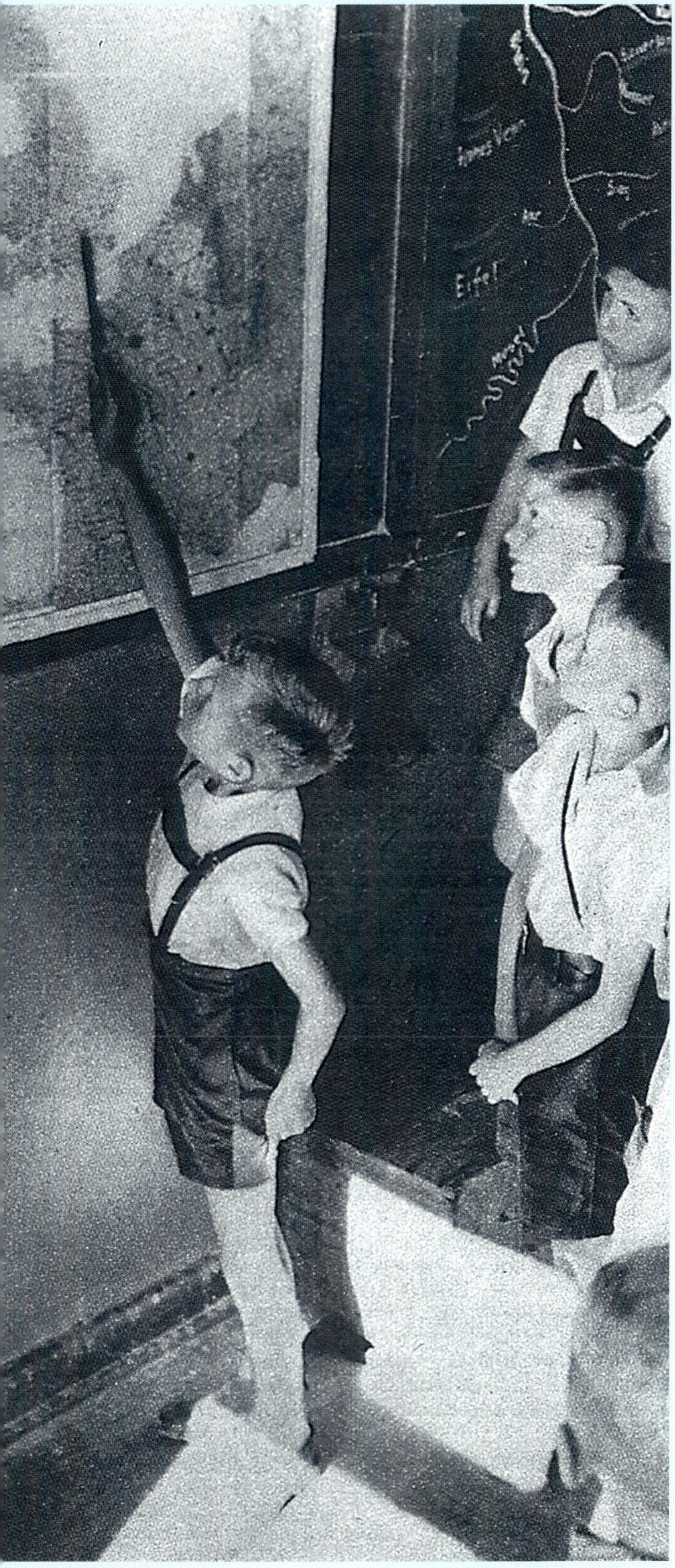

Täglich wird der Frontverlauf von den Schülern auf der Karte verfolgt

Kirchen im Wartheland

14. März. Im Rahmen der kirchlichen »Neuordnungspolitik« im Reichsgau Wartheland (Posen) werden die evangelischen Kirchen im staatlichen Sinne aufgelöst.
Die durch Gauleiter Arthur Greiser erlassene Verordnung degradiert die Kirchen zu religiösen Gesellschaften im Sinne von Vereinen und löst ihre rechtliche, finanzielle und dienstliche Bindung an die Reichskirche auf. Neue Mitglieder der Religionsgemeinschaften werden nicht hineingeboren, sondern können erst bei Erlangung der Volljährigkeit ihren Beitritt erklären. Mit Einführung des Nationalitätenprinzips wird es Polen und Deutschen verboten, zusammen Mitglieder einer Kirche zu sein.
Greisers eigenmächtiges Vorgehen, ohne Zustimmung des Reichskirchenministers Hanns Kerrl erfolgt, löst reichsweite Proteste von kirchlichen und staatlichen Stellen aus. Kerrls vehemente Zurückweisung der Einmischung in seine Befugnisse sowie der Widerspruch der evangelischen Kirche bewirken aber nicht die Annulierung der Verordnungen. Greisers Kirchenkampf im Warthegau wird maßgeblich von Reichsführer SS und Chef der Deutschen Polizei Heinrich Himmler sowie dem Stabsleiter Martin Bormann unterstützt. Beide erachten im Rahmen ihrer politischen Zielsetzung, den Reichsgau als nationalsozialistischen Staat aufzubauen, die Trennung von Kirche und Staat als notwendige Voraussetzung.

Arthur Greiser, seit 21. Oktober 1939 Gauleiter ihm Wartheland

Suche nach Gefangenen

14. März. Das Internationale Komitee des Roten Kreuzes in Genf richtet eine Anfrage nach dem Verbleib polnischer Kriegsgefangener, die bislang im Lager bei Kozielsk (Distrikt Smolensk, UdSSR) interniert waren, an das Oberkommando der deutschen Wehrmacht.
Um über das Schicksal von Kriegsgefangenen und deren völkerrechtsgemäße Behandlungen Erkundigungen einzuziehen, hat das Internationale Rote Kreuz eine Auskunftszentrale für Kriegsgefangene eingerichtet. Die 500 dort tätigen Mitarbeiter, zum größten Teil ehrenamtlich Beschäftigte, bearbeiten täglich eine Flut von Anfragen besorgter Familienangehöriger von Soldaten.
Aufklärung über das Schicksal der Polen, die in Wirklichkeit von der sowjetischen Geheimpolizei im Frühjahr 1940 liquidiert worden sind, erhält die Öffentlichkeit erst im Zuge des deutschen Angriffs auf die Sowjetunion im Jahr 1943.

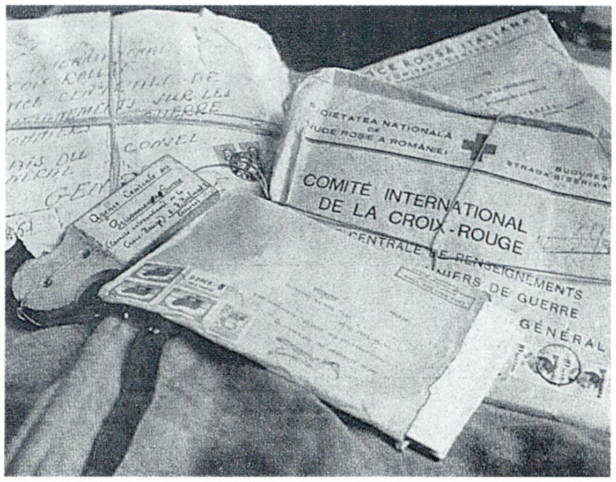

Anfragen besorgter Angehöriger und Vermißtenmeldungen gehen täglich in der Genfer Zentrale des Internationalen Roten Kreuzes ein. Um die Arbeit bewältigen zu können, hat die Organisation ihr Personal seit Kriegsbeginn erheblich erweitert.

Handelsschiffe als »Handelsstörer«

11. März. Aus dem Kieler Hafen läuft als erster deutscher Hilfskreuzer und »Handelsstörer« das Schiff »Atlantis« aus. Der umgerüstete ehemalige Frachter »Goldenfels« (7862 BRT) soll, als norwegisches Motorschiff getarnt, unbemerkt in weit entfernte Gewässer (Südatlantik, Indischer Ozean) vordringen und dort Handelsschiffe angreifen. »Atlantis« ist das erste von zwölf deutschen Handelsschiffen, das die Seekriegsleitung im Laufe des Krieges zu Zerstörern umbaut.

Der Einsatz von Hilfskreuzern, eine für die erste Phase des Seekrieges charakteristische Strategie der deutschen Seekriegsleitung, soll überraschende Angriffe auf den alliierten Handelsverkehr ermöglichen. Die Aufgabe der getarnten Kriegsschiffe besteht darin, nur einzeln fahrende Schiffe anzugreifen bzw. diese nach Möglichkeit nachts zu überfallen. Der alliierten Schiffahrt entstehen durch diese Seekriegstaktik erhebliche Probleme: Die »Handelsstörer« sind nur schwer auszumachen und können aufgrund ihrer Bewaffnung nur von Kreuzern außer Gefecht gesetzt werden. Die getarnten Schiffe vermeiden, wo es die Lage zuläßt, Gefechte mit feindlichen Kriegsschiffen und Konvois und bewahren im Verlauf ihrer Operationen vollkommene Funkstille.

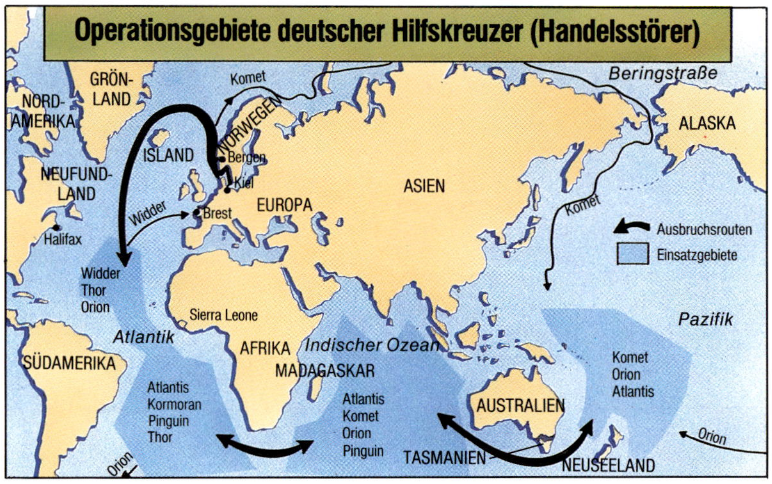

Der Hilfskreuzer »Atlantis« während eines Einsatzes im Indischen Ozean; »Handelsstörer« operieren in weit entfernten, U-Boot-freien Gewässern

Balkanstaaten heftig umworben

10. März. Um die Handelsbeziehungen des Deutschen Reiches mit den südosteuropäischen Staaten zu verbessern, wird in Wien die Südost-Europa-Gesellschaft e. V. (SOEG) gegründet. Unter der Schirmherrschaft von Reichswirtschaftsminister Walther Funk ins Leben gerufen, erhält die Dachgesellschaft die Aufgabe, »Beziehungen zu den südosteuropäischen Ländern zu pflegen, zu festigen und auszubauen«.

Die neue staatliche Handelsgesellschaft, deren Präsidium sich aus Vertretern aller bedeutenden Industrieunternehmen im Reich zusammensetzt, soll als Konkurrenzgesellschaft den Einfluß des seit 1924 bestehenden Mitteldeutschen Wirtschaftsvereins mit Landesgruppen in Ungarn und im Deutschen Reich verdrängen. Diese Wirtschaftsvereinigung, ein Forum der Schwerindustrie, soll künftig als privatwirtschaftliche Institution hinter der staatlichen Handelsgesellschaft zurückstehen.

Eine Intensivierung der Wirtschaftsbeziehungen zum Balkan liegt aber nicht nur im Interesse der deutschen Regierung. Zur Förderung des britisch-osteuropäischen Handels gründet Großbritanniens Schatzmeister Sir John Simon am 4. April die English Commercial Corporation.

Landtransport von Kohle

12. März. Die seit dem 1. März durch die Ausweitung der alliierten Seeblockade unterbundenen deutschen Kohlelieferungen an Italien über den Seeweg via Rotterdam sollen nach einer vertraglichen Vereinbarung zwischen beiden Staaten in Rom künftig vollständig auf dem Landweg durchgeführt werden. Das Deutsche Reich, Hauptkohlelieferant für Italien, verpflichtet sich, die in einem Wirtschaftsvertrag vom 24. Februar vereinbarte Menge von 12 Millionen t Steinkohle mit Güterzügen über die Schweiz (Sankt Gotthard, Simplon) und über den Brennerpaß nach Italien zu transportieren. Ab April passieren täglich 65 Kohlenzüge die deutsch-italienische Grenze. Die von deutscher Seite intensivierten Handelsbeziehungen mit Italien sollen den Achsenpartner von alliierten Lieferungen weitgehend unabhängig machen.

Vollbeladene Kohlewagen passieren den Brenner in Richtung Italien

Pläne für Kanalprojekt

9. März. Die »Neue Zürcher Zeitung« berichtet über den aktuellen Stand der seit 1914 gemeinsam mit Italien vorangetriebenen Bemühungen, der Schweiz einen direkten Wasserweg zum Mittelmeer zu verschaffen. Der Erste Weltkrieg hat diese ehrgeizigen Pläne zunichte gemacht.

Die auf dem Schweizerischen Wasserwirtschaftstag vom 1. Juli 1939 wiederaufgenommene Diskussion über das geplante Projekt einer Schiffahrtsstraße zur Adria gewinnt aufgrund der vollständigen Verminung des Rheins für die Schweiz besondere Aktualität. Eine Kanalführung von der Schweizer Grenze bis zum Mittelmeer würde die Möglichkeit eröffnen, den Massentransport von Importwaren jederzeit kostengünstig zu gewährleisten.

Die ursprünglich vorgesehene Variante einer kleinen Schiffahrtsstraße von Locarno nach Venedig über den Luganer See (1922 von Italien abgelehnt) wird um zwei Alternativen zur Schaffung von wirtschaftlicheren Großschiffahrtsstraßen bereichert. Die neuen Entwürfe sehen folgende Linienführungen vor:

▷ Ein Kanal »Pedemontano« soll direkt vom Lago Maggiore bis Turin im Westen und Venedig im Osten führen. Die italienischen Industriestädte Triest, Ravenna, Busto, Legnano, Mailand, Monza, Bergamo, Brescia und Padua sind damit direkt an die Kanalführung angeschlossen.

▷ Ein weiteres Projekt (»Padana«) sieht die Schaffung eines 162 km langen Kanals vom Lago Maggiore über Mailand nach Lodi sowie ferner eine Verzweigung ab Cremona über den regulierten Fluß Po vor, die an schon bestehende Kanäle zwischen Po und Venedig anknüpft.

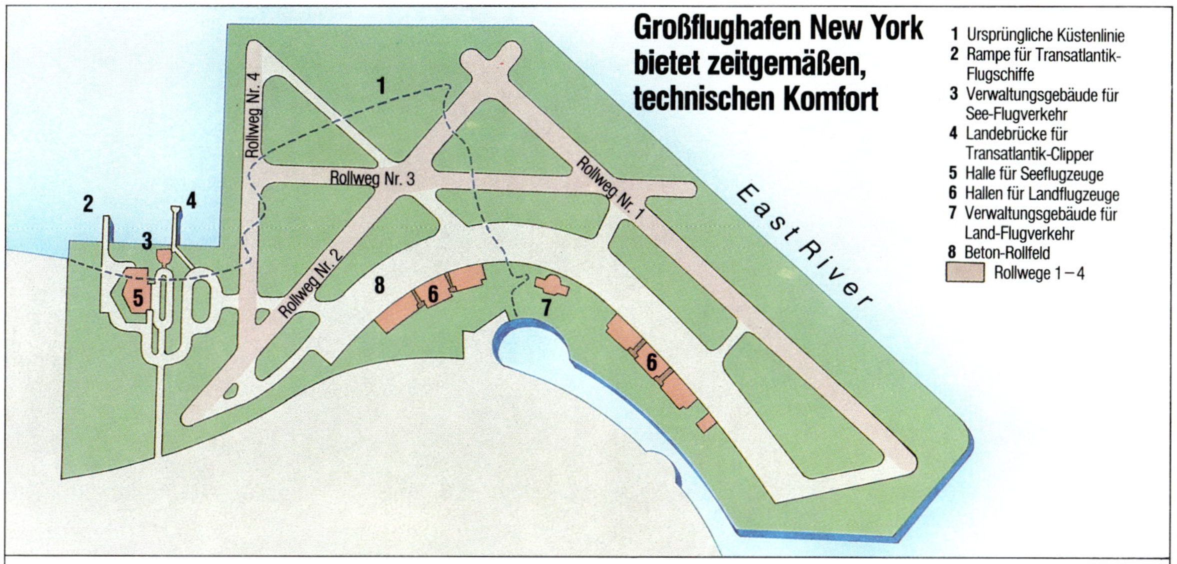

Der Bau des neuen Flughafens La Guardia wurde notwendig, weil schon 1938 mehr Passagiere mit dem Flugzeug als mit dem Schiff ankamen

Großflughafen in New York bietet zeitgemäßen, technischen Komfort

31. März. *In New York wird der neue Großflughafen La Guardia Field (Abb.) seiner Bestimmung übergeben. Das vor zwei Jahren im Rahmen von Arbeitsbeschaffungsmaßnahmen begonnene 40-Millionen-Dollar-Projekt (180,4 Mio. RM) am Nordufer von Long Island bietet neben modernsten Flugfeldanlagen und Landevorrichtungen insbesondere dem Wasserflugverkehr besonderen Komfort. Durch 144 ha Neulandgewinnung an der Meeresbucht des Long-Island-Sundes umfaßt der Flughafen eine Landefläche von insgesamt 226 ha. Vier weitere Flugzeughallen sind geplant; außerdem soll ein Verwaltungsgebäude für die Oberste Flugbehörde der USA entstehen. Der infrastrukturell gut an New York angebundene Flughafen soll als Verkehrsknotenpunkt sowohl für den nord- und südamerikanischen Kontinent als auch für den transatlantischen Flugverkehr dienen. Er trägt damit der Zunahme im Passagier-Flugverkehr Rechnung.*

Neue Kunststoffe für den Hausrat

3. März. In Leipzig eröffnet Reichspropagandaminister Joseph Goebbels die diesjährige Frühjahrsmesse. Diese gegenüber dem Ausland als Demonstration nationalsozialistischer Wirtschaftskraft verstandene Schau zeigt bis zum 8. März auf einer Ausstellungsfläche von 110 000 m² Produkte von 6400 Ausstellern, die auch aus den Balkanstaaten sowie den neutralen west- und nordeuropäischen Staaten kommen.

Die angebotene Produktpalette der Aussteller spiegelt deutlich die notwendigen Veränderungen der Wirtschaft durch die Kriegsereignisse: Vor allem im Bereich der Haus- und Küchengeräte, der zweitgrößten Warengruppe der Messe, ersetzen Kunststoffe immer häufiger altbekannte Metall- und Holzrohstoffe. Silikate, Kunstharze, Plexiglas und Steingut sind die bevorzugten Werkstoffe. Das umfangreiche Sortiment von Kunststoff-Hausrat sowie ein feuerfester und jegliches Anbrennen verhindernder Magermilchtopf bilden den Hauptanziehungspunkt für viele Messebesucher.

Geheime Fahrt der »Queen Elizabeth«

7. März. Das mit 83 670 Bruttoregistertonnen gegenwärtig größte Passagierschiff der Welt, der britische Luxus-Liner »Queen Elizabeth«, beendet seine Jungfernfahrt im New Yorker Hafen. Das unter völliger Geheimhaltung und ohne einen einzigen Passagier an Bord am 28. Februar in Liverpool ausgelaufene Schiff startete seine Fahrt in militärischer Mission.

Berühmte »Königinnen der Meere«

Jahr	Land	Name	BRT
1893	GBR	»Lucania«	12 500
1893	GBR	»Campania«	12 500
1897	GER	»Kaiser Wilh. d. Große«	14 349
1900	GER	»Deutschland«	16 703
1906	GBR	»Mauretania«	30 695
1907	GBR	»Lusitania«	30 396
1912	GBR	»Titanic«	46 328
1913	GER	»Imperator«	52 117
1914	GER	»Bismarck«	56 551
1935	FRA	»Normandie«	83 433
1936	GBR	»Queen Mary«	81 237

Bei seiner Ankunft in New York erregen rund um den Bug verlaufende Kupferkabel, eine Abwehrmaßnahme der Briten gegen deutsche Magnetminen, großes Aufsehen. Das am 27. September 1938 auf der Werft John Brown & Co in Clydebank vom Stapel gelaufene 200 000 PS starke, 315 m lange und 28,5 Knoten schnelle Linienschiff kann auf seinen 14 Decks 2285 Passagiere befördern. In der Folgezeit wird es wie die »Queen Mary« als Truppentransporter eingesetzt und befördert pro Fahrt über 15 000 Soldaten.

Das unbeschadete Eintreffen der »Queen Elizabeth« im Hafen von New York ist eine Attraktion; staunend begutachten die New Yorker den »Ozeanriesen«

Automobilschau ohne Neuheiten

10. März. Eine umfangreiche technische Ausstellung bildet den Kern der diesjährigen, bis zum 17. März dauernden Wiener Messe. Allein in zwei großen Messehallen auf dem Pratergelände findet eine Automobilschau statt. Als Ersatz für die abgesagte Berliner Automobil- und Motorradausstellung gedacht, präsentieren die Aussteller aber vorrangig Lastkraftwagen (LKW) und landwirtschaftliche Nutzfahrzeuge. Eine Messeneuheit ist der schwimmfähige LKW der Trippel-Werke.

Im PKW-Bereich gibt es dagegen keine neuen Modellentwicklungen. Die Hersteller Adler, Auto Union, Wanderer, Audi und die Bayerischen Motoren Werke warten noch einmal mit den Wagen des Vorjahres auf. Zu sehen sind u. a. Trumpf, Junior-Front in der 2- und 2,5-l-Version, DKW 1,8 l und Horch (3,8 l). Eine technische Neuerung präsentiert die Firma Hanomag. Das elastische Element der gummigefederten Vorderachse ihres 1,3-l-Modells wird aus synthetischem Kautschuk (Buna) statt aus Naturgummi hergestellt.

Musik 1940:

Deutsche Musik gerät in die Isolation

Die politischen Ereignisse des Jahres 1940 mit ihren an allen Fronten errungenen militärischen Siegen bewirken im Deutschen Reich eine ausgeprägte Kriegseuphorie, die von den NS-Machthabern und allen ihnen unterstellten Organisationen für propagandistische Zwecke skrupellos ausgenutzt wird. Auch das gesamte kulturelle Leben wird in die zur Zeit herrschende Erfolgswelle einbezogen. Von der diktatorisch bestimmten Leitlinie abweichende Strömungen werden bereits im Keim erstickt.

Die Reichsmusikkammer als Unterorganisation der Reichskulturkammer legt noch mehr denn je sämtliche dem Ziel der Eroberungspolitik des herrschenden Regimes entsprechende Leitlinien fest und unterbindet auf rigorose Weise alle nicht »notengetreuen« Aufführungen auf den Theaterbühnen und in den Konzertsälen. Die Gleichschaltungspolitik des NS-Systems, die keinerlei individuelle Aktivitäten oder private Initiativen gestattet, hat ab 1940 als Resümee zur Folge, daß sämtliche Veranstaltungen – wie Musikfestspiele, Fachkongresse, Musiktheaterpremieren u. a. – einer strengen staatlichen Zensur unterworfen sind und alle Aufführungen sich internationalen Vergleichswertungen entziehen. Der »Blick über die Grenzen« ist verboten, künstlerische Impulse aus dem Ausland, sofern sie nicht genau in die Schablone des NS-»Kulturgesetzes« hineinpassen, werden pauschal als »entartet«, »staatsfeindlich« und »verwerflich für die Ehre des deutschen Volkes« verurteilt.

Lotte Müksch und Willy Störring in der Premiere der neubearbeiteten Richard-Strauss-Oper »Guntram«

Deutsche Erstaufführung der Oper »Palla de Mozzi« von Giovaccino Forzano und Gino Marinuzzi in Berlin

Infolge der großen militärischen Erfolge, zuerst in Polen (1. 9. – 6. 10. 1939), dann in den Niederlanden und Belgien (→ 10. 5./S. 88) sowie Frankreich (→ 14. 6./S. 108; 22. 6./S. 112), fällt es den führenden Organen leicht, äußerlich fast unbemerkt die kulturelle Entmündigung der Deutschen zu vollziehen. Banale Kampflieder (»Denn wir fahren gegen Engeland« u. a.), pausenlos über die Ätherwellen des Großdeutschen Rundfunks ausgestrahlt, dienen dazu, die Unverletzbarkeit des Siegesglaubens zu untermauern. Eine bis zur Gigantomanie aufgeputschte und blindlings dem NS-System hörige Kulturpolitik, die bewußt alle anderen Strömungen ignoriert oder systematisch bekämpft – beispielsweise den US-amerikanischen Jazz, weil dieser von »artfremden, schwarzen Tieren« geprägt wird –, macht von vornherein jegliche musikalische Zukunftsperspektiven unmöglich. Einseitig diffamierende Darstellungen musikalischer Entwicklung aus dem Ausland sollen in ihren Hetzattacken dazu dienen, die Unfehlbarkeit des NS-Systems und ihre auf »nordische Rassenreinheit« abgezirkelte Kulturpolitik zu demonstrieren. Daß derartige Kampagnen bei der deutschen Bevölkerung nicht selten gerade das Gegenteil bewirken, das wird in der von Reichspropagandaminister Joseph Goebbels diktierten Presse sowie im Rundfunk selbstverständlich unterschlagen.

Vorenthalten werden den Deutschen auch die Emigration Béla Bartóks aus seiner ungarischen Heimat (→ 11. 6./S. 121), die Übersiedlung Igor Strawinskis und Paul Hindemiths in die USA sowie alle fortschrittlichen Bewegungen innerhalb der Musik. Damit gerät das Deutsche Reich mehr und mehr in eine Außenseiterposition und nimmt somit überhaupt nicht mehr am internationalen künstlerischen Kräftespiel teil. Das nationalsozialistische Gewaltsystem begnügt sich damit, auf einseitig orientierten und auf seine Ideologie zugeschnittenen Volksmusikveranstaltungen – auch die Bayreuther Kriegsfestspiele (→ 23. 7./S. 137) mit Richard Wagners »Ring des Nibelungen« und »Fliegendem Holländer« fallen darunter – die »unantastbare Größe« und »Volkskraft« des Dritten Reiches auf lokalem Terrain zu verherrlichen. Die zwei im Jahr 1940 herausragenden Premieren an deutschen Opernbühnen, Werner Egks Ballett »Joan von Zarissa« in Berlin (→ 20. 1./S. 26) und die Oper »Romeo und Julia« von Heinrich Sutermeister in Dresden (→ 13. 4./S. 82), bleiben, aus internationaler Sicht betrachtet, wirkungslos.

(Siehe auch Übersicht »Uraufführungen« im Anhang.)

Das Königsschiff, Bühnenbild (Benno von Arent) für die Wagner-Oper »Tristan und Isolde«

Benno von Arents Bühnenentwurf der »Dachstube des Künstlerkreises« für die Puccini-Oper »La Bohème«

La Janas letzter Film uraufgeführt

20. März. Der Abenteuer- und Revuefilm »Stern von Rio« des Regisseurs Karl Anton wird in Berlin uraufgeführt. Hauptdarstellerin dieser Unterhaltungsproduktion ist die erst kürzlich (13. 3.) verstorbene Tänzerin La Jana (eigentl. Henriette Heibl). Die Wienerin, bekannt durch Filmproduktionen wie »Der Tiger von Eschnapur« und »Das indische Grabmal« (beide 1938), erlag im Alter von 30 Jahren in Berlin den Folgen einer Lungenentzündung.
Der »Stern von Rio«, dessen Handlung z. T. in der brasilianischen Hauptstadt Rio de Janeiro spielt, entrückt das Publikum mit seinem exotischen Flair in eine Scheinwelt.

Wiener EG wird Deutscher Meister

16. März. Die in Essen meist gut besuchte Endrunde um die Deutsche Meisterschaft im Eishockey gewinnt die Wiener Eislaufvereinigung.
Gegen die Düsseldorfer Eislaufgemeinschaft gewinnt die Mannschaft aus Wien das entscheidende Spiel mit einem knappen 1:0 (0:0, 1:0, 0:0). Der favorisierte deutsche Rekordmeister Berliner Sport Club (17 Titel bei 23 Meisterschaften seit 1912) belegt in der Endrunde den zweiten Platz. Dritter wird der SC Rießersee (Meister von 1927, 1935 und 1938), Platz vier belegt schließlich die Düsseldorfer EG.

Von Cramm wird Sieger von San Remo

19. März. Das fünftägige internationale Tennisturnier in San Remo endet im Einzelwettbewerb der Herren mit dem Sieg des Hannoveraners Gottfried Freiherr von Cramm. Er gewinnt gegen den Italiener Francesco Romanoni in fünf Sätzen.
Von Cramm war in den 30er Jahren einer der populärsten deutschen Sportler, der wegen seiner besonderen sportlichen Fairneß weltweit geachtet war. 1938 wurde er, wegen »Homosexualität« denunziert, von der Gestapo verhaftet und in 15monatiger Haft zu Geständnissen gezwungen. Seit 1939 darf der »Tennisbaron« nicht mehr in Länderkämpfen und den großen internationalen Turnieren spielen.

In einem Hotel in Monte Carlo lernen sie sich kennen: Laurence Olivier (l.) und Joan Fontaine (1. v. r.) in Hitchcocks Film »Rebecca«

Hitchcocks »Rebecca«

28. März. Der schon durch seinen 1935 uraufgeführten Film »The 39 Steps« (Die 39 Stufen) in den USA bekanntgewordene britische Regisseur Alfred Hitchcock stellt in New York seinen ersten unter dem Hollywood-Produzenten David O. Selznick entstandenen Film »Rebecca« vor: Ein Kriminalfilm, der weniger durch Aktion als von der spannend angelegten Charakterdarstellung der Hauptakteure lebt.
In enger Anlehnung an die gleichnamige Romanvorlage der britischen Schriftstellerin Daphne du Maurier entstanden, erzählt diese Hitchcock-Produktion die Geschichte einer jungen Engländerin (Joan Fontaine), die den verwitweten Maxim de Winter (Laurence Olivier) heiratet, dessen Frau ein Jahr zuvor unter mysteriösen Umständen ums Leben gekommen ist. Durch eine raffinierte Kameraführung und Beleuchtungstechnik, die das Milieu der einzelnen Szenen hautnah miterleben läßt, schafft der Regisseur eine vom Zuschauer bis zur Auflösung des Falls als bedrückend und geheimnisvoll empfundene Atmosphäre. Am 21. Februar 1941 wird »Rebecca« als bester Film des Jahres 1940 mit dem Academy Award (Oscar) ausgezeichnet.

Walter Lohmann in Berlin erfolgreich

3. März. In der ausverkauften Berliner Deutschlandhalle kann sich beim Radrennen der Steher um das Goldene Rad von Berlin der Bochumer Walter Lohmann durchsetzen.

Die Kriegsereignisse unterbrechen die großen internatinalen Triumphe des 28jährigen Bochumer Radprofis Walter Lohmann. Lohmann, der Ende der 20er Jahre seine sportliche Laufbahn als Straßenfahrer begann, fuhr Anfang der 30er Jahre auch erfolgreich Sechstagerennen.

Der souveräne Sieger überrundet alle Konkurrenten und läßt sogar den als Favoriten des Wettkampfs geltenden 30jährigen Dortmunder Weltmeister (1938) Erich Metze 850 m hinter sich zurück.
Ein von den Zuschauern erwarteter Zweikampf zwischen Lohmann und Metze bleibt somit zu deren Enttäuschung aus. Metze, der sich von Sturzverletzungen noch nicht wieder erholt hat, kann in diesem Rennen keine besondere Rolle spielen.
Mit einem Sieg um das Goldene Rad von Frankfurt am 5. Juni setzt Lohmann seine Erfolgsserie fort. Der 1911 geborene Lohmann begann seine Karriere als Berufsfahrer 1932. Einen ersten Höhepunkt seiner sportlichen Laufbahn errang er 1937 mit seinem Sieg bei den Steherweltmeisterschaften in Kopenhagen.

Alpine Deutsche Skimeisterschaft

10. März. Zum Abschluß der am Vortag begonnenen alpinen Deutschen Skimeisterschaften in St. Anton am Arlberg stehen Wettbewerbe im Slalom und der alpinen Kombination auf dem Programm. Während bei den Damen Christl Cranz beide Rennen souverän für sich entscheiden kann, stößt der amtierende Wiener Weltmeister Josef (Pepi) Jennewein auf harte Konkurrenz bei den Herren. Jennewein, der schließlich Deutscher Meister beider Wettbewerbe wird, trennen im Torlauf nur 0,9 sec von seinem Konkurrenten Engelbert Haider aus Seefeld, der im zweiten Durchgang mit 63,4 sec absolute Bestzeit fährt.
Cranz und Jennewein, zuvor schon jeweils Abfahrtsmeister, gewinnen also alle drei Disziplinen. Christl Cranz hat damit alle seit 1934 ausgetragenen Deutschen Meisterschaften gewinnen können.

Pepi Jennewein (r.), der gegenwärtig erfolgreichste deutsche alpine Skiläufer und Weltmeister

Erfolge von Christl Cranz

Jahr	Ereignis	Medaillen	Gold	Silber	Bronze
1934	WM	3	2	1	–
1935	WM	3	2	1	–
1936	Olympiade	1	1	–	–
1937	WM	3	3	–	–
1938	WM	3	2	1	–
1939	WM	3	3	–	–

Bei den Deutschen Meisterschaften der nordischen Skisportler vom 17. bis 19. Februar in Ruhpolding gewinnt Weltmeister Gustl Berauer im 18-km-Langlauf und in der Nordischen Kombination, Hans Wein wird Sprunglaufsieger.

April 1940

Mo	Di	Mi	Do	Fr	Sa	So
1	2	3	4	5	6	7
8	9	10	11	12	13	14
15	16	17	18	19	20	21
22	23	24	25	26	27	28
29	30					

1. April, Montag

Zum Zwecke des endgültigen Vollzugs der Eingliederung Österreichs in das Deutsche Reich wird das Ostmarkgesetz erlassen. Die Verwaltung des Gebietes übernehmen die Reichsstatthalter der einzelnen Gaue. → S. 74

In den oberschlesischen Gebieten tritt eine Neuordnung der Verwaltung in Kraft, die eine veränderte Aufteilung der Regionen zwischen den Regierungsbezirken Kattowitz (Kattowice) und Oppeln (Opole) vorsieht. Gleichzeitig werden im Regierungsbezirk Kattowitz alle polnischen Ortsnamen durch deutsche ersetzt.

Auf einer Plenarsitzung des Obersten Sowjet in Moskau wird die Eingliederung der von Finnland am → 12. März (S. 52) abgetretenen Gebiete in die Karelische Autonome Republik und deren Umwandlung in eine Karelisch-Finnische Bundesrepublik einstimmig beschlossen (→ 21. 3./S. 53).

Im gesamten Deutschen Reich wird aus Gründen der Energieeinsparung erstmals die Sommerzeit eingeführt.

Eine ab sofort gültige Alkoholkontingentierung im Deutschen Reich reduziert die Spirituosenherstellung auf 80% des Vorkriegsverbrauches.

2. April, Dienstag

Führer und Reichskanzler Adolf Hitler setzt in einer Konferenz mit den Oberbefehlshabern der drei Wehrmachtsteile (Heer, Marine, Luftwaffe) den Beginn der Operation »Weserübung« (Besetzung Dänemarks und Norwegens) auf den → 9. April (S. 70) fest.

In Italien wird die zivile Mobilmachung angeordnet. Alle Landesbewohner vom 14. Lebensjahr an – auch die weibliche Bevölkerung – werden zu zivilen Verteidigungsaufgaben herangezogen (→ 21. 4./S. 74).

Der US-Marineoffizier und Polarforscher Richard Evelyn Byrd gibt in einem Interview einen Zwischenbericht über die wichtigsten Erkenntnisse seiner 1939 begonnenen dritten Expedition in die Antarktis. → S. 79

Das Fußball-Länderspiel der Schweizer Nationalmannschaft gegen die Auswahl Kroatiens verliert die Schweizer Elf in Agram (Zagreb) mit 4:0 (0:0).

3. April, Mittwoch

Oberst Hans Oster, Stabschef der Abteilung Abwehr/Ausland, verrät an den niederländischen Militärattaché, Jacobus Gijsbertus Sas, das Angriffsdatum der Operation »Weserübung« zur Besetzung von Dänemark und Norwegen. → S. 75

Nach 16jähriger Fehde mit dem italienischen Ministerpräsidenten und Duce Benito Mussolini erklärt Giuseppe Garibaldi, ein Nachfahre des gleichnamigen italienischen Freiheitskämpfers, in einem Brief, sich mit dem Faschismus versöhnen zu wollen. Garibaldi ist nach mehrjährigem Aufenthalt im US-amerikanischen Exil nach Italien zurückgekehrt.

Im Rahmen der von Reichsleiter Alfred Rosenberg durchgeführten »Aktion für die geistige Betreuung der Hitlerjugend« fordert Generalfeldmarschall Hermann Göring, daß auch die Verdunkelung (→ 3. 5./S. 97) nicht dazu führen dürfe, daß »junge deutsche Menschen verwahrlosen und schlechten Trieben nachgehen«.

Paul Walter, Reichsbeauftragter für die Leistungssteigerung im Bergbau, will die Kohleversorgung für den Winter 1940/41 bereits im Sommer durch eine Hausbrandbevorratungsaktion sichern. Die Haushalte werden je nach Größe in eine Punkteskala eingeordnet. → S. 78

4. April, Donnerstag

Der britische Schatzkanzler Sir John Allsebrock Simon gibt im Unterhaus die Bildung einer Handelsgesellschaft unter Leitung der Regierung bekannt. Die English Commercial Corporation soll den Warenaustausch mit den osteuropäischen Ländern intensivieren (→ 10. 3./S. 62).

Nach Angaben des Reichsleiters der Deutschen Arbeitsfront (DAF), Robert Ley, muß die Regelung der Altersversorgung des deutschen Volkes bis auf das Kriegsende verschoben werden. Dies ist das Ergebnis einer von Adolf Hitler am 15. Februar in Auftrag gegebenen Untersuchung. → S. 76

Im Berliner Staatstheater wird »Die Verschwörung des Fiesco zu Genua« von Friedrich Schiller aufgeführt. Die Titelrolle spielt Gustaf Gründgens.

5. April, Freitag

Ein britisches Sabotageunternehmen zur Sperrung der Donau in der Nähe des Eisernen Tores (Durchbruchstal des Stromes durch die Südkarpaten) scheitert an der deutschen Abwehr (→ 28. 3./S. 54).

Nach längerem Aufenthalt in der Schweiz und in Belgien begibt sich der im September 1939 aus dem Deutschen Reich emigrierte Industrielle Fritz Thyssen nach Paris.

6. April, Sonnabend

Vor dem französischen Militärgericht in Paris werden mehrere Verhandlungen durchgeführt, die sich mit Vorfällen verbotener kommunistischer Propaganda befassen (→ 17. 1./S. 24).

Die VII. Internationale Triennale in Mailand, eine Kunstgewerbe- und Architekturausstellung, wird in Anwesenheit des italienischen Königs und Kaisers von Abessinien (Äthiopien), Viktor Emanuel III., eröffnet. Die Ausstellung, auf der außer Italien noch sechs weitere europäische Länder vertreten sind, dauert bis zum Juni. → S. 83

7. April, Sonntag

Die ersten deutschen Flottenverbände mit Heeresgruppen an Bord laufen zur Vorbereitung der Operation »Weserübung« (→ 9. 4./S. 70) aus.

Im Berliner Olympiastadion spielt die deutsche Fußballnationalmannschaft vor 90 000 Zuschauern gegen die nationale Auswahl Ungarns. Die Begegnung endet 2:2 (2:2).

8. April, Montag

Britische Kriegsschiffe beginnen in norwegischen Hoheitsgewässern mit der am → 28. März (S. 54) vom Obersten Kriegsrat der Alliierten beschlossenen Verminung an drei Küstenabschnitten (Operation »Wilfred«). → S. 70

Reichsarbeitsminister Franz Seldte stellt den Reichsarbeitsdienst unter strafrechtlichen Schutz. Wer öffentlich auffordert, den Reichsarbeitsdienst zu verweigern, kann mit Zuchthaus bestraft werden.

Für den geplanten Ausbau des Schulwesens in den eingegliederten polnischen Gebieten (Westpolen) werden Lehrer aus dem gesamten Reichsgebiet zur Besetzung der dort zur Verfügung stehenden Stellen herangezogen.

Durch Einführung neuer Zinkmünzen im Wert von 1, 5 und 10 Reichspfennig werden die Kupfer- und Nickelmünzen als Zahlungsmittel im Deutschen Reich ersetzt.

9. April, Dienstag

Die deutschen Truppen beginnen mit dem Unternehmen »Weserübung« und besetzen die neutralen Länder Dänemark und Norwegen. → S. 70

In Oslo bildet sich eine deutschfreundliche Regierung unter Vidkun Abraham Quisling, dem Führer der faschistischen Partei Nasjonal Samling. Das Kabinett wird aber weder vom norwegischen König Håkon VII. noch vom rechtmäßigen Parlament anerkannt. → S. 73

Um einer Verhaftung zu entgehen, flieht der norwegische König Håkon VII. vor den deutschen Truppen aus Oslo. → S. 73

In Beantwortung eines deutschen Memorandums erklärt die schwedische Regierung, daß sie strikt an der Neutralität des Landes festhalten und keinerlei Schritte gegen deutsche Maßnahmen in Norwegen unternehmen werde.

Die niederländische Regierung verhängt aufgrund der deutschen Aktionen in Dänemark und Norwegen den verschärften Bereitschaftszustand.

10. April, Mittwoch

Die am → 9. April (S. 70) begonnene kampflose Besetzung Dänemarks durch deutsche Truppen ist abgeschlossen. Einheiten landen auf Bornholm.

In der Zeitschrift »Wille und Macht« beschäftigt sich Ministerialdirektor Karl Lange, Mitglied des Reichsbankdirektoriums, mit der Frage der Kriegsfinanzierung, die nach seiner Ansicht allein durch ein erhöhtes Steueraufkommen und Sparmaßnahmen gewährleistet werden kann. → S. 76

11. April, Donnerstag

In einer Rede vor dem britischen Unterhaus muß der Erste Lord der Admiralität, Winston Churchill, Meldungen über eine Landung britischer Truppen in Norwegen dementieren. → S. 72

12. April, Freitag

Die polnische Stadt Łódź wird in Litzmannstadt umbenannt und an Stelle von Kalisch (Kalisz) zugleich Regierungshauptstadt des Reichsgaus Wartheland.

Das Sondergericht in Halle an der Saale verurteilt einen jungen Mann aufgrund mehrerer, in Ausnutzung der Verdunkelung begangener Einbrüche zum Tode.

In Mailand wird die 21. Mustermesse eröffnet, auf der 29 Nationen vertreten sind. Die Messe endet am 28. April.

Am Deutschen Opernhaus in Berlin findet die deutsche Erstaufführung der Oper »Palla de Mozzi« der italienischen Komponisten Giovaccino Forzano und Gino Marinuzzi statt.

13. April, Sonnabend

Bei Angriffen deutscher Unterseeboote gegen alliierte Streitkräfte kommt es in zahlreichen Fällen zu Torpedoversagern. → S. 72

Die türkische Regierung bewilligt ihrem Ministerium für öffentliche Arbeiten einen Kredit von 10 Millionen türkischen Pfund (18,4 Mio. RM) für den Bau zweier Eisenbahnlinien, die Iran und Irak mit der Türkei verbinden sollen.

Die Oper »Romeo und Julia« von Heinrich Sutermeister wird an der Staatsoper Dresden uraufgeführt. → S. 82

Die Dortmunder Radrennfahrer Gustav Kilian und Heinz Vopel gewinnen die 145-Stunden-Fahrt in Cleveland (USA). → S. 83

14. April, Sonntag

Die alliierten Truppen beginnen mit der Landung in Harstadt auf den Narvik vorgelagerten Lofoteninseln (→ 17. 4./S. 72).

In einem Fußball-Länderspiel schlägt Jugoslawien die deutsche Mannschaft mit 2:1 (2:0) vor 50 000 Zuschauern in Wien.

15. April, Montag

Reichsinnenminister Wilhelm Frick verfügt per Erlaß, daß alle in Heil- und Pflegeanstalten untergebrachten Juden seinem Ministerium zu melden sind.

Die Titelseite der Berliner Illustrierten »Die Woche« vom 24. April 1940 kommentiert die Besetzung Dänemarks und Norwegens am 9. April aus deutscher Sicht

In New York wird der 700 000 US-Dollar (3,15 Mio. RM) teure Spielfilm »Dark Command« (Schwarzes Gold) uraufgeführt. Unter der Regie von Raoul Walsh spielen John Wayne und Claire Trevor.

16. April, Dienstag

Die deutsche Truppeneinheit »Gruppe Narvik« erreicht im Vormarsch entlang der norwegischen Erzbahntransportstrecke die schwedische Grenze (→ 17. 4./S. 72).

Britische Truppen besetzen mit Zustimmung der dänischen Regierung die Färöer-Inseln und errichten dort einen militärischen Stützpunkt.

Das Bilderbuch »Häschenschule« von Fritz Koch-Gotha überschreitet die Grenze von 250 000 verkauften Exemplaren.

17. April, Mittwoch

Aufgrund hoher Verluste der deutschen Truppen bei Narvik beabsichtigt Adolf Hitler, den Verbänden unter Generalleutnant Eduard Dietl den Rückzug nach Schweden zu gestatten. Auf Befehl von Generalmajor Alfred Jodl, Chef des Wehrmachtführungsstabes, wird die Stellung jedoch weiter gehalten. → S. 72

Anläßlich der Eröffnung des Kriegshilfswerks für das Deutsche Rote Kreuz gibt Reichspropagandaminister Joseph Goebbels einen Rechenschaftsbericht über das erste Kriegswinterhilfswerk 1939/40. Das bisherige Sammlungsergebnis seit 1933/34 beläuft sich danach auf eine Summe von mehr als 3 Milliarden Reichsmark. → S. 78

Die österreichische Schauspielerin Katharina Schratt, Ensemblemitglied des Wiener Burgtheaters, stirbt mit 86 Jahren in Wien.

18. April, Donnerstag

Der Schweizer Bundesrat und das Armeeoberkommando veröffentlichen eine Bekanntmachung über die »Kriegsmobilmachung bei Überfall«. → S.74

Zur Diskussion im britischen Unterhaus über die Verwendung des Begriffs »Deutscher« oder »Nationalsozialist« in amtlichen Mitteilungen erklärt Premierminister Arthur Neville Chamberlain, daß die Bezeichnung »Nationalsozialist« nur selten verwendet werde, das deutsche Volk sich für seine Regierung aber zu verantworten habe.

19. April, Freitag

Vor dem Marineausschuß des US-amerikanischen Senats befürwortet der Flottenchef Admiral Harold R. Stark eine Erweiterung des Flottenaufrüstungsprogramms um 25%. Das US-amerikanische Marineministerium stellt die Forderung auf Ausbau der Insel Guam (Marianengruppe im Pazifik) zu einem Luft- und U-Boot-Stützpunkt, um die politische Lage in Fernost zu stabilisieren.

Kardinal Adolf Johannes Bertram sendet im Namen des Gesamtepiskopats der deutschen Bischöfe einen Geburtstagsglückwunsch an den Führer und Reichskanzler Adolf Hitler. → S. 76

20. April, Sonnabend

Adolf Hitler, Führer und Reichskanzler sowie Oberster Befehlshaber der Wehrmacht, wird 51 Jahre alt. Zu den ersten Gratulanten zählen die Oberbefehlshaber von Heer, Marine und Luftwaffe. → S. 76

Auf Anordnung des Generalgouverneurs für die besetzten polnischen Gebiete, Hans Frank, wird im Generalgouvernement eine »Volksdeutsche Gemeinschaft« errichtet. → S.74

Aufgrund eines Geheimerlasses des Oberkommandos der deutschen Wehrmacht werden alle jüdischen Mischlinge und Ehemänner von Jüdinnen aus der Wehrmacht entlassen.

Die nach dem Einmarsch der deutschen Besatzer (→ 9. 4./S. 70) verfügte Demobilisierung der dänischen Armee wird abgeschlossen.

Die zeitgenössische Oper »Alexander in Olympia« des Stuttgarter Komponisten Marc-André Souchay wird am Opernhaus Köln uraufgeführt.

Der aus dem Dritten Reich emigrierte Theater- und Opernregisseur Paul Walter Jacob eröffnet in Buenos Aires die »Freie Deutsche Bühne«. → S. 82

21. April, Sonntag

Während ihres Vormarsches in Norwegen (→ 9. 4./S. 70) stößt die 196. deutsche Infanterie-Division bei Lillehammer erstmals auf britische Truppen, die aber zurückgeworfen werden.

Italiens Ministerpräsident und Duce Benito Mussolini gibt anläßlich einer Rede vor Arbeitsinvaliden in Rom die Parole »Arbeiten und Rüsten« aus. → S. 74

Nach einer Meldung der französischen Nachrichtenagentur »Havas« verzichtet die französische Sportzeitung »L'Auto« auf die diesjährige Durchführung der Radrundfahrt durch Frankreich, Tour de France. → S. 83

Die kroatische Fußballmannschaft gewinnt ein Spiel gegen die Auswahl der Schweiz in Bern 1:0 (0:0).

In Amsterdam besiegt die Fußballnationalmannschaft der Niederlande Belgien mit 4:2 (3:0). Unter den 45 000 Zuschauern befindet sich auch das niederländische Kronprinzenpaar.

22. April, Montag

Der Reichsbeauftragte für Metalle, SS-Oberführer Walter Zimmermann, stellt in der »Frankfurter Zeitung« fest, daß die Metallsammlungen im Rahmen der Metallspende (→ 14. 3./S. 59) den Rohstoff für die Vollbeschäftigung auf sieben Metallhütten sichern.

In ihrem Sportteil berichtet die »Neue Zürcher Zeitung« über die Neufassung der Fußballspielregel beim »Sperren ohne Ball«. → S. 83

23. April, Dienstag

Im Abschlußkommuniqué einer zweitägigen Sitzung des Obersten Kriegsrats der Alliierten in Paris werden der gemeinsame Kampf mit der polnischen Exilregierung und deren volle Unterstützung hervorgehoben.

24. April, Mittwoch

Führer und Reichskanzler Adolf Hitler ernennt Josef Terboven, Gauleiter von Essen, zum Reichskommissar für die besetzten norwegischen Gebiete und verfügt die Einrichtung einer deutschen Zivilverwaltung. → S. 73

Die Regierung des Generalgouvernements für die besetzten polnischen Gebiete ordnet für die Bevölkerung der Jahrgänge 1919 bis 1925 die generelle Arbeitspflicht an (→ 8. 3./S. 57).

Nach einem Erlaß des Reichssicherheitshauptamtes ist die Auswanderung von Juden aus dem Reichsgebiet auch während des Krieges zu fördern (→ 30. 4./S. 75).

Die Regierung des Protektorats Böhmen und Mähren (Tschechei) legt durch Verordnung die Rechtsstellung der jüdischen Bevölkerung im öffentlichen Leben fest. Danach werden Juden aus öffentlichen Diensten, freien Berufen und vom politischen Leben ausgeschlossen.

Der Spionagefilm »Der Fuchs von Glenarvon« über die Zeit der irischen Freiheitskämpfe gegen die Briten wird in Berlin uraufgeführt. Unter der Regie von Max W. Kimmich spielen Olga Tschechowa, Elisabeth Flickenschildt, Karl Ludwig Diehl u. a.

25. April, Donnerstag

König Håkon VII. von Norwegen verständigt den Obersten Gerichtshof in Oslo darüber, daß die norwegische Regierung mit dem Deutschen Reich auf keiner anderen Grundlage als der des vollständigen Rückzugs der deutschen Truppen aus Norwegen verhandeln werde.

Aufgrund einer Vereinbarung zwischen dem dänischen Landwirtschaftsrat und einer deutschen Handelsdelegation werden die in dänischen Kühlhäusern lagernden Fleischkontingente aus der Kriegsbevorratung ins Deutsche Reich ausgeführt.

Der Film «Der Postmeister«, nach der gleichnamigen Novelle von Alexander S. Puschkin, wird in Wien uraufgeführt. Die Titelrolle spielt Heinrich George. → S. 82

In einer Presseerklärung gibt das Finnische Olympische Komitee seinen Verzicht auf die Durchführung der Olympischen Sommerspiele 1940 bekannt (→ 3. 5./S. 103).

26. April, Freitag

Auf Wunsch des belgischen Königs Leopold III. nimmt das Kabinett unter Ministerpräsident Hubert Graf Pierlot seine am Vortag eingereichte Demission zurück.

In Heidelberg stirbt der deutsche Chemiker und Nobelpreisträger von 1931, Carl Bosch, 65jährig.

27. April, Sonnabend

Das Reichsarbeitsministerium erarbeitet einen ersten vertraulichen Entwurf über den verstärkten Einsatz von Frauen für Aufgaben der Reichsverteidigung. → S. 78

28. April, Sonntag

Die Mille Miglia (1000-Meilen-Automobilrennen) um den Großen Preis von Brescia gewinnen Fritz Huschke Freiherr von Hanstein und Walter Bäumer auf BMW in 8:54:46 h mit 16 min Vorsprung vor dem italienischen Alfa-Romeo-Team. → S. 83

29. April, Montag

Das US-amerikanische Justizdepartement in Washington benennt ein Sonderkorps für die aktive Überwachung der Einhaltung des Neutralitätsgesetzes.

30. April, Dienstag

In Litzmannstadt (Łódź) wird ein bewachtes Ghetto für die jüdische Bevölkerung errichtet. → S. 75

Im besetzten polnischen Gebiet Reichsgau Wartheland beginnt die Realisierung des »Zweiten Nahplans« zur Umsiedlung von Polen ins Generalgouvernement. Bis Oktober 1940 sollen monatlich durchschnittlich 15 000 Polen umgesiedelt werden (→ 8. 3./S. 57).

Gegenwärtig befinden sich 210 000 polnische Arbeitskräfte im Deutschen Reich. Damit bleibt das von der Reichsregierung auferlegte Soll von zu diesem Zeitpunkt mindestens 500 000 Arbeitskräften um mehr als die Hälfte unterschritten (→ 8. 3./S. 57).

Mit Beginn des neuen »Landjahrs« im Deutschen Reich werden allein in den eingegliederten Ostgebieten (Westpolen) 3000 Jugendliche zum einjährigen Arbeitsdienst herangezogen. → S. 78

Das deutsche Institut für Konjunkturforschung veröffentlicht eine vertrauliche Vierteljahresbilanz über die Versorgung des Deutschen Reichs mit Filmproduktionen. Darin heißt es: »Im Zusammenhang mit der politischen Umwälzung hat sich der großdeutsche Theaterpark wesentlich vergrößert«. → S. 82

Der aus Ungarn stammende und in Wien lebende Operettenkomponist Franz Lehár wird 70 Jahre alt und erhält den Ehrenring der Stadt Wien. → S. 82

Das Wetter im Monat April

Station	Mittlere Lufttemperatur (°C)	Niederschlag (mm)	Sonnenscheindauer (Std.)
Aachen	9,1 (8,8)	80 (63)	– (178)
Berlin	8,8 (8,3)	20 (41)	– (193)
Bremen	8,3 (8,2)	77 (50)	– (185)
München	8,5 (8,0)	57 (59)	– (173)
Wien	9,8 (9,6)	20 (54)	165 (173)
Zürich	9,2 (8,0)	84 (88)	166 (173)

( ) Langjähriger Mittelwert für diesen Monat
– Wert nicht ermittelt

»Berlin Rom Tokio«, Monatszeitschrift für die Vertiefung der kulturellen Beziehungen zwischen den drei faschistischen Staaten Deutsches Reich, Italien und Japan vom 15. April 1940. Die seit 1936/37 im Antikominternpakt verbundenen Länder bekräftigen ihre Beziehungen mit dem Abschluß eines Dreimächtepakts am 27. September 1940.

Truppen der deutschen Wehrmacht erobern Dänemark und

9. April. Ohne vorherige Kriegserklärung landen deutsche Truppen in Dänemark und Norwegen (Unternehmen »Weserübung«). Die von Marineeinheiten transportierten Truppenverbände gehen gleichzeitig an sechs Stellen der 1500 km langen westnorwegischen Küstenlinie an Land. Luftlandetruppen sichern die Flugplätze von Stavanger und Fornebu. Dänemark wird durch motorisierte Einheiten über Jütland und von See her über die wichtigsten Ostseezugänge besetzt und praktisch im Laufe eines Tages überrollt.

In offiziellen Noten an die Regierungen in Oslo und Kopenhagen, die kurz vor der Operation von der deutschen Reichsregierung übermittelt wurden, heißt es, die Invasion sei notwendig, um die Neutralität der beiden Länder vor einem unmittelbar bevorstehenden Zugriff der Alliierten zu schützen. Ziel der deutschen Regierung sei eine friedliche Besetzung. Ultimativ werden die Regierungen aufgefordert, keinen Widerstand zu leisten und die militärische Aktion als Schutzmaßnahme anzuerkennen.

Die dänische Armee, die sich gegen die militärische Übermacht nicht zur Wehr setzen kann, kapituliert schon einen Tag nach Beginn der Aktion. König Christian X. fügt sich unter Protest und fordert sein Volk auf, jeglichen Widerstand aufzugeben. Unter dem bisherigen Ministerpräsidenten Thorvald Stauning wird ein Kabinett des Nationalen Zusammenschlusses mit Vertretern aller Parteien des Landes gebildet.

Die norwegische Regierung, die auf das deutsche Ultimatum nicht eingeht und sich gegen die mit deutscher Zustimmung unter dem Faschistenführer Vidkun Abraham Quisling gebildete Regierung ausspricht (→ 9. 4./S. 73), ordnet am 10. April die Mobilmachung der 60 000 Mann starken Armee an. Aufgrund des Einsatzes der norwegischen Küstenbatterien sinkt im Oslofjord der deutsche Schwere Kreuzer »Blücher«; vor Kristiansand und Bergen erleiden die Leichten Kreuzer »Karlsruhe« und »Königsberg« das gleiche Schicksal. Am 14. April landen britische und französische Truppen bei Narvik, Namsos und Åndalsnes zur Verstärkung der norwegischen Streitkräfte.

Trotz der Unterstützung durch die Alliierten kann der Vormarsch der Deutschen aber nicht aufgehalten werden. Das deutsche Heer in Süd- und Mittelnorwegen dringt bis in das Landesinnere vor. Den von Oslo und Drontheim aus vormarschierenden Truppen gelingt es, sich bei Dombås zu vereinigen (30. 4.). Dagegen sind die im äußersten Norden bei Narvik unter Generalleutnant Eduard Dietl kämpfenden Einheiten auf sich gestellt und können sich nur schwer gegen die Verteidiger behaupten (→ 17. 4./S. 72). Am → 10. Juni (S. 115) geben die Befehlshaber der nordnorwegischen Streitkräfte auf Weisung von König Håkon VII. den Widerstand auf. Das Gebiet wird von deutschen Truppen besetzt.

In diesem, nach der Eroberung Polens (1. 9. – 6. 10. 1939) von der deutschen Wehrmacht geführten zweiten »Blitzkrieg« sind 1300 Tote und 2300 Vermißte zu beklagen. In gut achtwöchiger Kriegsdauer gelingt es dem Deutschen Reich mit massivem Truppeneinsatz sowie einem großen Aufgebot an modernem technischem Kriegsgerät, seine beabsichtigte Vormachtstellung in Europa auf den rohstoffreichen und als Stützpunkt der Kriegsmarine für wichtig erachteten skandinavischen Kontinent auszudehnen.

Deutsches Kriegsschiff (mit Hakenkreuz für Fliegersichtung) versenkt britischen Zerstörer vor Norwegen

Nach ihrer Landung am 9. April dringen deutsche motorisierte Einheiten in das Landesinnere Norwegens vor

Operation »Wilfred« verzögert Landung

8. April. Die britische Kriegsmarine beginnt mit der Verminung der norwegischen Hoheitsgewässer (Operation »Wilfred«). Ursprünglich war diese Aktion für den 5. April vorgesehen. Dadurch erfolgt die Landung der Alliierten in Norwegen ebenfalls zu spät, zumal die deutsche Wehrmacht bereits in Richtung Norden in Marsch gesetzt wurde.

Zwischen den nahezu gleichzeitig in Richtung Skandinavien aufgebrochenen deutschen und alliierten Seegeschwadern kommt es noch in derselben Nacht zu einer ersten Auseinandersetzung. Der britische Zerstörer »Glowworm« und der deutsche Kreuzer »Admiral Hipper« liefern sich vor Narvik ein Seegefecht, aus dem das deutsche Schiff schwer beschädigt hervorgeht, die »Glowworm« in Folge eines Rammstoßes in Flammen aufgeht und kentert. Durch diesen Vorfall alarmiert, gibt die Londoner Regierung noch am gleichen Tag den Befehl, auch das in Rosyth an der schottischen Küste bereitstehende Expeditionsheer zur Landung im südnorwegischen Stavanger einzuschiffen. Zur Abwendung der deutschen Landungsvorhaben kommt diese Entscheidung zu spät: Trotz der vor Norwegen operierenden britischen Kriegsmarine gelingt der Wehrmacht aufgrund ihrer Luftüberlegenheit am → 9. 4. (S. 70) die Landung.

Ein Teil des britisch-französischen Expeditionskorps auf dem Weg nach Norwegen. Erst am 14. April landen britische Truppen an der nordnorwegischen Küste. Der Vormarsch der deutschen Truppen kann jedoch infolge Luftüberlegenheit nicht aufgehalten werden. Norwegen kapituliert im Juni.

lorwegen in einem zweimonatigen »Blitzkrieg«

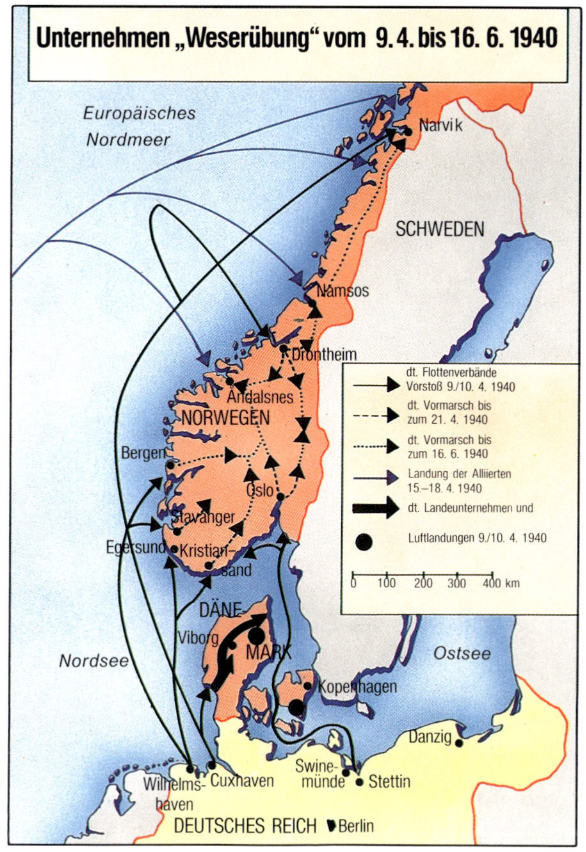

△ Die am 9. April etwa gleichzeitig in allen größeren Häfen Norwegens an Land gesetzten deutschen Truppen nehmen das Land in nur wenigen Wochen ein

◁△ Die von der deutschen Reichsregierung als Schutzmaßnahme ausgegebene Besetzung Dänemarks soll in dem guten Verhältnis der Soldaten zur Zivilbevölkerung zum Ausdruck kommen.

◁ Auch zivile Objekte im Inland Norwegens sind von Kriegszerstörungen betroffen.

Der Kriegsverlauf in Dänemark und Norwegen im Überblick

Der Erfolg des deutschen Feldzugs in Dänemark und Norwegen ist auf den Einsatz der deutschen Seestreitkräfte und die Luftüberlegenheit zurückzuführen.

▷ 7. April. Gemäß dem von Führer und Reichskanzler Adolf Hitler am 2. April festgelegten Termin für das Unternehmen »Weserübung« laufen die ersten deutschen Flottenverbände in Richtung Dänemark und Norwegen aus.

▷ 8. April. Britische Kriegsschiffe verminen die norwegischen Hoheitsgewässer. Das an der schottischen Küste bereitstehende britisch-französische Heer wird eingeschifft.

▷ 9. April. Deutsche Truppen beginnen mit der Besetzung Dänemarks und Norwegens. Dänemark wird nahezu kampflos im Laufe eines Tages eingenommen. Norwegische Streitkräfte leisten den an Land gesetzten deutschen Truppen heftigen Widerstand.

▷ 10. April. König Christian X. von Dänemark erklärt die Kapitulation des Landes.

▷ 13. April. Vor Narvik vernichten britische Seestreitkräfte zehn deutsche Zerstörer.

▷ 14. April. Alliierte Truppen landen bei Narvik; bis zum 18. April werden auch bei Namsos und Åndalsnes Einheiten an Land gesetzt.

▷ 16. April. Britische Truppen besetzen unter Zustimmung die Färöer-Inseln.

▷ 2. Mai. Britische Truppen räumen Namsos und Åndalsnes vor den anrückenden deutschen Verbänden.

▷ 28. Mai. Die alliierten Streitkräfte dringen nach 14tägigen Kämpfen in Narvik ein. Die dort unter General Dietl operierende deutsche Kampfgruppe räumt die Stadt, kann sich aber an der Erzbahntrasse halten.

▷ 3. Juni. Nach dem Beschluß der britischen Regierung (24.5.), das Norwegenunternehmen abzubrechen, werden die alliierten Verbände eingeschifft.

▷ 8. Juni. Narvik wird erneut von der Gruppe Dietl eingenommen.

▷ 10. Juni. Nach Abzug der alliierten Streitkräfte kapitulieren die nordnorwegischen Streitkräfte vor der deutschen Wehrmacht.

Nachschub für die in Norwegen unter Generalleutnant Dietl kämpfenden Truppen wird in Narvik entladen

Mit zwei Angriffen am 10. und 13. April versenken britische Kriegsschiffe deutsche Zerstörer vor Narvik

Oberkommando verweigert Befehl

17. April. Die bei Narvik (Nordnorwegen) operierende Kampfgruppe unter Generalleutnant Eduard Dietl gerät durch eine Großinvasion britischer Truppen in Bedrängnis. Starke britische Kampfverbände landen nördlich von Narvik. Sie werden von aus östlicher Richtung vorstoßenden Verbänden unterstützt und schließen mit den entlang der Erzbahn (Ofotbahn) östlich von Hunddalen bis zur schwedischen Grenze gesammelten norwegischen Truppen die Gruppe Dietl mit insgesamt 1800 Gebirgsjägern und 3000 Matrosen von drei Seiten ein. Im Süden von Narvik landen durch den schmalen Skjomenfjord zusätzlich starke Verbände polnischer Exiltruppen; der Küstenbereich wird seit dem 13. April von britischen Seestreitkräften beherrscht. Insgesamt treten 20 000 alliierte Soldaten gegen die von den anderen deutschen Truppenteilen vollkommen abgeschnittene Gruppe Dietl an.

Noch bevor es zum Angriff kommt, gibt Führer und Reichskanzler Adolf Hitler den Befehl an Dietl, Narvik aufzugeben und sich über die Grenze nach Schweden zurückzuziehen. Der mit der Weitergabe des Befehls beauftragte Oberstleutnant Bernhard von Loßberg verweigert jedoch diesen Auftrag und gibt nach Rücksprache mit dem Chef des Wehrmachtführungsstabes, Generalmajor Alfred Jodl, und dem Oberbefehlshaber des Heeres, Generaloberst Walter von Brauchitsch, am 18. April einen anderen Funkspruch nach Narvik durch, in dem Dietl aufgefordert wird, die Stellung bis zum letzten Mann zu verteidigen. Der General richtet sich nach diesen Direktiven und zieht sich mit seinem Stab, um Zeit zu gewinnen, Ende April in die umliegenden Berge zurück. Die alliierten Truppen, in der alpinen Kriegführung ungeübt, stoßen nur langsam vor. Es kommt zu vereinzelten, zähen Einzelgefechten. Am 28. Mai schließlich muß Narvik von den deutschen Truppen aufgegeben werden; die Stellung an der für Eisenerzlieferungen ins Deutsche Reich wichtigen Erzbahn wird jedoch gehalten. Erst mit Beschluß der britischen Regierung vom 24. Mai, aufgrund der Westoffensive (→ 10. 5./S. 88) die Truppen in der Zeit vom 3. bis zum 8. Juni aus Norwegen zu evakuieren, gelingt die deutsche Rückeroberung von Narvik.

Alliierte Soldaten rücken bei Narvik gegen deutsche Stellungen vor

Mit einem sog. Panzerzug dringt ein deutscher Stoßtrupp in einen Eisenbahntunnel vor, der von norwegischen Einheiten verteidigt wird; die Panzerung des Zugs besteht aus mit Sand gefüllten Holzverschlägen

Churchill gesteht Niederlage ein

11. April. Die fehlgeschlagene Norwegenaktion der Alliierten (→ 8. 4./S. 70) löst eine ernste Vertrauenskrise des Kabinetts Neville Chamberlains aus. In einem Rechenschaftsbericht vor dem britischen Unterhaus muß der Erste Lord der britischen Admiralität, Winston Churchill, Pressemeldungen vom Vortag dementieren, in denen über die Landung britischer Streitkräfte in den norwegischen Küstenstädten Narvik, Drontheim und Bergen berichtet wurde.

In einem nach der Kabinettsitzung verfaßten Memorandum erläutert Churchill die weiteren Pläne der Kriegführung nach dem Scheitern in Norwegen: »Wir sollten alles tun, um Schweden zu einem Kriegseintritt zu ermutigen . . . um so die Kampfkraft der Deutschen zu schwächen. Wenn die Schlacht in Flandern beginnt, werden die Deutschen nicht mehr viele Kräfte für Skandinavien übrig haben.«

Torpedoversager bei U-Booteinsatz

13. April. Die zur Abwehr alliierter Marineverbände an der norwegischen Küste eingesetzten deutschen U-Boote können das Eindringen eines britischen Seeverbandes in den Ofotfjord vor Narvik nicht verhindern. Mehrfaches Versagen der eingesetzten Torpedos macht die Unterseeboote nahezu kampfunfähig.

Die schon seit Anfang März beobachteten Ausfälle weiten sich aufgrund ihrer wasserundichten Steuerung im Verlauf des Unternehmens »Weserübung« zu einer Torpedokrise aus, die den Oberbefehlshaber der Kriegsmarine, Großadmiral Erich Raeder, zu einer grundsätzlichen Diskussion über den Einsatz der zuvor erprobten Waffe veranlassen. Die ursprünglich für den Überwassereinsatz konstruierten Torpedos steuern zu tief und detonieren nicht, wenn sie in einem kleineren Winkel als 50° auf eine Schiffswand treffen. Eine am 20. April von Raeder einberufene Torpedokommission kann die technischen Mängel der wichtigen U-Boot-Waffe nicht restlos beseitigen. Erst 1942 gelingt es, durch Entwicklung einer wasserdichten Tiefensteuerung die Waffe frontfähig zu machen.

Quisling nur fünf Tage an der Macht

9. April. Der Führer der 1933 gegründeten Partei Nasjonal Samling, Vidkun Abraham Quisling, ruft in Norwegen eine nationale, faschistisch gesonnene Regierung aus. Dieser von Führer und Reichskanzler Adolf Hitler sowie vom Leiter des Außenpolitischen Amtes der NSDAP, Alfred Rosenberg, befürwortete Staatsstreich, findet jedoch nicht den notwendigen Rückhalt bei seinen Landsleuten im eigenen Land.

Durch den am gleichen Tag ausgegebenen Befehl, den Widerstand gegen die deutsche Wehrmacht einzustellen und den aus Oslo geflohenen König sowie die rechtmäßige norwegische Regierung zu verhaften, büßt der »Landesverräter« Quisling jegliche Sympathien seiner Landsleute ein. Das ausschließlich aus Faschisten bestehende Kabinett Quisling bleibt nur fünf Tage an der Macht; denn auch in der deutschen Führungsspitze bestehen Zweifel über die Notwendigkeit einer eigenen politischen Führung in Norwegen. Das Auswärtige Amt in Berlin lehnt eine norwegische Regierung aus kriegswirtschaftlichen und politischen Erwägungen ab. Da die notwendige Massenbasis für die Regierung nicht vorhanden ist, befürchtet das Amt das Aufkeimen einer starken Widerstandsbewegung in Norwegen, die der Zielsetzung, das Land »friedlich zu unterwerfen« und sich an dem vorhandenen wirtschaftlichen Potential zu bereichern, zuwiderläuft. Als diese Überlegungen auch von Führer und Reichskanzler Hitler akzeptiert werden, wird die Regierung am 15. April durch einen vom norwegischen Höheren Gericht eingesetzten Administrationsrat abgelöst.

Quisling, der im Dezember 1939 Kontakte mit der faschistischen Führung in Berlin aufgenommen hatte, muß sich vorerst mit der Position des Bevollmächtigten der Demobilisierung in Norwegen begnügen. Der Name Quisling wird auch abschätzig für Kollaborateure gebraucht.

Vidkun Abraham Quisling (M.), im Gespräch mit Reichsführer SS Heinrich Himmler (l.); seit 1939 steht Quisling in Kontakt mit der Führung in Berlin

Reichskommissar für Norwegen

24. April. Nach dem Beschluß der deutschen Regierung, die faschistische norwegische Regierung unter Vidkun Abraham Quisling abzusetzen (→ 10. 4./S. 73), wird der bisherige Gauleiter von Essen, Josef Terboven, durch Führererlaß zum Reichskommissar für die besetzten norwegischen Gebiete ernannt.

Terboven, mit Regierungsbefugnissen im zivilen Bereich ausgestattet, ist dem Wehrmachtsbefehlshaber in Norwegen, Nikolaus von Falkenhorst, nebengeordnet. In seiner Tätigkeit stützt sich der Reichskommissar bis zum → 25. September (S. 155) auf den am 15. April eingesetzten norwegischen Administrationsrat und auf deutsche Polizeiorgane.

Josef Terboven (* 23. 5. 1898 in Essen), seit 1928 Gauleiter von Essen, wurde am 5. Februar 1935 Oberpräsident der Rheinprovinz. In seiner Funktion als Reichskommissar von Norwegen zeichnet er sich bei der NS-Führung durch sein besonders rigides Vorgehen gegen die Widerstandsbewegung aus.

Abenteuerliche Flucht des Königs Håkon VII. aus Oslo

9. April. Aus Furcht vor einer Gefangennahme durch deutsche Truppen flieht der norwegische König Håkon VII. in Begleitung von Regierungsmitgliedern aus Oslo in das rund 150 km entfernte Hamar.

Nach seiner Weigerung, einer von der deutschen Reichsregierung beabsichtigten »friedlichen Annexion« Norwegens zuzustimmen, hat die Wehrmacht den Auftrag, Norwegens Staatsrepräsentanten unter allen Umständen am Verlassen des Landes zu hindern. Damit soll die Bildung einer norwegischen Exilregierung unter Håkon VII. im Ausland unmöglich gemacht werden.

König Håkon VII. von Norwegen (in Uniform) flieht aus Oslo

König Christian X. von Dänemark kapituliert vor der Besatzungsmacht; für sein Volk wird er dennoch zur Symbolfigur des politischen Widerstands

Verfolgt von Bombern und Fallschirmjägern zieht sich die norwegische Regierung zunächst nach Elverum, 30 km vor der schwedischen Grenze gelegen, zurück. Als sich der König schließlich in einem Hotel in Otta in Sicherheit wähnt, landen auch dort deutsche Fallschirmjäger. Nach einer Belagerung von sechs Tagen gelingt ihm die Flucht über Romsdal nach Åndalsnes nahe der Westküste Norwegens. Auch auf seinem weiteren Weg Richtung Küste wird der König, auf dessen Ergreifung die Reichsregierung mittlerweile eine hohe Belohnung ausgesetzt hat, immer wieder angegriffen. In Molde schließlich werden König Håkon VII. und Regierungsmitglieder vom britischen Kreuzer »Glasgow« aufgenommen und zunächst nach Tromsø (Nordnorwegen) gebracht. Am 11. Juni, einen Tag nach der Kapitulation Norwegens (→ 9. 4./S. 70; 10. 6./S. 115), trifft der König per Schiff in London ein.

Italien rüstet für den Kriegseintritt

21. April. Aus Anlaß des 2693jährigen Geburtstages von Rom hält der italienische Ministerpräsident und Duce Benito Mussolini vom Balkon des Palazzo Venezia eine Rede an eine Versammlung von Arbeitsinvaliden, in deren Verlauf er für die kommenden Monate die Parole »Arbeiten und Rüsten« ausgibt.
Der Feiertag, der als »Fest der Arbeit« im ganzen Land mit offiziellen Veranstaltungen begangen wird, soll die Stärke des faschistischen Systems demonstrieren: Die Einweihung neuer Bauprojekte, wie die eines Dorfes für kinderreiche Bauernfamilien in der Nähe von Rom, unterstützen die Bemühungen des Regimes, sich der Treue der Bevölkerung zu versichern.
Seit dem Entschluß Mussolinis vom → 18. März (S. 56), in der nächsten Zeit an der Seite des Deutschen Reiches in den Krieg einzutreten, konzentrieren sich die Wirtschaftsanstrengungen des rohstoffarmen, vorwiegend agrarisch strukturierten Italiens auf die Rüstungsproduktion. Arbeiter in der Schwerindustrie müssen in zwei Schichten arbeiten; am 2. April wurde die zivile Mobilmachung für alle Landesbewohner ab dem 14. Lebensjahr angeordnet.

Adolf Hitler empfängt die Reichsstatthalter der Ostmark: V. l. Bürckel (Wien), Eigruber (Oberdonau), Hofer (Tirol), Uiberreither (Steiermark)

Anschluß der Ostmark

1. April. Zum offiziellen Abschluß des am 13. März 1938 erlassenen Gesetzes über den »Anschluß Österreichs an das Deutsche Reich« wird die Verwaltung der Ostmark von Reichsstatthaltern der einzelnen Gaue übernommen. Das Amt des Reichskommissars Josef Bürckel wird mit Wirkung zum 14. April gesetzlich aufgelöst.
Bürckel, der am 23. April 1938 mit der Aufgabe betraut wurde, Österreichs Eingliederung in staatlicher, wirtschaftlicher und kultureller Hinsicht durchzuführen, wird zum Reichsstatthalter von Wien ernannt. Gleichzeitig tritt auch der schon am 3. März vollzogene Übergang aller staatlichen Wiener Kulturinstitute in die Reichsverwaltung in Kraft. Österreich hat damit auch seine kulturelle Souveränität eingebüßt.

Eine Gemeinschaft der Volksdeutschen

20. April. Im Generalgouvernement für die besetzten polnischen Gebiete richtet die Besatzungsmacht auf Anweisung ihres Generalgouverneurs Hans Frank eine sog. Volksdeutsche Gemeinschaft mit Sitz in Krakau ein. Alle von den Behörden als »rassisch geeignet« eingestuften Volksgruppenangehörigen, die sich zudem zur nationalsozialistischen Weltanschauung bekennen, können auf Antrag Mitglied dieser verbandsähnlichen Gemeinschaft werden.
Ziel dieser »Eindeutschungsmaßnahme« ist die Zerschlagung gewachsener, sozialer Strukturen in den besetzten polnischen Gebieten. Die soziale Separierung von Bevölkerungsteilen soll eine befürchtete Solidarisierung der Betroffenen von vornherein ausschließen. Damit versucht die deutsche Besatzungsmacht, einen organisierten Widerstand im Keim zu ersticken.
Rigoros wird diese Volkstumspolitik ab September im Reichsgau Wartheland (Posen) betrieben. Die in drei Gruppen unterteilten, eindeutschungsfähigen Bürger bekommen nach ihrer Aufnahme in die »Deutsche Volksliste« abgestufte Rechte nach dem deutschen Staatsangehörigkeitsgesetz zugesprochen.

Vorsorglich verstärkt das Schweizerische Bundesheer seine Stellungen

Skipatrouille beim Fahnenappell

Schweizer Gebirgsartillerie-Kompanie bei einem Übungsmarsch in den Alpen

Weisungen zur »Mobilmachung bei Überfall« schützen die neutrale Schweiz im Kriegsfall

18. April. *Im Anschluß an eine gemeinsame Sondersitzung des Schweizer Bundesrates und des Armeeoberkommandos werden in der Schweiz Weisungen für die »Kriegsmobilmachung bei Überfall« bekanntgegeben. Vor allem die Zivilisten sollen durch die Verlautbarung mit den notwendigen Maßnahmen im Verteidigungsfall vertraut gemacht werden.*
Ein feindlicher Angriff auf die Schweiz soll mit allen zur Verfügung stehenden Mitteln zurückgeschlagen werden. Nachrichten, die den Widerstandswillen des Bundesrates oder der Armee in Frage stellen, sind als feindliche Propaganda anzusehen und von der Bevölkerung zu ignorieren. Die Zivilbevölkerung wird angehalten, im Fall eines Angriffs Ruhe und Ordnung zu bewahren, den Anordnungen der Behörden Folge zu leisten und sich an ihrem Wohnsitz oder Arbeitsplatz aufzuhalten.
Die Befürchtungen der Berner Regierung, ihr Territorium solle als Aufmarschgebiet für einen möglichen Westfeldzug (→ 10. 5./S. 88) der deutschen Armee genutzt werden, erhalten aufgrund des deutschen Vorgehens in Dänemark und Norwegen (→ 9. 4./S. 70) neuen Auftrieb. Mit den seit Kriegsbeginn (1. 9. 1939) nicht abreißenden Meldungen der Geheimdienste, daß die Neutralität der Schweiz das Deutsche Reich nicht daran hindern würde, das Land einzunehmen, versetzt die Eidgenossen in ständige Alarmbereitschaft. Am 11. Mai wird die Armee mobilisiert.

Osters »Verrat« kann deutschen Angriff nicht vereiteln

3. April. Über seine persönlichen Kontakte zum Militärattaché der niederländischen Gesandtschaft in Berlin, Major Jacobus Gijsbertus Sas, verrät Oberst Hans Oster, Stabschef des Amtes Ausland/Abwehr im

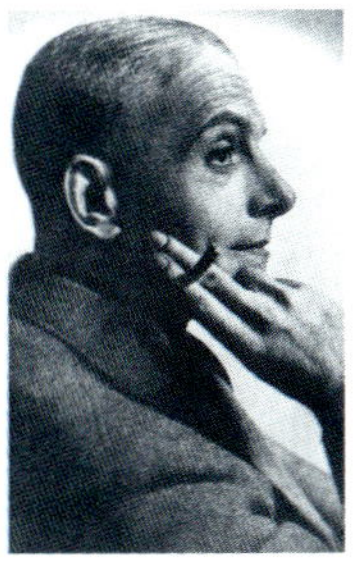

Oberst Hans Oster, Chef der Zentralabteilung der Abwehr, wurde am 9. August 1888 in Dresden geboren. Aufgrund seiner ablehnenden Haltung gegenüber den deutschen Kriegsvorbereitungen gehört er seit Ende der 30er Jahre zum militärischen Widerstand.

Oberkommando der Wehrmacht, den deutschen Angriffstermin auf Dänemark und Norwegen (→ 9. 4./S. 70). Sas, der die geheime Nachricht der dänischen, norwegischen und britischen Regierung übermitteln soll, schafft es nur noch, die Warnung rechtzeitig an Dänemark weiterzuleiten. Da es für Dänemark allein zu diesem Zeitpunkt aber aussichtslos ist, die ohnehin schwache militärische Abwehr des Landes noch zu mobilisieren, bleibt die Nachricht Osters praktisch ohne Auswirkungen.

Seit 1938 bestehen im Kreis um Oster, zu dem u. a. der Chef der Abwehr, Admiral Wilhelm Canaris, und dessen Mitarbeiter Hans von Dohnanyi zählen, Pläne, die deutsche Reichsregierung mittels eines Staatsstreichs oder Attentats zu entmachten. Zwar können sich die Offiziere infolge der »erfolgreichen« Kriegführung seit Anfang 1940 nicht mehr zur offenen Befehlsverweigerung oder gar einem Umsturz des Regimes entschließen, aber die konspirativen Kontakte haben weiter Bestand. Das Amt der Abwehr verfügt aufgrund seiner geheimdienstlichen Aktivitäten über gute Auslandskontakte und wird zum Zentrum der Verschwörung. Die geheimen Verbindungen laufen über den Vatikan in Rom. Von dort aus gelangen die Meldungen durch Verbindungsleute an die alliierten Regierungen in Paris und London.

Oster, der mit dem niederländischen Militärattaché schon seit mehreren Jahren befreundet ist, übermittelt diesem auch alle insgesamt 29 geplanten Termine für den Westfeldzug. Als der Stabschef der Abwehr am 9. Mai Sas den Beginn des Angriffes auf Belgien und die Niederlande für den nächsten Tag ankündigt (→ 10. 5./S. 88), wird die Meldung in Brüssel und Den Haag jedoch nicht mehr ernstgenommen.

Widerstand im Deutschen Reich auch während des Krieges

Neben dem Widerstand der militärischen Führungsspitze und der sich aus bürgerlich-konservativen Kreisen rekrutierenden Opposition um Carl Friedrich Goerdeler, Ludwig Beck (→ 24. 2./S. 38) und Helmuth Graf von Moltke (→ 20. 10./S. 175) existieren auch während des Krieges die Untergrundbewegungen der Sozialdemokraten und Kommunisten im Reich fort. Deren Mitglieder betreiben ihre illegale politische Widerstandsarbeit trotz schärfster Verfolgungen der Geheimen Staatspolizei (Gestapo).

Seit Frühjahr 1940 macht die Kommunistische Partei Deutschlands mit Flugblattaktionen auf die wahren Absichten der Nationalsozialisten aufmerksam; vereinzelt werden auch Sabotageaktionen in Rüstungsbetrieben durchgeführt. In Zusammenarbeit mit Sozialdemokraten und parteilosen Anhängern entstehen reichsweit regionale Widerstandszentren. Aufgrund verschiedener politischer Auffassungen und Strategien von Kommunisten und Sozialdemokraten kommt ein konstruktiver Zusammenschluß im Kampf gegen das Dritte Reich 1940 nicht zustande. Nach dem Einmarsch der deutschen Truppen in Frankreich (→ 14. 6./S. 108) löst sich auch der 1938 von Prag nach Paris übergesiedelte Exilvorstand der Sozialdemokratischen Partei Deutschlands (Sopade) auf (→ 5. 5./S. 101).

Noch keine generelle Regelung gegen Juden vorgesehen

30. April. Um die im Reichsgau Wartheland (Posen) lebenden Juden von der übrigen Bevölkerung zu isolieren, wird die Ghettobegrenzung um den jüdischen Wohnbezirk in Litzmannstadt (Łódź) geschlossen. Etwa 150 000 Menschen mußten seit Februar in diesen Bezirk umsiedeln, wo sie auf engstem Raum (4,13 km²) ohne ausreichende Versorgung zusammenleben. Bei einem Wohnungsbestand von 25 000 Räumen wird ein Zimmer durchschnittlich von sechs Personen bewohnt.

Da sich die Reichsregierung noch zu keiner generellen Regelung in ihrem Vorgehen gegen die jüdische Bevölkerung entschließen konnte, soll nach einem Erlaß des Reichssicherheitshauptamtes vom 24. April vorläufig auch die legale Auswanderung weiter gefördert werden. Juden, die eine Ausreiseerlaubnis erhalten, sind verpflichtet, bis zu 90% ihres Vermögens im Reich zu belassen, so daß ihnen ein Neuanfang in Palästina, den USA oder in Lateinamerika erheblich erschwert wird.

Die New Yorker Skiline in Sichtweite; für viele deutsche Juden sind die USA letzte Rettung vor dem NS-Terror

Das jüdische Wohngebiet von Łódź wird völlig abgeriegelt

Polizisten nehmen die Personalien der Bewohner auf

Glückwünsche auch vom Erzbischof

19. April. In seiner Funktion als Vorsitzender der deutschen Bischofskonferenz in Fulda übersendet der Erzbischof von Breslau, Kardinal Adolf Johannes Bertram, dem Führer und Reichskanzler Adolf Hitler anläßlich seines 51. Geburtstages ein Glückwunschtelegramm.
Das Schreiben, das ohne Genehmigung des bischöflichen Kollegiums von Bertram verfaßt worden ist und Hitler auch der Staatstreue der katholischen Kirche versichert, führt zum Eklat: Der Berliner Bischof Konrad Graf von Preysing reagiert auf dieses Schreiben mit dem Rücktritt von seinem Amt als Pressereferent der Fuldaer Bischofskonferenz und kündet die Aufgabe seines Bischofsamtes an. Die uneinige Haltung der katholischen Bischöfe zur Politik des Dritten Reichs verhindert den gemeinsamen Widerstand der Kirche zum NS-Regime. Auf einer am 20. August abgehaltenen Plenarkonferenz des Episkopats wird aufgrund dieser Tatsache zum erstenmal auf die Herausgabe eines gemeinsamen Hirtenbriefes verzichtet.

Mitglieder des Deutschen Jungvolks, dem 10- bis 14jährigen männlichen Nachwuchs der Hitlerjugend (HJ), wandern zwecks »Ertüchtigung«

Keine offiziellen Feierlichkeiten zum Geburtstag von Adolf Hitler

20. April. *Das Deutsche Reich feiert den Geburtstag von Führer und Reichskanzler Adolf Hitler. Die meisten Straßenzüge in Berlin sind festlich beflaggt.*
Schon um Mitternacht haben sich viele hundert Berliner auf dem Wilhelmsplatz vor der Reichskanzlei eingefunden, um dem Reichskanzler ihre Glückwünsche zu überbringen. Große offizielle Feierlichkeiten und Paraden scheinen der NS-Führung in diesem zweiten Kriegsjahr jedoch nicht angemessen: Am Vorabend des Geburtstages spricht Reichspropagandaminister Joseph Goebbels im Rahmen einer Feierstunde über die erfolgreiche Kriegführung Hitlers, und auf der Marienburg (Ostpreußen) werden die Jungen und Mädchen in die Hitlerjugend (HJ) aufgenommen.

Altersversorgung erst nach dem Krieg

4. April. In einem Bericht an Führer und Reichskanzler Adolf Hitler weist der Reichsleiter der Deutschen Arbeitsfront (DAF) Robert Ley darauf hin, daß eine »große und umfassende Altersversorgung des deutschen Volkes« erst nach Beendigung des Krieges verwirklicht werden kann. Der von Hitler am 15. Februar mit der Ausarbeitung eines »umfassenden Sozialwerkes« betraute Ley will indessen die Vorbereitungen weiter fortsetzen.
In das geplante System einer Altersversorgung im Deutschen Reich (das z. B. den Beginn der Rentenzahlung von der festgestellten Arbeitsunfähigkeit und nicht mehr vom Erreichen des 65. Lebensjahres abhängig machen will, um die deutsche Bevölkerung nicht zu einem »Rentenvolk« zu erziehen) soll nach den Plänen Leys auch das Lebensversicherungsgewerbe miteinbezogen werden. Dieses verwaltet einen erheblichen Anteil des Volksvermögens im Reich. Invaliden- und Altersversicherung, ebenso Angestellten- und Krankenversicherungen finden danach auf breiter Basis Ersatz durch eine Einheitsregelung, die jeden deutschen Reichsangehörigen ohne Unterschied der Einkommens- und Vermögensverhältnisse ausreichend versorgt.
Aufgrund der kaum berechenbaren wirtschaftlichen Auswirkung, die eine Auflösung der privaten Versicherungen nach sich ziehen würde, ist es Leys Absicht, das bislang bestehende Sozialversicherungssystem nicht zu gefährden.
Hinter den Plänen zur Schaffung einer staatlich kontrollierten Altersversorgung verbirgt sich die Absicht der NS-Regierung, weiteres Volksvermögen zur Kriegsfinanzierung heranzuziehen. Auf diesem Wege zwangsweise erhobene Beiträge (die unter dem Vorwand eingezogen werden, die Volksgemeinschaft besser als bisher sozial abzusichern) hätten den strapazierten Kriegshaushalt um einen beträchtlichen Anteil entlastet. Wachsender Widerstand in der Bevölkerung gegen die zunehmende Belastung der Privathaushalte durch Steuern und Abgaben veranlaßt die Regierung schließlich vorerst, von diesen Plänen Abstand zu nehmen. Ohnehin beanspruchen die von den Bürgern zu leistenden Kriegszuschläge (→ 10. 4./S. 76) und Sparaktionen (→ 2. 1./S. 16) einen erheblichen Anteil des verfügbaren Einkommens.

Begrüßung von Robert Ley, seit 1933 Leiter der Deutschen Arbeitsfront

Neue Sondersteuer für die Finanzierung

10. April. In einem Artikel der Zeitschrift »Wille und Macht« rechtfertigt das Mitglied des Reichsbankdirektoriums, Ministerialdirektor Karl Lange, die im Rahmen der Kriegswirtschaftsverordnung vom 4. September 1939 eingeführte, 1940 erneut angehobene Kriegssteuer.
Die von Lange als »sicherste und gesundeste Methode der Kriegsfinanzierung« bezeichnete Sondersteuer verpflichtet Einkommensteuerpflichtige mit einem Jahreseinkommen von bis zu 18 500 Reichsmark (RM) 9,16%, Spitzenverdiener (bis zu 52 000 RM) sogar 15% ihres Einkommens an den Staat abzuführen. Insgesamt erhöht sich das Steueraufkommen des Staats vom Rechnungsjahr 1938/39 auf 1939/40 um 33 Prozentpunkte. Zusätzlich schützt, so Lange, die Anhebung der Steuersätze den Staat auch vor »Kriegsgewinnlern und offener Inflation«.

Auto 1940:

Kübelwagen statt KdF-Wagen – Automobile für die Armee

Das hochgesteckte Ziel der nationalsozialistischen Regierung, eine vollständige Mobilisierung der deutschen Bevölkerung zu erreichen, tritt immer weiter hinter kriegsbedingte Erfordernisse zurück. Die deutsche wie auch britische und französische Automobilindustrie muß sich in ihrer Produktion vollständig auf die Anforderungen aus dem militärischen Bereich einstellen. Die Produktion von Lastkraftwagen für die Armee steht im Europa des Jahres 1940 eindeutig im Vordergrund.

So können auf der diesjährigen Wiener Messe (→ 10. 3./S. 63), die mit ihrer technischen Ausstellung als Ersatzveranstaltung für die abgesagte Automobil- und Motorradausstellung in Berlin gilt, auch keine neuen PKW-Modelle vorgestellt werden. Noch einmal präsentieren die Hersteller Borgward, Horch, Maybach, Opel, Ford und Wanderer Produktionen des Vorjahres. Ohnehin sind die Produktionsziffern in der Automobilbranche deutlich rückläufig. Beispielsweise reduziert sich im Jahr 1940 die Stückzahl der produzierten Maybach-Wagen von im Vorjahr hergestellten 26 632 auf 14 747 ausgelieferte Automobile.

Auch die im August 1938 vom NS-Regime begonnene KdF-Wagen-Aktion (→ 5. 9./S. 164) muß hinter den Aufrüstungsbestrebungen zurückstehen. In den Hallen der Volkswagen GmbH in Fallersleben entstehen keine zivilen Kraftfahrzeuge, wie noch vor Kriegsbeginn angekündigt, sondern hauptsächlich sog. Kübelwagen für die Wehrmacht. Nur insgesamt 630 Zivil-PKW können bis Kriegsende von Volkswagen fertiggestellt werden.

Die private Nutzung von Kraftfahrzeugen ist aufgrund der am 20. September 1939 erlassenen Benzinrationierung ohnehin fast vollständig zum Erliegen gekommen. Eine Fahrerlaubnis erhalten nur Personen, die im Rahmen ihres Berufes einen wichtigen Beitrag zur Versorgung der deutschen Bevölkerung leisten, darunter Ärzte und Lebensmittelhändler. Nur 15% des gesamten Kraftfahrzeugbestandes darf überhaupt noch zu solchen Zwekken genutzt werden.

△ Dieser Kübelwagen mit Allrad-Antrieb und einer Motorleistung von 50 PS der Bayrischen Motorenwerke ist für eine militärische Nutzung gedacht.

◁ △ Am 8. Februar stellte das britische Verkehrsministerium der Öffentlichkeit verschiedene Modelle elektrisch angetriebener Automobile vor; hier das Modell von Lord Saltoun (im Wagen sitzend). Nach Angaben der britischen »Electric Vehicle Association« soll sich durch den Einsatz eines Elektro-Autos, verglichen mit einem herkömmlichen Benzinfahrzeug, der Energiebedarf um 20% reduzieren. Dies könne die individuelle Mobilität erhalten und zu weiteren Benzineinsparungen beitragen.

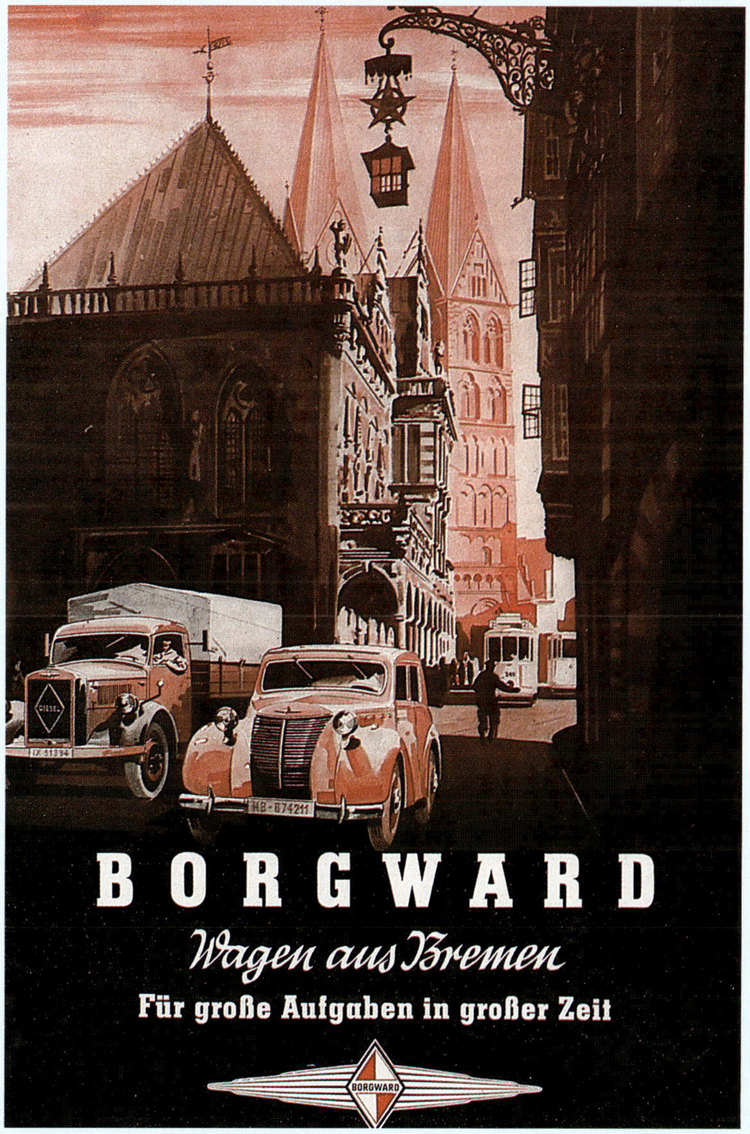

Der Bremer Automobilhersteller Borgward wirbt für seine Modelle, die »große Aufgaben« lösen helfen, mit einem Bild aus noch friedlichen Tagen. Der Erwerb neuer Automobile aus der laufenden Kriegsproduktion im Reich ist seit dem 31. Januar nur noch über Bezugsscheine möglich.

Straßenschlepper, Raupenschlepper und Ackerschlepper bestimmen das auf Nutzfahrzeuge abgestimmte Angebot der Firma Hanomag

Für sparsamen Verbrauch von Gas und Strom

Aufruf zum Kohlesparen in den Haushalten

Appell zur schonenden Behandlung von Wäsche

Kohlebevorratung soll die Versorgung der Bevölkerung sichern

3. April. *Vor Pressevertretern in Berlin gibt der Beauftragte für die Leistungssteigerung im Bergbau, Paul Walter, die Einführung eines Systems der Kohlebevorratung für das Jahr 1940/41 bekannt. Um Transportengpässe, wie sie letzten Winter entstanden, in Zukunft zu vermeiden, soll mit dem neuen Hausbrand-Bevorratungssystem eine für jeden Haushalt vorausberechnete Menge schon in den nächsten Monaten geliefert werden, die bei sparsamem Verbrauch für den kommenden Winter ausreichen soll. Die Verbraucher werden nach diesem System in drei Gruppen eingeteilt: Haushaltungen mit nur einer Ofenheizung, Haushalte mit Zentralheizung sowie landwirtschaftliche und gewerbliche Betriebe. Ferner finden in der Verteilung der Kohlemengen die unterschiedlichen Klimazonen im Reich Berücksichtigung.*
Auch Privathaushalte, die ihren Energiebedarf mit Gas decken, werden seit den Kälterekorden im Januar (→ 22. 1./S. 23) von der Reichsregierung zum sparsamen Verbrauch angehalten. Vor allem in den Großstädten wird die zentrale Warmwasserversorgung von Mehrfamilienhäusern nur noch zeitweilig aufrechterhalten.

Hilfswerk für das Deutsche Rote Kreuz

17. April. Auf einer Massenkundgebung der NSDAP im Berliner Sportpalast ruft Reichspropagandaminister Joseph Goebbels die deutsche Bevölkerung dazu auf, während der Sommermonate ein Kriegshilfswerk für das Deutsche Rote Kreuz zu veranstalten. Die Bevölkerung wird angehalten, großzügige Spenden in Form von Wertgegenständen und Bargeld zur Versorgung der Soldaten an der Front, der Arbeitslosen und Hilfsbedürftigen zu leisten.
In seinem Rechenschaftsbericht über das erste Kriegswinterhilfswerk (1939/40) führt Goebbels als Gesamtergebnis einen Betrag von 602,53 Millionen Reichsmark (RM) an. Die Gesamtleistung aller seit 1933/34 durchgeführten Winterhilfswerke beläuft sich damit auf mehr als 3 Milliarden RM.
Mit den Reichsstraßensammlungen, »Eintopfsonntagen« sowie Lohn- und Gehaltsabzügen ist das Winterhilfswerk im Alltag des Dritten Reiches allgegenwärtig. Eine Verweigerung der angeblich freiwilligen Spenden wird mit entsprechenden Sanktionen geahndet.

Mit einer großen propagandistischen Veranstaltung im Berliner Sportpalast wird das Kriegshilfswerk für das Deutsche Rote Kreuz eröffnet. Reichspropagandaminister Joseph Goebbels appelliert an die deutsche Bevölkerung, sich auch an diesem Hilfswerk mit Spenden zu beteiligen.

Dienstpflicht für Frauen geplant

27. April. Ein vertraulicher Entwurf des Reichsarbeitsministeriums zur »Verordnung über den verstärkten Arbeitseinsatz von Frauen für Aufgaben der Reichsverteidigung« sieht eine generelle Meldepflicht für Frauen im Alter zwischen 15 und 40 Jahren vor. Mit Hilfe dieser Maßnahme sollen nun zu geplanten Dienstverpflichtungen in den Rüstungsbetrieben auch Teile der weiblichen Bevölkerung herangezogen werden, die bisher noch nie im Berufsleben gestanden haben und deshalb bei den Arbeitsämtern noch nicht erfaßt worden sind.
Der Plan einer generellen Arbeitspflicht für Frauen stößt aber aufgrund von Unterbezahlung der Frauenarbeit (etwa 80% des männlichen Lohns bei gleicher Tätigkeit) auf wenig Zustimmung in der weiblichen Bevölkerung und ist auch in der nationalsozialistischen Führungsspitze umstritten. Aus Furcht vor weitgreifenden Mißstimmungen zieht Hermann Göring, Vorsitzender des Ministerrats für die Reichsverteidigung, Anfang Juni seine Zustimmung zu diesem Entwurf zurück.

»Landjahr« auch für die Ostgebiete

30. April. An dem diesjährigen, siebten »Landjahr« im Deutschen Reich nehmen erstmals auch Jugendliche aus den eingegliederten Ostgebieten (Westpolen) teil. Von den insgesamt 3000 Freiwilligen stammt etwa ein Drittel aus dem Reichsgau Wartheland sowie aus Danzig-Westpreußen. Die Auswahl der Bewerber erfolgt durch eine von der Hitlerjugend (HJ), der zuständigen Schule oder einem Amtsarzt vorgenommene Musterung.
Noch im Vorjahr waren 30 000 Teilnehmer für den achtmonatigen Einsatz in der Landwirtschaft angeworben worden. Durch Einberufungen und Dienstverpflichtungen stark reduzierte Betreuerzahlen machen jedoch in diesem Frühjahr eine Herabsetzung der Zulassungen notwendig, während der Bedarf an zusätzlichen Arbeitskräften eher gestiegen ist. Die »Bewährung für die Volksgemeinschaft im Landjahr« gilt als Zugangsberechtigung zur Aufnahmeprüfung einer Nationalpolitischen Erziehungsanstalt (→ 22. 10./S. 176).

Der Polarforscher und Marineoffizier Richard Evelyn Byrd (l.) mit seinem Mitarbeiter und Begleiter Floyd Bennet

Richard Byrds Entdeckungen am Südpol

2. April. Der im Jahr 1939 zu seiner dritten Antarktis-Expedition aufgebrochene US-amerikanische Polarforscher Richard Evelyn Byrd gibt während einer kurzen Unterbrechung seines Unternehmens in der südchilenischen Hafenstadt Punta Arenas einen ersten Zwischenbericht über die wichtigsten Ergebnisse der Forschungsreise.

Als bedeutendste wissenschaftliche Erkenntnis verweist Byrd auf die durch Erkundungsflüge gemachte Entdeckung, daß sich der magnetische Südpol in westliche Richtung verschoben habe. Darüber hinaus entdeckte das Expeditionsteam antarktische Regionen von vulkanischer Bodenbeschaffenheit sowie Kohlenlager, Kupfer und andere Bodenschätze. Weiterhin wurden ganze Bergketten ausgemacht, die auf den derzeit existierenden Karten noch nicht verzeichnet sind. Auch die bisher als Inseln angesehenen Graham-Land-, Charcot- und Alexander-Inseln sind nach der Aussage des Expeditionsleiters Teil des antarktischen Kontinents.

Die mit zwei Schiffen, vier Flugzeugen, 59 Mitarbeitern, einer großen Zahl von Hunden und einigen Zugmaschinen ausgerüstete Expedition endet vorzeitig im März 1941, als die Operationsbasis auf der Stonington-Insel infolge schlechter Eisverhältnisse geräumt werden muß.

◁ Zu der Ausrüstung der Südpolarexpedition gehört auch ein spezieller Kraftwagen, der von dem Expeditionsteam »Schneekreuzer« getauft wird. Auf dem Dach kann ein Flugzeug transportiert werden.

▽ Kaiser-Pinguine vor dem »Schneekreuzer«

Forschungsobjekt in der Antarktis

Mit der Entdeckung des antarktischen Kontinents (Land- und Meeresgebiet rund um den Südpol mit einer Landfläche von 12 393 000 km^2) durch den britischen Seefahrer und Forschungsreisenden James Cook begann die Erforschung des Gebiets rund um den Südpol.

Cook befuhr auf seiner zweiten Seereise die südlichen Meere (1772 – 1775) von West nach Ost und überschritt zweimal den südlichen Polarkreis. Mit dem Wunsch, sich einen neuen Kontinent nutzbar zu machen, dessen Existenz bis zu diesem Zeitpunkt nicht mehr als eine Vermutung war, folgten von 1819 bis 1843 weitere Seereisen zum Südpol: Im Auftrag von Staatsoberhäuptern oder führenden Wissenschaftlern begaben sich Fabian G. von Bellinghausen, Jules S. Dumont d'Urville, Charles Wilkes und James C. Ross auf die Fährten von James Cook.

In den Jahren 1901 bis 1905 arbeiteten fünf große Expeditionen in zuvor festgelegten Abschnitten in der Antarktis. Den ersten großen Vorstoß auf den Südpol unternahm von 1907 bis 1909 Sir Ernest Shackleton. Roald Amundsen und Robert F. Scott erreichten ihn in den Jahren 1911 und 1912. Diese zu den heroischen Eroberern der Antarktis zählenden Forscher (die ihre Expeditionen unter denkbar schlechtesten Bedingungen durchführen mußten, bei denen viele Mitarbeiter ihr Leben ließen) werden Ende der 20er Jahre von Wissenschaftlern abgelöst, die mit den Mitteln des technischen Zeitalters am Südpol Forschung betreiben.

Der erste Flug zum Antarktischen Kontinent gelang dem Australier Sir George Hubert Wilkins 1928. Ein Jahr später flog Richard Evelyn Byrd zum magnetischen Pol; im Jahr 1934 errichtete er bei einer zweiten Expedition einen Stützpunkt nahe der Walfisch-Bucht in Klein-Amerika. Selbst unter den sich seit 1939 in der Welt ausweitenden Spannungen bleibt der Kontinent im ewigen Eis ein vielbeachtetes Forschungsobjekt.

Mode 1940:

Aus alt mach neu – modische Umarbeitungsvorschläge

Bereits zu Beginn des Jahres 1940 macht sich die Einführung der Reichskleiderkarten (20. 11. 1939) mit ihrem Punktesystem für den Bezug von Textilien bemerkbar.
Die meisten deutschen Modejournale präsentieren Vorschläge zur modischen Umarbeitung alter Kleider oder zum gekonnten Kombinieren verschiedener, vorhandener Stoffe. »In der Verbindung von zweierlei Material«, heißt es, »kommt es auf den Kontrast an – Hell-dunkel-Verbindungen oder Einfarbigkeit mit starker Musterung –, der eine wechselseitige Steigerung der beiden Stoffe bewirkt. Für den Schnitt ist es wichtig, durch klaren Einsatz des Ergänzungsmaterials einen neuen Modellwert zu schaffen. Denn jede Änderung soll den Zweck erfüllen, mit der Ausgabe von zehn Punkten den Wert von 20 Punkten zu erzielen. Ein altes Kostüm erhält mit einem neuen Vorderteil nicht nur eine moderne Verschluß- und Kragenform, sondern zugleich auch die doppelte Lebensdauer.« Der Reichsinnungsverband des Damenschneiderhandwerks stellt ein »vorbildliches Sparkleid aus Kunstseide mit verschiedenen Westen vor, die das Modell für jedes Alter kleidsam machen«. Hemdblusenkleider und glockig geschnittene Röcke werden favorisiert, weil sie kleidsam und sparsam sind. Die Schultern sind mit Polstern unterlegt, die Taille wird mit einem breiten Miedergürtel aus Gummi betont, und die Saumlänge ist gerade kniebedeckend. Das Kostüm ist – dank seines »ernsthaften«, uniformmäßigen Charakters – das ideale Kleidungsstück. Elegante und – für alle, die es sich »dennoch« leisten können – stoffaufwendige Kleider weisen Drapierungen, Plissees, Raffungen und Überröcke auf. Insgesamt jedoch rät die deutsche Modeindustrie zu einem preisgünstigeren Aufputz, wie Zierknöpfen, Soutachen oder Quasten auch anstelle der früher häufigen Pelzgarnierungen.
In vielen Journalen werden Schnittmuster angeboten, denn »es gehört schon ein wenig Überlegung und Geschick zum Zuschneiden dazu, um den jetzt so wertvollen Stoff richtig auszunutzen und möglichst sparsam mit den Punkten der Kleiderkarte umzugehen«. Exklusiv sind nach wie vor die Vogue-Schnitte, angeboten in der Zeitschrift »Die Dame«, die in den Schneiderateliers des Deutschen Verlages für das Deutsche Reich und das neutrale Europa in Übereinstimmung mit dem US-amerikanischen Hause Vogue entworfen und hergestellt werden.
Das kostensparende Selbstschneidern macht nicht mehr bei der Kleidung halt, sondern geht auf fast alle Accessoires über: Handtaschen werden aus Stoffresten oder Lederabfällen in Beutel- und Trommelformen geschneidert. Die Hüte haben Toque- oder Turbanform und ein um Nacken und Hals gekonnt drapiertes Tuch oder einen Schleier.
Pelz ist kein Thema mehr, es gibt höchstens Pelzjacken und nur noch wenig Pelzarten, wie Kalb und Luchs, die für den deutschen Markt freigegeben sind.
Im Frühjahr 1940 stellt die Pariser Haute Couture mit einem letzten großen Einsatz ihre Kollektionen vor, und Journalisten kommen selbst aus den USA (in ungeheizte Hotelzimmer), um ihre Solidarität zu bekunden. Elsa Schiaparelli zeigt Jacken mit übergroßen Taschen und Kleider mit witzigen Schürzen, um den Frauen zu ermöglichen, das Wichtigste stets bei sich zu tragen. Sie bringt Kleidung für Haus und Garten, um auch ihre hochgestellte Klientel bei der Arbeit attraktiv aussehen zu lassen. Sie lanciert das »transformable Kleid«, das der Dame ermöglicht, die Metro zur Party oder zum Dinner im Maxim zu benutzen. Die Dame braucht nur an einem Band zu ziehen, um das kniekurze Kleid in ein knöchellanges zu verwandeln, einen Haken zu lösen, um eine drapierte Tunika darüberfallen zu lassen und die Draperie um den Halsausschnitt zu einem tiefen Dekolleté hinunterzuziehen, und schon ist das Grande-Soirée-Kleid fertig. Schiaparelli stellt als erste auch bügelfreie Kleider in der Haute Couture vor. Ihre Farben sind zeitgemäß gewählt: Maginot-Blau, Legionärs-Rot, Schützengraben-Braun und Flugzeug-Grau.
Im Juli verläßt Schiaparelli Paris, nachdem im Juni die deutschen Truppen einmarschiert sind (→ 14. 6./S. 108). Coco (eigentl. Gabrielle) Chanel hat bereits ihren großen Sa-

Die neue »Kriegsmode« hat das Dirndl noch nicht abgelöst; es wird nach wie vor in ländlichen Gebieten gern getragen

Der hier zu sehende elegante Hut wird zunehmend durch den modisch-praktischen Turban-Look ersetzt

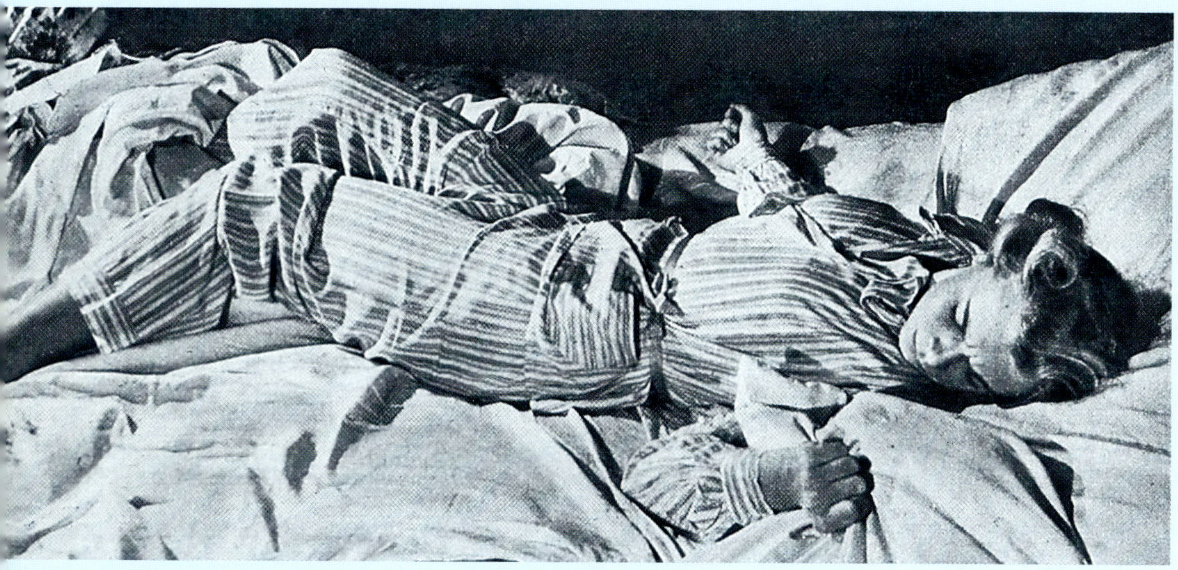

Der bequeme Pyjama für die Dame ist groß in Mode; nur in den seltensten Fällen wird er noch aus Seide hergestellt

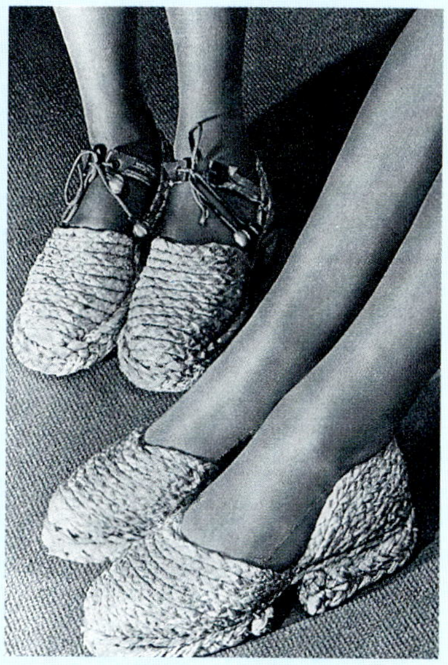

Leichte Bastschuhe für den Sommer

Modische Kapuze aus Kabeljau-Leder, das echtes Leder ersetzt

Werbung für einen »Deutschen Strohhut aus deutschem Stroh«

lon aufgegeben, ebenso Madelaine Vionnet und Edward Molyneux, der wieder nach London geht und das britische Modeschaffen unterstützt. Aus finanziellen Gründen versuchen sie alle nur ihre Parfum-Produktion aufrechtzuerhalten. Die Pariser Haute Couture ist nunmehr nur noch durch Lucien Lelong, Couturier und Vorsitzender des Chambre Syndicale de la Coutur Parisienne, Robert Piquet, Jacques Fath und wenige andere vertreten. Ihr Kundenkreis begrenzt sich auf die politisch privilegierte deutsche Führungsspitze sowie auf einige »Schwarzmarktkapitalisten«. Die französische Modezeitschrift »Vogue« stellt ihr Erscheinen ein.

In den deutschen Modezeitschriften rückt die Wiener Mode stark in den Mittelpunkt, wo ein Haus der Mode gegründet wird (→ 18. 11./S. 193). Die reichsdeutsche Textilindustrie verspricht sich von der Vergrößerung des Reiches einen enormen Zuwachs ihrer Exporte: Bemberg-Seide, Girmes-Webpelze, Benger Jersey-Mode, Plauener Spitze und Herrenstoffe aus dem Sudetengau gehen hinaus ins Reich oder das neutrale Ausland. Die »Vereinigte Textil- und Bekleidungszeitschrift« erscheint deshalb in vier Sprachen. Die Herrenmode findet kaum mehr Beachtung, nur für den Export sind noch Kunstseidenhemden, Pyjamas, Unterwäsche und Strümpfe im Angebot. Die wenigen Herrenschneider, die nicht an die Front müssen, stellen ihre Produktion auf Uniformschneiderei um.

Auch Bademoden sind noch im Angebot der deutschen Textilhersteller, der modische Zweiteiler für den selten gewordenen Sommerurlaub am Meer

Filmproduktion wird umgestellt

30. April. Das Institut für Konjunkturforschung in Berlin zieht eine erste Bilanz der Kriegsauswirkungen auf die deutsche Filmwirtschaft: Die Umwälzungen in der gesamten europäischen Filmindustrie haben das zahlenmäßige Filmangebot erheblich eingeschränkt. Neben den Einnahmeverlusten im Werbefilmbereich mußten aufgrund des fast völligen Ausfalls der britischen und französischen Filmmärkte weitere Einbußen hingenommen werden.
Eine Vielzahl inländischer Spielfilmproduktionen soll künftig dieses Manko ausgleichen, zumal durch den verstärkten Export in neutrale Staaten mit einem guten Absatz gerechnet werden kann. Die prognostizierte Steigerung der Besucherzahlen gegenüber dem Vorjahr um 22,8% und ein Zuwachs der Lichtspielhäuser durch Eingliederung der polnischen Gebiete (Westpolen) um weitere 200 auf 6123 Kinos schaffen der deutschen Filmwirtschaft nach den Vereinigten Staaten das zweitgrößte Absatz- und Versorgungsgebiet der Welt.

Hilde Krahl und Siegfried Breuer (als Kapitän Minskij) in dem Film »Der Postmeister«

»Der Postmeister« mit Heinrich George

25. April. *Unter der Regie von Gustav Ucicky wird in Wien der Film »Der Postmeister« uraufgeführt. Der nach der gleichnamigen Novelle des sowjetischen Autors Alexander S. Puschkin gedrehte Film weist in seiner Besetzung der Hauptrollen berühmte Namen auf: Heinrich George und Hilde Krahl konnten für die Darstellung des Postmeisters und seiner Tochter Dunja gewonnen werden.*
Der mit dem Prädikat »kulturell wertvoll« ausgezeichnete Film gilt aufgrund seiner Starbesetzung und der sorgfältigen Regie als einer der besten deutschen Filmproduktionen des Jahres 1940.

Neuzeitliche Oper von Sutermeister

13. April. Der schweizerische Komponist Heinrich Sutermeister debütiert mit seiner Oper »Romeo und Julia« am Dresdner Opernhaus. Der Vertonung des Trauerspiels von William Shakespeare hat der Komponist eine freie und stark gekürzte Fassung der Shakespeare-Tragödie zugrundegelegt, wodurch das Opernwerk einen stark lyrischen Charakter erhält. Unter der musikalischen Leitung von Karl Böhm singt die österreichische Sopranistin Maria Cebotari die Julia.
Der in Schaffhausen geborene, 30jährige Sutermeister zählt zur Avantgarde der deutschsprachigen Komponisten. Seine Studienzeit bei den deutschen Komponisten Carl Orff und Hans Pfitzner sowie impressionistische Einflüsse von Claude Debussy spiegeln sich auch in seiner ersten Oper wider. Ohne eigentlich eine neue Musik zu schaffen, bedient sich Sutermeister moderner Stilelemente bei der Komposition dieses Werkes, dessen Erfolg ihn in die erste Reihe der zeitgenössischen Komponisten rückt.

Deutsches Exiltheater in Buenos Aires

20. April. Im argentinischen Exil eröffnet Paul Walter Jacob in Buenos Aires die »Freie Deutsche Bühne«. Das Exiltheater führt in seiner Premierenvorstellung das Unterhaltungsstück »Jean« des aus Ungarn stammenden Autors Ladislaus Bus Fekete auf.
Dem schon am 1. April 1933 aus dem Deutschen Reich geflüchteten Jacob, ehemals Regisseur für Oper und Operette in Essen, gelingt es – nach Stationen im Pariser, Luxemburger und Prager Exil –, eine deutschsprachige Schauspieltruppe in Argentinien zusammenzustellen. In einem dortigen kleinen Kammerspieltheater schafft es Jacob mit viel Improvisation und Geschick, bedrängt von ständigen Geldsorgen, eine der bekanntesten, deutschsprachigen Exilbühnen aufzubauen. Zehn Spielzeiten lang, bis zum Jahr 1949, steht er dem Exiltheater als Direktor vor. Während dieser Jahre wird fast jede Woche eine Premierenvorstellung gegeben. Auf dem ersten Spielplan von April bis November 1940 stehen Aufführungen von Bruno Frank, Curt Goetz, George Bernard Shaw, Henrik Ibsen (Pseudonym Brynjolf Bjarme), Oscar Wilde und Friedrich Schiller. Weder ein offizielles Büro noch irgendwelche technische Angestellte stehen dem Theater zur Verfügung. Außer einem Kassierer geht den Künstlern keine Hilfskraft bei der Erledigung der täglichen administrativen Arbeiten zur Hand. Um ihren Lebensunterhalt zu erwirtschaften, müssen die meisten Ensemblemitglieder während der spielfreien Zeit noch einem bürgerlichen Beruf nachgehen.

Veranstaltungsplakat der Freien Deutschen Bühne in Buenos Aires für das Unterhaltungsstück »Jean« von Ladislaus Bus Fekete. Das von Paul Walter Jacob geleitete Theater in Argentinien versucht, mit Neuinszenierungen ein deutschsprachiges Theater im Exil zu etablieren und eine Theatergemeinde aufzubauen.

Hohe Auszeichnung für Franz Lehár

30. April. In Wien begeht der Operettenkomponist Franz Lehár seinen 70. Geburtstag. Der in Komorn (Ungarn) geborene und in Wien lebende Künstler erfreut sich im Deutschen Reich besonderer Publikumsbeliebtheit. Als Anerkennung der Stadt Wien überreicht ihm Reichsstatthalter und NSDAP-Gauleiter Josef Bürckel am 3. Mai den Ehrenring der Stadt.
Unter den rund 30 Lehár-Operetten zählt das 1905 im Theater an der Wien uraufgeführte Stück »Die lustige Witwe« zu den bekanntesten Werken. Weitere, immer wieder an deutschsprachigen Bühnen inszenierte Stücke sind die Operetten »Der Graf von Luxemburg«, »Paganini«, »Der Zarewitsch« und »Das Land des Lächelns«.
Obwohl Lehár zu den auserwählten Musikschaffenden der nationalsozialistischen Führung zählt, kommen auch seine Werke nicht gänzlich unzensiert zur Aufführung. So wird z. B. eine Neuinszenierung der »Lustigen Witwe« im Jahr 1936 aufgrund von »überlebten« Handlungselementen nicht toleriert.

Formen deutscher Raumgestaltung

6. April. In Anwesenheit von Viktor Emanuel III., König von Italien und Kaiser von Abessinien (Äthiopien) wird in Mailand die VII. Triennale, eine internationale Ausstellung für moderne Ausstattungskunst, Kunstgewerbe und Baukunst, eröffnet. Zielsetzung dieser alle drei Jahre stattfindenden Design-Ausstellung ist es, vorhandene Stilrichtungen und Trends in Europa zu dokumentieren.
In der deutschen Abteilung der bis zum Juni dauernden Triennale, auf der keine besonderen Neuerungen vorgestellt werden, nimmt die Darstellung der deutschen Wohnkultur einen weiten Raum ein. Hier stehen nicht einzelne Möbel im Vordergrund, sondern Gesamtformen der Raumgestaltung. Statt einzelner Sessel findet der Besucher z. B. die Sitzgruppe und statt der Vitrine die Aufteilung einer Wand, an der Bilder, Leuchten und Stühle ihren Platz haben. Für Entwürfe von Schränken und Sitzmöbeln mit »straffer Kontur« wird der deutsche Innenarchitekt Rudolf Frank in Mailand mit der Goldmedaille ausgezeichnet.

USA-Erfolge für Kilian und Vopel

13. April. Gustav Kilian und Heinz Vopel gewinnen das Sechstagerennen in Cleveland (USA). Beide deutschen Radrennfahrer überzeugen mit ihrer Leistung und siegen überlegen vor der Spitzenklasse der US-amerikanischen Konkurrenz.
Die Dortmunder, 1934 vom US-amerikanischen Veranstalter Willy Spencer für Rennen in den Vereinigten Staaten angeworben, gewinnen dort bis zum Jahr 1941 gemeinsam 26 Wettbewerbe. Selbst an den diesjährigen US-amerikanischen Meisterschaften der Berufsfahrer, die mit mehreren Läufen über den ganzen Sommer 1940 ausgetragen werden, beteiligen sich die beiden westfälischen Radprofis. Innerhalb der am 15. Februar 1940 veröffentlichten Weltrangliste der besten Sechstage-Fahrer belegen sie den dritten und vierten Platz. Vor allem Kilian kann durch seine rasant gefahrenen Jagden und seinen Angriffsschwung die Aufmerksamkeit des US-Publikums auf sich ziehen. Zu der großen Popularität der Rad-Profis tragen besonders viele der nach der Machtergreifung des NS-Regimes (1933) ausgewanderte Europäer in den USA bei. Obgleich die »Six Days« im Dritten Reich vom nationalsozialistischen Reichsbund für Leibeserziehung 1935 als »sportunwürdiges Spektakel« verboten wurden, nimmt die deutsche Öffentlichkeit über Presseberichte an den Erfolgen der Radrennfahrer regen Anteil.

Das erfolgreiche Team Vopel (l.) und Kilian (r.); Foto aus dem Jahr 1951

Tour de France 1940 wird abgesagt

21. April. Nach einer Meldung der französischen Nachrichtenagentur »Havas« verzichtet die Pariser Sportzeitschrift »L'Auto« (heute »L'Equipe«) auf die diesjährige Durchführung der traditionellen Radfernfahrt Tour de France.
Das für Mitte März geplante Etappenrennen für Berufsfahrer kann kriegsbedingt nicht durchgeführt werden. Für die etwa 10 000 bis 15 000 Zuschauer, die täglich anläßlich dieses Sportereignisses erwartet werden, existieren in Frankreich keine ausreichenden Schutzmaßnahmen bei Fliegeralarm. Darüber hinaus verkehren von 23 Uhr bis zum frühen Morgen keine öffentlichen Verkehrsmittel, die die Sportbegeisterten zu der jeweiligen Tour-Etappe bringen könnten. Ein am 5. März als Kompromißlösung in Erwägung gezogener Verzicht auf Zuschauer während dieser Zeit scheidet aufgrund der zu erwartenden finanziellen Einbußen aus. Damit wird der große internationale Wettkampf im Radsport ein Opfer der Kriegsereignisse.

Huschke von Hanstein und Walter Bäumer mit ihrem 328-BMW-Coupé werden als Sieger des Großen Preises von Brescia im Zielraum gefeiert

Deutsches BMW-Team gewinnt den Großen Preis von Brescia

28. April. *Das 1000-Meilen-Automobilrennen (Mille Miglia) um den Großen Preis von Brescia gewinnen nach rund neunstündigem Kampf gegen eine große Konkurrenz die deutschen Fahrer Fritz Huschke Freiherr von Hanstein und Walter Bäumer auf BMW. Mit einer Durchschnittsgeschwindigkeit von 167 km/h erzielt das deutsche Team auf ihrem stromlinienförmigen Rennwagen, der sich als schnellstes Fahrzeug aller Klassen erweist, in 8:54:46 h einen Streckenrekord. Gleichzeitig stellen die deutschen Fahrer mit 174,104 km/h einen Rundenrekord auf. Das in diesem Jahr auf der Strecke Brescia – Cremona – Mantua – Brescia über 1485 km ausgetragene größte Rundstreckenrennen für Sportwagen wartet mit einer Überraschung für die Zuschauer auf. Die Niederlage der italienischen Mannschaften auf Delage und Alfa-Romeo, die schon nach der ersten Runde von den deutschen Fahrern abgeschlagen werden, ist die große Sensation.*

Neue Fußballregel wird vorgestellt

22. April. Nach einer Mitteilung der »Neuen Zürcher Zeitung« hat die Regelkommission der Fédération Internationale de Football (FIFA), der internationalen Fußballvereinigung, in Zürich eine Neufassung der Sperr-Regel verfaßt.
Die neue Regel sieht vor, das Sperren und Rempeln eines Spielers nur noch in Verbindung mit dem Ball zuzulassen. Der Versuch eines Spielers, der nicht im Besitz des Balls ist, einen in Stellung laufenden Spieler zu sperren, soll zukünftig mit einem indirekten Freistoß bestraft werden. Durch Erarbeitung dieses neuen Reglements soll aus der bisher unterschiedlich gehandhabten Regel über das Sperren eine verbindliche Spielanweisung für den internationalen Fußball geschaffen werden. Der Vorschlag soll Mitte Mai dem Exekutivausschuß des Internationalen Fußballverbandes in Zürich vorgestellt und dem Internationalen Football Board, der 1882 in London gegründeten Schiedsrichter- und Regelkommission, zur weiteren Beschlußfassung vorgelegt werden.

Mai 1940

Mo	Di	Mi	Do	Fr	Sa	So
		1	2	3	4	5
6	7	8	9	10	11	12
13	14	15	16	17	18	19
20	21	22	23	24	25	26
27	28	29	30	31		

1. Mai, Maifeiertag

Am nationalen Feiertag des deutschen Volkes ruft der Stellvertreter des Führers und Reichsminister Rudolf Heß zum Beginn des »vierten Leistungskampfes der deutschen Betriebe« auf.

Die slowakische Regierung beschließt die Einführung einer allgemeinen Arbeitsdienstpflicht.

Samuel Harden Church, Präsident der US-Kulturorganisation Carnegie Institute, setzt ein Kopfgeld auf die Ergreifung des Führers und Reichskanzlers Adolf Hitler aus. → S. 97

2. Mai, Christi Himmelfahrt

Italiens Botschafter in Washington, Fürst Ascanio Colonna, erklärt gegenüber US-Präsident Franklin D. Roosevelt, daß Italien den Status der Nichtkriegführung aufrechterhalte (→ 10. 6./ S. 114).

Angesichts der Leiden der Zivilbevölkerung richtet das Internationale Rote Kreuz einen dringenden Appell an die kriegführenden Staaten, den Luftkrieg gemäß den internationalen Vereinbarungen der Genfer Konvention einzuschränken.

3. Mai, Freitag

Das Reichsluftfahrtministerium erläßt für das gesamte Deutsche Reich einheitliche Bestimmungen zur Abwehr der Gefahren des Luftkriegs. Dazu zählt vor allem die generelle Verdunkelungspflicht zwischen Sonnenunter- und Sonnenaufgang. → S. 97

Die 32. Piemont-Radrundfahrt (269 km) mit Start und Ziel in Turin gewinnt Aldo Cinelli. Ein technischer Defekt am Rad des Favoriten Gino Bartali 30 km vor dem Ziel führt zum Erfolg Cinellis.

Im Equipereiten um die »Coppa Mussolini« bei dem seit dem 28. April veranstalteten Internationalen Concour Hippique in Rom gewinnt die deutsche Mannschaft vor Italien. → S. 103

4. Mai, Sonnabend

Rudolf Höß, Schutzhaftlagerleiter in Sachsenhausen, wird zum Kommandanten des Lagers Auschwitz ernannt, das im Juni die ersten Häftlinge aufnimmt (→ 14. 6./S. 118).

In einem Artikel der britischen Tageszeitung »Daily Herald« wird mit Besorgnis festgestellt, daß aufgrund des erschwerten Bezugs von ausländischem Holz die inländischen Reserven für die Papierherstellung voll ausgenutzt werden müßten und sich so die Waldbestände in bedrohlicher Weise reduzierten.

Reichsstatthalter Konrad Henlein übergibt das »Neue Deutsche Theater« in Prag seiner Bestimmung. Wilhelm Furtwängler leitet das Festkonzert der Berliner Philharmoniker. → S. 101

Die Komische Oper »Amelia geht zum Ball« von Carlo Menotti wird in der Bearbeitung von Georg C. Winkler am Preußischen Theater Gera als deutsche Erstaufführung gezeigt.

5. Mai, Sonntag

Die bis zum deutschen Überfall (→ 9. 4./S. 70) in Oslo amtierende norwegische Regierung läßt sich in London als Exilregierung nieder (→ 28. 5./S. 92).

USA und Mexiko schließen ein Abkommen über die Lieferung von mexikanischem Erdöl im Wert von 54 Millionen US-Dollar (243,5 Mio. RM). Der in Mexiko unterzeichnete Vertrag soll zunächst fünf Jahre Gültigkeit besitzen.

Die Exilzeitung »Neuer Vorwärts«, das Organ des Exilvorstandes der Sozialdemokratischen Partei Deutschlands, erscheint zum letztenmal. → S. 101

Das Internationale Olympische Komitee (IOC) in Lausanne entscheidet endgültig, daß nach der Absage des Finnischen Komitees vom 25. April die Olympischen Sommerspiele 1940 nicht ausgetragen werden. → S. 103

Die neunte Begegnung im Fußball-Länderspiel Italien – Deutsches Reich wird in Mailand vor 60 000 Zuschauern ausgetragen. Die deutsche Mannschaft verliert 2:3 (1:2).

6. Mai, Montag

Die amtliche sowjetische Nachrichtenagentur »TASS« erklärt, daß sich die sowjetische Regierung durch die deutsche Besetzung Norwegens (→ 9. 4./S. 70) nicht bedroht fühle.

In Wiesbaden beginnt die zweitägige Jahrestagung der Deutschen Gesellschaft für Innere Medizin, die sich unter anderem mit dem Thema »Medizin im Dienste der Arbeitsfähigkeit« beschäftigt. → S. 99

Der US-amerikanische Schriftsteller John Steinbeck wird in New York für seinen 1939 veröffentlichten Roman »The Grapes of Wrath« (Die Früchte des Zorns) mit dem Pulitzerpreis für Literatur ausgezeichnet.

7. Mai, Dienstag

Die Niederlage der britischen Truppen in Norwegen führt im Unterhaus zu einem Tadelsantrag der Opposition gegen Premierminister Arthur Neville Chamberlain. In der einen Tag später erfolgenden Abstimmung muß dieser arge Stimmenverluste auch von seiten der eigenen konservativen Abgeordneten hinnehmen (→ 10. 5./S. 93).

In den Niederlanden verfügt die Regierung Urlaubssperren für Arbeiter in der Verteidigungsindustrie sowie für alle Mitglieder des Luftschutzes und der Fliegerabwehr.

Das Präsidium des Obersten Sowjet in Moskau beschließt die Einführung von Generals- und Admiralsdienstgraden für die höheren Kommandanten von Armee und Flotte der Roten Armee. Die Armee wird umorganisiert, modernisiert und einem neuen Disziplinarrecht unterworfen (→ 12. 10./S. 174).

8. Mai, Mittwoch

Die Veranstalter des Giro d'Italia (Italien-Radrundfahrt (→ 9. 6./S. 121) geben nach vermehrten Absagen ihren Verzicht auf die Hinzuziehung größerer ausländischer Fahrerequipen bekannt.

9. Mai, Donnerstag

Führer und Reichskanzler Adolf Hitler legt den Termin für die Westoffensive endgültig auf den → 10. Mai (S. 88) fest. Hitler begibt sich mit seinem Sonderstab in das Führerhauptquartier »Felsennest« in der Eifel, von wo aus er die Westoffensive zu leiten beabsichtigt.

Das deutsche U-Boot »U 111« gerät nach einem Rammstoß in britische Hände. Die U-Boot-Abwehrspezialisten der Briten erbeuten das unversehrte technische Gerät an Bord und sind damit befähigt, den deutschen Marine-Funkverkehr zu entschlüsseln.

In einem Memorandum an die Großherzoglich Luxemburgische Regierung erklärt die deutsche Reichsregierung, daß die Besetzung des Landes durch deutsche Truppen lediglich der Aufrechterhaltung der Neutralität Luxemburgs dienen soll.

Oberst Hans Oster, Stabschef des Amtes Abwehr der Wehrmacht, teilt dem niederländischen Militärattaché Jacobus Gijsbertus Sas mit, daß die Westoffensive am folgenden Tag beginne, doch bleibt wie im Fall Dänemark und Norwegen (→ 3. 4./S. 75) die erwartete Wirkung aus.

Britische Truppen besetzen die Insel Island, um die wichtige Atlantikroute für Transporte im Seekrieg vor den deutschen Seestreitkräften abzuschirmen.

Im Einverständnis mit der Sowjetunion erfolgt die Remilitarisierung der Ålandinseln durch finnische Truppen. Die Befestigung der Inselgruppe soll nach dem Willen der Sowjetunion ausschließlich durch finnische Stellen erfolgen (→ 11. 10./S. 174).

Anläßlich der Unterzeichnung des Konkordats zwischen dem Apostolischen Stuhl und der portugiesischen Regierung empfängt Papst Pius XII. die Mitglieder der portugiesischen Kommission zu einer Audienz im Vatikan. → S. 95

Die deutsche Reichsregierung verhängt für Juden eine generelle Ausgangsbeschränkung. Diese gilt vom 1. April bis 30. September zwischen 21 und 5 Uhr, in der Zeit vom 1. Oktober bis 31. März von 20 bis 6 Uhr.

In der Landgemeinde Iglauer im Protektorat Böhmen und Mähren (Tschechei) wird das erste deutsche Arbeitsdienstlager für junge Frauen eröffnet.

Wissenschaftler der »Frankfurter Konferenz für medizinisch-technische Zusammenarbeit« beschäftigen sich während ihrer zweitägigen Zusammenkunft mit dem Thema »Biologie der Großstadt«. → S. 99

Im Staatlichen Schauspielhaus in Berlin inszeniert Gustaf Gründgens »Cavour« (Villafranca) von Italiens Ministerpräsident und Duce Benito Mussolini sowie dem Co-Autor Giovaccino Forzano. → S. 100

10. Mai, Freitag

In den frühen Morgenstunden, um 5.35 Uhr, beginnt von der Nordsee bis zur Südgrenze Luxemburgs mit zwei deutschen Heeresgruppen – unter Verletzung der Neutralität der Niederlande, Belgiens und Luxemburgs – die Westoffensive (»Fall Gelb«). → S. 88

Infolge seiner gescheiterten Appeasement-Politik (Beschwichtigungs-Politik) muß die britische Regierung unter Arthur Neville Chamberlain zurücktreten. Winston Churchill wird neuer Premierminister und bildet eine Allparteienregierung. → S. 93

Aufgrund einer Fehlnavigation werfen deutsche Flugzeuge Bomben über Freiburg ab. Als feindlicher Angriff ausgegeben, dient er als Vorwand für den Luftkrieg gegen England. → S. 94

»Aus Gründen der dringend notwendigen Kohleförderung« wird der Fronleichnamstag im Deutschen Reich von Donnerstag, den 23. Mai, auf Sonntag, den 26. Mai verlegt.

11. Mai, Sonnabend

Die neue britische Regierung unter Winston Churchill (→ 10. 5./S. 93) genehmigt Nachtangriffe britischer Bomberstaffeln auf das deutsche Hinterland. Damit wird der Befehl zur Bombardierung Städte gegeben (→ 10. 5./S. 94).

Die niederländischen Inseln Curaçao und Aruba (Kleine Antillen) werden durch britische Truppen besetzt, um einer deutschen Okkupation der westlichen Hemisphäre zuvorzukommen.

Aufgrund der deutschen Westoffensive wird für die Armee der Schweiz die Generalmobilmachung befohlen.

Reichskulturverwalter und SS-Brigadeführer Hans Hinkel spricht vor geladenen Gästen in Berlin über die Möglichkeit einer Förderung der Künstler und der Kunst im Reich. → S. 100

12. Mai, Pfingstsonntag

In den Niederlanden wird die Verbindung zu den bei Rotterdam gelandeten deutschen Fallschirmjägern hergestellt, in Belgien der Übergang über den Albert-Kanal erzwungen. Der Hauptstoß der deutschen Truppen führt in Südbelgien über die Ardennen, um die Aktion »Sichelschnitt« einzuleiten (→ 10. 5./ S. 88).

Der ehemalige, im niederländischen Exil lebende deutsche Kaiser und König von

Titelseite der »Berliner Illustrirten Zeitung« vom 22. Mai 1940; die »Eroberer« des belgischen Fort Eben-Emael werden gefeiert

Nummer 21 22. Mai 1940

49. Jahrgang Preis 20 Pfennig

Copyright 1940 by Deutscher Verlag, Berlin

Berliner Illustrirte Zeitung

Die Eroberer des Forts Eben-Emael

Ausgesuchte Männer der Luftwaffen-Sturmabteilung, die als erste in den für unüberwindlich geltenden nordöstlichen Eckpfeiler der Festung Lüttich eindrangen.

PK. Büttner - Atlantic

Preußen, Wilhelm II., lehnt ein Ersuchen der niederländischen Königin Wilhelmina ab, seinen Wohnsitz Haus Doorn bei Utrecht zu verlassen.

Aufgrund einer Anordnung Hermann Görings, dem Beauftragten für den Vierjahresplan, ist es nur in dringenden Fällen erlaubt, an den Pfingsttagen eine Reise mit der Deutschen Reichsbahn zu unternehmen. → S. 97

Der Schweizer Landessender Beromünster sendet das Bertolt-Brecht-Hörspiel »Lukullus vor Gericht« als Uraufführung. → S. 101

Das Automobilrennen um den Großen Preis von Tripoli (Nordafrika) gewinnt Alberto Farina (ITA) auf Alfa Romeo mit einer Durchschnittsgeschwindigkeit von 206,345 km/h (→ 30. 5./S. 103).

13. Mai, Pfingstmontag

In seiner ersten Unterhausrede als britischer Premier prophezeit Winston Churchill seiner Nation »Blut, Mühsal, Schweiß und Tränen« (→ 10. 5./S. 93).

»Das Glockenspiel des Kreml«, ein Schauspiel von Nikolai F. Pogodin, wird in Leningrad uraufgeführt.

14. Mai, Dienstag

In Belgien erreichen deutsche Divisionen die Stellung der alliierten Heeresgruppe 1 am Fluß Dyle; bei Sedan wird die französische Front durchbrochen und damit die Einschließung der alliierten Truppen in Belgien und Nordostfrankreich ermöglicht.

Während bereits laufender Kapitulationsverhandlungen greift das deutsche Kampfgeschwader 54, das nicht mehr rechtzeitig zurückbeordert werden kann, die Stadt Rotterdam an. → S. 90

Königin Wilhelmina der Niederlande bildet in London eine Exilregierung (→ 28. 5./S. 92).

15. Mai, Mittwoch

Der niederländische Oberbefehlshaber General Hendrik G. Winkelman unterzeichnet um 11.45 Uhr die Kapitulation aller niederländischen Streitkräfte (→ 14. 5./S. 90).

Großbritanniens Regierung entscheidet, nur Geschwader der Luftwaffe in Frankreich einzusetzen, die nicht zur Verteidigung der Britischen Inseln benötigt werden.

Siegmund Rascher, Stabsarzt der deutschen Luftwaffe, fordert die Zurverfügungstellung mehrerer Strafgefangener für die Durchführung medizinischer Experimente. → S. 99

In den USA kommen die ersten aus der Kunstfaser Nylon gefertigten Damenstrümpfe auf den Markt.

16. Mai, Donnerstag

Britische Flugzeuge greifen erstmals Öllager und Eisenbahnziele im Ruhrgebiet an (→ 10. 5./S. 94).

Der Chef der Sicherheitspolizei und des Sicherheitsdienstes (SD), Reinhard Heydrich, weist die ihm unterstellten Dienstbereiche an, in eiligen Fällen Schutzhaftanträge per Fernschreiben an das Schutzhaftreferat des Geheimen Staatspolizeiamtes (Gestapo) zu richten, um potentielle Staatsfeinde schneller aburteilen zu können. → S. 97

Herbert von Karajan, Dirigent der Berliner Staatsoper, erntet bei einem kurzfristig von ihm infolge einer Programmänderung übernommenen Konzert in der Mailänder Scala den einhelligen Beifall des Publikums.

Die am 7. Mai begonnene Radrundfahrt in Katalonien geht mit stark gelichtetem Feld zu Ende. Aufgrund des Einmarsches der deutschen Truppen in den Niederlanden und Belgien (→ 10. 5./S. 88) schieden die favorisierten Vertreter dieser Länder aus. Im Gesamtklassement siegt Luxemburg (Charles Didier) vor Spanien.

17. Mai, Freitag

Brüssel wird von deutschen Truppen kampflos eingenommen. Panzer der Heeresgruppe A erreichen die Oise östlich von St. Quentin.

Nach einer Meldung des »Tribunale Genéve« haben in Paris in vielen Fällen belgische Flüchtlinge Wohnraum von geflohenen Juden übernommen.

Cary Grant präsentiert als Hauptdarsteller den unter Regie von Garson Kanin produzierten Spielfilm »My favorite girl« (Meine Lieblingsfrau). Die Uraufführung findet in New York statt.

18. Mai, Sonnabend

Per Erlaß vollzieht Führer und Reichskanzler Adolf Hitler die »Wiedereingliederung« der belgischen Gebiete Eupen, Malmedy und Moresnet in das Reich. → S. 90

Die Oper »Nachtflug« von Luigi Dallapiccola, nach dem gleichnamigen Roman von Antoine de Saint-Exupéry komponiert, wird in Florenz uraufgeführt. → S. 101

19. Mai, Sonntag

Reichsinnenminister Wilhelm Frick erläßt eine Verordnung über den Umgang mit Kriegsgefangenen. Kontaktaufnahme mit Gefangenen ist nur ausschließlich Bevölkerungsgruppen erlaubt, die dienstlich oder beruflich dazu genötigt sind (→ 15. 7./S. 133).

Reichsinnenminister Wilhelm Frick hebt in einer Rundfunkrede zum Kriegsmuttertag die Opfer der tapferen deutschen Mütter für das Vaterland hervor.

20. Mai, Montag

Generaloberst Walter von Brauchitsch, Oberbefehlshaber des Heeres, ordnet die Einrichtung einer Militärverwaltung in Belgien und den Niederlanden an und ernennt den General der Infanterie, Alexander Ernst Freiherr von Falkenhausen, zum militärischen Befehlshaber.

Aufgrund der schwachen alliierten Front besetzt der französische Ministerpräsident Paul Reynaud das militärische Oberkommando neu. Schon am 18. Mai erfolgte eine Regierungsumbildung. → S. 92

In Venedig wird die 22. Internationale Kunstbiennale in Anwesenheit des italienischen Königs und Kaisers von Abessinien (Äthiopien), Viktor Emanuel III., eröffnet. → S. 101

21. Mai, Dienstag

Mit der deutschen Einnahme von Abbeville sind die in Flandern und im Artois stehenden alliierten Truppen vom Nachschub abgeschnitten.

22. Mai, Mittwoch

Das britische Parlament nimmt das Ermächtigungsgesetz (Notstandsgesetze, außerordentliche Vollmachten der Regierung in Krisenzeiten) an.

Nach einem vertraulichen Bericht des Bodenamtes Kattowitz soll die Beschlagnahme von polnischen landwirtschaftlichen Kleinbetrieben weiter vorangetrieben werden.

Anläßlich des einjährigen Bestehens des deutsch-italienischen Nichtangriffspaktes finden in Berlin und Mailand offizielle Feierlichkeiten statt. → S. 94

US-Oberst Charles Lindbergh kritisiert in einer Rundfunkansprache die in den USA zunehmenden Propagandaaktionen für einen Kriegseintritt der USA (→ 6. 8./S. 146).

Ilse Werner spielt die Hauptrolle in dem Film »Bal paré«, der von der Universum Film AG (Ufa) in Wien uraufgeführt wird.

23. Mai, Donnerstag

In London werden der britische Faschistenführer Sir Oswald Mosley und andere Mitglieder der Faschistischen Partei Großbritanniens verhaftet.

Der Tanz »Fest und Erinnerung«, nach Robert Schumanns sinfonischen Etüden von Erika Hanka zusammengestellt, wird am Opernhaus Essen uraufgeführt.

24. Mai, Freitag

Auf Befehl Adolf Hitlers stoppt die Panzergruppe unter General Ewald von Kleist am La-Bassée-Kanal gegen den Rat der Militärs ihren Vormarsch (→ 26. 5./S. 91).

Die britische Regierung beschließt, jegliche militärischen Unternehmungen in Norwegen aus Gründen der deutschen Westoffensive einzustellen (→ 10. 6./S. 115).

25. Mai, Sonnabend

In Limoges konstituiert sich unter dem ehemaligen Ministerpräsidenten Hubert Graf Pierlot ein belgisches Exilkabinett (→ 28. 5./S. 92). Den Kampf gegen das Deutsche Reich setzt es später aus Vichy und London fort.

26. Mai, Sonntag

Auf Weisung des britischen Kriegsministers Robert Anthony Eden löst sich das britische Expeditionskorps aus der alliierten Front und zieht sich nach Dünkirchen zurück. → S. 91

27. Mai, Montag

In Dünkirchen beginnt die Einschiffung der britischen Expeditionsarmee (Operation »Dynamo«). Die Evakuierung von über 300 000 Mann wird am 4. Juni abgeschlossen (→ 26. 5./S. 91).

Unter dem Eindruck der deutschen Siege an der Westfront schließt Rumänien mit dem Deutschen Reich einen Öl-Waffen-Pakt. → S. 94

Der Unterhausabgeordnete Sir Stafford Cripps wird zum britischen Botschafter in Moskau bestimmt (→ 1. 7./S. 130).

28. Mai, Dienstag

Der belgische König Leopold III. unterzeichnet die Kapitulation der belgischen Armee und begibt sich in deutsche Kriegsgefangenschaft. → S. 92

29. Mai, Mittwoch

In Den Haag tritt Arthur Seyß-Inquart sein Amt als Reichskommissar der Niederlande an (→ 18. 5./S. 90).

Der Reichskohlenkommissar und Beauftragte für die Leistungssteigerung im Bergbau, Paul Walter, fordert aufgrund »kriegswirtschaftlicher Erfordernisse« von der deutschen Reichsregierung die Zurverfügungstellung polnischer Arbeitskräfte für den Kohlenbergbau (→ 15. 7./S. 133).

30. Mai, Donnerstag

Auf einer streng vertraulichen Versammlung mit hohen SS- und Polizeioffizieren in Krakau ruft der Generalgouverneur der besetzten polnischen Gebiete, Hans Frank, zur Liquidation der polnischen Führungsschicht des Gebietes und damit die Spitze der polnischen Untergrundbewegung auf. → S. 95

Italiens Ministerpräsident und Duce Benito Mussolini läßt durch den italienischen Botschafter in Berlin, Dino Odoardo Alfieri, der deutschen Reichsregierung den Entschluß Italiens mitteilen, endgültig in den Krieg einzutreten (→ 10. 6./S. 114).

31. Mai, Freitag

Mit der Aufmarschanweisung »Rot« gibt Adolf Hitler den Befehl für die zweite Phase des Westfeldzugs (→ 14. 6./S. 108).

Das Wetter im Monat Mai

Station	Mittlere Lufttemperatur (°C)	Niederschlag (mm)	Sonnenscheindauer (Std.)
Aachen	13,2 (12,8)	36 (67)	– (205)
Berlin	13,2 (13,7)	47 (46)	– (239)
Bremen	13,3 (12,8)	21 (56)	– (231)
München	12,0 (12,5)	329 (103)	– (217)
Wien	– (14,6)	170 (71)	– (–)
Zürich	12,7 (12,5)	153 (107)	219 (207)

( ) Langjähriger Mittelwert für diesen Monat
– Wert nicht ermittelt

Die französische Zeitschrift »L'Illustration« widmet ihren Titel vom 18. Mai 1940 dem Verteidigungskampf der belgischen Armee unter ihrem König Leopold III. (M.)

L'ILLUSTRATION

N° 5072 • 18 MAI 1940 PRIX : 5 FRANCS

LE ROI DES BELGES, LÉOPOLD III, PASSANT EN REVUE UNE COLONNE DE CHARS D'ASSAUT
A DROITE, LE GÉNÉRAL DENIS, MINISTRE DE LA GUERRE

DANS CE NUMÉRO :

L'AGRESSION ALLEMANDE CONTRE LA HOLLANDE, LA BELGIQUE ET LE LUXEMBOURG

DE LA NORVÈGE A LA MÉDITERRANÉE

L'IMMENSE ACTIVITÉ DE L'INTENDANCE MARITIME, par Georges G.-Toudouze.

LA FLOTTE ITALIENNE Photographies Pierre Ichac.

LE RETOUR VICTORIEUX DU SOUS-MARIN « ORPHÉE »

LE SALON DE 1940

L'ARMÉE SOVIÉTIQUE DEVANT LES ÉVÉNEMENTS ACTUELS, par le colonel Grasset.

Alliierte von deutscher West-Offensive überrascht

10. Mai. Gemäß dem am Vortag von Führer und Reichskanzler Adolf Hitler festgelegten Termin für den »Fall Gelb« beginnt gegen 5.35 Uhr die deutsche Offensive im Westen. Heeresdivisionen und Lufteinheiten greifen die neutralen Staaten Niederlande, Belgien und Luxemburg an. Begründung der deutschen Reichsregierung: Das Ruhrgebiet müsse vor einer alliierten Invasion geschützt werden. Die ohne Kriegserklärung eingeleitete Großoffensive überrascht trotz mehrerer, vorher abgegebenen Warnungen die alliierten Führungsstäbe.

Die nach einem von Generalleutnant Erich von Manstein entwickelten Schlachtplan (→ 10. 1./S. 15) unter Generaloberst Fedor von Bock vorrückende deutsche Heeresgruppe B bindet durch ihre Gefechte die alliierten Streitkräfte in Belgien und den Niederlanden. Schon kurz nach dem Einmarsch in den Niederlanden und Belgien besetzen deutsche Luftlandetruppen die als uneinnehmbar geltenden niederländischen und belgischen Verteidigungslinien, die Festung »Holland« sowie das belgische Fort Eben-Emael. Bei ihrem weiteren Vormarsch nach Westen, unterstützt durch die Luftflotte 2, kapituliert nach einem Bombenangriff auf Rotterdam vom → 14. Mai (S. 90) einen Tag später die niederländische Armee. Nach dem Durchbruch durch die alliierte Verteidigungslinie am Fluß Dyle wird am 17. Mai Brüssel kampflos besetzt, am 20. Mai die Schelde erreicht.

Währenddessen führt die Heeresgruppe A unter Generaloberst Gerd von Rundstedt ihren Überraschungsangriff durch die Ardennen durch. Die seit dem 10. Mai über Luxemburg und die südbelgischen Befestigungen im Ardennengebirge vorrückenden Truppen und Panzer überschreiten am 14. Mai die Maas bei Mortheme und Sedan und erreichen am 20. Mai die belgisch-französische Kanalküste. In Flandern kämpfende französisch-britische Verbände der Nordgruppe werden somit eingeschlossen. Am 28. Mai führen deutsche Truppen einen ersten, erfolgreichen Vorstoß gegen den französischen Verteidigungswall, die Maginotlinie.

Am 31. Mai gibt Adolf Hitler die Weisung »Fall Rot« für die »Schlacht um Frankreich« (→ 14. 6./S. 108).

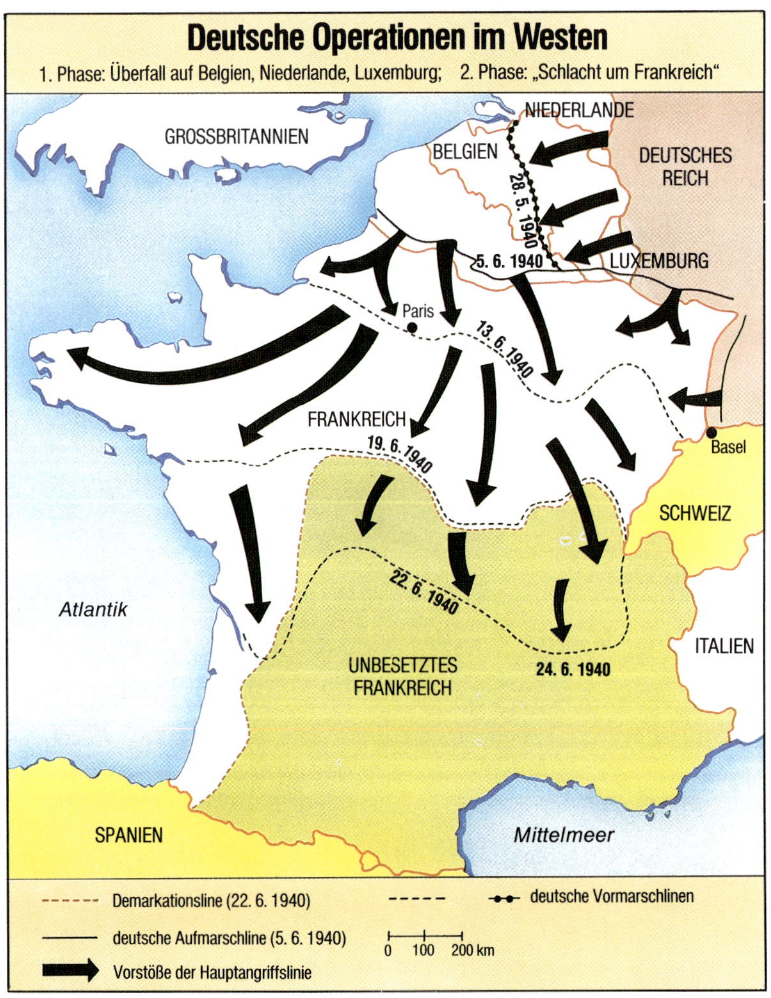

△ Deutsche Soldaten in einer durch die Kampfhandlungen völlig zerstörten französischen Stadt. Auf den ohne Kriegserklärung erfolgenden Einmarsch der deutschen Truppen sind die jeweiligen nationalen und alliierten Führungsstäbe nur unzureichend vorbereitet.

△◁ Ein deutsches Infanterie-Geschütz wird vor den nur wenige Meter entfernten gegnerischen Truppen in Stellung gebracht. Das vom Feind gehaltene Gehöft im Hintergrund wird beschossen und zerstört, der Vormarsch kann fortgesetzt werden. Seit dem 10. Mai überrennen die mobilen und gut ausgerüsteten deutschen Heeresgruppen die westeuropäischen Staaten Belgien, Niederlande und Luxemburg.

◁ Während der ersten Phase des Westfeldzugs überschreiten die deutschen Heeresgruppen mit ihren Armeen die niederländische, belgische und luxemburgische Grenze. Panzerdivisionen der Heeresgruppe A durchqueren das unwegsame Gebiet der Ardennen und schließen die alliierten Truppen an der Küste ein. In einer zweiten Angriffswelle »Fall Gelb« (Beginn 5. Juni) rücken die deutschen Truppen auf breiter Front gegen Frankreich vor.

In den menschenleeren Straßen niederländischer und belgischer Städte rücken deutsche Truppen Straße um Straße, Haus um Haus vor; die sich in Häusern und Gassen der Orte verschanzten einheimischen Kräfte leisten den deutschen Aggressoren auf ihrem Vormarsch Widerstand

Mit Hilfe einer Schlauchboot-Brücke und Leitern überqueren deutsche Truppen die Maas bei Maastricht; niederländische Verbände hatten die Brücke gesprengt

Deutsche Soldaten (l.) mit verwundeten Belgiern (r.) vor dem belgischen Fort Eben-Emael, das eingenommen wird

Nach einem Kampf »Panzer gegen Panzer« gehen britische Panzer in Flammen auf – wertvoller Schrott für die deutsche Rüstungsindustrie

Insgesamt geraten 1,2 Millionen alliierte Soldaten (hier Briten bei Dünkirchen) in Gefangenschaft

Ein deutscher Panzerwagen in der verbarrikadierten Stadt Rouen; Bombardierungen und Straßenkämpfe haben ihre Spuren an den Häusern hinterlassen

Der Westfeldzug in Zahlen

Deutsches und alliiertes Kriegspotential

	Deutsches Reich	Alliierte
Infanterie-Div.	119	119
mot. Div.	7	7
Panzer-Div.	10	11
Fallsch.-Div.	1	–
Panzer-Kampfw.	2580	3000
Luftwaffe		
Bombenflugzeuge	1376	Gesamt: 2613, davon 500 in Frankreich stationiert
Jagdflugzeuge	1076	
Aufklärer	482	
Sonstige	300	
U-Boote	2	–

Einsatz deutscher Heeresgruppen im Westfeldzug

Heeresgruppe A: Generaloberst Gerd von Rundstedt mit 12., 14. und 16. Armee sowie der Panzergruppe unter Ewald von Kleist, unterstützt durch die Luftflotte 3

Heeresgruppe B: Generaloberst Fedor von Bock mit 6. und 18. Armee, unterstützt durch die Luftflotte 2

Heeresgruppe C: Generaloberst Wilhelm Ritter von Leeb mit 1. und 7. Armee, unterstützt von der Luftflotte 3

Einsatz französischer und britischer Heeresgruppen:

Heeresgruppe 1: General Pierre Billotte mit 1., 2. und 9. Armee soll die Linie an Maas und Dyle besetzen

Heeresgruppe 2: General Prételat mit 3., 5. und 8. Armee; diese haben die Aufgabe, die Maginotlinie zu verteidigen und zu halten

Britisches Korps: General Lord John Gort mit neun Divisionen soll sich der 1. französischen Armee anschließen und den Fluß Dyle im Abschnitt von Wavre-Louvain besetzen; die 7. Armee unter General Henri-Honoré Giraud soll die Schelde im Raum Antwerpen überschreiten und bis zur Linie Tilburg–Breda vordringen

Luftaufnahme des Gebiets von Rotterdam, auf das einen Tag vor der Kapitulation noch deutsche Bomben fielen und große Schäden anrichteten

Bombardierung verwüstet Rotterdam kurz vor der Kapitulation

14. Mai. *Um die Kapitulation der in der niederländischen Hafenstadt Rotterdam kämpfenden Truppen zu beschleunigen und die sich dort im Viertel an der Willemsbrücke verschanzten Scharfschützen zur Aufgabe zu zwingen, befiehlt der Oberbefehlshaber der deutschen Luftwaffe, Generalfeldmarschall Hermann Göring, die Bombardierung der Stadt.*

Als kurze Zeit nach dem Start des Fluggeschwaders 54 die Kommandantur Rotterdams die Kapitulation unterzeichnet, können die Bomber nicht mehr vollständig zurückbeordert werden. Von 100 Flugzeugen greifen 57 Rotterdam an und werfen insgeamt 97 t Bomben auf die Stadt. Das Zentrum der 600 000-Einwohner-Stadt wird durch eine sich schnell ausbreitende Feuersbrunst völlig vernichtet; etwa 900 Bürger verbrennen in ihren Häusern, werden von Bomben zerrissen oder unter Trümmern begraben. Auch das Hafenviertel ist durch Öltankexplosionen von den Zerstörungen betroffen. Am 15. Mai unterzeichnet der Oberbefehlshaber der niederländischen Streitkräfte die Kapitulation.

Verwaltung der besetzten Gebiete

18. Mai. Noch bevor sich der belgische König Leopold III. zur Kapitulation des Landes bereit erklärt (→ 28. 5./S. 92), werden die belgischen Gebiete Eupen, Malmedy und Moresnet dem Deutschen Reich angegliedert. Die durch Führererlaß bestimmte Eingliederung soll den deutsch-belgischen Grenzverlauf in seinem Bestand vor Abschluß des Versailler Friedensvertrages (28. 6. 1919) wiederherstellen. Die von Belgien abgetrennten Gebiete sind der Reichsregierung in Berlin direkt unterstellt und dem Regierungsbezirk Aachen zugeteilt. Das restliche Belgien wird am 30. Juni dem Militärbefehlshaber von Belgien und Nordfrankreich, General Alexander Ernst Freiherr von Falkenhausen, unterstellt.

Nach Kapitulation der Niederlande am 15. Mai (→ 10. 5./S. 88; 14. 5./S. 90) wird für das besetzte Land eine deutsche Zivilverwaltung eingerichtet. Seyß-Inquart ist ab 29. Mai Reichskommissar der Niederlande.

Reichskommissar Seyß-Inquart

Der am 22. Juli 1892 in Stannern (bei Iglau/Mähren) geborene Arthur Seyß-Inquart wurde nach dem Ersten Weltkrieg Mitglied mehrerer Vorläuferorganisationen der österreichischen NSDAP. Auf deutschen Druck am 16. Februar 1938 zum Innenminister der Republik Österreich ernannt, konnte er am 11. März desselben Jahres das Amt des Bundeskanzlers übernehmen und ermöglichte so den deutschen Einmarsch. Nach der Errichtung eines Generalgouvernements in Polen (12. 10. 1939) wurde Seyß-Inquart Stellvertreter des Generalgouverneurs Hans Frank. Als Reichskommissar der Niederlande betreibt Seyß-Inquart rigoros die Judenverfolgung.

Der 47jährige Arthur Seyß-Inquart ist während seiner gut fünfjährigen Amtszeit als Reichskommissar der Niederlande für die Deportation niederländischer Arbeitskräfte ins Deutsche Reich verantwortlich. Die niederländische Wirtschaft wird unter seiner Leitung vollständig auf die deutschen Bedürfnisse ausgerichtet.

Truppen der Alliierten aus Dünkirchen evakuiert

26. Mai. Aufgrund eines Befehls des britischen Kriegsministers Robert Anthony Eden zieht sich das britisch-französische Expeditionsheer von der alliierten Front nach Dünkirchen zurück. In einer bereits am folgenden Tag beginnenden Evakuierungsaktion, der Operation »Dynamo«, sollen die rund 400 000 im Raum Lille und Bruges (Brügge) von deutschen Truppen eingekesselten britischen und verbündeten Landstreitkräfte mit Yachten, Fischerbooten, Schleppern, Zerstörern und Torpedobooten über den Ärmelkanal auf die Britischen Inseln in Sicherheit gebracht werden.

Evakuierungen aus Dünkirchen

Datum	vom Strand	vom Hafen	zusammen
27. Mai	–	7 669	7 669
28. Mai	5 930	11 874	17 804
29. Mai	13 752	33 558	47 310
30. Mai	29 512	24 311	53 823
31. Mai	22 942	45 072	68 014
1. Juni	17 348	47 081	64 429
2. Juni	6 695	19 561	26 256
3. Juni	1 870	24 876	26 746
4. Juni	622	25 553	26 175
Summe	98 671	239 555	338 226

Die alliierte Evakuierungsaktion wird durch den am 24. Mai vom Obersten Befehlshaber der deutschen Wehrmacht, Adolf Hitler, ausgegebenen Befehl, den Vormarsch der Heeresgruppe A vorerst zu unterbrechen, erleichtert. Der gegen den erklärten Willen des Oberbefehlshabers des Heeres, Walter von Brauchitsch, von Hitler gegebene »Haltbefehl« für die Panzergruppe unter General Ewald von Kleist am La-Bassée-Kanal soll die Kampfkraft der um die Hälfte reduzierten Panzerwaffe für die weiteren Gefechte in Frankreich schonen. Die eingeschlossenen alliierten Truppen in Dünkirchen sollen allein von der Luftwaffe angegriffen werden. Nach dem Bekanntwerden des alliierten Evakuierungsunternehmens hebt die deutsche Heeresführung den »Haltbefehl« für die deutschen Panzer am 26. Mai insoweit auf, daß Dünkirchen artilleristisch bekämpft werden kann. Die deutsche Luftwaffe, von weit entfernten Luftbasen gestartet und ohne ausreichenden Jagdschutz über Dünkirchen, kann die alliierte Evakuierung nicht mehr aufhalten. Ungünstige Witterungsbedingungen verhindern zeitweise jedes Eingreifen der ausschließlich bei Tag geflogenen Angriffe auf die Hafenstadt.

Messerschmitt-Zerstörer über der zerstörten französischen Stadt Dünkirchen: Trotz des Plans von Hermann Göring, die eingeschlossenen Verbände mit der Luftwaffe zu bekämpfen, kann der Großteil der alliierten Truppen evakuiert werden

Am Strand von Dünkirchen nach dem 4. Juni: Mit Stegen schufen sich die Alliierten einen Weg zu den an der Küste liegenden Schiffen, um der Gefangenschaft zu entgehen

338 226 Mann können aus dem »Kessel« von Dünkirchen evakuiert werden. Hier treffen britische Soldaten auf völlig überladenen Schiffen wieder in ihrer Heimat ein.

Staatsoberhäupter flüchten ins Exil

28. Mai. Vor den massiv vorrückenden deutschen Truppen in Belgien und aufgrund der schon am 17. Mai erfolgten Besetzung von Brüssel kapituliert die belgische Armee auf Befehl König Leopolds III. Der König, der diese Entscheidung gegen den Willen des belgischen Kabinetts fällt, begibt sich in deutsche Kriegsgefangenschaft.

Das Regierungskabinett unter Ministerpräsident Hubert Graf Pierlot bildet am 25. Mai eine Exilregierung in Limoges (später in Vichy) mit dem Ziel, von dort aus den Kampf gegen das Deutsche Reich fortzusetzen. Der König, von den Kabinettsmitgliedern als Landesverräter tituliert, wird nach einem Beschluß des Exilparlaments vom 31. Mai abgesetzt. Er bleibt in Brüssel.

Nach der Entscheidung der Vichy-Regierung vom 13. September, alle diplomatischen Vertretungen in Südfrankreich aufzulösen, siedelt sich die belgische Exilregierung am 22. Oktober in London an. In den Niederlanden, die nach Landung deutscher Fallschirmtruppen und nach der Bombardierung Rotterdams (→ 14. 5./S. 90) am 15. Mai kapitulierten, entschloß sich das Königshaus sowie die Regierung schon vor Beginn der Kapitulationsverhandlungen, aus dem Land zu flüchten. Königin Wilhelmina begab sich mit ihrem Kabinett am 13. Mai ins Londoner Exil.

Die Großherzogin Charlotte von Luxemburg begab sich am 11. Mai auf die Flucht. Das Staatsoberhaupt des kleinen Staates zieht in einer wahren Odyssee über Paris nach Portugal, von dort aus nach Großbritannien und erhält am 13. November, während eines Aufenthalts in den USA, von der kanadischen Regierung die Erlaubnis, in Montreal eine Exilregierung zu bilden.

Während in Nordnorwegen bei Narvik die Kampfhandlungen gegen die deutschen Invasoren weiter andauern, bildet sich in London ein Exilkabinett, dem am 11. Juni, nach seiner gelungenen Flucht aus Norwegen (→ 9. 4./S. 73), König Håkon VII. vorsteht. Die seit 1938/39 in Frankreich tätigen polnischen und tschechoslowakischen Exilregierungen sind nach dem Einmarsch deutscher Truppen gezwungen, ihre Regierungssitze in Frankreich aufzugeben. Nach seiner Übersiedlung nach London wird der polnische Nationalrat unter Władysław Eugeniusz Sikorski am 21. Juni von der britischen Regierung offiziell anerkannt. Einen Monat darauf folgt die Anerkennung des tschechoslowakischen Exilparlaments.

Bildung der Exilregierungen

- ▷ 5. Mai. Norwegische Exilregierung (London)
- ▷ 14. Mai. Niederländische Exilregierung (London)
- ▷ 25. Mai. Belgische Exilregierung (Limoges, Vichy, ab 22. Oktober London)
- ▷ 21. Juni. Der aus Frankreich geflüchtete polnische Nationalrat läßt sich in London nieder
- ▷ 23. Juli. London wird Sitz der tschechoslowakischen Exilregierung
- ▷ 13. November. Die luxemburgische Exilregierung errichtet in Montreal ihren Sitz

Deutsche und belgische Delegationsmitglieder kurz vor der Unterzeichnung der belgischen bedingungslosen Kapitulation am 28. Mai gegen 10.00 Uhr

Die neu gebildete belgische Exilregierung während einer Kabinettssitzung in der französischen Stadt Limoges

Die niederländische Exilregierung unter Ministerpräsident Jan Dirk de Geer (l.) siedelt sich in London an

Maxime Weygand (l.), Paul Reynaud (3. v. l.) und Philippe Pétain (r.)

Führungswechsel in Frankreich

20. Mai. Nachdem die französischen Verteidigungsanstrengungen in Belgien und Nordfrankreich gescheitert sind und deutsche Truppen die Kanalküste erreichen (→ 10. 5./S. 88), bildet der französische Ministerpräsident Paul Reynaud das militärische Oberkommando sowie sein Kabinett um. Maxime Weygand, bisheriger Oberbefehlshaber der Orientarmee in Syrien, übernimmt das Amt des Oberbefehlshabers der alliierten Landstreitkräfte in Frankreich. Er löst damit den am Vortag zurückgetretenen Maurice Gustave Gamelin ab. Im Rahmen der Regierungsumbildung vom 18. Mai wird der 85jährige bisherige französische Botschafter in Spanien, Marschall Philippe Pétain, zum stellvertretenden Ministerpräsidenten ernannt. Das Innenministerium erhält der als Befürworter einer entschlossenen Kriegführung bekannte bisherige Kolonialminister Georges Mandel (eigentl. Louis Rothschild). Die Umbesetzung des Kabinetts bedeutet eine Wendung nach rechts.

Maurice Gustave Gamelin (* 20. 9. 1872 in Paris) hatte als engster Mitarbeiter von General Joseph Joffre Anteil an der Planung der Marneschlacht (1914). Im September 1939 wurde Gamelin zum Oberbefehlshaber der alliierten Truppen ernannt.

Winston Churchill – neuer Premierminister in London

10. Mai. Nachdem zwei Tage zuvor das britische Unterhaus dem amtierenden Premierminister Arthur Neville Chamberlain mit 281 zu 200 Stimmen das Vertrauen entzogen hatte, erklärt dieser seinen Rücktritt. König Georg VI. von Großbritannien und Nordirland beruft den Ersten Lord der Admiralität und das Mitglied der Konservativen Partei, Winston Churchill, zum neuen Chef der Regierung.
Churchill, der sich entschieden gegen die von Chamberlain praktizierte Appeasement-Politik (Beschwichtigungs-Politik) ausspricht, beabsichtigt, selbst die Kriegführung gegen das Deutsche Reich zu intensivieren. Er bildet ein Kriegskoalitionskabinett mit allen Parteien. Der Führer der Labour Party, Clement Richard Attlee, wird Stellvertreter der Regierung. In seiner ersten Rede als Premier fordert Churchill am 13. Mai das britische Volk zu größtmöglichen Opfern auf, um dem deutschen Großmachtstreben ein Ende zu bereiten.

Churchills Rede (Auszug)
»Ich habe nichts zu bieten als Blut, Mühsal, Tränen und Schweiß. Uns steht eine Prüfung von allerschwerster Art bevor. Wir haben viele, viele lange Monate des Kämpfens und des Leidens vor uns. Sie werden fragen: Was ist unsere Politik? Ich erwidere: Unsere Politik ist, Krieg zu führen, zu Wasser, zu Lande und in der Luft, mit all unserer Macht und mit aller Kraft, die Gott uns verleihen kann; Krieg zu führen gegen eine ungeheure Tyrannei, die in dem finsteren, trübseligen Katalog des menschlichen Verbrechens unübertroffen bleibt . . . Sie fragen: Was ist unser Ziel? Ich kann es in einem Wort nennen: Sieg – Sieg um jeden Preis, Sieg trotz allem Schrecken, Sieg, wie lang und beschwerlich der Weg dahin auch sein mag . . .«

Seit der fehlgeschlagenen britischen Landung in Norwegen (→ 8. 4./S. 70) formiert sich gegen Chamberlain selbst in konservativen Kreisen eine Opposition. Am 2. Mai, nachdem auch die alliierten Brückenköpfe in Mittelnorwegen aufgegeben werden mußten, kam es zu einer Regierungskrise, die Chamberlain zur Aufgabe zwingt.

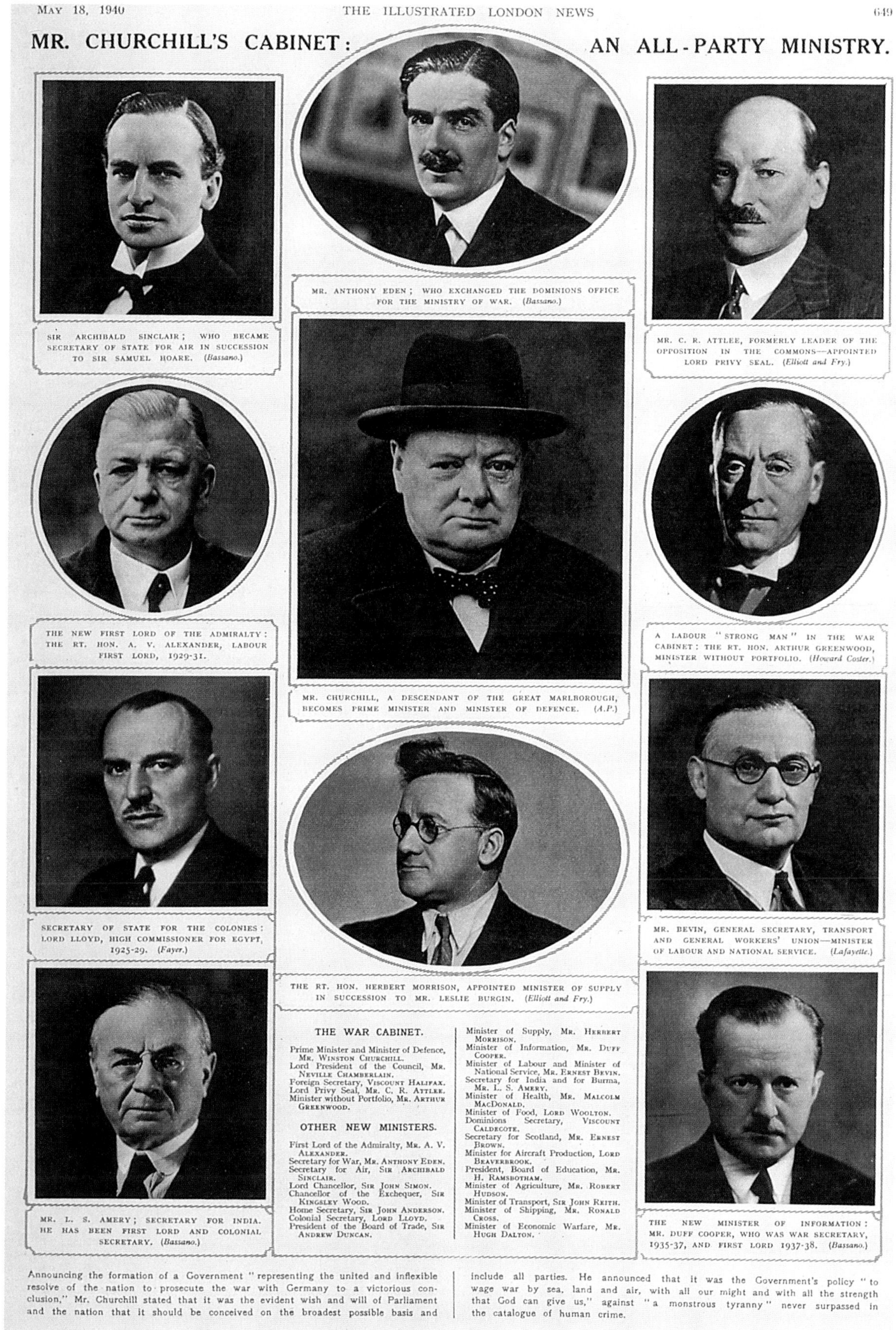
May 18, 1940 THE ILLUSTRATED LONDON NEWS 649

MR. CHURCHILL'S CABINET: AN ALL-PARTY MINISTRY.

SIR ARCHIBALD SINCLAIR; WHO BECAME SECRETARY OF STATE FOR AIR IN SUCCESSION TO SIR SAMUEL HOARE. (Bassano.)

MR. ANTHONY EDEN; WHO EXCHANGED THE DOMINIONS OFFICE FOR THE MINISTRY OF WAR. (Bassano.)

MR. C. R. ATTLEE, FORMERLY LEADER OF THE OPPOSITION IN THE COMMONS—APPOINTED LORD PRIVY SEAL. (Elliott and Fry.)

THE NEW FIRST LORD OF THE ADMIRALTY: THE RT. HON. A. V. ALEXANDER, LABOUR FIRST LORD, 1929-31.

MR. CHURCHILL, A DESCENDANT OF THE GREAT MARLBOROUGH, BECOMES PRIME MINISTER AND MINISTER OF DEFENCE. (A.P.)

A LABOUR "STRONG MAN" IN THE WAR CABINET: THE RT. HON. ARTHUR GREENWOOD, MINISTER WITHOUT PORTFOLIO. (Howard Coster.)

SECRETARY OF STATE FOR THE COLONIES: LORD LLOYD, HIGH COMMISSIONER FOR EGYPT, 1925-29. (Fayer.)

THE RT. HON. HERBERT MORRISON, APPOINTED MINISTER OF SUPPLY IN SUCCESSION TO MR. LESLIE BURGIN. (Elliott and Fry.)

MR. BEVIN, GENERAL SECRETARY, TRANSPORT AND GENERAL WORKERS' UNION—MINISTER OF LABOUR AND NATIONAL SERVICE. (Lafayette.)

THE WAR CABINET.

Prime Minister and Minister of Defence, Mr. Winston Churchill.
Lord President of the Council, Mr. Neville Chamberlain.
Foreign Secretary, Viscount Halifax.
Lord Privy Seal, Mr. C. R. Attlee.
Minister without Portfolio, Mr. Arthur Greenwood.

OTHER NEW MINISTERS.

First Lord of the Admiralty, Mr. A. V. Alexander.
Secretary for War, Mr. Anthony Eden.
Secretary for Air, Sir Archibald Sinclair.
Lord Chancellor, Sir John Simon.
Chancellor of the Exchequer, Sir Kingsley Wood.
Home Secretary, Sir John Anderson.
Colonial Secretary, Lord Lloyd.
President of the Board of Trade, Sir Andrew Duncan.
Minister of Supply, Mr. Herbert Morrison.
Minister of Information, Mr. Duff Cooper.
Minister of Labour and Minister of National Service, Mr. Ernest Bevin.
Secretary for India and for Burma, Mr. L. S. Amery.
Minister of Health, Mr. Malcolm MacDonald.
Minister of Food, Lord Woolton.
Dominions Secretary, Viscount Caldecote.
Secretary for Scotland, Mr. Ernest Brown.
Minister for Aircraft Production, Lord Beaverbrook.
President, Board of Education, Mr. H. Ramsbotham.
Minister of Agriculture, Mr. Robert Hudson.
Minister of Transport, Sir John Reith.
Minister of Shipping, Mr. Ronald Cross.
Minister of Economic Warfare, Mr. Hugh Dalton.

MR. L. S. AMERY; SECRETARY FOR INDIA. HE HAS BEEN FIRST LORD AND COLONIAL SECRETARY. (Bassano.)

THE NEW MINISTER OF INFORMATION: MR. DUFF COOPER, WHO WAS WAR SECRETARY, 1935-37, AND FIRST LORD 1937-38. (Bassano.)

Announcing the formation of a Government "representing the united and inflexible resolve of the nation to prosecute the war with Germany to a victorious conclusion," Mr. Churchill stated that it was the evident wish and will of Parliament and the nation that it should be conceived on the broadest possible basis and include all parties. He announced that it was the Government's policy "to wage war by sea, land and air, with all our might and with all the strength that God can give us," against "a monstrous tyranny" never surpassed in the catalogue of human crime.

Mit einer Allparteienregierung will der neue britische Premier Winston Churchill die Kriegführung intensivieren. Zu seinen engsten Mitarbeitern zählen Clement R. Attlee, Edward F. Halifax und Arthur Greenwood.

Deutscher Angriff auf Freiburg i. B.

10. Mai. Die Stadt Freiburg im Breisgau wird aufgrund eines Navigationsfehlers von drei deutschen Flugzeugen angegriffen. Durch die in der Innenstadt niedergehenden Bomben finden 24 Zivilpersonen den Tod.

Die Bombardierung, die eigentlich der französischen Stadt Dijon gelten sollte, wird vom Deutschen Nachrichtenbüro als feindlicher Angriff ausgegeben und dient trotz sofort erfolgender Dementis des britischen Foreign-Office als Argument, den Luftkrieg auf britische Städte zu eröffnen. Als Reaktion darauf genehmigt die neue britische Regierung unter Winston Churchill (→ 10. 5./S. 93) am 11. Mai Nachtangriffe auf das deutsche Hinterland, die aber zunächst in ihren Wirkungen begrenzt bleiben.

Der Luftkrieg spielt auf der britischen wie deutschen Seite zu diesem Zeitpunkt noch nicht die entscheidende Rolle in den Auseinandersetzungen. Nur vereinzelt werden – und dies unter erheblichen Schwierigkeiten – militärische Stützpunkte sowie Industrieanlagen bombardiert. Die zum größten Teil bei Tag geflogenen Angriffe treffen ihre Ziele nur ungenau, da die Ortung der Objekte noch Schwierigkeiten bereitet.

Eine Verschärfung des Luftkriegs, von dem auch verstärkt Wohnviertel und Zivilobjekte betroffen sind, setzt im Verlauf der »Luftschlacht um England« ein (→ 13. 8./S. 144; 15. 9./S. 156). Ziel ist vor allem London.

Der italienische Außenminister Galeazzo Ciano, Graf von Cortellazzo, am Rednerpult

Einjähriges Bestehen des »Stahlpakts«

22. Mai. *Zum Jahrestag des im Vorjahr geschlossenen Verteidigungsbündnisses zwischen dem Deutschen Reich und Italien, dem sog. Stahlpakt, finden in Berlin wie Mailand Kundgebungen und Feierlichkeiten statt. Der italienische Botschafter in Berlin, Dino Odoardo Alfieri, lädt Minister und Prominente aus Kunst und Wissenschaft zu einem Empfang. In Mailand hält Italiens Außenminister die Hauptrede.*

Rumänien sucht deutschen Schutz

27. Mai. Der Abschluß eines Öl-Waffen-Pakts zwischen dem Deutschen Reich und Rumänien wird in Bukarest unterzeichnet. Das Abkommen, das den direkten Austausch von rumänischem Erdöl und deutschen Waffen vorsieht, bedeutet für das bis zu diesem Zeitpunkt neutrale Rumänien eine entscheidende Annäherung an die deutsche Reichsregierung.

Eine am 6. März getroffene, vorläufige Vereinbarung, durch die das Reich bis Ende April 200 000 l Öl importieren konnte, schaffte die erste wirtschaftliche Anbindung Rumäniens an das Dritte Reich. Die deutsche Regierung verbindet mit ihren Bemühungen, den eigenen Rohstoffmangel durch Handelsbeziehungen zu neutralen Staaten, vorzugsweise aus der Balkanregion, auszugleichen, auch bündnisstrategische Pläne für einen möglichen Angriff auf die Sowjetunion (→ 6. 10./S. 175).

Aus rumänischer Sicht ist der Vertragsabschluß in erster Linie eine Antwort auf die seit Ende März massiv geäußerten Ansprüche der UdSSR auf das 1918 von Rumänien annektierte Bessarabien (→ 28. 6./S. 117). Um die offensichtliche Annäherung an das Reich zu verschleiern, schließt Rumänien am 6. Juni einen Wirtschaftsvertrag mit Großbritannien, das am 13. April 1939 zusammen mit Frankreich die Garantien für die Grenzen Rumäniens übernommen hatte.

Flüchtlingsströme ziehen nach Paris

Der Einmarsch deutscher Truppen in den Niederlanden, Belgien und Nordfrankreich löst eine große Flüchtlingswelle in Richtung Süden aus. Millionen Menschen fliehen mit ihrer schnell zusammengerafften Habe vor den Deutschen. Die kilometerlangen Flüchtlingstrecks beeinträchtigen nicht unerheblich die alliierten Truppen in ihrer Mobilität bei militärischen Gegenaktionen. Selbst in Paris beginnt sich unter der Zivilbevölkerung allmählich eine Hysterie auszubreiten. Dort haben schon vielfach Juden ihre Wohnungen verlassen, die nun den belgischen Flüchtlingen als erste Bleibe dienen.

Straßen und Wege sind von flüchtenden Zivilisten blockiert; viele können erst in letzter Minute die Flucht ergreifen

Deutsche Bombardierungen haben viele Wohnhäuser zerstört und die Zivilbevölkerung obdachlos gemacht

Papst Pius XII. betet in der Kirche Santa Maria Sopra Minerva in Rom für den Frieden

Papst Pius XII. bemüht sich um den Frieden

9. Mai. *Zwischen dem Heiligen Stuhl und der portugiesischen Regierung wird in Rom ein Konkordatsvertrag unterzeichnet. Das Konkordat richtet sich nach den Regeln des internationalen Völkerrechts und legt die Angelegenheiten fest, für die Staat und Kirche gleichermaßen zuständig sind: Individuelle Religionsfreiheit und Freiheit der Kirche in allen ihren Wirkungsbereichen sowie die öffentlich-rechtliche Stellung der Kirche im totalitären Staatsgefüge Portugals. Die Trennung von Staat und Kirche in Portugal wird nach dem Vertrag jedoch weiter aufrechterhalten. Nach Vertragsabschluß empfängt Papst Pius XII. die portugiesische Verhandlungs-Delegation zu einer Audienz im Vatikan.*

Im Rahmen seiner Friedensbemühungen versucht der Papst durch Gespräche mit Vertretern aller kriegführenden Staaten, diese zur Aufgabe ihrer Aggressionen zu bewegen. In einer Audienz mit französischen Regierungsvertretern vom 7. Mai hält er diese dazu an, sich bei ihrer Regierung für den Frieden einzusetzen. In öffentlichen Friedensbotschaften, wie der am 5. Mai anläßlich der Feierlichkeiten für die italienischen Patronatsheiligen Katharina von Siena und Franz von Assisi, appelliert der Papst wiederholt an die Mächtigen, Frieden zu schaffen.

Deutscher Terror in Polen

30. Mai. Der Generalgouverneur der besetzten polnischen Gebiete, Hans Frank, gibt in einer streng vertraulichen Besprechung mit hohen SS- und Polizeioffizieren in Krakau das »außerordentliche Befriedungsprogramm« für Polen bekannt.

Der von Führer und Reichskanzler Adolf Hitler mit dem Auftrag betraute Frank, massiv und gezielt gegen die polnische Intelligenz vorzugehen, initiiert damit eine weitere Welle des Massenmords in diesem Gebiet (→ 15. 2./S. 37). Durch die völlige Auslöschung der polnischen Intelligenz und damit der Spitze der polnischen Untergrundbewegung, die in engem Kontakt mit der polnischen Exilregierung steht, soll der deutsche Vorherrschaftsanspruch bei der Neugestaltung Europas gefestigt werden. Frank führt aus: »Ich gestehe ganz offen, daß das einigen tausend Polen das Leben kosten wird, vor allem aus der geistigen Führungsschicht Polens. Für uns alle als Nationalsozialisten bringt aber diese Zeit der Verpflichtung mit sich, dafür zu sorgen, daß aus dem polnischen Volk kein Widerstand mehr emporsteigt.«

Die Grundlage der deutschen Schreckensherrschaft in Polen, die sich vor allem auf das Generalgouvernement erstreckt, beruht u. a. auf einer Denkschrift des Reichsführers SS und Chef der Deutschen Polizei Heinrich Himmler. Mit seiner am 25. Mai Hitler zugänglich gemachten Schrift »Einige Gedanken über die Behandlung der Fremdvölkischen im Osten« versucht der am 7. Oktober 1939 zum Reichskommissar für die »Festigung des Deutschen Volkstums« ernannte Himmler, sein politisches Konzept für den Umgang mit »rassisch minderwertigen Volksgruppen« durchzusetzen. In seiner Denkschrift sieht Himmler die rigorose Isolierung von Polen, Juden, Ukrainern, Weißrussen und Kaschuben vor. Den einzelnen Volksgruppen soll jede politische Betätigung sowie der Zugang zu weiterführenden Bildungseinrichtungen verwehrt werden. Die Schulbildung soll über den Besuch einer vierjährigen Grundschule nicht hinausgehen.

Auf zentralen Plätzen werden die gefangenen Polen versammelt

Auf französischen Bahnhöfen warten die Flüchtenden oft tagelang auf einen noch verkehrenden Zug, der sie in sichere Gebiete bringen soll

Vielfach säumen nur noch Trümmer den Weg der Flüchtenden; die Menschen sind von den Strapazen ihres Marsches ins Ungewisse gezeichnet

»Blitzmädchen« für den Einsatz in der Wehrmacht

Mai. Nach der Besetzung Dänemarks, Norwegens, der Niederlande und Belgiens melden die drei Wehrmachtsteile (Heer, Luftwaffe, Marine) erstmals vermehrten Bedarf an weiblichen Hilfskräften. Diese sollen als zusätzliches Personal in den Militärverwaltungen der besetzten Gebiete eingesetzt werden.

Einsatz von »Frauen in Uniform«
Der 1940 vorangetriebene Einsatz von Frauen für Aufgaben in der Wehrmacht wird ab 1941, mit Vorbereitung und Beginn des »Rußlandfeldzugs«, weiter forciert. Im Oktober 1941 müssen alle Heeresdienststellen 10% der bei ihnen beschäftigten zivilen weiblichen Hilfskräfte freistellen, 1943 werden durchgehend Soldaten im Fernmelde- und Funkhorchdienst durch Frauen ersetzt. Mitte 1944 wird die Anzahl der Wehrmachthelferinnen um 150 000 Frauen auf 300 000 angehoben; Anfang 1945 sind schließlich eine halbe Million Frauen im Wehrmachtdienst tätig.

Wehrkreisverwaltungen und Arbeitsämter vermitteln interessierte Frauen, oder zivile weibliche Hilfskräfte werden aus militärischen Dienststellen im Reich zu den jeweiligen Einsatzstellen abgeordnet.
Die Einsatzbereiche der verpflichteten Frauen bei Heer, Luftwaffe und Marine finden sich vorrangig im Fernmeldedienst, im Flugwachdienst und Luftschutzwarndienst. Aufgrund ihres dort üblichen Verwendungsabzeichens (Pfeilsymbole aus dem Funkdienst) werden die Helferinnen auch »Blitzmädchen« genannt. Alle Wehrmachthelferinnen sind wie die aktiven Soldaten dem Militärstrafgesetzbuch, der Kriegsstrafverfahrens- und der Wehrdisziplinarstrafordnung unterstellt.
Die mit dem ersten Einsatz von Frauen im Wehrdienst aufkommende Frage ihrer Uniformierung wird bald gegen anfängliche Widerstände positiv entschieden. Mit Argumenten, in einem uniformierten Korps ließe sich leichter Zucht und Ordnung erhalten und um die Frauen als Repräsentanten der deutschen Wehrmacht im Ausland kenntlich zu machen, wird als erste Gruppe das weibliche Flugmeldedienstpersonal eingekleidet.

Fachkundige Anleitung erhalten Frauen in Paris für ihren Dienst in einer Fernsprechzentrale der Wehrmacht

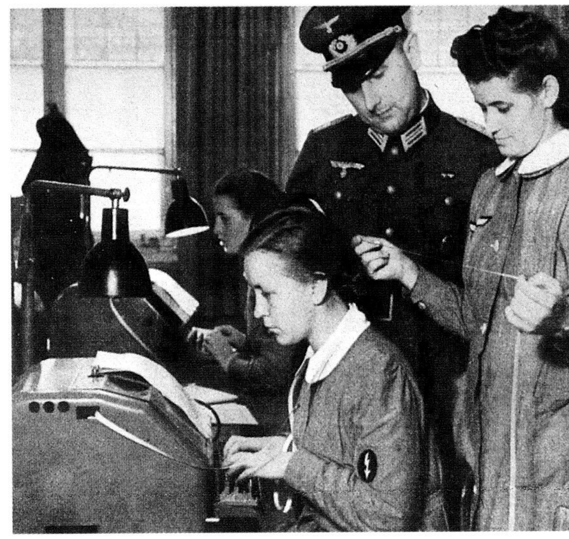

Nachrichtenhelferinnen des Heeres bereiten sich in der Heeresschule auf ihre Aufgaben an Fernschreibern vor

Britische Freiwillige verstärken die Armee

Britische Frauen dienen als motorisierte Miliz in Frankreich und verstärken so die alliierten Streitkräfte

Modische Uniformierung britischer Helferinnen

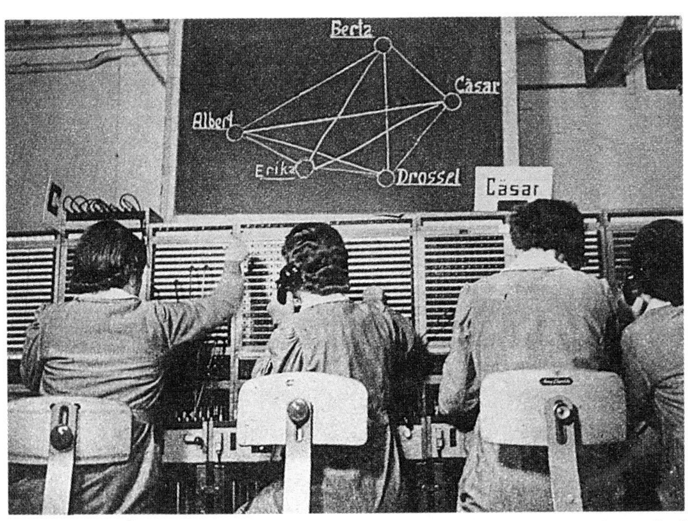

Praktische Übungen in der Vermittlung von Telefongesprächen sind Bestandteil der Ausbildung zur Nachrichtenhelferin

Für die Hilfskräfte im britischen Sanitätsdienst ist die Hose Bestandteil ihrer Uniform

Reichseinheitliche Verdunkelung

3. Mai. Im Reichsgebiet treten erstmals seit Kriegsbeginn einheitliche Regelungen zur Verdunkelung in Kraft. Nach einer Anordnung des Reichsluftfahrtministeriums gilt ab sofort eine allgemeine Verdunkelungspflicht zwischen Sonnenunter- und Sonnenaufgang.
Mit dieser neuen Regelung sollen die in einzelnen Reichsgebieten bisher unterschiedlich gehandhabten Luftschutzmaßnahmen vereinheitlicht werden; außerdem soll die Bedeutung dieser Vorkehrungen zum Schutz der Zivilbevölkerung hervorgehoben werden. Trotz der schon am 16. Mai 1935 gesetzlich verhängten Luftschutzpflicht und der am 1. September 1939 verordneten Verdunkelung ist das Verständnis für diese Maßnahmen in der Bevölkerung nicht groß. Allgemein werden die Gefahren der Bombenangriffe zu diesem Zeitpunkt nicht besonders hoch eingeschätzt (→ 10. 5./S. 94). Im Vertrauen auf die Leistungsfähigkeit der Fliegerabwehr empfindet die Bevölkerung die Verdunkelung eher als Schikane.

Bahnreisen nur in Notfällen erlaubt

12. Mai. Um die Transportkapazitäten der Deutschen Reichsbahn uneingeschränkt dem Güterverkehr zur Verfügung stellen zu können, ist es Zivilpersonen an den Pfingstfeiertagen nur in dringenden Fällen erlaubt, mit der Bahn zu reisen.
Der seit Kriegsbeginn (1. 9. 1939) ständig gestiegene Güterverkehr, verursacht durch Material- und Truppentransporte sowie Kohle- und Waffenlieferungen an Italien (→ 12. 3./S. 62) und die UdSSR (→ 11. 2./S. 40), muß aus Gründen der Benzinrationierung sowie der alliierten Seeblockade vollständig auf dem Landweg durchgeführt werden. Die Reichsbahn, ein noch vor dem Krieg gegenüber dem Auto und Autobahnbau vom NS-Regime vernachlässigtes Verkehrsmittel, kann diesen plötzlich gestiegenen Anforderungen trotz eines Personalbestandes von nahezu einer Million Beschäftigten nur schwerlich gerecht werden. Eine für 1940 geplante Erweiterung des Triebwagen- und Waggonbestandes von 24 350 auf 65 000 Wagen kommt kriegsbedingt nicht mehr zustande.

$ 1.000.000 Dollar Belohnung in bar

für die Auslieferung von

Adolf Hitler

an den Völkerbund – lebend und unversehrt

„Um weiteres Blutvergießen und weitere Greueltaten in diesem deutschen Angriffskrieg zu verhindern, bin ich von maßgeblichen Amerikanern bevollmächtigt worden, eine Belohnung von einer Million Dollar in bar für den- oder diejenigen auszusetzen, die Hitler lebendig, unverwundet und unversehrt in den Gewahrsam des Völkerbundes bringen. Hitler soll vor einem Obersten Gerichtshof wegen seiner Verbrechen gegen den Frieden und die Würde der Welt zur Rechenschaft gezogen werden. Dieses Angebot gilt für den gesamten Monat Mai 1940.“

Beschreibung: Alter 51; Größe 171,5 cm; Haarfarbe dunkelbraun; Augen dunkel, funkelnd; schwarzer, geschnittener Schurrbart; ledig; nervös, gefühlsbetont, energisch. Beruf: Früher Tapezier und Putzer; Künstler; Gefreiter der deutschen Armee; Diktator.

Staatsangehörigkeit: Österreicher von Geburt; deutsche Staatsangehörigkeit verliehen.

Religion: Keine. Hobbies: Spiritualismus, Astronomie, klassische Musik.

Bezeichnung: Putschist; Aufwiegler; Kanzler; Oberbefehlshaber der Deutschen Wehrmacht; der Führer.

Ist wohlhabend : unterhält Beziehungen zu verschiedenen wichtigen Gangs in Europa. Geht mit Gewalt vor.

Mit diesem Steckbrief wird Hitler gesucht, um ihn als Abenteurer vor Gericht zu bringen

Adolf Hitler – steckbrieflich gesucht

1. Mai. *Samuel Harden Church, Präsident der renommierten US-Kultur- und Bildungsorganisation Carnegie Institute, setzt eine Kopfprämie in Höhe von einer Million US-Dollar (4,51 Mio. RM) für die Auslieferung Adolf Hitlers an den Völkerbund aus. Church, der das Kopfgeld im Auftrag einer Bürgerinitiative in Pittsburgh ausschreibt, will damit die Wiederherstellung des Friedens in Europa erzwingen.*
Hitler soll als Präzedenzfall vor einen Obersten Gerichtshof des Völkerbundes gestellt und rechtskräftig verurteilt werden. Das damit statuierte Exempel soll jeden weiteren Kriegstreiber abschrecken.

Schutzhaftanträge per Fernschreiben

16. Mai. Ein Runderlaß des Chefs der Sicherheitspolizei und des Sicherheitsdienstes (SD), Reinhard Heydrich, ermächtigt die Staatspolizeistellen im Reich, Schutzhaftanträge zukünftig auch per Fernschreiben an das Schutzhaftreferat des Geheimen Staatspolizeiamtes (Gestapa) in Berlin zu stellen. Das somit schneller ermöglichte Verfahren zur Internierung potentieller Staatsfeinde macht es den zuständigen Ermittlungsrichtern praktisch unmöglich, derartige Anträge auf ihre Rechtmäßigkeit zu überprüfen.
Die kurz nach der nationalsozialistischen Machtergreifung am 28. Februar 1933 im Rahmen der »Reichstagsbrandverordnung« eingeführte Schutzhaft (Vorbeugehaft zum »Schutz von Volk und Staat«) gibt dem Regime ohne Rücksicht auf Verfassungsbestimmungen nun die Möglichkeit, Menschen zu verhaften, die verdächtig sind, gegen das Reich tätig geworden zu sein.

Verurteilungen 1939/40

Jahr	1939	1940	1941	1942
insgesamt	298 851	266 223	320 766	307 653
darunter wegen Hochverrat	1 128	1 112	1 917	1 124
Widerstand gegen die Staatsgewalt	4 343	2 674	2 617	1 563
Verstoß gegen die Kriegswirtsch. VO	9	734	3 063	7 621

Mit mehreren Kriegsstrafverordnungen sowie Verordnungen zur verfahrensrechtlichen Vereinfachung verschärften in den ersten Septemberwochen 1939 die nationalsozialistischen Machthaber die strafrechtlichen Bestimmungen. Damit wollen sie »jeden Versuch, die Geschlossenheit und den Kampfeswillen des deutschen Volkes zu zersetzen«, von vornherein unterlaufen. Diese Maßnahmen richten sich insbesondere gegen Sabotageversuche, Aufwiegelung von Wehrmachtsangehörigen, Hamsterei in großen Mengen sowie aktive kommunistische und marxistische Betätigung. In allen Fällen, in denen nach Ansicht der Gestapo eine »Sonderbehandlung« (Exekution) der festgenommenen Personen in Frage kommt, wird die Todesstrafe auch ohne Gerichtsurteil vollzogen. Die letzte Entscheidung hat Heinrich Himmler.

Wirtschaft 1940:

Auch Kriegswirtschaft unterstützt deutsche Blitzkriegstrategie

Im Gegensatz zu den anderen kriegführenden Staaten in Europa hat sich das Deutsche Reich mit Einrichtung des Vierjahresplans 1936 und durch umfangreiche Investitionen in der Rüstungsindustrie auf den Krieg vorbereitet. Dazu gehören die Anlage von Lagerbeständen an Rohstoffen sowie umfassende Regulierungen in der Ernährungswirtschaft und eine straffe Preisreglementierung. Die im Jahr 1940 vorangetriebene Umstellung von einer Rüstungs- auf die Kriegswirtschaft geht daher ohne wesentliche Einschränkungen für die Verbrauchsgüterindustrie vonstatten, deren Vorkriegsstand (1938/39) sich lediglich um 5% reduziert.

Das Deutsche Reich ist zu dieser Zeit die zweitstärkste Industrienation der Welt. Sie verfügt jedoch über eine Rüstungsreserve, die nicht auf eine längere Kriegführung ausgerichtet ist und verfolgt daher auch aus wirtschaftlichen Gründen eine Blitzkriegstrategie. Die Rüstungskapazitäten sind trotz der 1940 weiter vorangetriebenen engen Verflechtung von Großindustrie und Staat in ihrem Volumen begrenzt. Der Anteil der Rüstungsproduktion an der gesamten industriellen Produktion beträgt 1940 nur 14% (1939: 12%). Organisatorische Mängel, aber auch Fehleinschätzungen führen zu Schwierigkeiten bei der ausreichenden Versorgung der Industrie mit Arbeitskräften. Transportprobleme und die nicht beliebig ausbaufähigen Rohstoffressourcen bringen die Schwerindustrie Anfang des Jahres 1940 in eine ernste Krise.

Der vorübergehende Rückgang in der Industrieproduktion um 4% sowie ein vermindertes Produktionsvolumen in der Stahlindustrie von 10 % im Vergleich zum Vorjahr kann erst nach Besetzung der westeuropäischen Staaten im Juni und dem damit verbundenen Zugang zu neuen Rohstofflagern überwunden werden. Vor allem Rohstoffvorkommen des luxemburgisch-lothringischen Erzbeckens sichern den fortgesetzten und ungehinderten Ausstoß in der Eisen- und Stahlproduktion der Rheinisch-Westfälischen Schwerindustrie (→ 1. 7./S. 133). Die rigorose Ausbeutung der besetzten west- und nordeuropäischen Staaten initiiert in Staats- und Wirtschaftskreisen des Großdeutschen Reichs hochfliegende Pläne zur Errichtung einer europäischen Großraumwirtschaft unter deutscher Führung, die als notwendige Folge des politischen Großmachtstrebens vor allem von seiten der Industrie gefordert wird (→ 3. 8./S. 148). Zur Behebung koordinatorischer Differenzen in der Wirtschaftslenkung und zur Schaffung von Partizipationsmöglichkeiten an staatlichen Aufgaben in der Rüstungsproduktion wird am → 17. März (S. 58) ein neues Ministerium ins Leben gerufen. Fritz Todt schafft als neuer Reichsminister für Bewaffnung und Munition Gremien, die eine enge Zusammenarbeit von Schwerindustrie und staatlichen Rüstungsplanern herstellen. Um inflationären Tendenzen, wie sie aus dem Ersten Weltkrieg bekannt sind, entgegenzuwirken, werden als Mittel der staatlichen Kriegsfinanzierung nicht ausschließlich Bankanleihen herangezogen. Die Hälfte der Staatsausgaben wird durch Umverteilung, Zwangsabgaben aus den annektierten Ländern und Steuergeldern gedeckt. Das Steueraufkommen des Reichs liegt 1939/40 um 33% und 1940/41 um 54% über dem des Rechnungsjahres von 1938/39. Die Staatsverschuldung beläuft sich auf mehr als 30 Millionen Reichsmark.

Geschütze für die Marine in einem britischen Rüstungsbetrieb; erst nach Kriegseintritt des Landes (3. 9. 1939) wurde die Aufrüstung intensiviert

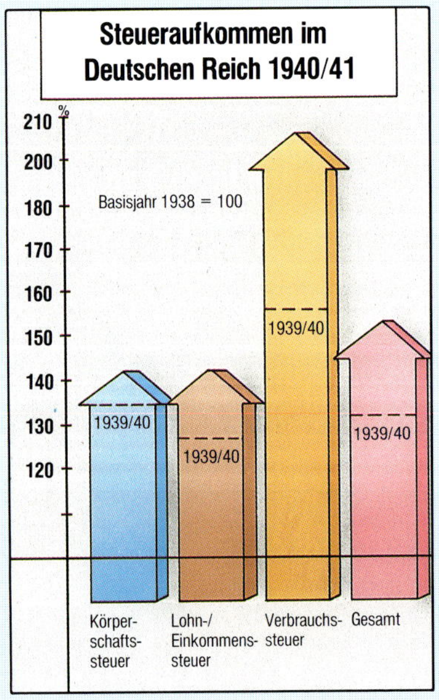

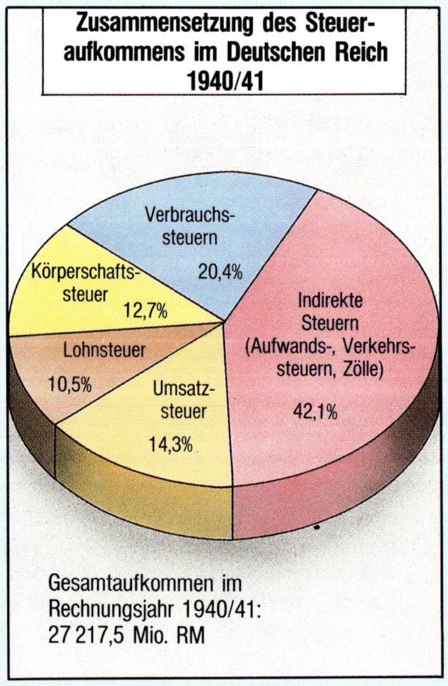

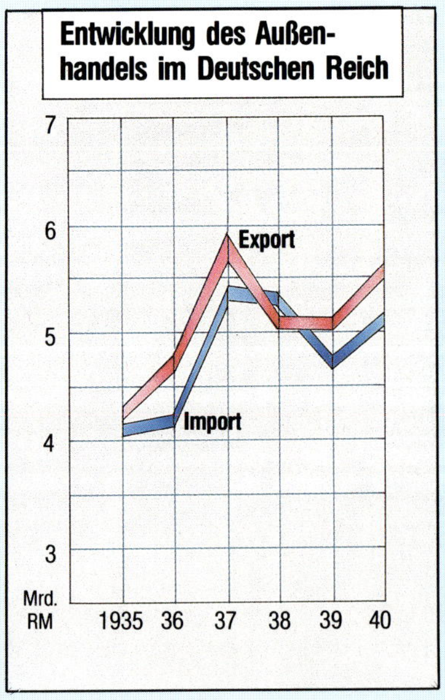

Bohrtürme im österreichischen Erdölgebiet Zistersdorf; seit dem »Anschluß« (1938) werden die Bodenschätze der »Ostmark« ausgebeutet

Frauen machen sich mit der Bedienung von Traktoren vertraut

Industrielle Eisenerzgewinnung aus Seesand an der italienischen Küste

Den durch Einberufungen entstandenen Arbeitskräftemangel in der Landwirtschaft sollen »Arbeitsmaiden« des Reichsarbeitsdienstes ausgleichen

Versuche mit Menschen

15. Mai. Siegmund Rascher, Stabsarzt der deutschen Luftwaffe, bittet in einem Schreiben an den Reichsführer SS und Chef der Deutschen Polizei, Heinrich Himmler, ihm für Experimente in der Höhenflugforschung zwei bis drei Schwerverbrecher zur Verfügung zu stellen.

Die im Konzentrationslager Dachau von Rascher durchgeführten Experimente setzen die Versuchspersonen ungeheuren, menschenunwürdigen Belastungen aus. Um Erkenntnisse über Reaktionen des menschlichen Organismus in großen Höhen zu gewinnen, wird in Druckkammern eine Höhe von 8000 m simuliert, in der die Versuchspersonen mit oder ohne Sauerstoffmaske gymnastische Übungen bis zur Bewußtlosigkeit ausführen müssen. Wenn sie wieder zu sich kommen, wird das gleiche Verfahren unter Bedingungen in 10 500 m Höhe nochmals wiederholt – ein Experiment, das für einen Großteil der beteiligten Versuchspersonen tödlich endet.

Durch die minuziöse Beobachtung der menschlichen Reaktionen unter diesen extremen Bedingungen sollen Erkenntnisse für bessere Überlebenschancen von Jagdfliegern und Fallschirmjägern gewonnen werden. Neben Höhenexperimenten führt Rascher auch Versuche über die Auswirkungen langer Unterkühlung durch. Die Opfer müssen stundenlang in Wasserbecken mit Temperaturen von 2,5 °C bis 12 °C ausharren. Auf diese Weise sterben so durchschnittlich zwischen 25% und 50% der Versuchspersonen.

Der Vorstoß des Stabsarztes Rascher auf dem Gebiet der Human-Experimente, ermöglicht durch seine persönliche Freundschaft mit Heinrich Himmler, öffnet dieser Praxis bald Tür und Tor. Die in Konzentrationslagern von SS-Ärzten vorgenommenen menschenverachtenden Humanversuche umfassen neben den von Rascher durchgeführten Unterdruck- und Unterkühlungsexperimenten auch Fleckfieber-Impfstoffversuche, Hepatitis-Virus-Forschung sowie Knochentransplantationsversuche. Auch für Testreihen, in denen versucht wird, Meerwasser trinkbar zu machen, müssen sich Gefangene zur Verfügung stellen.

Medizin im Dienst der Arbeitskraft

6. Mai. Die in Wiesbaden abgehaltene zweitägige Jahrestagung der Deutschen Gesellschaft für Innere Medizin steht unter dem Motto »Medizin im Dienste der Arbeitsfähigkeit«.

Zahlreiche Referenten der Medizinertagung beschäftigen sich in ihren Ausführungen mit den Aufgaben des Betriebsarztes bei der Gesundheitsfürsorge und der Erhaltung der Arbeitskraft sowie mit dem Themenbereich »Krankheitsanfänge in Abhängigkeit von Umwelteinflüssen«. Die vom NS-Regime eingeführten Kontrollmechanismen in der betrieblichen Gesundheitsvorsorge sind mit dem Ziel verbunden, die Zahl der Krankmeldungen auf ein Minimum zu reduzieren. Diese Absicht soll durch die Anlage von Gesundheitskatastern, einer Art von Gesundheitsstammbüchern, für jeden Betriebsangehörigen vervollkommnet werden.

Die Früherkennung von sozialen Ursachen spezieller Krankheitsphänomene soll dazu beitragen, hohe Fehlquoten in kriegswichtigen Produktionszweigen abzubauen.

Die Großstadt als Forschungsobjekt

9. Mai. Auf ihrer vierten Tagung beschäftigt sich die »Frankfurter Konferenz für medizinisch-technische Zusammenarbeit« mit dem Thema »Biologie der Großstadt«.

Während ihrer zweitägigen Zusammenkunft im Frankfurter Universitätsviertel befassen sich Referenten der Fachrichtungen Medizin, Anthropologie, Soziologie, Psychologie sowie Klimaforscher mit den Eigentümlichkeiten der Großstadt und ihrem physischen wie psychischen Einfluß auf die dort lebenden Menschen. Medizinische Untersuchungen haben z. B. ergeben, daß das Wachstum städtischer Jugendlicher im Vergleich zur ländlichen Jugend erheblich beschleunigt ist und auch das Stadium der Pubertät früher erreicht wird. Ein durch Heizungs-, Industrie- und Autoabgase geschaffenes »künstliches« Klima in der Großstadt wirke sich erheblich auf die psychische Verfassung der Bewohner aus. So sind Depressionen u. a. die Folge eines fehlenden Baumbestands in dichtbebauten Wohnvierteln.

Theatererfolg für Mussolini in Berlin

9. Mai. In einer aufwendigen Inszenierung präsentiert der Intendant des Staatlichen Schauspielhauses am Berliner Gendarmenmarkt, Gustaf Gründgens, das Stück »Cavour« (Villafranca) von Italiens Ministerpräsident Benito Mussolini und Giovaccino Forzano. Die mit so bedeutenden Schauspielern wie Werner Krauss, Paul Hartmann und Wolfgang Liebeneiner besetzte deutsche Erstaufführung soll die guten Beziehungen des Reichs zum Bündnispartner auch auf kulturellem Gebiet unter Beweis stellen.

Die anfänglichen Bedenken Gründgens, das seiner Ansicht nach dramaturgisch schwache Stück des Duce in Berlin zu inszenieren, werden nach Unterredungen mit dem Reichspropagandaministerium, das Gründgens mit der Inszenierung beauftragt hat, ausgeräumt. Nach nur vierwöchigen Proben erlebt das Schauspiel um den Begründer des italienischen Staates Camillo Benso Graf von Cavour im Berliner Staatstheater eine Aufführung, die in der »Frankfurter Zeitung« als »vollendete und einmalige Leistung des Staatsrat Gründgens« gefeiert wird.

Aus der Anweisung des Reichsdramaturgen Rainer Schlösser, die an dem Stück beteiligten Schauspieler von anderen Produktionen freizustellen, erwachsen vor allem dem Schauspieler Krauss Probleme. Er ist gleichzeitig für Aufnahmen zu dem »staatspolitisch-bedeutenden« Film »Jud Süß« (→ 5. 9./S. 167) engagiert und muß beiden Verpflichtungen nachkommen.

In der Ehrenloge applaudieren Hermann Göring (r.), Magda Goebbels (2. v. r.), Joseph Goebbels (l.) und Emmy Göring (M.) der »Cavour«-Aufführung

Die Schauspielerin Antje Weisgerber verkörpert die Prinzessin Clothilde

Paul Hartmann in der Rolle von König Viktor Emanuel II. in »Cavour«

Szene aus der Gustaf-Gründgens-Inszenierung »Cavour« im Staatlichen Schauspielhaus am Berliner Gendarmenmarkt; Viktor Emanuel II. (M.) nach seiner Thronrede

Schauspieler Werner Krauss in der Titelrolle des sardinischen Ministerpräsidenten »Cavour«, der ein vereintes und starkes italienisches Königreich schaffen will

Situation der Künstler im Reich

11. Mai. Vor geladenen Gästen in Berlin erörtert SS-Brigadeführer und Reichskulturverwalter Hans Hinkel die vom Staat zu leistenden Aufgaben zur sozialen Absicherung der deutschen Künstler während des Krieges.

Um das Maß der staatlichen Zuschüsse für die Kunst nicht über Gebühr anwachsen zu lassen, schlägt Hinkel in seinen Ausführungen vor, ein Reglement zu entwickeln, das »minderbegabten« Künstlern die Aufnahme eines kreativen Berufes unmöglich machen solle.

Er führt wörtlich aus: »Immer hat es neben den zahlreichen Künstlern, die im Aufschwung der letzten Jahre Aufträge und Verdienst gefunden haben, einen verhältnismäßig großen Prozentsatz von Künstlern gegeben, die Not gelitten haben. Diese Erscheinung ist das Ergebnis einer Entwicklung von Jahrzehnten, die nicht in kurzer Zeit rückgängig zu machen ist. Zahlreiche künstlerische Berufe sind überbesetzt, allzu viele nur mittelmäßig begabte Kräfte sind in die Berufe eingetreten. Als wirksame Hilfe bemüht sich eine eingehende Berufsberatung, die jungen Kräfte, die nicht überdurchschnittlich begabt sind, von den künstlerischen Berufen fernzuhalten. Sie kann jedoch nur auf längere Zeit wirken.«

Alle im Reich tätigen Künstler sind seit 1933 zur Mitgliedschaft in der Reichskammer der Bildenden Künste, einer Unterabteilung der Reichskulturkammer, verpflichtet. In zwei Hauptabteilungen, Kulturerzeugung und Kulturförderung unterteilt, fördert die berufsständische Vereinigung jedoch nur Bildhauer, Maler und Architekten, die in ihrer Arbeit und politischen Haltung mit dem NS-Regime konform gehen. Die Androhung, jederzeit aus der Reichskammer ausgeschlossen werden zu können und damit jedes Anrecht auf öffentliche Unterstützung zu verlieren, ermöglicht dem Regime die Durchsetzung einer »artgerechten« nationalsozialistischen Kunst.

Brecht-Hörspiel uraufgeführt

12. Mai. Zum erstenmal sendet die Schweizer Radiostation Beromünster das Hörspiel des deutschen Dramatikers Bertolt Brecht, »Lukullus vor Gericht«. Dieses Stück, das Brecht 1939 während seines Exils in Schweden schrieb, und das im vorausgegangenen Jahr in Stockholm bereits als Schattenspiel Premiere hatte, ist die Urfassung der späteren Oper »Das Verhör des Lukullus«. Die Musik zu dieser 1951 uraufgeführten Oper stammt von Paul Dessau.

In dem Stück um den römischen Feldherrn Lukullus setzt sich Brecht mit einer höchst aktuellen Thematik auseinander, der Fragwürdigkeit von Ruhm und Macht angesichts der damit verbundenen Gewalt und Zerstörung.

Brecht hält sich 1940 im finnischen Exil auf und vollendet dort »Herr Puntila und sein Knecht Matti« sowie die »Flüchtlingsgespräche«. Seine Werke finden daher hier und in anderen nichtfaschistischen Ländern vor allem wegen ihrer zeit- und gesellschaftskritischen Inhalte gebührende Beachtung.

Moderne Oper in Florenz vorgestellt

18. Mai. Im Teatro della Pergola in Florenz findet die Uraufführung der Einakter-Oper »Volo di notte« (Nachtflug) des italienischen Komponisten Luigi Dallapiccola statt. Dieses erste Bühnenwerk des in den 30er Jahren einer größeren Öffentlichkeit bekanntgewordenen Komponisten setzt sich auf philosophischer Ebene mit der Gefährlichkeit von Nachtflügen auseinander.

Nach dem gleichnamigen Roman des französischen Schriftstellers Antoine de Saint-Exupéry entstanden, zeichnet sich das Werk insbesondere durch den Einsatz der von den österreichischen Komponisten Arnold Schönberg und Alban Berg entwikkelten Zwölftontechnik aus. Mit dieser im Kontrast zu tonalen Passagen eingesetzten Musik und teilweise gesprochenen Passagen kreiert Dallapiccola eine Oper, die unter Beweis stellen will, daß auch die Technik als Stoff für die Gestaltung poetischer und künstlerischer Werke geeignet ist. Neue Themen bedürfen nach Dallapiccola jedoch neuer Ausdrucksweisen und Stilelemente.

Furtwängler in Prag

4. Mai. *Das renovierte »Neue Deutsche Theater« in Prag wird mit einem Konzert der Berliner Philharmoniker unter Leitung ihres Dirigenten Wilhelm Furtwängler (Foto) eröffnet. Furtwängler, selbst protegierter Künstler des NS-Regimes, setzte sich für seinen als »entartet« geltenden Kollegen Hindemith ein.*

Faschistische Kunst in Venedig

20. Mai. In Anwesenheit des italienischen Königs und Kaisers von Abessinien (Äthiopien) Viktor Emanuel III. wird die 22. Internationale Kunstbiennale von Venedig eröffnet. An dieser internationalen Zweijahresausstellung beteiligen sich neben Bildhauern und Malern aus den faschistischen Staaten Deutsches Reich und Italien auch Künstler aus mehreren osteuropäischen Staaten. Großbritannien und Frankreich sind nicht vertreten.

Die von Exponaten deutscher und italienischer Künstler dominierte Kunstausstellung zeigt vor allem Kunstwerke eines faschistischen Kulturverständnisses. Der Berliner Bildhauer Arno Breker wird am 27. Mai mit dem für einen ausländischen Künstler gestifteten Mussolini-Pokal in Venedig ausgezeichnet. Den Preis erhält er u. a. für die monumentale Plastik »Anmut«, die für den Runden Saal der Neuen Reichskanzlei in Berlin bestimmt ist. Als weitere deutsche Arbeiten prämiert die Preiskommission der Biennale Gemälde von Wolf Willrich.

Sozialdemokratische Exilpresse mit neuem Zentrum

5. Mai. Als Folge der deutschen Westoffensive stellt das Exilorgan der Sozialdemokratischen Partei Deutschlands (Sopade), der »Neue Vorwärts«, sein Erscheinen ein. Die bis zu diesem Zeitpunkt in Paris herausgegebene politische Exilzeitschrift kann aufgrund der Ubersiedlung eines Teils des Exilvorstandes (Friedrich Stampfer, Erich Ollenhauer, Hans Vogel u. a.) nach London nicht mehr publiziert werden. Die Nachfolge des »Neuen Vorwärts«, als Organ des sudetendeutschen Exilvorstandes am 18. Juni 1933 in Prag zum erstenmal erschienen, treten die von Wilhelm Sander seit August 1936 herausgegebenen »Sozialistischen Mitteilungen« an. Das in London publizierte, hektographierte Mitteilungsblatt erschien ab Januar 1940 vierzehntägig und wird ab Juni dann monatlich herausgegeben. Mit zunächst durchschnittlich 100 Ausgaben entwickelt sich die Zeitschrift bald zum wichtigsten Organ der Exilsozialdemokratie während des Zweiten Weltkriegs.

Als weiteres sozialdemokratisches Exilorgan erscheint ab dem 2. April »Der Sozialdemokrat« in London. Dieses wiederum von Sander begründete Blatt hat einen Umfang von 24 Seiten und erreicht schon nach kurzer Zeit eine Auflage von 1000 Exemplaren.

Während es Mitgliedern der illegalen Kommunistischen Partei Deutschlands in Berlin Ende 1940 gelingt, eine erste Nummer ihres ehemaligen Zentralorgans »Die Rote Fahne« im Untergrund fertigzustellen, muß das Pariser Exilorgan »Die Zukunft«, herausgegeben vom ehemaligen kommunistischen Medienzar Willi Münzenberg, sein Erscheinen einstellen. Anhänger Münzenbergs, die ab 1941 von Moskau aus den Widerstand gegen das Dritte Reich organisieren, müssen auf dessen Unterstützung verzichten. Münzenberg selbst kommt auf der Flucht vor deutschen Truppen ums Leben (im November tot aufgefunden).

Der publizistische Kampf deutscher Exilorgane gegen das Dritte Reich wird durch den Krieg in Westeuropa bedroht

Architektur 1940:

International Style konkurriert mit Monumental-Architektur

Zwei in ihren Grundgedanken gegensätzliche Stilrichtungen prägen das Bild der im zweiten Kriegsjahr 1940 geplanten und realisierten architektonischen Bauprojekte: In den diktatorisch regierten Staaten (im Deutschen Reich, in Italien und der Sowjetunion) ist nach wie vor der Neo-Klassizismus in Anlehnung an die Bauweise griechischer Tempel, Renaissancepaläste und barocker Baukörper aufgrund des Monumentaldenkens seiner verantwortlichen Städtebauer und -planer als staatlich legitimierter Baustil alleinbestimmend. In Übersee entwickelt sich vor allem unter Mitwirkung ausgewanderter westeuropäischer Architekten eine aufgeklärte Bauweise, der sogenannte International Style.

Alle aufwendigen Bauvorhaben des sog. Nazi- und Stalin-Klassizismus werden jedoch durch Material- und Arbeitskräftemangel in ihre vom Krieg bestimmte Schranken verwiesen: So überwiegen auch bei den wiederaufgenommenen Bauvorhaben von 1937 zur Ausgestaltung der »Führerstädte« Berlin, München und Nürnberg die Planungen gegenüber den tatsächlich realisierten Projekten. Lediglich die Abschlußarbeiten am Erweiterungsbau der Berliner Reichshauptbank und ein Monumentalbau zur Wehrmachtsausstellung »Der Sieg im Westen«, die am 17. November in Wien beginnt, setzen noch besondere Akzente. Daneben fordern Funktionsbauten, so z. B. NS-Schulungsheime und die Bauarbeiten am Atlantikwall, alle vorhandenen Arbeits- und Materialkapazitäten.

In Übersee, namentlich in den Vereinigten Staaten von Amerika, findet eine Reihe der bekannten avantgardistischen Architekten Westeuropas, darunter vor allem die ehemaligen Bauhaus-Mitglieder Walter Gropius, Ludwig Mies van der Rohe und Marcel Breuer, ein ideales Wirkungsfeld. So entwickelt Mies van der Rohe, seit 1938 am Armour Institute of Technology (heute Illinois Institute of Technology, IIT) beschäftigt, eine weit in die Nachkriegszeit wirkende Bauauffassung. Unter dem konsequenten Einsatz industrieller Fertigungstechnologien entstehen rationalistische Baukörper, die – in äußerster Sparsamkeit konzipiert – auf Stahlbeton- oder reinen Stahlskeletten beruhen. Der 1938 projektierte Auftrag mehrerer Campusbauten für das IIT geht 1940 in die erste entscheidende Bauphase seiner insgesamt 25jährigen Bauzeit. Der von Mies van der Rohe geprägte Stil hoher Glasfassaden und tragender Ziegelsteinwände, die immer wieder den Blick auf das tragende konstruktive Skelett der Bauten freigeben, überdauert diese lange Zeit.

Nicht unbeeinflußt von solchen Akzentsetzungen moderner Architektur bleibt auch der US-Amerikaner Frank Lloyd Wright, einer der prominentesten Vertreter der organischen Architektur. Er realisiert auf diese Weise mehrere bekanntgewordene Bauten, darunter 1940 die Clarence Sondern Residence und die Kansas-City Community Christian Church, beide in Kansas, US-Bundesstaat Missouri.

Auch die in den 30er Jahren heranwachsende neue Architektengeneration Großbritanniens kommt diesem konstruktivistischen Beispiel nahe. Der von Gropius beeinflußte britische Architekt Maxwell E. Fry stellt unter diesen baulichen Prämissen 1940 das Impington Village College fertig, das zum Prototyp für britische Schulbauten wird.

Eine rationalistische Architektur kann sich selbst bei Industriebauten im faschistischen Italien durchsetzen. Pier Luigi Nervi, von Haus aus Ingenieur und Mitglied einer Mailänder Architektengruppe, realisiert 1940 in Orbetello eine völlig aus Stahl bestehende Flugzeughalle. Die aus sich kreuzenden Balkenscharen bestehende Dachkonstruktion gilt als Höchstleistung im internationalen Ingenieurbau. Als erstes wichtiges Werk Nervis entstand das Stadion in Florenz (1930–32).

Generalfeldmarschall W. List (am Rednerpult) eröffnet vor dem Monumentalbau auf dem Wiener Heldenplatz die Wehrmachtschau »Der Sieg im Westen«

Die Wände der großräumigen Kassenhalle im Erweiterungsbau der Reichshauptbank in Berlin werden von Glasmosaiken des Künstlers Fritz Erler geziert, Mattglasoberlichte lassen auch grelles Tageslicht warm einfließen

Gigantisch mutet das Rockefeller Center im Herzen von Manhattan an

Architektur in den USA – Das Rockefeller Center

In New York werden die Arbeiten an dem 1931 begonnenen Hochhauskomplex des Rockefeller Centers abgeschlossen. Das im Jahr 1929 von dem Bankier und Industriellen John D. Rockefeller durch ein Konsortium in Manhattan gegründete Projekt gilt weltweit als Vorbild moderner Architektur.
Die aus 14 Gebäuden bestehende Hochhausgruppe mit ihrem freistehenden Turm, dem R.C.A.-Building im Mittelpunkt, entstand unter Mitarbeit namhafter Architekten.

Olympiade abgesagt

3. Mai. In einer Presseerklärung gibt das Internationale Olympische Komitee (IOC) in Lausanne offiziell bekannt, daß die Olympischen Sommerspiele des Jahres 1940 definitiv nicht ausgetragen werden.
Die Mitteilung des finnischen Nationalen Olympischen Komitees (NOK) vom 25. April, infolge der noch nicht behobenen Kriegsschäden im Land (→ 21. 3./S. 53) käme eine Austragung der Spiele in Helsinki nicht in Betracht, führt zur endgültigen Absage des internationalen Sportereignisses. Ursprünglich waren die Winterspiele (Sapporo) und die Sommerspiele (Tokio) an Japan vergeben worden, das jedoch die Nominierung zurückgeben mußte, da es seit 1937 im Krieg mit China steht. Auf der IOC-Sitzung vom März 1938 war ein Grundkonsens darüber gefunden worden, daß in einem kriegführenden Land keine Olympischen Spiele stattfinden könnten. Für die Olympischen Winterspiele 1940 erhielt dann am 9. Juni 1939 – nach der kurzfristigen Rückgabe von Oslo und Sankt Moritz – erneut Garmisch-Partenkirchen (Austragungsort von 1936) den Zuschlag. Am 24. November 1939, fast drei Monate nach Kriegsbeginn, gab das Deutsche NOK die Spiele an das IOC zurück. In Helsinki, dem Austragungsort der Spiele, waren die Vorbereitungen schon weit gediehen.

Werbeplakat für die in Helsinki geplanten Olympischen Sommerspiele

Internationales Reitturnier in Rom

3. Mai. Mit dem Equipenreiten um die »Coppa Mussolini« geht der seit dem 28. April in Rom ausgetragene Internationale Concours Hippique in Rom zu Ende. Unter den fünf nationalen Equipen, die an der letzten Entscheidung des Springreitturniers teilnehmen, zählen die Mannschaften aus dem Deutschen Reich und Italien zu den Favoriten. Das Können von Reiter und Pferd muß sich hauptsächlich an drei 1,60 m hohen Hindernissen und an einem 4,50 m breiten Graben beweisen. Die deutschen und italienischen Reiter erreichen im ersten Umgang Punktegleichstand, so daß ein zweiter Umgang die Entscheidung bringen muß. Während die Deutschen hier noch einmal das gleiche Ergebnis erzielen wie im ersten Umlauf, haben die Italiener vier Fehlerpunkte mehr. Die deutsche Mannschaft belegt den ersten Platz vor Italien, Rumänien und der Schweiz. Mit der von Ministerpräsident Benito Mussolini vorgenommenen Preisverleihung findet das Springreitturnier seinen Abschluß.

Automobilrennen vom Krieg bedroht

30. Mai. Zum erstenmal beim seit 1911 ausgetragenen 500-Meilen-Rennen von Indianapolis (USA) ist der Vorjahressieger erfolgreich, zudem mit demselben Auto: Wilbur Andy Shaw (USA) fährt mit seinem Maserati 8291 C die 200 Runden des 4,02335 km langen Rechteck-Kurses (insg. 804,911 km) in 4:22:31,17 h (183,911 km/h). Der viermalige »Indy«-Sieger Louis Meyer (1928, 1931, 1933, 1936) scheidet nach einem Unfall in der drittletzten Runde aus.
Durch die Kriegsereignisse wird der internationale Automobilsportkalender stark verkürzt. Anstelle von zuletzt (1939) zwölf großen Rund- und Langstreckenrennen finden 1940 nur noch vier statt: Vor Indianapolis die Mille Miglia in Brescia am → 28. April (S. 83), das Rennen von Tripoli (Nordafrika) am 12. Mai und am 23. Mai die Targa Florio, das Rundstreckenrennen von Palermo. Benzinrationierungen und die drohende Beschlagnahme aller Automobile durch die Behörden führen dazu, daß viele Rennwagenbesitzer ihre Fahrzeuge verstecken.

Juni 1940

Mo	Di	Mi	Do	Fr	Sa	So
					1	2
3	4	5	6	7	8	9
10	11	12	13	14	15	16
17	18	19	20	21	22	23
24	25	26	27	28	29	30

1. Juni, Sonnabend

Deutsche Truppenverbände bestürmen den britischen Brückenkopf um Dünkirchen von Osten her und nehmen Nieuport ein.

Führer und Reichskanzler Adolf Hitler ordnet in einem Erlaß die Freilassung der niederländischen Kriegsgefangenen mit der Begründung an, das niederländische Volk sei dem deutschen in kultureller und sittlicher Hinsicht verwandt.

Der neue britische Sonderbotschafter in Spanien, Sir Samuel Hoare, Templewood of Chelsea, nimmt in Madrid seine Arbeit auf. → S. 115

In den USA läuft das Schlachtschiff »Washington« vom Stapel. Es handelt sich um das erste, seit 1921 in den USA gebaute Schiff dieser Art.

Nach einem Beschluß der Veranstalterorganisation vom 17. Januar, die Weltausstellung des Jahres 1939 zu verlängern, wird die Ausstellung in New York wieder eröffnet (→ 9. 6./S. 121).

2. Juni, Sonntag

Das britische Versorgungsamt verfügt eine öffentliche Sammlung von Alteisen im ganzen Land. → S. 118

3. Juni, Montag

Die deutsche Luftwaffe fliegt schwere Angriffe gegen französische Flugplätze und Flugzeugmotorenwerke im Raum um Paris.

Nach einem Übereinkommen mit der britischen Regierung liefert die USA überzählige, technisch veraltete Waffen und Flugzeuge sowie Munition an die Westmächte.

4. Juni, Dienstag

Die deutsche Kriegsmarine startet das Unternehmen »Juno«, einen Vorstoß der Flotte, der die Evakuierung britischer Truppen in Norwegen vereiteln soll. Die Aktion wird am 8. Juni erfolglos abgebrochen (→ 10. 6./S. 115).

5. Juni, Mittwoch

In den frühen Morgenstunden, um 5.35 Uhr, beginnt die »Schlacht um Frankreich«. Deutsche Truppen durchbrechen die französische Linie südlich der Somme und an der unteren Aisne (→ 14. 6./S. 108).

Nach der Einnahme von Dünkirchen durch deutsche Truppen (→ 26. 5./S. 91) wird das französische Kabinett umgebildet. Unterstaatssekretär im Kriegsministerium wird General Charles de Gaulle (→ 14. 6./S. 108).

Die britische Luftwaffe fliegt einen ihrer ersten Angriffe auf die bayerische Landeshauptstadt München. Dabei werden auch die Bosch-Werke in Allach getroffen. Es entsteht aber nur geringer Sachschaden.

6. Juni, Donnerstag

Ein Regierungsdekret räumt dem rumänischen Wirtschaftsministerium außerordentliche Vollmachten ein, die sich auf die Produktion und Verteilung von für Armee und Bevölkerung des Landes lebenswichtige Waren erstrecken. Damit soll die Rationalisierung der Gesamtwirtschaft erreicht werden.

Die argentinische Regierung legt dem Kongreß einen Gesetzentwurf vor, in dem Maßnahmen gegen Einzelpersonen und Verbände vorgesehen sind, die eine Aufrechterhaltung der öffentlichen Sicherheit gefährden. → S. 117

Mit einer Verordnung über die Einführung des deutschen Strafrechts in den eingegliederten Ostgebieten (Westpolen) wird für Polen und Juden ein Sonderstrafrecht geschaffen, das für viele, zum Teil nichtige Vergehen die Todesstrafe vorsieht.

Das Amtsgericht Nürnberg erläßt gegen einen Einzelhändler Haftbefehl aufgrund unlauteren Wettbewerbs; er hatte im Schaufenster seines Ladens nicht mehr vorrätige Waren ausgestellt.

7. Juni, Freitag

Alle italienischen Handelsschiffe erhalten die regierungsamtliche Weisung, sobald wie möglich neutrale Häfen anzulaufen. In den Vereinigten Staaten weilende Schiffe werden angewiesen, in US-amerikanischen Hoheitsgewässern zu bleiben.

Bei einem ersten alliierten Luftangriff auf die Reichshauptstadt Berlin wirft ein französischer Marine-Fernaufklärer 2 t Bomben auf die Stadt.

8. Juni, Sonnabend

In Nordfrankreich dringt die deutsche Heeresgruppe B weiter in Richtung auf die untere Seine vor. Beiderseits Soissons wird die Aisne überschritten.

Aus Bordeaux läuft der US-amerikanische Dampfer »Washington« mit über 1000 Staatsbürgern der USA aus, die Europa in Folge der Kriegsereignisse verlassen.

Der emigrierte deutsche Maler und Schriftsteller Kurt Schwitters, der im Deutschen Reich als entartet gilt, kann aus Norwegen vor den deutschen Truppen nach Schottland fliehen. Dort wird er als feindlicher Ausländer für 17 Monate interniert.

In Paris wird die Kurzoper »Medée« des französischen Komponisten Darius Milhaud uraufgeführt.

9. Juni, Sonntag

In einem Interview mit dem US-amerikanischen Journalisten Karl von Wiegand erläutert Adolf Hilter seine grundlegenden Ansichten über die deutsch-amerikanischen Beziehungen. → S. 116

Die UdSSR und Japan einigen sich in Moskau über die Festlegung der mandschurisch-mongolischen Grenze. → S. 117

Alle deutschen Rundfunksender strahlen ein neues Einheitsprogramm aus, das zentral in Berlin zusammengestellt wird. → S. 120

In Zürich wird ein »duftender« Spielfilm produziert, der noch in diesem Jahr auf der New Yorker Weltausstellung zu sehen sein soll. → S. 121

Mit der Spitzenbegegnung zwischen den Fußballmannschaften von FC Grenchen und Grasshoppers Zürich nimmt die erste Liga des Schweizerischen Fußballverbandes ihre am 20. Mai unterbrochenen Meisterschaftsspiele wieder auf (→ 30. 6./S. 121).

Im Endspiel des englischen Kriegs-Cupwettbewerbs, das in London ausgetragen wird, siegt die Fußballmannschaft von West-Ham United gegen Blackburn Rovers 1:0 (1:0). → S. 121

Als Sieger im Gesamtklassement und Elfter im Ziel beendet Fausto Coppi die letzte Distanz des Giro d'Italia von Verona nach Mailand. Gestartet worden war das Rennen am 17. Mai mit der ersten Etappe von Mailand nach Turin. → S. 121

10. Juni, Montag

Auf Anweisung König Håkon VII. von Norwegen kapitulieren die nordnorwegischen Streitkräfte. Das am → 9. April (S. 70) begonnene Unternehmen »Weserübung« der deutschen Wehrmacht ist damit abgeschlossen.

Italiens Ministerpräsident und Duce Benito Mussolini erklärt Frankreich und Großbritannien den Krieg. → S. 114

Die für das laufende Jahr geplanten Amateur-Boxweltmeisterschaften, die als Ersatz für die Olympischen Sommerspiele (→ 3. 5./S. 103) dienen sollten, finden nach Angaben des Internationalen Amateur-Boxverbandes aufgrund zu geringer Beteiligung nicht statt.

11. Juni, Dienstag

Verbände der deutschen Heeresgruppe B überschreiten die untere Seine. In der Champagne erobert die 34. Infanterie-Division Reims.

Die italienische Luftwaffe greift nach der Erklärung des Kriegseintritts zum erstenmal den britischen Flottenstützpunkt auf der Insel Malta an (→ 10. 6./S. 114).

Die USA dehnen ihr Neutralitätsgesetz auf Italien aus; US-Präsident Franklin D. Roosevelt untersagt allen nordamerikanischen Schiffen das Anlaufen sämtlicher Mittelmeerhäfen.

Béla Bartóks »Divertimento für Streichorchester« wird in Basel uraufgeführt. → S. 121

12. Juni, Mittwoch

Auf der am 11. Juni begonnenen Tagung des Obersten Kriegsrats der Alliierten auf Schloß Muguet bei Briare versucht der britische Premier Winston Churchill, Frankreich zu einer Fortführung des Krieges zu veranlassen.

Die spanische Regierung, bisher neutral, erklärt ihr Land als nicht kriegführend.

Die UdSSR stellt an Litauen die ultimative Forderung, sowjetischen Militärverbänden weitere Stützpunkte einzuräumen und die litauische Regierung nach sowjetischen Vorstellungen umzubilden (→ 28. 6./S. 117).

Einem Zusatzantrag zur schwebenden Wehrvorlage im US-amerikanischen Senat ist stattgegeben worden. Nach dem Ersuchen des US-amerikanischen Präsidenten Franklin D. Roosevelt wird damit das Kriegsministerium ermächtigt, bei den Fabrikanten veraltete Geschütze gegen neue umzutauschen.

Nach der Kriegserklärung an Italien werfen Luftwaffeneinheiten der Südafrikanischen Union Bomben über Abessinien (Äthiopien) ab. Es werden verschiedene italienische Militärziele bombardiert.

1000 US-amerikanische Arbeiter reisen unter Leitung von Ingenieuren nach Alaska, wo mit der sofortigen Errichtung von Kasernen begonnen wird. Andere Arbeitskolonnen werden für den Ausbau eines weitflächigen Wasserflughafens eingesetzt.

13. Juni, Donnerstag

In einem Tagesbefehl an die deutschen Soldaten auf dem norwegischen Kriegsschauplatz erklärt Führer und Reichskanzler Adolf Hitler den Feldzug in Norwegen für beendet (→ 10. 6./S. 115).

In Ankara wird ein deutsch-türkisches Handelsabkommen abgeschlossen. → S. 118

Reichsfrauenführerin Gertrud Scholtz-Klink spricht auf einer Kundgebung der NS-Frauenschaft im Berliner Sportpalast über den Einsatz der Frauen im Krieg: »Unsere Männer haben zu den Waffen gegriffen, und wir Frauen müssen sie ihnen so lange reichen und halten, bis der Sieg errungen ist.«

In London wird mit der Evakuierung von 120 000 Kindern in die weniger von deutschen Bombenangriffen gefährdeten ländlichen Gebiete begonnen (→ 5. 8./S. 145).

14. Juni, Freitag

Nachdem Paris am 13. Juni zur »offenen Stadt« erklärt worden ist, rücken deutsche Truppen in die französische Hauptstadt ein. → S. 108

Spanische Truppen besetzen mit französischem Einverständnis die internationale Zone von Tanger. → S. 115

In einer offiziellen Erklärung gibt die irische Regierung bekannt, daß sie den Sta-

Die Leistungsfähigkeit der deutschen Seestreitkräfte soll der Titel der deutschen Soldatenzeitung »Die Kriegsmarine« vom 20. Juni 1940 anschaulich machen

Heft 12 Berlin, zweites Juniheft 1940
(20. Juni)

Die Kriegsmarine

Herausgegeben mit Unterstützung des Oberkommandos der Kriegsmarine

Heftpreis 25 Pf. frei Haus

Deutsche Marine-Zeitung

Deutsches Schnellboot läuft an

Foto: Weltbild

tus der Neutralität ihres Landes während des gegenwärtigen Konflikts aufrechterhalten wolle (→ 22. 11./S. 189).

Die ersten politischen Gefangenen werden in das Konzentrationslager Auschwitz (Oświęcim) transportiert. → S. 118

15. Juni, Sonnabend

Deutsche Truppen erobern Verdun und durchbrechen zwischen Sankt Avold und Saaralben die Maginotlinie.

In einem Telegramm an den französischen Ministerpräsidenten Paul Reynaud teilt US-Präsident Franklin D. Roosevelt mit, daß er einen von Reynaud am Vortag geforderten Kriegseintritt der USA ablehne. → S. 116

In den USA wird ein nationales Forschungskomitee für die Landesverteidigung, das National Defense Research Committee, gegründet, das von der Regierung Franklin D. Roosevelt unterstützt wird.

Nach dem sowjetischen Ultimatum vom 12. Juni besetzt die Rote Armee Litauen einschließlich des als deutsches Interessengebiet ausgewiesenen Westzipfels. Damit erlischt die staatliche Souveränität des Landes (→ 28. 6./S. 117).

16. Juni, Sonntag

Großbritanniens Premier Winston Churchill unterbreitet der französischen Regierung das Angebot, eine Union beider Staaten zu bilden, um damit Frankreich den Rückzug nach Nordafrika und so die Fortsetzung des Krieges zu ermöglichen (→ 14. 6./S. 108).

Der französische Ministerpräsident Paul Reynaud tritt zurück; sein Stellvertreter Philippe Pétain bildet ein neues Kabinett (→ 14. 6./S. 108).

Der nationalspanische Staatschef Francisco Franco Bahamonde läßt Adolf Hitler außerordentlich hohe Forderungen für einen von der deutschen Regierung gewünschten spanischen Kriegseintritt übermitteln (→ 14. 6./S. 115).

17. Juni, Montag

Die neue französische Regierung unter Marschall Philippe Pétain unterbreitet der deutschen Reichsregierung ein Waffenstillstandsangebot (→ 14. 6. / S. 108; 22. 6./S. 112).

Nach Ultimaten vom 16. Juni besetzt die UdSSR die baltischen Staaten Lettland und Estland (→ 28. 6./S. 117).

Der im niederländischen Exil lebende ehemalige deutsche Kaiser und König von Preußen, Wilhelm II., sendet »unter dem tiefgreifenden Eindruck der Waffenstreckung Frankreichs« ein Glückwunschtelegramm an Adolf Hitler. → S. 109

18. Juni, Dienstag

Nach der französischen Kapitulation empfängt Adolf Hitler den italienischen Ministerpräsidenten und Duce Benito Mussolini in München, um mit ihm die Waffenstillstandsbedingungen gegenüber Frankreich abzustimmen (→ 22. 6./S. 112).

General Charles de Gaulle, ehemaliger Unterstaatssekretär im französischen Verteidigungsministerium, ruft im Londoner Exil zur Fortsetzung des Kampfes an der Seite Großbritanniens auf und erklärt sich zum Führer vom »Nationalkomitee des Freien Frankreich« (→ 14. 6./ S. 108).

19. Juni, Mittwoch

Der Unterlauf der Loire wird von deutschen Truppen überschritten; in Lothringen fallen Toul, Epinal und Lunéville in deutsche Hand.

In einem Abkommen einigen sich Großbritannien und Japan über die Verwendung chinesischer Silbervorräte in der Stadt Tientsin. → S. 117

Die panamerikanischen Staaten vereinbaren den Aufbau einer Wirtschaftsunion, die auch Kanada umfassen soll.

20. Juni, Donnerstag

In Tokio wird eine Vereinbarung zwischen Frankreich und Japan geschlossen, nach der Frankreich japanischen Truppen die Kontrolle seiner Grenze von China nach Indochina überläßt. Damit sind die nationalchinesischen Verbände unter Marschall Chiang Kai-shek von wichtigen Nachschubwegen abgeschnitten (→ 18. 7./S. 134).

Die polnische Exilregierung unter Władysław E. Sikorski siedelt nach dem militärischen Zusammenbruch Frankreichs von Bourdeaux nach London über (→ 28. 5./S. 92). Teile der in Frankreich kämpfenden Truppe werden nach Großbritannien evakuiert.

US-Präsident Franklin D. Roosevelt ernennt unter Zustimmung des Senats die Republikaner Henry Lewis Stimson und Oberst Frank Knox zu Ministern seines Kabinetts. → S. 116

Trotz eines Verbots der Beflaggung und Kundgebungen für das niederländische Königshaus kommt es anläßlich des Geburtstages von Prinz Bernhard von Lippe zu Biesterfeld, Prinz der Niederlande, zu Sympathiekundgebungen der Bevölkerung mit dem niederländischen Königshaus (11. 11./S. 189).

Joe Louis, US-Boxweltmeister im Schwergewicht, verteidigt in New York seinen Titel gegen den chilenischen Schwergewichtsmeister Arturo Godoy durch K. o. in der achten Runde (→ 16. 12. /S. 206).

21. Juni, Freitag

An der französischen Alpenfront geht die italienische Heeresgruppe, die sich bisher defensiv verhalten hatte, ungeachtet des am 20. Juni abgegebenen französischen Waffenstillstandsgesuches zum Angriff über (→ 10. 6./S. 114).

Der deutsche expressionistische Schriftsteller Walter Hasenclever, 1933 von den Nationalsozialisten ausgebürgert, begeht im Internierungslager Les Milles bei Nizza beim Heranrücken der deutschen Truppen im Alter von 49 Jahren Selbstmord.

22. Juni, Sonnabend

Zwischen dem Deutschen Reich und Frankreich wird in Rethondes bei Compiègne ein Waffenstillstandsvertrag geschlossen. → S. 112

Der deutsche Gesandte in Kopenhagen, Cecil von Renthe-Fink, stellt seinen Plan zur Einbeziehung Dänemarks in den »großdeutschen Raum« vor. → S. 115

23. Juni, Sonntag

Die sowjetische Nachrichtenagentur »TASS« dementiert Meldungen, nach denen an der deutsch-litauischen Grenze 100 bis 150 Sowjetdivisionen konzentriert worden seien, um Druck auf das Deutsche Reich auszuüben.

In Begleitung des Architekten Albert Speer und des Bildhauers Arno Breker besichtigt Adolf Hitler die französische Hauptstadt Paris. → S. 113

24. Juni, Montag

Der italienisch-französische Waffenstillstand wird in Rom unterzeichnet. Er schafft entmilitarisierte Zonen auf französischem Territorium und in Tunesien, sieht aber keine Besetzung französischer Gebiete außerhalb der eroberten Gebiete vor (→ 22. 6./S. 112).

Reichsführer SS und Chef der Deutschen Polizei Heinrich Himmler erläßt Richtlinien zur Anwerbung von niederländischen Freiwilligen für die Einheiten der Waffen-SS. → S. 115

Die UdSSR und Jugoslawien nehmen die seit dem Ersten Weltkrieg unterbrochenen diplomatischen Beziehungen wieder auf. → S. 117

25. Juni, Dienstag

Der Schweizer Bundespräsident Marcel Pilet-Golaz fordert in einer Rundfunkansprache das Schweizer Volk dazu auf, den neuen Machtverhältnissen in Europa Rechnung zu tragen. → S. 115

Die Allrussische Zentralgewerkschaft beschließt, die tägliche Arbeitszeit von sieben auf acht Stunden zu verlängern. Gleichzeitig wird die bisherige Sechstagewoche um einen Tag verlängert (→ 12. 10./S. 174).

In einem »general roundup« (umfassende Aktion) werden in Großbritannien deutschsprachige Flüchtlinge interniert: 2500 Menschen führen die Einwanderungsbehörden in Lagern zusammen (→ 15. 7./S. 130).

In einem Schreiben an den Architekten Albert Speer erklärt Adolf Hitler die Neugestaltung Berlins zur wichtigsten Aufgabe (→ 23. 6./S. 113).

26. Juni, Mittwoch

Die im deutsch-französischen Waffenstillstandsvertrag (→ 22. 6./S. 112) vorgesehene Waffenstillstandskommission erhält ihren Sitz in Wiesbaden. Vorsitzender der Kommission wird Infanteriegeneral Karl-Heinrich von Stülpnagel; Leiter der französischen Delegation ist General Charles Léon Clément Huntziger.

US-Senator Key Pittman fordert die britische Regierung auf, nach Kanada umzusiedeln, um von diesem sicheren Standort aus »Hitlers Weltmachtstreben ein Ende zu bereiten«.

Der US-amerikanische Automobilhersteller Henry Ford ist nicht gewillt, Rolls-Royce-Motoren für die britische Regierung zu bauen.

27. Juni, Donnerstag

Die französische Regierung in Bordeaux beschließt die Übersiedlung in unbesetztes Gebiet und wählt den Kurort Vichy zum Regierungssitz.

Der Republikaner Wendell Louis Willkie wird zum Kandidaten für die US-amerikanische Präsidentschaftswahl am → 5. November (S. 192) nominiert.

28. Juni, Freitag

Großbritannien erkennt das am 18. Juni von General Charles de Gaulle gegründete »Nationalkomitee des Freien Frankreich« an.

Die rumänische Regierung willigt in das am 26. Juni von der UdSSR gestellte Ultimatum zur Abtretung der Gebiete Bessarabiens und Nord-Bukowina ein. Die UdSSR beginnt mit der Besetzung der Gebiete. → S. 117

Der italienische Luftmarschall und Faschistenführer Italo Balbo kommt im Alter von 44 Jahren bei einem Flugzeugabsturz in Tobruk (Ostlibyen) ums Leben. → S. 114

29. Juni, Sonnabend

Der deutsche Maler und Grafiker schweizerischer Herkunft, Paul Klee, stirbt kurz vor Vollendung seines 61. Lebensjahres in Muralto bei Locarno (→ 16. 2./S. 46).

30. Juni, Sonntag

Belgien und die nordfranzösischen Departements Pas-de-Calais werden dem »Militärbefehlshaber Belgien und Nordfrankreich« Alexander Ernst Freiherr von Falkenhausen unterstellt.

Schon drei Wochen vor dem offiziellen Endspiel steht der Schweizer Fußballmeister der diesjährigen Saison fest: Servette Genf behauptet unangefochten den ersten Platz in der Tabelle. → S. 121

Das Wetter im Monat Juni

Station	Mittlere Lufttemperatur (°C)	Niederschlag (mm)	Sonnenscheindauer (Std.)
Aachen	16,6 (15,9)	61 (77)	– (200)
Berlin	19,0 (16,5)	48 (62)	– (244)
Bremen	17,0 (16,0)	63 (59)	– (218)
München	16,0 (15,8)	103 (121)	– (201)
Wien	18,0 (17,6)	85 (68)	– (246)
Zürich	16,2 (15,5)	123 (138)	219 (220)

( ) Langjähriger Mittelwert für diesen Monat
– Wert nicht ermittelt

München, 2. Juni 1940
45. Jahrgang / Nummer 22

30 Pfennig

SIMPLICISSIMUS

VERLAG KNORR & HIRTH KOMMANDITGESELLSCHAFT, MÜNCHEN

Belastungsprobe - Prova di peso

(O. Gulbransson)

„Warum so traurig, Marianne, drückt dich etwas?"

"Perchè sì triste, Marianna? Ti pesa qualche cosa?„

Mit einer Karikatur auf ihrer Titelseite vom 2. Juni 1940 weist die Münchner Zeitschrift »Simplicissimus« auf das französisch-britische Verhältnis während der sich abzeichnenden Niederlage Frankreichs hin

Paris fällt kampflos in deutsche Hände

14. Juni. Im Zuge der am 5. Juni begonnenen »Schlacht um Frankreich« dringen deutsche Heeresgruppen von Nordfrankreich in Richtung Paris vor. Die 18. Armee unter ihrem führenden General Georg von Küchler zieht, nachdem die 7. französische Armee die Hauptstadt einen Tag zuvor kampflos geräumt hat, in die nahezu menschenleere Seine-Metropole ein. Viele Pariser sind vor den Truppen geflüchtet oder haben sich in ihre Wohnungen zurückgezogen. Die am nächsten Tag folgenden Truppenverbände demonstrieren mit Paraden auf der Place de la République und auf der Place de la Nations ihren militärischen Erfolg über Frankreich.

Der Krieg mit Frankreich ist jedoch noch nicht beendet. Die Divisionen verbleiben nicht in der Stadt, sondern ziehen weiter nach Süden in Richtung Orléans.

Die französische Regierung, die sich vor den anrückenden deutschen Truppen über Tours nach Bordeaux in Sicherheit gebracht hat, berät über die ihr verbliebenen Spielräume. Ein vom britischen Premier Winston Churchill am 16. Juni unterbreiteter Vorschlag, eine politische Union beider Länder zu gründen, um somit den Kampf gegen das Deutsche Reich fortsetzen zu können, wird von der französischen Regierung mehrheitlich abgelehnt. Das Angebot zur Einrichtung einer gemeinsamen Staatsbürgerschaft von Briten und Franzosen und der damit zu schaffenden einheitlichen Außen- und Verteidigungspolitik wird von Frankreich mißtrauisch betrachtet. Aufgrund des Verdachts, Großbritannien wolle sich auf diese Weise nur der französischen Flotte bemächtigen und aufgrund des entschiedenen Eintretens des stellvertretenden Ministerpräsidenten Philippe Pétain für eine sofortige Einstellung der Kampfhandlungen, kommt eine Union nicht zustande. Ministerpräsident Paul Reynaud, der für seine Forderung nach einer Fortsetzung des Krieges gegen das Reich keinen Rückhalt im Kabinett findet, tritt noch am gleichen Tag von der Regierungsverantwortung zurück. Sein Nachfolger Pétain unterbreitet – mit Vermittlung der spanischen Regierung – dem Deutschen Reich in der Nacht vom 16. auf den 17. Juni ein Waffenstillstandsangebot (22. 6./S. 112).

Während sich die französische Regierung zur Kapitulation bereit erklärt, gründet General Charles de Gaulle, der sich zu Verhandlungen in London aufhält, das »Nationalkomitee des Freien Frankreich«. Am 18. Juni ruft er über den Londoner Rundfunk seine Landsleute auf, zusammen mit Großbritannien den Kampf fortzusetzen.

Am Arc de Triomphe de l'Étoilee ▷ vorbei ziehen die deutschen Truppen in Paris ein

Nachdem mit der Kapitulation Frankreichs am 17. Juni die Phase II des Westfeldzugs entschieden ist, zeigt sich Führer und Reichskanzler Adolf Hitler sichtlich zufrieden. In einem dritten »Blitzkrieg« seit Kriegsbeginn am 1. September 1939 eroberte die deutsche Wehrmacht seit dem 10. Mai die westeuropäischen Staaten Belgien, Niederlande, Luxemburg und Frankreich. Hitler, gleichzeitig auch Oberster Befehlshaber der Wehrmacht, befindet sich als »siegreicher Feldherr« auf dem Höhepunkt seines Erfolgs. Seinen Zielen, die »schmähliche« deutsche Niederlage im Ersten Weltkrieg »wiedergutzumachen«, eine Revision des Versailler Vertrags zu erreichen und die Vorherrschaft in Europa zu erlangen, ist er damit greifbar nah. Das nächste Ziel Hitlers heißt: Landung auf den britischen Inseln.

Siegesmeldungen und Glückwünsche

14. Juni. Die Erfolge des mit dem Einmarsch deutscher Truppen in Paris schon faktisch entschiedenen Westfeldzugs werden in offiziellen Erklärungen der Berliner Reichsregierung entsprechend herausgestellt. Das Oberkommando der Wehrmacht läßt zu diesem Triumph auf der »ganzen französischen Front« verlautbaren:

»Der zweite Abschnitt des gewaltigen Westfeldzuges ist siegreich beendet. Die Widerstandskraft der französischen Nordfront ist zusammengebrochen. Die Seine abwärts Paris ist in breiter Front überschritten, Le Havre genommen. Auf der ganzen Front von Paris bis an die Maginotlinie bei Sedan ist der Feind in vollem Rückzug. An mehreren Stellen haben unsere Panzer- und motorisierten Divisionen die Rückmarschbewegungen durchstoßen und überholt. Dort floh der Feind unter Preisgabe seiner ganzen Ausrüstung. Von Infanteriedivisionen wurde die Schutzstellung von Paris durchbrochen. Die feindlichen Kräfte reichten zum Schutz der französischen Hauptstadt nicht mehr aus. Unsere siegreichen Truppen marschieren seit heute Vormittag in Paris ein ... Montmédy, der starke Eckpfeiler der Maginotlinie, ist erobert. Der dritte Abschnitt der Verfolgung des Feindes ... hat nunmehr begonnen. Heute früh sind unsere Truppen an der Saarfront auch zum Frontalangriff gegen die Maginotlinie angetreten«.

17. Juni. Angesichts des Kapitulationsangebotes der französischen Regierung sendet der ehemalige deutsche Kaiser und König von Preußen, Wilhelm II., aus seinem niederländischen Exilwohnsitz Haus Doorn bei Utrecht ein Glückwunschtelegramm an Adolf Hilter:

»Unter dem tiefgreifenden Eindruck der Waffenstreckung Frankreichs beglückwünsche ich Sie und die gesamte Wehrmacht zu dem von Gott geschenkten gewaltigen Sieg mit den Worten Wilhelms des Großen vom Jahre 1870: ›Welche Wendung durch Gottes Fügung‹. In allen deutschen Herzen erklingt der Choral von Leuthen, den die Sieger von Leuthen, des Großen Königs Soldaten, anstimmten: ›Nun danket alle Gott!‹«

»Begeisterte Anteilnahme« im Reich

17. Juni. Die geheimen Lageberichte des Sicherheitsdienstes der SS »Meldungen aus dem Reich« berichten über Reaktionen in der deutschen Bevölkerung anläßlich der »Siegesmeldungen« aus Paris:

»Die Nachricht vom Einmarsch deutscher Truppen in die kampflos übergebene französische Hauptstadt versetzte die deutsche Bevölkerung in allen Teilen des Reiches in eine bisher in diesem Maße noch nicht erlebte Begeisterung. Auf vielen Plätzen und Straßen kam es zu lauten Freudenkundgebungen und herzlichen Begeisterungsszenen. In Erkenntnis der strategischen und moralischen Bedeutung dieses neuen deutschen Sieges wurde überall die Überzeugung ausgesprochen, daß in aller Kürze die Kapitulation ganz Frankreichs folgen würde. Die Überraschung über den Fall von Paris war, wie fast übereinstimmend aus dem gesamten Reichsgebiet gemeldet wurde, dadurch etwas gemindert, daß schon Stunden vor der Durchgabe der Sondermeldung Gerüchte in Umlauf waren, daß Paris gefallen sei. Erstaunt nahm die Bevölkerung die Meldung hin, daß an der Saarfront die Maginotlinie in größerer Breite angegriffen werde, glaubte man doch nicht mehr an ein solches Vorgehen und vermutete eher ein Aufrollen dieser Linie von rückwärts. Wie ein Wunder bestaunte man die erfolgreiche Erstürmung von Verdun in so unglaublich kurzer Zeit, war doch noch in aller Erinnerung, daß diese Festung im [Ersten] Weltkrieg monatelang erfolglos umkämpft wurde und über 300 000 Soldaten das Leben kostete. Die kaum mehr zu überbietenden Erfolge der deutschen Truppen lassen immer mehr die Gefahr aufkommen, daß die wahren Leistungen und übermenschlichen Anstrengungen unterschätzt und die größten Siege als Selbstverständlichkeit hingenommen werden, da man es ja seit Monaten gar nicht anders gewöhnt ist. Mit größtem Optimismus sieht jeder Frankreich in wenigen Wochen, wenn nicht Tagen, völlig am Boden liegen, und mit ebenso sicherer Überzeugung will man die Niederringung der englischen Armee auf eigenem Boden in einer noch viel kürzeren Frist beendet wissen. Diese Einstellung ... wirkt sich auf die Beurteilung der Kriegserfolge Italiens ungünstig aus.«

Chronik des deutschen Westfeldzugs

10. Mai. Gegen 5.35 Uhr beginnt die deutsche Offensive im Westen (»Fall Gelb«). Fallschirmjäger landen auf der »Festung Holland« bei Rotterdam und an der Brücke von Moerdijk. Die Maas und der Albert-Kanal werden überschritten.
11. Mai. Luxemburg wird von deutschen Truppen eingenommen. Deutsche Fallschirmjäger erobern das Fort Eben-Emael bei Lüttich. Die französisch-britische Heeresgruppe 1 stößt im Gegenzug nach Belgien und in den Süden der Niederlande vor.
13. Mai. Lüttich kapituliert vor der militärischen Übermacht der deutschen Wehrmachtsverbände.
14. Mai. Rotterdam wird während bereits laufender Kapitulationsverhandlungen von der deutschen Luftwaffe angegriffen.
15. Mai. Der niederländische General Hendrik G. Winkelman unterzeichnet die Kapitulation der Streitkräfte. Deutsche Truppen überqueren die Maas im Raum zwischen Namur und Givet.
16. Mai. Deutsche Truppen durchbrechen die alliierte Verteidigungsstellung am Fluß Dyle im Westen von Belgien.
17. Mai. Brüssel wird von Einheiten der deutschen Wehrmacht besetzt.
19. Mai. Deutsche Panzer erreichen Abbeville an der Somme-Mündung.
20. Mai. Motorisierte deutsche Verbände dringen bis zur französischen Kanalküste vor. Die sich nördlich der Somme befindlichen französischen, britischen und belgischen Streitkräfte werden durch diesen »Sichelschnitt« von ihren rückwärtigen Verbindungen abgeschnitten.
24. Mai. Deutschen Einheiten gelingt der Durchbruch durch die Schelde-Stellung. Die Panzergruppe unter General Ewald von Kleist wird auf Befehl Adolf Hitlers vor Dünkirchen angehalten.
27. Mai. Bei Dünkirchen wird bis zum 4. Juni ein Großteil der alliierten Truppen über den Kanal evakuiert (Operation »Dynamo«).
28. Mai. König Leopold III. von Belgien erklärt die Kapitulation der belgischen Steitkräfte.
4. Juni. Nach Abzug der alliierten Verbände wird Dünkirchen von deutschen Truppen eingenommen.
5. Juni. Gemäß der Führerweisung »Fall Rot« für die »Schlacht um Frankreich« beginnt die zweite Phase des Westfeldzugs. Mit dem Vorstoß über die improvisierte Weygand-Linie (benannt nach dem Oberbefehlshaber der alliierten Streitkräfte Maxime Weygand) dringen deutsche Truppen südlich der Somme in Richtung auf die untere Aisne vor.
9. Juni. Durch einen zweiten Vormarsch in den Rücken der Maginotlinie stoßen deutsche Truppen an die Schweizer Grenze vor.
10. Juni. Der italienische Ministerpräsident und Duce Benito Mussolini erklärt Großbritannien und Frankreich den Krieg. Die italienische Militärführung verzichtet jedoch wegen der unzureichenden Kriegsbereitschaft des Landes auf jegliche Offensivoperationen.
12. Juni. General Maxime Weygand befiehlt den allgemeinen Rückzug der französischen Armeen. In St. Valery an der Kanalküste kapituliert der dort eingesetzte Teil der britisch-französischen Streitkräfte.
14. Juni. Paris wird kampflos von deutschen Truppen eingenommen. Ferner werden Le Havre und Montmédy, Eckpfeiler der Maginotlinie, von Truppen besetzt.
15. Juni. Deutschen Verbänden gelingt der Einbruch in die Maginotlinie. Die Festung bei Verdun wird genommen.
16. Juni. Zwischen St. Avold und Saaralben fällt ein Abschnitt der Maginotlinie. Der Oberrhein östlich von Colmar wird überschritten.
17. Juni. Nach Rücktritt des französischen Ministerpräsidenten Paul Reynaud bildet Marschall Philippe Pétain eine neue Regierung und ersucht die deutsche Regierung um Waffenstillstand.
Die über Verdun vorstoßende Panzergruppe unter Generaloberst Heinz Guderian erreicht die Schweizer Grenze. Damit ist ein Großteil des französischen Heeres in Lothringen und an der Maginotlinie eingeschlossen.
18. Juni. Führer und Reichskanzler Adolf Hitler und Benito Mussolini legen bei einer Unterredung in München die Waffenstillstandsbedingungen gegenüber der Regierung von Frankreich fest.
General Charles de Gaulle, bisheriger Unterstaatssekretär im französischen Kriegsministerium, erklärt sich in London zum Führer des »Nationalkomitees des Freien Frankreich« und fordert sein Land zur Fortsetzung des Widerstandes an der Seite Großbritanniens auf.
21. Juni. Obwohl die französische Regierung am 20. Juni Italien um Waffenstillstand gebeten hat, eröffnen italienische Truppen an der Alpenfront eine Offensive, die aber nur wenige Kilometer vorankommt. Deutsche Truppen stoßen über Lyon von Westen her auf die Alpenregion vor.
In Rethondes bei Compiégne beginnen die deutsch-französischen Waffenstillstandsverhandlungen.
22. Juni. Im Wald von Compiégne wird ein deutsch-französischer Waffenstillstand geschlossen: Er teilt Frankreich in eine besetzte und eine unbesetzte Zone auf. Das unbesetzte südliche Gebiet des Landes wird der Regierung Marschall Philippe Pétains unterstellt.
24. Juni. In Rom wird von Frankreich und Italien ein Waffenstillstandsvertrag unterzeichnet.
25. Juni. In Frankreich tritt Waffenruhe ein. Die deutschen Truppen ziehen sich auf die im Waffenstillstandsvertrag festgelegte Demarkationslinie nördlich der Linie Genf – Tours sowie an der französischen Atlantikküste bis zur spanischen Grenze zurück.
30. Juni. Bis zum 1. Juli besetzen Truppen der deutschen Wehrmacht die britischen Kanalinseln Jersey, Guernsey und Alderney.

Nach Abzug der Alliierten beherrschen deutsche Soldaten die Küste

Vor allem der Einsatz von leistungsfähigen Panzerdivisionen trägt zum schnellen Erfolg der deutschen Wehrmacht im Westfeldzug bei

Mit Panzerabwehrkanonen gegen Feld- und Dorfbefestigungen

Eine Kolonne französischer Gefangener auf dem Weg ins Lager; etwa 2 Millionen französische Soldaten geraten in deutsche Hände

Unter Strapazen und Entbehrungen legen deutsche Infanteriesoldaten bei ihrem Vormarsch durch Frankreich täglich lange Strecken zurück; viele zu Fuß

Deutlich signalisiert ein französischer Soldat seine Kapitulationsbereitschaft

Von Panzern zerstörte Straßen und Wege können von den Soldaten nur unter großen Mühen passiert werden

Stürmende deutsche Infanterieeinheiten belagern den »Feind« vor einem französischen Schloß an der Loire

Am 27. 6. erreichen deutsche Truppen die franz.-span. Grenze

Ein von Panzerjägern eroberter Panzer wird abgeschleppt

Aufruf von General Charles de Gaulle zum Widerstand

Wieder Waffenstillstand in Compiègne

22. Juni. Einen Tag nach Verhandlungsbeginn wird in Rethondes bei Compiègne ein deutsch-französischer Waffenstillstandsvertrag geschlossen. Um der französischen Delegation die Bedeutung des deutschen Sieges schmählich deutlich zu machen, werden die Verhandlungen in demselben Salonwagen geführt, in dem schon 1918 der französische Marschall Ferdinand Foch einer deutschen Abordnung die Waffenstillstandsbedingungen eröffnet hatte.

Das von Generaloberst Wilhelm Keitel, Leiter der deutschen Delegation, und dem französischen General Charles Léon Clément Huntziger unterzeichnete Dokument teilt Frankreich in eine besetzte und eine unbesetzte Zone. Die Demarkationslinie verläuft von der schweizerischen bis zur spanischen Grenze und stellt 3/5 des französischen Territoriums mit den bedeutendsten Industriestädten sowie die Atlantikküste direkt unter deutsche Kontrolle. Während das unbesetzte Frankreich unter französischer Regierung verbleiben soll, die eng mit dem Deutschen Reich zusammenarbeitet, wird der besetzte Teil unter deutsche Militärverwaltung gestellt; für Elsaß-Lothringen ist eine deutsche Zivilverwaltung vorgesehen. Die nordfranzösische Industrieregion Briey-Longwy wird zur Sperrzone erklärt. Frankreich wird zur Demobilisierung gezwungen, bleibt jedoch im Besitz seiner Flotte. Es verpflichtet sich, alle deutschen politischen Flüchtlinge an das Deutsche Reich auszuliefern.

Nach der Kapitulation Frankreichs gegenüber dem Deutschen Reich ersucht die französische Regierung am 20. Juni auch Italien, das am → 10. Juni (S. 114) in den Krieg eingetreten ist, um Waffenstillstand. Schon am 18. Juni wurden bei einem Treffen zwischen Adolf Hitler und Benito Mussolini in München die beiderseitigen Gebietsinteressen festgelegt. Nach dem Diktat Hitlers muß sich Italien im Rahmen des am 24. Juni in Rom mit Frankreich geschlossenen Vertrags mit der Kontrolle Französisch-Nordafrikas und Marokkos begnügen. Ein 832 km^2 großes Gebiet in Südfrankreich wird zum italienischen Besatzungsgebiet erklärt.

Nach Abschluß der deutsch-französischen Waffenstillstandsverhandlungen am 22. Juni verläßt die französische Delegation den Salonwagen. General Charles Léon C. Huntziger (vorne l.) unterzeichnete den Vertrag, der für weite Teile Frankreichs eine Besetzung durch das Deutsche Reich vorsieht.

Außenminister J. v. Ribbentrop, Großadmiral E. Raeder, Obergruppenführer Brückner, Adolf Hitler, Generaloberst W. Keitel, Generalfeldmarschall H. Göring, Generaloberst W. v. Brauchitsch und Führerstellvertreter R. Heß (v. l.)

Dokument des Waffenstillstands

Der in Rethondes bei Compiègne geschlossene deutsch-französische Waffenstillstandsvertrag besiegelt die Niederlage Frankreichs. In 24 Artikeln verpflichtet das Deutsche Reich die französische Regierung zu Waffenruhe und »Wiedergutmachung«, um selbst für die Weiterführung des Krieges gegen Großbritannien abgesichert zu sein. Der Vertrag mit den Frankreich auferlegten Bedingungen lautet (in Auszügen):

»**Art. 1:** Die französische Regierung veranlaßt überall die Einstellung des Kampfes.
Art. 3: In den besetzten Teilen Frankreichs (Gebietsfestlegungen in Art. 2) übt das Deutsche Reich alle Rechte der besetzenden Macht aus. Die französischen Behörden haben diesen Anordnungen der deutschen Militärbefehlshaber Folge zu leisten.
Art. 4: Demobilisierung aller französischen Streitkräfte.
Art. 5: Als Garantie für die Einhaltung des Waffenstillstandes kann gefordert werden die unversehrte Auslieferung aller jener Geschütze, Panzerkampfwagen, Panzerabwehrwaffen ..., die im Kampf gegen Deutschland standen und sich zur Zeit des Inkrafttretens dieses Abkommens in dem von Deutschland nicht zu besetzenden Gebiet befinden ...
Art. 8: Die französische Kriegsflotte ist unter deutscher bzw. italienischer Kontrolle demobil zu machen und abzurüsten ...
Art. 10: Die französische Regierung verpflichtet sich, mit keinem Teil der ihr verbliebenen Wehrmacht und in keiner anderen Weise weiterhin feindselige Handlungen gegen das Deutsche Reich zu unternehmen ...
Art. 19: Freilassung aller Kriegs- und Zivilgefangenen durch Frankreich. Die französische Regierung ist verpflichtet, alle in Frankreich sowie in den französischen Besitzungen usw. befindlichen Deutschen ... auf Verlangen auszuliefern.
Art. 24: Der Waffenstillstandsvertrag gilt bis zum Abschluß des Friedensvertrages. Er kann von der deutschen Regierung jederzeit mit sofortiger Wirkung gekündigt werden, wenn die französische Regierung die ... übernommenen Verpflichtungen nicht erfüllt.«

»Kunstreise« Hitlers ersetzt offizielle Siegesparade

23. Juni. In den frühen Morgenstunden trifft unter völliger Geheimhaltung Führer und Reichskanzler Adolf Hitler in Paris ein. In Begleitung des Architekten Albert Speer und des deutschen Bildhauers Arno Breker unternimmt Hitler eine Fahrt durch die noch menschenleere französische Hauptstadt. Stationen dieser sog. Kunstreise sind u. a. die Pariser Oper, der Eiffelturm, der Invalidendom, das Panthéon, Notre-Dame und schließlich Sacré-Cœur auf dem Montmartre. Während seines dreistündigen Aufenthalts sammelt der Reichskanzler Eindrücke und Anregungen, die ihn am 25. Juni dazu veranlassen, Speer (Generalbauinspekteur für Berlin seit 1937) mit der Neugestaltung Berlins zu beauftragen, das als »Hauptstadt eines starken neuen Reiches« eine entsprechende bauliche Repräsentativität erhalten soll.
Hitler, der sich noch während seiner Fahrt durch Paris gegen eine offizielle deutsche Siegesparade ausspricht, entkommt damit einem zu diesem Anlaß von General Erwin von Witzleben geplanten Anschlag.

Hitler mit seinem Stab nach der Besichtigung des Grabes von Napoleon im Pariser Invalidendom, einer Station seiner mehrstündigen »Kunstreise« durch die französische Hauptstadt nach dem »Triumph« der deutschen Wehrmacht über Frankreich. Eine offizielle Siegesparade findet aus Furcht vor britischen Bombenangriffen nicht statt.

◁ Führer und Reichskanzler Adolf Hitler (2. v. r.) nach der Besichtigung des Eiffelturms. Hitler, der von den Baulichkeiten der französischen Hauptstadt »tief beeindruckt« ist, berät mit dem Architekten Albert Speer (l. von Hitler) und dem Bildhauer Arno Breker (r. vom Führer) über Möglichkeiten zur Neugestaltung Berlins

Waffenstillstand besiegelt das Schicksal der Emigranten

Der Abschluß des deutsch-französischen Waffenstillstandsvertrags (→ 22. 6. / S. 112) bringt für die im französischen Exil lebenden deutschen politischen Flüchtlinge schmerzliche Konsequenzen mit sich. Die im Art. 19 des Vertrags vorgesehene Auslieferung deutscher Auswanderer an das Deutsche Reich löst unter den betroffenen deutschen und österreichischen Staatsbürgern Panik aus. Ihr Schicksal ist nahezu besiegelt: Wem die Flucht über die Pyrenäen nach Spanien nicht mehr gelingt, wird in Lagern im unbesetzten Südfrankreich interniert und auf Verlangen an die Geheime Staatspolizei (Gestapo) ausgeliefert.
Schon kurz nach dem 22. Juni befinden sich in Gurs, Le Vernet, Rieucors, Argéles und fünf weiteren Lagern 25 000 deutschsprachige Flüchtlinge. Auch der Untergrund bildet keinen ausreichenden Schutz vor Verhaftung. Mitglieder des deutschen Geheimdienstes spüren die deutschen »Staatsfeinde« auch in den besten Verstecken auf. Da die Vichy-Regierung den Emigranten Ausreisevisa verweigert, gelingt es vielen Flüchtenden, mit chinesischen oder siamesischen Überseevisa eine Durchreiseerlaubnis für Spanien und Portugal zu erhalten. Flüchtlingshilfe leisten in Frankreich Untergrundorganisationen, die mit Ausweispapieren und Wegbeschreibungen den bedrohten ihren oft abenteuerlichen Weg in die Freiheit vorbereiten. Die vom US-amerikanischen Journalisten und Schriftsteller Varian Fry geleitete US-Hilfsorganisation Emergency Rescue Committee versucht, gefährdeten Schriftstellern, Musikern und Schauspielern von Marseille aus die Emigration in die USA zu ermöglichen. Auf diese Weise gelangen Lion Feuchtwanger, Golo und Heinrich Mann, Alfred Döblin, Franz Werfel u. a. in die Vereinigten Staaten. Einige Emigranten entziehen sich der drohenden Gefahr durch Selbstmord. Darunter sind Ernst Weiß, Walter Hasenclever, Carl Einstein und Walter Benjamin.

Lion Feuchtwanger (* 7. 7. 1884 in München), deutscher Schriftsteller, flieht nach kurzzeitiger Internierung in Südfrankreich im Herbst 1940 in die Vereinigten Staaten von Amerika. Hauptwerke u. a.: »Der tönerne Gott« (1910), »Jud Süß« (1925), »Der falsche Nero« (1936).

Carl Einstein (* 26. 4. 1885 in Neuwied), deutscher Kunsthistoriker und Schriftsteller, verübt nach der Kapitulation Frankreichs am 5. Juli 1940 Selbstmord. Hauptwerke u. a.: Bebuquin« (1912), »Negerplastik« (1915), »Die Kunst des 20. Jahrhunderts« (1926).

Ernst Weiß (* 28. 8. 1884 in Brünn), österreichischer Arzt und Schriftsteller, scheidet am 15. Juni 1940 in seinem Pariser Exil durch Freitod aus dem Leben. Hauptwerke u. a.: »Die Galeere« (1913), »Mensch gegen Mensch« (1919), »Tanja« (1920), »Boëtius von Orlamünde« (1928).

Walter Hasenclever (* 8. 7. 1890 in Aachen), deutscher Lyriker und Dramatiker, begeht am 21. Juni 1940 beim Einmarsch der deutschen Truppen im Lager Les Milles Selbstmord. Hauptwerke u. a.: »Der Retter« (1916), »Antigone« (1917), »Ein besserer Herr« (1927).

Die Kriegsmarine zählt zu den stärksten Waffengattungen Italiens, mit der das Land den Mittelmeerraum beherrscht

Mussolini will eigene Eroberungen

10. Juni. Kurz vor der Entscheidung des deutschen Westfeldzugs in Frankreich erklärt Italien Großbritannien und Frankreich den Krieg. Während Italiens Ministerpräsident und Duce Benito Mussolini am nächsten Tag vom Balkon des Palazzo Venezia in Rom dem italienischen Volk seine Entscheidung über den Kriegseintritt des Landes bekannt gibt, greift die italienische Luftwaffe zum erstenmal britische Stützpunkte auf der Insel Malta an.

Die schon am → 18. März (S. 56) von Mussolini gegenüber Führer und Reichskanzler Adolf Hitler bekundete Absicht, in den Konflikt einzugreifen, kommt der deutschen Wehrmachtsführung zu diesem Zeitpunkt nicht gelegen. Mussolini, der eher darauf zielt, eigenständige Eroberungen im Mittelmeerraum durchzuführen, als die deutsche Front gegen Frankreich zu verstärken, vermeidet vorerst jegliche Offensive. Nur um dem deutschen Bündnispartner seine militärische Kampfkraft zu beweisen, läßt der Duce am 21. Juni, einen Tag nach Beginn der Kapitulationsverhandlungen mit Frankreich (→ 22. 6. / S. 112), seine Armeen an der Alpenfront angreifen. Aber weder diese Aktion noch die beabsichtigte militärische Eroberung von Nizza an der Côte d'Azur sind erfolgreich. Nur an der französischen Riviera-Küste gelingt den italienischen Streitkräften die Eroberung des kleinen Städtchens Menton.

Die eigentlichen Interessengebiete Italiens zur Schaffung eines italienischen »mare nostro« sind Malta, Korsika, Tunesien und Dschibuti sowie weiterer französischer und britischer Kolonialbesitz in Afrika. Mit Führung eines Parallelkriegs soll ein von Hitler unabhängiges Imperium geschaffen werden.

Geringe Heeres- und Waffenstärke Italiens

Aufgrund der nur ungenügenden Kriegsvorbereitung und Aufrüstungspolitik Italiens können nur 19 von 73 vorhandenen Divisionen bei Kriegseintritt des Landes als kampfbereit bezeichnet werden. 34 Divisionen gelten als einsatz-, aber nicht kampffähig, da sie zwar die vorgesehene Ausrüstung, aber nur 75% ihres Personals besitzen. Etwa 20 Divisionen gelten als kaum einsatzfähig. Sie weisen Lücken in ihrer Bewaffnung auf und verfügen nur über die Hälfte der benötigten Kraftfahrzeuge und Zugtiere. Die zahlenmäßig gutgerüstete Kriegsmarine – mit sechs Schlachtschiffen und über 100 U-Booten – ist nur z. T. einsatzbereit. Es fehlt ihr, ebenso wie der Luftwaffe, an Treibstoff. Von etwa 1800 Flugzeugen sind nur ein Drittel einsatzbereit. Im Bezug von Kriegsmaterial sowie Rohstoffen ist Italien nach Kriegseintritt fast ausschließlich auf Lieferungen aus dem Deutschen Reich angewiesen. Dieser Umstand stellt aus deutscher Sicht eher eine Belastung als eine Erleichterung dar.

Verteilung der Heeresverbände
Westliche Alpengrenze: 1. und 4. Armee mit insgesamt sechs Armeekorps und einige Divisionen
Östliche Landesgrenze: 2. Armee, Po-Armee, 8. Armee (in Aufstellung) mit insgesamt sieben Armeekorps und einigen kleineren Verbänden
Mittel- und Süditalien: 3. Armee und einige Großverbände
Albanien: Ein Armeekorps
Ägäis: Eine Division
Nordafrika: 5. Armee (Tripolitanien) und 10. Armee (Cyrenaika) mit fünf Armeekorps, zwei libysche Divisionen und kleinere Verbände
Ostafrika: Zwei Divisionen, 29 Kolonialbrigaden und einige Eingeboreneneinheiten.

Balbo wird Opfer eines Versehens

28. Juni. Bei einem Luftgefecht über Tobruk (Ostlibyen) kommt der italienische Oberbefehlshaber in Nordafrika und Generalgouverneur von Libyen, Italo Balbo, ums Leben. Der 44jährige Luftmarschall, der nach offiziellen Angaben im Kampf gefallen ist, wurde höchstwahrscheinlich durch einen versehentlichen Angriff der eigenen Flak getroffen.

Der Tod des Faschistenführers und langjährigen Kampfgefährten des Ministerpräsidenten und Duce Benito Mussolini findet auch in der deutschen Presse große Beachtung. Obwohl sich Balbo zu Lebzeiten gegen einen Kriegseintritt Italiens an der Seite des Deutschen Reiches ausgesprochen hatte, soll das tragische Schicksal Balbos »als Freund des Deutschen Reiches« in der deutschen Öffentlichkeit entsprechende Aufmerksamkeit finden. Balbo, seit 1919 Mitglied der Faschistischen Partei Italiens, erarbeitete 1922 die militärischen Pläne für den Marsch auf Rom, mit dem Mussolini die Macht im Lande übernahm. In seiner Funktion als General der Faschistischen Miliz organisierte Balbo seit 1926 und in den Jahren 1929 bis 1933 als Minister die italienische Luftwaffe. Die sich nach dem Tod Balbos bald festlaufende Offensive in Nordafrika (→ 16. 9. / S. 158) bringt vor allem den Oberkommandierenden und Chef des italienischen Gesamtgeneralstabs, Pietro Badoglio, in politische Bedrängnis (→ 6. 12. / S. 202).

Durch einen Unglücksfall kommt Italo Balbo in Libyen ums Leben

Großbritannien wirbt um Spanien

1. Juni. Der neue britische Sonderbotschafter für Spanien und bisherige Lordsiegelbewahrer Sir Samuel Hoare, Templewood of Chelsea, trifft in Madrid ein. Bei seinem Antrittsbesuch unterbreitet er der Regierung unter Francisco Franco Bahamonde mit der Zusicherung des Wohlwollens seiner Regierung umfangreiche Handelsangebote.

Sir Samuel Hoare, Templewood of Chelsea (* 24. 2. 1880 in Cromer), von 1937 bis 1939 Verteidigungsminister, und ab 1939 Lordsiegelbewahrer, setzt sich als Botschafter in Madrid für eine sowjetisch-britische Verständigung ein

Um das von den schweren Schäden des Bürgerkriegs (1936 – 1939) gezeichnete Land wirtschaftlich von der Hilfe der Achsenmächte (Italien, Deutsches Reich) unabhängig zu machen, sollen die britische Blokkade gegenüber Spanien gelockert, die Handelsbeziehungen zwischen beiden Staaten belebt sowie die Kontakte zu den USA ausgebaut werden. Durch die Einbindung Spaniens in die anglo-amerikanische Sphäre beabsichtigt Großbritannien, das von ihm am 27. Februar 1939 offiziell anerkannte faschistische Franco-Regime von einem Kriegseintritt auf seiten der Achsenmächte abzuhalten (→ 14. 6. / S. 115). Spanien bleibt weiterhin neutral.

Kapitulation in Nordnorwegen

10. Juni. Nach zweimonatigen Kampfhandlungen erklärt der norwegische König Håkon VII. in einer öffentlichen Ansprache die Kapitulation der norwegischen Armee. Die noch bis zu diesem Zeitpunkt in Nordnorwegen Widerstand leistenden Einheiten werden darin aufgefordert, den Kampf gegen die deutsche Wehrmacht aufzugeben. Der

Vidkun Abraham Lauritz Quisling (* 18. 7. 1887 in Fyresdal), norwegischer Offizier und Politiker, gründete 1933 die faschistische Partei Nasjonal Samling. Im Zuge des deutschen Angriffs auf Norwegen am 9. April amtierte er fünf Tage als Ministerpräsident.

weitere, politische Widerstand gegen die deutschen Aggressoren soll von der Exilregierung in London übernommen werden (→ 28. 5. / S. 92). Das Unternehmen »Weserübung« (→ 9. 4. / S. 70) hat damit seinen Abschluß gefunden.

Der Beschluß der alliierten Regierungen vom 24. Mai, alle Streitkräfte zur Verstärkung der Truppenverbände in Frankreich aus Norwegen abzuziehen, ist ausschlaggebend für die Kapitulationsbereitschaft Norwegens. Versuche deutscher Einheiten seit dem 4. Juni, die Evakuierung der alliierten Truppen aus Narvik zu verhindern (Unternehmen »Juno«), muß vier Tage später erfolglos abgebrochen werden.

Tanger jetzt von Spanien besetzt

14. Juni. Im Schutz der erfolgreich abgeschlossenen deutschen Westoffensive besetzt Spanien mit französischem Einverständnis die internationale Zone von Tanger. Mit der Begründung, die Neutralität der 1912 eingerichteten internationalen Zone an der Straße von Gibralter zu schützen, beziehen 1200 spanisch-marokkanische Soldaten Stellung.

Francisco Franco Bahamonde (* 4. 12. 1892 in El Ferrol), spanischer General und Politiker, wurde im September 1936 zum Chef der nationalen spanischen Regierung und zum Generalissimus ausgerufen. Während des Bürgerkriegs (1936 – 1939) baute er seine Führungsrolle aus.

Spanien, nicht in die Kriegshandlungen in Europa verwickelt, versucht auf diese Weise, an den militärischen Erfolgen der Achsenmächte zu partizipieren. Am 27. März 1939 trat Spanien dem vom Deutschen Reich und Japan 1936 geschlossenen Antikominternpakt bei, erklärte sich jedoch am 4. September 1939 zunächst für neutral. In Verhandlungen mit der deutschen Führung am 16. Juni teilt der spanische Regierungschef Francisco Franco Bahamonde Adolf Hitler mit, daß Spanien in den Krieg eintreten werde. Voraussetzung sei aber, Gibraltar, Französisch-Marokko, Oran und Teile Westafrikas würden spanisches Territorium (→ 21. 10. / S. 172).

Schweiz paßt sich Verhältnissen an

25. Juni. Nach Abschluß der deutschen und italienischen Waffenstillstandsverträge mit Frankreich (→ 22. 6. / S. 112) fordert der Bundespräsident der Schweiz, Marcel Pilet-Golaz, in einer Rundfunkansprache sein Volk dazu auf, den neuen politischen Verhältnissen in Europa verstärkt Rechnung zu tragen.

Die nun von den kriegführenden

Marcel Pilet-Golaz (* 31. 12. 1889 in Cossonay) trat am 1. Januar 1940 zum zweiten Mal nach 1934 das Amt des Bundespräsidenten der Schweiz an. Während seiner Amtszeit versucht er, sein Land vor einer wirtschaftlichen Isolation zu bewahren.

Mächten Deutsches Reich und Italien umschlossene, neutrale Schweiz hat mit der Kapitulation der Westmächte bedeutende Handelspartner verloren. Der auch infrastrukturell von seinen Nachbarländern abhängige Staat ist zu einer grundsätzlichen Neuorientierung gezwungen. Der Bundespräsident fordert daher, sich auf die eigenen Kräfte zu besinnen: »Die Tradition erfordert . . . Erneuerung, weil es nicht in ihrem Wesen liegt, . . . zu verharren, sondern mit Einsicht und Vernunft von der Vergangenheit in die Zukunft zu marschieren . . . Das bedeutet: Nicht schwatzen, sondern denken; nicht herumdiskutieren, sondern schaffen . . .«

Niederländische Freiwillige für die SS

24. Juni. In einer öffentlichen Erklärung gibt der Reichsführer SS und Chef der Deutschen Polizei, Heinrich Himmler, Richtlinien zur Anwerbung von niederländischen Freiwilligen für die Waffen-SS bekannt. Für die seit dem Polenfeldzug (September 1939) eingesetzten bewaffneten SS-Divisionen sollen vorrangig Anhänger der faschistischen Partei »Nationaal-Socialistische Beweging« unter Anton Adriaan Mussert gewonnen werden. Darüber hinaus ist beabsichtigt, die Schutzstaffel durch niederländische Berufssoldaten sowie im Reich beschäftigte Zivilarbeiter zu verstärken.

Bei der Aufstellung sog. germanischer SS-Formationen finden die als »arisch« eingestuften norwegischen, dänischen und niederländischen Staatsbürger vorrangig Berücksichtigung. Der ursprüngliche Plan, sogar eigenständige ausländische SS-Divisionen zu bilden, bleibt jedoch unverwirklicht. Für die erste, im Juni aufgestellte, germanische SS-Standarte »Westland«, in der hauptsächlich Niederländer und Flamen dienen sollten, müssen aufgrund unzureichender Meldungen von Freiwilligen auch Deutsche eingesetzt werden. Vorbehalte vieler ausländischer Soldaten, mit dem Eintritt in ein fremdes Heer des Landesverrats schuldig zu werden, verhindern, daß diese Anwerbemethode Himmler den erhofften Erfolg bringt.

Abzeichen der SS-Panzerdivision »Wiking« Ende 1940

Deutsche Pläne für Dänemark

22. Juni. In einem Schreiben an das Auswärtige Amt in Berlin unterbreitet der deutsche Gesandte in Kopenhagen, Cecil von Renthe-Fink, Pläne zur Schaffung einer deutsch-dänischen Union. Auf der Grundlage eines zwischenstaatlichen Vertrages soll Dänemark in politischer, militärischer und wirtschaftlicher Hinsicht eng mit dem Großdeutschen Reich verbunden werden. Dänemark, dem weiterhin formal die staatliche Souveränität nach der deutschen Besetzung am → 9. April (S. 70) zugestanden wurde, soll nach diesen Vorschlägen den Status einer Art Nebenland des Reiches erhalten.

Roosevelt lehnt Kriegseintritt ab

15. Juni. In einem Antworttelegramm an die Regierung Frankreichs lehnt US-Präsident Franklin Delano Roosevelt die Aufforderung des französischen Ministerpräsidenten Paul Reynaud vom Vortag, in den Krieg einzutreten, um damit den Eroberungszug der deutschen Wehrmacht aufzuhalten, ab.

Roosevelt sichert dem französischen Volk jegliche Solidarität und materielle Unterstützung zu; er kann aber aufgrund der in den USA vorherrschenden Meinung, die Vereinigten Staaten von Amerika sollten sich besser aus dem europäischen Konflikt heraushalten, seine isolationistische Außenpolitik zu diesem Zeitpunkt nicht aufgeben. Dieser außenpolitischen Zurückhaltung stehen jedoch ein seit Anfang 1940 stetig erhöhter Verteidigungsetat sowie zunehmende Waffenlieferungen an die Alliierten gegenüber (→ 12. 7. / S. 135). Roosevelt, der am 18. Juli zum drittenmal vom Parteitag der Demokratischen Partei als Präsidentschaftskandidat nominiert wird, tritt der von den Alliierten gestellten Aufforderung, in den Krieg einzutreten, noch mit Zurückhaltung entgegen.

Die Aufrüstungspolitik sowie Wirtschaftssanktionen gegenüber Japan (→ 25. 1. / S. 23; 26. 9. / S. 160) setzen aber noch im Verlauf des Jahres 1940 Zeichen, die auf eine grundsätzliche Interventionsbereitschaft der USA schließen lassen (→ 17. 12. / S. 203).

In Washington fordern Mitglieder des US-amerikanischen Jugendkongresses »Anleihen für Farmen, nicht für Waffen – Jobs, keine Waffen«

Ein US-Dekret vom 17. Juni macht die Übergabe der von Großbritannien in den USA gekauften Flugzeuge an der kanadischen Grenze überflüssig

Republikaner im US-Kabinett

20. Juni. Mit Zustimmung des Senats beruft der demokratische US-Präsident Franklin Delano Roosevelt zwei Mitglieder der Republikanischen Partei in sein Kabinett. Mit Henry Lewis Stimson als Kriegsminister und Oberst Frank Knox als Marineminister soll die Rüstungspolitik der Vereinigten Staaten intensiviert werden.

Die Kabinettsumbildung bedeutet nach Aussage des Vorsitzenden der Republikanischen Partei John Hamilton jedoch nicht die Bildung einer Koalitionsregierung. Stimson und Knox, bekannt als Befürworter einer Interventionspolitik, sollen sich als Regierungsmitglieder ausschließlich den Interessen des Landes widmen und nicht als Fürsprecher ihrer parteipolitischen Überzeugung auftreten.

Frank Knox, Mitglied der Demokratischen Partei, tritt als US-Marineminister in das Kabinett von Franklin D. Roosevelts ein; er hält die Neutralitätsakte der USA für falsch

Henry Lewis Stimson (* 21. 9. 1867 in New York,) war als US-Außenminister in den Jahren von 1929 bis 1933 an der Lösung des Problems der deutschen Reparationen beteiligt und versuchte die japanischen Expansionsbestrebungen im Jahr 1932 (Besetzung der Mandschurei) einzudämmen

Mit der Erweiterung seines Kabinetts versucht Roosevelt, sein Verteidigungskonzept sowie die Waffenlieferungen an die Alliierten (→ 12. 7. / S. 135) auf eine breitere politische Basis zu stellen. Schon das am 4. November 1939 von Roosevelt unterzeichnete Neutralitätsgesetz sanktionierte den sog. Cash-and-carry-Handel und hob ein generelles Waffenembargo der USA auf. Den Alliierten ist es somit möglich, Waffen und Munition in den USA gegen Barzahlung (cash) zu kaufen und diese auf eigenen Schiffen (carry) in ihre Heimatländer zu transportieren, ohne politische Verpflichtungen einzugehen.

Hitler warnt USA vor einem Kriegseintritt

9. Juni. In seinem Hauptquartier gibt Führer und Reichskanzler Adolf Hitler dem US-amerikanischen Korrespondenten Karl von Wiegand ein Interview. Hitler erläutert darin seine grundsätzliche Auffassung über die Stellung der USA zu dem in Europa ausgebrochenen Konflikt. Hitler bezieht sich auf die vom ehemaligen US-Präsidenten James Monroe am 2. Dezember 1823 verkündete Doktrin einer strikten Nichteinmischung in europäische Angelegenheiten und fordert die USA auf, in ihrem eigenen Interesse weiterhin diesen Weg zu verfolgen, wenn sie einen Konflikt mit dem Deutschen Reich vermeiden wolle. Das Interview wurde am 14. Juni im »New York Journal American« veröffentlicht (Auszug):

»Deutschland hat territoriale Interessen oder politische Interessen auf dem amerikanischen Kontinent weder früher gehabt, noch besitzt es solche heute. Wer das Gegenteil behauptet, lügt aus irgendwelchen Gründen vorsätzlich. Wie sich der amerikanische Kontinent daher sein Leben gestaltet, interessiert uns nicht. Dies gilt nicht nur für Nordamerika, sondern auch für Südamerika. Ich glaube nicht, daß eine Doktrin, wie sie Monroe proklamiert hat, als eine einseitige Inanspruchnahme der Nichteinmischung aufgefaßt werden konnte oder kann; denn der Zweck der Monroe-Doktrin bestand nicht darin zu verhindern, daß europäische Staaten sich in inneramerikanische Dinge einmischen – was übrigens England, das selbst ungeheure territoriale und politische Interessen in Amerika besitzt, fortgesetzt tut –, sondern daß ebenso Amerika sich nicht in europäische Angelegenheiten einmischt. Die Tatsache, daß George Washington [1. Präsident der USA] selbst eine derartige Warnung an das amerikanische Volk ergehen ließ, bestätigt die Logik und Vernünftigkeit dieser Auslegung. Ich sage daher: Amerika den Amerikanern, Europa den Europäern! . . . Wenn einige Völker – und an der Spitze sind es gerade England und Frankreich – erklären, überhaupt und ausschließlich in der ganzen Welt Interessen zu besitzen, dann ist dies ein Weltherrschaftsanspruch, den sich die erwachenden Völker auf die Dauer nicht bieten lassen. Deutschland . . . wird nicht dulden, daß in seinem Lebensraum eine andere Macht hineinredet.«

Sowjetunion setzt ihren Anspruch auf Balkan durch

28. Juni. Nach Rücksprache mit den Achsenmächten Deutsches Reich und Italien akzeptiert Rumänien das sowjetische Ultimatum vom 26. Juni, in dem die UdSSR die Abtretung der Gebiete Bessarabien und Nord-Bukowina forderte. Innerhalb von vier Tagen besetzen die Truppen das 1918 von Rumänien annektierte, ehemals sowjetische Bessarabien sowie auch die Nord-Bukowina, die laut sowjetischem Außenminister Wjatscheslaw M. Molotow als »letzter fehlender Teil einer vereinigten Ukraine« zum Gebiet gehöre. Zwei Wochen zuvor, in der Zeit vom 15. bis 17. Juni, besetzten sowjetische Truppen die baltischen Staaten Estland, Litauen und Lettland. Diese Länder wie auch Bessarabien gelten seit Abschluß des Deutsch-Sowjetischen Nichtangriffspakts vom 23. August 1939 zum sowjetischen Interessengebiet. Die seit Herbst 1939 auf Druck der Sowjetunion durch gegenseitige Beistandspakte mit der UdSSR verbundenen baltischen Staaten werden in der Zeit vom 3. bis 6. August als Sowjetrepubliken der UdSSR angegliedert. Am 2. August werden Bessarabien und die Nord-Bukowina mit der zur Ukrainischen SSR gehörenden Autonomen Moldauischen SSR zur Moldauischen SSR vereint. Geographisch nähert sich die Sowjetunion mit ihren Gebietserweiterungen den Grenzen des Großdeutschen Reichs (→ 1. 8. / S. 146).

△ *In Bessarabien überreichen Kinder den Rotarmisten Blumen zur Begrüßung; doch wird die Abtretung des Gebiets an die Sowjetunion auch von negativen Reaktionen in Rumänien begleitet. Vor allem Mitglieder der Legionärsbewegung »Eiserne Garde« unter ihrem Führer Horia Sima versuchen, aufkommende Mißstimmungen in der Bevölkerung für Aktionen gegen den rumänischen König Karl II. zu nutzen.*

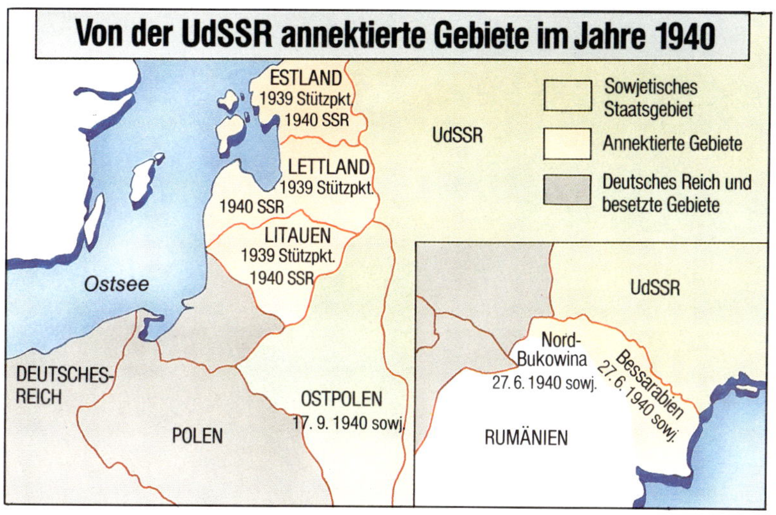

◁ *Durch die Annexion der baltischen Staaten (Lettland, Estland, Litauen), Bessarabiens und der Nord-Bukowina beherrscht die UdSSR den Ostseeraum*

Grenzkonflikt in Asien beigelegt

9. Juni. In einem Vertrag einigen sich die UdSSR und Japan in Moskau über den Grenzverlauf zwischen ihren Schutzterritorien Mongolische Volksrepublik und Mandschukuo. Mit Abschluß der am 7. Januar in Charbin wiederaufgenommenen Verhandlungen wird der Grenzkonflikt vom Mai 1939 beigelegt.

Nach dem Abschluß des Deutsch-Sowjetischen Nichtangriffspakts am 23. August 1939 drängte das Deutsche Reich Japan zu einer raschen Beilegung des Konflikts. Am 16. September des gleichen Jahres schlossen die UdSSR, Japan und die Mongolische Volksrepublik Waffenstillstand. Die Klärung der noch offenen Fragen nahm jedoch fast neun Monate Zeit in Anspruch.

»Fünfte Kolonne« in Argentinien

6. Juni. Ein von der Regierung Argentiniens vorgelegter Gesetzentwurf zur Sicherstellung von »Ruhe und Ordnung« im Land sieht strenge Strafen für alle vor, welche die innere Sicherheit gefährden. Beabsichtigt ist eine stärkere Kontrolle vor allem der Auslandsdeutschen, die dort, unterstützt von der NSDAP, ein dichtes Geheimdienst- und Spionagenetz, die sog. fünfte Kolonne, unterhalten. Die von der britischen Propaganda geschürte Angst vor der deutschen »fünften Kolonne« steht jedoch in keinem Verhältnis zur Bedeutung dieser nationalsozialistischen Vorhut. Ihre Erfolge beschränken sich auf vereinzelte Ausspähung alliierter Schiffsbewegungen und Propaganda.

Einigung über Silber in Tientsin

19. Juni. In einem Abkommen einigen sich die britische und japanische Regierung über die strittige Frage der Verwendung chinesischer Silbervorräte in der Hafenstadt Tientsin. Die unter britischer Verwaltung befindlichen Edelmetallvorräte, eigentlich zur Sicherung der chinesischen Landeswährung bestimmt, werden seit Ausbruch des chinesisch-japanischen Konflikts 1937 auch von Japan beansprucht. Nun sollen sie dem Übereinkommen gemäß chinesischen Wohlfahrtsverbänden zukommen. Der Streitpunkt um die Verwendung des chinesischen Silbers veranlaßte Japan, eine einjährige Blockade gegen britische und französische Konzessionsgebiete in Tientsin zu verhängen.

Jugoslawien sucht Schutz der UdSSR

24. Juni. Die Regierungen der UdSSR und Jugoslawiens nehmen ihre seit dem Ersten Weltkrieg abgebrochenen diplomatischen Beziehungen wieder auf. Mit dem Versuch einer freundschaftlichen Annäherung beider Staaten verbindet sich für die Sowjetunion der Versuch, ihren Einfluß auf dem Balkan weiter zu verstärken (→ 28. 6. / S. 117). Das zu diesem Zeitpunkt neutrale Jugoslawien ist bemüht, Übergriffen von seiten der Achsenmächte vorzubeugen. Vor allem nach dem Kriegseintritt Italiens am → 10. Juni (S. 114) scheint nur die Annäherung an die Sowjetunion für den Balkanstaat die nötige Rückendeckung vor einem italienischen Angriff schaffen zu können.

Erste Gefangene im KZ Auschwitz

14. Juni. In den ehemaligen polnischen Kasernenanlagen in der Nähe von Auschwitz (Oświęcim), zwischen Kattowice und Krakau gelegen, werden die ersten politischen Häftlinge interniert. Betroffen sind 728 polnische Gefangene aus Tarnow. Viele von ihnen waren zuvor an der Ostgrenze festgenommen worden, von wo aus sie versuchten, über Ungarn in den Westen, vor allem nach Frankreich zu fliehen.

Im Winter 1939/40 beauftragte Reichsführer SS und Chef der Deutschen Polizei Heinrich Himmler die höheren SS- und Polizeiführer, Pläne zur Einrichtung neuer Internierungslager auszuarbeiten. Nach einer Meldung des Inspekteurs der Konzentrationslager, SS-Gruppenführer Richard Glücks, vom 21. Februar über zu diesem Zweck geeignete Kasernenanlagen in Auschwitz gibt Himmler am 27. März den Befehl zur Schaffung eines Durchgangs- oder Quarantänelagers. Das am 20. Mai offiziell in Dienst genommene Lager in der Grenzregion Oberschlesiens, des Generalgouvernements und des Warthegaus soll in erster Linie als Internierungslager für Mitglieder des polnischen Widerstands dienen. Aufgrund der großen Zahl polnischer Häftlinge, die von der Sicherheitspolizei festgenommen worden sind und die dortigen Polizeigefängnisse überfüllen, soll Auschwitz als Aufnahmelager dienen. Nach nur geringen baulichen Veränderungen werden die Gebäude der ehemaligen polnischen Kaserne übernommen. Zum Leiter des neuen KZ wurde schon am 4. Mai Rudolf Höß bestellt, der bis dahin als Schutzhaftlagerleiter im KZ Sachsenhausen tätig war. Als Durchgangslager für 10 000 Gefangene geplant, werden die dort anfangs internierten polnischen Gefangenen zum raschen Aufbau des Lagers gezwungen. Für die Instandsetzung werden auch Juden aus der unmittelbaren Umgebung herangezogen. Ende des Jahres faßt Himmler den Entschluß, eine Erweiterung des Lagers zur Aufnahme von 100 000 Häftlingen vorzunehmen.

Eingangstor des KZ Auschwitz mit der Aufschrift »Arbeit macht frei«

Entwicklung der Konzentrationslager

Die Entwicklung der Kriegsereignisse und das damit einhergehende härtere Vorgehen der Staatssicherheitsstellen gegen potentielle Staatsfeinde im Deutschen Reich führen 1940 zur Einrichtung mehrerer Konzentrationslager (KZ).

Etwa zur gleichen Zeit wie Auschwitz wird im Juni das Konzentrationslager Neuengamme bei Hamburg errichtet, wo schon seit Herbst 1938 ein Außenkommando des Lagers Sachsenhausen besteht. Die Schaffung eines selbständigen KZ Neuengamme dient in erster Linie der Aufnahme politischer Häftlinge aus den vom Deutschen Reich besetzten Ländern Norwegen, Dänemark, Niederlande, Belgien und Frankreich.

Am 2. August entsteht in Groß-Rosen (Niederschlesien) ein weiteres KZ im Osten, das wie das schon am 1. September 1939 eingerichtete Lager Stutthof bei Danzig als Gefangenen- und Arbeitslager für polnische Häftlinge dienen soll.

Alle Konzentrationslager sind nach dem Beispiel Dachaus, das als Muster-KZ und Experimentierfeld der gesamten Organisation der Konzentrationslager schon 1933 eingerichtet wurde, nach dem »Führerprinzip« organisiert. Das im Laufe der Jahre entwickelte System der kontrollierten Häftlings-Selbstverwaltung sieht für jeden Block einen Blockältesten, jede Stube einen Stubenältesten vor. Aus dem Heer der Gefangenen werden die sog. Capos ausgewählt, die, selbst vom Arbeitsdienst befreit, Kontrollfunktionen über ihre Mithäftlinge ausüben. Als Einrichtungen der SS werden alle Lager von Mannschaften der Totenkopfverbände bewacht und unterhalten, die aufgrund ihrer Brutalität gefürchtet sind. Die Häftlinge in den als Arbeitslagern organisierten KZ werden vor allem bei Bauarbeiten, in Steinbrüchen und umliegenden Industriebetrieben eingesetzt. Schwere körperliche Arbeit und ungenügende Ernährung bedeutet für viele Insassen den sicheren Tod.

Den jeweiligen Hauptlagern sind oft sog. Außenlager zugeordnet, die teilweise in weiter Entfernung vom KZ u. a. zur Versorgung von SS- und Rüstungsbetrieben eingerichtet werden. Auch hier überschreitet die Zahl der Internierten vielfach die eigentlich geplante Kapazität der Lager. Der Wandel vieler KZ von einem Arbeits- zu einem Vernichtungslager setzt Ende 1941 ein: Mit Beschlüssen über die »Endlösung der Judenfrage« am 20. Januar 1942 (»Wannsee-Konferenz«) wird in den überfüllten Lagern die Massentötung durch Giftgas vorangetrieben.

Türkei zwischen Ost und West

13. Juni. Der Abschluß eines deutsch-türkischen Handelsabkommens in Ankara sieht einen Warenaustausch in Höhe von 42 Millionen Reichsmark vor. Dem am 25. Juli ratifizierten Abkommen mit der Türkei, das die noch vor Kriegsbeginn intensiven beiderseitigen Handelsbeziehungen wiederbeleben soll, kommt aufgrund der aktuellen Situation verstärkt politische Bedeutung zu.

Das Deutsche Reich beabsichtigt, die neutrale Türkei als Mittler zwischen Großbritannien und der UdSSR auszuschalten und sie stärker an die Achsenmächte zu binden. Das strategisch bedeutsame Land am Bosporus droht immer mehr zum ohnmächtigen Spielball der Großmächte zu werden: Ein am 12. Mai 1939 mit den Alliierten abgeschlossener Beistandspakt verpflichtet die Türkei gegenüber Großbritannien. Forderungen der Sowjetunion, die kaukasischen Provinzen Kars und Jerewan an die Sowjetunion abzutreten sowie die Dardanellen als Stützpunkte zur Verfügung zu stellen, versucht die Türkei durch enge Kontakte zu den Achsenmächten entgegenzutreten.

Kriegswirtschaft Großbritanniens

2. Juni. Um die Rohstoffzulieferungen für die Rüstungsproduktion sicherzustellen, verfügt das britische Versorgungsamt eine öffentliche Sammlung von Alteisen im ganzen Land. Die Bevölkerung ist aufgerufen, alle nicht unbedingt alltäglich genutzten Gegenstände bei den Sammelstellen abzuliefern.

Aber nicht nur die Bevölkerung soll zur Behebung des akuten Rohstoffmangels beitragen. Selbst historische Denkmäler will die Regierung opfern: So sollen z. B. die vor dem Tower in London postierten Kanonen aus der Zeit des Admirals Horatio Viscount Nelson (1758 – 1805) eingeschmolzen werden.

Die in Großbritannien nur unter großen Schwierigkeiten durchzusetzende Zwangsbewirtschaftung muß seit dem Frühjahr aufgrund der sich abzeichnenden Engpässe bei Eisen, Stahl, Wolle, Leder, Flachs, Papier und Aluminium von den Regierungsstellen vorangetrieben werden.

Wissenschaft und Technik 1940:

Krieg treibt viele technische Entwicklungen schneller voran

Die moderne Kriegführung mit ihrem ungeheuren Bedarf an technischem Gerät stellt im Jahr 1940 vor allem an die naturwissenschaftlichen und technischen Wissenschaftsdisziplinen hohe Anforderungen. Aufträge für die Wehrmacht zur Entwicklung von modernem, militärischem Gerät sind Grundlage für die Existenz vieler Forschungsarbeiten und wissenschaftlicher Experimente. Ganz im Dienst einer effektiveren Kriegführung bzw. Verteidigung wird in Großbritannien, dem Deutschen Reich, den USA sowie auch in Japan die Radarentwicklung, die auf ein Patent des deutschen Elektroingenieurs Christian Hülsmeyer aus dem Jahr 1905 zurückgeht, vorangetrieben. Die unabhängig voneinander laufenden Forschungsarbeiten sollen die genaue Ortung feindlicher Flugzeuge ermöglichen. So gelingt es den Briten schon zu Beginn des Krieges, an der Ost- und Südküste des Landes stationäre Radaranlagen zu installieren, die Flugzeuge aus Entfernungen bis zu 160 km orten. Mit genauen Angaben über Entfernung und Flugrichtung eines beobachteten Objekts ist es auch möglich, Flughöhe und Fluggeschwindigkeit zu ermitteln und der Flak-Abwehr so präzise Angaben zukommen zu lassen. Dieser Tatbestand, von der deutschen Wehrmacht, die sich mehr auf die mobile Radarentwicklung konzentriert, unterschätzt, ist letztlich entscheidend für die Niederlage im Luftkrieg gegen Großbritannien (→ 15. 9. / S. 156).

Unmittelbar von den Kriegserfordernissen geleitet sind auch Weiterentwicklungen im Funkverkehr. Um die mit einem Code versehenen Informationen zu entschlüsseln, gelingt es den Alliierten, eine erste brauchbare Dechiffriermaschine zu bauen.

Parallel zu diesen Entwicklungen für den Fronteinsatz sucht die chemische Industrie in Europa nach brauchbaren Ersatzstoffen. Die Produktion von Kunststoffen als Ersatz für Gummi, Holz und Wolle hat Konjunktur. Auch noch vor einigen Jahren kaum beachtete Abfallstoffe, wie z. B. das Kartoffelkraut, werden durch chemische Prozesse als Ersatz für Wolle brauchbar gemacht.

Fortschritte verzeichnet ebenfalls die Forschung bei der Suche nach Möglichkeiten einer effektiveren Energiegewinnung und -nutzung. In der Sowjetunion gelingt es erstmals, minderwertige Kohle unter Tage zu vergasen. Nur noch das hochwertige Synthesegas wird durch Rohre gefördert. Die Energie für diesen Prozeß liefert ein Teil des Kohlegases, das unterirdisch unter Zufuhr von Sauerstoff verbrannt wird. Vor allem in den Vereinigten Staaten treiben US-amerikanische Physiker die Atomforschung voran. Edwin Mattison McMillan und Philip Hauge Abelson entdekken das künstlich hergestellte radioaktive Element Neptunium, unter Mitarbeit von Glenn Theodore Seaborg kann das Plutonium nachgewiesen werden.

Aufsehen erregt in der Öffentlichkeit das erste Farb-Negativ-Positiv-Verfahren zur Filmherstellung (Agfacolor). Damit wird es erstmals möglich, farbige Filmproduktionen auf direktem Weg fotooptisch aufzunehmen.

Trotz des Kriegs werden im Tiefbau neue Methoden entwikkelt. So wird 1940 der Maastunnel bei Rotterdam fertiggestellt, der für den täglichen Verkehr erhebliche Erleichterungen bringt. Die einzelnen Betonklötze der Tunnelstrecke wurden an Land fertiggestellt und anschließend unter Wasser mit Eisen- und Stahlgerüsten verbunden. Das aus dem Fluß herausragende Gerüst deutet auf eine solche Verbindungsstelle des Tunnels hin.

Nahe der mexikanischen Küste wird das leistungsstärkste Teleskop der Welt mit einem Durchmesser von 200 Inch (etwa 5 m) zu Forschungszwecken installiert

Mit Radar-Bodenstationen, hier eine Empfangsanlage, werden die Kampf- und Bombenflugzeuge der Royal Air Force bei ihren Nachtflugeinsätzen gelenkt

Der Rundfunk – Propagandainstrument der NS-Politik

9. Juni. Auf Anordnung von Reichspropagandaminister Joseph Goebbels sind alle regionalen Reichssender verpflichtet, ein einheitlich gestaltetes Programm auszustrahlen, das vom Sender in Berlin zusammengestellt wird. Diese Maßnahme soll es ermöglichen, wichtige Sondermeldungen zum Kriegsgeschehen ohne Verzögerung und Probleme reichsweit zu verbreiten.

Das Berliner Programm bietet der deutschen Bevölkerung leichte Unterhaltung, Musiksendungen und Konzerte deutscher klassischer Komponisten. Daneben spielen die regelmäßig übertragenen Rundfunkansprachen der nationalsozialistischen Führungsspitze eine herausragende Rolle. Die mit der Aufgabe regionaler Sendungen beschäftigungslos gewordenen Mitarbeiter der Sendeanstalten werden vorzugsweise für die Berichterstattung der sog. Propagandakompanien abgestellt. Dort produzierte Reportagen für Wochenschau und Rundfunk sollen die Überlegenheit der deutschen Wehrmacht dokumentieren und jeden Siegeszweifel in der Bevölkerung ausräumen.

Für das NS-Regime, das sich schon seit der Machtübernahme 1933 bemüht, die neuen Massenmedien für seine propagandistischen Zwecke zu nutzen, spielt die Rundfunkpolitik eine entscheidende Rolle. Der Rundfunk zählt neben Presse und Film zu dem wichtigsten Medium, mit dem Informationen in kürzester Zeit einem großen Teil der Bevölkerung zeitgleich zugänglich gemacht werden können. Mit Kriegsbeginn ist so auch ein beträchtlicher Anstieg beim Anteil der Wortbeiträge in den Programmen zu verzeichnen. Durch die Subventionspolitik zur Förderung des Verkaufs von preisgünstigen Radioapparaten, den sog. Volksempfängern, beläuft sich im April 1940 die Zahl der Rundfunkteilnehmer im Deutschen Reich auf 12,6 Millionen.

Verbreitung des Rundfunks

Jahr	Teilnehmer in 1000	Zun. zum Vorj. in %
1. 4. 1933	4 555	8,8
1. 4. 1934	5 453	19,7
1. 4. 1935	6 725	23,3
1. 4. 1936	7 584	12,8
1. 4. 1937	8 512	12,2
1. 4. 1938	9 598	12,8
1. 4. 1939	11 324	18,0
1. 4. 1940	12 615	11,4

△ Die Chefs der Propaganda- und Kriegsberichter-Kompanien bei einem Erfahrungsaustausch mit Reichspropagandaminister Joseph Goebbels (2. v. l.) in Berlin.

◁◁ Kameramann im Kriegseinsatz: Die hautnahen Aufnahmen vom Frontgeschehen dienen den Wochenschauen als Propagandamaterial. Der heroische Einsatz soll anschaulich gemacht werden.

◁ Unter denkbar schlechten Arbeitsbedingungen stellen die Soldaten der Propagandakompanien ihre täglichen Berichte zusammen. Presse-, Bild- und Rundfunkjournalisten leisten auf diese Weise ihren Kriegsdienst.

Ausschau nach einem lohnenden »Kampfmotiv« halten diese Kameramänner von ihrem »Hochstand«

Die Filmaufnahmen vom Frontgeschehen werden an Ort und Stelle am Schneidetisch bearbeitet und ausgewertet

Bartók-Konzert in Basel uraufgeführt

11. Juni. Unter Leitung von Paul Sacher wird mit dem Basler Kammerorchester Béla Bartóks »Divertimento für Streichorchester« uraufgeführt. Das etwa 25 Minuten dauernde Werk komponierte Bartók während eines zweiwöchigen Arbeitsaufenthalts im Sommer 1939 im Berner Oberland.

Der 59jährige ungarische Komponist, ein leidenschaftlicher Gegner von Krieg und Gewalt, arbeitet seit 1936/37 eng mit dem Basler Kammerorchester zusammen, für das er mehrere Kompositionen erstellt. Beeinflußt von Franz von Liszt, Claude Debussy und dem frühen Arnold Schönberg setzt sich Bartók auch wissenschaftlich mit der osteuropäischen Volksmusik auseinander.

Im Herbst 1940 läßt sich der Komponist im Anschluß an eine Tournee durch die USA in New York nieder. Erschüttert über die Entwicklung in Europa (»es besteht die eminente Gefahr, daß sich auch Ungarn diesem Räuber- und Mördersystem ergibt«) arbeitet Bartók dort im Auftrag der Columbia University.

Fausto Coppis großer Sieg

9. Juni. Die 28. Italienrundfahrt (Giro d'Italia) der Radprofis, am 17. Mai in Mailand gestartet, endet mit einer Sensation. Der einer größeren Öffentlichkeit noch weitgehend unbekannte, erst 20jährige Rad-Profi Fausto Coppi besiegt auf der 3525 km (20 Etappen) langen Strecke den erklärten Favoriten Gino Bartali.

Bartali, der durch einen technischen Defekt schon in der ersten Etappe weit zurückgefallen war, kann sich gegen seinen jungen Landsmann nicht mehr durchsetzen. Obwohl Bartali bis zum Schluß immer wieder in der Spitzengruppe mitfuhr und über zwei Etappen sich als erster Fahrer behaupten konnte, bleibt der am letzten Tag auf dem 11. Rang ins Ziel fahrende Leader Coppi Sieger im Gesamtklassement. Dieses Pech Bartalis, Tour-de-France-Sieger von 1938, begründet gleichzeitig die Karriere von Fausto Coppi.

Coppi, der zwei Jahre zuvor in die Rennfahrerschule von Biagio Cavanna aufgenommen wurde, trat erst kurze Zeit vor seinem legendären Sieg in den Profi-Sport über. Er startet im Team »Legnano«, dem

Erster großer Erfolg für Fausto Coppi, Sieger des Giro d'Italia

Gino Bartali als Kapitän vorsteht. Die Erfolge Coppis, durch den Zweiten Weltkrieg zahlenmäßig vorerst eingeschränkt, machen das italienische Nachwuchstalent nach Kriegsende in kurzer Zeit zu einem der bekanntesten Straßenfahrer im internationalen Radrennsport.

Fußballmeister der Schweiz steht fest

30. Juni. Nach einer Meldung der »Neuen Zürcher Zeitung« steht schon vier Spieltage vor Liga-Abschluß der FC Servette Genf als Fußballmeister in der Schweiz des Jahres 1940 fest. Nach der 18. Partie hält der Club von Servette Genf mit 34 Punkten unangefochten die Spitzenposition in der Tabelle. Selbst beim Verlust aller Punkte der noch ausstehenden Spieltage kann er von den auf weiteren Führungsplätzen folgenden Vereinen FC Grenchen, Lugano oder Lausanne, punktgleich mit jeweils 21 Punkten in der Tabelle, nicht mehr eingeholt werden. Sogar eine Niederlage im Endspiel würde Servette ohne Gefahr, die Titelanwartschaft zu verlieren, verkraften. In der abgelaufenen Saison verlor die Genfer Elf nicht eine einzige Begegnung.

Das am 21. Juli in Zürich gegen Grasshoppers Zürich ausgetragene Abschlußspiel endet nach zähem Ringen 1:1. Servette Genf wird damit bereits zum neunten Mal in seiner langjährigen Vereinsgeschichte Schweizer Fußballmeister.

Duftender Film in der Schweiz

9. Juni. Im Rahmen einer Presseveranstaltung werden in Zürich die ersten Aufnahmen eines »duftenden« Spielfilms vorgestellt. Hauptdarsteller des Liebesfilms »My dream« ist der schweizerische Schauspieler Paul Hubschmid.

Die Produktion, deren Handlung nebensächlich und banal erscheint, besticht durch eine raffinierte Technik, die es ermöglicht, alle auf der Leinwand erscheinenden Szenen auch mit dem Geruchssinn erleben zu können. Eine vollautomatische Apparatur verbreitet die Gerüche von Blumen, frisch geteerter Straßen oder gerade zubereiteter Speisen im Zuschauerraum.

Dieses technische Filmexperiment wird maßgeblich von der schweizerischen Zentrale für Handelsförderung sowie der schweizerischen Verkehrszentrale unterstützt. Noch in diesem Jahr soll der »duftende« Spielfilm auf der am 1. Juni in New York wiedereröffneten Weltausstellung des Jahres 1939 im Schweizer Pavillion erstmals einem größeren Publikum vorgestellt werden.

In diesem Jahr findet das Endspiel um den englischen Fußball-Cup im Krieg statt: Jederzeit kann ein Fliegerangriff das Spiel unterbrechen

Gefahr von Luftangriffen überschattet britisches Fußballereignis

9. Juni. *Im Endspiel um den englischen Kriegs-Cupwettbewerb besiegt die Mannschaft von West-Ham United die Spieler der Blackburn Rovers mit einem knappen 1:0 (1:0). Das britische Fußballereignis der Saison im ausverkauften Londoner Wembley-Stadion ist wie andere Spielbegegnungen vom Krieg überschattet.*

Wachtposten sind während des ganzen Spiels im Fußballstadion anwesend, um Spieler wie Zuschauer vor einem möglichen deutschen Luftangriff zu warnen. An den Ausgängen stehen Luftschutzwarte bereit, die im Ernstfall die Massen in die Schutzräume geleiten. Doch aller Bedenken zum Trotz bleibt die Pokalbegegnung bis zum Ende von störenden Angriffen verschont und bietet für die britische Bevölkerung die notwendige Verschnaufpause, um die Schwierigkeiten des Kriegsalltags für eine Weile zu vergessen.

»Bruder Orchidee« (Brother Orchid), US-Kriminalfilm mit Paul Phillips, Morgan Conway, Humphrey Bogart und Edward G. Robinson (v. l.)

Barbara Stanwyck und Gary Cooper in Frank Capras »Hier ist John Doe«

H. Bogart und Jeffrey Lynn in »Alles erfüllte sich«

Szene aus der US-amerikanischen Filmkomödie »His girl Friday« von Howard Hawks mit Cary Grant (M.), Ralph Bellamy und Rosalind Russell

Film 1940:

Krieg strukturiert den Film um

Der sich ausbreitende militärische Konflikt auf dem europäischen Kontinent bestimmt weltweit auch das Schaffen der Filmemacher und Filmindustrien im Jahr 1940. Über die wachsenden ökonomischen und technischen Schwierigkeiten hinaus fordert der Krieg mit drastisch sinkenden Besucherzahlen zu Beginn des Jahres, der Begrenzung der Produktionskapazitäten aufgrund von Materialmangel sowie der sich verändernden Exportmärkte seinen Tribut.

Selbst im Deutschen Reich, in dem der Film als Medium zur Verbreitung propagandistischer und politischer Inhalte eine führende Stellung einnimmt, geht die Zahl der produzierten abendfüllenden Filme im Vergleich zum Vorjahr von 111 auf 89 Produktionen zurück. Die sich kurz nach Kriegsbeginn abzeichnenden Absatzprobleme können jedoch mit Erweiterung des Machtbereichs in Nord- und Westeuropa wieder ausgeglichen werden. Vor allem das polnische Gebiet wird ökonomisch und verwaltungstechnisch an die reichsdeutsche Filmindustrie angeschlossen. Der Film, durch Reichsfilmkammer und Propagandaministerium unter staatliche Kontrolle gestellt, fügt sich inhaltlich den verordneten Direktiven. Neben die schon vor Kriegsbeginn zahlreichen Unterhaltungsproduktionen, die mehr oder weniger subtil ein nationalsozialistisches Weltbild vermitteln oder die Zuschauer bewußt in eine scheinbar apolitische Welt entführen, gesellen sich Produktionen zunehmend aggressiveren Inhalts. So hat vor allem der antisemitische Film im Deutschen Reich 1940 Konjunktur: Im Mittelpunkt steht hier der am → 5. September (S. 167) auf der deutsch-italienischen Filmwoche uraufgeführte Film »Jud Süß« von Veit Harlan. Dieser als »staatspolitisch und künstlerisch besonders wertvoll« erachteten Produktion folgt am 28. November der abendfüllende, pseudodokumentarische Streifen »Der ewige Jude« unter Regie des Chefs der Filmabteilung beim Reichspropagandaministerium Fritz Hippler. Diese Produktion gilt als krassester antisemitischer Film des Jahres. Neben der Produktion von Unterhaltungs- und Abenteuerfilmen stellen historische und literarische Stoffe einen Schwerpunkt der deutschen Filmproduktion dar. Filme dieser Art, die auch beim Publikum auf große Resonanz stoßen, sind »Der Postmeister« nach der Novelle Alexander Puschkins mit Heinrich George in der Hauptrolle (→ 25. 4. / S. 82) und der Film »Bismarck« von Wolfgang Liebeneiner (→ 6. 12. / S. 204). Eine nicht zu unterschätzende Attraktion für deutsche Zuschauer stellen auch die Wochenschauen (→ 21. 11. / S. 195) dar, die mit ihren anscheinend »authentischen« und technisch perfekten Berichten vom Frontgeschehen den Daheimgebliebenen Informationen geben.

Während in Großbritannien dokumentarische Streifen über das Kriegsgeschehen und politische Hintergrundberichterstattung an erster Stelle stehen, sind in Frankreich Anfang 1940 Produktionen, die Kriegsereignisse realistisch darstellen, nicht erlaubt. Nach der deutschen Eroberung wird das deutsche Filmdiktat über Frankreich verhängt. Französisch synchronisierte deutsche Produktionen kommen im besetzten nördlichen und westlichen Teil des Landes in die Lichtspielhäuser. Die südfranzösische Vichy-Regierung organisiert die Filmindustrie in ihrem Territorium nach dem Vorbild des faschistischen Italiens um.

Das Filmschaffen in den USA, bisher noch von direkten Restriktionen durch den Krieg verschont, trägt mit sachlichen und politisch-satirischen Produktionen diesem Geschehen Rechnung. Hervorzuheben sind hier »Der große Diktator« von und mit Charlie Chaplin (→ 15. 10. / S. 179), die sozialkritische Produktion John Fords »Früchte des Zorns« (→ 4. 1. / S. 26) sowie »Der große McGinty« von Preston Sturges, eine Satire auf die Korruption in der Politik. Der seit 1939 in den USA lebende britische Kriminalfilmregisseur Alfred Hitchcock bringt seine ersten Hollywood-Produktionen »Rebecca« (→ 28. 3. / S. 65) und »Bei Anruf Mord« in die US-amerikanischen Kinos.

(Siehe auch Übersicht »Filme« im Anhang.)

Joan Fontaine (l.) und Judith Anderson in dem Hitchcock-Film »Rebecca«, 1941 als bester Film prämiert

Ferdinand Marian als »Jud Süß« in dem gleichnamigen antisemitischen Film Veit Harlans, 1940 in Venedig uraufgeführt

Heidemarie Hatheyer spielt in H. Steinhoffs Film die »Geierwally«

Mae West und W. C. Fields in der Westernkomödie »My Little Chickadee« von Edward Cline

Zarah Leander als Maria Stuart in dem Historienfilm »Das Herz der Königin«

Hans Albers (in Husarenuniform) mit Wehrmachtsoffizieren bei Dreharbeiten zum Film »Trenck, der Pandur«

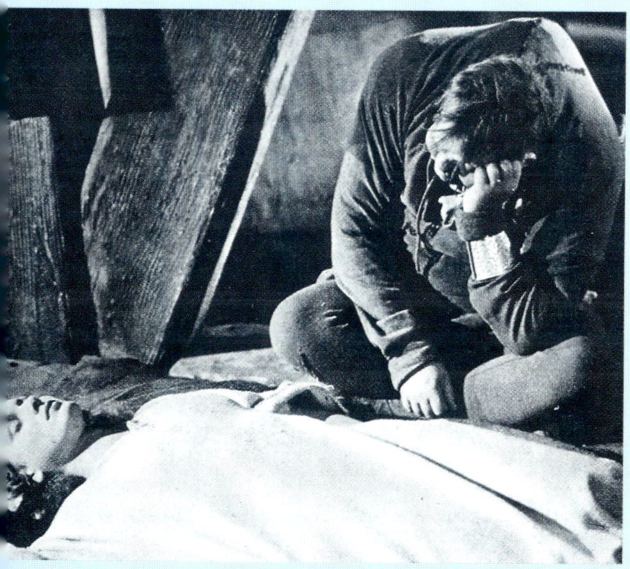

»Der Glöckner von Notre-Dame« mit Maureen O'Hara und Charles Laughton wird erstmals in Europa gezeigt

»Wunschkonzert« mit Carl Raddatz und Ilse Werner (M.) zählt zu den erfolgreichsten deutschen Filmproduktionen

H. Feiler und H. Rühmann im Film »Kleider machen Leute«

Juli 1940

Mo	Di	Mi	Do	Fr	Sa	So
1	2	3	4	5	6	7
8	9	10	11	12	13	14
15	16	17	18	19	20	21
22	23	24	25	26	27	28
29	30	31				

1. Juli, Montag

Deutsche Truppen besetzen die britischen Kanalinseln Jersey, Guernsey und Alderney. Vor Beginn der Aktion am 30. Juni waren die etwa 23 000 Inselbewohner nach Großbritannien evakuiert worden. → S. 130

Der Generalsekretär der KPdSU, Josef W. Stalin, empfängt den neuen britischen Botschafter Sir Stafford Cripps in Moskau. Das Anliegen Großbritanniens findet jedoch bei Stalin kein Interesse → S. 130

Die rumänische Regierung erklärt ihren Verzicht auf die von Großbritannien und Frankreich geleisteten Sicherheitsgarantien vom 13. April 1939.

Japans Regierung stellt an Großbritannien die Forderung, den Waffentransit von Hongkong nach China einzustellen. Großbritannien willigt in diese Forderung ein (→ 18. 7./S. 134).

Bei einem Angriff auf Kiel verwenden Bomber der Royal Air Force erstmals eine 906 kg schwere Bombe.

Hermann Röchling, Inhaber der Röchlingschen Eisen- und Stahlwerke GmbH und Leiter der Wirtschaftsgruppe Eisenschaffende Industrie, wird zum Generalbevollmächtigten der Eisenerzgewinnung und -verteilung für Luxemburg und Lothringen ernannt. → S. 133

2. Juli, Dienstag

König Karl II. von Rumänien bittet um die Garantie der rumänischen Grenzen durch das Deutsche Reich und um die Entsendung einer deutschen Militärmission (→ 30. 8./S. 142).

In einer Weisung an das Oberkommando der Wehrmacht (OKW) entscheidet Führer und Reichskanzler Adolf Hitler, daß »unter bestimmten Voraussetzungen, deren wichtigste ist, die Luftherrschaft zu erringen«, eine Landung in Großbritannien in Frage kommt.

Die Ausweisung des Korrespondenten der »Neuen Zürcher Zeitung« in Berlin, Reto Caratsch, wird von den deutschen Behörden mit der angeblich verfälschenden Berichterstattung über das deutsch-sowjetische Verhältnis begründet.

Bei der Internationalen Ruderregatta in Frankfurt am Main erringen die italienischen Boote die erwarteten Erfolge. Nur im Doppelzweier kann sich die deutsche Mannschaft durchsetzen.

3. Juli, Mittwoch

Legationssekretär Franz Rademacher, Judenreferent im Auswärtigen Amt, verfaßt die Denkschrift »Judenfrage im Friedensvertrage«, wonach alle europäischen Juden auf der Insel Madagaskar angesiedelt werden sollen. → S. 132

Der britische Premierminister Winston Churchill ordnet unter dem Decknamen »Catapult« den Überfall auf die in Plymouth, Falmouth, Sheerness und Portsmouth liegenden französischen Marineeinheiten und das in Mers-el-Kebir bei Oran (Algerien) stationierte Geschwader an. → S. 128

Gemäß den Vereinbarungen des Waffenstillstandsvertrages zwischen Frankreich und Italien vom 24. Juni (→ 22. 6./S. 112) nimmt eine Kommission zur Regelung der offenen Fragen ihre Tätigkeit in Turin auf.

Die am 12. September 1934 von Estland, Lettland und Litauen geschlossene Baltische Entente wird von allen drei Ländern für ungültig erklärt.

4. Juli, Donnerstag

In Rumänien wird die Bildung eines neuen Kabinetts bekanntgegeben. Die neue deutschfreundliche Regierung steht unter dem Vorsitz des bisherigen Außenministers Ion Gigurtu, der das Amt des Ministerpräsidenten von Gheorghe Tătărăscu übernimmt.

Die nächtlichen Bombenangriffe der Royal Air Force auf Orte in West- und Nordwestdeutschland halten an. Sie werden aber nur mit kleinen Verbänden durchgeführt.

5. Juli, Freitag

Nach Beendigung des Westfeldzugs wird der Kampf der deutschen Verbände in erster Linie gegen die britischen Seeverbindungen fortgesetzt.

In Berlin leitet Wilhelm Mengelberg das Peter-Tschaikowski-Gedenkkonzert der Berliner Philharmoniker anläßlich des 100. Geburtstages des Komponisten.

Carl Einstein, deutscher Kunsthistoriker und Schriftsteller, scheidet bei Pau in Frankreich aufgrund des Einmarsches deutscher Truppen im Alter von 55 Jahren durch Freitod aus dem Leben.

6. Juli, Sonnabend

Adolf Hitler trifft nach Rückkehr aus seinem Hauptquartier »Felsennest« in der Eifel wieder in Berlin ein. Er hält einen triumphalen Einzug in die Reichshauptstadt. → S. 131

Die französische Abordnung der Waffenstillstandskommission teilt mit, daß sämtliche deutschen Kriegsgefangenen in Saint-Matiere und bei Saint-Claud den deutschen Truppen übergeben werden.

Durch einen Großbrand in der lettischen Kleinstadt Aluksne wird das Zentrum der Stadt vollständig zerstört. Über 600 Einwohner sind obdachlos und 2500 Gebäude zerstört.

7. Juli, Sonntag

Der britische Flottenstab im Nahen Osten und die Leitung der französischen Mittelmeerflotte kommen überein, daß das im Hafen von Alexandria liegende französische Geschwader unter der Bedingung einer vollständigen Demobilisierung bis zum Ende des Jahres 1940 dort verbleiben kann (→ 3. 7./S. 128).

Anläßlich des dritten Jahrestages des Chinesisch-Japanischen Krieges erklärt Marschall Chiang Kai-shek, Führer der nationalchinesischen Truppen, daß China so lange Widerstand leisten werde, bis das japanische Kaiserreich seine Aggression aufgebe.

Im Endspiel um die Deutsche Handballmeisterschaft in Halle kann sich der SB Lintfort mit 9:6 Toren gegen den favorisierten Meister Polizei SB Magdeburg behaupten.

8. Juli, Montag

Britische Torpedoflugzeuge des Trägers »Hermes« greifen das in Dakar liegende neue französische Schlachtschiff »Richelieu« an und beschädigen es schwer (→ 3. 7./S. 128).

Der Vormundschaftsrichter Lothar Kreyssig in Brandenburg-Havel protestiert bei Justizminister Franz Gürtner gegen die im Deutschen Reich durchgeführten Euthanasiemaßnahmen, die »jeder rechtlichen Grundlage« entbehrten (→ 19. 7./S. 132).

Schweden gestattet nach einem Übereinkommen mit der deutschen Reichsregierung den Transit von deutschem Rüstungsmaterial nach Nordnorwegen.

9. Juli, Dienstag

In einer Denkschrift an den Führer und Reichskanzler Adolf Hitler wendet sich Pastor Paul Gerhard Braune, Vizepräsident des Zentralausschusses der Inneren Mission, gegen die Euthanasiemaßnahmen im Reich (→ 19. 7./S. 132).

In seinem Abschlußbericht zur Ansiedlung von Baltendeutschen im Reichsgau Wartheland berichtet Heinrich Himmler, Reichführer-SS und Chef der Deutschen Polizei, über die Umsiedlung von 70 000 Menschen (→ 26. 1./S. 17).

Ein Seegefecht bei Punta Stilo (Süditalien) zwischen der britischen und italienischen Flotte wird von Italien trotz militärischer Überlegenheit ohne Entscheidung abgebrochen. → S. 130

10. Juli, Mittwoch

In einer Rede vor der nationalen und internationalen Presse in Berlin erläutert Reichsleiter Alfred Rosenberg die Grundzüge der »nordischen Schicksalsgemeinschaft«. → S. 132

In München werden zwischen dem ungarischen Ministerpräsidenten Graf Pál Teleki, dem italienischen Außenminister Galeazzo Ciano, Graf von Cortellazzo, Gespräche über Revisionsansprüche Ungarns gegenüber Rumänien geführt (→ 6. 7./S. 131; 30. 8./S. 142).

Die deutsche Luftwaffe greift erstmals mit stärkeren Verbänden militärische Ziele in Südengland an.

Infolge der Anlehnung an das Deutsche Reich (→ 27. 5./S. 94) erklärt Rumänien seinen Austritt aus dem Völkerbund.

Das Zentralkomitee der im Untergrund befindlichen Französischen Kommunistischen Partei ruft das französische Volk zum Kampf gegen die deutsche Besatzung auf.

11. Juli, Donnerstag

Die italienische Regierung verbietet der Bevölkerung durch Gesetz das Hören »feindlicher« und neutraler Rundfunksender.

12. Juli, Freitag

Nach Rücktritt des französischen Präsidenten Albert Lebrun und aufgrund der ihm von der Abgeordnetenkammer erteilten Vollmachten erklärt sich Marschall Philippe Pétain zum Chef des französischen Staates. → S. 134

In einer Sonderbotschaft ersucht US-Präsident Franklin D. Roosevelt den Kongreß um einen zusätzlichen Kredit von 4 Milliarden US-Dollar (16,74 Mrd. RM) für die Verteidigung. → S. 135

Eine Arbeitsgruppe der Leitung der Reichsgruppe Industrie hält sich seit dem 9. Juli in den Niederlanden auf, um »nähere Feststellungen über die vom deutschen Standpunkt besonders interessanten holländischen Industrien« zu treffen.

In New York verbessert der US-amerikanische Olympiasieger Adolphe Kiefer seinen am 18. Januar 1936 in Detroit aufgestellten Weltrekord im 100-m-Rückenschwimmen um eine Zehntelsekunde auf 1:04,7 min.

13. Juli, Sonnabend

In einem Gespräch mit dem Generalstabschef des Heeres Franz Halder äußert Adolf Hitler seine Überzeugung, daß Großbritannien für seine weitere Kriegführung noch Hoffnungen auf die USA und die UdSSR setze.

Großbritannien erkennt die Exilregierung Haile Selassie I., Kaiser von Abessinien (Äthiopien), als rechtmäßige Regierung und als Verbündeten an. Haile Selassie hält sich seit dem 3. Juli im Sudan auf, wo er mit britischer Unterstützung eine Widerstandsbewegung aufbauen will.

Der 32 Jahre alte Max Syring (KTV Wittenberg) stellt in Jena einen deutschen Rekord im 10 000-m-Lauf auf. Mit 30:06,6 min unterbietet er seinen eigenen, vier Jahre alten Rekord um eine halbe Minute.

14. Juli, Sonntag

Die deutsche Reichsregierung fordert alle ausländischen diplomatischen Vertreter in den besetzten Ländern Niederlande, Belgien, Luxemburg und Norwegen bis zum 15. Juli zum Verlassen der Gebiete auf.

US-Präsident Franklin D. Roosevelt ordnet die Registrierung jeglicher ausländi-

Die Titelseite der Zeitschrift »Westfront« vom Juli 1940, Erinnerungsausgabe für die Soldaten der Armee von Generaloberst von Reichenau, zeigt den Straßenkampf in Lille während des Westfeldzugs

scher Besitzungen und Kapitalbeteiligungen innerhalb der USA an.

In Frankfurt am Main gewinnt die deutsche Fußball-Nationalmannschaft das Länderspiel gegen Rumänien mit 9:3 (4:0). Im deutschen Team spielt erstmals Fritz Walter. → S. 137

15. Juli, Montag

Eine zweite Deportationswelle von Polen und Juden aus den eingegliederten Ostgebieten ins Generalgouvernement Polen beginnt. Aus dem Gebiet von Lublin und aus Wolhynien umgesiedelte Volksdeutsche werden in den eingegliederten Ostgebieten angesiedelt.

Weit über 7000 deutsche Emigranten werden zusammen mit Kriegsgefangenen von der britischen Regierung nach Kanada und Australien deportiert. → S. 130

Die Reichsgruppe Industrie fordert von der deutschen Reichsregierung die Zurverfügungstellung von Kriegsgefangenen als Arbeitskräfte. → S. 133

Das letzte Teilstück der Bagdadbahn zwischen Syrien und dem Irak ist fertiggestellt. → S. 134

16. Juli, Dienstag

Adolf Hitler erläßt die »Weisung Nr. 16« über die Vorbereitung einer Landungsoperation in Großbritannien. Das Unternehmen erhält den Decknamen »Seelöwe« (→ 17. 9./S. 157).

Der Schauspieler Hans Moser spielt die Hauptrolle in dem Filmlustspiel »Meine Tochter lebt in Wien«, das in Hamburg uraufgeführt wird.

17. Juli, Mittwoch

Der spanische Staatschef General Francisco Franco Bahamonde erklärt gegenüber der internationalen Presse, »Spanien werde in Tanger (→ 14. 6./S. 115) und in Nordafrika eine imperialistische Außenpolitik betreiben«. Die große Aufgabe des Landes, die Schaffung eines Imperiums, stehe noch bevor.

In Berlin wird der antisemitische Film »Die Rothschilds« (Regie: Erich Waschnek) uraufgeführt. → S. 137

18. Juli, Donnerstag

Großbritannien schließt auf japanischen Druck die Birmastraße, eine der Hauptnachschublinien der nationalchinesischen Truppen unter Marschall Chiang Kai-shek. → S. 134

Auf einer Sitzung des Großen Beirats der Reichsgruppe Industrie in Berlin mit Vertretern aller führenden Unternehmen im Deutschen Reich werden erste Konzepte einer europäischen Großraumwirtschaft erörtert (→ 3. 8./S. 148).

US-Präsident Franklin D. Roosevelt wird zum drittenmal vom Parteitag der Demokratischen Partei in Chicago zum Präsidentschaftskandidaten für die am → 5. November (S. 192) stattfindenden Wahlen nominiert.

19. Juli, Freitag

Im Verlauf seiner Reichstagsrede in der Berliner Kroll-Oper richtet Adolf Hitler ein letztes »Friedensangebot« an Großbritannien. Im Anschluß an seine Rede vollzieht er eine »große Siegerehrung« für die erfolgreiche deutsche Wehrmacht. → S. 131

Der württembergische Landesbischof Theophil Wurm richtet ein Protestschreiben an Reichsinnenminister Wilhelm Frick, das sich gegen die Euthanasieaktion »T 4« richtet. → S. 132

US-Präsident Franklin D. Roosevelt unterzeichnet den Two Ocean Navy Expansion Act, der den Bau einer US-amerikanischen Zwei-Ozean-Großflotte bis 1945 vorsieht (→ 12. 7./S. 135).

Die Regierung des unter deutscher Besatzung stehenden Dänemarks tritt aus dem Völkerbund aus.

20. Juli, Sonnabend

Die britische Regierung fordert von Ägypten die am 26. August 1936 im Rahmen des anglo-ägyptischen Vertrages gelieferten Waffen zurück, um ihrer Verpflichtung entsprechen zu können, das Land zu verteidigen.

21. Juli, Sonntag

Die am 17. Juli neugewählten Volksvertretungen in Lettland, Litauen und Estland beschließen die Eingliederung in die Sowjetunion und führen mit sofortiger Wirkung die sowjetische Verfassung ein (→ 28. 6./S. 117).

Der FC Schalke 04 siegt mit 1:0 (1:0) über den Dresdner SC vor 95 000 Zuschauern in Berlin. Schalke 04 gewinnt damit zum fünften Mal die Deutsche Fußballmeisterschaft. → S. 137

Das Endspiel um die Schweizer Fußballmeisterschaft endet in Zürich mit der Begegnung Grasshoppers Zürich gegen Servette Genf 1:1 (0:1). Servette erringt dennoch den Meisterschaftstitel durch ein besseres Punkteverhältnis in der Tabelle (→ 30. 6./S. 121).

22. Juli, Montag

In Moskau trifft eine deutsche Kommission unter der Leitung von SS-Obergruppenführer Werner Lorenz ein, um Verhandlungen über die Umsiedlung der Volksdeutschen aus Bessarabien und der Nord-Bukowina in das Deutsche Reich aufzunehmen (2. 11./S. 190).

In einem Rundschreiben des Chefs der Sicherheitspolizei und des Sicherheitsdienstes (SD), Reinhard Heydrich, an alle Staatsdienststellen wird angeordnet, daß gegen »Volkgenossen, die sich mit einer Beschwerde an die Reichskanzlei wenden, jedes staatspolizeiliche Eingreifen untersagt ist«.

Die Geheime Staatspolizei (Gestapo) startet eine Verhaftungswelle in der österreichischen Widerstandsbewegung, eine Maßnahme, die den politischen Widerstand in Österreich erheblich schwächt. → S. 133

Nach dem Sturz des japanischen Kabinetts Mitsumasa Yonai (16. 7.), das neutralistisch eingestellt war und zu einem Ausgleich mit der USA neigte, bildet Prinz Fumimaro Konoe eine neue Regierung. → S. 134

In Großbritannien wird das Special Operations Executive gegründet, eine Organisation, die Subversion und Sabotageaktionen in den vom Deutschen Reich besetzten Ländern durchführen soll. → S. 130

23. Juli, Dienstag

Großbritannien erkennt den tschechoslowakischen Nationalrat in London als Exilregierung an (→ 28. 5./S. 92).

In einem Protokoll des Handelspolitischen Ausschusses der deutschen Reichsregierung wird der »Ausbau des deutschen Clearing-Systems zu einem europäischen Zentralclearing« festgelegt.

Adolf Hitler besucht die am 17. Juli eröffneten Kriegsfestspiele in Bayreuth. Die Veranstaltungsreihe endet am 31. Juli. → S. 137

24. Juli, Mittwoch

In einem Rundschreiben fordert Reichsinnenminister Wilhelm Frick die Reichsstatthalter und Oberpräsidenten auf, alle nicht unbedingt notwendigen Maßnahmen zu vermeiden, die das Verhältnis des Staates und der Partei zur Kirche verschlechtern könnten.

Der französische Ministerrat genehmigt ein Ausbürgerungsgesetz, nach dem allen Franzosen, die das französische Mutterland zwischen dem 10. Mai und dem 30. Juni 1940 ohne Erlaubnis einer Behörde verlassen haben, die Staatsbürgerschaft aberkannt werden kann.

25. Juli, Donnerstag

Vor den höheren schweizerischen Kommandanten gibt General Henri Guisan den Grundgedanken des Reduits-Verteidigungssystems, des Rückzugs der Armee in den schwer zugänglichen Alpenraum, bekannt.

Die Staatspolizeistelle Litzmannstadt (Łódź) stellt fest, daß bei den gegenwärtigen Evakuierungen von Polen nur noch 40% der polnischen Bevölkerung erfaßt werden können. Viele Polen entziehen sich den Überfallkommandos der SS durch Flucht in die nahe gelegenen Wälder.

Reichswirtschaftsminister Walther Funk hält vor Pressevertretern in Berlin eine programmatische Rede zur künftigen Stellung des Deutschen Reichs in der europäischen und der weltweiten Wirtschaft (→ 3. 8./S. 148).

26. Juli, Freitag

Führer und Reichskanzler Adolf Hitler empfängt auf dem Obersalzberg den rumänischen Ministerpräsidenten Ion Gigurtu und rät ihm zu einem friedlichen Ausgleich mit Ungarn in der Siebenbürgen-Frage.

27. Juli, Sonnabend

Der bulgarische Ministerpräsident Bogdan Dimitrov Filow ist auf dem Obersalzberg Gast von Adolf Hitler. Im Mittelpunkt des Treffens steht die rumänische Forderung auf das Gebiet der Süd-Dobrudscha (→ 30. 8./S. 142). Zu Besprechungen über die Gebietsansprüche im Balkan treffen Vertreter der slowakischen Regierung in Salzburg ein.

Das Oberkommando der Kriegsmarine gibt seine Denkschrift »Stützpunkte zur Verteidigung des Kolonialreichs« bekannt. → S. 133

In München wird die IV. Große Deutsche Kunstausstellung eröffnet; 752 Künstler stellen 1397 Werke aus. Die Ausstellung soll bis Februar 1941 geöffnet sein. → S. 136

28. Juli, Sonntag

Der mit 100 000 Reichsmark dotierte Galopprennpreis, das »Braune Band von Deutschland«, wird in München von dem Italiener Paolo Gubellini auf Dormelli-Olgiata Bellini gewonnen, vor der deutschen Tatjana. → S. 137

29. Juli, Montag

Die deutsche Reichspost kündigt jüdischen Bürgern die Telefonanschlüsse (→ 1. 8./S. 147).

30. Juli, Dienstag

Adolf Hitler ordnet die Aufstellung eines Wehrwirtschaftsstabes »England« an (→ 9. 9./S. 164).

Vertreter bei der seit dem 20. Juli in Havanna tagenden Konferenz der Panamerikanischen Union beschließen ihre Verhandlungen mit einer Deklaration. → S. 134

31. Juli, Mittwoch

Das Volkskommissariat der sowjetischen Kriegsmarine betont in einer öffentlichen Erklärung, daß die Kriegsmarine der UdSSR auf die Leistungskraft der Land- und Luftstreitkräfte gebracht werden muß, um im gegebenen Fall das Land wirksam verteidigen zu können (→ 12. 7./S. 135).

Eine Verordnung der britischen Regierung sieht die Entlassung internierter Emigranten nach 19 Kategorien vor (→ 15. 7./S. 130).

Für den Rücktransport französischer Flüchtlinge in das von deutschen Truppen besetzte Frankreich wird der Eisenbahnverkehr in Paris wieder aufgenommen (→ 26. 8./S. 143).

Das Wetter im Monat Juli

Station	Mittlere Lufttemperatur (°C)	Niederschlag (mm)	Sonnenscheindauer (Std.)
Aachen	16,2 (17,5)	83 (75)	– (190)
Berlin	17,8 (18,3)	63 (70)	– (242)
Bremen	16,2 (17,4)	115 (92)	– (207)
München	16,5 (17,5)	92 (137)	– (226)
Wien	18,3 (19,5)	83 (84)	– (265)
Zürich	16,6 (17,2)	164 (139)	214 (238)

( ) Langjähriger Mittelwert für diesen Monat
– Wert nicht ermittelt

Die Titelseite der Berliner Illustrierten »Die Woche« vom 24. Juli 1940 sieht den deutschen Reichsadler schon drohend und besitzergreifend über der britischen Hauptstadt

Unternehmen »Catapult«

3. Juli. Nach der vergeblichen ultimativen Aufforderung an das französische Flottengeschwader in Mers-el-Kébir bei Oran (Algerien), sich den britischen Streitkräften anzuschließen oder die Kriegsschiffe zu versenken, eröffnet das britische Gibraltar-Geschwader das Feuer. Das französische Schlachtschiff »Bretagne« sinkt nach mehreren Treffern, »Dunkerque« und »Provence« sowie der Großzerstörer »Mogador« werden schwer beschädigt. Die in britischen Häfen liegenden Flotteneinheiten waren schon kurz zuvor von britischen Marineeinheiten beschlagnahmt worden. Am 6. Juli greifen britische Torpedoflugzeuge zum zweiten Mal das französische Schlachtschiff »Dunkerque« an und versenken das Hilfsschiff »Terre Neuve«. Zwei Tage darauf wird das in Dakar liegende neue Schlachtschiff »Richelieu« schwer beschädigt, es bleibt jedoch seeklar. Die unter dem Decknamen »Catapult« laufende Operation gilt als das bislang größte und erfolgreichste Unternehmen der Royal Navy.

Das vor Alexandria liegende französische Geschwader wird nur durch die französische Zusage einer vollständigen Demobilisierung am 7. Juli vor einer Zerstörung bewahrt. Der auf Befehl des britischen Premierministers Winston Churchill durchgeführte Handstreich gegen die Marine seines ehemaligen Bundesgenossen soll der Inbesitznahme des starken französischen Geschwaders durch das Deutsche Reich vorgreifen. Der britische Angriff auf die französische Flotte beendet das französisch-britische Bündnis. Die Flotte sollte nach dem deutsch-französischen Waffenstillstandsvertrag vom → 22. Juni (S. 112) weiterhin im Besitz Frankreichs verbleiben, um so der Vichy-Regierung Möglichkeiten zur Verteidigung ihrer überseeischen Kolonien gegenüber Großbritannien und den freifranzösischen Truppen unter General Charles de Gaulle zu geben (→ 10. 11./S. 189). Am 4. Juli bricht die Vichy-Regierung unter Marschall Philippe Pétain die diplomatischen Beziehungen zu Großbritannien ab, ohne jedoch den Krieg zu erklären. Eine Forderung von Hitler vom 15. Juli, dem Deutschen Reich Stützpunkte in französischen Afrikabesitzungen zu überlassen, lehnt Pétain ab.

»Vergeßt nicht Oran!« Die Vichy-Regierung fordert zur Vergeltung auf

Die zerstörte französische Flotte ▷ vor Oran nach dem Angriff am 3. Juli

▽ Der französische Zerstörer »Bretagne« nach dem britischen Angriff

Stalin lehnt das Bündnisangebot ab

1. Juli. Der am 27. Mai als britischer Botschafter für Moskau ernannte Unterhausabgeordnete Sir Stafford Cripps unterbreitet dem Generalsekretär der KPdSU Josef W. Stalin das Angebot Winston Churchills, ein Bündnis mit Großbritannien einzugehen. Das Bestreben Großbritanniens findet jedoch bei Stalin kein Interesse.

Die Festlegung deutsch-sowjetischer Gebietsinteressen im Nichtangriffspakt (23. 8. 1939) ermöglichte es der Sowjetunion, ihre Stellung auf dem Balkan und in den baltischen Staaten auszubauen (→ 28. 6./S. 117). Eine Koalition mit Großbritannien würde indessen die machtpolitische Stellung Großbritanniens stärken und die Herstellung des alten politischen Gleichgewichts in Europa zur Folge haben. Um jedoch die Reichsregierung in Berlin politisch unter Druck zu setzen, unterrichtet die sowjetische Regierung am 13. Juli den deutschen Botschafter in Moskau, Friedrich Werner Graf von der Schulenburg, vom britischen Bündnisangebot. Die drohende Gefahr eines sowjetisch-britischen Bündnisses veranlaßt Adolf Hitler am 31. Juli zu dem Entschluß, im Frühjahr 1941 die Sowjetunion anzugreifen.

Italienischer Zerstörer während des Gefechts mit der Royal Navy

Erstes Seegefecht Italiens bei Punta Stilo

9. Juli. *Zwischen dem britischen Alexandria-Geschwader Force B und den italienischen Seestreitkräften kommt es vor Punta Stilo (Kalabrien) zu einem ersten Gefecht seit dem Kriegseintritt Italiens am → 10. Juni (S. 114). Nachdem das britische Schlachtschiff »Warspite« mit einem Treffer das italienische Schlachtschiff »Giulio Cesare« schwer beschädigt und der Schwere Kreuzer »Bolzano« durch britische Kreuzer leichte Beschädigungen davonträgt, bricht die italienische Kampfgruppe trotz ihrer militärischen Überlegenheit das Gefecht ab, um die in der Nähe liegenden Heimathäfen vor Zerstörungen zu bewahren. Auch der Einsatz landgestützter Luftverbände hilft der italienischen Marine kaum. Die 126 eingesetzten Flugzeuge erzielen während der 105minütigen Auseinandersetzung nur einen einzigen Treffer. Diese Seeschlacht ist für die italienische Marine das erste bedeutende Zusammentreffen mit der Royal Navy.*

Britische Inseln im Kanal besetzt

1. Juli. Nach der Eroberung der westeuropäischen Staaten Niederlande, Belgien und Frankreich besetzen deutsche Seestreitkräfte, ausgehend von ihrer neuen Operationsbasis an der französischen Küste, die britischen Kanalinseln Jersey, Guernsey und Alderney. Die Frankreich vorgelagerte Inselgruppe, von der vor Beginn der deutschen Landung am 30. Juni 23 000 Menschen evakuiert wurden, sind die einzigen britischen Gebiete, die von den deutschen Truppen im Laufe des Kriegs eingenommen werden können.

Die Besetzung bildet den Auftakt einer intensiveren Kriegführung des Deutschen Reiches gegenüber Großbritannien. Am 16. Juli gibt Führer und Reichskanzler Adolf Hitler die Weisung zum Unternehmen »Seelöwe«, das die Landung deutscher Truppen auf britischem Boden unter Einsatz von Marine und Luftwaffe ermöglichen soll. Nach einem Befehl Hitlers vom 9. Juli müssen diese bisher vernachlässigten Wehrmachtsteile bei der Aufrüstung besondere Berücksichtigung finden. Der Bau neuer U-Boote sowie die Produktion des neuen Bomben- und Kampfflugzeugs Ju 88 sollen ohne Einschränkungen durchgeführt werden.

SOE unterstützt Widerstandskämpfer

22. Juli. Auf Veranlassung des britischen Premiers Winston Churchill wird in Großbritannien die Geheimdienstorganisation »Special Operations Executive« (SOE) gegründet. Aufgabe dieser Organisation soll es sein, u. a. Sabotageaktionen in Ländern unter deutscher Besetzung durchzuführen.

Unter Leitung des Wirtschaftsministeriums, dem der Labour-Abgeordnete Hugh Dalton vorsteht, entsteht eine weitverzweigte Geheimabteilung. Mit Sprengstoff- und Waffenlieferungen sowie einem gut ausgebauten Kuriernetz unterstützt die SOE Widerstandsorganisationen in Belgien, Skandinavien und den Niederlanden. Allein die westeuropäische Abteilung der SOE zählt Ende 1940 schon 7500 Mitarbeiter. Ein Schwerpunkt in der Arbeit der SOE bildet die Unterstützung der französischen Widerstandsbewegung Résistance (→ 11. 11./S. 189).

Internierung von Emigranten beginnt

15. Juli. Aus Furcht vor einer faschistischen Unterwanderung der Bevölkerung werden weit über 7000 in Großbritannien lebende Flüchtlinge zusammen mit Kriegsgefangenen nach Übersee deportiert. Allein 6560 Menschen finden in Kanada ein neues Zuhause.

Umfassende Kontrollmaßnahmen gegenüber Emigranten aus dem Deutschen Reich, Österreich, der Tschechoslowakei sowie aus Italien setzten in Großbritannien mit Beginn des deutschen Westfeldzugs (→ 10. 5./S. 88) ein. So wurden am 12. Mai die Küstengebiete von allen männlichen Deutschen und Österreichern geräumt und für etwa 2800 Menschen eine vorläufige Internierung angeordnet. Mitte Juni befinden sich etwa 15 000 westeuropäische Flüchtlinge in britischer Internierungshaft. Am 25. Juni werden in einem »general roundup« (umfassende Aktion) noch einmal 13 000 Flüchtlinge interniert. Die Verhaftungen, von der auch Antifaschisten und Juden betroffen sind, finden in der britischen Öffentlichkeit nicht nur Zustimmung. In britischen Tageszeitungen erscheinen Berichte über die nur unzureichende Unterbringung und Versorgung der Gefangenen. Nach überaus kontroversen Debatten in Unter- und Oberhaus legt eine Verordnung vom 31. Juli die Entlassung der Internierten nach bestimmten Kategorien fest.

Streng bewacht werden Angehörige feindlicher Nationen in Großbritannien abgeführt und interniert; einige von ihnen werden nach Übersee verschifft

Unter dem Jubel der Bevölkerung zieht die erste Berliner Division durch das Brandenburger Tor in die Stadt ein

Verhandlungen am 18. Juni in München: Hitler (2. v. l.) und Mussolini (vorne r.)

Siegesparade in Berlin und Konsultationen über Gebietsansprüche Ungarns an Rumänien

6. Juli. *Nach Beendigung des Westfeldzugs und Abschluß der Waffenstillstandsverhandlungen mit Frankreich (→ 22. 6./S. 112) zieht der Oberste Befehlshaber der Wehrmacht, Adolf Hitler, unter dem Jubel der Bevölkerung in Berlin ein. In der mit Fahnen, Girlanden und Blumen geschmückten Reichshauptstadt sind Truppen der Wehrmacht gemeinsam mit Formationen der NSDAP aufmarschiert, um den Führer zu feiern. Auch Belegschaften mehrerer Betriebe sowie Mädchen und Jungen der Hitlerjugend säumen den Weg der Wagenkolonne. Der Empfang des italienischen Außenministers Galeazzo Ciano, Graf von Cortellazzo, vier Tage später durch Hitler in München soll den gemeinsamen Erfolg der Achsenmächte über Frankreich dokumentieren. In einer Unterredung mit Ciano und den gleichzeitig in München weilenden ungarischen Regierungsvertretern werden in »freundschaftlicher Atmosphäre« Ansprüche Ungarns auf das rumänische Nord-Siebenbürgen erörtert (→ 30. 8./S. 142).*

Ein »Friedensappell« an Großbritannien

19. Juli. Zu Beginn einer Reichstagssitzung in der Berliner Kroll-Oper gibt Führer und Reichskanzler Adolf Hitler einen Rechenschaftsbericht über die bisherige deutsche Kriegführung ab. Nach Ausführungen über die Operationen in Dänemark, Norwegen sowie in Belgien, den Niederlanden und Frankreich kommt er auf die zukünftigen Ziele der deutschen Politik zu sprechen. Mit Adresse an die britische Regierung erklärt Hitler, daß er es nicht als notwendig erachte, diesen Krieg weiterzuführen, wenn sich die Regierung Großbritanniens zur Aufgabe ihrer Feindseligkeiten gegenüber dem Deutschen Reich entschließen könnte. Hinter diesem letzten »Friedensappell« Hitlers an Großbritannien verbirgt sich der politische Versuch, die schweren Belastungen für Luftwaffe und Marine bei einer beabsichtigten Landung auf den Britischen Inseln zu umgehen. Auch hofft der Reichskanzler nach der Kapitulation Frankreichs auf eine stärkere Kompromißbereitschaft Großbritanniens, das nun gewillt sei, das Reich als Großmacht anzuerkennen. Der »Friedensappell« trifft in Großbritannien jedoch auf entschiedene Ablehnung. Dies gibt am 22. Juli der britische Außenminister Edward Frederick Lindley Wood Halifax über den Rundfunk bekannt.

Adolf Hitler (5. v. l) vollzieht vor dem Reichstag eine große »Siegerehrung«; allein zwölf Generalobersten werden zu Generalfeldmarschällen, Generalfeldmarschall Hermann Göring (4. v. l.) zum Reichsmarschall ernannt.

Adolf Hitlers Rede in der Kroll-Oper

Mit einem letzten »Friedensangebot« versucht Adolf Hitler, den bevorstehenden Luftkrieg gegen Großbritannien noch abzuwenden (Auszug):

»Mister Churchill hat soeben wieder erklärt, daß er den Krieg will. Er hat nun vor etwa sechs Wochen mit dem Krieg in dem Raum begonnen, in dem er anscheinend glaubt, wohl besonders stark zu sein, nämlich den Luftkrieg gegen die Zivilbevölkerung . . . Allein, ich bin mir darüber im klaren, daß die Fortführung dieses Kampfes nur mit der vollständigen Zertrümmerung des einen der beiden Kämpfenden enden wird . . . In dieser Stunde fühle ich mich verpflichtet, vor meinem Gewissen noch einmal einen Appell an die Vernunft auch in England zu richten. Ich glaube,dies tun zu können, weil ich ja nicht als Besiegter um etwas bitte, sondern als Sieger nur für die Vernunft spreche. Ich sehe keinen Grund, der zur Fortführung dieses Kampfes zwingen könnte. Ich bedauere die Opfer, die er fordern wird.«

Euthanasie löst Protest der Kirche aus

19. Juli. In einem Brief an den Reichsminister des Innern, Wilhelm Frick, protestiert der württembergische Landesbischof Theophil Wurm gegen die in der Anstalt Schloß Grafeneck im Kreis Münsingen durchgeführte Euthanasie (griech. = schöner Tod). Wurm, dem mehrere Fälle von Tötungen geistig oder körperlich behinderter Menschen bekanntgeworden sind, hebt in seinem Brief an Frick hervor, daß sich unter den Opfern auch viele Kriegsversehrte aus dem Ersten Weltkrieg befänden. Das Protestschreiben des lutherischen Bischofs, das ohne sein Zutun in mehreren Abschriften in Umlauf kommt, sowie die seit Juli zunehmenden Proteste anderer evangelischer und katholischer Theologen sowie auch der Justiz bewirken jedoch nicht den Stopp der Massentötung. Die seit Ende 1939 durchgeführte »Sterbehilfe« läuft unter vollständiger Geheimhaltung ab und entbehrt jeder gesetzlichen Grundlage. Einzig eine Ermächtigung des Führers und Reichskanzlers Adolf Hilter vom 1. September 1939, die den Chef der Reichskanzlei, Philipp Bouhler, und den Leibarzt Hitlers, Karl Brandt, zu Verantwortlichen der Euthanasieaktionen macht, dient als Legitimation. Die in vier Pflegeanstalten reichsweit durchgeführten Tötungen werden nach der Zentrale in der Berliner Tiergartenstraße 4 »Aktion T 4« genannt. Alle Pflegeanstalten des Großdeutschen Reichs sind nach einem Runderlaß des Reichsinnenministers vom 21. September 1939 verpflichtet, sämtliche Patienten, die an Schizophrenie, Epilepsie, senilen Erkankungen oder Schwachsinn leiden, auf Meldebögen der Reichsarbeitsgemeinschaft Heil- und Pflegeanstalten zu erfassen. Juden, Zigeuner sowie Patienten, die sich seit mehr als fünf Jahren in einer Anstalt befinden, gilt das besondere Augenmerk. Die Menschen werden von der eigens dafür eingerichteten Gemeinnützigen Krankentransport GmbH in die Vernichtungsanstalten gebracht und dort vergast. Die Euthanasieaktion nimmt derartige Ausmaße an (1940 werden allein 35 224 Menschen umgebracht), daß die Vernichtungsanstalten Brandburg/Havel und Grafeneck Ende 1940 aufgelöst werden, da in ihrem Einzugsbereich nicht mehr genügend Personen zur Vernichtung zur Verfügung stehen.

Die Euthanasieanstalt Grafeneck im Kreis Münsingen; bis zu ihrer Auflösung im Dezember 1940 werden hier allein 9839 Menschen umgebracht

Judenkolonie auf Insel Madagaskar

3. Juli. Im Rahmen der von der deutschen Reichsregierung angestellten Überlegungen zur »Lösung der Judenfrage« entwickelt Legationssekretär Franz Rademacher, Judenreferent im Auswärtigen Amt, den Plan, nach dem Krieg alle Juden vom europäischen Kontinent zu verbannen. In seinen Aufzeichnungen zur »Judenfrage im Friedensvertrage« schlägt Rademacher vor, alle unmittelbar im deutschen Herrschaftsbereich lebenden 4 Millionen Juden nicht mehr wie bisher geplant, im Raum Lublin unterzubringen, sondern eine Überseekolonie auf der französischen Insel Madagaskar zu errichten. Die jüdische Bevölkerung soll damit abseits von Europa auf dem Inselbereich jederzeit kontrollierbar angesiedelt werden. Dieses Madagaskar-Projekt wird bald auch vom Reichssicherheitshauptamt sowie vom Außenministerium als realistischer Vorschlag zur Lösung des »Judenproblems« in Betracht gezogen. Voraussetzung ist, daß das Deutsche Reich siegreich aus diesem Krieg hervorgeht und Frankreich die Insel als Mandatsgebiet dem Reich überläßt. Mit der sich abzeichnenden Niederlage im Kampf gegen Großbritannien (→ 15. 9./S. 156; 17. 9./S. 157) wird dieser Plan allerdings aufgegeben.

Rosenberg über die »nordische Schicksalsgemeinschaft«

10. Juli. Drei Monate nach der Besetzung der skandinavischen Staaten Dänemark und Norwegen (→ 9. 4./S. 70) legitimiert Alfred Rosenberg, Leiter des Außenpolitischen Amtes der NSDAP, in einer Rede vor Pressevertretern in Berlin die Annexion. Rosenberg vertritt in seiner Erklärung die These, daß die nordischen Völker aufgrund ihrer rassischen Verbundenheit und gemeinsamen Geschichte eigentlich als ein Volk anzusehen seien. In Erläuterung seiner Ansichten über die »nordische Schicksalsgemeinschaft« führt er aus (Auszug):

»Wenn auch die politische Entwicklung Deutschlands durch seine Revolution und die politischen und sozialen Auffassungen voneinander abwichen, waren wir trotzdem der tiefen Überzeugung, daß über alles Zeitbedingte hinaus Charakter- und Schicksalsauffassung der artverwandten Völker doch im wesentlichen die gleiche war und daß nur neue Mittel und Wege gefunden werden müßten, um über manche verschütteten Gefühle und Gedanken wieder die ursprünglich verwandten Kräfte zu neuem Leben zu erwecken. Die nationalsozialistische Bewegung hat sich bemüht, möglichst viele Kreise Skandinaviens mit dem neuen Deutschland bekanntzumachen, und umgekehrt haben viele deutsche Künstler und Forscher Skandinavien bereist und Bekanntschaften und sachliche Beziehungen angeknüpft. Dieser ... Gedankenaustausch sollte den Sinn für ... die tiefe Erkenntnis der großen germanischen Schicksalsgemeinschaften bedingen. Doch diese Bestrebungen hatte Englands grenzenloser Imperialismus zu verhindern versucht. So ist der große Zusammenprall des europäischen Kernlandes mit England erfolgt, und im Zuvorkommen eines britischen Überfalles auf Norwegen sind die Ereignisse des deutschen Einmarsches in Dänemark und Norwegen bereits Geschichte geworden. In anderer Form, als wir dachten, ist die Frage der Schicksalsgemeinschaft aufs neue gestellt worden.«

Alfred Rosenberg

Der am 12. Januar 1893 in Reval (heute Tallinn) geborene Alfred Rosenberg (Abb.) gilt als einer der frühesten Förderer Adolf Hitlers. Schon 1919 trat er der Deutschen Arbeiterpartei, einem Vorläufer der NSDAP, bei und wurde 1923 Hauptschriftleiter des »Völkischen Beobachter«. Aufgrund seiner journalistischen und schriftstellerischen Tätigkeiten im Dienst der Partei entwickelte sich Rosenberg bald zum NS-Theoretiker und »Chefideologen der NSDAP«. Seit 1933 ist er Leiter des Außenpolitischen Amtes der NSDAP.

Ankunft französischer Kriegsgefangener in Duisburg; die Gefangenen werden als Arbeitskräfte eingesetzt

Französische Kriegsgefangene in einer Autowerkstatt in Duisburg; Facharbeiter sind besonders begehrt

Kriegsgefangene bringen Entlastung

15. Juli. Nach Abschluß der militärischen Eroberungen in Nord- und Westeuropa fordert die Reichsgruppe Industrie, den Arbeitskräftemangel in der Schwerindustrie verstärkt durch den Einsatz von Kriegsgefangenen auszugleichen. Der Reichsregierung steht in den besetzten Ländern ein scheinbar unerschöpfliches Arbeitskräftereservoir zur Verfügung, das zu Überlegungen Anlaß gibt, die deutsche Bevölkerung von Überstunden, Dienstverpflichtungen, von Frauenarbeit, Lohn- und Urlaubsbeschränkungen weitestgehend zu entlasten.

Der Einsatz niederländischer, französischer sowie auch britischer Gefangener soll den sich auf eine Million belaufenden Fehlbedarf an Arbeitskräften in Betrieben mit Wehrmachtsaufträgen ausgleichen und die angespannte Landwirtschaftsproduktion entlasten. Anfang Juli sind etwa 200 000 französische und britische Gefangene in der deutschen Wirtschaft eingesetzt; schon Ende Oktober beläuft sich die Zahl auf 1,2 Millionen. Die Behandlung dieser sog. Westarbeiter, die als Ergänzung der polnischen Arbeiter im Reich beschäftigt werden (→ 8. 3./ S. 57), unterliegt den internationalen Vereinbarungen für Kriegsgefangene. Zwar ist auch ihnen jegliche private Kontaktaufnahme zur deutschen Bevölkerung untersagt und der Lohn beläuft sich zwischen 60 und 80% der ortsüblichen Durchschnittslöhne, jedoch stehen die Kriegsgefangenen in der sozialen Hierarchie über den polnischen Arbeitern. Die »Westarbeiter« werden bis zu 50% in der Landwirtschaft eingesetzt. Ab November kann der Arbeitermangel in der Industrie verstärkt mit französischen Kriegsgefangenen ausgeglichen werden.

Hoffnung auf deutsche Afrika-Kolonien

27. Juli. In einer Denkschrift des Oberkommandos der Marine an das Oberkommando der Wehrmacht sowie an das Auswärtige Amt fordet die Seekriegsleitung Stützpunkte an der West- und Ostküste Afrikas. Diese werden als notwendig erachtet, um das künftige deutsche Kolonialreich ausreichend verteidigen zu können. Die im Zuge der erfolgreichen Blitzkriege entstandene Siegesgewißheit begünstigt deutsche Planungen für eine politische Neuordnung weit über Europa hinaus. Die Hoffnung auf Herrschaft über französische und britische Kolonialbesitzungen, die nach Friedensschluß an das Deutsche Reich fallen sollen, veranlaßten schon am 29. Juni Reichsinnenminister Wilhelm Frick zu einem Runderlaß, in dem er alle deutschen Beamten aufforderte, ihre Wünsche für eine Tätigkeit im Kolonialdienst rechtzeitig anzumelden.

Über die ehemals deutschen Kolonialbesitzungen Togo, Kamerun, Ost- und Südwestafrika hinaus sollen auch britische, spanische und französische Gebiete in Afrika nach Friedensschluß an das Deutsche Reich fallen. Die als »kolonialer Ergänzungsraum« ausgewiesenen Länder sollen dem Reich Rohstoffe sichern und als Stützpunkte dienen.

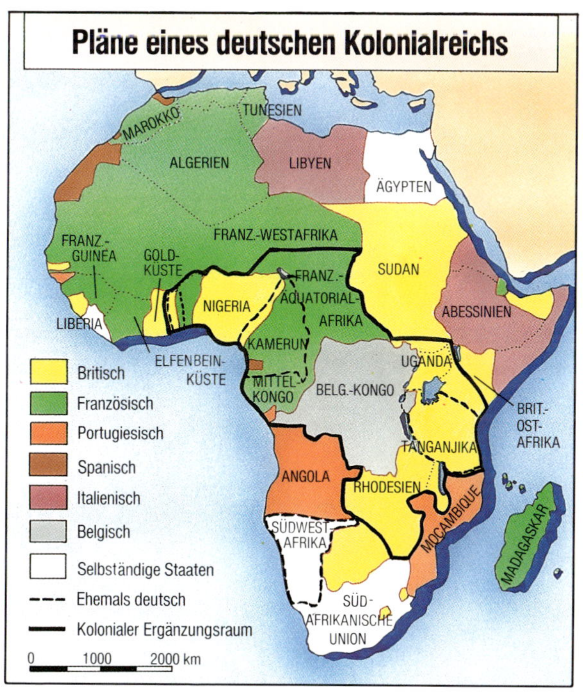

Rohstoffquellen für das Reich

1. Juli. Der Inhaber der Röchlingschen Eisenwerke GmbH, Hermann Röchling, wird zum Generalbevollmächtigten für die Eisenerzgewinnung und -verteilung in den annektierten Gebieten Luxemburg und der nordfranzösischen Departements Meurthe-et-Moselle ernannt. Einer der größten Unternehmer der Eisenindustrie im Saarland soll damit die planmäßige Ausbeutung der lothringischen und luxemburgischen Erzbecken betreiben. Die Rheinisch-Westfälische Schwerindustrie sichert sich so die Rohstoffe zur Eisenerzverhüttung.

Die Abhängigkeit der Schwerindustrie von ausländischen Rohstoffen, die sich vor allem während der Kampfhandlungen in Norwegen durch den Ausfall der schwedischen Erze bemerkbar machten, ist nun mit der Nutzung lothringischer Vorkommen vorerst überwunden.

Wie in Luxemburg und Lothringen werden auch Industrien und Rohstoffvorkommen der anderen besetzten Staaten für die deutsche Kriegswirtschaft herangezogen. In dem besetzten Teil Frankreichs, in Belgien und den Niederlanden werden einheimische Unternehmer zwangsweise zu Junior-Partnern deutscher Firmen, die für den deutschen Markt produzieren.

Verhaftungen der Gestapo in Wien

22. Juli. Die Geheime Staatspolizei (Gestapo) beginnt mit einer großen Verhaftungswelle gegen den österreichischen Widerstand. Die im April gegründete Untergrundbewegung um den Augustiner Chorherrn Karl Roman Scholz und den Rechtsanwaltsanwärter Jakob Kastelic mit ihren etwa 400 straff organisierten Mitgliedern wurden durch Verrat des Burgschauspielers Otto Hartmann der Gestapo ausgeliefert.

Die konservativen Widerstandsorganisationen »Österreichische Freiheitsbewegung« und »Großösterreichische Freiheitsbewegung«, die sich um Scholz und Kastelic gebildet hatten, setzten es sich zum Ziel, ihr seit dem 13. März 1938 unter deutscher Besatzung stehendes Land von der »inhumanen und unsittlichen Herrschaft« des Nationalsozialismus zu befreien.

Philippe Pétain wird Chef in Vichy

12. Juli. Nach dem Rücktritt der französischen Regierung stellt Präsident Albert Lebrun sein Amt zur Verfügung. Der am 17. Juni zum Ministerpräsidenten ernannte 84jährige Marschall Philippe Pétain übernimmt aufgrund der ihm am 10. Juli vom Parlament übertragenen Vollmachten das Amt des Chefs des französischen Staates. Pétain, der damit die gesamten Regierungsvollmachten innehat, ist befugt, ihm gegenüber verantwortliche Staatssekretäre zu benennen und diese abzuberufen. Er bestimmt den ehemaligen Ministerpräsidenten (1935/36) und bisherigen Senator Pierre Laval zu seinem Stellvertreter. Laval, der sich für eine verstärkte Zusammenarbeit mit der deutschen Reichsregierung ausspricht, ist maßgeblich an der Machtübernahme von Philippe Pétain beteiligt.

Die neue Regierung in Vichy stellt sich vor: Pierre Laval (5. v. l.) und Philippe Pétain (8. v. l.) bestimmen von nun an die Politik Frankreichs

Die mit dem Deutschen Reich kollaborierende neue Regierung nahm am 9. Juli an ihrem Regierungssitz im Badeort Vichy eine Vorlage zur Revision der Verfassung an, die eine neue politische Ordnung in Frankreich schaffen will. Besondere Beachtung findet dabei die Ausbildung und Erziehung der Jugend, die unter staatliche Kontrolle gestellt werden soll, um somit Einflüsse »intellektueller und moralischer« Verderbtheit in der Erziehung Heranwachsender zu eliminieren. Wirtschaftlich soll sich das Land hauptsächlich auf seine agrarischen und bäuerlichen Strukturen besinnen, in der industriellen Fertigung sollen Qualitätsprodukte gefördert werden.

Das somit begründete autoritär-korporative Regime legte die Grundlagen seiner Herrschaft in dem am 10. Juli erarbeiteten und am folgenden Tag von der Nationalversammlung mit 569 zu 80 Stimmen angenommenen Verfassungsgesetz, dem État Français, fest. Es besiegelt die endgültige Auflösung der nach dem Ersten Weltkrieg begründeten 3. Republik und setzt die Prinzipien der parlamentarischen Demokratie von 1789 außer Kraft. Die als nationale Revolution deklarierte Neuordnung mit ihrem Wahlspruch »Arbeit, Familie, Vaterland« versucht, mit nationalistischem Gedankengut neue politische Maßstäbe zu setzen. Zahlreiche Gesetze und Erlasse festigen im Lauf der folgenden Wochen den Herrschaftsanspruch des Vichy-Regimes: Am 15. August werden die Geheimgesellschaften aufgelöst und deren Vermögen beschlagnahmt. Mit dem Gesetz zur Einführung einer gelenkten Wirtschaft am 20. August werden Arbeitgeberorganisationen und Gewerkschaften aufgelöst und durch korporative Organisationen ersetzt, deren Mitglieder vom Staat ernannte Vertreter beider Seiten sind. Am 3. September wird die Schutzhaft zur Sicherung vor »staatsgefährdenden Umtrieben« erlassen. Das am 18. Oktober veröffentlichte Judengesetz ist das erste Rassengesetz in der Geschichte des französischen Staates.

Birmastraße von Briten gesperrt

18. Juli. Auf Druck der japanischen Regierung sperrt Großbritannien für die Dauer von drei Monaten die Birmastraße, eine der Hauptnachschublinien der nationalchinesischen Truppen unter Marschall Chiang Kai-shek. Durch die Blokkade der in den Jahren 1937 bis 1939 gebauten 1100 km langen Gebirgsstraße zwischen Kunming und dem birmanischen Eisenbahnendpunkt Lashio ist die Kuomintang-Regierung in Tschungking von jeglichen Waffenlieferungen abgeschnitten.

Schon am 20. Juni forderte Japan von Frankreich einen Truppenabzug; am 1. Juli mußte Großbritannien jeglichen Waffentransit von Hongkong nach China einstellen.

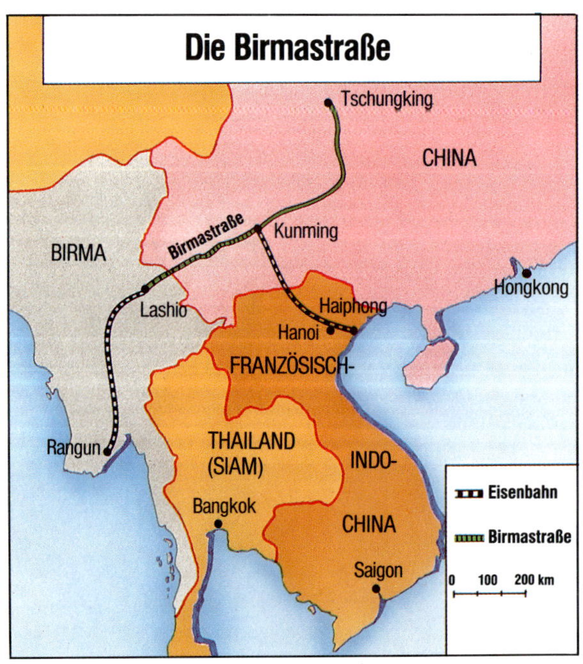

Die auf Druck Japans von Großbritannien gesperrte 1100 km lange Birmastraße dient dazu, Nachschub über Land nach China zu bringen, dessen Häfen von Japan kontrolliert werden. Die Sperrung der einzigen Nachschublinie schwächt die Kampfkraft der nationalchinesischen Truppen unter Chiang Kaishek erheblich.

Konoe sucht den Kontakt zur Achse

22. Juli. Sechs Tage nach dem Rücktritt der erst am → 14. Januar (S. 22) eingesetzten japanischen Regierung unter Mitsumasa Yonai bildet Prinz Fumimaro Konoe (Ministerpräsident 1937–39) ein neues Kabinett. Die Regierung unter Konoe ist bestrebt, den außenpolitischen Kurs des Landes grundsätzlich zu ändern. Während Yonai einen Ausgleich mit den Alliierten und den USA anstrebte, ist Konoe um eine Annäherung an die Achsenmächte Deutsches Reich und Italien bemüht (→ 27. 9./S. 154). Das seit 1937 mit China in Konflikt stehende Land verfolgt selbst eine japanische Vorherrschaft im asiatischen Großraum.

Schlußdeklaration von Havanna

30. Juli. Zum Abschluß ihrer seit dem 20. Juli in Havanna abgehaltenen Konferenz legen die Delegierten der Panamerikanischen Union in einer Deklaration ihre grundsätzliche Haltung zu den kriegführenden Staaten in Europa fest. Sie beschließen u. a., daß Gebiete auf dem amerikanischen Kontinent, die sich im Besitz nichtamerikanischer Staaten befinden (darunter z. B. die britischen Kolonialbesitzungen Bahama und Jamaika), bei Gefahr, von einer dritten Macht okkupiert zu werden, unter amerikanische Verwaltung gestellt werden sollen.

Bagdadbahn ist nun fertiggestellt

15. Juli. Nach 37jähriger Bauzeit wird das letzte Teilstück der Bagdadbahn zwischen der Grenze Syriens und dem Irak feierlich eröffnet. Die Idee, einen Schienenweg vom Bosporus bis zum Persischen Golf zu bauen, geht u. a. auf Georg von Siemens, Direktor der 1870 neugegründeten Deutschen Bank, zurück. Die Bahn sollte dazu beitragen, das damalige Osmanische Reich mit seinem Hinterland für Handelsbeziehungen mit dem Deutschen Reich verkehrsmäßig zu erschließen. Der Erste Weltkrieg sowie Gebietsstreitigkeiten zwischen dem Iran und Irak zögerten die Vollendung der Eisenbahnstrecke über drei Jahrzehnte hinaus.

Rüstungspolitik der Großmächte

12. Juli. In einer Sonderbotschaft ersucht US-Präsident Franklin Delano Roosevelt den Kongreß um die Bewilligung eines zusätzlichen Kredits in Höhe von 4 Milliarden US-Dollar (16,74 Mrd. RM) für die Landesverteidigung. Die im laufenden Haushaltsjahr von Roosevelt geforderten Mittel für die militärische Verteidigung belaufen sich damit auf eine Summe von etwa 10 Milliarden US-Dollar (41,85 Mrd. RM).
Die seit Anfang 1940 von Roosevelt stetig erhöhten Mittel für die Verteidigung, die sich bei Jahresende auf 17 Milliarden Dollar (71,15 Mrd. RM) belaufen, lassen auf eine wachsende Interventionsbereitschaft der US-

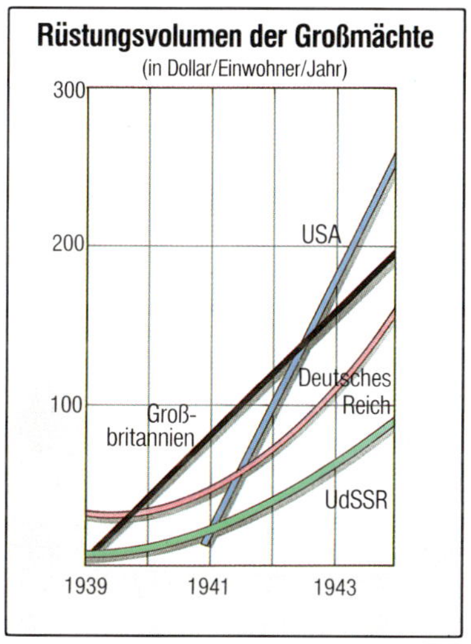

Regierung schließen. Neben dem Entschluß vom 19. Juli, die US-Kriegsmarine bis 1945 auf den Stand einer Zwei-Ozean-Großflotte aufzustocken, um über den Pazifik hinaus auch in atlantischen Gewässern operieren zu können, nehmen auch die Rüstungslieferungen an Großbritannien zu. Die Umstellung vieler US-amerikanischer Betriebe auf die Rüstungsproduktion trägt zur Belebung der inländischen Industrieproduktion bei. Gleich zu Kriegsbeginn werden in Europa etwa 8,75 Millionen Arbeitslose wieder in den Arbeitsprozeß eingegliedert.
Auch die UdSSR betreibt nach ihren Erfahrungen im Finnisch-Sowjetischen Winterkrieg (→ 8. 1./S. 14; 12. 3./S. 52) die Aufrüstung. In einer Erklärung vom 31. Juli betont das Volkskommissariat der Marine, daß die Seestreitkräfte auf den Stand der Land- und Luftstreitkräfte gebracht werden müssen.

Gesundheit 1940:

Sozialrassismus und Volksgesundheit

Die bis zum Kriegsbeginn vom NS-System aufgeschobene Radikalisierung des Gesundheitswesens wird mit der sich 1940 abzeichnenden politischen Vormachtstellung des Deutschen Reiches in Europa vorangetrieben. Der günstige Kriegsverlauf und die Wirren des Kriegsalltags lassen ohne große Anteilnahme der Bevölkerung Euthanasiemaßnahmen bei »Lebensunwerten« (→ 19. 7./S. 132) und medizinische Experimente an Gefangenen zu (→ 15. 5./S. 99).
Die Auffassung, daß durch derartige Vernichtungsaktionen eine »Aufartung des Volkskörpers« zu erreichen sei und alle sozialen wie erbbedingten Krankheiten aus der Welt zu schaffen sind, prägen das Denken und die Begrifflichkeiten einer nationalsozialistischen »Sozialhygiene«. Begleitet werden diese Maßnahmen durch verstärkte Anstrengungen um die Gesundheitsvor- und -fürsorge der »artgerechten« deutschen Bevölkerung. Die Sorge um die »Volksgesundheit« und damit auch um die Einsatzfähigkeit der Bevölkerung an Front und in Betrieben bestimmen das gesundheitspolitische Konzept. Appelle und Ärztekongresse, die im Zeichen des Kampfs gegen Seuchen und Krebs stehen, wechseln sich über das Jahr ab. Krebsforschung und Vorsorgeuntersuchungen sowie auch Maßnahmen, die ernährungsbedingt entstehende Seuchen abwenden sollen, werden an wissenschaftlichen Institutionen und Gesundheitsstationen durchgeführt. Altbekannte Epidemien wie Typhus, Tuberkulose und die vor allem bei Kindern häufige Mangelerscheinung Rachitis sollen entschieden bekämpft werden. Die sich zu einer Leistungsmedizin auswachsende Gesundheitsvorsorge wird vor allem für Arbeiter in kriegswirtschaftlich wichtigen Betrieben deutlich spürbar. Verschärfte Kontrollen im Krankheitsfall durch den Betriebsarzt, der dazu angehalten ist, bei »unbegründeter« Krankmeldung dem Arbeitgeber Bericht zu erstatten, sind in diesem zweiten Kriegsjahr die Regel. Sog. Betriebsgesundheitsstationen werden geplant.

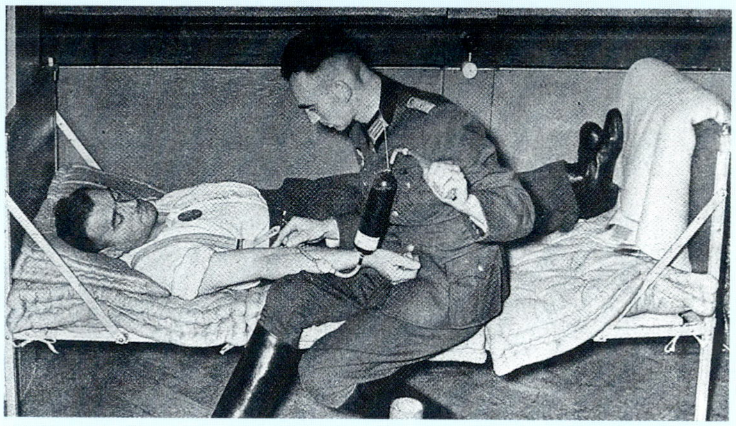

Blutspende für verwundete Soldaten; überall im Deutschen Reich werden die Bürger aufgerufen, auf diese Weise ihren Kriegsbeitrag zu leisten

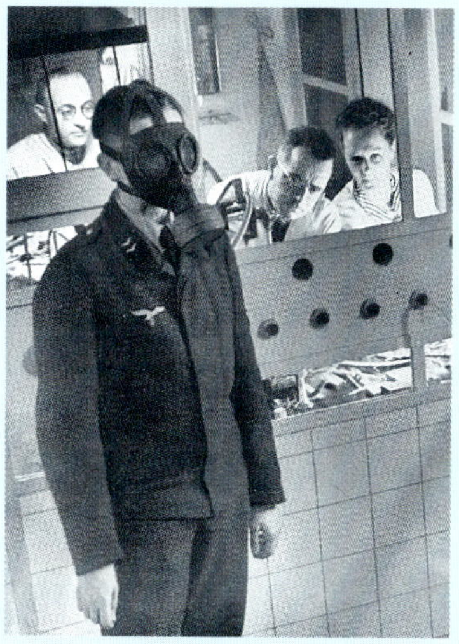

In einem Labor werden Gasmasken auf ihre Tauglichkeit getestet

Verwundete werden mit Lazarettschiffen zurückgebracht

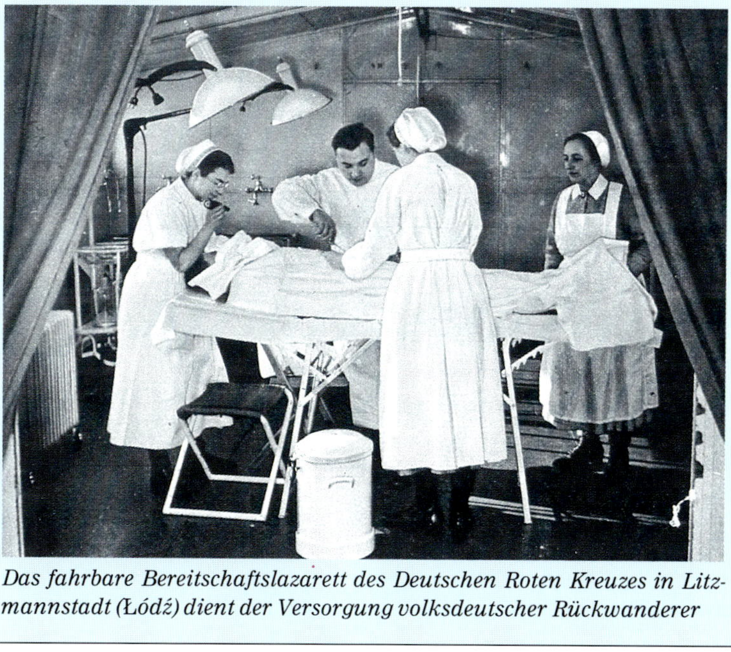

Das fahrbare Bereitschaftslazarett des Deutschen Roten Kreuzes in Litzmannstadt (Łódź) dient der Versorgung volksdeutscher Rückwanderer

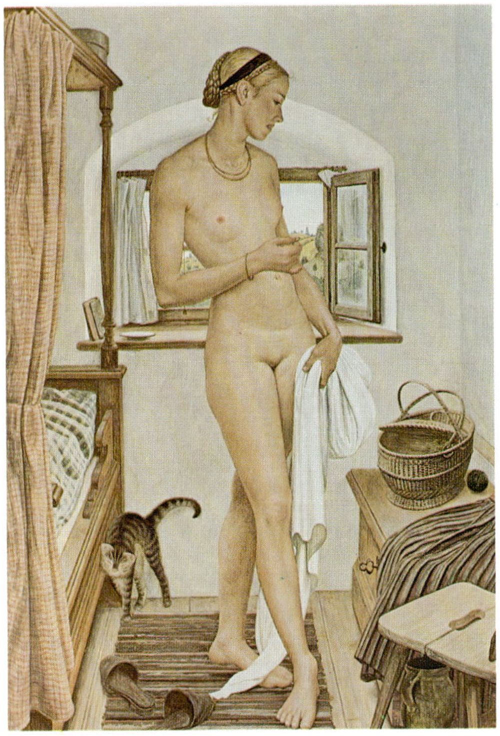

Anmut und Schönheit im Sinne der NS-Ideologie: »Bauerngrazie« von Oskar Martin Amorbach

Der oberbayerische Maler Friedrich Stahl stellt »Die Braut des Bauern« in München vor

»Auf sonniger Höhe« lautet der Titel dieses Aktgemäldes von Constantin Gerhardinger

Große Deutsche Kunstausstellung in München eröffnet

27. Juli. Der Stellvertreter des Führers der NSDAP, Rudolf Heß, eröffnet im Haus der Deutschen Kunst in der Münchner Prinzregentenstraße die IV. Große Deutsche Kunstausstellung. An dieser regimegenehmen und »artgerechten« Ausstellung, die bis zum Februar 1941 zu sehen sein soll, beteiligen sich 752 bildende Künstler mit insgesamt 1397 Werken.

Die von der NS-Führungsspitze als Demonstration des »geistigen Aufbruchs des deutschen Volkes« verstandene Kunstschau soll nach den Worten des Eröffnungsredners, Reichspropagandaminister Joseph Goebbels, der deutschen Bevölkerung vor allem »im Krieg Kunst und Erbauung geben«.

Unter den in München gezeigten Exponaten stehen die Skulpturen eindeutig im Mittelpunkt. Die Monumentalplastik, die das Aktive und Erhabene im Sinne der nationalsozialistischen Kunstauffassung versinnbildlichen soll, ist durch Statuen der Bildhauer Arno Breker sowie Josef Pieper exemplarisch vertreten. Daneben prägen figürliche Bilder mit Landschaftshintergrund die aktuelle deutsche Kunstszene. Weitere Themen dieser überhöht realistischen Gemälde sind Szenen aus dem Leben des Arbeiters und der Industrie sowie die stilisierte Darstellung des Alltags der Bauern und des Landlebens. Zahlreiche Porträt- und Aktstudien verdeutlichen dem Betrachter den vom Regime als Idealtypus herausgestellten neuen Menschen, der mit seiner »wahrhaftigen Schönheit gegen alle Verderbtheit« antreten soll.

Die seit 1937 alljährlich veranstaltete deutsche Kunstausstellung in München soll mit ihrer massiven Demonstration gegen alle avantgardistische und abstrakte Kunst antreten, die von den Nationalsozialisten seit ihrer ersten Ausstellung der »Entarteten Kunst« desselben Jahres ein für allemal aus dem deutschen Kunstschaffen verbannt sein soll. Die Ausstellung sahen 400 000 Besucher.

Rudolf Hermann Eisenmengers »Abziehendes Gewitter« bringt die angebliche Idylle und Naturverbundenheit der Landbevölkerung zum Ausdruck. Die Vorherrschaft stilisierter Landschaftsgemälde und Bauernromantik in der Münchner Kunstausstellung soll den Betrachtern das »einfache und unverfälschte germanische Landleben« nahebringen. Viele der hier gezeigten Werke sind an Vorbildern alter holländischer Meister orientiert.

Hitler bei Kriegsfestspielen in Bayreuth

23. Juli. Führer und Reichskanzler Adolf Hitler wohnt im Rahmen der am 17. Juli eröffneten Bayreuther »Kriegsfestspiele« der Opernaufführung »Götterdämmerung«, des letzten Teils der Operntetralogie »Der Ring des Nibelungen« von Richard Wagner, bei. Diese Kriegsfestspiele, die auf Wunsch Hitlers den Soldaten und verdienten Arbeitern der Rüstungsindustrie gewidmet sind, sollen bis zum 31. Juli dauern.
Hunderte derartiger Pivilegierter erleben die Opernaufführung. In den während der Pausen und im Anschluß an die Vorstellung stattfindenden Kundgebungen und Paraden soll der Dank des Volkes zum Ausdruck gebracht werden.
Die seit 1930 von Wagners Schwiegertochter Winifred geleiteten Festspiele in Bayreuth werden vom NS-Regime als Musterbeispiel deutschen Musikschaffens herausgestellt. Die in den Werken des Komponisten thematisierte germanische Mythologie wird vor allem von Hitler als Ausdruck reiner nationaler deutscher Kultur verstanden. Neben propagandistischer Unterstützung werden die Festspiele auch finanziell subventioniert. In diesem Jahr beteiligt sich der Führer mit 500 000 Reichsmark.

△ *Winifred Wagner (Frau von Siegfried Wagner) im Gespräch mit Rüstungsarbeitern und Soldaten, die sie als »Gäste des Führers« in Bayreuth willkommen heißt. Frau Wagner, die bereits seit 1926 Mitglied der NSDAP ist, leitet seit dem Tod ihres Mannes am 4. August 1930 die Festspiele in Bayreuth.*

◁ *»Volksnah« sollen die diesjährigen Wagner-Festspiele in Bayreuth sein. Das 1873 erbaute Haus Wahnfried (Hintergrund) ist alljährlich ein beliebter Treffpunkt des Festspielpublikums. Auch Hitler zieht sich immer wieder gerne hierher zurück.*

Filmpropaganda gegen Judentum

17. Juli. In Berlin kommt der antisemitische Film »Die Rothschilds« zur Uraufführung. Diese unter der Regie von Erich Waschnek entstandene Produktion schildert den Aufbau des Finanzimperiums der jüdischen Bankiersfamilie Rothschild zu Anfang des 19. Jahrhunderts. Durch Verkehrung und Vereinfachung historischer Tatsachen versucht dieser Film, eine vom Regime als »übelwollend« und »unwert« eingestufte Rasse zu stigmatisieren.
Bei dem Frankfurter Bankier Mayer Amschel Rothschild (Erich Ponto) deponierte britische Wertpapiere des hessischen Landgrafen mißbraucht der Bänker und schickt sie seinem Sohn Nathan (Carl Kuhlmann), der in London lebt. Mit diesem Geld erwirbt Nathan auf einer Auktion eine Goldladung der Ostindischen Kompanie und dringt hierdurch in den Geschäftsbereich der Londoner Hochfinanz ein und begründet mit illegalen Geschäftspraktiken ein Finanzimperium.
Die Produktion soll nach offiziellen Angaben »erstes praktisches Beispiel« einer Produktionsreihe sein, die »einen der Gründe unseres Kampfes gegen das Weltjudentum« aufzeigt.

Erstes Länderspiel für Fritz Walter

14. Juli. Mit einem sensationellen Ergebnis endet in Frankfurt am Main die dritte Länderspielbegegnung der deutschen und rumänischen Mannschaft. Deutschland geht aus diesem Spiel mit 9:3 Toren siegreich hervor. Unter den zum erstenmal bei einem Länderspiel eingesetzten Nachwuchsspielern befindet sich auch der erst 19jährige Kaiserslauterer Fritz Walter. Der Mittelstürmer, der sich durch seine Leistung schon in den ersten Spielminuten die Sympathie der 45 000 Zuschauer erspielt, erhöht den Torstand des deutschen Teams kurz vor der Halbzeit auf 4:0. Auch zwei der in der letzten Spielhälfte geschossenen Tore gehen auf den Einsatz des jungen Spielers vom 1. FC Kaiserslautern zurück. Ein von ihm in der Schlußminute erzielter vierter Treffer, das 10. Tor für die deutsche Mannschaft, wird vom Schiedsrichter wegen Abseits nicht anerkannt.

P. Gubellini siegt mit 2 1/2 Längen Vorsprung vor der deutschen Tatjana

Hochdotierter Galopprennpreis an Italien

28. Juli. *München ist Schauplatz eines internationalen Galopprennens. Zum Abschluß der Riemer Rennwochen treten acht der bedeutendsten Rennställe im Kampf um das mit 100 000 Reichsmark dotierte »Braune Band von Deutschland« an. Das Rennereignis im Pferdesport gilt zugleich als Prüfung der vom Deutschen Reich sowie Italien gestarteten Vollblutzucht. Das Rennen über 2400 m gegen eine große Konkurrenz macht Paolo Gubellini auf Dormelli-Olgiata Bellini.*

5. Meisterschaft für Schalke 04

21. Juli. Der FC Schalke 04 wird zum fünften Mal (seit 1934) Deutscher Fußballmeister. Im Endspiel vor 95 000 Zuschauern im Berliner Olympia-Stadion besiegt der Fußballclub aus Gelsenkirchen den Dresdner SC mit 1:0.
Es ist eines der schwächsten Endspiele der letzten Jahre. Der Dresdner SC mit Spielmacher Helmut Schön, dessen Stärke eigentlich im Angriff liegt, zieht sich weitgehend zurück und beschränkt sich darauf, den Schalker Spielfluß zu stören. Nach einem gelungenen Kombinationsspiel erzielt Mittelstürmer Ernst Kalwitzki in der 26. Minute das »goldene Tor«. Der Favorit wird von Dresden nicht gefordert. Die Zuschauer können die spieltechnische Brillanz des »Schalker Kreisels« um Ernst Kuzorra und Fritz Szepan nur kurzzeitig in der zweiten Halbzeit bewundern. Schalke ist mit dem Pflichtergebnis zufrieden.

August 1940

Mo	Di	Mi	Do	Fr	Sa	So
			1	2	3	4
5	6	7	8	9	10	11
12	13	14	15	16	17	18
19	20	21	22	23	24	25
26	27	28	29	30	31	

1. August, Donnerstag

Führer und Reichskanzler Adolf Hitler erläßt die »Weisung Nr. 17: Für die Führung des Luft- und Seekrieges gegen England« (→ 13. 8./S. 144).

Der Vorsitzende des Rates der Volkskommissare und Volkskommissar für Auswärtige Angelegenheiten der UdSSR, Wjatscheslaw M. Molotow, hält eine große außenpolitische Rede vor dem Obersten Sowjet in Moskau. → S. 146

Der Protest katholischer deutscher Bischöfe gegen die Euthanasiemaßnahmen im Deutschen Reich (→ 19. 7./S. 132) wird in Form eines Briefes von Erzbischof Conrad von Freiburg an den Chef der Reichskanzlei Hans Heinrich Lammers gesandt (→ 19. 7./S. 132).

Vom Leiter der rundfunkpolitischen Abteilung beim deutschen Auswärtigen Amt Gerd Rühle wird das Referat Kolonialfunk gegründet. Dieses soll die Errichtung eines Sendenetzes für die »künftigen, vom Deutschen Reich wiedererworbenen Kolonien« vorbereiten.

»Die 3 Codonas«, ein Film über die dramatische Lebensgeschichte einer Artistenfamilie, wird in Hamburg unter der Regie von Arthur Maria Rabenalt uraufgeführt. Peter Kreuder schrieb die Musik. → S. 149

Im Alter von 71 Jahren stirbt der deutsche Politiker der Sozialdemokratischen Partei Deutschlands, Paul Hirsch, in Berlin.

Die deutsche Regisseurin Leni Riefenstahl beginnt bei Mittenwald (Bayern) mit den Dreharbeiten zur Film-Oper »Tiefland« nach der gleichnamigen Oper von Eugen d'Albert.

2. August, Freitag

Generalfeldmarschall Wilhelm Keitel, Chef des Oberkommandos der Wehrmacht (OKW), erteilt General Georg Thomas, Chef des Wirtschafts- und Rüstungsamtes im OKW, die Weisung, ein neues Rüstungsprogramm mit Erhöhung der Heeresstärke auf 180 Divisionen aufzustellen.

Die am → 28. Juni (S. 117) durch die Sowjetunion besetzten Gebiete Bessarabien und Nord-Bukowina werden als Moldauische Sozialistische Sowjetrepublik in die UdSSR eingegliedert.

Das französische Kriegsgericht in Clermont-Ferrand verurteilt General Charles de Gaulle, Führer des Freien Frankreichs, in Abwesenheit zum Tode.

Die Kinder des belgischen Königs Leopold III., die beim Einmarsch deutscher Truppen (→ 10. 5./S. 88) außer Landes gebracht worden sind, treffen mit einem von der deutschen Reichsregierung zur Verfügung gestellten Sonderzug wieder in Brüssel ein.

In einem Telegramm an Reichsaußenminister Joachim von Ribbentrop berichtet der deutsche Gesandte in Lissabon, Oswald Baron von Hoyningen-Huene, über die gescheiterten Bemühungen, Eduard, Herzog von Windsor, als Friedensvermittler zu gewinnen. → S. 147

3. August, Sonnabend

Führende Vertreter der I. G. Farbenindustrie AG überreichen dem Reichswirtschaftsministerium ihren »Neuen Plan« zur Schaffung eines europaweiten Imperiums der deutschen chemischen Industrie. → S. 148

Um Sympathiekundgebungen der Bevölkerung anläßlich des 68. Geburtstags des norwegischen Königs Håkon VII. vorzubeugen, erläßt die deutsche Besatzungsmacht ein Beflaggungsverbot.

Die deutsche Besatzungsmacht führt in den Niederlanden die Kleiderkarte ein.

In Stuttgart beginnt vor 20 000 Zuschauern der zweitägige Leichtathletik-Länderkampf zwischen dem Deutschen Reich und Italien (→ 29. 9./S. 167). In der ersten Serie von neun Disziplinen gewinnen die Athleten aus dem Deutschen Reich sieben Wettbewerbe.

4. August, Sonntag

Vor 60 000 Zuschauern werden auf der Berliner Olympiaregattastrecke die Deutschen Rudermeister ermittelt: Im Skiff siegt Joseph Hasenöhrl (Wien); im Zweier mit Steuermann: Amicita Mannheim; Zweier ohne: Spindlerfelder Ruderverein; Vierer mit Steuermann: Victoria Berlin und im Achter der Berliner Ruderclub.

5. August, Montag

Adolf Hitler ernennt Otto Abetz, Bevollmächtigter des Auswärtigen Amtes beim Militärbefehlshaber in Frankreich, zum Botschafter der französischen Vichy-Regierung. → S. 143

Generalmajor Erich Marcks, Chef des Generalstabes der 18. Armee, stellt eine erste Aufmarschstudie Ost für einen Feldzug gegen die Sowjetunion fertig (→ 6. 10./S. 175).

In einem Memorandum an die militärischen Führungsstäbe gibt der britische Premier Winston Churchill Weisungen zur Abwehr einer deutschen Invasion bekannt. → S. 145

Auf einer Reise durch das niederländische Kohlengebiet betont der Reichskommissar der Niederlande, Arthur Seyß-Inquart, die Notwendigkeit, trotz kriegsbedingter Transportschwierigkeiten die Kohleabbaumengen zu steigern.

Eine Reichsverordnung mit Gesetzeskraft verfügt für alle polnischen Arbeitskräfte im Deutschen Reich und in den eingegliederten Ostgebieten eine Sozialausgleichsabgabe in Höhe von 15% als Zuschlag zur Einkommensteuer. → S. 143

Die Krakauer Juden werden von deutschen Behörden nach Warschau umgesiedelt (→ 15. 11./S. 191). Krakau wird an Stelle von Warschau zum Sitz der Verwaltung im Generalgouvernement der besetzten polnischen Gebiete bestimmt.

6. August, Dienstag

Eine Verordnung der Reichsverwaltung regelt für Mitglieder der NSDAP und Beamte den Nachweis über die »arische« Abstammung neu. → S. 147

Durch Verordnung der deutschen Besatzungsmacht wird in Luxemburg Deutsch als offizielle Amtssprache eingeführt (→ 22. 10./S. 173).

Der Schweizer Bundesrat verbietet per Beschluß jegliche Aktivitäten von kommunistischen, trotzkistischen sowie anarchistischen Organisationen im Land (→ 19. 11./S. 190).

US-Oberst Charles August Lindbergh gründet in den USA die »Partei der Amerikaner«, die für eine strikte Nichteinmischung der USA in europäische Angelegenheiten eintritt. → S. 146

7. August, Mittwoch

Die Leiter der Zivilverwaltungen für die Gebiete Elsaß, Lothringen und Luxemburg werden ernannt. Reichsjugendführer Baldur von Schirach wird Reichsstatthalter und Gauleiter von Wien. Er tritt damit die Nachfolge von Josef Bürckel an. → S. 143

Anläßlich seines 70. Geburtstages wird Gustav Krupp von Bohlen und Halbach zum »Pionier der Arbeit« ausgezeichnet.

Eine »Verordnung betreffend die Anmeldung deutschen Vermögens im feindlichen Ausland« wird erlassen. Als feindliche Staaten werden in diesem Zusammenhang Großbritannien, Frankreich, Ägypten, Sudan, Irak und Monaco bezeichnet.

Nach einem Entschluß des Obersten Sowjet in Moskau wird Estland als Räterepublik in die UdSSR eingegliedert. Schon am 3. und 5. August wurden Litauen und Lettland als Bundesrepubliken in die Union der Sozialistischen Sowjetrepubliken aufgenommen (→ 28. 6./S. 117).

Die US-amerikanischen Gewerkschaftsorganisationen American Federation of Labour, Congress of Industrial Organisation und fünf große Eisenbahnerverbände künden Proteste gegen die von der US-Regierung geplante Einführung der allgemeinen Wehrpflicht an (→ 16. 9./S. 160).

8. August, Donnerstag

Flugzeuge der 9. deutschen Fliegerdivision beginnen mit der Verminung der Themse- und der Humber-Mündung sowie verschiedener britischer Häfen, um die Insel völlig zu blockieren.

Zwischen der britischen Regierung und General Charles de Gaulle, Führer der Truppen des Freien Frankreichs, wird ein Militärabkommen geschlossen. → S. 145

Der französische Oberste Staatsgerichtshof tritt in Riom zu seiner konstituierenden Sitzung zusammen, um Untersuchungen zur Frage der »Verantwortlichkeit am Kriege« aufzunehmen (→ 19. 9./S. 161).

In einer Proklamation fordert US-Präsident Franklin D. Roosevelt alle US-amerikanischen Staatsbürger auf, am 9. September zu Gott zu beten, er möge der unruhigen Welt einen gerechten und dauerhaften Frieden geben.

Reichswirtschaftsminister Walther Funk ordnet an, daß Juden im Deutschen Reich nicht mehr ohne staatliche Genehmigung über Vermögenswerte verfügen können.

In Berlin wird das Filmlustspiel »Wiener G'schichten« uraufgeführt. Paul Hörbiger und Hans Moser spielen unter der Regie von Geza von Bolvary die Hauptrollen.

9. August, Freitag

Das Oberkommando der Wehrmacht (OKW) erteilt die Weisung zum »Aufbau Ost«, d. h. zum Ausbau des Generalgouvernements für die besetzten polnischen Gebiete als Operationsbasis für einen Feldzug gegen die Sowjetunion (→ 6. 10./S. 175).

10. August, Sonnabend

Britische Bombereinheiten greifen die Hydrierwerke Scholven in Gelsenkirchen an; nach Tankexplosionen verbrennen dabei 500 000 l Flugbenzin.

11. August, Sonntag

Deutsche Bomber fliegen Angriffe auf die britischen Städte Portland und Dover.

In Berlin werden die zweitägigen Deutschen Leichtathletik-Meisterschaften beendet. → S. 149

Bei der internationalen Ruderregatta von Lecco gewinnt der Wiener Joseph Hasenöhrl das Skiffrennen in 8:13,7 min. Im Doppelzweier siegt der Berliner Ruderclub in 7:35,1 min.

In Helsingör (Dänemark) verbessert die dänische Schwimmerin Ragnhild Hveger den Weltrekord im Freistil der Damen über 1500 m auf 21:10,1 min.

12. August, Montag

Durch den Abschluß eines deutsch-schweizerischen Verrechnungsabkommens rückwirkend zum 1. August soll für das Jahr 1941 eine Steigerung des beiderseitigen Warenaustausches erreicht werden.

Italiens Ministerpräsident und Duce Benito Mussolini weiht den neuen Staudamm am Tiber, wenige Kilometer unterhalb von Rom, ein.

August-ausgabe der Monatszeitschrift »Die Kunst im Deutschen Reich«; das Magazin erscheint im 4. Jahr und wird herausgegeben vom »Beauftragten des Führers für die Überwachung der gesamten geistigen und weltanschaulichen Schulung und Erziehung der NSDAP«

13. August, Dienstag

Die deutsche Luftwaffe beginnt den verstärkten Luftkrieg gegen Großbritannien (»Adlertag«). → S. 144

In der Roten Armee der UdSSR werden die politischen Kommissare (Militärbefehlshaber mit politischen Vollmachten) abgeschafft (→ 12. 10./S. 174)

Unter der Regie von Hans Steinhoff wurde der schon 1921 erstmals als Drehbuchvorlage dienende Roman »Die Geierwally« von Wilhelmine von Hillern erneut verfilmt: Die Uraufführung findet in München statt. → S. 149

14. August, Mittwoch

Das im finnischen Eismeerhafen Liinahamari liegende US-Truppentransportschiff »American Legion« läuft mit 900 US-amerikanischen Staatsbürgern in Richtung USA aus.

15. August, Donnerstag

Aufgrund einer Führerermächtigung vom 8. Juli erläßt Generalgouverneur und Reichsminister Hans Frank eine Verfügung, wonach die Bezeichnung »Generalgouvernement für die besetzten polnischen Gebiete« durch den Namen »Generalgouvernement« ersetzt wird. Damit wird das Gebiet offiziell »Nebenland des Reichs«.

Der französische Ministerrat in Vichy nimmt einen Gesetzentwurf über die Auflösung von Geheimgesellschaften an, wonach alle Vereine und Gesellschaften geheimen Charakters aufzulösen sind. Die Immobilien und Guthaben dieser Gesellschaften werden beschlagnahmt (→ 12. 7./S. 134).

Die deutsche Zollgrenze wird an die luxemburgische Grenze nach Belgien und Frankreich vorverlegt.

In Moringen bei Northeim wird ein Jugendschutzlager errichtet, das eine Kapazität von etwa 400 Plätzen besitzt (→ 28. 11./S. 190). Es dient als Arbeitserziehungslager für Jugendliche.

Das Sondergericht Braunschweig verurteilt eine 46jährige Frau aus Wolfenbüttel zu drei Monaten Gefängnis, da diese in einem privaten Gespräch die Richtigkeit der deutschen Wehrmachtsberichte angezweifelt hatte.

Die amtliche sowjetische Nachrichtenagentur »TASS« begeht ihr 15jähriges Jubiläum.

16. August, Freitag

In einer Mitteilung an das Kriegsministerium gibt der britische Premier Winston Churchill bekannt, daß mit einem Großangriff der italienischen Truppen auf Ägypten von Libyen aus jederzeit gerechnet werden muß (→ 16. 9./S. 158).

In Braunschweig enden die am 8. September begonnenen Deutschen Tennismeisterschaften. Im Herreneinzel siegt Henner Henkel gegen Engelbert Koch mit 6:2, 2:6, 6:2 und 6:3. Er behauptet damit zum vierten Mal seinen Titel.

17. August, Sonnabend

Das Oberkommando der Wehrmacht erklärt die Britischen Inseln zum Operationsgebiet für die totale Blockade Großbritanniens.

Der Abschluß eines deutsch-finnischen Transitabkommens erlaubt dem Deutschen Reich, Kriegsmaterial nach Nordnorwegen über finnisches Territorium zu leiten (→ 6. 10./S. 175). Hintergrund ist der geplante Feldzug im nächsten Frühjahr gegen die Sowjetunion.

Reichsaußenminister Joachim von Ribbentrop rät dem italienischen Botschafter Dino Odoardo Alfieri bei einer Unterredung in Berlin von einer militärischen Aktion Italiens gegen Griechenland (→ 28. 10./S. 173) und Jugoslawien ab.

18. August, Sonntag

Die Vereinigten Staaten und Kanada errichten ein gemeinsames Verteidigungsamt, das sich mit der Sicherung der nördlichen Hälfte der westlichen Hemisphäre befassen soll.

Der US-amerikanische Präsidentschaftskandidat Wendell Louis Willkie nimmt seine Ernennung zum Spitzenkandidat der Republikanischen Partei formell an (→ 5. 11./S. 192).

Führer und Reichskanzler Adolf Hitler stiftet das sog. Narvik-Schild als Auszeichnung für Angehörige der in Narvik eingesetzten Kampfgruppe unter General Eduard Dietl (→ 17. 4./S. 72) sowie ein Ritterkreuz des Kriegsverdienstkreuzes.

19. August, Montag

In Bukarest beginnen Verhandlungen zwischen Rumänien und Bulgarien über Gebietsansprüche Bulgariens auf das Gebiet der Süd-Dobrudscha (→ 30. 8./ S. 142; 6. 9./S. 155).

In einer am 4. August begonnenen Offensive erobern italienische Truppen Britisch-Somaliland. → S. 145

20. August, Dienstag

Der erste Operationsentwurf »Felix« für eine deutsche Eroberung von Gibraltar wird im Oberkommando der Wehrmacht ausgearbeitet (→ 21. 10./S. 172).

In einem Runderlaß des deutschen Auswärtigen Amtes zur Frage der Neuordnung im arabischen Raum wird mitgeteilt, daß die deutsche Reichsregierung keine politischen Interessen in diesem Gebiet habe und Italien den Vortritt lasse.

Italien erklärt das Mittelmeer und die afrikanische Küste zum militärischen Operationsgebiet.

Die in Fulda tagende Bischofskonferenz verbietet katholischen Institutionen und Bediensteten, bei der Erfassung und dem Abtransport von Patienten, die der Euthanasie (→ 19. 7./S. 132) zugeführt werden sollen, aktiv mitzuwirken.

Das Reichssicherheitshauptamt stellt in einer internen Mitteilung fest, daß es im Protektorat Böhmen und Mähren (Tschechei) eine kommunistische Bewegung gibt, die sich auf breite Widerstandskräfte in der Bevölkerung stützen kann. → S. 143

21. August, Mittwoch

Der sowjetische Politiker und Revolutionär Leo Trotzki stirbt in Mexiko an den Folgen eines Mordanschlages vom Vortag im Alter von 61 Jahren. → S. 146

22. August, Donnerstag

Britische Flugzeuge bombardieren die auf dem »großen Feld« zwischen Lauffen, Nordhausen, Nordheim und Hausen errichtete Scheinanlage des Stuttgarter Hauptbahnhofs. Die Hallenattrappen und imitierten Gleisanlagen werden während des Zweiten Weltkrieges insgesamt 37mal angegriffen.

23. August, Freitag

Die seit dem 16. August laufenden Verhandlungen zwischen Rumänien und Ungarn bezüglich der Siebenbürgen-Frage in Turnu Severin werden ergebnislos abgebrochen (→ 30. 8./S. 142).

Das Deutsche Reich und Rumänien wollen ihre Wirtschaftsbeziehungen weiter ausbauen. Rumänien ist nach Verhandlungen mit der deutschen Reichsregierung bereit, seine Landwirtschaftsproduktion auf die deutschen Bedürfnisse einzustellen.

Im »Völkischen Beobachter« stellt Fritz Reinhardt, Staatssekretär im Reichsfinanzministerium, fest, daß die Kriegsfinanzierung des Deutschen Reiches gesichert sei. Das gesamte Steueraufkommen des Reichs, einschließlich der Kriegszuschläge, beträgt im ersten Drittel des Rechnungsjahres 1940 etwa 8 Milliarden Reichsmark.

Hans Albers ist Hauptdarsteller in dem Film »Trenck, der Pandur«, der in Wien zur Uraufführung kommt (→ 16. 2./S. 46).

24. August, Sonnabend

Einzelne deutsche Bomben, die Ziele in Rochester und Thameshaven treffen sollen, fallen weit verstreut auf das Stadtgebiet von London – erstmals seit Kriegsbeginn. Weitere Luftangriffe werden auf Birmingham, Bristol, Liverpool und Ziele im südlichen Wales geflogen (→ 13. 8./S. 144).

Paul Nipkow, deutscher Ingenieur und Pionier der Fernsehtechnik (Bildübertragung mittels Nipkow-Scheibe), stirbt im Alter von 80 Jahren in Berlin.

25. August, Sonntag

Auf der Leipziger Herbstmesse sind 6126 Aussteller aus 22 Nationen vertreten. Das Angebot ist in erster Linie auf den Export abgestimmt. Die Messe endet am 29. August.

26. August, Montag

Rumänien bittet um einen deutschen Schiedsspruch in der Siebenbürgen-Frage. Führer und Reichskanzler Adolf Hitler beschließt, sich in den ungarisch-rumänischen Streit einzuschalten (30. 8./S. 142).

In Luxemburg wird die Reichsmark als gesetzliches Zahlungsmittel eingeführt (1 Reichsmark = 10 Luxemburger Franken).

Die deutsche Presse meldet, daß nach Abschluß des Waffenstillstandsvertrages vom → 22. Juni (S. 112) etwa 800 000 Flüchtlinge in ihre Wohnquartiere in den deutsch-französischen Grenzbezirken zurückgekehrt sind. → S. 143

27. August, Dienstag

Führer und Reichskanzler Adolf Hitler entscheidet sich in der Frage einer Truppenlandung in Großbritannien (→ 17. 9./S. 157) für die »kleine Lösung«, d. h. die Landung auf einer Breite von 140 km zwischen Folkestone und Eastbourne.

28. August, Mittwoch

SS-Gruppenführer Reinhard Heydrich, Chef der Sicherheitspolizei und des Sicherheitsdienstes (SD), übernimmt die Leitung der Internationalen kriminalpolizeilichen Kommission.

Reichsmarschall Hermann Göring ordnet in seiner Funktion als Beauftragter für den Vierjahresplan die planmäßige Ausnutzung der Wirtschaft in den westlich besetzten Gebieten für die deutsche Kriegswirtschaft an (→ 1. 7./S. 133).

29. August, Donnerstag

Die französischen Kolonien Kamerun und Französisch-Äquatorialafrika schließen sich den freifranzösischen Streitkräften unter Führung von Charles de Gaulle an (→ 10. 11./S. 189).

30. August, Freitag

Im Wiener Schloß Belvedere wird der zweite Wiener Schiedsspruch unterzeichnet. Rumänien muß nach diesem Vertrag Nord-Siebenbürgen und das Szeklerland an Ungarn abtreten. → S. 142

Die französische Vichy-Regierung erkennt die Vorherrschaft Japans in Ostasien an und stimmt der Stationierung japanischer Truppen in Nordindochina zu (→ 22. 9./S. 160).

31. August, Sonnabend

Die Gründung einer deutsch-norwegischen Arbeitsgemeinschaft für den Elektrizitätsausbau in Norwegen unter dem Vorsitz von Reichskommissar Josef Terboven soll die Stromversorgung des Deutschen Reichs sicherstellen.

Das Wetter im Monat August

Station	Mittlere Lufttemperatur (°C)	Niederschlag (mm)	Sonnenscheindauer (Std.)
Aachen	15,3 (17,2)	55 (82)	– (188)
Berlin	15,4 (17,2)	85 (68)	– (212)
Bremen	14,9 (17,1)	76 (79)	– (182)
München	14,4 (16,6)	128 (96)	– (211)
Wien	– (18,6)	– (68)	– (242)
Zürich	16,1 (16,6)	134 (132)	236 (219)

( ) Langjähriger Mittelwert für diesen Monat
– Wert nicht ermittelt

München, 4. August 1940
45. Jahrgang / Nummer 31

30 Pfennig

SIMPLICISSIMUS

VERLAG KNORR & HIRTH KOMMANDITGESELLSCHAFT, MÜNCHEN

Englisches Wiegenlied - „Ninna Nanna" inglese

(Erich Schilling)

„Schlaf, Kindlein, schlaf,
Dein Vater ist ein Graf.
Wir fliegen jetzt nach Kanada,
Dein Vater, der ist auch bald da.
Schlaf, Kindlein, schlaf!"

"Dormi dormi, o pargolino,
Tuo babbo è conte e tu contino.
Or noi voliam nel Canadà,
Anche babbo presto da te sarà.
Dormi dormi, o pargolino!„

Die Titelseite des Münchner »Simplicissimus« vom 4. August 1940 karikiert die seit dem Sommer durchgeführte Evakuierung von Kindern bessergestellter britischer Familien nach Übersee und zeichnet die aus deutscher Sicht bevorstehende Übersiedlung der gesamten britischen Bevölkerung vor

Zweiter Wiener Schiedsspruch der Achsenmächte gefällt

30. August. Nach dem Scheitern direkter rumänisch-ungarischer Verhandlungen über Gebietsansprüche Ungarns gegenüber Rumänien vom 16. bis 23. August in Turnu Severin wird im Wiener Schloß Belvedere der zweite Wiener Schiedsspruch gefällt. Das von den Außenministern des Deutschen Reichs, Italiens, Rumäniens und Ungarns unterzeichnete Dokument spricht den nördlichen Teil Siebenbürgens sowie das Szeklerland Ungarn zu.

Damit geht ein großer Teil Siebenbürgens, im Frieden von Trianon 1920 Rumänien zugesprochen, an Ungarn zurück. Das insgesamt 43 500 km² große, an Ungarn abgetretene Gebiet zählt 2,5 Millionen Einwohner. Den über 1 Million rumänischen Staatsangehörigen des Territoriums ist es innerhalb von sechs Monaten möglich, sich für die ungarische oder rumänische Staatsbürgerschaft zu entscheiden.

Die von deutscher und italienischer Seite verfügte Gebietsregelung garantiert den Bestand des rumänischen Restterritoriums. Die auf Wunsch Rumäniens von den Achsenmächten übernommene Grenzgarantie bedeutet für das Land eine deutliche Parteinahme für die faschistische Achse. Nach der Annexion Bessarabiens sowie der Nord-Bukowina durch die UdSSR (→ 28. 6./S. 117) versucht der rumänische König Karl II., unter deutschem Schutz eine Auflösung seines Staatsgebiets zu verhindern. Schon am 2. und 7. Juli bat er um die Entsendung einer deutschen Militärmission. Die deutsche Regierung, an der weiteren Lieferung rumänischen Öls interessiert (→ 27.5./S. 94), bot am 26. August an, unter ihrer Führung die Gebietsstreitigkeiten zu beenden, um einen bewaffneten Konflikt auf dem Balkan zu vermeiden. Italiens Regierung versucht, mit Rumänien einen Verbündeten für Ansprüche gegenüber Jugoslawien und Griechenland (→ 28. 10./S. 173) zu gewinnen.

Gut eine Woche später, am 7. September, entspricht Rumänien im Vertrag von Craiova auf deutschen Rat bulgarischen Revisionsansprüchen auf das Gebiet der Süd-Dobrudscha (' 6.9./S. 155). Im ersten Wiener Schiedsspruch der Achsenmächte am 2. November 1938 erhielt Ungarn die südlichen Randgebiete der Slowakei und der Karpato-Ukraine zugesprochen.

△ Reichsaußenminister Joachim von Ribbentrop (am Tisch stehend) eröffnet im Goldenen Saal des Wiener Schlosses Belvedere den feierlichen Akt zur Unterzeichnung des Zweiten Wiener Schiedsspruches; am Tisch links neben ihm der italienische Außenminister Galeazzo Ciano, Graf von Cortellazzo. Der erste Wiener Schiedsspruch vom 2. November 1938 hatte keine stabilen politischen Verhältnisse im Donauraum schaffen können.

◁ Der ungarische Reichsverweser Miklós Horthy zieht im September an der Spitze seiner Truppen in Nagy várad (Nord-Siebenbürgen) ein

Veränderung des rumänischen Staatsgebiets im Zuge der beiden Weltkriege

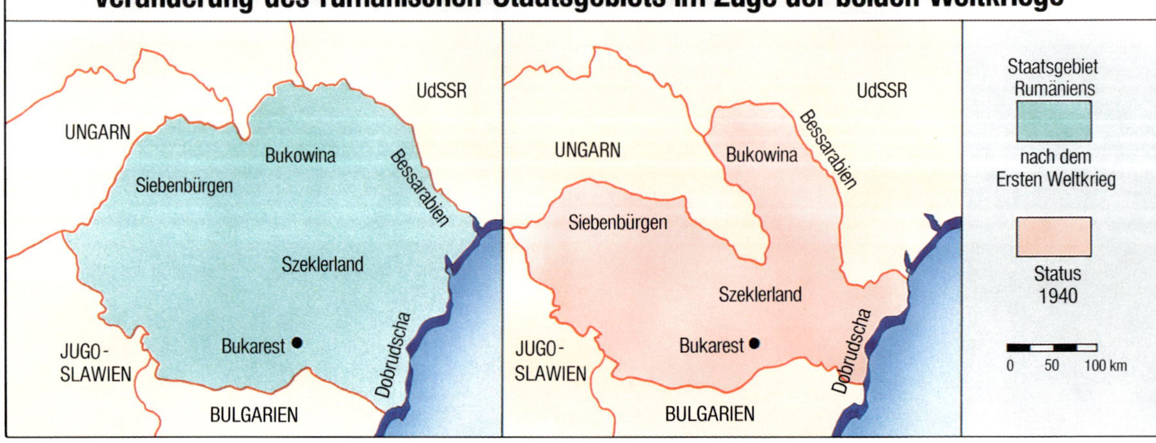

Abetz Botschafter in Vichy-Frankreich

5. August. Führer und Reichskanzler Adolf Hitler ernennt den bisherigen Bevollmächtigten des Auswärtigen Amtes beim Militärbefehlshaber in Frankreich, Otto Abetz, zum Botschafter der französischen Vichy-Regierung. Abetz wird im Herbst akkreditiert, nimmt aber seinen Sitz nicht in Vichy, sondern in Paris, wodurch die unabhängige Stellung des Botschafters hervorgehoben werden soll.

Abetz, dem die alleinige Verantwortung für die Behandlung politischer Fragen in Frankreich zugesprochen wird, gerät damit bald in Konkurrenz zu der dort eingesetzten Militärverwaltung. Eine fehlende Abgrenzung ihrer Aufgabenbereiche führt zu erheblichen Kompetenzstreitigkeiten zwischen den einzelnen deutschen Dienststellen.

Sozialabgabe für Polen verhängt

5. August. Eine Verordnung des Ministerrats für die Reichsverteidigung verfügt rückwirkend zum 1. August, daß alle polnischen Arbeitskräfte im Reich und in den eingegliederten Ostgebieten (Westpolen) eine Sozialausgleichsabgabe in Höhe von 15% zusätzlich zur Einkommensteuer zu entrichten haben. Die zivilen polnischen Arbeitskräfte, die bisher keine sozialen Abgaben zu leisten hatten, sollen nach offiziellen Angaben zur Finanzierung staatlicher Sozialleistungen herangezogen werden.

In Wirklichkeit bietet die Verordnung eine Handhabe, weitere Einkommensquellen für die Rüstungsproduktion zu erschließen. Noch im Oktober 1939 waren, um der vorrangigen Beschäftigung »billiger« polnischer Arbeitskräfte im Deutschen Reich Einhalt zu gebieten, gesetzlich gleiche Lohntarife für deutsche und polnische Arbeiter verordnet worden. In diesem Zusammenhang bedeutet die nun verhängte Sozialabgabe auch einen weiteren Schritt zur Diskriminierung der polnischen Bevölkerung (→ 8. 3./S. 57). Die in der sozialen Rangskala an unterster Stelle stehenden polnischen Arbeiter, vor allem für körperlich schwere Arbeit eingesetzt, sollen so den deutschen »Herrschaftsanspruch« auch finanziell spüren.

Reichsstatthalter Schirach

7. August. Die Berliner Reichsregierung gibt die Chefs der Zivilverwaltungen in den westlich besetzten Gebieten amtlich bekannt. Im Elsaß und in Luxemburg übernehmen die Gauleiter Robert Wagner und Gustav Simon die Amtsgeschäfte. Verwaltungschef für Lothringen wird der bisherige Gauleiter und Reichsstatthalter von Wien, Josef Bürckel. Die Nachfolge Bürckels in Wien tritt der bisherige Reichsjugendführer Baldur von Schirach an.

Der 33jährige von Schirach, 1931 zum Reichsjugendführer der NSDAP und im Mai 1933 zum Jugendführer des Deutschen Reiches ernannt, zeichnete sich bei der NS-Führung durch seinen unermüdlichen Einsatz für die nationalsozialistischen Erziehungsaufgaben aus. Er organisierte 1933 einen gigantischen Jugendaufmarsch, der ihn zur Kultfigur des nationalsozialistischen Nachwuchses erhob. Seine Richtlinien für die Ausbildung der Jugend waren von heidnisch-romantischen Elementen sowie paramilitärischem Drill und patriotischer Schwärmerei geprägt. Die jungen Deutschen sollten ganz im Geist der NS-Ideale von Charakter, Disziplin, Gehorsam und Führerschaft erzogen werden. Die Position von Schirachs wurde zu Kriegsbeginn (1. 9. 1939) durch Intrigen Martin Bormanns untergraben. Der Vorwurf, seine »unmännliche Ausstrahlung« lasse sich nicht mit seiner »Führungsrolle« vereinbaren, schwächt von Schirachs Stellung auch als Reichsstatthalter.

Baldur von Schirach, nach Fronteinsatz Reichsstatthalter von Wien

Breiter Widerstand im Protektorat

20. August. Das Reichssicherheitshauptamt vermerkt in einem internen Bericht, daß im Protektorat Böhmen und Mähren (Tschechei) eine kommunistische Bewegung existiere, die sich auf breite Widerstandskräfte in der Bevölkerung stützen kann. Die am 16. März 1939 in das Deutsche Reich eingegliederten Länder der ehemaligen Tschechoslowakei sind seitdem der Terrorherrschaft des Chefs des 1939 eingerichteten Reichssicherheitshauptamtes, Reinhard Heydrich, ausgesetzt. Heydrich, dem die Geheime Staatspolizei (Gestapo), die Kriminalpolizei und der Sicherheitsdienst (SD) unterstehen, versucht, in seiner Funktion als Stellvertretender Reichsprotektor den Widerstand in diesem Gebiet zu unterbinden.

Zwar tragen Folter, Massendeportationen in Konzentrationslager und Hinrichtungen zu einer Schwächung der Untergrundbewegungen bei, jedoch halten die Ende 1939 einsetzenden Sabotageaktionen in metallverarbeitenden Betrieben sowie Flugblattaktionen an. Die bürgerliche Oppositionsbewegung steht in engem Kontakt zur Londoner Exilregierung (→ 28. 5./S. 92).

Merziger Bürger kehren in ihre Heimatstadt zurück

Deutsche »Ordnungskräfte« erwarten die Franzosen

Deutsche und französische Flüchtlinge kehren in ihre Heimat zurück

26. August. *Laut Pressemeldungen sind gut zwei Monate nach Abschluß des deutsch-französischen Waffenstillstands (→ 22. 6./S. 112) 800 000 der zu Kriegsbeginn aus der Grenzregion evakuierten oder geflüchteten Menschen in ihre Dörfer und Städte zurückgekehrt. Jedoch finden nicht mehr alle in ihren ehemaligen Wohnorten eine Bleibe: In vielen Gebieten hat der Krieg mit seinen Zerstörungen den Familien nur noch Trümmer ihrer ehemaligen Häuser und Wohnungen zurückgelassen. Für das unter deutscher Zivilverwaltung stehende Elsaß-Lothringen erhalten nur noch Flüchtlinge »deutschen Volkstums« eine Einreiseerlaubnis. In der zur Sperrzone erklärten nördlichen Industrieregion Briey-Longwy ist Franzosen der Zuzug nicht gestattet.*

»Adlertag« soll deutsche Luftherrschaft sichern

13. August. Gemäß der Führerweisung Nr. 17 vom 1. August über die »Führung des Luft- und Seekriegs gegen England« und der am folgenden Tag durch Reichsmarschall Hermann Göring gegebenen Weisung zum Angriff »Adler« fliegen Bomber der Luftflotten 2 und 3 485, die Jäger etwa 1000 Einsätze gegen die Britischen Inseln. Mit dem Ziel, die britische Luftwaffe sowie die Flotte zu zerschlagen und die Luftherrschaft zu erringen, konzentrieren sich die Angriffe, bei denen 34 Flugzeuge verlorengehen, auf die Südküste Großbritanniens. Nach der vorläufigen Planung soll durch Großeinsätze der Luftwaffe die Landung deutscher Invasionstruppen bis zum 15. September erreicht, im günstigsten Fall sogar die Kapitulation der Briten erzwungen werden. Aber es zeigt sich bald, daß die Möglichkeiten dazu beschränkt sind.

Szene aus dem deutsch-britischen Luftkrieg: Ein deutscher Messerschmitt-Jäger verfolgt eine britische Spitfire

Schon bei den ersten Großeinsätzen offenbaren sich jedoch die Rüstungs- und Ausbildungsmängel der deutschen Luftwaffe. Bei einem zweiten Großangriff am 15. August gehen von 520 Kampf- und 1270 Jagd- und Zerstörerflugzeugen 55 Maschinen verloren. Die britischen Jäger stürzen sich auf die abwehrschwachen Kampfflugzeuge und weichen in der Regel einem Kampf mit den deutschen Jagdfliegern aus. Im Jagdschutz von Kampfflugzeugen im Verbandsflug sind die deutschen Flieger aber weniger geübt als in der »freien Jagd«. Außerdem reicht der Jagdschutz für die vorhandenen Kapazitäten nicht aus. Auch die eingesetzten Zerstörergeschwader (max. 108 Flugzeuge), deren Verluste so rasch zunehmen, daß der personelle und materielle Einsatz von reinen Zerstörergeschwadern nicht mehr gewährleistet ist, schränkt die Kampfkraft der deutschen Jägerverbände ein. Als sich deutlich abzeichnet, daß der Kampf gegen die britischen Jäger sowie auch Angriffe auf Stützpunkte der Royal Air Force (RAF), Rüstungsbetriebe und Nachschubeinrichtungen nicht den erhofften schnellen Sieg bringen können, fliegt die deutsche Luftwaffe am 24. August einen ersten Angriff aufs Hafengebiet und Versorgungseinrichtungen im Raum um London. Dabei fallen erstmals auch Bomben auf das Stadtgebiet. Nach britischen Gegenangriffen vom 25., 26. und 29. August auf Berlin wird am 7. September in einem »deutschen Vergeltungsangriff« nochmals London bombardiert. Die sog. Terrorangriffe auf die Zivilbevölkerung sind zu diesem Zeitpunkt nicht Ziel, sondern lediglich Nebenprodukt der Angriffe. Die Verlagerung der deutschen Angriffe auf London stellt aus britischer Sicht eine bedeutende Wende im Luftkampf dar. Sie bringt die Entlastung der arg strapazierten Luftverteidigung in Südengland. Vor allem im Raum von Sussex und Kent hat die Schädigung der Infrastruktur bei der Royal Air Force erhebliche Ausmaße angenommen; allein in der Zeit vom 31. August bis zum 6. September verliert das Fighter Command 185 Flugzeuge.

Britische Soldaten an einem Flakgeschütz während eines deutschen Nachtangriffs auf Großbritannien; trotz Sommer ist es empfindlich kühl (Atem!)

Neun Menschen liegen unter den Häusertrümmern in einer britischen Stadt begraben; die Bombardierungen weiten sich auf zivile Objekte aus

Churchills Abwehrplan

5. August. In einer Botschaft an die Stabschefs erläutert der britische Premier Winston Churchill seine Weisungen zur Abwehr eines deutschen Invasionsversuchs auf der Insel. Der verschärfte deutsche Luftkrieg gegen Großbritannien zur Vorbereitung einer Truppenlandung auf britischem Gebiet (→ 13. 8./ S. 144) veranlaßt Churchill zur Bekanntgabe einer Reihe konkreter Verteidigungsstrategien. Neben umfangreichen militärischen Abwehrmaßnahmen (Luftsperren durch Ballons, Intensivierung der Fliegerabwehr und erhöhte Verteidigungsbereitschaft der heimischen Luftwaffe) muß sich auch die Zivilbevölkerung auf die Gefahren durch den Luftkrieg einstellen. Luftschutzdienst sowie der Bau von Bunkern und Unterständen haben absolute Priorität.

In abgelegenen Gegenden wird die britische Bevölkerung von der Regierung dazu angehalten, sich in Kellern und Erdlöchern private Unterstände zu errichten, um nicht schutzlos den deutschen Angriffen ausgeliefert zu sein. Allgemein herrscht unter den Briten die Bereitschaft vor, zusammen mit Militärs und Regierung dem deutschen Gegner »die Stirn zu bieten« und sich auch durch Bombardierungen nicht zur Aufgabe zwingen zu lassen.

Churchills Weisungen (Auszug)

»Unsere erste Verteidigungslinie gegen die Invasion muß ... in den Häfen des Feindes liegen. Auf Luftaufklärung, Unterseebootbewachung und andere Erkundungsmittel müssen entschlossene Angriffe aller verfügbaren und geeigneten Kräfte gegen jede feindliche Schiffskonzentration folgen.

Unsere zweite Verteidigungslinie bilden unsere wachsamen Patrouillen zur See, die jede Invasionsstreitmacht abzufangen und unterwegs zu vernichten haben.

Unser drittes Abwehrmittel ist, einen Gegenangriff auszulösen, wenn der Feind unsere Küste erreicht, und insbesondere während er mit der Landung beschäftigt ist ...

Die Landbefestigungen und die Landstreitkräfte sind hauptsächlich dazu da, den Feind zu zwingen, in so großer Stärke anzutreten, daß er für die See- und Luftstreitkräfte ein dankbares Ziel bietet ...

Sollte es dem Feind dennoch gelingen, an mehreren Punkten Fuß zu fassen, so müssen wir ihn durch örtlichen Widerstand am Strande, verbunden mit dem ... Angriff von der See und aus der Luft, möglichst unter Druck setzen ...

Kommen wir zur Westküste von England ... Der Feind muß sich auf die offene See wagen, und da wird reichlich Zeit vorhanden sein, ihn ... mit Kreuzern und Flottillen anzugreifen.«

Mobilisiert die Abwehrbereitschaft der Briten: Winston S. Churchill

Auch alte Männer werden in der britischen Home Guard ausgebildet

Häufig dienen provisorische, selbstgebaute Luftschutzgräben dem Schutz der britischen Bevölkerung

Mit Sandsäcken werden in südenglischen Dörfern und Städten die Straßen vor Angreifern verbarrikadiert

Bündnisse mit den Exiltruppen

8. August. Ein in London abgeschlossenes Militärabkommen zwischen der britischen Regierung und dem Führer der Truppen des Freien Frankreichs, General Charles de Gaulle (→ 14. 6. / S. 108; 10. 11. / S. 189), legt die Einzelheiten in der Kommandofrage gemeinsamer militärischer Operationen fest. Unter dem Vorbehalt, daß die freifranzösischen Truppen nicht gegen Frankreich eingesetzt werden sollen, unterstellt sich de Gaulle dem britischen Oberbefehl für die allgemeinen Direktiven der Kriegführung. Die britische Regierung verpflichtet sich, nach dem Sieg über das Deutsche Reich die Unabhängigkeit Frankreichs wieder herzustellen.

Ein weiteres, schon am 5. August geschlossenes Militärabkommen mit der polnischen Exilregierung bestimmt, daß die polnischen Exiltruppen mit den gleichen finanziellen Mitteln wie die britische Armee ausgestattet werden sollen. Die Truppen des polnischen Exilparlaments in London stehen danach unter britischem Oberkommando.

Italien erobert auch Somaliland

19. August. In einer am 4. August begonnenen Offensive erobern italienische Streitkräfte Britisch-Somaliland und die französische Kolonie Dschibuti. Die letzten britischen Verbände ziehen sich aus dem umkämpften Gebiet zurück. Schon am Vortag konnte ein Großteil der britischen Truppen auf dem Seeweg evakuiert werden.

Die von Äthiopien (seit 1936 unter italienischem Protektorat) aus gestartete Offensive ist der erste militärische Erfolg Italiens seit Kriegseintritt am 10. Juni (S. 114). Aufgrund ihrer zahlenmäßigen Überlegenheit gelingt den 200 000 italienischen Soldaten unter ihrem Oberbefehlshaber General Amadeo Herzog d'Aosta die Eroberung der britischen Kolonie, die von nur 1500 britischen Soldaten verteidigt wurde. Bereits vom 15. bis 17. August räumten die britischen Truppen nach heftigen Kämpfen am Tug-Argan-Paß die somalische Hafenstadt Berbera. Britisch-Somaliland kann lediglich bis zum Frühjahr 1941 von Italien gehalten werden.

Leo Trotzki wird Opfer eines Attentats

21. August. In seinem mexikanischen Exil wird der 61jährige sowjetische Revolutionär und Politiker Leo Dawidowitsch Trotzki das Opfer eines Attentats. Von dem Spanier Ramon del Rio Mercader, einem Agenten des sowjetischen Geheimdienstes NKWD, am Vortag mit einem Eispickel niedergeschlagen, erliegt Trotzki seinen schweren Kopfverwundungen in einem Krankenhaus.
Mercader hatte sich schon Monate zuvor unter falschem Namen Zutritt zu Trotzkis Haus in Coyoacan, einer Vorstadt von Mexiko-City, verschafft, indem er Freundschaft mit einer Frau aus dem Trotzkischen Haushalt schloß. Schon am 24. Mai führten unter seiner Leitung sowjetische Agenten einen Anschlag auf Trotzki aus, der aber mißlang.
Nach dem Tod Wladimir I. Lenins 1924 weitete Josef W. Stalin, Generalsekretär des Zentralkomitees der KPdSU, seinen Machtbereich aus. Die zwischen Trotzki und Stalin bestehenden Rivalitäten wurden nun offen ausgetragen. Trotzki, zu diesem Zeitpunkt Volkskommissar für die Verteidigung, griff den politischen Kurs Stalins an. Er verfocht die Theorie seiner 1930 schriftlich niedergelegten »permanenten Revolution«. 1927 wurde Trotzki aus der Partei ausgeschlossen und zwei Jahre später nach Sibirien verbannt. Nach zweijähriger Verbannung emigrierte er in die Türkei. Aus seinem türkischen Exil eröffnete Trotzki eine weltweite Kampagne gegen Stalin als den »Verräter der russischen Revolution«. Als er an seinem türkischen Wohnsitz nur knapp einem Brandanschlag entging, floh Trotzki über Frankreich und Norwegen 1937 nach Mexiko. Dort lebte er in einem zur Festung umgebauten Wohnhaus. 1938 gründete er die Vierte Internationale.

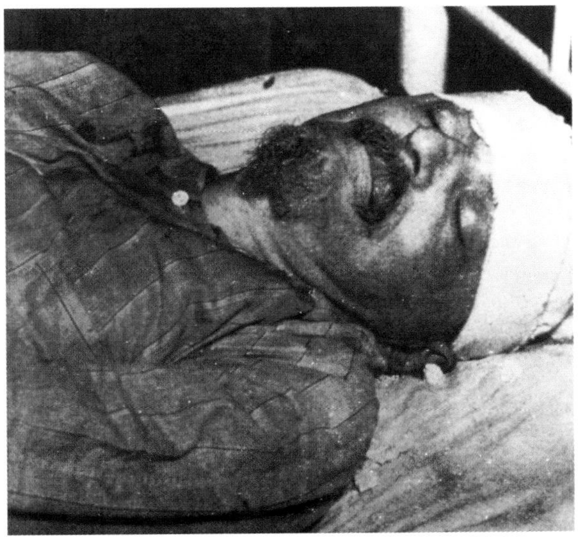

Leo Trotzki auf dem Totenbett; der Revolutionär wurde auf Geheiß des sowjetischen Staats- und Parteichefs Josef Stalin in einer Operation des Geheimdienstes NKWD ermordet; lange wird dies von offizieller Seite in der UdSSR geleugnet; demnach hätten enttäuschte Anhänger ihn getötet

Der Revolutionär Leo Trotzki

Der am 7. November 1879 im Gouvernement Cherson geborene Leo Dawidowitsch Trotzki (eigentl. Leib Bronschtein) gründete 1897 den südrussischen Arbeiterbund und war bis zu seiner Verhaftung im Dezember 1905 Sprecher der Menschewiki im Petersburger Sowjet. Ab 1907 war Trotzki als Journalist in Wien, Zürich, Paris und den USA tätig; er kehrte im Mai 1917 nach Rußland zurück und schloß sich den Bolschewiki an. Als Vorsitzender des Militärrevolutionären Komitees organisierte er die Oktoberrevolution. Am 8./9. Oktober 1917 wurde er zum Volkskommissar des Äußeren ernannt und übernimmt im Dezember die Leitung der Sowjetdelegation bei den Friedensverhandlungen in Brest-Litowsk. Trotzki begründete die Rote Armee. Damit schaffte er die Voraussetzung für den Sieg der Bolschewiki im russischen Bürgerkrieg (1918 – 1922).

Molotows Stellung zur Außenpolitik

1. August. Der Vorsitzende des Rates der Volkskommissare und Volkskommissar für Auswärtige Angelegenheiten, Wjatscheslaw M. Molotow, hält vor dem Obersten Sowjet in Moskau eine große außenpolitische Rede. Molotow, der dabei vor allem auf die Beziehungen des Landes zum Deutschen Reich sowie Großbritannien eingeht, hält in seinen Ausführungen an den deutsch-sowjetischen Bündnisverträgen vom 23. August und 28. September 1939 fest. Hoffnungen Großbritanniens, mittels ihres Botschafters Sir Stafford Cripps die Sowjetunion zum Partner für seinen Kampf gegen das Deutsche Reich zu gewinnen (→ 1. 7./S. 130), werden damit eine deutliche Absage erteilt.
Doch ist das deutsch-sowjetische Verhältnis nach den erfolgreichen deutschen »Blitzkriegen« in Nord- und Westeuropa getrübt. Den Machtzuwachs, den das Deutsche Reich dadurch gewonnen hat, veranlaßte die Sowjetunion, ihre im Herbst 1939 mit dem Deutschen Reich verabredeten Gebietsinteressen auf dem Baltikum und in Rumänien durchzusetzen. Die Annexion der Nord-Bukowina, die nicht zum sowjetischen Interessengebiet gehörte und ohne vorherige Verständigung mit der Reichsregierung in Berlin zusammen mit Bessarabien von der UdSSR besetzt wurde (→ 28. 6./S. 117), rief den Protest deutscher Regierungsstellen hervor. Mit der Erweiterung ihres Territoriums um 216 500 km^2 verbessert die UdSSR vor allem durch den ungehinderten Zugang zum Ostseeraum ihre strategische Lage. Molotow prognostiziert auch künftig günstige Entwicklungschancen.

Wjatscheslaw M. Molotow
Wjatscheslaw Michailowitsch Molotow (Abb. l., zu Besuch bei Hitler, r., in Berlin) trat 1906 in die Bolschewistische Partei ein und zählt seitdem zu den engsten Mitarbeitern Josef W. Stalins. Molotow bekleidet mehrere Parteiämter im Zentralkomitee (ZK) der KPdSU: Sekretär des ZK der KPdSU in den Jahren 1921 bis 1930, Präsidiumsmitglied des ZK seit 1926 sowie Vorsitzender des Rates der Volkskommissare ab dem Jahr 1930. Molotow gehört zu den mächtigsten Politikern der Sowjetunion. Seit 1939 bestimmt er als Außenminister maßgeblich die Richtlinien der Politik mit dem Ziel: Vormachtstellung in Osteuropa.

US-Ozeanflieger gründet Partei

6. August. Der US-amerikanische Oberst Charles August Lindbergh gründet in den USA eine »Partei der Amerikaner«, die eine Alternative zu den Parteien der Demokraten und Republikaner darstellen soll. Als Organisation aller US-Amerikaner, die sich zu einer isolationistischen Politik der USA bekennen und sich eine bewaffnete Einmischung der Vereinigten Staaten auf der Seite Großbritanniens nicht vorstellen können, will die Partei grundlegend neue Konzeptionen zur Befriedung der Konfliktregionen in der Welt entwickeln. Oberst Lindbergh, der sich mit dieser Partei für eine strikte Nichteinmischung der USA in den europäischen Konflikt ausspricht, will damit einen Krieg zwischen den beiden westlichen Hemisphären umgehen, der »sich über Generationen erstrecken« und »jede Zivilisation vernichten würde«.
Lindbergh, dem 1927 der erste Alleinflug über den Atlantik von New York nach Paris gelang, wird in seinen Bemühungen durch den Industriellen Henry Ford unterstützt.

Britischer Herzog als Friedensstifter

2. August. In einem Telegramm an Reichsaußenminister Joachim von Ribbentrop berichtet der deutsche Gesandte in Lissabon, Oswald Baron von Hoyningen-Huene, über seine vergeblichen Bemühungen, Eduard, Herzog von Windsor, für eine Friedensvermittlung zwischen dem Deutschen Reich und Großbritannien zu gewinnen.

Eduard, Herzog von Windsor und bis 1936 König von Großbritannien, enttäuscht die Hoffnungen auf eine deutsch-britische Friedenslösung

Der ehemalige britische König Eduard VIII., 1936 aufgrund seiner bevorstehenden Heirat mit der geschiedenen US-Amerikanerin Wallis Simpson zur Abdankung gezwungen, steht in Opposition zu dem von Premier Winston Churchill favorisierten Konzept einer totalen Kriegführung gegen das Deutsche Reich. Der als deutschfreundlich geltende Herzog von Windsor hatte in den 30er Jahren Kontakt mit der nationalsozialistischen Regierung in Berlin aufgenommen. Am 10. Juli 1940 wird Eduard von Premierminister Winston Churchill zum Gouverneur der Bahama-Inseln ernannt und hält sich seit dem Einmarsch deutscher Truppen in Frankreich (→ 14. 6./S. 108) übergangsweise in Portugal auf. Die von Ribbentrop angestrengten Bemühungen, den Herzog von der Annahme seines Amtes auf den fernen Bahamas abzubringen und ihn als politischen Gegenspieler der amtierenden britischen Regierung einzusetzen, wurden konspirativ über die deutschen Gesandtschaften in Spanien und Portugal koordiniert. Zeitweilig diskutierte man sogar die Wiedereinsetzung Eduards als König von Großbritannien.

Reichsaußenminister v. Ribbentrop; als deutscher Botschafter in London (1936–1938) forcierte er die Gegensätze zwischen beiden Ländern

Der britische Herzog, der davon überzeugt ist, daß unter seiner Regentschaft ein Krieg vermieden worden wäre, zeigte sich anfangs verhandlungsbereit. Als von deutscher Seite jedoch genaue Pläne für einen geheimen Grenzübertritt Eduards nach Spanien vorgelegt wurden, reiste der Herzog überraschend ohne jede Erklärung ab. Am 1. August verließ er Großbritannien mit dem Schiff in Richtung Bahama-Inseln.

Dank für gute Zusammenarbeit: Hitler (l.) zeichnet Krupp aus

Auszeichnung für Gustav Krupp

7. August. Anläßlich seines 70. Geburtstages wird Gustav Krupp von Bohlen und Halbach, Inhaber der Krupp-Werke in Essen, mit einer von Führer und Reichskanzler Adolf Hitler unterzeichneten Urkunde zum »Pionier der Arbeit« ernannt. Krupp von Bohlen und Halbach erhält die Anerkennung für die Führung seines am 1. Mai als »Nationalsozialistischer Musterbetrieb« ausgezeichneten Unternehmens.

Neue Regelung für Ariernachweis im Deutschen Reich

6. August. Eine Verordnung der Reichsverwaltung erleichtert den Nachweis über die »arische« Abstammung. Im Fall des »kleinen Ariernachweises«, der die Abstammung bis zu den Großeltern vorsieht, reicht für Mitglieder der NSDAP zukünftig eine Bescheinigung des zuständigen Kreisleiters aus. Beamte und Angestellte im Dienst des Deutschen Reichs können den Nachweis über eine von ihrer Dienststelle ausgestellte Erklärung erbringen. Voraussetzung dabei ist jedoch, daß der Abstammungsnachweis einmal vollständig mit allen notwendigen Urkunden vorgelegen hat. Die für diese Personengruppe eingeführte Erleichterung reduziert den ungeheuren Verwaltungsaufwand zur Feststellung der arischen Abstammung. Schon seit dem 19. September 1939 reicht eine mündliche Erklärung über ihre arische Abstammung für die Heiratsbewilligung von Wehrmachtsangehörigen aus.

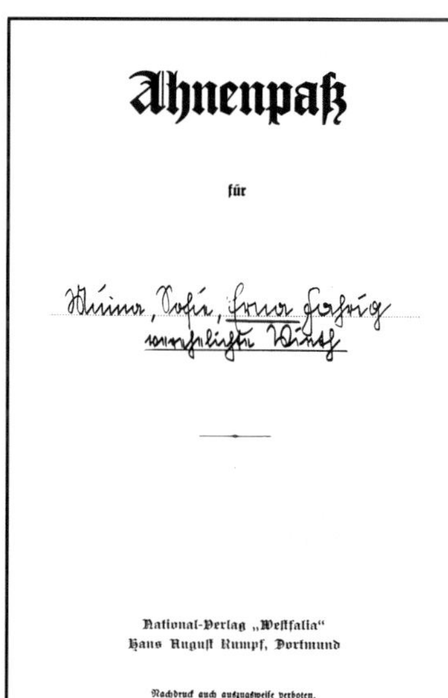

Ahnenpaß

für

National-Verlag „Westfalia“
Hans August Rumpf, Dortmund

Nachdruck auch auszugsweise verboten.

Ein Paß für die Ahnenforschung
Eine Form, den Nachweis über seine Herkunft zu erbringen, stellt der »Ahnenpaß« (Abb.: Deckblatt des Dokuments) dar, der nach seiner behördlichen Beglaubigung als amtliches Zeugnis gilt und bei allen Gelegenheiten, bei denen der Staat Auskunft über die »rassische« Abstammung eines deutschen Bürgers verlangt, vorgelegt werden kann. Anhand von Geburtsurkunden, Taufscheinen, Schulzeugnissen, Heirats- und Todesurkunden sowie anderen Dokumenten wird im Ahnenpaß die Auflistung der Generationenfolge bis zum Dreißigjährigen Krieg vorgenommen.

Der Arierparagraph, mit dem Juden der Zugang zu bestimmten Verbänden, Organisationen und Berufen verwehrt wird, erschien erstmals im »Gesetz zur Wiederherstellung des Berufsbeamtentums« vom 7. April 1933. Danach wurde er Bestandteil vieler Verordnungen, Gesetze und Erlasse, die eine Diskriminierung der jüdischen Bevölkerung sanktionierten. Als nichtarisch gilt nach der Festlegung des Arierparagraphen, wer von jüdischen Eltern oder Großeltern abstammt, oder in dessen Verwandtschaft ein Eltern- oder Großelternteil jüdischer Abstammung ist. Daneben existiert der verschärfte Arierparagraph, der den Nachweis nicht-jüdischer Vorfahren bis zum Jahr 1800 verlangt.

Während für Personen, die im Dienst von Partei, Wehrmacht und Staat stehen, Erleichterungen eingeräumt werden, wird die Entrechtung der Juden im Jahr 1940 massiv vorangetrieben.

Wirtschaftsplan der I. G. Farben

3. August. Im Rahmen der Entwicklung neuer Wirtschaftskonzepte zur Schaffung eines gesamteuropäischen Wirtschaftsraums unter deutscher Führung übermittelt der Chemiekonzern I. G. Farbenindustrie AG dem Reichswirtschaftsministerium seine Vorstellungen zur Neuordnung der gesamten deutschen chemischen Industrie.

In ihrem Schreiben an Ministerialdirigent Gustav Schlotterer, stellvertretender Leiter der Hauptabteilung Außenwirtschaft und Leiter der Sonderabteilung »Vorbereitung und Ordnung« im Reichswirtschaftsministerium, geht die Leitung des Industriekonzerns davon aus, daß nach Kriegsende der neuzuordnende Wirtschaftsraum Frankreich, die Niederlande, Belgien, Luxemburg sowie Großbritannien und dessen Empire umfaßt. Gefordert wird eine grundsätzliche wirtschaftliche Eigenständigkeit und Autarkie dieses Territoriums. Der planvollen Ausnutzung der vorhandenen Produktionseinrichtungen zur Erlangung größtmöglicher Unabhängigkeit soll ein Güteraustausch mit anderen wirtschaftlichen Großräumen, die z. B. durch die USA oder Japan beherrscht werden, folgen. Eindeutige Kartellbestimmungen sollen die chemische Industrie des Deutschen Reiches vor Einflüssen von außen schützen. Kapitalbeteiligungen haben im Rahmen des Austausches der Großwirtschaftsräume vor allem den deutschen Belangen Rechnung zu tragen.

Die von der I. G. Farbenindustrie AG angestrebte Vormachtstellung soll die Weltgeltung der deutschen Chemieindustrie vor dem Ersten Weltkrieg wiederherstellen. Die Auswirkungen der Beschränkungen, die aus den Vereinbarungen des Versailler Vertrages im Jahr 1919 resultieren, sollen so schnellstmöglichst ausgeglichen werden. Ähnliche Pläne verfolgen seit den Erfolgen der Wehrmacht in Westeuropa auch andere deutsche Industriezweige. Dabei werden sie vom Reichswirtschaftsministerium, das sich mit der Einrichtung einer Sonderabteilung namens »Vorbereitung und Ordnung« mit den neuen Aufgaben beschäftigt, tatkräftig unterstützt. Seit Juni häufen sich diesbezügliche Stellungnahmen und Memoranden der Großindustrie.

Verkehr 1940:

Der Güterverkehr besitzt erste Priorität

Fahrräder, Pferdefuhrwerke und vereinzelt Automobile, die von eigenwilligen Motorkonstruktionen angetrieben werden, bestimmen 1940 im individuellen Nahverkehr das Straßenbild. Die kriegsbedingten Einschränkungen fordern ihren Tribut. Wer seine privaten Automobile, ohnehin nicht mehr für die ausschließlich private Nutzung zugelassen, nicht auf Holzvergaser oder Propangasnutzung umrüsten kann, muß aufgrund der Benzinrationierungen öffentliche Verkehrsmittel benutzen.

In allen vom Krieg betroffenen europäischen Ländern bereiten Transportschwierigkeiten im Güterverkehr große Probleme. Im Reichsgebiet bewältigt die Reichsbahn fast ausschließlich den Gütertransport, da Lastkraftwagen nahezu nur noch zu militärischen Zwecken Verwendung finden. Der Warenverkehr in und aus den besetzten Gebieten des »Großdeutschen Reichs« sowie der Güteraustausch mit verbündeten Staaten muß weitestgehend auf der Schiene abgewickelt werden. Der Güterverkehr erhält vor jeder Personenbeförderung unbedingten Vorrang (→ 12. 5./S. 89).

Trotz aller Schwierigkeiten kann der deutsche Flugverkehr 1940 insbesondere mit den besetzten, neutralen oder befreundeten Staaten intensiviert werden. Am → 20. Januar (S. 21) nehmen die Deutsche Lufthansa und die sowjetische Fluggesellschaft Aeroflot den Linienverkehr auf der Strecke Berlin – Moskau auf.

Der Handels- und Personenverkehr zur See unterliegt den Einschränkungen des Seekriegs. Ein Großteil der Handels- und Passagierschiffe wird für militärische Zwecke in Dienst gestellt. Allein 30 für Truppentransporte nach Narvik von der deutschen Kriegsmarine beschlagnahmte Handelsschiffe gehen im Verlauf der Operation »Weserübung« (→ 9. 4./S. 70) verloren. Einen großen Erfolg trotz der Kriegswirren kann die britische Linienschiffahrt verbuchen: Das größte Passagierschiff der Welt, die »Queen Elizabeth«, übersteht ihre Jungfernfahrt Liverpool – New York unbeschadet (→ 7. 3./S. 63).

Den in Frankreich vor den deutschen Besatzungstruppen fliehenden Bauern stehen in den meisten Fällen nur Pferdefuhrwerke zur Verfügung

Auch in Italiens Hauptstadt ist das Fahrrad Verkehrsmittel Nr. 1

Ein Wagen der Straßenbahn ersetzt in Kassel die Hochzeitskutsche

Eine Pferdestärke anstatt der sonst üblichen 60; ein Taxi in Amsterdam

H. Hatheyer als »Geierwally«

13. August. In München wird die Neuverfilmung des Heimatromans »Die Geierwally« von Wilhelmine von Hillern uraufgeführt. In dem unter der Regie von Hans Steinhoff entstandenen Film spielt Heidemarie Hatheyer die Titelrolle. Das Bergdrama um die vom Dorf ausgestoßene, mit einem Geier in den Bergen lebende Wally, die sich nach einer enttäuschten Liebe gegen Familie und Dorf auflehnt, soll vor allem die Urwüchsigkeit und patriarchalischen Strukturen der Landbevölkerung versinnbildlichen. Trotz seiner z. T. übertriebenen Theatralik gilt »Die Geierwally« als das Meisterwerk des Heimatfilms im Jahr 1940. Von der deutschen Zensur erhält der auch mit Laienschauspielern besetzte und in Tirol gedrehte Heimatfilm die Prädikate »volkstümlich« und »künstlerisch wertvoll«.

Harald Mellerowicz (r.) übernimmt den Stab: Der Luftwaffen-SV Berlin gewinnt die 4 × 400 m in 3:18,4 min

Erika Biess (l.) gewinnt über 100 m und den 80-m-Hürdenlauf; Grete Winkels (r.) siegt in 25,6 sec über 200 m

Zirkusmilieu und Spionage im Film

1. August. Die Verfilmung der dramatischen Lebensgeschichte einer Artistenfamilie, »Die 3 Codonas«, wird in Hamburg uraufgeführt. Unter der Regie von Arthur Maria Rabenalt spielt René Deltgen eine der Hauptrollen. Diese Unterhaltungsproduktion aus dem Zirkusmilieu, die beim Publikum auf größte Resonanz stößt, glänzt besonders durch ihre akrobatischen Szenen am fliegenden Trapez.

Rabenalt, der sich während des Dritten Reichs besonders dem spannenden Unterhaltungsfilm widmet, stellt am 3. September eine weitere, abendfüllende Produktion in Berlin vor: »Achtung, Feind hört mit!«, ein Spionagefilm der zur Zeit des Münchner Abkommens 1938 spielt. Für die Verfilmung der Geschichte eines enttarnten britischen Geheimdienstoffiziers (René Deltgen) standen dem Filmteam fachkundige Berater zur Seite: Die Leiter der Wehrmachtsabteilung Abwehr, Admiral Wilhelm Canaris und Oberst Hans Oster, sowie Reichspropagandaminister Joseph Goebbels erörterten mit dem Regisseur das Filmschicksal des entdeckten Spions. Während Goebbels für Tod durch den Strang plädierte, sahen Canaris und Oster einen »ehrenvollen« Soldatentod durch Erschießen vor.

Meisterschaften der Leichtathleten

11. August. Im Berliner Olympia-Stadion enden die Deutschen Leichtathletikmeisterschaften. Rund 27 000 Zuschauer erleben während der zweitägigen Wettbewerbe den Kampf der deutschen Sportler u. a. in den Laufdisziplinen, im Weitsprung, Dreisprung, im Speerwurf, im Stabhochsprung und Kugelstoßen. Mit größter Spannung beobachten am letzten Meisterschaftstag die Zuschauer den 800-m-Lauf der Herren. Der von allen Sportbegeisterten als Favorit angesehene Dresdner Rudolf Harbig bestätigt die Erwartungen: Mit einem glanzvollen Endspurt läuft Harbig mit 20 m Vorsprung und in einer Zeit von 1:51,6 min ins Ziel. Er verweist damit seine Konkurrenten Brandscheit und Grau auf den zweiten und dritten Platz. Zwei weitere sportliche Höhepunkte im Olympia-Stadion stellen die Läufe in der 400-m-Staffel dar, die in beiden Läufen (Damen und Herren) eine Niederlage für die Frankfurter Eintracht bringen. Die 4 × 400 m der Herren entscheidet der Luftwaffen-SV Berlin für sich. Bei den Frauen siegt in dieser Disziplin der Hamburger SV knapp vor Frankfurt.

Obwohl viele deutsche Spitzensportler aufgrund ihres Einsatzes an der Front den Deutschen Meisterschaften fernblieben, stößt das Sportereignis auf lebhaftes Interesse.

◁ Rudolf Harbig (l.) gewinnt in Berlin die 800 m überlegen vor Brandscheit (3. v. l.) und Grau (2. v. l.)

▽ Erika Junghans (Naumburg) siegt mit 5,70 m im Weitsprung und wird Deutsche Meisterin

September 1940

Mo	Di	Mi	Do	Fr	Sa	So
						1
2	3	4	5	6	7	8
9	10	11	12	13	14	15
16	17	18	19	20	21	22
23	24	25	26	27	28	29
30						

1. September, Sonntag

Zur Erinnerung an den ersten Jahrestag des Kriegsbeginns werden in den vier polnischen Distriktstädten Krakau, Warschau, Radom und Lublin die schönsten öffentlichen Plätze in Adolf-Hitler-Plätze umbenannt.

Reichswirtschaftsminister Walther Funk eröffnet die Wiener Herbstmesse. In seiner Eröffnungsrede führt er aus, daß die Reichsmark zur »stabilsten und sichersten Währung« der Welt geworden sei. Die Wirtschaftsausstellung endet am 8. September.

Zum Abschluß der diesjährigen Sommerurlaubssaison melden die Fremdenverkehrsorte in der Schweiz, in Italien und im Deutschen Reich 29% weniger Urlauber als im Vorjahr.

Die deutsche Fußball-Nationalmannschaft schlägt Finnland in Leipzig vor 35 000 Zuschauern mit 13:0 (8:0) Toren.

2. September, Montag

Führer und Reichskanzler Adolf Hitler beschließt, eine deutsche Militärmission nach Rumänien zu entsenden, die als Lehrtruppe zum Schutz des rumänischen Erdölgebietes und zur Vorbereitung des Einsatzes im Fall eines deutsch-sowjetischen Krieges dienen soll (→ 6. 10./S. 175).

Zwischen Großbritannien und den USA wird ein »Tauschvertrag« abgeschlossen: 50 ältere US-Zerstörer gegen die Einräumung von Stützpunkten u. a. auf Neufundland, auf den Bermudas, den Bahamas, auf den Westindischen Inseln und in Britisch-Guayana. → S. 159

Laut der »Neuen Zürcher Zeitung« erkennt Mexiko generelle Entschädigungsforderungen US-amerikanischer Erdölkonzerne für die 1938 beschlagnahmten Erdölfelder an. → S. 160

3. September, Dienstag

Führer und Reichskanzler Adolf Hitler stellt als Termin für einen Truppenlandungsversuch in Großbritannien den 21. September in Aussicht (→ 17. 9./S. 157).

Nach einer Ergänzung zu den am → 8. März (S. 57) verfügten Polenerlassen können polnische Arbeiter, die Umgang mit deutschen Frauen hatten, bei »entsprechender rassischer Eignung« für »eindeutschungsfähig» erklärt werden.

Ein zwischen der UdSSR und Ungarn abgeschlossener Handelsvertrag sieht einen gegenseitigen Warenaustausch im Wert von insgesamt 7 Millionen US-Dollar (29,4 Mio. RM) vor.

Die Sowjetunion protestiert gegen die vom Deutschen Reich im zweiten Wiener Schiedsspruch (→ 30. 8./S. 142) abgegebenen Grenzgarantien gegenüber Rumänien.

In Berlin wird der Spionage- und Abenteuerfilm »Achtung, Feind hört mit!«, entstanden unter der Regie von Arthur Maria Rabenalt, uraufgeführt (→ 1. 8./S. 149). Franz Grothe schrieb für diesen als »staatspolitisch wertvoll« ausgezeichneten Film die Musik.

4. September, Mittwoch

Adolf Hitler eröffnet im Berliner Sportpalast das zweite Kriegswinterhilfswerk 1940/41. → S. 162

Der zum Reichsstatthalter und Gauleiter von Wien ernannte Baldur von Schirach (→ 7. 8./S. 143) übergibt sein Amt als Reichsjugendführer an Artur Axmann (→ 22. 10./S. 176).

Der in München seit dem 3. September ausgetragene Tennis-Länderkampf zwischen dem Deutschen Reich und Ungarn endet mit einem 3:2-Sieg der deutschen Mannschaft, für die Henner Henkel die Entscheidung herbeiführt.

5. September, Donnerstag

In Moskau wird ein Abkommen zwischen dem Deutschen Reich und der UdSSR über die Umsiedlung der deutschstämmigen Bevölkerung aus den Gebieten Bessarabiens und der Nord-Bukowina unterzeichnet (→ 2. 11./S. 190).

Die Zeitschrift »Arbeitertum«, amtliches Organ der Deutschen Arbeitsfront und der NS-Gemeinschaft Kraft durch Freude (KdF), gibt bekannt, daß auch während des Kriegs die Produktion des Volkswagens weitergeführt werden soll. → S. 164

Die Komödie »Wie es euch gefällt« von William Shakespeare wird in einer Inszenierung von Gustaf Gründgens, Intendant am Staatlichen Schauspielhaus in Berlin, aufgeführt. → S. 167

Im Rahmen der 22. Internationalen Biennale wird anläßlich der am 1. September eröffneten deutsch-italienischen Filmwoche in Venedig der antisemitische Film »Jud Süß« von Veit Harlan uraufgeführt. Die Filmschau endet am 8. September. → S. 167

6. September, Freitag

König Karl II. von Rumänien wird von General Ion Antonescu zugunsten seines Sohnes und Thronfolgers Michael I. zur Abdankung gezwungen. → S. 155

Die niederländische Exilregierung in London bricht ihre diplomatischen Beziehungen zur französischen Vichy-Regierung ab.

7. September, Sonnabend

Die deutsche Luftwaffe fliegt schwere Angriffe auf London und britische Flugplätze, an denen 300 Bomber beteiligt sind (→ 13. 8./S. 144).

Heinrich Himmler, Reichsführer SS und Chef der Deutschen Polizei, legt in einer programmatischen Ansprache an das Offizierskorps der »Leibstandarte Adolf Hitler« die Aufgaben der Waffen-SS im Rahmen der Gesamt-SS dar. → S. 162

In Craiova (Rumänien) unterzeichnen Rumänien und Bulgarien einen Vertrag, mit dem Rumänien das Gebiet der Süd-Dobrudscha an Bulgarien abtritt (→ 30. 8./S. 142; 6. 9./S. 155). Damit sind die seit dem 19. August geführten Verhandlungen beendet.

In Stockholm werden deutsch-schwedische Vereinbarungen über den Warenverkehr zwischen Schweden und den vom Deutschen Reich besetzten Ländern Niederlande und Belgien abgeschlossen. → S. 164

In der UdSSR wird ein Volkskommissariat für Staatskontrolle eingerichtet. Ihm obliegt die Überwachung der staatlichen Einnahmen und Ausgaben sowie die Überprüfung der Ausführung von der Regierung getroffener Entscheidungen.

Heinrich Rumpler, österreichischer Kraftwagen- und Flugzeugkonstrukteur, stirbt im Alter von 68 Jahren in Tollow (Züsow) im Bezirk Rostock.

8. September, Sonntag

In Basel wird das neue Studiogebäude des Landessenders Radio Beromünster eröffnet, die bislang modernste rundfunktechnische Einrichtung in der Schweiz.

Im ausverkauften Nationalstadion von Helsinki gewinnen die Schweden den am 7. September begonnenen Dreiländerkampf in der Leichtathletik. Die deutsche Mannschaft belegt den zweiten Platz vor Finnland.

9. September, Montag

Erstmals greifen deutsche Fernkampfbatterien in die Kämpfe am Ärmelkanal ein und beschießen einen britischen Geleitzug.

Generalfeldmarschall Walter von Brauchitsch, Oberbefehlshaber des Heeres, trifft im Rahmen des Wehrwirtschaftsstabs »England« erste Entscheidungen über die wirtschaftliche Nutzung Großbritanniens für den Fall einer geglückten deutschen Invasion. → S. 164

Im Berliner Sportpalast wird zwischen Jean Kreitz und Adolf Heuser der Titelkampf um die Deutsche Boxmeisterschaft im Halbschwergewicht ausgetragen. → S. 167

Im Endspiel um die US-Tennismeisterschaften in Forest Hills schlägt Alice Marble im Dameneinzel ihre Gegnerin Helen Jacobs mit 6:2 und 6:3; sie verteidigt damit ihren Titel. Bei den Herren siegt Bill McNeill über Bobby Riggs mit einem 7:5 im dritten Satz.

10. September, Dienstag

Der Schweizer Bundespräsident Marcel Pilet-Golaz empfängt Vertreter der rechtsgerichteten Nationalen Bewegung der Schweiz zu einer Unterredung. → S. 161

Der gesetzliche Mieterschutz für Juden wird in den Städten München und Berlin aufgehoben.

Zwischen Schweden und der Sowjetunion wird ein Wirtschafts- und Zahlungsabkommen im Gesamtwert von 175 Millionen Schwedenkronen (2,94 Mio. RM) unterzeichnet.

Ein parlamentarisches Ermächtigungsgesetz nach dem Vorbild der am 15. September 1935 ergangenen Nürnberger Rassegesetze wird in der Slowakei erlassen.

11. September, Mittwoch

Das Deutsche Nachrichtenbüro berichtet über den Einsatz sog. Brandplättchen bei britischen Luftangriffen auf das deutsche Reichsgebiet. → S. 158

12. September, Donnerstag

Auf einer Ministerkonferenz im Reichspropagandaministerium in Berlin wird die Frage des »volks- und staatsfeindlichen religiösen Schrifttums« erörtert. → S. 162

Als Vorbeugungsmaßnahmen gegen Sabotage- und Widerstandsaktionen in dem von deutschen Truppen besetzten Teil Frankreichs erläßt der Chef der Militärverwaltung, Alfred Streccius, umfangreiche Richtlinien zur Beschränkung des öffentlichen Lebens (→ 20. 9./S. 161).

Die seit dem 5. September in Wien unter deutschem Vorsitz tagende Sachverständigenkommission der 1919 eingerichteten Internationalen Donaukommission beschließt auf ihrer letzten Sitzung ihre Auflösung. Nach einer offiziellen deutschen Begründung ist die Donaukommission den neuen politischen Verhältnissen in Europa nicht mehr gerecht geworden.

13. September, Freitag

Auf Intervention der Reichsregierung schließt die französische Regierung in Vichy dort noch bestehende Vertretungen der Regierungen, »die keine Autorität mehr über die von den deutschen Truppen besetzten Länder ausüben und nicht mehr in diesen Ländern residieren«.

Aufgrund einer Verordnung über Aufenthaltsbeschränkungen im Generalgouvernement Polen wird in Warschau ein jüdischer Wohnbezirk gebildet, in dem sich alle in der Stadt lebenden oder zuziehenden Juden ansiedeln müssen (→ 15. 11./S. 191).

In seinem »Brief an einen Freund« schildert König Christian X. von Dänemark die Zustände seines Landes unter der deutschen Besatzungsmacht. → S. 155

Das Reichsfinanzministerium stellt eine Kredithilfe von 40 Millionen Reichsmark für die elsässische Wirtschaft zur Verfügung.

Der am 19. Juli zum Reichsmarschall ernannte Hermann Göring (im Auto l.) leitet nach seinen Blitzkrieg-Erfolgen auch die Luftschlacht um England; Titelseite der »Wiener Illustrierten« vom 25. September

59. Jahrgang Nr. 39

Wien, 25. September 1940

Preis 20 Pf.
Zuzüglich 2 Pfennig bei Hauszustellung

Wiener Illustrierte

In dieser Folge: Der neue Fallada-Roman

Die Stunde der Vergeltung

Aufn. PK.-Eitel Lange-PBZ

Reichsmarschall Hermann Göring, der den Einsatz der deutschen Luftwaffe zu den Vergeltungsangriffen auf London und die britische Insel, von der Nordwestküste Frankreichs, persönlich leitet, auf dem Weg zu einem Feldflughafen

14. September, Sonnabend

Die britische Luftwaffe beginnt mit zweitägigen Angriffen gegen die in den nordfranzösischen und belgischen Häfen für das Landungsunternehmen »Seelöwe« zusammengezogene deutsche Transportflotte (→ 15. 9./S. 156).

15. September, Sonntag

Bei ausgedehnten Luftschlachten im Südosten von Großbritannien, dem »Battle-of-Britain«-Tag, verliert die deutsche Luftwaffe 57 Kampfflugzeuge. → S. 156

Albrecht Haushofer, Professor für politische Geographie in Berlin, verfaßt ein Memorandum mit dem Titel »Gibt es noch Möglichkeiten für einen deutsch-englischen Frieden?« → S. 162

Vor 15 000 Zuschauern gewinnt die deutsche Fußball-Nationalmannschaft in Preßburg mit 1:0 gegen die nationale Auswahl der Slowakei.

16. September, Montag

Im Zuge der am 13. September begonnenen Großoffensive an der libysch-ägyptischen Grenze erobern italienische Truppen Sidi Barrani in Ägypten. → S. 158

In den Vereinigten Staaten von Amerika wird die erste allgemeine Wehrpflicht in Friedenszeiten erlassen. → S. 160

Das Reichsluftfahrtministerium verbietet Luftwaffenangehörigen den Besuch öffentlicher Tanzveranstaltungen jeder Art; diese Maßnahme richtet sich gegen die Verbreitung des sog. Niggerjazz. → S. 166

Heinz Rühmann spielt die Hauptrolle in dem Film »Kleider machen Leute«, der in Konstanz zur Uraufführung kommt. → S. 166

17. September, Dienstag

Führer und Reichskanzler Adolf Hitler beschließt, das Unternehmen »Seelöwe« wegen der fehlenden Luftherrschaft »bis auf weiteres« zu verschieben. → S. 157

In einer Unterredung mit dem am Vortag in Berlin eingetroffenen spanischen Innenminister Ramón Serrano Suñer betont Führer und Reichskanzler Adolf Hitler, daß es notwendig sei, »eine Front vom Nordkap bis Marokko aufzubauen«. Er erhält jedoch keine Zusage für einen Kriegseintritt Spaniens (→ 21. 10./S. 172). Spanien will neutral bleiben.

Bei einem deutschen U-Boot-Angriff wird das britische Passagierschiff »City of Benares« versenkt. Von den 406 Menschen an Bord überleben nur 159. Unter den Toten befindet sich auch der deutsche Schriftsteller und Sekretär der Vereinigung des PEN-Clubs deutscher Autoren in London, Rudolf Olden.

Der britische Premierminister Winston Churchill gibt im Unterhaus bekannt, daß die britische Zivilbevölkerung durch die deutschen Luftangriffe in der ersten Septemberhälfte etwa 2000 Tote und 8000 Verletzte zu beklagen habe.

Die deutsche Reichsregierung erläßt eine Verordnung über die Enteignung polnischen Vermögens in den eingegliederten westpolnischen Gebieten.

Ein Erlaß des Reichsjugendführers Artur Axmann verfügt für die 14- bis 18jährigen Mitglieder der Hitlerjugend (HJ) an allen Sonntagvormittagen den Luftschutzdienst. → S. 163

18. September, Mittwoch

Zwischen dem Protektorat Böhmen und Mähren (Tschechei) und dem Deutschen Reich wird die Zollgrenze aufgehoben. Die reichsdeutschen Zollvorschriften treten im Protektorat mit sofortiger Wirkung in Kraft.

Mit 192 gegen sieben Stimmen hat der Ausschuß der indischen Kongreßpartei in Delhi Mohandas Karamchand Gandhi (gen. Mahatma) wieder zum Führer der Partei bestimmt (→ 1. 11./S. 192).

Alfred Rosenberg, Leiter des Außenpolitischen Amts der NSDAP, unterrichtet Franz Xaver Schwarz, Schatzmeister der NSDAP, über die in Frankreich beschlagnahmten Vermögenswerte der Familie Rothschild. → S. 164

19. September, Donnerstag

Der französische Oberste Staatsgerichtshof in Riom stellt den ehemaligen französischen Ministerpräsidenten Édouard Daladier und den ehemaligen Oberbefehlshaber der alliierten Landstreitkräfte in Frankreich, General Maurice Gustave Gamelin, unter Anklage. → S. 161

Die Bodelschwinghschen Anstalten in Bethel (Bielefeld) werden von einem Flugzeug angegriffen. Der Luftangriff wird von der deutschen Propaganda als britischer Angriff ausgegeben. → S. 163

»The Howards of Virginia« (Die Howards von Virginia) lautet der Titel des dritten Gary-Grant-Spielfilms des Jahres, der in New York uraufgeführt wird.

20. September, Freitag

Generalfeldmarschall Fedor von Bock wird Befehlshaber über die deutschen Truppen an der deutsch-sowjetischen Interessensgrenze, die zur Zeit eine Stärke von 30 Divisionen besitzen.

Die belgische Exilregierung in Vichy gibt ihre Auflösung bekannt. Alle amtlichen Funktionen werden nun von Vertretern des Exilparlaments in London wahrgenommen (→ 28. 5./S. 92).

Die Regierung in Vichy erweitert die Rationierung von Lebensmitteln und Bedarfsgütern. → S. 161

Eine Sonderregelung der deutschen Reichsregierung erlaubt es im Lande lebenden italienischen Staatsbürgern, ihre Heimatsender zu hören.

Generalmajor Adolf von Schell, Generalbevollmächtigter für das Kraftfahrwesen, fordert in der Presse den verstärkten Einsatz von Gasgeneratoren in der Verkehrswirtschaft.

21. September, Sonnabend

Der japanische Ministerrat beschließt die Zusammenlegung der bisher bestehenden fünf zivilen Luftfahrtgesellschaften zur Großjapanischen Luftfahrtvereinigung, die unter staatliche Aufsicht gestellt wird.

22. September, Sonntag

Aufgrund eines Abkommens zwischen Japan und der französischen Vichy-Regierung unter Marschall Philippe Pétain übernehmen japanische Einheiten militärische Stützpunkte im Norden Indochinas. →S. 160

23. September, Montag

Ein Transitabkommen zwischen dem Deutschen Reich und Finnland ermöglicht es der deutschen Reichsregierung, zwei Heeresdivisionen über Nordfinnland nach Nordnorwegen zu verlegen (→ 6. 10./S. 175).

In Kowno werden deutsch-sowjetische Verhandlungen über die Umsiedlung von Volksdeutschen aus Litauen geführt, in Riga außerdem Vereinbarungen über eine Nachumsiedlung von Volksdeutschen aus Lettland und Estland getroffen (→ 2. 11./S. 190).

Adolf Hitler empfängt den Führer der Nationaal-Socialistische Beweging der Niederlande, Anton Adriaan Mussert, und sichert ihm seine Unterstützung bei dem Vorhaben zu, die Macht in den Niederlanden zu übernehmen.

An der Berliner Börse sind 30 Millionen Reichsmark Teilschuldverschreibungen der Mannesmannröhren-Werke zugelassen worden.

Das Organisationskomitee der Olympischen Spiele von Helsinki meldet die vollständige Rückzahlung aller Eintrittskarten, die für die abgesagten Sommerspiele (→ 3. 5./S. 103) gelöst worden waren. Zahlreiche Kartenbesitzer haben auf die ihnen zustehenden Gelder zugunsten der Sammlung für finnische Kriegsinvaliden verzichtet.

24. September, Dienstag

In den Wintermonaten wird auf Anordnung von Richard Walther Darré, Reichsminister für Ernährung und Landwirtschaft, für alle Versorgungsberechtigten, die das 18. Lebensjahr vollendet haben, anstelle von Kaffee-Ersatz Bohnenkaffee ausgegeben.

25. September, Mittwoch

Großadmiral Erich Raeder, Oberbefehlshaber der deutschen Kriegsmarine, tritt gegenüber Führer und Reichskanzler Adolf Hitler für ein militärisches Bündnis mit der französischen Regierung in Vichy ein, um das vorrangige Ziel zu erreichen, den Kampfwillen Großbritanniens zu zerstören.

Die seit dem 23. September andauernden Angriffe britischer Streitkräfte auf Dakar zur Vorbereitung einer Landung freifranzösischer Verbände unter General Charles de Gaulle (Operation Menace) müssen erfolglos abgebrochen werden.

In Oslo verkündet der Reichskommissar für Norwegen, Josef Terboven, eine »politische Neuordnung«. → S. 155

26. September, Donnerstag

US-Präsident Franklin D. Roosevelt verhängt ein Embargo über die Ausfuhr von hochwertigem Schrott und Stahl, das sich vor allem gegen Japan richtet. → S. 160

»Das neue Asien«, ein Filmbericht des Reiseschriftstellers Colin Ross über eine 1938 durchgeführte Ostasienreise, wird in München uraufgeführt. Der Film erhält das Prädikat »kulturell wertvoll«.

27. September, Freitag

Zwischen dem Deutschen Reich, Italien und Japan wird in der Berliner Reichskanzlei ein Dreimächtepakt geschlossen. → S. 154

In Japan werden die politischen Parteien zur Selbstauflösung gezwungen und durch die einheitliche Massenorganisation »Vereinigung zur Förderung der Tenno-Herrschaft« (Taisei yokusankai) ersetzt.

In einem Rundschreiben weist Stabsleiter Martin Bormann die obersten Reichs- und Parteidienststellen an, die »Erweiterte Kinderlandverschickung« im Reich zu organisieren.

28. September, Sonnabend

Der Dirigent der Berliner Philharmoniker, Wilhelm Furtwängler, wird auf Dauer an der Wiener Staatsoper verpflichtet.

29. September, Sonntag

Die Eröffnung der neuen Leichtathletikanlage im Stadion von Como (Italien) erfolgt mit einem internationalen Wettkampf. → S. 167

30. September, Montag

Die Summe der seit 1933 gewährten Ehestandsdarlehen und Kinderbeihilfen im Deutschen Reich hat nach amtlichen Angaben 1 Milliarde Reichsmark überschritten. → S. 163

Im Deutschen Reich werden gegenwärtig 14 Wanderbühnen für die »Truppenbetreuung« an Wehrmachtsstandorten und an der Front eingesetzt. → S. 166

Der populäre deutsche Operettenkomponist Walter Kollo stirbt 62jährig in Berlin.

Das Wetter im Monat September

Station	Mittlere Lufttemperatur (°C)	Niederschlag (mm)	Sonnenscheindauer (Std.)
Aachen	13,5 (14,5)	77 (68)	– (160)
Berlin	11,2 (13,8)	41 (46)	– (194)
Bremen	12,2 (14,0)	64 (60)	– (164)
München	13,0 (13,4)	201 (84)	– (176)
Wien	– (15,0)	– (56)	– (184)
Zürich	14,2 (13,5)	235 (101)	160 (166)

( ) Langjähriger Mittelwert für diesen Monat
– Wert nicht ermittelt

Die Wochenzeitschrift »The Illustrated London News« zieht in ihrer Ausgabe vom 14. September gegen den deutschen Luftkrieg zu Felde, dessen Opfer häufig wehrlose Zivilisten sind, ohne daß die deutschen Bomben irgendwelche militärisch oder wirtschaftlich bedeutenden Angriffsziele träfen

THE ILLUSTRATED LONDON NEWS,

The World Copyright of all the Editorial Matter, both Illustrations and Letterpress, is Strictly Reserved in Great Britain, the British Dominions and Colonies, Europe, and the United States of America.

SATURDAY, SEPTEMBER 14, 1940.

ONE OF GOERING'S "MILITARY OBJECTIVES."

Goering chose a Sunday evening (September 8) to announce in a wireless speech that Hitler had entrusted him with the task of attacking the "heart of the British Empire." Previously he had stated that "objectives of special military and economic value" were being attacked. In reality, intensive, indiscriminate bombing took place over London, in which the poor people above, whose home is nowhere near any such objective, were characteristic sufferers. *(Photo. by Planet.)*

Nach der Unterzeichnung in Berlin (am Tisch v. l.): Der japanische Botschafter Saburu Kurusu, Graf Ciano, Adolf Hitler, Außenminister Joachim von Ribbentrop

Bündnis gegen Kriegseintritt der USA

27. September. Reichsaußenminister Joachim von Ribbentrop, der italienische Außenminister Galeazzo Ciano, Graf von Cortellazzo und der japanische Botschafter Saburu Kurusu unterzeichnen in der Berliner Reichskanzlei einen Dreimächtepakt. Das Bündnis soll einer gegenseitigen Absicherung der Staaten dienen, die in ihren jeweiligen Territorien eine massive Expansionspolitik betreiben – mit dem Ziel, in Europa und Ostasien eine »neue Ordnung« unter ihrer Führung aufzubauen. Der Zusammenschluß der drei faschistischen Staaten, die sich schon 1936/37 im Antikominternpakt verbündeten, ist in erster Linie gegen Großbritannien und die USA gerichtet.

In dem Abschlußdokument ihrer Vereinbarungen sichern sie sich gegenseitig die volle politische, militärische sowie wirtschaftliche Unterstützung zu, falls einer der Staaten von einer Macht angegriffen würde, »die gegenwärtig nicht in den europäischen Krieg oder in den chinesisch-japanischen Konflikt verwikkelt ist«. Diese Festlegung soll die Vereinigten Staaten abhalten, in den Krieg einzutreten. Das militärische und politische Dreierbündnis, das von seiten der deutschen Regierung als Erfolg ihrer politischen Bemühungen herausgestellt wird, schafft erstmals seit Kriegsbeginn eine Annäherung Japans an das Deutsche Reich. Seit Abschluß des »Hitler-Stalin-Pakts« (23.8.1939) war das Verhältnis zwischen beiden Staaten distanziert. Das neue Bündnis soll nun zur besseren Abstimmung der beiderseitigen außenpolitischen Beziehungen führen.

Allerdings ist das mächtepolitische Dreieck in dieser Hinsicht von geringerer politischer Bedeutung als die deutsche Propaganda es glauben machen will. Trotz der Einrichtung gemeinsamer Kommissionen, die für die Durchführung der Vertragsbestimmungen zuständig sind, kommt es zu keiner Koordination deutsch-japanischer Interessen. Insbesondere bereitet das Verhältnis zur Sowjetunion Probleme. So wird festgelegt, daß der Dreimächtepakt in keiner Weise den politischen Status der UdSSR berühren darf.

Reichsaußenminister Joachim von Ribbentrop bei der Unterzeichnung des Dreimächtepakts. Die auf Initiative Hitlers zustande gekommene vertragliche Vereinbarung spricht dem Deutschen Reich die Vorherrschaft in Kontinentaleuropa (ohne UdSSR) zu.

Der italienische Außenminister Graf Ciano bei der Signierung des Dokuments. Italien läßt sich von seinen Vertragspartnern in dem Abkommen, das zunächst auf die Dauer von zehn Jahren begrenzt ist, die Vorherrschaft im Mittelmeerraum zusichern

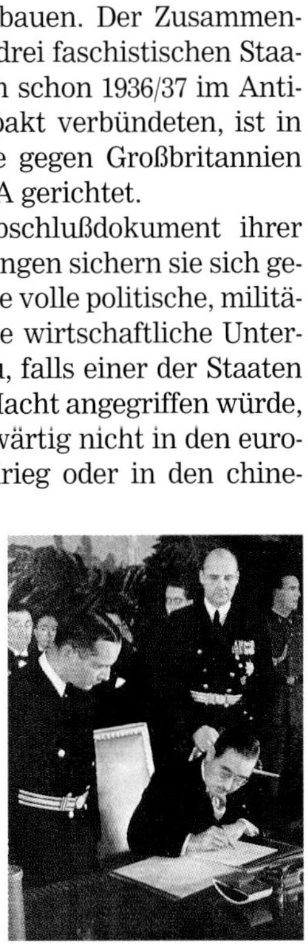

Japan ist in Berlin vertreten durch seinen Botschafter Saburu Kurusu. Von einer Stärkung der Achse Berlin – Rom – Tokio, wie sie im Dreimächtepakt vorgesehen ist, verspricht sich Japan eine Unterstützung seines Vormachtstrebens in Ostasien.

Der Dreimächtepakt mit Japan/Italien

Der zwischen dem Deutschen Reich, Japan und Italien auf die Dauer von zehn Jahren in Berlin abgeschlossene Dreimächtepakt tritt mit sofortiger Wirkung in Kraft (Auszug):

Art. 1: »Japan anerkennt und respektiert die Führung Deutschlands und Italiens bei der Schaffung einer neuen Ordnung in Europa.

Art. 2: Deutschland und Italien anerkennen und respektieren die Führung Japans bei der Schaffung einer neuen Ordnung im ostasiatischen Raum.

Art. 3: Deutschland, Italien und Japan kommen überein, bei ihren Bemühungen auf der vorstehend angegebenen Grundlage zusammenzuarbeiten. Sie übernehmen ferner die Verpflichtung, sich mit allen politischen, wirtschaftlichen und militärischen Mitteln gegenseitig zu unterstützen, falls einer der drei vertragschließenden Teile von einer Macht angegriffen wird, die gegenwärtig nicht in den europäischen Krieg oder in den chinesisch-japanischen Konflikt verwickelt ist.«

General Antonescu setzt König Karl II. ab

6. September. Nachdem zwei Tage zuvor General Ion Antonescu durch den rumänischen König Karl II. anstelle des bisherigen Amtsinhabers Ion Gigurtu zum Ministerpräsidenten mit Sondervollmachten ernannt worden ist, setzt Antonescu den König zugunsten seines Sohnes Michael I. ab. Der eng mit der Legionärsbewegung »Eiserne Garde« kooperierende neue Staatschef errichtet ein autoritäres Regime in Rumänien. Er setzt den schon seit dem → 27. Mai (S. 94) eingeleiteten Prozeß einer außenpolitischen Annäherung des Landes an die Achsenmächte fort. Rumänien muß laut Vertrag von Craiova am 7. September die Süd-Dobrudscha an Bulgarien abtreten. Der neue Staatsführer und Chef des Legionärsregimes Antonescu erklärt seinen Willen zur »hundertprozentigen« Zusammenarbeit mit dem Deutschen Reich. Er äußert die Bitte um die Entsendung einer deutschen Militärmission. (→ 6. 10./S. 175). Am 14. September bildet Antonescu eine neue Regierung im »nationalen Legionärsstaat«. Horia Sima, Führer der »Eisernen Garde«, die nach den Gebietsabtretungen Rumäniens an die Sowjetunion (→ 28. 6./S. 117) und Ungarn (→ 30. 8./S. 142) den Unmut in der Bevölkerung gegen König Karl II. durch massive Kampagnen schürte, wird stellvertretender Ministerpräsident.

Der neue rumänische König Michael I. wurde am 25. Oktober 1921 in Sinaia geboren; den Thron seines Landes hatte er bereits von 1927 bis 1930 inne. Der neue rumänische Staatschef Antonescu wirft dem bisherigen König Karl II. vor, für die Gebietsabtretungen an die Sowjetunion und an den ungarischen Staat sowie den Verlust der Süd-Dobrudscha verantwortlich zu sein; den neuen König hofft er unterordnen zu können.

Rückgabe der Süd-Dobrudscha an Bulgarien: Voller Begeisterung empfängt die Bevölkerung den ersten bulgarischen Soldaten in dem Kurort Baltschik

Neue Ordnung in Norwegen geplant

25. September. Der am → 24. April (S. 73) zum Reichskommissar von Norwegen ernannte Josef Terboven verkündet über den Osloer Rundfunk seine Pläne zur politischen Neuordnung des Landes. Die beabsichtigte Reform des Staatswesens spricht dem exilierten Königshaus unter König Håkon VII. sowie der norwegischen Exilregierung in London jede politische Bedeutung ab. Der nach der deutschen Okkupation (→ 9. 4./S. 70) eingesetzte Verwaltungsrat wird auf Anordnung Terbovens durch einen Staatsrat ersetzt. Die alten politischen Parteien sind mit sofortiger Wirkung aufgelöst. Einzig die faschistische Nasjonal Samling unter Vidkun Abraham Lauritz Quisling wird als legale Partei des Landes anerkannt. Am 3. Oktober gibt Quisling die Auflösung des Parlaments bekannt, das durch einen Reichsthing ersetzt werden soll.

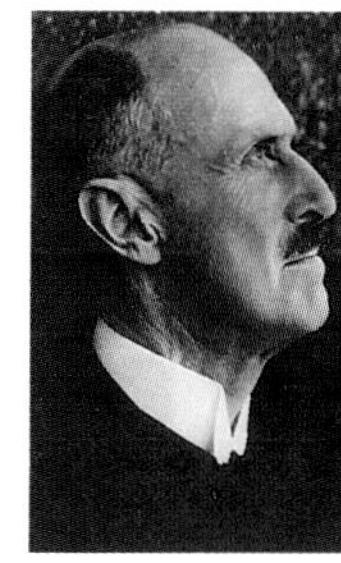

Håkon VII. (* 3. 8. 1872 in Charlottenlund = Kopenhagen) setzte der deutschen Besatzung seines Landes im April entschiedenen Widerstand entgegen; nach der Niederlage seiner Truppen ging er nach Großbritannien ins Exil

Dänemark leidet unter deutscher Besatzungsmacht

13. September. In einem Brief an einen Freund schildert König Christian X. von Dänemark die Situation in seinem Land, das seit dem → 9. April (S. 70) unter deutscher Besatzung steht. Während die deutsche Reichsregierung die Okkupation als »freundschaftliche Schutzmaßnahme« auszugeben versucht, regt sich in der dänischen Bevölkerung vielfältiger Widerstand gegen die diktatorischen Besatzer. In spontanen Aktionen, so durch das verbotene Singen nationaldänischer Lieder oder die öffentliche Zurschaustellung von Symbolen und Flaggen des dänischen Königshauses, macht sich der Unmut der Dänen Luft.

Auch im Ausland lebende Dänen unterstützen den Widerstand in ihrem besetzten Land. Die am → 22. Juli (S. 130) gegründete britische Geheimdienstorganisation »Special Operations Executive« (SOE) schult in ihrer dänischen Abteilung dänische Emigranten für die Widerstandsarbeit. So erscheinen, nicht zuletzt durch britische Unterstützung, im Herbst 1940 die ersten Exemplare der Untergrundpresse. Vereinzelte Sabotageakte tragen zur weiteren Verunsicherung der Besatzer bei. Der dänische Widerstand wird in der Folgezeit stärker.

König Christian von Dänemark bei einem Spazierritt in Kopenhagen

König Christian X., der jeden offenen Konflikt mit den deutschen Behörden vermeidet, um den – wenn auch nur »scheinbaren« – Frieden in seinem Land zu erhalten, beschreibt seine Eindrücke: »Die Schlimmsten, die wir hier haben, sind uniformierte Zivilisten, die zur Propagandaabteilung in Berlin gehören und als ›Topfgucker‹ sowohl in den Ministerien als auch in privaten Geschäften auftreten, um unsere wirtschaftlichen Verbindungen zu untersuchen . . .; diese Zivilisten haben die Stimmung sehr irritiert . . . Eine kritische Situation habe ich mit Ribbentrop erlebt, der von uns den Abschluß einer Zoll- und Währungsunion mit Deutschland verlangte, die einen vollständigen Ruin für unsere selbständigen Dispositionen bedeutet hätte. Glücklicherweise stellte sich die ganze Regierung hinter mich, so daß wir höflich diesen Abschluß ablehnten . . . Das Auftreten der Bevölkerung den Deutschen gegenüber ist würdig. Auf der Straße werden sie als Luft betrachtet, was sie nicht schätzen. Sie tun alles, um sich populär zu machen, was die entgegengesetzte Wirkung hat. Die Deutschen verstehen unsere Mentalität nicht, und allmählich haben sie es begriffen, daß ihre Anwesenheit hier nicht erwünscht ist.«

»Battle-of-Britain«-Tag besiegelt die Niederlage

Messerschmitt-Zerstörer »BF 110« sind maßgeblich an der »Luftschlacht um England« beteiligt; Probleme ergeben sich wegen mangelnder Wendigkeit

15. September. Die zweite Phase der »Luftschlacht um England« wird von der deutschen Luftwaffe mit dem sog. Battle-of-Britain-Tag eingeleitet. Bei diesem zweiten Höhepunkt der Luftkämpfe um London und den Südosten Großbritanniens verliert die deutsche Luftwaffe von 520 Kampf- und 1270 Jagd- und Zerstörerflugzeugen 57 Maschinen. Der am Mittag begonnene deutsche Großangriff wird von der Royal Air Force (RAF), die zeitweise bis 250 Spitfire- und Hurricane-Flugzeuge einsetzt, erfolgreich abgewehrt. Die RAF verliert an diesem Tag 26 Maschinen. Der »Battle-of-Britain«-Tag leitete die große Wende in der Luftschlacht um Großbritannien ein. Die schweren deutschen Verluste erbringen den Beweis, daß die Luftherrschaft über die Britischen Inseln noch nicht erreicht ist. Die am 3. September auf den 21. des Monats angesetzte deutsche Invasion in Großbritannien (Unternehmen »Seelöwe«) gerät damit vollends zur Illusion. Die deutschen Verluste sowie ein britischer Angriff am 14. September auf die Transportflotte für die Operation »Seelöwe« besiegelt praktisch die deutsche Niederlage gegenüber Großbritannien. Zum erstenmal seit Kriegsbeginn zeichnet sich somit die Begrenztheit des deutschen militärischen Potentials ab. Die ursprüngliche Annahme, der Krieg gegen Großbritannien könne allein durch den Einsatz der Luftwaffe entschieden werden, scheitert. Trotz der erheblichen Zerstörungen in Großbritannien durch den seit dem → 13. August (S. 144) verstärkten deutschen Luftangriff gegen die Insel und trotz der beträchtlichen Produktionsausfälle von britischen Rüstungs- und Industriebetrieben gelingt es nicht, das industrielle Potential und den Widerstandswillen der Bevölkerung zu brechen. Die Royal Air Force, im Jahr 1935 nach den Prinzipien einer strategischen Luftkriegsführung aufgebaut, erweist sich der deutschen Luftwaffe als überlegen. Vor allem die Jagdflieger mit ihren durch Funkleitsysteme gesteuerten Einsätzen, unterstützt von den an der Küste stationierten Radarstationen, stellen für die deutschen Flieger eine erhebliche Bedrohung dar. 52 Radarstationen entlang der Küste von Pembrokeshire bis zu den Shetlands geben der britischen Luftverteidigung genaue Informationen über die Entfernung und Anflugrichtung der angreifenden deutschen Kampfflugzeuge. Auf einer Entfernung bis zu 120 km liefern sie Angaben über Anflughöhe und Anzahl der Flugzeuge. Nach Überfliegen der Küste werden die Flugzeuge durch das Royal Observer erfaßt, die Informationen an die vier Gefechtsstände des Fighter Command weitergeleitet. Die schnelle Reaktionsfähigkeit des britischen Luftverteidigungssystems macht weitgehend den prekären Personalmangel des Fighter Command wett. Während des deutschen Angriffs auf Frankreich (→ 14. 6./ S. 108) verlor die britische Luftwaffe ein Drittel ihrer Piloten.

Die seit Ende August auf London ausgedehnten deutschen Bombenangriffe verschaffen den Briten weitere Vorteile: Durch die langen Anflugwege deutscher Kampfflugzeuge gewinnt die britische Luftverteidigung mehr Zeit für die Abfangjagd, während sich die Einsatzzeiten der deutschen Jäger über dem Ziel verkürzen. Nach der deutschen Niederlage am »Battle-of-Britain«-Tag beginnt die Luftwaffe verstärkt ihren »Zermürbungskrieg« gegen britische Großstädte wie London.

Obwohl die britische Regierung die Londoner Bevölkerung mahnt, U-Bahn-Stationen nur in dringenden Notfällen als Luftschutzraum zu benutzen, sind diese fast jede Nacht vollkommen überfüllt mit schutzsuchenden Menschen

Der »Luftkampf um England«

Flugzeugverluste der Luftwaffe
(1. 8. 1940 – 31. 3. 1941)

Verbandsart	*total und leicht beschädigt*	*Nachschub ab 1. 8.*
Kampf	1817	1919
Jagd	1166	1191
Zerstörer	468	776
Stuka	208	447
Aufklärer	204	526
Verbände	136	88
Sonstige	384	560
Summe der Verl.	4383	5507

Britische Flugzeugproduktion (1940)

Januar	Februar	März	April	Mai	Juni
802	719	860	1081	1279	1591
Juli	August	Sept.	Okt.	Nov.	Dez.
1665	1601	1341	1419	1461	1230

Verluste der britischen Zivilbevölkerung (1940)

Monat	*Männer*		*Frauen*		*Kinder*	
	tot	*verl.*	*tot*	*verl.*	*tot*	*verl.*
Juli	178	227	57	77	23	17
August	627	711	335	448	113	102
Sept.	2844	4405	2943	3807	1167	2403
Okt.	2791	4228	2900	3750	643	717
Nov.	2289	3493	1806	2251	493	458
Dez.	1838	2962	1434	1775	521	307
Ges.	10567	16026	9475	12108	2960	4004

(Zum »Battle-of-Britain«-Tag siehe S. 158)

Die Londoner St. Paul's Cathedral im Schein der Bombenexplosionen

König Georg VI. (3. v. l.) bei der Besichtigung der Trümmerfelder

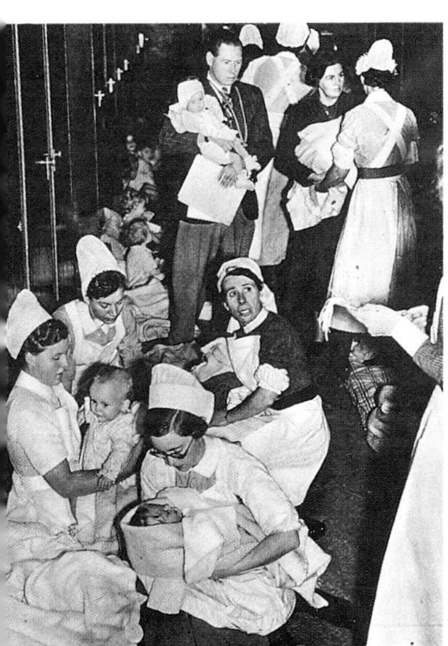

Krankenschwestern bringen die Kinder ihrer Klinik in Sicherheit

»Seelöwe« bis auf weiteres verschoben

17. September. Nach den Verlusten der deutschen Luftwaffe am »Battle-of-Britain«-Tag verschiebt Führer und Reichskanzler Adolf Hitler die für den 21. September geplante Landung deutscher Truppen »bis auf weiteres«. Jedoch sollen die Vorbereitungen zur Invasion als Täuschungsmanöver fortgesetzt werden. Entscheidend für ein mögliches Landungsunternehmen ist nach den Worten Hitlers die Fortsetzung der pausenlosen Luftangriffe auch auf britische Wohngebiete.

Seit der Führerweisung vom 16. Juli, eine Landung auf den Britischen Inseln vorzubereiten und, wenn nötig, durchzuführen, werden an der französischen und belgischen Kanalküste Verlade- und Landungsübungen durchgeführt, Besatzungsdienststellen für den Einsatz in Großbritannien gebildet, Übersetzmittel sowie schwere Artillerie und Flak bereitgestellt. Alle verfügbaren See- und Flußschiffe im Reich und den besetzten Gebieten werden für das Landungsunternehmen zusammengezogen.

Jedoch schon bald zeigte sich, daß die Kriegsmarine für eine Landung an der britischen Kanalküste bis zum Herbst nicht einsatzfähig sein würde. Es mangelte an Übersetzmitteln für die Landungstruppen, deren Stärke sich auf etwa 100 000 Mann mit Material, Panzern, Kraftfahrzeugen und Pferden belaufen sollte. Schon am 29. Juli kam das Oberkommando der Kriegsmarine zu dem Schluß, daß ein Landungsunternehmen an der britischen Küste im Jahr 1940 nicht zu verantworten sei und die Möglichkeit seiner Durchführung überhaupt »höchst zweifelhaft« erscheine. Von allen Verantwortlichen gehegte Hoffnungen, daß sich das risikoreiche Unternehmen durch den Einsatz der Luftwaffe umgehen lasse, werden durch die Luftniederlage endgültig zunichte gemacht.

Am 12. Oktober wird die Operation »Seelöwe« offiziell auf das Frühjahr 1941 verschoben. Intern ist jedoch das Unternehmen zu diesem Zeitpunkt bereits aufgehoben. Die ersten Truppenteile vom Kanal werden bereits im Laufe des Septembers abgebaut.

Vorbereitungen für eine Landung deutscher Truppen in Großbritannien: Im Rhein sammeln sich Transportschiffe für die Operation »Seelöwe«

Übungen an der Kanalküste; l. Gerd von Rundstedt, der beim Einmarsch in Belgien und Nordfrankreich im Juni Oberbefehlshaber der Heeresgruppe A war; er wird im Juli zum Generalfeldmarschall ernannt und erhält das Kommando für die Operation »Seelöwe«

Das Verladen auf Landeprahme wird geübt; in einer ersten Welle sollen 13 Divisionen über den Kanal auf britischen Boden transportiert werden

Selbstvertrauen und Resignation im Reich

16. September. Obwohl sich die deutschen Verluste am »Battle-of-Britain-Tag« entscheidend auf den Fortgang des Unternehmens »Seelöwe« auswirken, ist nach einer Meldung des Oberkommandos der Wehrmacht der deutsche »Kampfeswillen« ungebrochen:

»Am 15. September und in der Nacht zum 16. September wurden unter schwierigsten Wetterverhältnissen die Vergeltungsflüge gegen London fortgesetzt. Kampfflieger griffen Docks und Hafenanlagen an, trafen mit einer Bombe schwersten Kalibers das Gaswerk Bromley, setzten ein Öllager in Brand und erzielten Treffer auf Bahnhöfe sowie kriegswichtige Industrieanlagen in Woolwich und anderen Stadtteilen. Im Laufe dieser Angriffe kam es zu heftigen Luftkämpfen ... Die Gesamtverluste des Feindes betrugen gestern 79 Flugzeuge. 43 eigene Flugzeuge werden vermißt«.

23. September. Die deutsche Bevölkerung kennt bisher von der Wehrmacht nur Blitzerfolge und ist daher erstaunt darüber, daß die Entscheidung im Luftkampf gegen Großbritannien immer noch nicht gefallen ist. Darüber sagen die geheimen Lageberichte des Sicherheitsdienstes der SS aus:

»Weiterhin verfolgen die meisten Volksgenossen erwartungsvoll die Vergeltungsflüge gegen England. Dabei erhebt sich in der Bevölkerung immer mehr die Frage, wie es komme, daß der Kampf um London so lange dauere. Wenn Warschau, Rotterdam in wenigen Tagen gefallen seien, so müsse es doch gelingen, London in drei Wochen zu erledigen ... Verschiedentlich ist jedoch auch schon als Folge des Ausbleibens einer größeren Entscheidung zu beobachten, daß ein Teil der Bevölkerung die deutschen Kriegshandlungen nicht mehr entsprechend würdigt ... Diese Volksgenossen begründen ihre Entscheidung damit, daß ja mit einer eigentlichen Offensive und Landung in diesem Jahr doch nicht mehr zu rechnen sei.«

Der Alltag in Großbritannien geht weiter trotz ständiger Luftangriffe; mit Erstaunen nehmen die Deutschen die Zähigkeit der Briten zur Kenntnis

Berechtigte Zuversicht bei den Briten

16. September. Anläßlich der Erfolge der Royal Air Force über die deutsche Luftwaffe erläßt Premier Winston Churchill eine Botschaft an das Luftfahrtministerium:

»Der gestrige Tag hat alle Rekorde der Kampfkommandos der britischen Luftwaffe gebrochen. Unterstützt durch das Geschwader ihrer tschechoslowakischen und polnischen Kameraden, unter Einsatz eines Bruchteils der Gesamtstärke und unter den denkbar ungünstigsten Witterungsverhältnissen, zerschlugen die britischen Flieger drei verschiedene, mörderische Angriffswellen, die der Feind gegen unsere Küste warf, und fügten dem Angreifer einwandfrei ermittelte Verluste von 127 Kampfflugzeugen und 53 Jagdmaschinen zu, abgesehen von weiteren Verlusten, deren Bestätigung noch aussteht, und schwere Beschädigungen an feindlichen Maschinen. Unsere Flieger büßten dabei nur 12 Piloten und Maschinen ein. Diese Ergebnisse übertreffen alle unsere Erwartungen und lassen uns mit ... Zuversicht und voll Selbstvertrauen den kommenden Kämpfen ins Auge sehen.«

Die Royal Air Force wirft über den Städten Osnabrück, Kiel, Wilhelmshaven, Hamburg, Dortmund und Köln Flugblätter mit dem Titel »Deutsche Luftwaffe über Großbritannien geschlagen« ab: Sie sollen die deutsche Bevölkerung über den Stand des Kampfes aus britischer Sicht informieren (Auszug):

»Räumt die Trümmer weg, damit ich einen neuen Sieg verkünden kann!« Churchill-Karikatur in der Satire-Zeitschrift »Simplicissimus«

»Seitdem die Fliegertätigkeit um Großbritannien vom 15. Juni an verschärft wurde und besonders seit die Massenangriffe am 8. August begannen, haben die Berichte des OKW die Welt durch ihre wilde Lügenhaftigkeit verblüfft. Die deutschen und britischen Verlustziffern sind im allgemeinen einfach umgedreht worden. Bevor ihr solche Angaben glaubt, denkt daran, daß das OKW bereits die Versenkung oder schwere Beschädigungen von 17 Schlachtschiffen und Schlachtkreuzern, von drei Flugzeugträgern und von 21 Kreuzern mehr behauptet hat, als England bei Kriegsausbruch überhaupt besaß. Genausowenig halten die nationalsozialistischen Führer von eurem Verstand, wenn sie mit ähnlichen ... Behauptungen über Luftsiege kommen. Vergleicht diese Märchen mit den nackten Tatsachen ... Göring und die Witwen und Waisen der deutschen Flieger wissen nur zu gut, daß Worte billiger sind als Flugzeuge und Besatzungen.«

»Brandplättchen« erregen Aufsehen

11. September. Das Deutsche Nachrichtenbüro (DNB) berichtet über eine seit August von der britischen Luftwaffe verstärkt eingesetzte neue Waffe: 25 cm² große, aus Zelluloid bestehende Brandplättchen. Die großflächig über das Reichsgebiet abgeworfenen Zelluloidplättchen enthalten in ihrer Mitte eine »Brandpille« und fangen unter Einwirkung von Sauerstoff Feuer. Sie setzen dadurch getroffene Objekte in Brand. Da diese Waffe nicht dazu geeignet sei, militärische Anlagen zu zerstören, sondern eher als Terrorwaffe gegen die Zivilbevölkerung eingesetzt würde, verwahrt sich das DNB gegen dieses »verabscheuungswürdige und gemeine Kampfmittel«. Die Brandplättchen sind jedoch in ihrer Wirkung begrenzt. Nur vereinzelt fallen Bauerngehöfte, Scheunen oder Felder den Flammen zum Opfer. Die propagandistische Aufwertung dieser Waffe dient offensichtlich der Ablenkung des Interesses von den viel gefährlicheren, von Großbritannien eingesetzten Flugblattbomben (→ 16. 10. / S. 174).

Kurzer Erfolg für Italien in Ägypten

16. September. Nach einer dreitägigen Offensive erobert die 10. italienische Armee die ägyptische Wüstenstadt Sidi Barrani. Die von Marschall Rodolfo Graziani geführten italienischen Verbände sammelten sich am 9. September in ihrem Aufmarschgebiet um Sollum und rückten in zwei Kolonnen, zu denen auch Panzer- und Artilleriegeschütze gehören, vor. Am Halfayapaß an der libysch-ägyptischen Grenze trafen die Italiener auf den erbitterten Widerstand britischer Truppen, die sich jedoch schon am späten Mittag des ersten Kampftags nach Osten zurückziehen mußten. Sidi Barrani, das vorläufige Ziel der italienischen Offensive, liegt etwa 90 km vom Ausgangspunkt Sollum entfernt. Hier stoppt am 18. September der Vormarsch der Italiener. Nachschubschwierigkeiten und fortdauernde Angriffe durch britische motorisierte Einheiten verhindern weitere Eroberungen. Im Verlauf einer britischen Gegenoffensive am → 9. Dezember (S. 202) erobert die britische Nilarmee Sidi Barrani zurück.

US-amerikanische Glattdecker aus dem Ersten Weltkrieg; aus dieser Reserve alter Zerstörer im Hafen von Philadelphia gehen 50 nach Großbritannien

»Tauschvertrag«: 50 Zerstörer gegen Stützpunkte

2. September. Zwischen der britischen und US-amerikanischen Regierung wird ein Verteidigungsabkommen geschlossen. Danach stellen die USA Großbritannien 50 US-amerikanische Zerstörer der Klasse 1200 t sowie Munition und Waffen gegen die Überlassung von Flotten- und Flugzeugstützpunkten in der westlichen Hemisphäre zur Verfügung. Gegen die Lieferung von Zerstörern aus dem Ersten Weltkrieg, mit denen Großbritannien seine stark reduzierte Flotte zu verstärken sucht, beanspruchen die USA Stützpunkte u. a. auf Neufundland, den Bermudas, den Bahamas, in Westindien und Britisch-Guayana. Seine militärischen Stützpunkte tritt Großbritannien für die Dauer einer 99jährigen Pacht an die USA ab. Die Gebiete sind von Pachtzinsen und Kosten frei. Großbritannien überträgt den USA für die angrenzenden Küsten- und Lufträume der Gebiete alle notwendigen Rechte und Vollmachten, um die Stützpunkte militärisch nutzen zu können. In einer Note an den Kongreß erklärt US-Präsident Franklin D. Roosevelt anläßlich des Vertragsabschlusses, daß die Vereinbarung in keiner Weise unvereinbar mit dem Friedenszustand der Vereinigten Staaten sei, noch eine Bedrohung irgendeiner Nation bedeuten würde. Abwehrmaßnahmen stellen nach den Worten des Präsidenten ein Recht jedes souveränen Staates dar und seien von wesentlicher Bedeutung für den Erhalt des Friedens und der Sicherheit der USA.

Jedoch ist der britisch-US-amerikanische Tauschhandel nur unter Umgehung der US-amerikanischen Neutralitätsgesetze zustandegekommen. Noch ein Akt vom 28. Juli verbot dem Präsidenten ausdrücklich, eine Reduzierung der US-amerikanischen Flottenstärke vorzunehmen. Das Abkommen, das von den US-amerikanischen Isolationisten schon als anglo-amerikanische Allianz gegen das Deutsche Reich bezeichnet wird, bildet den Versuch Roosevelts, Großbritanniens Niederlage zu verhindern.

Von besonderer strategischer Bedeutung für die Verteidigung der Vereinigten Staaten sind die neu erworbenen Stützpunkte auf den Westindischen Inseln. Sie sichern den Zugang zur Karibik und zum Panamakanal. Nördlichster Stützpunkt ist die Insel Neufundland an der kanadischen Ostküste. Eine Basis für Luft- und Seestreitkräfte soll hier Ausgangspunkt für die Nordatlantik-Verteidigung sein.

Aufbau einer Millionen-Armee in den USA

16. September. US-Präsident Franklin D. Roosevelt unterzeichnet die Gesetzesvorlage über die teilweise Wehrpflicht in den USA. Damit wird das erste Wehrpflichtgesetz in den Vereinigten Staaten zu Friedenszeiten erlassen. Nach einer entsprechenden Proklamation des Präsidenten müssen sich insgesamt 16,5 Millionen männliche Landesbewohner zwischen 21 und 35 Jahren für die militärische Ausbildung melden. Als Registrierungstag für die Eintragung der künftigen Soldaten wird der 16. Oktober festgesetzt. 65 000 Offizieren und Soldaten der Nationalgarde wird der aktive Militärdienst für die Dauer eines Jahres in Aussicht gestellt. Schon einen Monat später sollen insgesamt 75 000 US-amerikanische Staatsbürger militärisch ausgebildet werden.

Infolge dieses Gesetzes, das am 5. September von Repräsentantenhaus und Senat angenommen wurde, wird der Bau von 100 neuen Kasernenbauten notwendig. Der am gleichen Tag angenommene Verteidigungsetat berücksichtigt mit 5,2 Millionen US-Dollar (21,75 Mio. RM) bereits den Aufbau einer 2-Millionen-Soldaten-Armee.

Die erhöhten Verteidigungsanstrengungen der Regierung finden jedoch nicht die rückhaltlose Zustimmung der Bevölkerung. Schon am 7. August kündigten Vertreter der Gewerkschaften ihren Protest gegen diese Wehrvorlage an.

US-Präsident Franklin Delano Roosevelt bei der Unterzeichnung des neuen amerikanischen Wehrpflichtgesetzes; obwohl die erste Amtsperiode Roosevelts zu Ende geht und er sich am 5. November erneut zur Wahl stellen muß, forciert er unbeirrt die Aufrüstung

»Arbeit statt Krieg« fordern diese US-amerikanischen Demonstranten in New York; die Stimmung gegen einen Kriegseintritt der USA ist sehr verbreitet

Erste Einigung im Erdölkonflikt

2. September. Nach einer Meldung der »Neuen Zürcher Zeitung« haben die Vereinigten Staaten von Amerika und Mexiko eine erste Übereinkunft in dem seit 1938 bestehenden sog. Erdölkonflikt erzielt. Eine unter dem sozialistischen Ministerpräsidenten von Mexiko, Lázaro Cárdenas (seit 1934 im Amt) eingeleitete Verstaatlichung der gesamten Erdölindustrie bezog auch die US-amerikanische Erdölgesellschaft des Sinclair-Konzerns sowie andere US-amerikanische Ölgesellschaften mit ein.

Das nun in Mexiko-City getroffene Übereinkommen zwischen beiden Staaten sichert den USA Entschädigungszahlungen für die entstandenen Verluste in Höhe von 74 Millionen US-Dollar (309 Mio. RM) zu. Die Vereinigten Staaten verpflichten sich gleichzeitig zur Zahlung einer Anleihe von 40 Millionen US-Dollar (167 Mio. RM) an Mexiko zur Stützung des Peso. Weiterhin umfaßt das Abkommen die Wiederaufnahme von Silberaufkäufen durch die USA und eine 30-Millionen-US-Dollar-Anleihe (125 Mio. RM) für den Ausbau mexikanischer Verkehrswege. Der Konflikt um die US-Ölgesellschaften beeinträchtigte die Handelsspielräume der US-amerikanischen Außenpolitik, namentlich in der Ausgestaltung des von Präsident Franklin D. Roosevelt eingeschlagenen Wegs der »guten Nachbarschaft« mit Lateinamerika.

Japanische Stützpunkte

22. September. Nach mehrwöchigen Verhandlungen zwischen der japanischen und französischen Vichy-Regierung einigen sich beide Parteien in einem Abkommen über Verbesserungen der Situation des japanischen Heeres in Französisch-Indochina. Gemäß dem Übereinkommen überschreiten am nächsten Tag japanische Truppen die Nordostgrenze des Gebiets im Grenzort Dendang. Das japanische Außenministerium stellt in diesem Zusammenhang klar, daß das japanische Kaiserreich keine territorialen Pläne in bezug auf Indochina habe.

Die Zugeständnisse Frankreichs gegenüber Japan resultieren aus dem Bestreben der Regierung in Vichy, den Zusammenhalt ihres Empires nicht durch einen militärischen Konflikt mit Japan zu gefährden. Japan, das seit Abschluß des deutschen Westfeldzugs (→ 22. 6./S. 112) gezielt seinen Machtbereich durch massive Repressionen gegenüber Frankreich und Großbritannien in Asien erweitert, stärkt damit seine strategische Position gegenüber seinem Kriegsgegner China. Schon kurz nach der Kapitulation Frankreichs (17. Juni) forderte Japan am 20. Juni die französische Regierung auf, ihre Truppen an der Grenzregion zu Französisch-Indochina zurückzuziehen. Am → 18. Juli (S. 134) mußte Großbritannien auf japanischen Druck die Birmastraße, eine der Hauptnachschublinien der nationalchinesischen Truppen unter Marschall Chiang Kai-shek, für drei Monate sperren.

US-Embargo gegen Japan

26. September. Mit Wirkung vom 16. Oktober verordnet US-Präsident Franklin D. Rossevelt, daß hochwertiger Eisen- und Stahlschrott künftig nur noch in Länder der westlichen Hemisphäre ausgeführt werden darf. Dieses Embargo, das sich vor allem gegen Japan richtet, wird offiziell mit dem steigenden Eigenbedarf durch das US-amerikanische Aufrüstungsprogramm begründet.

Tatsächlich antwortet die US-Regierung mit dieser restriktiven Außenhandelspolitik jedoch auf die sich entwickelnde Vormachtstellung Japans im ostasiatischen Raum. Die Abhängigkeit der japanischen Rüstungsindustrie von den importierten Schrottkontingenten aus den USA soll Japan zur Einstellung seines seit 1937 gegen China geführten Krieges zwingen. Schon seit Jahresbeginn wird das Verhältnis zwischen Japan und den Vereinigten Staaten von einer zunehmend aggressiver geführten Politik bestimmt. Eine erste wirtschaftliche Sanktion stellt in diesem Zusammenhang die Kündigung des seit 1911 bestehenden Handelsvertrages dar (→ 25. 1./S. 23). Japan, das sich mit Abschluß des Dreimächtepakts am → 27. September (S. 154) offiziell zur Politik der Achsenmächte Deutsches Reich und Italien bekennt und sich damit gemeinsam mit diesen gegen die USA verbündet, soll auf diesem Wege daran gehindert werden, seine beabsichtigte Großmachtstellung in Ostasien Realität werden zu lassen und weitere Teile des chinesischen Festlandes zu besetzen.

Rationierungen in Frankreich erweitert

20. September. Das Landwirtschaftsministerium der französischen Vichy-Regierung erläßt neue Vorschriften, nach denen die seit dem 1. September gültige Rationierung von Zucker, Seife, Reis usw. auch auf Brot, Fleisch, Fett, Teigwaren, Käse, Kaffee und andere Lebensmittel ausgedehnt wird. Die Wochenration beträgt für Brot 2450 g, für Fleisch 360 g, für Fett 100 g und für Käse 50 g. 750 g Zucker werden monatlich an Kinder ausgegeben, der Erwachsenenanteil macht 500 g aus. Reis ist für Erwachsene überhaupt nicht mehr erhältlich. Ein neu eingerichtetes Versorgungsministerium soll die Zwangsbewirtschaftung von Lebensmitteln organisatorisch bewerkstelligen.

Die Rationierung von Bedarfsgütern und Lebensmitteln im unbesetzten wie auch besetzten Teil Frankreichs ist aufgrund der Ausrichtung der Wirtschaft auf den deutschen Markt notwendig geworden. Beschlagnahme und Ankauf von Lebensmitteln durch die deutsche Besatzungsmacht in Millionenhöhe stürzen das ohnehin durch den Krieg geschwächte Frankreich in eine ernste Versorgungskrise. Neben Lebensmitteln sind auch Fertigwaren von der deutschen Beschlagnahme betroffen. Überlegungen eines Teils der Abgeordneten im britischen Parlament, die angespannte Versorgungslage im besetzten Frankreich durch Lebensmittellieferungen abzuschwächen, wurden am 18. August mit großer Mehrheit abgelehnt. Darüber hinaus beeinträchtigen Sabotageaktionen der Widerstandsorganisationen in Industrie- und Gewerbebetrieben (→ 11. 11./S. 189) die wirtschaftliche Entwicklung in Frankreich. Am 12. September verordnet die deutsche Militärverwaltung in Frankreich aus diesem Grund allgemeine Richtlinien über Vorbeugungsmaßnahmen gegen Sabotage durch Widerstandsgruppen, die sich seit dem Sommer formieren.

Kontrolle der Passierscheine an der schweizerisch-französischen Grenze; jeder Grenzübertritt wird von den deutschen Besatzern streng kontrolliert. Auf diese Weise soll neben dem Schmuggel von Lebensmitteln vor allem die Waffenbeschaffung für den Widerstand unterbunden werden.

Pilet-Golaz sucht Ausgleich mit NBS

10. September. Der Präsident der Schweizer Bundesregierung, Marcel Pilet-Golaz, empfängt drei Vertreter der rechtsgerichteten Nationalen Bewegung der Schweiz (NBS) zu einer Audienz. Das vor der Öffentlichkeit geheimgehaltene Treffen mit Ernst Hoffman, Max Leo Keller und dem Dichter Jakob Schaffner soll den Weg zur Befriedung der politischen Verhältnisse im Land bereiten. Einem am folgenden Tag veröffentlichten Kommunique des NBS zufolge diente das Treffen dazu, den Bundespräsidenten über die politische Zielsetzung der Bewegung als Trägerin des neuen politischen und sozialen Gedankens zu informieren. Die NBS, eine Sammlungsbewegung autoritärer Kräfte der Schweiz, zählt etwa 3000 Mitglieder.

Das eigenmächtig arrangierte Gespräch bleibt jedoch für Pilet-Golaz nicht ohne Konsequenzen. In der Nationalratssitzung am 18. September distanzieren sich alle Fraktionen vom Bundespräsidenten; Sozialdemokraten und Landesring fordern darüber hinaus die sofortige Demission von Pilet-Golaz.

Vichy-Regierung rechnet mit dem Kriegskabinett ab

19. September. Der Oberste Staatsgerichtshof in Riom (bei Clermont-Ferrand) stellt den ehemaligen französischen Ministerpräsidenten Édouard Daladier und den ehemaligen Oberbefehlshaber der alliierten Landstreitkräfte in Frankreich, General Maurice Gustave Gamelin, unter Anklage. Die seit dem 8. September Inhaftierten werden beschuldigt, für die »Kriegskatastrophe« des Landes verantwortlich zu sein. Der Oberste Staatsgerichtshof Frankreichs wurde am 8. August mit einer feierlichen Zeremonie eröffnet. Durch Anklage ehemaliger Regierungsmitglieder versucht das Vichy-Regime, auf diesem Wege seinen Herrschaftsanspruch sowie seine politischen Verbindungen zum Deutschen Reich zu festigen. Neben Daladier und Gamelin befinden sich auch die ehemaligen französischen Ministerpräsidenten Paul Reynaud, Léon Blum sowie der ehemalige Innenminister Georges Mandel (eigtl. Louis Rothschild) in Haft. Jegliche politische Kontinuität zur 3. Republik (→ 12. 7./S. 134) soll damit ausgelöscht werden. Die Möglichkeit zur Verhängung der Schutzhaft zur »Aufrechterhaltung der öffentlichen Sicherheit« schaffte sich die Regierung mit einem entsprechenden Gesetz vom 3. September, das die Vichy-Regierung mit allen Vollmachten gegen staatsfeindliche Aktivitäten ausstattet.

Die ehemaligen Mitglieder der französischen Regierung werden auf dem nahe Riom gelegenen Schloß Chazeron gefangengehalten und sind dort in einzeln gelegenen Zimmern untergebracht. An ihrer Verhaftung nimmt die Weltöffentlichkeit regen Anteil. So berichtet die US-amerikanische Nachrichtenagentur »United Press« detailliert über die Unterbringung der Gefangenen: »Blum, Mandel, Daladier, Gamelin und Reynaud treffen auch bei ihren einstündigen Spaziergängen auf der Schloßterrasse, die früh morgens und nachmittags vorgeschrieben sind, nicht zusammen, da ihnen für diese Spaziergänge bestimmte Orte zugewiesen wurden und sie von bewaffneten Mobilgarden begleitet werden. Das Schloß ist ein recht ungemütlicher Aufenthaltsort. Weder Gas noch Elektrizität ist vorhanden. Es gibt kein fließendes Wasser, kein Radio und keine Zentralheizung, und erst jetzt werden Öfen eingebaut. Das Essen ist recht einfach, die fünf Gefangenen erhalten die gleiche Verpflegung wie die Wachsoldaten.« Aufgrund der nur schleppend vorangehenden Verhandlungen vertagt sich das Gericht auf Veranlassung der deutschen Reichsregierung im Frühjahr 1942.

Clément Moreau karikiert die Totengräber Frankreichs: L. die Mitglieder der Vichy-Regierung Flandrin und Laval, r. ihre Vorgänger Bonet und Daladier

Hitlerjungen bei einer Straßensammlung für die Winterhilfe

Zweites Kriegswinterhilfswerk eröffnet

4. September. *Mit einer propagandistischen Rede im Berliner Sportpalast eröffnet Führer und Reichskanzler Adolf Hitler das zweite Kriegswinterhilfswerk 1940/41. Die im Rahmen dieser Hilfsaktion gesammelten Geldbeträge sollen sozial schwachen Bevölkerungsgruppen im Reich zugute kommen. Vorzugsweise werden damit die NS-Hilfswerke »Mutter und Kind« und die Nationalsozialistische Volkswohlfahrt (NSV) unterstützt. Alle »Volksgenossen«, die sich an den »freiwilligen« Spendenaktionen beteiligen, werden in Listen erfaßt und erhalten entsprechende Abzeichen. Spendenunwillige werden somit schnell bekannt.*

Deutsche Soldaten in einer Frontbuchhandlung in Frankreich

Erbauungs-Literatur für die Frontsoldaten

12. September. *Auf einer Ministerkonferenz im Reichspropagandaministerium fordert Reichsminister Joseph Goebbels, die Versorgung der Frontsoldaten mit religiösen Schriften weitgehend zu unterbinden. Aufgrund der von Goebbels gehegten Befürchtung, diese Schriften stellten eine Gefahr für den Kampfeswillen und die Kriegsmoral der Soldaten dar, soll verstärkt »wertvolle deutsche« Literatur der geistigen Erbauung der Soldaten an der Front dienen. So erscheinen in vielen deutschen Verlagen sog. kleine, leichte oder feldgraue Reihen als Feldpostausgaben mit Werken von Hölderlin, Eichendorff, Goethe und Rilke.*

Himmler zur Bedeutung der Gesamt-SS

7. September. In einer Ansprache vor Mitgliedern des Eliteverbands der Waffen-SS »Leibstandarte SS Adolf Hitler« hebt Reichsführer SS Heinrich Himmler die besonderen Aufgaben der Waffen-SS und des Sicherheitsdienstes hervor.

Der nach dem Westfeldzug geläufig gewordene Begriff der »Waffen-SS« für die im Rahmen des Heeres eingesetzten bewaffneten Truppen der SS umfaßt alle Teile der Schutzstaffel, die nicht von der NSDAP, sondern vom Staat finanziert werden. Neben den militärischen Verbänden, deren Einsatzeinheiten, den Totenkopfstandarten und den SS-Junkerschulen, die den Offiziersnachwuchs für die SS-Verfügungstruppen ausbilden, gehört auch die gesamte Konzentrationslagerorganisation zum Staatshaushalt der Waffen-SS. Die schon beim deutschen Einmarsch in Polen (1. 9. 1939) eingesetzten Abteilungen der bewaffneten SS sind aufgrund ihrer Brutalität bei den Wehrmachtsangehörigen nicht beliebt. Der Wehrmacht folgend, verbreiten SS-Einheiten in ganz Europa Schrecken durch mutwillige Schikanierungen der Zivilbevölkerung und durch Massenmorde an Kriegsgefangenen. Himmler führt zur Bedeutung von Waffen-SS und Sicherheitsdienst (SD) im Rahmen der Gesamt-SS aus: »Es ist bedeutend leichter in vielen Fällen, mit einer Kompanie ins Gefecht zu gehen, wie mit einer Kompanie in irgendeinem Gebiet eine widersetzliche Bevölkerung kulturell tiefststehender Art niederzuhalten, Exekutionen zu machen, Leute herauszutransportieren, heulende und weinende Frauen wegzubringen und deutsche Volksgenossen über die Grenze aus Rußland herüberzuholen und dort zu versorgen ... Wir müssen beginnen, ..., daß wir die übrige große Tätigkeit der Gesamt-SS und -Polizei erblicken und sehen, daß Sie die Tätigkeit, die der Mann im grünen Rock tut, genauso als wertvoll ansehen wie die Tätigkeit, die Sie tun.«

Pioniereinheit der Waffen-SS bei einer Übung im Fluß; im Vordergrund zwei niederländische SS-Angehörige; vor Kriegsbeginn bestand die bewaffnete SS nicht einmal in Divisionsstärke; im Zuge eines Aufbaus einer eigenen Armee werden Freiwillige angeworben

Deutsch-britische Konfliktlösung

15. September. In einem Memorandum über das Thema »Gibt es noch Möglichkeiten für einen deutsch-englischen Frieden?« entwickelt Albrecht Haushofer, Professor für politische Geographie in Berlin, Ansätze für eine friedliche Lösung des deutsch-britischen Konflikts. Der Berliner Ordinarius verfaßte seine Denkschrift im Anschluß an eine Unterredung mit dem Stellvertreter des Führers Rudolf Heß.

Rudolf Hess (* 26. 4. 1894 in Alexandria) ist seit 1933 Stellvertreter des Führers und Reichsminister ohne Geschäftsbereich. 1939 ernannte ihn Hitler zu seinem zweiten Nachfolger nach Göring.

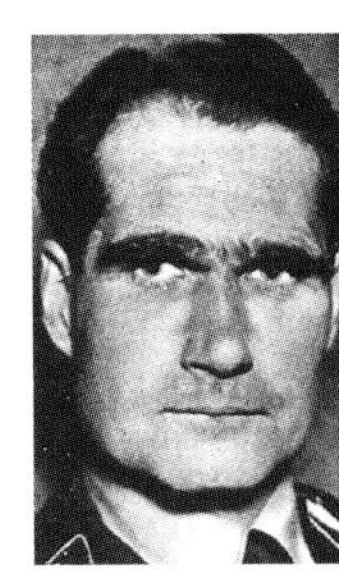

Haushofer geht davon aus, daß dieser Krieg »selbstmörderisch für die weiße Rasse« sei. Zusammen mit Heß knüpft er Kontakte zu friedenswilligen Kreisen in Großbritannien.

HJ-Pimpfe bei einer Luftschutzausbildung mit »Volksgasmaske«

Luftschutzpflicht der HJ statt Gottesdienst

17. September. *Durch einen Erlaß bestimmt der neue Reichsjugendführer Artur Axmann den regelmäßigen Luftschutzdienst für alle 14- bis 18jährigen Mitglieder der Hitlerjugend (HJ). Die Jugendlichen sollen an allen Sonntagvormittagen in den zu Luftschutzwarnzonen erklärten Gebieten des Deutschen Reichs Dienst tun. Die Anordnung des Luftschutzdienstes für die HJ-Jungen verfolgt über die Verbesserung des zivilen Selbstschutzes hinaus auch politische Zielsetzungen. Die dienstverpflichteten Jugendlichen werden auf diese Weise davon abgehalten, an den sonntäglichen Gottesdiensten teilzunehmen und so dem Einfluß der Kirche weiter entzogen.*

Zerstörter Krankensaal in Bethel nach dem nächtlichen Flugzeugangriff

Bomben auf Anstalt in Bethel als Vorwand

19. September. *Kurz nach Mitternacht werden die Bodelschwinghschen Anstalten in Bethel von einem Flugzeug angegriffen. Der nächtliche Bombenangriff, dem elf Kinder und eine Krankenschwester zum Opfer fallen, wird von der nationalsozialistischen Presse am kommenden Tag als skrupelloser britischer »Kindermord« verurteilt. Der deutschen Propaganda dient dieser Vorfall zur Legitimation von Vergeltungsangriffen. Die Anprangerung des Angriffs auf Bethel dient dazu, die im Rahmen der Euthanasieaktion (→ 19. 7./S. 132) systematisch durchgeführte Tötung behinderter und kranker Kinder fortsetzen zu können.*

Kriegsverbrecher vor Sondergericht

25. September. Auf Anweisung des Staatssekretärs im Reichsjustizministerium, Roland Freisler, sollen zukünftig Sondergerichte für die Verurteilung aller Kriegsverbrechen zuständig sein. Die damit auf nahezu alle Vergehen ausgeweitete Kompetenz der Sondergerichte soll eine Beschleunigung der strafrechtlichen Verfahren ermöglichen.

Nach der Machtergreifung der Nationalsozialisten (30. 1. 1933) am 21. März 1933 durch Verordnung eingeführt, setzte die Sondergerichtsbarkeit bei den Oberlandesgerichten die gültige Prozeßordnung außer Kraft. Die Sondergerichte können danach Urteile fällen, ohne Sachverständige und Zeugen gehört oder Beweise geprüft zu haben. Die Überprüfung des gefällten Urteils durch das Gericht selbst oder durch ein höheres zuständiges Gericht ist ausgeschlossen. Vor Kriegsbeginn lag die Zuständigkeit der Sondergerichte vor allem in der Urteilssprechung über Vergehen gegen die »Reichstagsbrandverordnung« (1933) oder das »Heimtückegesetz« (1934). So wurden insbesondere »staatsfeindliche« politische Vergehen vor diesen Gerichten verhandelt. Mit Kriegsbeginn erweiterte Reichsjustizminister Franz Gürtner am 1. September 1939 ihre Gerichtsbarkeit auch auf Fälle sog. Volksschädlinge, die der Brandstiftung, Plünderung oder Delikten in Ausnutzung der Verdunkelung verdächtigt werden. Auch unpolitische, kriminelle Straftaten kommen vor Sondergerichte. Die regelmäßige Bekanntgabe der Verurteilten in der Presse soll von derartigen Delikten abschrecken.

Justizminister Franz Gürtner
Franz Gürtner (Abb.) wurde noch vor der nationalsozialistischen Machtübernahme (30. 1. 1933) unter Reichskanzler Franz von Papen am 2. Juni 1932 zum Reichsjustizminister ernannt. Obgleich selbst kein Mitglied der NSDAP, wurde er nach der Machtergreifung mit der Gleichschaltung der Justiz im Deutschen Reich beauftragt. So veranlaßte Gürtner die Zusammenfassung des Deutschen Richterbunds und des Verbands nationalsozialistischer Anwälte. Sein Verhältnis zu dem Unrechtsregime ist jedoch distanziert. 1933 strengte er ein Verfahren gegen folternde SA-Mitglieder an. Mit Kriegsbeginn wird sein Protest immer unwirksamer.

Rekordsumme bei Ehestandsdarlehen

30. September. Nach amtlichen Angaben hat die Summe der seit 1933 von der Reichsregierung gewährten Ehestandsdarlehen und Kinderbeihilfen die Höhe von einer Milliarde Reichsmark überschritten. Das bei einer vom Staat genehmigten Eheschließung gewährte Darlehen in Höhe von 1000 Reichsmark soll den jungen Paaren die Möglichkeit geben, einen eigenen Hausstand zu schaffen. Die Zurückzahlung des Kredits muß nicht unbedingt mit barem Geld erfolgen. Mit der Geburt eines vierten Kindes ist das Familiendarlehen praktisch getilgt. Weitere Vergünstigungen erhalten auch Kriegerwitwen. Vom 1. Oktober an wird eine alleinstehende Frau, deren finanzielle Situation eine Tilgung des Kredits nicht zuläßt und aus deren Ehe mit einem Gefallenen ein Kind hervorgegangen ist, von allen Schulden freigestellt.

Die Pläne des NS-Regimes, mit der Zahlung dieser staatlichen Familienbeihilfen die Geburtenrate im Reich zu steigern, werden durch die Kriegswirren zunichte gemacht.

KdF-Wagen erst nach dem Krieg

5. September. Ein Beitrag der Zeitschrift »Arbeitertum«, amtliches Organ der Deutschen Arbeitsfront und der NS-Gemeinschaft Kraft durch Freude (KdF) veröffentlicht Pläne, nach denen die Versuchsreihen für eine Serienproduktion des Volkswagens (KdF-Wagen) auch während des Krieges fortgesetzt werden sollen.

Mit dem Ziel, möglichst bald nach Beendigung des Krieges die Motorisierung des ganzen deutschen Volkes zu verwirklichen, wurde der Bau von Prototypen bereits im Herbst vergangenen Jahres abgeschlossen. Die ursprünglich für diesen Zeitpunkt geplante Aufnahme der Serienproduktion mußte allerdings nach Angaben der Zeitschrift aufgrund kriegsdienstlicher Erfordernisse zurückgestellt werden. Trotzdem sollen die Entwicklungen und Modellverbesserungen weitergeführt werden. Zunächst jedoch, noch bevor die Entwicklung für eine Serienproduktion des Kdf-Wagens abgeschlossen ist, produziert die im Vergleich zum Vorjahr um 100% aufgestockte Belegschaft des Werkes bei Fallersleben ausschließlich geländegängige Wagen, sog. VW-Kübelwagen, für militärische Zwecke.

Berlin sichert den Handel Schwedens

7. September. Der Abschluß deutsch-schwedischer Vereinbarungen in Stockholm regelt den Warenverkehr Schwedens mit den vom Deutschen Reich besetzten Ländern Niederlande und Belgien neu. Zukünftig laufen Zahlungen im beiderseitigen Handelsverkehr auf dem Weg über die Vermittlung einer deutschen Verrechnungsstelle.

Schon kurz vor Kriegsbeginn lag der deutschen Reichsregierung sehr daran, die Handelsbeziehungen mit neutralen Staaten in möglichst vollem Umfang aufrechtzuerhalten. Diesem Bestreben entspricht auch das jetzige Entgegenkommen im Warenverkehr der besetzten Gebiete mit Schweden. Das Land nimmt aufgrund seiner reichen und qualitativ hochwertigen Eisenerzvorkommen eine Sonderstellung in den Außenhandelsgeschäften des Deutschen Reichs ein. Denn auch nach dem deutschen Sieg über Frankreich (→ 22. 6./S. 112), durch den die deutsche Schwerindustrie den Zugriff auf die lothringischen Erzvorkommen erhält (→ 1. 7./S. 133), bleibt die Reichsregierung um einen echten Außenhandel mit Schweden bemüht.

Wirtschaftsstab »England« plant

9. September. Der Oberbefehlshaber des Heeres, Generalfeldmarschall Walter von Brauchitsch, trifft erste Vorbereitungen für die wirtschaftliche Ausbeutung Großbritanniens. Die im Rahmen des am 30. Juli eingerichteten »Wehrwirtschaftsstabs England« laufenden Planungen sehen für den Fall einer geglückten deutschen Invasion vor, das gesamte britische Wirtschafts- und Arbeitskräftepotential unter deutschen Interessensgesichtspunkten neu zu formieren. Wichtige Industrieanlagen, Forschungsergebnisse sowie alle Vorräte an Nahrungs- und Futtermitteln, Brennstoffen, Eisen, Holz und Leder würden nach diesen Plänen beschlagnahmt und ins Deutsche Reich ausgeführt werden. Alle männlichen britischen Staatsbürger im wehrfähigen Alter zwischen 17 und 45 Jahren sollen auf den Kontinent deportiert und der Industrie als Arbeitskräfte zur Verfügung gestellt werden. Nachdem sich ab dem → 15. September, dem sog. »Battle-of-Britain«-Tag (S. 156), eine kurzfristige Landung in Großbritannien nicht mehr verwirklichen läßt, wird der Wehrwirtschaftsstab am 28. Oktober aufgelöst.

Werbung für moderne Rundfunktechnik: Herstellung von Röhren

Leistung durch Kraft suggeriert diese Bremer Borgward-Anzeige

Kann sich auf eine alte Tradition berufen: Klöckner-Humboldt-Deutz

Rosenberg leitet selbst den Kunstraub

18. September. In einem Schreiben an den Reichsschatzmeister der NSDAP, Franz Xaver Schwarz, berichtet Alfred Rosenberg, Leiter des Außenpolitischen Amtes der NSDAP, über das vorläufige Ergebnis der Vermögensbeschlagnahmung der jüdischen Bankiersfamilie Rothschild in Frankreich. In seinem Brief schätzt Rosenberg das bisher zusammengetragene Vermögen auf rund eine halbe Milliarde Reichsmark.

Die in dem Pariser Rothschild-Palais, den Landsitzen der Familie und aus den Schlössern an der Loire erbeuteten Kunstschätze, darunter viele Gemälde, werden im Louvre und im Museum Jeu de Paume gesammelt. Der unter Führung Rosenbergs von einem nach ihm benannten »Einsatzstab« durchgeführte Kunstraub wird auf dem schnellsten Weg ins Reich transportiert. Neben Rosenberg, der sich persönlich besonders für die 30 000 Bände der polnischen Rothschild-Bibliothek interessiert, die einmal der Hohen Schule (→ 29. 1./S. 18) zur Verfügung gestellt werden sollen, meldet auch Reichsmarschall Hermann Göring eigene Ansprüche an. In entsprechenden Mitteilungen äußert dieser am 5. und 21. November Wünsche, um seine private Kunstsammlung im Landsitz »Karinhall« bei Berlin vervollständigen zu können.

Muß aus Frankreich fliehen: Edouard Rothschild (l.), Direktor des Pariser Bankhauses, in Madrid

»Grundlage« für diesen Kunstraub bildet eine Anordnung von Führer und Reichskanzler Adolf Hitler vom 30. Juni, die verfügt, daß neben den im französischen Staatsbesitz befindlichen Kunstschätzen auch private, vornehmlich im jüdischen Besitz befindliche Wertgegenstände in deutsches Gewahrsam zu überführen sind. Sie sollen als Pfand für künftige Friedensverhandlungen mit Frankreich dienen.

Nach den Angaben Rosenbergs sind zum gegenwärtigen Zeitpunkt 21 903 Kunstgegenstände zusammengetragen worden. Darunter 5281 Gemälde, Pastelle, Aquarelle, und Zeichnungen, 684 Miniaturen, Glas- und Emailmalereien, Bücher und Handschriften sowie 2477 Möbel von kunstgeschichtlichem Wert.

Werbung 1940:

Angebote für den »gehobenen Bedarf« und Propaganda

Auf den ersten Blick hat bislang die breitgefächerte Palette der Zeitungs- und Illustrierten-Werbung in der Auswahl der angepriesenen Produkte dem Kriegsgeschehen in Europa noch keine sonderlich hohe Beachtung gezollt. Weiterhin erscheinen Anzeigen, die den Kauf von Produkten aus der Massengüterindustrie steigern sollen; diese war von den Nationalsozialisten in den 30er Jahren gefördert worden. So finden sich im Konsumbereich trotz Zwangsbewirtschaftung neben Angeboten für Artikel des täglichen Bedarfs selbst noch Anzeigen für Luxusgüter wie Sekt, Kosmetik für die Schönheitspflege der Frau, Rauchwaren und verschiedene Schlankheitsmittel. Nur vereinzelt sind Anzeigen zu sehen, die auf das aktuelle politische Zeitgeschehen Bezug nehmen. So gibt die Firma Dr. Oetker mit ihrer Werbeanzeige für Backpulver zugleich Tips, wie man auch mit nur 50 g Fett und nur einem Ei den beliebten Pflaumenkuchen herstellen kann. Auch die Firma Schleussner, Lieferant von Fotoartikeln, stellt die veränderte Nutzung des von ihr angebotenen Filmmaterials »Adox-21« in ihrer Werbung in den Vordergrund. In der als Comic strip aufgemachten Anzeige heißt es betont humorvoll: »Die Heimat knipst . . . die Front freut sich.« Vor allem in der Tabak- und Zigarettenwerbung kommt eine deutlich militaristisch gefärbte, betont männliche Imagewerbung zum Ausdruck. Für die »Güldenring-Zigarette« aus dem Haus Neuerburg wird ganzseitig mit historischen Schlachtgemälden geworben, die mit entsprechenden Begleittexten wie »Soldaten rauchen! Das war schon früher so und hat sich auch heute nicht geändert . . .« direkt auf die Kriegsereignisse Bezug nehmen.

Die Mode- und Bekleidungsbranche stellt in ihren Anzeigen den stärksten Bezug zur aktuellen wirtschaftlichen Situation her. Werbung für Bastschuhe anstelle von Fabrikaten aus knapp gewordenem Ledermaterial sowie auch der Trend zum Selbstschneidern werden in den Vordergrund gerückt. Praktische und wenig aufwendige Schnitte, die sich unter Verwendung von »nur einer Rolle Nähseide« als Grundlage für die Herstellung eines Kleids verwenden lassen, liegen im Trend. Selbst die Werbetexter in der neutralen Schweiz beziehen sich in ihren Slogans auf die Erschwernisse des Kriegs in Europa: Die Werbung für Sekt wird z. B. mit dem Hinweis »Schöne Stunden auch in schweren Zeiten« versehen, bei Angeboten für Erholungsreisen wird der volkswirtschaftliche Aspekt des Fremdenverkehrs hervorgehoben: »Macht Ferien – schafft Arbeit!« In offenem Kontrast dazu stehen Werbeanzeigen für die »elegante Frau«, die sich in exklusive Morgen- und Abendmäntel sowie in Pelze hüllt und sich mit dem Duft von teurem Parfum umgibt.

Die Werbung für Produkte der Schwerindustrie ist eindeutig vom kriegswirtschaftlichen Nutzdenken bestimmt. So wird in britischen und deutschen Inseraten der Maschinengüterindustrie und Automobilbranche mit Schlagworten wie »Stärke« und »Durchschlagskraft« die bewußte Assoziation von Kriegsereignissen vorgegeben. U-Boote und Kampfflugzeuge im Kriegseinsatz sollen für die Qualität der Produkte bürgen. Der Krieg wird so zum ästhetischen Mittel in der Anzeigenwerbung stilisiert.

Direkt von den Kriegserfordernissen veranlaßt ist eine besondere Kategorie von Anzeigen zuständiger Ministerien und Behörden sowohl in der deutschen als auch in der internationalen Presse. Beispielgebend steht hierfür eine Inseratenkampagne des britischen Versorgungsministeriums, die nahe an politische Propaganda heranreicht. Mit dem Slogan »Hausfrauen, es gibt Waffen in euren Haushaltsabfällen« wird in einem Cartoon für die getrennte Sammlung von Metall-, Papier- und Knochenabfällen als wichtige Rohstofflieferanten im Kampf gegen den Nationalsozialismus geworben: Eine aufgebrachte Hausfrauenmenge schleudert Zeitungsbündel und alte Hausratsgegenstände u. a. auf Karikaturen von Adolf Hitler, Joseph Goebbels und Hermann Göring. Mit Blick auf die Zukunft wirbt das renommierte britische Magazin »World-Review« für eine »glückliche Generation« 1940.

△ *Die britische Schiffsbaufirma Vosper, traditionell Hersteller von Sportbooten und Jachten, wirbt mit ihrem Beitrag zur Landesverteidigung und vertröstet ihre Kunden auf bessere Zeiten nach einem Sieg über die deutschen Angreifer*

◁ *Mit der behenden Eleganz sowie der unbesiegbaren Stärke des Sibirischen Tigers vergleicht die britische Flugzeugfirma Cunliffe-Owen Aircraft Ltd. ihre Produkte*

▽ *Guinness, das dunkle, würzige Bier aus Dublin, erfreut auch die Herzen der Soldaten; so stellt selbst die Nahrungs- und Genußmittelindustrie in ihrer Werbung die Verbindung zum Kriegsgeschehen her*

Fronttheater sollen Kriegsmoral stärken

30. September. Im Deutschen Reich existieren etwa 14 Wanderbühnen als Wehrmachts- oder Fronttheater, die zur Unterhaltung der Soldaten, der sog. Truppenbetreuung, im Krieg eingesetzt werden.
Neben den Soldatenbühnen, die aus Berufsschauspielern bestehen und nur an Wehrmachtsstandorten und Truppenübungsplätzen auftreten, sind auch Landes- und Stadttheater für Frontauftritte verpflichtet. Die seit Oktober 1939 vom Oberkommando der Wehrmacht, vom Kraft-durch-Freude-Amt »Feierabend« und vom Reichspropagandaministerium übernommene Einsatzplanung und Programmgestaltung sieht schwerpunktmäßig leichte Unterhaltung sowie Inszenierungen deutscher Klassiker für die Soldaten vor. Zu besonderen Anlässen, so z. B. bei Besuchen hochrangiger Minister und Militärs, werden populäre Künstler oder ausgesuchte Ensembles zusammengestellt, wie z. B. die »Berliner Künstlerfahrt«.
Die einzelnen Armeegattungen besitzen ihre eigenen Fronttheater. Vor Marinesoldaten spielt die im September 1939 gegründete Front-Soldaten-Bühne »Sylt« und für Abteilungen der Luftwaffe die besonders bekannte »Luftgaubühne Nord-West«, die im Städtischen Schauspielhaus Ludwigslust ihren Sitz hat. Auch Tourneetheater und kleine Ensembles mit »bunten Programmen« gastieren an Wehrmachtsstandorten und an der Front.

Die Darsteller der Minna von Barnhelm und des Majors von Tellheim nach einer Aufführung des Lessing-Dramas für deutsche Frontsoldaten

Dankbar für jede sich bietende Abwechslung im harten Frontalltag verfolgen die Soldaten die Darbietungen

Beim Publikum besonders beliebt sind musikalische Einlagen, die für kurze Zeit vom Krieg ablenken

Umringt von ihren dankbaren Zuschauern geben die »Stars« der Unterhaltungsensembles nach ihren Darbietungen noch eine Autogrammstunde

Neuer Film mit Heinz Rühmann

16. September. In Konstanz kommt die Filmkomödie »Kleider machen Leute« zur Uraufführung. Der Helmut-Käutner-Film, nach der gleichnamigen Novelle von Gottfried Keller entstanden, schildert auf amüsante Weise die Geschichte des Schneidergesellen Wenzel (Heinz Rühmann), der versehentlich in die Rolle eines Grafen gedrängt wird und eher unfreiwillig die Bürger einer Kleinstadt narrt. In weiteren Rollen spielen Hertha Feiler, seit dem 1. Juli 1939 Rühmanns Frau, Rudolf Schündler und Erich Ponto.
Der Schauspieler Rühmann, durch Filmproduktionen wie »13 Stühle« (1938), »Fünf Millionen suchen einen Erben« (1938) und »Hurra ich bin Papa!« (1939) zum bekanntesten und beliebtesten Schauspieler des deutschen Unterhaltungsfilms avanciert, ist auch als Regisseur erfolgreich. Schon am 23. Dezember 1938 kam der unter seiner Leitung entstandene Film »Lauter Lügen« zu Uraufführung. Am 26. Februar 1940 folgte die Produktion »Lauter Liebe« in Köln.

Kampagne gegen den »Jazz-Bazillus«

16. September. Das Reichsluftfahrtministerium verbietet allen Luftwaffenangehörigen den Besuch von Tanzveranstaltungen im Deutschen Reich. Auf diese Weise soll einer weiteren Verbreitung der Jazzmusik innerhalb der Wehrmachtskreise vorgebeugt werden.
Aber auch Verbote und eine intensive Propaganda gegen die Jazzmusik, die in deutschen Musikzeitschriften nicht als Musik, sondern »als Musik getarnte internationale Kulturpest« bezeichnet wird, können nicht verhindern, daß sich diese Musikrichtung auch im Deutschen Reich im Untergrund wachsender Beliebtheit erfreut. Vor allem unter den Jugendlichen, die, in Cliquen zusammengeschlossen, heimlich Jazz und Swingmusik hören und so auch ihren Protest gegen die staatliche Erziehungs- und Kulturgleichschaltung des Regimes zum Ausdruck bringen, ist der Jazz beliebt. Die als »Swingjugend« bezeichnete Bewegung ist schärfsten Verfolgungen ausgesetzt (→ 28. 11./S. 190). Es folgt eine Verhaftungswelle.

»Jud Süß« auf der Venediger Biennale

5. September. Als Welturaufführung wird auf der am → 20. Mai (S. 101) eröffneten 22. Internationalen Biennale in Venedig der antisemitische Film »Jud Süß« vorgestellt. Die im Rahmen der deutsch-italienischen Filmkunstwoche (1. 9.–8. 9.) gezeigte Produktion von Veit Harlan thematisiert die Geschichte des Juden Joseph Süß Oppenheimer (Ferdinand Marian), der von 1733 bis 1737 als Finanzrat am Hof Herzog Karl Alexanders von Württemberg (Heinrich George) zu Ansehen und Macht gelangt und zahlreiche Privilegien genießt. Nach dem Tod des Herzogs erhebt sich der Volkszorn gegen den »Hofjuden« Oppenheimer, und er wird hingerichtet.

Die historische Begebenheit, 1934 erstmals in Großbritannien verfilmt und von Wilhelm Hauff (1827) und Lion Feuchtwanger (1925) als Novellen- und Romanstoffe verwandt, wird in der deutschen Filmfassung als Werbung für den Rassismus des nationalsozialistischen Regimes mißbraucht. Um dem Publikum die »Niederträchtigkeit« der Juden deutlich zu machen, mußten sich Bewohner des Warschauer Ghettos als Statisten zu Verfügung stellen. Die zynische Darstellung der Juden wird durch eine perfekte Kameratechnik und Ausleuchtung des Films kaschiert, die Produktion von der Presse als Filmkunstwerk gefeiert. Als Darstellung des Judentums, »so wie es ist«, wird der Film der »arischen« Bevölkerung in den deutsch besetzten Ländern gezeigt.

Plakat für den antisemitischen Film »Jud Süß«, der die Judenverfolgung im Dritten Reich rechtfertigt

Lob für »Wie es euch gefällt« in Berlin

5. September. Der Generalintendant der Staatlichen Schauspiele in Berlin, Gustaf Gründgens, stellt im Kleinen Haus, dem ehemaligen Künstlertheater, dem Publikum seine Neuinszenierung der William-Shakespeare-Komödie »Wie es euch gefällt« vor. In der deutschen Kritikerszene erntet die sich eng an die Vorlage haltende Aufführung auch aufgrund der hohen schauspielerischen Leistungen einhelliges Lob.

Shakespeare-Inszenierungen erfreuen sich im Deutschen Reich während des Krieges allgemein großer Beliebtheit. So inszeniert Heinz Hilpert am Deutschen Theater in Berlin »Ein Sommernachtstraum«, dessen Premiere am 9. September stattfindet. In der Spielzeit 1939/40 kommen am Deutschen Theater allein vier weitere Shakespeare-Inszenierungen zur Aufführung. Darunter »Was ihr wollt«, »König Lear«, »Richard der II.« und »Der Widerspenstigen Zähmung«.

Gründgens, einer der bedeutendsten Persönlichkeiten des deutschen Theaters während des Dritten Reichs, zählt auch international zu den renommierten Regisseuren und Darstellern. In den Jahren seiner Intendanz entwickelte sich das Schauspielhaus am Gendarmenmarkt zur ersten deutschen Sprechbühne. Vor allem die Klassiker-Inszenierungen mit so hervorragenden Schauspielern wie Marianne Hoppe und Elisabeth Flickenschildt begründen den Ruhm der Berliner Schauspiele.

Die Entscheidung, in der Hauptsache Werke der Klassiker in den Spielplan aufzunehmen, entspricht einerseits den Vorstellungen nationalsozialistischer Propaganda, bietet aber andererseits die Möglichkeit, deren kulturpolitische Vorgaben zu umgehen.

Marianne Hoppe spielt die weibliche Hauptrolle in der Gründgens-Inszenierung von Shakespeares Drama »Wie es euch gefällt« im Berliner Staatstheater

Lanzi schlägt Harbig

29. September. Die neue Leichtathletiksportanlage im Stadion von Como/Italien wird mit einem großen Sportfest eröffnet, an dem Sportler aus Finnland, dem Deutschen Reich und Italien teilnehmen. Den Höhepunkt des von der italienischen Propaganda als internationales Sportereignis herausgestellten Wettbewerbs bildet der 800-m-Lauf der Herren. Hier treffen die zwei weltbesten Mittelstreckler aufeinander. Der Dresdner Rudolf Harbig und der Italiener Mario Lanzi treten bei diesem Lauf zu einem »Rückkampf« nach ihrem Duell am 3. August in Stuttgart gegeneinander an. Der Weltrekordler und amtierende Deutsche Meister Harbig (→ 11. 8./S. 149) ist von einer Krankheit noch nicht wieder vollständig genesen. So kann er sich gegen seinen Konkurrenten nicht behaupten. Zum erstenmal seit 1937 wird Harbig somit auf der 800-m-Distanz geschlagen. Der italienische Meister Lanzi gewinnt den Lauf in 1:54,2 min, 0,5 sec vor dem Dresdner Mittelstreckler.

Der 26jährige Harbig, der durch seine Erfolge in den 30er Jahren zu den deutschen Laufidolen zählt, überraschte bei den Deutschen Meisterschaften 1937 im Berliner Olympia-Stadion mit einem deutschen Rekord über 800 m (1:50,9 min) die Fachwelt. 1938 wurde er Europameister über 800 m in Paris und besiegte auch dort den Italiener Lanzi.

Auch nach ihrem spannenden Duell weiterhin Freunde: Rudolf Harbig (l.) und sein Bezwinger Mario Lanzi

Kreitz Deutscher Meister in Berlin

9. September. Der Berliner Sportpalast ist Schauplatz des Titelkampfs um die Deutsche Meisterschaft im Halbschwergewichtsboxen. In einem spannenden »Fight« schlägt der Aachener Jean Kreitz den Bonner Adolf Heuser durch K. o. in der achten Runde. Kreitz wird damit Deutscher Boxmeister im Halbschwergewicht.

Heuser, 1938 Europa- und Weltmeister im Schwergewicht, verfehlt damit erneut den deutschen Titel im Halbschwergewicht. Der Rheinländer, seit Anfang der 30er Jahre im Profisport, errang im vierten Jahr seiner Laufbahn die Europameisterschaft, ohne selbst Deutscher Meister zu sein. Seinen Europameistertitel verlor er 1939 kampflos, da er in die schwerste Gewichtsklasse hineinwuchs. Den Europatitel und Weltmeistertitel der europäischen Boxkommission holte sich Heuser in dieser Klasse am 17. März 1939 in Berlin, in dem er den Österreicher Heinz Lazek in der fünften Runde K. o. schlug. Am 2. Juli verliert er gegen Max Schmeling.

Oktober 1940

Mo	Di	Mi	Do	Fr	Sa	So
	1	2	3	4	5	6
7	8	9	10	11	12	13
14	15	16	17	18	19	20
21	22	23	24	25	26	27
28	29	30	31			

1. Oktober, Dienstag

Zwischen dem Deutschen Reich und Finnland wird ein Abkommen über deutsche Waffenlieferungen an Finnland abgeschlossen. Finnland räumt der deutschen Regierung dafür Vorkaufsrechte auf alle Erzkonzessionen ein (→ 6. 10./S. 175).

Richard Walther Darre, Reichsminister für Ernährung und Landwirtschaft, beurteilt in einer Erklärung vor der Presse die Lebensmittellage im Deutschen Reich als zufriedenstellend. → S. 176

Im Deutschen Reich sind im Rahmen der Verdunkelung mit sofortiger Wirkung alle Kraftfahrzeuge, die eine höhere Geschwindigkeit als 6 km/h erreichen, mit sog. Tarnscheinwerfern auszurüsten.

Die wichtigsten deutschen Rundfunksender werden in den Abendstunden auf die Wellenlänge des Reichssenders Breslau geschaltet, um feindlichen Angriffen nicht als Ortungshilfe zu dienen.

Mit dem Herbstheft des dritten Jahrgangs stellt »Maß und Wert« in Zürich als letzte der großen Exilzeitschriften in Westeuropa ihr Erscheinen ein. → S. 179

Die Operette »Franz« von Ernst Marischka und Peter Kreuder wird am Dresdner Centraltheater uraufgeführt.

2. Oktober, Mittwoch

Ludwig Fischer, Gouverneur des Distrikts Warschau, ordnet unter dem Vorwand, einer Seuchengefahr vorbeugen zu müssen, die Errichtung eines Ghettos für die jüdische Bevölkerung an (→ 15. 11./S. 191).

Generalgouverneur Hans Frank erklärt in einer Unterredung mit Führer und Reichskanzler Adolf Hitler, daß das Generalgouvernement Polen aufgrund fortlaufender Deportationen von Polen und Juden in dieses Gebiet wirtschaftlich bald nicht mehr existenzfähig sein werde (→ 6. 10./S. 175).

Ein Erlaß über die staatlichen Arbeitsreserven der UdSSR schafft die Voraussetzung für die Kriegsmobilisierung der Arbeitskräfte. Die beruflich-technische Ausbildung wird einem Zentralorgan, der Hauptverwaltung der Arbeitsreserven, unterstellt (→ 12. 10./S. 174).

3. Oktober, Donnerstag

Die britische Regierung in London gibt bekannt, daß Arthur Neville Chamberlain als Lordpräsident der britischen Regierung und als Mitglied des Kriegskabinetts aus Gesundheitsgründen seinen Rücktritt eingereicht habe. Einen Monat später stirbt der Politiker im Alter von 71 Jahren. → S. 173

Gustav Schlotterer, Ministerialdirigent im Reichswirtschaftsministerium, erklärt in einem Vortrag vor dem Großen Beirat der Reichsgruppe Industrie in Berlin, daß eine Zusammenarbeit mit den westeuropäischen Ländern unter deutscher Führung das Konzept der zukünftigen Wirtschaftspolitik darstelle (→ 3. 8./S. 148).

Im Deutschen Reich beginnt die »Erweiterte Kinderlandverschickung«. Die ersten 3000 Kinder aus Berlin und Hamburg werden in die weniger von Bombenangriffen bedrohten ländlichen Regionen des Reichs evakuiert.

Zu Beginn der neuen Spielsaison wird die Gerhart-Hauptmann-Tragikomödie »Die Ratten« am Zürcher Schauspielhaus inszeniert. Die Rolle der »Frau John« spielt Therese Giehse. → S. 179

Hans Moser spielt die Hauptrolle in dem Film »Der Herr im Haus«, der unter der Regie von Heinz Helbig in Karlsruhe zur Uraufführung kommt.

4. Oktober, Freitag

Adolf Hitler und Italiens Ministerpräsident und Duce Benito Mussolini treffen sich zu einer Unterredung am Brenner. Im Mittelpunkt des Gesprächs steht die deutsch-italienische Politik gegenüber Frankreich und Spanien (→ 21. 10./ S. 172).

In London wird bekanntgegeben, daß die britische Regierung eine Kommission namhafter Gelehrter zusammenstellt, die sich wissenschaftlich mit den Bedingungen einer totalen Kriegführung zu befassen hat.

Ein neues Gesetz gibt der Vichy-Regierung das Recht, auch innerhalb der von Deutschen besetzten Zone Juden zu internieren.

Carl Orffs Oper »Carmina Burana« wird in einer ersten Inszenierung nach der Uraufführung am 8. Juni 1937 in Dresden aufgeführt.

Der US-amerikanische Boxweltmeister im Weltergewicht, Henry Armstrong, unterliegt in New York seinem Herausforderer Fritzie Zivic überraschend nach Punkten. → S. 179

5. Oktober, Sonnabend

Der Ehrengerichtshof der Wirtschaft tritt zu seiner konstituierenden Sitzung in Berlin zusammen. Er beschäftigt sich mit Denunziationen von Unternehmern und führenden Wirtschaftskräften. → S. 177

Peter Klöckner, Gründer und Leiter des nach ihm benannten Montankonzerns, stirbt kurz vor Vollendung seines 77. Lebensjahrs in Duisburg.

6. Oktober, Sonntag

Die Heeresgruppe B unter Generalfeldmarschall Fedor von Bock richtet ihr Hauptquartier in Posen ein. → S. 175

Die Fußball-Länderspielbegegnung der deutschen und ungarischen Nationalmannschaften in Budapest endet vor 45 000 Zuschauern mit 2:2, nachdem das von der deutschen Mannschaft in der 70. Spielminute erzielte dritte Tor vom Schiedsrichter nicht anerkannt wurde.

7. Oktober, Montag

Britische Bomber fliegen ihren bisher schwersten Luftangriff auf Berlin; es werden 50 t Sprengbomben abgeworfen, 25 Tote und 50 Verletzte sind unter der Zivilbevölkerung zu beklagen. → S. 177

8. Oktober, Dienstag

Der britische Luftmarschall Sir Philip Joubert erklärt in einer Rundfunkrede, daß den deutschen Invasionsvorbereitungen nach wie vor die größte Aufmerksamkeit geschenkt werde.

Der Ministerrat Bulgariens genehmigt den Entwurf eines Gesetzes zur »Verteidigung der Nation«, in dem alle geheimen, internationalen Organisationen aufgelöst und Neugründungen verboten werden. Ferner werden die Rechte der Juden eingeschränkt und Maßnahmen gegen sog. schädliche Propaganda getroffen.

General Maxime Weygand, bis zum 6. September amtierender Verteidigungsminister der Vichy-Regierung, begibt sich als Oberkommandierender aller überseeischen Streitkräfte des französischen Empires nach Dakar. Dort organisiert er eine Operationsbasis für die Bekämpfung der freifranzösischen Truppen unter General Charles de Gaulle (→ 10. 11./S. 189).

Die Royal Air Force fliegt mehrere Angriffe gegen die Essener Krupp-Werke. Einige Hallen und Werkstätten werden zerstört (→ 7. 10./S. 177).

Der US-amerikanische Film »The long Voyage Home« (Der lange Weg nach Cardiff) unter der Regie von John Ford wird in New York uraufgeführt. John Wayne spielt eine der Hauptrollen.

9. Oktober, Mittwoch

Im Rahmen der gemeinsamen Seekriegführung gegen Großbritannien läuft das U-Boot »Malaspina« als erstes italienisches U-Boot aus Bordeaux zu einer Unternehmung im Nordatlantik aus. Die italienischen U-Boote unterstehen operativ dem deutschen Befehlshaber der Unterseeboote, Vizeadmiral Karl Dönitz.

Den freifranzösischen Truppen unter General Charles de Gaulle gelingt es, sich in Kamerun festzusetzen (→ 10. 11./S. 189).

Großbritanniens Premierminister Winston Churchill wird zum Vorsitzenden der Konservativen Partei und damit zum Nachfolger von Arthur Neville Chamberlain gewählt.

Reichsleiter der Deutschen Arbeitsfront (DAF) Robert Ley stellt in einer Rede vor Stettiner Industriearbeitern die Zeit nach dem Krieg im besten Licht dar: »Jeder Deutsche wird seinen Urlaub so verbringen können, daß seine kühnsten Träume noch übertroffen werden.«

Im Reichsgau Wartheland (Westpolen) wird die erste Nationalpolitische Erziehungsanstalt auf Schloß Reisen bei Lissa eröffnet (→ 22. 10./S. 176).

In Wien kommt der Film »Ein Leben lang« unter der Regie von Gustav Ucicky zur Uraufführung. Einer der Hauptdarsteller ist Paula Wessely, die Musik stammt von Willy Schmidt-Genter.

10. Oktober, Donnerstag

Die französische Regierung in Vichy schafft das sog. Gesetz Crémieux ab, durch das im Jahr 1870 alle algerischen Juden die Möglichkeit erhielten, französische Staatsbürger zu werden.

Zum Abschluß des am 7. Oktober eröffneten britischen Gewerkschaftskongresses in Southport betonen die 650 beteiligten Delegierten in einer Resolution ihren Willen zum Kampf der britischen Arbeiterschaft gegen das Deutsche Reich.

Der am 14. Juli zum Staatspräsidenten der Republik Kuba gewählte Diktator Fulgenico Batista y Zaldívar tritt sein Amt an. → S. 174

Der Investitionsbedarf der oberschlesischen Gesamtindustrie für die Modernisierung der Werke und das Abteufen neuer Schächte in den nächsten Jahren wird von deutschen Regierungsstellen auf 500 Millionen Reichsmark beziffert.

11. Oktober, Freitag

Eine sowjetisch-finnische Übereinkunft verpflichtet Finnland, die Ålandinseln, die seit dem 9. Mai zu militärischen Stützpunkten ausgebaut worden sind, zu entmilitarisieren. → S. 174

Die Sinfonie für großes Orchester (Sinfonie C-Dur op. 46) von Hans Pfitzner wird bei einem Konzert der Frankfurter Museumsgesellschaft uraufgeführt.

12. Oktober, Sonnabend

Adolf Hitler verschiebt das Unternehmen »Seelöwe« auf das Frühjahr 1941; die Vorbereitungen für eine Invasion der Britischen Inseln sollen bis dahin als politisches Druckmittel fortgesetzt werden (→ 17. 9./S. 157).

In Bukarest treffen die ersten Teile einer deutschen Wehrmachtsmission nebst ihren Lehrformationen ein (→ 6. 10./S. 175).

Semën K. Timošenko, sowjetrussischer Volkskommissar für das Verteidigungswesen, führt eine neue Disziplinarstrafordnung in der Roten Armee ein. → S. 174

13. Oktober, Sonntag

Zum einjährigen Bestehen des Gaus Danzig-Westpreußen erklärt NSDAP-Gauleiter und Reichsstatthalter Albert Forster: »Der Gau Danzig-Westpreußen kann mit Stolz von sich behaupten, daß er von den vier Ostgauen der einzige ist, der keine Juden mehr hat.«

14. Oktober, Montag

Führer und Reichskanzler Adolf Hitler

Die zweimal monatlich in deutscher und französischer Sprache erscheinende Propagandazeitschrift »Signal« widmet die Titelseite ihrer Ausgabe vom 14. Oktober den Unterzeichnern des Dreimächtepakts vom 27. September; 1. Reihe v. l.: Der italienische Außenminister Galeazzo Ciano, Graf von Cortellazzo, Reichsaußenminister von Ribbentrop und der japanische Botschafter Saburu Karusu

beauftragt Großadmiral Erich Raeder mit Vorbereitungen zu einer Landung auf Gibraltar (→ 21. 10./S. 172).

Nach einer Entscheidung des Ehrengerichtshofs der Reichsrechtsanwaltschaftskammer in Berlin wird ein Rechtsanwalt, der die Rechtsvertretung von jüdischen Bürgern übernommen hatte, von der Anwaltschaft ausgeschlossen.

15. Oktober, Dienstag

Der italienische Kriegsrat in Rom beschließt den Angriff auf Griechenland (→ 28. 10./S. 173).

In New York kommt der Film »The great Dictator« (Der große Diktator) von und mit Charlie Chaplin (eigentl. Charles Spencer Chaplin) zur Uraufführung. → S. 179

Die Operette »Ein Liebestraum« von Paul Lincke wird im Theater an der Reeperbahn in Hamburg uraufgeführt. → S. 179

16. Oktober, Mittwoch

Ein Gesetzeserlaß des US-amerikanischen Präsidenten Franklin D. Roosevelt verbietet die Einbürgerung von im Lande lebenden Ausländern, die einer dem US-amerikanischen System feindlich gesonnenen Organisation angehören oder sich in Wort und Schrift gegenüber der US-Regierung feindlich äußern. → S. 174

Von Calais aus starten deutsche Propagandakompanien einen ersten »Flugblattballon«. → S. 174

17. Oktober, Donnerstag

Das britische Unterhaus stimmt einhellig einem weiteren Kredit von 1 Milliarde Pfund Sterling (9,65 Mrd. RM) für die Kosten der Kriegführung zu.

Der spanische Innenminister Ramón Serrano Súñer wird zum Außenminister Spaniens ernannt. Der bisherige Amtsinhaber, Juan Beigbeder von Atienza, scheidet aus der Regierung aus.

18. Oktober, Freitag

Großbritannien öffnet die am → 18. Juli (S. 134) gesperrte Birmastraße und gibt damit den Transit nach China frei.

Die französische Vichy-Regierung veröffentlicht ein Judengesetz. Es ist das erste Rassengesetz Frankreichs.

Nach Ablauf des 1936 in Kraft gesetzten Vierjahresplanes beauftragt Führer und Reichskanzler Adolf Hitler Reichsmarschall Hermann Göring mit der Durchführung eines weiteren, auf vier Jahre befristeten Wirtschaftsplans. → S. 177

In Wien wird der von Hans Schweikart nach der Komödie von Gotthold Ephraim Lessing gedrehte Film »Das Fräulein von Barnhelm« uraufgeführt.

19. Oktober, Sonnabend

Der Abschluß eines deutsch-jugoslawischen Wirtschaftsvertrags in Belgrad soll nach offiziellen jugoslawischen Verlautbarungen auch die politischen Beziehungen beider Staaten festigen.

20. Oktober, Sonntag

Helmuth James Graf von Moltke, führendes Mitglied der Widerstandsbewegung »Kreisauer Kreis«, verfaßt seine Denkschrift »Über die Grundlagen der Staatslehre« mit Gedanken zur Nach-NS-Zeit. → S. 175

Durch Gesetz wird in der UdSSR den Regierungsbehörden die Verfügungsgewalt über Angestellte und Arbeiter in der Industrie eingeräumt. Bei Widersetzung droht Gefängnisstrafe.

Das Fußball-Länderspiel Deutschland – Bulgarien, das vor 30 000 Zuschauern in München stattfindet, kann die deutsche Mannschaft mit 7:3 (3:2) für sich entscheiden.

Am Marathonlauf in Bologna/Italien nahmen 24 Läufer teil. Beiniö Muinonen (Finnland) als einziger ausländischer Athlet legt die 42,2 km als Sieger in 2:39:23,8 h zurück.

21. Oktober, Montag

Adolf Hitler tritt in seinem Sonderzug eine mehrtägige Reise nach Westeuropa an. → S. 172

Die neue deutsche Rennordnung für den Pferdesport enthält unter anderem die Vorschrift, daß alle Namen der Rennpferde künftig dem deutschen Sprachschatz zu entnehmen sind.

Im Rahmen des am 12. Oktober gestarteten internationalen Meraner Springreitturniers können Italien und die deutsche Mannschaft je drei Siege erringen. Die Schweiz und Bulgarien sind jeweils einmal erfolgreich.

22. Oktober, Dienstag

In Belgien wird die Bereitstellung des Corpo Aero Italiano mit 75 Bombern, fünf Fernaufklärern und 98 Jägern zum Einsatz gegen Großbritannien abgeschlossen.

Mehr als 6500 Juden aus Baden und Saarpfalz werden ins unbesetzte Südfrankreich deportiert. → S. 173

Auf Anordnung des Chefs der Zivilverwaltung, NSDAP-Gauleiter Gustav Simon, werden die Abgeordnetenkammer und der Staatsrat in Luxemburg aufgelöst. → S. 173

In Bukarest wird zwischen deutschen und rumänischen Regierungsvertretern ein Vertrag über die Umsiedlung von Volksdeutschen aus der Süd-Bukowina und der Dobrudscha unterzeichnet (→ 2. 11./S. 190).

Der belgische Exilministerpräsident Hubert Graf Pierlot und der ehemalige belgische Außenminister Paul Henri Spaak treffen nach ihrer Flucht aus Vichy in London ein. Sie wollen den Kampf gegen das Deutsche Reich an der Seite Großbritanniens fortsetzen (→ 28. 5./S. 92).

In seiner programmatischen Rede als neuer Reichsjugendführer erläutert Artur Axmann vor der Presse in Berlin den »Achtjahresplan für Weltanschauung«. → S. 176

23. Oktober, Mittwoch

In einer Denkschrift stellt Walter König-Beyer vom Rasse- und Siedlungshauptamt der SS fest, daß die »Rassenschichtung im Sudetenland« nicht zufriedenstellend sei. → S. 173

Nachdem die letzten Umsiedlertrecks die rumänische Grenze passiert haben, ist die Aussiedlung von etwa 80 000 Volksdeutschen aus Bessarabien abgeschlossen (→ 2. 11./S. 190).

Im Gebiet von Paris sind mindestens 800 000, in ganz Frankreich mehr als 1 Million Arbeitslose registriert.

Reichskohlenkommissar Paul Walter erklärt, daß alle Versorgungslücken bei den Kohlelieferungen rechtzeitig vor Winterbeginn geschlossen würden. Die Kohle belegt zur Zeit ein Drittel aller Transportmittel mit Beschlag.

In Berlin wird ein Holzgas-Omnibus vorgestellt. Er hat eine Leistung von 75 PS. Der Holzverbrauch beträgt etwa 80 – 100 kg je 100 km.

24. Oktober, Donnerstag

Bei einer Führertagung der NSDAP in Posen wird bekanntgegeben, daß bis zum 15. Oktober 1940 bereits 50 000 Baltendeutsche, 83 200 Wolhynien- und Galiziendeutsche sowie 13 500 Deutsche aus der Gegend von Cholm im Reichsgau Wartheland angesiedelt worden seien (→ 2. 11./S. 190).

In New York kommt der US-amerikanische Film »The Westerner« (In die Falle gelockt) mit Gary Cooper in der Hauptrolle zur Uraufführung. → S. 179

25. Oktober, Freitag

Der bisherige Chef der Militärverwaltung in Frankreich, General der Infanterie Alfred Streccius, scheidet aus dem Amt. Sein Nachfolger wird General der Infanterie, Otto von Stülpnagel.

Der US-Oberst Benjamino Davis wird zum Brigadegeneral befördert. Damit erhält zum erstenmal ein farbiger Soldat der US-Armee diesen Rang.

In New York wird der Film »Seven Sinners« (Das Haus der sieben Sünden) mit Marlene Dietrich (eigtl. Maria Magdalena von Losch) in der Hauptrolle uraufgeführt. Die Regie führt Tay Garnett.

26. Oktober, Sonnabend

Mit Blick auf den seit dem 31. Juli geplanten Ostfeldzug werden weiterhin größere deutsche Truppenverbände nach Ostpreußen und ins Generalgouvernement Polen verlegt (→ 6. 10./S. 175).

Die sowjetische Rote Armee besetzt die Inseln im Donau-Delta bei Ismail mit der Begründung, sie gehörten zu Bessarabien (→ 28. 6./S. 117).

27. Oktober, Sonntag

Beim »Großdeutschen Dichtertreffen« im Deutschen Nationaltheater in Weimar hält der Dichter Hermann Burte (eigtl. Hermann Strübe) eine Rede über »Die europäische Sendung der deutschen Dichtung«, die nach seinen Worten »in ihrem tiefsten Wesen der europäischen Sendung des deutschen Volkes und seines Führers gleiche«.

28. Oktober, Montag

Ein deutsches U-Boot versenkt den am 26. Oktober von deutschen Fernbombern getroffenen Passagierdampfer »Empress of Britain«, das größte im Zweiten Weltkrieg zerstörte alliierte Handelsschiff.

Italien erklärt nach dem Ablauf eines Ultimatums Griechenland den Krieg. Der Angriff erfolgt von albanischem Gebiet aus. → S. 173

Pierre Laval, stellvertretender Ministerpräsident, wird Außenminister der französischen Vichy-Regierung. Er löst damit Paul Baudoin ab, der nun als Staatssekretär bei der Ministerpräsidentschaft fungiert.

Die am 1. Juni wiedereröffnete Weltausstellung des Jahres 1939 in New York geht zu Ende.

29. Oktober, Dienstag

Aufgrund der britischen Beistandsverpflichtungen (13. 4. 1939) landen britische Heeres- und Luftwaffenverbände auf der Insel Kreta (→ 28. 10./S. 173).

Reichskirchenminister Hanns Kerrl ordnet an, daß an Tagen, die auf Fliegeralarm folgen, kirchliche Handlungen wie Gottesdienste erst um 10 Uhr beginnen dürfen.

30. Oktober, Mittwoch

In München verkehren die ersten zweistöckigen Omnibusse mit Platz für 90 Fahrgäste.

31. Oktober, Donnerstag

Nach Angaben des Reichsarbeitsministeriums hat sich die Arbeitslosigkeit im Deutschen Reich seit Kriegsausbruch (1. 9. 1939) von 63 000 auf 32 000 verringert. Von dieser Zahl ist jedoch nur noch ein Zehntel erwerbsfähig.

In der Wirtschaft des Deutschen Reiches sind 1,2 Millionen britische und französische Kriegsgefangene beschäftigt.

Die »Berliner Illustrirte Zeitung« veröffentlicht eine Fotoreportage des Tiefseetauchers Hans Hass. → S. 178

Das Wetter im Monat Oktober

Station	Mittlere Lufttemperatur (°C)	Niederschlag (mm)	Sonnenscheindauer (Std.)
Aachen	9,2 (10,0)	17 (64)	– (123)
Berlin	8,3 (8,8)	10 (58)	– (123)
Bremen	7,9 (9,4)	57 (47)	– (104)
München	7,8 (7,9)	55 (62)	– (130)
Wien	– (9,6)	– (57)	– (118)
Zürich	8,7 (8,4)	57 (80)	57 (108)

( ) Langjähriger Mittelwert für diesen Monat
– Wert nicht ermittelt

Über die seit dem Waffenstillstand mit Frankreich vom 22. Juni recht ruhige Lage am Atlantik berichtet die erste Ausgabe der neuen Kriegspropaganda-Illustrierten »Westfront« am 10. Oktober

Hitlers Westeuropareise ohne greifbare Erfolge

21. Oktober. Auf seiner mehrtägigen Westeuropareise trifft Führer und Reichskanzler Adolf Hitler mit Regierungsvertretern Spaniens und Vichy-Frankreichs zusammen. Ziel ist es, neue Strategien und Verbündete für die weitere Kriegführung gegen Großbritannien zu finden.

Auf der ersten Station seiner Reise empfängt Hitler in seinem Sonderzug in Montoire-sur-le-Loir den Vizepräsidenten der Vichy-Regierung Pierre Laval. Dem Interesse Hitlers, durch ein deutsch-französisches Bündnis die Front gegen Großbritannien zu verstärken und damit auch die kolonialen Interessen Frankreichs in Afrika zu wahren, steht Laval positiv gegenüber. Der Vizepräsident versichert dem Reichskanzler, daß die Vichy-Regierung bereit sei, an diesem Kampf teilzunehmen.

Am 23. Oktober trifft Hitler bei Hendaye an der französisch-spanischen Grenze mit dem spanischen Staatschef General Francisco Franco Bahamonde zusammen. Hitler schlägt Franco vor, im Frühjahr 1941 auf seiten der Achsenmächte in den Krieg einzutreten. Hitlers Hoffnung, mit spanischer Unterstützung das unter britischer Herrschaft stehende Gibraltar einzunehmen und damit über das Mittelmeer freien Zugang nach Afrika zu erwirken, stößt bei Franco auf wenig Gegenliebe. Noch am 16. Juni (→ 14. 6./S. 115) hatte der spanische »Caudillo« dem deutschen Reichskanzler seine Bereitschaft erklärt, auf deutscher Seite in den Krieg einzutreten, vorausgesetzt, das Reich unterstütze Spanien mit Waffen und Rohstoffen. Aufgrund der spanischen Forderung nach Zusicherung umfangreicher Kolonialgebiete hatte damals Hitler das Angebot abgelehnt. Der nun von deutscher Seite unterbreiteten Aufforderung steht Franco nach der offensichtlichen deutschen Niederlage im Kampf gegen Großbritannien (→ 15. 9./S. 156) skeptisch gegenüber. Unter anderem fürchtet der spanische Staatschef, daß im Falle eines Kriegseintritts seines Landes die Kanarischen Inseln und Küstenbereiche Spaniens leicht durch die überlegenen britischen Seestreitkräfte eingenommen werden könnten. Franco, der zwar in einem geheimen Zusatzprotokoll dem Dreimächtepakt (→ 27. 9./S. 154) und dem deutsch-italienischen »Stahlpakt« (1939) beitritt, läßt jedoch eine Entscheidung über den Kriegseintritt seines Landes offen.

Hitler (vorne l.) kann den spanischen General Franco (vorne r.) nicht zum Eintritt in den Krieg bewegen

Treffen in der Krise: Hitler (l.) und Mussolini (vorn r.) nach dem italienischen Angriff auf Griechenland

Marschall Pétain (l.), Reichsaußenminister von Ribbentrop (M.) und Hitler (r.) im französischen Montoire

Pierre Laval (r.), stellvertretender Ministerpräsident der Vichy-Regierung, wird von Hitler (l.) empfangen

Auch Hitlers Unterredung mit dem französischen Staatschef Philippe Pétain am 24. Oktober in Montoire, mit dem der Reichskanzler zwar eine generelle Bereitschaft über die intensivere deutsch-französische Zusammenarbeit (Kollaboration) vereinbart, bleibt im Kern ohne greifbares Ergebnis. Pétain lehnt eine gemeinsame Kriegführung gegen Großbritannien ab, da ihm der Reichskanzler die Auslieferung der zwei Millionen Kriegsgefangenen sowie eine klare Auskunft über die künftigen europäischen und kolonialen Grenzen Frankreichs schuldig bleibt.

Auf seiner Rückreise erfährt Hitler am 25. Oktober von den Kriegsvorbereitungen Italiens gegen Griechenland und sucht seinen Bündnispartner Ministerpräsident und Duce Benito Mussolini am 28. Oktober in Florenz auf. Hitler kann jedoch den von ihm zu diesem Zeitpunkt nicht gebilligten Balkankrieg nicht mehr abwenden.

Adolf Hitlers Vorschläge stoßen bei Franco auf wenig Gegenliebe

Gespräch in Hendaye zwischen Adolf Hitler und Franco nach Aufzeichnungen des deutschen Chefdolmetschers des Auswärtigen Amts Paul Schmidt (Auszug):

»Ohne viel Umschweife bot Hitler Spanien Gibraltar und, in einer etwas vageren Formulierung, auch Kolonialgebiete in Afrika an. Franco sagte zunächst gar nichts. Zusammengekauert saß er in seinem Sessel. Ich konnte an seinem undurchdringlichen Gesicht nicht erkennen, ob er über den Vorschlag verblüfft war oder sich nur in Ruhe eine Antwort überlegte. Er vollführte dann ein ähnliches Ausweichmanöver wie sein italienischer Kollege bei Ausbruch des Krieges. Spaniens Lebensmittellage sei sehr schlecht. Das Land brauche Weizen, und zwar gleich mehrere 100 000 Tonnen . . . Spanien brauche eine moderne Rüstung. Für ein Unternehmen gegen Gibraltar sei schwere Artillerie notwendig. Franco nannte eine recht hohe Zahl von Geschützen, die er von Deutschland haben wollte. Außerdem müsse er seine lange Küstenlinie gegen die Angriffe der englischen Marine verteidigen. Auch fehle es an Flakartillerie . . . Hitlers hochgespannte Erwartung, fast an Sicherheit grenzende Hoffnungen, England besiegen zu können, erhielten einen Dämpfer«.

Italiens Armee greift Griechenland an

28. Oktober. Nach einem Entschluß des italienischen Kriegsrats vom 15. Oktober greifen italienische Truppen von Albanien (seit April 1939 von Italien besetzt) aus Griechenland an. Nach einem provozierten Grenzzwischenfall an der albanisch-griechischen Grenze eröffnet die italienische Armee die Gefechte. Das erklärte Ziel ist die Sicherung italienischer Territorialansprüche auf dem Balkan nach der Stationierung deutscher Truppen in Rumänien (→ 6. 10./S. 175). Auch der Prestigeverlust Italiens aufgrund des schleppenden Kriegsverlaufs in Afrika (→ 19. 8./S. 145; 16. 9./S. 158) soll durch die Eroberung Griechenlands ausgeglichen werden. Doch die 150 000 Mann starken italienischen Truppen werden von griechischen Einheiten mit Unterstützung der am 29. Oktober auf Kreta gelandeten britischen Heeres- und Luftwaffenverbände schon bald nach Albanien zurückgedrängt. Der zeitig einsetzende Winter behindert ausreichende Nachschublieferungen über See. Zahlreiche albanische Soldaten schließen sich den Griechen an und schwächen mit einem Partisanenkrieg zusätzlich die Kampfkraft der Italiener. Eine Gegenoffensive des I., II. und III. griechischen Korps vom 14. bis 22. November wirft die 9. und 11. italienische Armee über die griechisch-albanische Grenze zurück.

Nach dem Ausbruch der Feindseligkeiten am 28. Oktober: Italienische Kavallerie beim Vormarsch über die Grenze zwischen Albanien und Griechenland

Italienische Pioniere beim Bau eines behelfsmäßigen Übergangs in Nordgriechenland; Einheiten der griechischen Truppen hatten alle Brücken gesprengt, um den italienischen Vormarsch zu stoppen. In der Tat werden die Italiener schon bald zurückgedrängt.

Juden und »Staatsfeinde« deportiert

22. Oktober. Auf Anweisung der deutschen Zivilverwaltung im Elsaß werden über 6500 Juden aus den Reichsgauen Baden und Saarpfalz ins unbesetzte Frankreich deportiert. Durch die Abschiebung der jüdischen Bevölkerung aus Gebieten des ehemaligen Frankreichs versucht die Reichsregierung, einen Teil des »Judenproblems« auf Kosten Frankreichs im eigenen Land zu lösen.

Die Menschen werden in Internierungslagern am Fuß der Pyrenäen untergebracht. Aufgrund der menschenunwürdigen Transportbedingungen sterben schon während der Fahrt etwa 2000 Menschen. Die der Vichy-Regierung überantworteten Juden treffen in den Lagern Gurs, Noé, Récébédou, die vorrangig der Aufnahme politisch unbilliger Personen dienen, auf denkbar schlechte Lebensverhältnisse.

Am 11. November beginnen in Lothringen die Deportationen von rund 100 000 französisch gesinnten Lothringern, die sich den unter der deutschen Besatzungsmacht eingeleiteten »Eindeutschungsmaßnahmen« widersetzen. Verfügt wurden die Deportationen von den Leitern der Zivilverwaltung in Lothringen und im Elsaß, Josef Bürckel und Robert Wagner, die dem Führer und Reichskanzler Adolf Hitler persönlich unterstellt sind und von ihm die Auflage erhielten, ihre jeweiligen Verwaltungsgebiete binnen zehn Jahren »rein deutsch« zu besiedeln. Im Rahmen dieser Anordnung ist ihnen ein hohes Maß an eigenem Entscheidungsspielraum zugestanden worden. Den zwangsweise »Umgesiedelten« wurde die Wahl zwischen einer Verschickung nach Polen oder nach Frankreich gelassen. Da die Betroffenen allemal eine Deportation innerhalb ihres Heimatlands vorzogen, verlassen nun täglich fünf Eisenbahnzüge Lothringen in Richtung Südfrankreich mit Lyon als Auffangstelle. Den Lothringer Behörden wird von deutscher Seite erklärt, daß diese Maßnahme in Absprache mit der französischen Regierung in Vichy durchgeführt werde. Tatsächlich wird Frankreich jedoch überrascht und erhält erst während der laufenden Aktion Mitteilung vom deutschen Botschafter Abetz.

Chamberlain tritt krank zurück

3. Oktober. In einer offiziellen Verlautbarung gibt die britische Regierung in London bekannt, daß Arthur Neville Chamberlain von seinem Posten als Lordpräsident der Regierung und als Mitglied des Kriegskabinetts zurückgetreten ist.

Der Rückzug Chamberlains aus der aktiven Politik wird mit gesundheitlichen Gründen erklärt. Während seiner Amtszeit als britischer Premier vom 28. Mai 1937 bis zum → 10. Mai 1940 (S. 93) (Mitunterzeichner des Münchner Abkommens 1938) setzte sich der Politiker für eine Entspannungspolitik in Europa ein. Am 9. November verstirbt Chamberlain 71jährig in Heckfield bei Reading.

»Eindeutschung« im Sudetengau

23. Oktober. Walter König-Bayer, Mitarbeiter des Rasse- und Siedlungshauptamtes der SS, stellt in einer Denkschrift fest, daß die »Rassenschichtung« der tschechischen und sudetendeutschen Siedlungsgebiete im Sudetengau nicht zufriedenstellend sei. Er schlägt die Erfassung der Bevölkerung nach Abstammungs- und Gesinnungskategorien vor. Allein Bewohner, die die Note I oder II erhalten, sollen im Sudetengau verbleiben dürfen.

Luxemburg ohne Verfassung

22. Oktober. Gustav Simon, Chef der Zivilverwaltung in Luxemburg, hebt durch eine Verordnung die Abgeordnetenkammer und den Staatsrat in Luxemburg mit sofortiger Wirkung auf. Damit wird die Verfassung aus dem Jahr 1868 außer Kraft gesetzt.

Im ehemaligen Großherzogtum wurden schon kurz nach der Entscheidung des deutschen Westfeldzugs (→ 22. 6./S. 112) die »Arisierungsmaßnahmen« forciert: Am 6. August wurde in dem mehrsprachigen Land (Französisch und moselfränkische Mundart) Deutsch als Amtssprache eingeführt und am 23. August die Auflösung der politischen Parteien im Lande verfügt. Obwohl Luxemburg offiziell nicht Teil des Großdeutschen Reichs ist, wird es praktisch wie ein eingegliedertes Gebiet politisch verwaltet.

Gesetz erschwert US-Einbürgerung

16. Oktober. In einer Regierungserklärung gibt der US-amerikanische Präsident Franklin D. Roosevelt ein neues Einbürgerungsgesetz bekannt. Danach ist es nur denjenigen Ausländern möglich, die US-amerikanische Staatsbürgerschaft zu erwerben, die in keiner Weise gegen die politische, parlamentarisch-demokratische Grundordnung des Landes verstoßen haben. Das mit dieser Bestimmung angekündigte Vorgehen gegen »unamerikanische Umtriebe« beinhaltet vor allem Bemühungen, eine Betätigung von Kommunisten und Sozialisten in den USA zu unterbinden. Davon sind auch deutsche Emigranten betroffen. Viele Mitglieder der Sozialdemokratischen und Kommunistischen Partei Deutschlands sind nach dem Beginn des deutschen Westfeldzugs (→ 10. 5./S. 88; 14. 6./S. 108) in die USA übergesiedelt. Schon am 10. März 1939 gründeten die sozialdemokratischen Emigranten Gerhart Seger, Max Brauer, Hedwig Wachenheim u. a. in New York eine Hilfsorganisation für Auswanderer.

Diktator Batista wird Präsident

10. Oktober. Der neue Staatspräsident Kubas, Fulgenico Batista y Zaldívar, tritt sein Amt an. Batista wurde am 14. Juli in das Amt gewählt und baute seit 1933 seine Machtbasis als Diktator im Lande auf. Die von ihm errichtete Militärdiktatur gründet sich maßgeblich auf die Unterstützung durch die USA. Die Vereinigten Staaten, Hauptabnehmer von kubanischem Tabak und Zucker, kontrollieren das Land auch wirtschaftlich. Die von Christoph Kolumbus auf seiner ersten Reise 1492 entdeckte Insel in der Karibik wurde 1902 von Spanien unabhängig.

Fulgenico Batista y Zaldivar wurde am 16. 1. 1901 in Banes (Oriente) geboren. Als Mitglied der illegalen »Militärgewerkschaft« putschte er 1933 und beherrscht Kuba seitdem als Militärdiktator.

Ålandinseln entmilitarisiert

11. Oktober. In einem Abkommen vereinbaren die Regierungen der UdSSR und Finnland die sofortige Entmilitarisierung der Ålandinseln (finn. Inselgruppe im Bottnischen Meerbusen). Finnland verpflichtet sich in diesem Vertrag, die Inseln abzurüsten und sie nicht bewaffneten, militärischen Einheiten anderer Staaten als Stützpunkte zur Verfügung zu stellen. Die UdSSR behält sich das Recht vor, auf den Inseln ein Konsulat zu unterhalten, das die strikte Einhaltung des vereinbarten Abkommens überwacht.

Nach Beendigung des Finnisch-Sowjetischen Winterkriegs am → 12. März (S. 52) gestand die UdSSR den Finnen am 9. Mai zu, die Inselgruppe zu befestigen. Die sich in den folgenden Monaten abzeichnende Annäherung Finnlands an das Deutsche Reich (→ 6. 10./S. 175), mit der die finnische Regierung versucht, sich von der sowjetischen Vormachtstellung zu befreien, veranlaßte die UdSSR zur Erzwingung des Abkommens, durch das die Inseln als militärische Basis ausgeschaltet werden.

Abpacken der für Südengland vorgesehenen Propagandaflugblätter

Flugblattabwurf über Südengland

16. Oktober. Im Raum Calais starten die deutschen Propagandakompanien PK 501 und 612 einen ersten sog. Flugblattballon. Der aus Zeppelin-Gaszellenstoff bestehende Luftballon enthält Propagandamaterial, das in Südengland abgeworfen werden soll. Der Abwurfbehälter des Ballons faßt circa 10 000 Flugblätter in der Größe DIN A5 und ist mit einem Uhrwerk und einem Sprengsatz ausgestattet. In Abständen von 5 sec können die Flugblätter damit über dem Zielgebiet ausgestreut werden. Der Abwurf des Propagandamaterials wird durch Lunten ausgelöst, der Ballon selbst wird mit seinem Abwurfbehälter sofort im Anschluß durch den gezündeten Sprengsatz zerstört.

Die im Rahmen der psychologischen Kriegführung zuerst von britischer Seite eingesetzten Flugblattaktionen sollen die Kampfmoral und den Widerstandswillen des Feindes zersetzen. Dabei bedienen sich die Propagandaabteilungen der »weißen« (wahrheitsgetreue Nachrichten) und der »schwarzen« (bewußt eingesetzte Falschmeldungen zur Täuschung) Propaganda. Die Flugblätter beachten in der Gestaltung und in ihrem Inhalt zuvor psychologisch analysierte Gesetzmäßigkeiten: Das Layout muß die sofortige Aufmerksamkeit des Lesers erregen und das Lesen des Inhalts erleichtern: Die Texte sind durch Adresse, Absender und Einfassung klar gegliedert. Einprägsame Illustrationen veranschaulichen in der Regel die knapp gehaltenen Beiträge.

Sowjetunion treibt Rüstung voran

12. Oktober. Mit dem Befehl »Nr. 356« führt der sowjetrussische Volkskommissar für das Verteidigungswesen, Marschall Semën K. Timošenko, eine neue Disziplinarstrafordnung in der Roten Armee ein. Danach sind die Kommandeure verpflichtet, alle geeigneten Maßnahmen zu ergreifen, um die Befolgung eines Befehls durch die ihnen unterstehenden Soldaten zu garantieren. Bei Befehlsverweigerung kann zukünftig auch von der Schußwaffe Gebrauch gemacht werden.

Dieser Befehl, mit dem die »Vorläufige Disziplinarstrafordnung« des Jahres 1925 außer Kraft gesetzt wird, steht in Zusammenhang mit der seit April in Angriff genommenen Umorganisation der Roten Armee. Gleichzeitig erfolgt die konsequente Modernisierung der Waffensysteme. Seit dem Sommer werden Panzereinheiten umorganisiert; 125 Heeresdivisionen sind neu gebildet worden, die Mannstärke der Armeen ist auf das 2,8fache erhöht worden. Die im Finnisch-Sowjetischen Winterkrieg (→ 8. 1./S. 14; 12. 3./S. 52) offensichtlich gewordenen Mängel sollen so abgebaut und ein mobiles und modernes Heer geschaffen werden.

Sowjetisches Armeegelände mit Panzern, die hier gewartet werden; die Anzahl sowjetischer Panzer wird 1941 auf über 2 Millionen geschätzt

Auch im zivilen Wirtschaftsbereich stellt sich die UdSSR auf Hochrüstung um. Ein Erlaß vom 2. Oktober verpflichtet 14- bis 17jährige Jugendliche zum vierjährigen Arbeitsdienst. Die am 20. Oktober eingeführte Dienstverpflichtung von Facharbeitern für die Industrie- und Rüstungsproduktion sowie die am 25. Juni von sieben auf acht Stunden verlängerte tägliche Arbeitszeit und die Wiedereinführung der Sieben-Tage-Woche sollen die Rüstungsproduktion beschleunigen. Ein Teil davon geht nach China zur Unterstützung des Kampfes gegen Japan.

»Aufbau Ost« für einen Feldzug gegen die UdSSR

6. Oktober. Nach dem Entschluß von Führer und Reichskanzler Adolf Hitler vom 31. Juli, im Frühjahr 1941 einen etwa fünfmonatigen Feldzug gegen die Sowjetunion zu führen, verlegt die Heeresgruppe B unter dem Oberkommando von Generalfeldmarschall Fedor von Bock ihr Hauptquartier nach Posen. Im Rahmen der militärischen und wehrwirtschaftlichen Vorbereitungen verlangte Hitler am 26. August, das Heer im Osten zu verstärken. Am 12. September befahl der Oberbefehlshaber des Heeres, Generalfeldmarschall Walter von Brauchitsch, die Verlegung des Heeresgruppenkommandos B sowie der Armeeoberkommandos 4 und 12. Darüber hinaus wurden vier Infanteriedivisionen und die 1. Panzerdivision aus dem Westen in den Osten überführt. Die Heeresgruppe B soll die Sicherung der deutschen Ostgrenze zwischen der Slowakei und der Ostsee übernehmen. Weiter ist die Heeresgruppe für den Ausbau der Landesbefestigung sowie für den Aufbau einer Infrastruktur zuständig.

Gemäß mehrerer von Hitler in Auftrag gegebener »Operationsstudien Ost«, unter anderem durch General Erich Marcks und Bernhard von Loßberg am 5. August und 15. September ausgearbeitet, sollen die eingegliederten Ostgebiete sowie das Generalgouvernement als Aufmarschgebiete für den beabsichtigten Feldzug dienen. Die Verlegung mehrerer Truppenverbände in den Osten schafft erhebliche Probleme vor allem im Generalgouvernement, das durch die fortgesetzte Deportation von Juden und Polen in das Gebiet ohnehin schon ökonomisch bis an die Grenzen belastet ist.

Aber nicht nur die deutsch besetzten Gebiete werden in den sog. Aufbau Ost einbezogen. Strategische Bedeutung besitzen vor allem auch Rumänien und Finnland. Seit dem Sommer versucht die Deutsche Reichsregierung, diese Gebiete eng in ihre Interessen einzubinden. Am 12. Oktober beziehen die ersten Teile der deutschen Militärmission in Rumänien Stellung. Ein am 1. Oktober mit Finnland geschlossenes Abkommen sichert dem Reich gegen die Lieferung von Waffen Vorkaufsrechte für alle Erzkonzessionen im Lande. Ein am 17. August geschlossenes Transitabkommen erlaubt den Transport von Nachschub und Truppen aus dem Reich durch finnisches Territorium nach Nordnorwegen.

In Polen wird durch die »Organisation Todt« ein Verkehrsnetz für den Aufmarsch gegen die UdSSR aufgebaut

Angehörige der Heeresgruppe vor Besteigen eines Transportzuges; ihre Einheit wird nach Posen verlegt

Erste Anstöße für die Errichtung eines neuen Staats

20. Oktober. Helmuth James Graf von Moltke legt seine Denkschrift mit dem Titel »Über die Grundlagen der Staatslehre« nieder. Von Moltke, Sachverständiger für Völkerrecht im Oberkommando der Wehrmacht und führendes Mitglied der sich seit dem Sommer 1940 konstituierenden bürgerlich-liberalen Widerstandsbewegung »Kreisauer Kreis«, entwikkelt in seiner Schrift erste Anstöße für die Errichtung eines neuen Staats im Deutschen Reich, der sich nach dem geplanten Sturz des NS-Regimes etablieren soll. Dieser Staat soll demokratisch von unten nach oben aufgebaut sein. Seine Repräsentanten sind durch ein Wahlmännerkollegium zu wählen. Das Reich als zentralistisches Staatsgefüge hat nach dem Verfassungskonzept von Moltkes weiter Bestand. Jedoch sollen alle Parteien durch Wählerinitiativen zu ersetzen sein.

Der »Kreisauer Kreis« (von der Gestapo nach ihrem Treffpunkt auf dem Schloß von Moltkes in Kreisau so benannt) ist eine Bewegung, der religiöse sowie sozialdemokratische Oppositionelle angehören.

△ Angehörige des Kreisauer Kreises (v. l.): Adolf Reichwein, Julius Leber, Graf Yorck von Wartenburg und Helmuth James Graf von Moltke

◁ Gut und Schloß des Grafen von Moltke geben dem Kreisauer Kreis seinen Namen; an drei Wochenenden ist das einsam gelegene »Berghaus« des Gutes Ort größerer Diskussionsrunden, in denen eine Analyse der Machtergreifung durch die Nationalsozialisten sowie die politische Perspektive eines »Nach-Hitler-Deutschland« erarbeitet wird. Den »Tyrannenmord« lehnt Moltke vor allem aus christlichen Gründen ab.

HJ für Elitebildung im Deutschen Reich

22. Oktober. Seit dem 4. September ist Artur Axmann Nachfolger von Baldur von Schirach (→ 7. 8./S. 143) im Amt des Reichsjugendführers der NSDAP. Vor Pressevertretern in Berlin gibt Axmann neue Ausbildungsrichtlinien für die Hitlerjugend (HJ) bekannt. In einem »Achtjahresplan für Weltanschauung« sollen die 10- bis 18jährigen Jungen der Hitlerjugend ihrem Entwicklungsstand entsprechend mit der nationalsozialistischen Weltanschauung vertraut gemacht werden. Die acht Erziehungsjahrgänge der HJ sind nach den Ausführungen Axmanns auf die jeweiligen Interessengebiete der Altersklasse sowie auf den Stand der schulischen Ausbildung abgestimmt. Um die »HJ im Großdeutschen Reich zu einem ganz neuen, umfassenden Weltbild zu erziehen«, schlägt der Reichsjugendführer außerdem vor, die HJ-Führer, auf deren sorgfältige Ausbildung größter Wert gelegt wird, zukünftig in die neuen deutschen Gebiete und ins Ausland zu entsenden. Dort sollen sie erkennen, »daß das deutsche Volk der Kernpunkt ist, der die größten Kräfte spendet«.

Auch die schulischen Einrichtungen des NS-Systems werden auf die eroberten Ostgebiete ausgedehnt. Am 9. Oktober wurde die erste Nationalpolitische Erziehungsanstalt (NPEA) auf Schloß Reisen bei Lissa im Reichsgau Wartheland eröffnet. In den damit reichsweit eingerichteten 22 NS-Eliteschulen wird eine ausgesuchte Zahl von Schülern (Jungmannen) im nationalsozialistischen und soldatischen Geist erzogen. Im Gegensatz zu den Adolf-Hitler-Schulen sind die Erziehungsanstalten nicht als Parteischulen organisiert, sondern entsprechen in ihrem Lehrplan den deutschen Oberschulen. Sie sind dem Reichserziehungsminister unterstellt. Die dort unterrichteten Schüler sollen künftig in zivilen und öffentlichen Berufen als zuverlässige Nationalsozialisten ihrem Staat dienen. Seit dem Sommer werden die NPEAs von der NS-Führung als die Eliteschulen angesehen, deren Aufgabe es ist, den Führungsnachwuchs für die kommende Organisation und Verwaltung des »germanischen Großreichs« heranzubilden. Am 10. Dezember hebt Hitler in Berlin diese Bedeutung der Erziehungsanstalten erstmals öffentlich hervor.

Im Geschichts- und Geographieunterricht der nationalsozialistischen Eliteschulen werden die Jungen streng im Geiste der Parteiideologie erzogen

Schüler der Nationalpolitischen Erziehungsanstalt Schulpforta (Saale)

Jeden Morgen treten die Jungen an zum Morgenappell mit Fahnengruß

Hitlerjugend beim Reichsschießwettkampf; so früh wie möglich werden die jungen Deutschen zu »Wehrhaftigkeit« und Kriegsbegeisterung erzogen

Bonhoeffer zur Schuld der Kirche

Oktober. In einem Schuldbekenntnis mit dem Titel »Die Kirche bekennt« legt Dietrich Bonhoeffer, Mitglied der 1933 gegründeten kirchlichen Oppositionspartei Bekennende Kirche, die Versäumnisse der Kirche im Dritten Reich dar. Bonhoeffer, über den selbst im September 1940 ein offizielles Lehr- und Predigtverbot verhängt wurde, steht in engem Kontakt mit dem Widerstandskreis um Ludwig Beck (→ 24. 2./S. 38) und Hans Oster (→ 3. 4./S. 75). Im Sinne seiner religiösen Überzeugung setzt sich der evangelische Theologe aktiv für den Kampf gegen das NS-Regime ein. In seinem Schuldbekenntnis führt er an: »Die Kirche bekennt, ihre Verkündigung von dem einen Gott, der ... keine anderen Götter neben sich leidet, nicht ... deutlich genug ausgerichtet zu haben. Sie bekennt ihre Furchtsamkeit ... ihre ... Zugeständnisse ... Sie war stumm, wo sie hätte schreien müssen, weil das Blut der Unschuldigen zum Himmel schrie.«

Dietrich Bonhoeffer (* 4. 2. 1906 in Breslau) war nach dem Studium evangelischer Pfarrer in Barcelona, Berlin und London; als Leiter des illegalen Predigerseminars der Bekennenden Kirche erhielt er 1936 Lehrverbot

Hinlängliche Versorgungslage

1. Oktober. In einer Presseerklärung beurteilt der Reichsminister für Ernährung und Landwirtschaft Richard Walther Darré das diesjährige Ernteergebnis im Deutschen Reich als zufriedenstellend. In der Hoffnung, mit den Ernteerträgen die Grundversorgung aus heimischem Grund und Boden auch für den kommenden Winter sicherzustellen, verspricht Darré der Bevölkerung auch für die folgenden Monate konstante Mengen an Fett, Fleisch und Brot. Die nach den Worten des Ministers auch unter den Bedingungen des Kriegs noch hinlängliche Versorgungslage steht jedoch im Widerspruch zu den sich ausbreitenden Schwarzhandelsgeschäften.

Vierjahresplan wird fortgesetzt

18. Oktober. Nach dem Abschluß des ersten Vierjahresplans beauftragt Führer und Reichskanzler Adolf Hitler auch für die zweite Periode Reichsmarschall Hermann Göring mit der Fortführung der Wirtschafts-Planungen.

Der zweite Vierjahresplan soll eine neue Stufe der staatsmonopolistischen Entwicklung einleiten. Die Rohstoffbewirtschaftung und die Außenhandelsregulierung sollen durch den Ausbau der landeseigenen Rohstoffbasis ergänzt werden. Neben einer Erweiterung des Aufrüstungsprogramms steht der Export an erster Stelle. Arbeitsmarktregulierung und die landwirtschaftliche Erzeugung sind weiterhin wichtige Bestandteile der Planwirtschaft.

Mit der Aufstellung eines Wirtschaftsplans 1936 wurde die deutsche Wirtschaft auf die staatlichen Bedürfnisse in der Rüstungsproduktion ausgerichtet. Das erklärte Ziel, die deutsche Wirtschaft in vier Jahren kriegsfähig zu machen, erforderte die rigorose Umstellung der Produktion auf Rüstungsgüter und synthetische Treibstoffe. Nahrungsmittel und Brennstoffdepots wurden angelegt sowie eine größtmögliche Unabhängigkeit vom Außenhandel angestrebt. Die von Göring aufgebaute Vierjahresplanbehörde, ein Verwaltungsapparat von mehr als 1000 Mitarbeitern, versucht eine enge Zusammenarbeit zwischen Industrie und Staat herzustellen.

Vorwürfe künftig rasch aufgeklärt

5. Oktober. Ein Ehrengerichtshof der Wirtschaft tritt in Berlin zu seiner ersten Sitzung zusammen. Das neu gegründete Standesgericht hat es sich zur Aufgabe gesetzt, ehrenrührige Vorwürfe gegen Unternehmer oder Betriebsleiter aufzuklären. Dabei sollen Unternehmensleiter, die aus eigennützigen Gründen ihre Konkurrenten, Kollegen oder Vorgesetzten zu unrecht denunzieren oder verleumden, rücksichtslos zur Rechenschaft gezogen werden. Um den Unternehmerstand nicht unnötig durch falsche Vorwürfe gegen einige seiner Mitglieder in Mißkredit zu bringen, verfolgt der Ehrengerichtshof das Ziel, die ihm angetragenen Fälle schnell zu entscheiden.

Schweres Flakgeschütz in Feuerstellung; trotz des Luftschutzwalls um Berlin wird die Reichshauptstadt Opfer der britischen Bomben

Scheinwerferbatterien, die das Stadtgebiet umgeben, sollen feindliche Flugzeuge suchen

Luftangriff auf Berlin fordert 25 Tote

7. Oktober. Im Zuge des seit Ende August (→ 13. 8./S. 144; 15. 9./S. 156) andauernden verschärften deutsch-britischen Luftkriegs gegen Städte fliegen zwei Bomberverbände der Royal Air Force (RAF) in der Nacht auf den 8. Oktober den bisher schwersten Angriff auf die deutsche Reichshauptstadt Berlin. In fast allen Stadtteilen richten die angreifenden 30 Wellington- und 12 Whitley-Bomber verheerende Schäden an. Insgesamt werden 50 t Sprengbomben auf die Stadt abgeworfen. Mehrere Berliner Großkrankenhäuser, darunter das Robert-Koch-Krankenhaus und die Charité sowie andere öffentliche Einrichtungen, sind von schweren Zerstörungen betroffen. Überall werden Wohnhäuser von den Sprengbomben in Mitleidenschaft gezogen. Deren Bewohner müssen bis zur Wiederherstellung der Schäden in öffentlichen Unterkünften untergebracht werden. Insgesamt sind nach den Verwüstungen des nächtlichen Überfalls 25 Tote und 50 Verletzte zu beklagen.

Angriffsziele der Bombardements sind auf britischer wie deutscher Seite in erster Linie verkehrstechnische Anlagen und Versorgungseinrichtungen. Durch die Zerstörung von Bahnhöfen, Flugplätzen und Hafenanlagen soll die inländische Versorgung der Industrie und vor allem der Rüstungsproduktion entscheidend behindert werden. Darüber hinaus wird durch die Zerstörung von Kraft- und Wasserwerken eine Beeinträchtigung der Versorgung der Bevölkerung beabsichtigt, um die Kriegsmoral des Landes zu schwächen. Eine systematische Bombardierung reiner Wohngebiete ist zu diesem Zeitpunkt nicht das vorrangige Ziel der Bomberstaffeln. Vielfach beruht die Zerstörung von Wohngebieten auf Zielungenauigkeiten und Orientierungsschwächen ihrer Leitsysteme. Vor allem bei Nacht und schlechten Sichtverhältnissen geflogene Angriffe bereiten den Besatzungen der Bomber Probleme. Oft wird so nicht das erklärte Angriffsziel getroffen, sondern die Bomben fallen weit verstreut auf das umliegende Gebiet.

Ziele der britischen Angriffe sind vor allem Großstädte sowie bedeutende Industrieregionen und Ballungszentren. Im Deutschen Reich sind davon neben Berlin vor allem Hamburg, München, Mannheim, Köln sowie das Ruhrgebiet (u. a. Duisburg, Gelsenkirchen, Essen) betroffen. Luftangriffe der RAF-Bomber auf Berlin fordern bis zum Jahresende 222 Menschenleben.

Der erste Löschzug des Feuerschutzpolizei-Regiments trifft bei einer brennenden Fabrik ein, die Angriffsziel von britischen Bombern war

Urlaub 1940:

Naherholung muß Fernreisen ersetzen

Die Urlaubs- und Freizeitaktivitäten der Bevölkerung im Deutschen Reich müssen im Jahr 1940 immer weiter hinter den überlebensnotwendigen Erfordernissen zurückstehen. Erholungs- und Ferienreisen für Arbeiter und Angestellte, zumal in den Rüstungsbetrieben, kommen aufgrund der knapp bemessenen Urlaubszeiten oder zeitweiser Urlaubssperren kaum noch in Frage. Das z. B. an bestimmten Tagen verhängte Verbot privat veranlaßter Reisen mit der Eisenbahn schränkt auch die Möglichkeit der wenigen, die sich eine Erholungsreise noch leisten können, erheblich ein. Im Bewußtsein der Menschen wird so der Heimaturlaub der Väter und Söhne an der Front, der diese für kurze Zeit wieder in den Kreis der Familie zurückführt, zum hervorstechenden Freizeitereignis.

Den Frauen bleibt neben ihrer Belastung durch Kindererziehung, Hausarbeit sowie Dienstverpflichtung in den Rüstungsbetrieben ohnehin kaum Gelegenheit, sich einmal für längere Zeit von ihren alltäglichen Pflichten zu befreien. Anstelle ausgedehnter Fernreisen, wie sie noch vor dem Krieg vom Amt »Kraft durch Freude« (KdF) angepriesen wurden, tritt für viele Familien eine gemeinsame Fahrt mit dem Fahrrad ins Grüne. Ausgedehnte Ausflüge in nahe gelegene Erholungsgebiete gelten als Ersatz. Auch die Reiseveranstalter haben sich auf die durch den Krieg veränderte Situation eingestellt: Angebote für Reisen in die deutschen Seebäder werden nun oftmals mit dem Hinweis versehen: »Ein schöner Urlaub auch ohne Ihn.« Das KdF verlegt den Schwerpunkt seiner Tätigkeit auf die kulturelle Betreuung der Frontsoldaten, für die es Theaterveranstaltungen und Unterhaltungsabende organisiert. Auf Initiative der NS-Freizeitorganisation werden auch die diesjährigen Bayreuther Festspiele als sog. Kriegsfestspiele den Soldaten und verdienten Rüstungsarbeitern gewidmet (→ 23. 7./S. 137). An der »Heimatfront« bleiben weiterhin Wanderfahrten, Kinoabende sowie die im Rahmen der Erwachsenenbildung des Volksbildungswerks eingerichteten Kurse im Angebot. Die schon vor Kriegsbeginn von der Nationalsozialistischen Volkswohlfahrt angebotene Kinderlandverschickung (KLV) für erholungsbedürftige Großstadtkinder wird im Zuge der Ereignisse gänzlich umfunktioniert. Ab Anfang Oktober laufen im Rahmen einer »Erweiterten Kinderlandverschickung« breitangelegte Evakuierungen von ganzen Schulklassen und Müttern mit Kleinkindern aus den von Bombenangriffen besonders betroffenen Großstädten und Industrieregionen in die ländlichen Gebiete des Reichs an. Am 3. Oktober werden die ersten 3000 Kinder aus Berlin und Hamburg in KLV-Lager geschickt. Die zu diesem Zeitpunkt noch auf Freiwilligkeit beruhende Verschickung darf in offiziellen Verlautbarungen nicht als »Evakuierung« bezeichnet werden.

Wirtschaftlichen Schaden richtet der Niedergang des Tourismus in den klassischen Urlaubsländern Europas an. Nach Abschluß der diesjährigen Sommersaison melden am 1. September die Fremdenverkehrsorte in der Schweiz, in Italien und im Deutschen Reich 29% weniger Urlauber als im Vorjahr. Eine Branche, die durch den Krieg steigende Publikumszahlen verzeichnen kann, ist die deutsche Filmindustrie. Eine wachsende Zahl von Unterhaltungsfilmen sorgt für eine Steigerung der Besucherzahlen in den Kinos um etwa 22,8% im Vergleich zu 1939.

Die Organisation eines Erholungsurlaubes von Stadtkindern in Pflegestellen auf dem Land wird ab 27. September zur »Erweiterten Kinderlandverschickung« ausgebaut; mit ihren Lehrern kommen Kinder aus luftkriegsgefährdeten Städten in Lager auf dem Land

Da Reiseziele im Ausland aufgrund der Kriegslage so gut wie unerreichbar geworden sind, haben die deutschen Erholungsgebiete Hochkonjunktur

Hans Hass bei einer seiner Unterwasserexpeditionen in der Karibik

Meeresexpedition von Hans Hass

31. Oktober. Die »Berliner Illustrirte Zeitung« veröffentlicht eine Fotoreportage des erst kürzlich von einer Unterwasserexpedition zurückgekehrten Tiefseetauchers und Zoologiestudenten Hans Hass.

Gemeinsam mit zwei Kollegen erforschte der Wiener das Leben der Fische in den Korallenwäldern des Karibischen Meeres. Mit Fotoapparat und Filmkamera hielten die drei Wiener Studenten ihre Erlebnisse unter Wasser fest. Mehrere Monate lebten Hass und seine Begleiter auf der Insel Curaçao. Vor allem die Ergebnisse ausführlicher Studien über das Verhalten von Haien erregen öffentliches Interesse.

Mit der Harpune in der Hand wagen sich die Tiefseeforscher zwischen Haie, die sie besonders interessieren

»Maß und Wert« muß eingestellt werden

1. Oktober. Die deutsche Exilzeitschrift »Maß und Wert« erscheint mit ihrer letzten Ausgabe. Die seit 1937 von Thomas Mann und Konrad Falke in Zürich herausgegebene »Zweimonatszeitschrift für freie deutsche Kultur« kann aus finanziellen sowie personellen Gründen ihre Arbeit nicht mehr fortsetzen. Die Zeitschrift erscheint im Europa-Verlag Emil Oprechts und wurde finanziell u. a. durch die luxemburgische Stahlindustriellen-Witwe Aline Mayrisch de St. Hubert und die US-Amerikanerin Agnes Meyer unterstützt. Eine Einstellung der Zuschüsse und politische Schwierigkeiten durch die deutsche Gesandtschaft in Bern bedeuten das Aus für das bedeutende deutsche Exilorgan. Als Literaturzeitschrift konnte »Maß und Wert« berühmte exilierte Schriftsteller für sich gewinnen. Hermann Hesse, Alfred Döblin, Franz Werfel, Walter Benjamin u. a. bestimmten mit ihren Beiträgen den Charakter der Zeitschrift. Thomas Mann faßte die redaktionelle Zielsetzung so zusammen: »Künstler wollen wir sein und Anti-Barbaren, das Maß verehren, den Wert verteidigen, das Freie und Kühne lieben und das Spießige, den Gesinnungsschund verachten . . .« Jedoch stellten sich mit der Ausbreitung des Nationalsozialismus in Europa neben politischen Schwierigkeiten auch bald personelle Probleme ein. So emigrierte Thomas Mann schon 1938 in die USA, Oprecht tat bald Dienst beim eidgenössischen Militär.

»Ein Liebestraum« uraufgeführt

15. Oktober. Das letzte Werk des Berliner Operettenkomponisten Paul Lincke »Ein Liebestraum« wird im Hamburger »Theater an der Reeperbahn« uraufgeführt. Der fast 74jährige Komponist erreichte 1897 mit der Ausstattungsoperette »Venus auf Erden« seinen ersten durchschlagenden Erfolg. Zu den bekanntesten und auch beliebtesten Werken Linckes im deutschsprachigen Raum zählen »Im Reiche des Indra« und »Frau Luna« (1899), »Fräulein Loreley« (1900), »Lysistrata« (1902) und »Berliner Luft« (1906). Lincke, gleichzeitig auch Verleger seiner vielfältigen Werke, gilt als Schöpfer der »Berliner Operette«.

Manns Aufrufe an deutsche Hörer

Oktober. Der Londoner Rundfunksender British Broadcasting Corporation (BBC) sendet die erste Rundfunkansprache des im kalifornischen Exil lebenden deutschen Schriftstellers Thomas Mann. Auf Anregung der BBC kommentiert einmal im Monat der überzeugte antifaschistische Schriftsteller aktuelle Ereignisse. Über Langwelle ausgestrahlt, sind die Ansprachen Manns mit dem Titel »Deutsche Hörer« im Reich zu empfangen. Mann sendet seine achtminütigen Reportagen per Fernschreiben an die BBC oder bespricht eine Schallplatte, deren Inhalt von New York aus über Telefon nach London übertragen wird.

Henry Armstrong ohne Boxtitel

4. Oktober. In New York wird der Titelkampf um die Weltmeisterschaft im Weltergewicht ausgetragen. Der US-amerikanische Titelverteidiger Henry Armstrong unterliegt dabei seinem Herausforderer Fritzie Zivic nach Punkten. Diese überraschende Niederlage von Armstrong erregt in Fachkreisen großes Aufsehen. Armstrong, der zeitweise auch Weltmeister in den unteren Gewichtsklassen Feder- und Leichtgewicht war, verliert damit auch seinen letzten Boxtitel. Noch am 1. März verteidigte er in Los Angeles seinen Weltergewichtstitel in einem Kampf gegen Ceferino Garcia, der nach 15 Runden unentschieden endete.

Walter Brennan (l.) als Richter Roy Bean, Gary Cooper in der Rolle des Cowboys Cole Hardin und Lillian Bond

Der große Filmkomiker aus Hollywood in einer seiner Paraderollen: Charlie Chaplin als Diktator Hynkel

Therese Giehse in »Die Ratten«

3. Oktober. In einer Inszenierung von Leonard Steckel wird die 1911 uraufgeführte Gerhart-Hauptmann-Tragikomödie »Die Ratten« am Zürcher Schaupielhaus als Premierenvorstellung gezeigt. In der Rolle der »Frau John« wirkt die bekannte deutsche Schauspielerin Therese Giehse (eigtl. Therese Gift).

Die jetzt 42jährige Schauspielerin wurde 1925 an die Münchner Kammerspiele verpflichtet. Gleich nach Machtübernahme der Nationalsozialisten 1933 emigrierte sie in die Schweiz und setzte dort mit Erika Mann die Arbeit des politischen Kabaretts »Die Pfeffermühle« fort.

»The Westerner«

24. Oktober. In New York kommt der US-amerikanische Film »The Westerner« (In die Falle gelockt) als Uraufführung in die Lichtspieltheater. Unter der Regie von William Wyler entstand eine epische Westernproduktion, in der die Lebensgeschichte des Cowboys Cole Hardin (Gary Cooper) erzählt wird. Sein Kampf für die Rechte der Farmer in Kalifornien gegen Rancher steht im Mittelpunkt der Filmstory. Hauptrivale und größter Widersacher des rechtschaffenden Cowboys Hardin ist die schillernde Figur des Richters Roy Bean (Walter Brennan). Hardin nutzt die Schwäche des Richters für eine Sängerin, um in einem geschickt inszenierten Duell den Richter zu erschießen.

William Wyler, der schon durch mehrere Filmproduktionen aus dem Western- und Gangster-Milieu, wie z. B. »Dead End« (Sackgasse, 1937), zu großem Ansehen gelangt ist, zählt zu den bedeutendsten zeitgenössischen Regisseuren in den Vereinigten Staaten.

»Der große Diktator«

15. Oktober. In einer großen Paraderolle präsentiert sich Charlie Chaplin (eigtl. Charles Spencer Chaplin) in seinem Film »The great Dictator« (Der große Diktator) dem New Yorker Premierenpublikum. Chaplin stellt in einer Doppelrolle einen jüdischen Friseur und den Diktator Hynkel dar, der in dem fiktiven Staat Tomania die Macht übernimmt. Als Jude verfolgt und in einem Konzentrationslager interniert, kann der kleine Friseur von dort entkommen. Aufgrund seiner Ähnlichkeit mit Hynkel wird er für den Diktator gehalten und richtet einen flammenden Friedensappell an die Welt. Diese Satire Chaplins auf Adolf Hitler und das NS-Regime ist schon während der Dreharbeiten (ab 1939) heftigen Repressionen seitens deutschfreundlicher Gruppierungen in den USA ausgesetzt. Auch der im Film prognostizierte Weltkrieg gibt Anlaß zu Protesten. In Chicago erhält der Film aufgrund des dortigen starken deutschstämmigen Bevölkerungsanteils zunächst keine Vorführgenehmigung.

Kunst 1940:

Avantgarde verläßt Europa

Während das nationalsozialistische Kunstdiktat im Deutschen Reich nach der richtungweisenden Kunstausstellung »Entartete Kunst« 1937 auch auf das aktuelle Kunstschaffen der noch im Reich verbliebenen Künstler Einfluß zu nehmen sucht, etabliert sich in den Vereinigten Staaten eine neue Emigranten-Kunstszene, die von deutlich antifaschistischen bis pazifistischen Tendenzen bestimmt ist.

Die deutsche bildende Kunstszene ist auf naturalistisch-sentimentale Gemälde und Plastiken eines »idealen deutschen« Menschentyps fixiert und dokumentiert dies am → 27. Juli (S. 136) noch einmal auf der Deutschen Kunstausstellung in München; sie steht im offenen Widerspruch zum künstlerischen Schaffen der Avantgarde.

Viele deutsche Künstler, die von dem »unerbittlichen Säuberungskrieg« des Propagandaministeriums und der Reichskulturkammer betroffen sind, können nur in der Emigration ihre Arbeit fortsetzen. Einige von ihnen nutzten dabei das Exil, um ihren massiven Protest gegen das Unrechtsregime auf künstlerischem Wege deutlich zu machen. So arbeitet George Grosz (eigtl. Georg Ehrenfried Groß) mit dem Japaner Yasou Kuniyoshi 1940 an einer monumentalen Hitler-Karikatur; John Heartfield, mit bürgerlichem Namen Helmut Herzfeld, ist in Großbritannien tätig und prangert mit seinen Fotomontagearbeiten das faschistische Regime an. Nachdem sich die deutsche Vorherrschaft in Europa stabilisiert hat und sich weiter auszudehnen droht, sehen sich viele Künstler gezwungen, nach Übersee zu fliehen. Ein Teil der europäischen avantgardistischen Kunstszene findet in New York einen neuen Wirkungskreis. Fernand Léger, Man Ray und Piet Mondrian siedeln sich 1940 hier an. Schon 1939 kamen Robert Sebastian Matta (eigtl. R. S. Echaurren), Salvador Dalí, Yves Tanguy und Kurt Seligmann in die Vereinigten Staaten. Nach der zwangsweisen Auflösung des europäischen Kunstzentrums Paris bereitet sich New York vor, die Rolle der Kunstmetropole in der westlichen Hemisphäre zu übernehmen. Kurt Schwitters und Max Beckmann leben schon seit den 30er Jahren im norwegischen bzw. niederländischen Exil. Während Kurt Schwitters nach der deutschen Besetzung aus Furcht vor Verfolgung und Arbeitsverbot nach Großbritannien flüchtet, bleibt Beckmann in Amsterdam. Schwitters schafft in diesem Jahr seine Werke »Glasblume« und »Das Korbbild«. Auch der gebürtige Österreicher Oskar Kokoschka hält sich in Großbritannien auf. Dort entwickelt sich eine eigene, durch den Staat geförderte propagandistische Kunst gegen das NS-Regime. Als »Official War Artist« greift vor allem der britische Bildhauer und Maler Henry Moore die Schrecken des Kriegs in seinem Land als Thema für einen großen Zyklus von Zeichnungen auf. 1940 beginnt er mit seinen Studien der zu Luftschutzbunkern umfunktionierten U-Bahn-Stationen in London. In farbigen Großformat-Zeichnungen schildert er die apokalyptischen und heroischen Bestandsaufnahmen des »modernen Höhlenlebens«. Im dunklen Sog des Tunnels liegen endlos aneinandergereihte, weiß skelettierte Figurenreihen.

Auch in Frankreich wird der Protest gegen den Krieg in der Kunst weitergeführt: Der expressionistische Maler russischer Abstammung Marc Chagall beginnt 1940 sein Werk »Der Maler als Gekreuzigter«, das erst 1943 in den USA vollendet wird. Pablo Picasso (eigtl. Pablo Ruiz y P.), der nach der deutschen Besetzung von Paris bewußt in die Stadt zurückkehrt, hat als spanischer Staatsbürger seinen Protest gegen Zerstörung und Gewalt schon während des Spanischen Bürgerkriegs (1936–1939) und hier vor allem mit seinem Werk »Guernica« (1937) deutlich formuliert. Picasso vollendet 1940 zwei bedeutende Werke zu dem Thema »Frauenkopf« und die »Frau sitzend im Sessel«.

»Entarteten« Künstlern im Reich, für die ein offizielles Malverbot gilt, bleibt nur der Ausweg in die »innere Emigration«. Hierfür beispielgebend stehen die Künstler Emil Nolde (eigtl. Emil Hansen) und Oskar Schlemmer. Diese setzen heimlich und abseits von der Öffentlichkeit ihre künstlerische Arbeit fort.

Zu dem aus 23 Gouachearbeiten bestehenden Zyklus »Constellations« gehört Joan Mirós »Das Lied der Nachtigall um Mitternacht und der Morgenregen«; der Surrealist André Breton schrieb zu jeder »Constellation« ein Gedicht

Vexierbild à la Dalí: »Sklavenmarkt mit der verschwindenden Büste Voltaires«; das Gesicht des französischen Philosophen taucht in verschiedenen Werken Dalís auf; die beiden schwarzgekleideten Figuren bilden seine Augen

◁ Kaum Farbe, dafür eine eindringliche Formensprache: »Sitzende Frau, ihr Haar ordnend« von Pablo Picasso; seit Beginn der zwanziger Jahre sind voluminöse Frauengestalten von praller Körperlichkeit immer wiederkehrendes Thema bei Picasso, so z. B. »Drei Frauen an der Quelle« aus dem Jahr 1921

▷ Max Beckmann: »Damenkapelle«; Szenen aus dem großstädtischen Vergnügungsleben thematisiert der vom Expressionismus kommende Maler seit den zwanziger Jahren; bemerkenswert bei dieser Darstellung ist das isolierte Nebeneinander der Figuren trotz bedrängender Nähe und Verzahnung

»Blauer Himmel« gehört zum Spätwerk von Wassily Kandinsky, das sich auszeichnet durch eine heiter verspielte Formenwelt

»Glas-Blume«, eine Assemblage aus Holz und Glas auf Holz von Kurt Schwitters, wird interpretiert als Dokument des Werdens und Verfalls der Natur

Max Ernst: »Faszinierende Zypressen«; der Maler bezeichnet seine Wälder als »gewaltige, gefräßige Masse, die über die Stabilität des Individuums siegt«

November 1940

Mo	Di	Mi	Do	Fr	Sa	So
				1	2	3
4	5	6	7	8	9	10
11	12	13	14	15	16	17
18	19	20	21	22	23	24
25	26	27	28	29	30	

1. November, Freitag

Italiens Luftwaffe fliegt einen Angriff auf die griechische Stadt Saloniki.

Der türkische Staatspräsident Ismet Inönü erklärt vor dem Nationalparlament, die Türkei werde auch weiterhin an der Politik der Nichtkriegführung festhalten. → S. 189

Die italienische Tageszeitung »Secolo-Sera« meldet aus Bombay, daß die erneut aufgelebten, passiven Widerstandsaktionen in Indien erhebliche Ausmaße angenommen haben. → S. 192

Zarah Leander spielt die Hauptrolle in dem historischen Frauendrama um Maria Stuart, »Das Herz der Königin«. → S. 195

2. November, Sonnabend

SS-Ortsgruppenführer Werner Lorenz, Leiter der Volksdeutschen Mittelstelle, trifft in Konstanza ein, um die Umsiedlung der deutschstämmigen Bevölkerung aus der Süd-Dobrudscha einzuleiten. → S. 190

Der Generalgouverneur in Polen, Hans Frank, erklärt gegenüber Heinrich Himmler, Reichsführer SS und Chef der Deutschen Polizei, daß in Anbetracht der verstärkten Truppenverlegung ins Generalgouvernement (→ 6. 10./S. 175) die weitere Aufnahme von Polen und Juden unmöglich sei.

Die jugoslawische Regierung veröffentlicht zum italienisch-griechischen Konflikt eine Erklärung, in der sie betont, daß sie ihren neutralen Status aufrechterhalte. Sie hoffe, daß die Unverletzbarkeit ihrer Grenzen respektiert werde.

In Zürich wird das Schauspiel »Der Soldat Tanaka« des expressionistischen deutschen Dramatikers Georg Kaiser unter der Regie von Franz Schnyder uraufgeführt.

3. November, Sonntag

Die griechischen Truppen beginnen mit einer erfolgreichen Gegenoffensive gegen die von Albanien vordringenden italienischen Einheiten. Albanien ist seit April 1939 von Italienern besetzt, die versuchen, von hier aus Griechenland zu erobern (→ 28. 10./S. 173).

In Agram (Zagreb) trennen sich die Fußball-Nationalmannschaften Deutsches Reich und Jugoslawien nach 90 min 0:2 (0:1).

4. November, Montag

Die spanische Regierung annektiert die von ihr seit dem → 14. Juni (S. 115) besetzte internationale Zone von Tanger.

5. November, Dienstag

Joseph Goebbels, Reichsminister für Volksaufklärung und Propaganda, erklärt auf einer Kundgebung in Prag, daß das Deutsche Reich mit seinen 90 Millionen Menschen zusammen mit dem faschistischen Italien »das Gesicht Europas neu formen« könne.

Franklin D. Roosevelt (Demokratische Partei) wird als bisher einziger Kandidat in der US-amerikanischen Geschichte zum drittenmal für weitere vier Jahre zum Präsidenten gewählt. → S. 192

Reichsarbeitsminister Franz Seldte gibt in der Presse bekannt, die Halbtagsbeschäftigung von Frauen in den Betrieben habe sich bewährt. Dadurch seien in der Regel Überstunden der Vollzeitkräfte vermieden worden.

6. November, Mittwoch

General James Barry Hertzog, Führer der südafrikanischen burischen Nationalen Partei, tritt von seinem Amt zurück, da er seine gegen Großbritannien gerichtete Politik gegenüber dem Parlament und der eigenen Partei nicht mehr durchsetzen konnte (→ 26. 1./S. 13).

Ernst Bielfeld, Leiter des Referats Afrika, Mandats- und Kolonialfragen in der Politischen Abteilung des Auswärtigen Amtes in Berlin, verfaßt seine Denkschrift »Die territorialen Kolonialforderungen an Frankreich im Rahmen der Gesamtforderungen« (→ 27. 7./S. 133).

Eine Verordnung des deutschen Militärbefehlshabers für Belgien und Nordfrankreich, General Alexander Ernst von Falkenhausen, regelt die »Judenfrage« in diesen Gebieten. Allen Juden, die aus Belgien geflohen sind, wird die Rückkehr untersagt.

Der Ministerpräsident der tschechoslowakischen Exilregierung in London, Eduard Beneš, konstituiert ein neues, gesetzliches Regime, das die Bildung eines aus 40 Mitgliedern bestehenden Staatsrates vorsieht und dem Präsidenten alle gesetzgebenden Vollmachten zuspricht.

Ein Dekret der rumänischen Regierung bestimmt die Rationierung von Butter, Fetten, Ölen, Seifen, Textilien und Leder.

Die Kampf- und Parteischrift von Führer und Reichskanzler Adolf Hitler, »Mein Kampf«, erreicht eine Auflage von 6 500 000 Exemplaren.

7. November, Donnerstag

Die erst im Juli des Jahres fertiggestellte Tacoma-Narrows-Brücke im US-Bundesstaat Washington wird durch einen Sturm vollständig zerstört. → S. 193

Die Bavaria führt den Abenteuerfilm »Feinde« in München erstmals auf. Zu den Hauptdarstellern in diesem Film, der sich um das Schicksal einer Gruppe Volksdeutscher in Polen zu Beginn des Zweiten Weltkriegs rankt, zählen Brigitte Horney, Willy Birgel, Beppo Brem u. a.

8. November, Freitag

Adolf Hitler spricht im Münchner Löwenbräukeller zum Jahrestag des Putsches der NSDAP von 1923. Er betont, »daß es auf der Welt keine Mächtekoalition gebe, die den Achsenmächten militärisch gewachsen sei«.

US-Präsident Franklin D. Roosevelt stimmt dem Vorschlag des US-amerikanischen Finanzministeriums zu, 50% aller Munitions- und Rüstungsproduktion nach Großbritannien zu liefern.

9. November, Sonnabend

In Mediasch (Mediaş, Siebenbürgen) gibt der Führer der deutschen Volksgruppe in Rumänien, Andreas Schmidt, die Gründung der Nationalsozialistischen Deutschen Arbeiterpartei (NSDAP) bekannt. → S. 187

Im Alter von 71 Jahren stirbt in Heckfield bei Reading der britische konservative Politiker und Expremier, Arthur Neville Chamberlain (→ 3. 10./S. 173).

10. November, Sonntag

Mit der Einnahme von Libreville in Gabun ist die gesamte Kolonie Französisch-Äquatorialafrika in der Hand der freifranzösischen Streitkräfte. → S. 189

In Tokio und Berlin wird das 2600jährige Bestehen des japanischen Kaiserreichs gefeiert. → S. 192

Rumänien wird von einem schweren Erdbeben heimgesucht. → S. 193

In der Berliner Deutschlandhalle erringt das Deutsche Reich im Geräteturn-Länderkampf gegen Finnland mit 346,2:342,5 Punkten den Sieg. Die beste Tageswertung erreicht Innozenz Stangl mit 9,90 Punkten am Reck.

11. November, Montag

Die italienische Flotte in Tarent wird von britischen Flugzeugen angegriffen; drei Schlachtschiffe werden dabei schwer beschädigt. → S. 189

Die deutsche Reichsregierung weist 100 000 Elsaß-Lothringer, die sich den »Eindeutschungsmaßnahmen« widersetzen, ins unbesetzte Frankreich aus (→ 22. 10./S. 173).

Am Jahrestag des Waffenstillstandsabkommens von 1918 kommt es in Frankreich und Belgien zu Protestaktionen. → S. 189

General Charles de Gaulle, Führer der Freien Franzosen, ernennt Felix Éboué zum Gouverneur von Französisch-Äquatorialafrika. Éboué wurde am 2. September von der Vichy-Regierung von seinem Gouverneursamt in der französischen Tschad-Kolonie enthoben.

Die polnische und die tschechoslowakische Exilregierung in London vereinbaren eine stärkere politische Zusammenarbeit. → S. 189

Nach einer Meldung der britischen Nachrichtenagentur »Reuter« ist die mexikanische Erdölindustrie vollständig unter die Kontrolle staatlicher Bundesbehörden gestellt worden.

Die US-amerikanischen Automobilhersteller Ford und Willys-Overland übergeben der US-Armee zu Versuchszwekken einen neuen Allzweck-Geländewagen, den Jeep. → S. 193

12. November, Dienstag

Der sowjetische Außenminister Wjatscheslaw M. Molotow trifft auf Einladung der deutschen Reichsregierung in Berlin ein. → S. 186

Adolf Hitler unterzeichnet die »Weisung Nr. 18«, nach der Vorbereitungen zu treffen sind, »um im Bedarfsfall« das griechische Festland und britische Luftstützpunkte im östlichen Mittelmeerraum zu besetzen. Darüber hinaus sind erste Maßnahmen für einen Angriff auf Gibraltar (Unternehmen »Felix«) einzuleiten (→ 21. 10./S. 172).

13. November, Mittwoch

Der Oberste Sowjet in Moskau legt den Termin für Ergänzungswahlen in den eingegliederten Volksrepubliken, Moldau und den baltischen Republiken (→ 28. 6./S. 117) auf den 12. Januar 1941 fest.

Aufgrund eines Abkommens mit der kanadischen Regierung nimmt die Exilregierung des Großherzogtums Luxemburg in Montreal ihren Sitz (→ 28. 5./S. 92).

Nach einer Meldung der »Neuen Zürcher Zeitung« liegen bei der US-amerikanischen Rundfunkgesellschaft Columbia Broadcasting System (CBS) die ersten Ergebnisse einer Versuchssendereihe des Farbfernsehens vor.

»Fantasia«, ein Animations- und Musikfilm des US-Amerikaners Walt Disney (eigtl. Walter Elias Disney), kommt in New York zur Uraufführung (→ 8. 2./S. 44).

In Stuttgart wird der Film »Friedrich Schiller – Triumph eines Genies« mit Horst Caspar in der Hauptrolle uraufgeführt (→ 6. 12./S. 204).

14. November, Donnerstag

Durch einen deutschen Luftangriff wird das Zentrum der britischen Stadt Coventry schwer verwüstet. → S. 188

Auf einer Mitarbeiterkonferenz im Berliner Propagandaministerium betont Joseph Goebbels, daß es falsch sei, Schadenfreude bei Meldungen über Lebensmittelknappheit in Großbritannien zum Ausdruck zu bringen, wenn es um Verbrauchsgüter gehe, die auch im Deutschen Reich rationiert sind.

In einem Memorandum erklärt der britische Premierminister Winston Churchill, daß er nicht mehr auf einen friedlichen Ausgleich mit der französischen Vichy-Regierung bedacht sei. → S. 188

Die niederländische Schwimmerin Jopie Waalberg unterbietet in Amsterdam den Weltrekord der Brasilianerin Maria

Deutsch-italienische Bündnistreue demonstriert die »Berliner Illustrirte Zeitung« auf ihrem Titelblatt vom 7. November. Hitler (l.) war am 28. Oktober nach Florenz gereist, um Mussolini (2. v. l.) von dem seiner Meinung nach verfrühten Vorstoß auf dem Balkan abzuhalten.

Nummer 45 7. November 1940

Berliner Illustrirte Zeitung

49. Jahrgang Preis 20 Pfennig

Copyright 1940 by Deutscher Verlag, Berlin

In Florenz

Von Fanfaren der Herolde angekündigt: Der Führer und der Duce grüßen vom Balkon des Palazzo Vecchio die begeisterten Massen auf der Piazza della Signoria.

Helmut Laux

Lenk im 400-m-Brustschwimmen von 6:15,8 min um 2,1 sec. Schon am 10. November schwamm Waalberg Weltbestzeit über 500 m Brust in 7:49,9 min.

15. November, Freitag

Deutsche Polizeikräfte riegeln den jüdischen Wohnbezirk in Warschau hermetisch ab. Etwa 400 000 Juden werden eingeschlossen und müssen unter menschenunwürdigen Verhältnissen auf engstem Raum leben. → S. 191

Im »Reichsarbeitsblatt« wird bekanntgegeben, daß die Weihnachts- und Abschlußgratifikation mit Rücksicht auf die Stabilität des Lohn- und Preisgefüges entsprechend den Vorschriften über den Lohn- und Preisstopp im allgemeinen nicht über das Maß des vorigen Jahres erhöht werden darf.

Aufgrund einer Vereinbarung zwischen dem Deutschen Reich und Norwegen werden von der norwegischen Regierung etwa 20 000 Norweger für den Arbeitseinsatz im Deutschen Reich zur Verfügung gestellt.

In einer vertraglichen Regelung zwischen niederländisch-indischen Ölgesellschaften und japanischen Ölinteressenten in Batavia (Jakarta) verpflichtet sich Niederländisch-Indien, jährlich 760 000 t Rohöl und 650 000 t Ölerzeugnisse zusätzlich zu der bislang an Japan gelieferten Menge abzugeben.

16. November, Sonnabend

In Straßburg werden die Oberrheinischen Kulturtage eröffnet. Das Eröffnungskonzert leitet der deutsche Komponist und Dirigent Hans Pfitzner. Die Reihe der Kulturveranstaltungen, Konzerte, Theateraufführungen und Literaturlesungen endet am 23. November.

17. November, Sonntag

Beim Fußball-Länderspiel gegen Dänemark gewinnt die deutsche Nationalmannschaft vor 28 000 Zuschauern in Hamburg durch ein Tor in der 52. Minute mit 1:0 (0:0).

In Anwesenheit von Reichsmarschall Hermann Göring wird in Wien die propagandistische Wehrmachtsschau »Der Sieg im Westen« eröffnet.

18. November, Montag

König Boris III. von Bulgarien stattet dem Führer und Reichskanzler Adolf Hitler auf dem Obersalzberg einen Besuch ab. Dabei werden die beabsichtigten Operationen der deutschen Reichsregierung gegen Griechenland erörtert. Boris III. gibt jedoch keine Zusage für eine Beteiligung Bulgariens.

Am Nachmittag empfängt Adolf Hitler den italienischen Außenminister Galeazzo Ciano, Graf von Cortellazzo, und Spaniens Außenminister Ramòn Serrano Suñer. In der Frage einer spanischen Teilnahme an der Eroberung von Gibraltar werden auch diesmal wie schon bei der Unterredung in Hendaye (→ 21. 10./S. 172) keine Fortschritte im Sinne Hitlers erzielt.

Im Lobkowitz-Palais, dem Sitz des »Hauses der Mode«, wird die erste »Wiener Modewoche« eröffnet. → S. 193

19. November, Dienstag

Zum Abschluß seiner Konsultationsgespräche auf dem Obersalzberg empfängt Adolf Hitler König Leopold III. von Belgien, der jedoch weder Erleichterungen für das besetzte Belgien noch die Freilassung der belgischen Kriegsgefangenen erreichen kann. Hitlers Angebot von Gebietserweiterungen für Belgien auf Kosten Frankreichs lehnt der König ab.

Der Schweizer Bundesrat verbietet die Partei der Nationalen Bewegung der Schweiz (NBS). → S. 190

John Lewis, Leiter der US-amerikanischen Gewerkschaftsgruppe Congress of Industrial Organization (CIO), gibt auf der Gewerkschaftstagung in Atlantic City (New Jersey) seinen Rücktritt bekannt, den er für den Fall einer Wiederwahl Franklin D. Roosevelts zum Präsidenten der USA (→ 5. 11./S. 192) angekündigt hatte.

20. November, Buß- und Bettag

Als »Vergeltung« für britische Angriffe auf Hamburg, Bremen und Kiel fliegt die deutsche Luftwaffe einen schweren Angriff auf die britische Stadt Birmingham.

Im Wiener Schloß Belvedere wird der Beitritt Ungarns zum Dreimächtepakt unterzeichnet. → S. 187

An der in München eröffneten Jahrestagung der Akademie für Deutsches Recht nimmt auch der italienische Justizminister Graf Dino Grandi teil. Dieser hält sich zu einem Besuch in Berlin auf. Die Tagung endet am 23. November.

Ein Abkommen zwischen Großbritannien und der USA regelt die Standardisierung der Waffenproduktion und den Austausch technischer Kenntnisse.

Im östlichen Holstein werden britische Flugblätter abgeworfen, deren Text sich mit dem Ausspruch von Reichsmarschall Hermann Göring am 9. August 1939 in Essen befaßt: »Wir werden das Ruhrgebiet auch nicht einer einzigen Bombe feindlicher Flieger aussetzen!« Das Flugblatt ist mit dem Titel »Abrechnung« überschrieben.

Die »Neue Zürcher Zeitung« stellt das Modell »De Soto« des US-amerikanischen Automobilunternehmens Chrysler vor, das im Jahr 1941 auf den Markt kommen soll.

21. November, Donnerstag

In einem Brief an Reichsleiter Alfred Rosenberg gibt Reichsmarschall Hermann Göring seine Wünsche in bezug auf die Beschlagnahme französischer Kunstgegenstände zum Ausbau seiner Privatsammlung in Karinhall bekannt (→ 18. 9./S. 164).

Die vier Wochenschauen im Deutschen Reich (Deulig, Fox, Tobis und Ufa) werden zur »Deutschen Wochenschau« zusammengefaßt. → S. 195

22. November, Freitag

In der Berliner Reichskanzlei empfängt Adolf Hitler erstmals den rumänischen Staatsführer Ion Antonescu. Hitler deutet seine Pläne eines Feldzuges gegen die Sowjetunion an, bei denen er auf die Unterstützung Rumäniens rechnet.

Irlands Premierminister Eamon de Valera erklärt gegenüber Pressevertretern die Aufrechterhaltung der Neutralität seines Landes. → S. 189

23. November, Sonnabend

Die deutsche Luftwaffe fliegt einen schweren Angriff auf das im Süden Großbritanniens gelegene Southampton.

Die Verbindungsstelle Frankreich der Organisation der deutschen Wirtschaft übernimmt die Vertretung mehrerer deutscher Firmen in Frankreich.

24. November, Sonntag

In Berlin trifft der slowakische Ministerpräsident und Außenminister Vojtech Tuka ein. Er unterzeichnet den Beitritt der Slowakei zum Dreimächtepakt (→ 20. 11./S. 187).

25. November, Montag

In einer Note an die deutsche Reichsregierung übermittelt der Generalsekretär der KPdSU, Josef W. Stalin, Adolf Hitler die sowjetischen Bedingungen für einen Beitritt zum Dreimächtepakt (→ 12. 11./S. 186).

In einem Brief an den Obersten Richter der NSDAP, Walter Buch, protestiert die NS-Frauenschaftsführerin Else von Löwis gegen die Tötungsmaßnahmen in der Euthanasieanstalt Schloß Grafeneck im Kreis Münsingen (Württemberg; → 19. 7./S. 132).

In Washington tagt die erste Schiffahrtskonferenz der 21 Mitgliedsstaaten der Panamerikanischen Union. Gemäß einer Erklärung des US-Unterstaatssekretärs Sumner Welles soll die Konferenz nur den Charakter von Konsultationen haben und keine bindenden Beschlüsse in Fragen der Seefahrt treffen.

26. November, Dienstag

Italiens Ministerpräsident und Duce Benito Mussolini gibt aufgrund der Niederlage in Albanien den Befehl zur Remobilisierung des italienischen Heeres.

In einer allgemeinen Anordnung von Reichsführer SS und Reichskommissar für die Festigung des deutschen Volkstums, Heinrich Himmler, werden ausführliche Richtlinien für den ländlichen Aufbau in den eingegliederten Ostgebieten (Westpolen) genannt, die nach Kriegsende verstärkt zur Besiedlung genutzt werden sollen.

27. November, Mittwoch

In Rumänien kommt es zu Ausschreitungen der faschistischen Eisernen Garde gegen politische Gegner. Daraus ergeben sich wachsende Spannungen zwischen der faschistischen Organisation und dem Staatsführer Ion Antonescu.

In der Berliner Staatsoper findet ein Festakt zum siebenjährigen Bestehen der NS-Gemeinschaft Kraft durch Freude (KdF) statt, bei dem gleichzeitig ein Überblick über die bisherigen Leistungen der Organisation gegeben wird. → S. 193

In Karlsruhe wird der Revue- und Abenteuerfilm »Kora Terry« uraufgeführt. → S. 195

28. November, Donnerstag

Starke Kräfte der deutschen Luftwaffe greifen die britischen Hafenstädte Plymouth und Liverpool an. Die Angriffe auf London treten zunehmend in den Hintergrund.

Eine Verordnung des Ministerrats für die Reichsverteidigung führt im Deutschen Reich den Jugendarrest im Strafvollzug ein. Dieser kann auch außerhalb der eigentlichen Strafanstalten vollzogen werden. → S. 190

Aufgrund der Anordnung des Reichskommissars für die besetzten niederländischen Gebiete, Arthur Seyß-Inquart, alle Juden aus Öffentlichen Ämtern im Land zu entlassen, kommt es zu Protestaktionen der Studenten (→ 11. 11./S. 189).

Der pseudodokumentarische, antisemitische Film »Der ewige Jude« wird in Berlin uraufgeführt. Die unter Mitarbeit von Fritz Hippler, Leiter der Filmabteilung im Reichspropagandaministerium, entstandene Produktion erhält das Prädikat »staatspolitisch und künstlerisch wertvoll«.

29. November, Freitag

Das Oberkommando des deutschen Heeres führt unter Leitung von Generalleutnant Friedrich Paulus ein erstes Planspiel für den Ostfeldzug durch.

30. November, Sonnabend

Das japanische Außenministerium gibt bekannt, daß Japan die chinesische Zentralregierung in China unter Wang Ching-wei (→ 30. 3./S. 55) formell anerkenne.

Im Seekrieg gegen Großbritannien versenken deutsche U-Boote im November 34 Schiffe mit 173 995 BRT.

Die langfristigen Schulden der drei Montankonzerne Klöckner, Gutehoffnungshütte und Hoesch belaufen sich auf insgesamt 185,52 Millionen Reichsmark.

Das Wetter im Monat November

Station	Mittlere Lufttemperatur (°C)	Niederschlag (mm)	Sonnenscheindauer (Std.)
Aachen	7,2 (6,0)	100 (67)	– (62)
Berlin	6,0 (3,9)	86 (46)	– (50)
Bremen	6,4 (5,3)	112 (60)	– (50)
München	4,7 (3,0)	83 (53)	– (54)
Wien	– (4,5)	– (53)	– (58)
Zürich	5,5 (3,3)	123 (72)	64 (51)

( ) Langjähriger Mittelwert für diesen Monat
– Wert nicht ermittelt

Die Titelgeschichte ihrer Ausgabe vom 3. November widmet die »Film-Illustrierte« der österreichischen Sopranistin Maria Cebotari, Star des Musikfilms »Melodie der Liebe«

Molotow-Besuch in Berlin verschärft die Spannungen

12. November. Der Vorsitzende des Rates der Volkskommissare der UdSSR und Volkskommissar für Auswärtige Angelegenheiten, Wjatscheslaw M. Molotow, trifft auf Einladung der deutschen Reichsregierung in Berlin ein. Dem sowjetischen Außenminister wird ein großer Empfang in der Berliner Reichskanzlei bereitet. Während seines zweitägigen Aufenthalts in der Reichshauptstadt kommt Molotow u. a. zu mehreren Gesprächen mit Führer und Reichskanzler Adolf Hitler und Reichsaußenminister Joachim von Ribbentrop zusammen.

Die deutsch-sowjetischen Konsultationen sollen zur grundlegenden Klärung des bilateralen Verhältnisses beitragen. Vorrangig ist dabei das Anliegen der deutschen Reichsregierung, die UdSSR zu einem Beitritt ihres am 27. September (S. 154) mit Japan und Italien geschlossenen Dreimächtepakts zu bewegen.

Hitler ist auf der Suche nach einer neuen Strategie, um den Krieg gegen Großbritannien zur Entscheidung zu bringen; er macht während seiner Unterredungen mit Molotow am 12. und 13. November der Sowjetunion das Angebot, sich an der Aufteilung des britischen Weltreichs zu beteiligen. Mit Beitritt der Sowjetunion zum Dreimächtepakt sollen britische Kolonialbesitzungen in Indien und im Iran dem sowjetischen Einflußbereich zufallen. Die Hoffnung des Reichskanzlers, durch den Beitritt der UdSSR zum Pakt mit einem »gewaltigen Kontinentalblock« das angelsächsische Weltreich zur Kapitulation zu zwingen, lassen sich jedoch nicht realisieren. Im Verlauf der Gespräche in der Reichskanzlei stellt Molotow klar, daß es der Sowjetunion weniger um die Bildung einer neuen Interessengemeinschaft geht; das Bestreben der sowjetischen Großmacht richtet sich vielmehr auf die Schaffung einer Neuordnung in Europa. Im Vordergrund stehen dabei sowjetische Gebietsforderungen in Skandinavien und auf dem Balkan. Molotow äußert in Berlin den Wunsch, Finnland und die Süd-Bukowina (Rumänien) als sowjetisches Staatsgebiet zu annektieren. Darüber hinaus fordert er die Aufhebung der im Wiener Schiedsspruch (→ 30. 8./S. 142) gewährleisteten Garantien gegenüber Rumänien und meldet bündnisstrategische Interessen an Bulgarien an. An den Dardanellen und am Bosporus beansprucht die UdSSR nach seinen Worten die dauerhafte Einrichtung militärischer Operationsbasen. Über diese konkreten Forderungen hinaus zeigt Molotow auch Interesse an Rumänien, Ungarn, Jugoslawien und Griechenland. Hitler wie auch von Ribbentrop betonen jedoch in den Gesprächen mit dem sowjetischen Regierungsvertreter ihre wirtschaftlich bedeutsamen Interessen vor allem an Rumänien und an Finnland, die insgeheim als Verbündete für einen Feldzug gegen die UdSSR dienen sollen. Die schon seit dem Sommer widerstreitenden deutsch-sowjetischen Interessen in Südosteuropa können im Verlauf der Gespräche nicht ausgeräumt werden, sondern erfahren eher ihre Bekräftigung. Molotow, der einem Beitritt der UdSSR zum Dreimächtepakt nur als Partner und nicht als Objekt deutsch-italienischer und japanischer Interessen zuzustimmen bereit ist, reist nach den ergebnislosen und in »kühler Atmosphäre« verlaufenden Berliner Verhandlungen am 14. November ab. Am 25. November übermittelt Josef W. Stalin, Generalsekretär des Zentralkomitees der KPdSU, die Minimalforderungen für den gewünschten Beitritt seines Landes zum Dreimächtepakt: Finnland, Bulgarien sowie Stützpunkte auf türkischem Gebiet sind danach als sowjetische Interessengebiete anzuerkennen. Dieses Regierungsdekret wird jedoch von deutscher Seite nicht beantwortet. Ein weiterer deutsch-sowjetischer Interessenausgleich scheint damit endgültig gescheitert. Aber auch bei einer im deutschen Sinne erfolgreichen Übereinkunft mit der UdSSR wäre der seit dem 31. Juli bestehende Plan, einen Krieg gegen die Sowjetunion zu führen, nicht aufgehoben worden. Noch vor seinem ersten Gespräch mit Molotow am 12. November unterzeichnete Hitler die »Weisung Nr. 18«, in der festgelegt ist, unabhängig vom Ergebnis der Konsultation alle schon mündlich befohlenen Vorbereitungen für den Feldzug im Osten fortzusetzen.

Hitler (r.) will den sowjetischen Außenminister Molotow (l.) zum Kriegseintritt auf deutscher Seite bewegen

Deutsch-Sowjetischer Nichtangriffspakt und seine politischen Folgen

Zum Abbau von Spannungen in den bilateralen Beziehungen schlossen das Deutsche Reich und die Sowjetunion am 23. August 1939 einen Nichtangriffspakt. Damit sollte zwischen den beiden Staaten ein Krieg um die beiderseitigen Interessengebiete in Polen, den baltischen Staaten, Skandinavien und auf dem Balkan umgangen werden. Das Vertragswerk zwischen dem faschistischen Dritten Reich und der sozialistischen Sowjetrepublik regelte darüber hinaus in einem geheimen Zusatzprotokoll die Gebietsansprüche beider Seiten.

Nach den Plänen Hitlers war die bündnisstrategische Zusammenarbeit mit dem »bolschewistischen Todfeind« nur als kurzfristiges, taktisches Manöver gedacht. Die eingegangenen Verträge sollten nur so lange eingehalten werden, wie sie der Durchsetzung deutscher Interessen dienlich sein konnten. Hitlers eigentliche Absicht, zur Schaffung eines »neuen Lebensraumes« im Osten auch einen Krieg gegen die UdSSR zu führen, stand dabei immer im Mittelpunkt. Nach den deutschen Erfolgen im Westen setzte die UdSSR ihre verabredeten Gebietsansprüche in Rumänien und im Baltikum durch (→ 28. 6./S. 117). Die beiderseitigen Expansionsbestrebungen gerieten so immer mehr in Konfrontation. Bündnisangebote Großbritanniens an die UdSSR (→ 1. 7./S. 130) sowie der Wille Großbritanniens, den Krieg fortzusetzen, bestätigten Hitler in seiner Ansicht, daß Großbritannien für seine weitere Kriegführung auf die Unterstützung der UdSSR hoffe. Am 31. Juli entschloß er sich, vom Frühjahr 1941 an einen Feldzug gegen die Sowjetunion zu führen. Als sich auch der Luftkrieg gegen die Britischen Inseln zu einer Niederlage für die Deutschen entwickelte (→ 15. 9./S. 156) und das Unternehmen »Seelöwe« (→ 17. 9./S. 157) scheiterte, bereitet sich das Deutsche Reich auf einen Zweifrontenkrieg vor.

1. Reihe v. l.: Generalfeldmarschall Keitel, Außenminister von Ribbentrop und der sowjetische Volkskommissar Molotow nach dessen Ankunft in Berlin

Der sowjetische Außenminister (l.) bei Reichsmarschall H. Göring

Empfang Molotows (r.) durch den Führer-Stellvertreter Rudolf Heß

Der sowjetische Außenminister (2. v. r.) im Gespräch mit Reichsaußenminister J. von Ribbentrop anläßlich eines Banketts im Berliner Hotel »Kaiserhof«

Dreimächtepakt erweitert

20. November. Nach dem Scheitern deutsch-sowjetischer Verhandlungen über einen sowjetischen Beitritt zum Dreimächtepakt (→ 12. 11./S. 186) tritt Ungarn dem Bündnis bei. Ungarns Außenminister István Graf Csáky unterzeichnet im Wiener Schloß Belvedere den Beitritt seines Landes zum Militär- und Verteidigungsbündnis der drei faschistischen Staaten Deutsches Reich, Italien und Japan (→ 27. 9./S. 154).

Seit der Unterzeichnung des Wiener Schiedsspruchs am → 30. August (S. 142), mit dem Ungarn einen Teil seiner territorialen Forderungen gegenüber Rumänien unter deutscher Führung geltend machen konnte, fungiert der Balkanstaat Ungarn als Satellit der Achsenmächte und fügt sich damit in den Rahmen der deutschen Eroberungsstrategie ein. Nach dem Scheitern eines deutsch-sowjetischen Ausgleichs soll gemäß den Plänen von Führer und Reichskanzler Adolf Hitler das ursprünglich gegen Großbritannien und die USA gerichtete Dreimächtebündnis nun auch als Koalition gegen sowjetische Interessen wirken. Aufgrund ihrer strategischen Bedeutung für einen seit dem 31. Juli geplanten deutschen Angriff gegen die UdSSR bekommen auch Rumänien und der deutsche »Schutzstaat« Slowakei die Erlaubnis, dem Verteidigungspakt beizutreten. Am 23. und 24. November unterzeichnen rumänische und slowakische Regierungsvertreter in Berlin den Beitritt ihrer Länder zum Dreimächtebündnis. Sie erkennen damit offiziell die deutsch-italienische Vorherrschaft in Europa an und stellen ihre Territorien als Transit- und Aufmarschgebiete für die Vorbereitung eines Feldzugs gegen die UdSSR zur Verfügung.

Ungarns Außenminister Graf Csáky

Antonescu, rumänischer Staatschef

Slowakischer Regierungschef Tuka

NSDAP auch in Rumänien

9. November. Der Führer der deutschen Volksgruppe in Rumänien, Andreas Schmidt, gibt die Gründung einer Nationalsozialistischen Deutschen Arbeiterpartei (NSDAP) bekannt. Die im Rahmen des Wiener Schiedsspruchs am → 30. August (S. 142) vom Deutschen Reich geforderte privilegierte Stellung Volksdeutscher gegenüber anderen Minderheiten in Rumänien ermöglicht den Aufbau nationalsozialistischer Organisationen. Diese erhalten den Status einer öffentlich-rechtlichen Körperschaft mit autonomen Rechten. Diese Rechtsstellung erlaubt es der »Volksdeutschen Mittelstelle« der SS, nationalsozialistische Formen des politischen Lebens unter den Deutschen in Rumänien auszubauen. So bekennt sich auch Andreas Schmidt in einer öffentlichen Erklärung zu den Parteigrundsätzen. Die NSDAP in Rumänien gilt als Träger und Exekutivorgan der deutschen Volksgruppe.

Zerstörte St.-Michaels-Kathedrale in Coventry, Blick nach Osten

König Georg VI. (vorne r.) in der zerstörten Kathedrale

Das gesamte Stadtzentrum von Coventry liegt nach dem deutschen Bombardement in Trümmern

Deutscher Nachtangriff zerstört die mittelenglische Stadt Coventry

14. November. *In der Nacht zum 15. November fliegen 500 Bomber der deutschen Luftwaffe einen Großangriff auf die mittelenglische Stadt Coventry. Insgesamt 500 t Sprengbomben und Luftminen werden über dem Stadtzentrum abgeworfen. Bei diesem bisher schwersten deutschen Angriff gegen eine britische Stadt fallen von den etwa 75 000 Gebäuden Coventrys 65 000 den Zerstörungen zum Opfer. 568 Menschen kommen in dieser Nacht ums Leben. Mit dem Begriff »coventrieren« bezeichnet die deutsche Propaganda nun ihre Terrorangriffe gegen die britische Zivilbevölkerung, die das Volk zermürben sollen.*

Winston Churchills Vichy-Memorandum

14. November. Nach den deutsch-französischen Vereinbarungen in Montoire zur Zusammenarbeit (→ 21. 10./S. 172) und nach dem Rundfunkaufruf des französischen Staatschefs Philippe Pétain am 30. Oktober zur Kollaboration spricht sich der britische Premier Winston Churchill in einem Memorandum für ein härteres Vorgehen gegenüber der Vichy-Regierung aus. Versuche der britischen Regierung, noch während der Konsultationen zwischen Adolf Hitler und der französischen Regierung am 22. und 24. Oktober die Vichy-Regierung von einer Kollaboration mit dem Deutschen Reich abzuhalten, waren nur begrenzt erfolgreich. Bei einem Treffen am 24. und 25. Oktober in London, an dem der britische Außenminister Edward Frederick Lindley Wood Halifax, Churchill und der inoffizielle französische Verbindungsmann Louis Rougier, Philosophieprofessor und Schriftsteller, teilnahmen, waren Möglichkeiten einer Zusammenarbeit nach dem Bruch der beiderseitigen Beziehungen am 4. Juli (→ 3. 7./S. 128) erörtert worden.

Churchills Memorandum (Ausz.)
»Laval ist ganz gewiß vom bittersten Haß gegen England erfüllt . . . Zweifellos würde er, wenn er die Macht dazu besessen hätte, den unerwarteten englischen Widerstand dazu benützt haben, bei seinen deutschen Herren einen höheren Preis für den französischen Beitrag zu unserer Abschlachtung herauszuschlagen . . . Die Vorstellung, daß wir auf solche Männer bauen könnten, ist eitel. Sie können jedoch durch die öffentliche Meinung in Frankreich und durch die deutschen Härten genötigt werden, ihre Haltung zu unseren Gunsten zu ändern . . . Aber um solch günstige Tendenzen zu fördern, müssen wir alles tun, damit die Vichy-Leute zwischem dem deutschen und englischen Mühlstein zermahlen werden.«

In einer dort getroffenen geheimen Vereinbarung erklärte sich Großbritannien bereit, den französischen Kolonialbesitz zu respektieren. Rougier versicherte im Namen der Vichy-Regierung, die von General Charles de Gaulle verwalteten Kolonien (→ 10. 11./S. 189) nicht zurückzuerobern.

Türkei will dem Krieg fernbleiben

1. November. In einer Regierungserklärung vor dem Parlament betont der türkische Staatspräsident Ismet Inönü, an der Nichtkriegführung des Landes festhalten zu wollen. Mit Hinweis auf die drohende Gefahr, daß sich der europäische Konflikt zu einem »Krieg mit den Ausmaßen eines Weltbrandes« entwickeln könne, der über Jahre die Menschheit in Angst und Schrecken halten werde, fordert er, die Verteidigungsanstrengungen zu verstärken.

Den Ausführungen Inönüs kommt aufgrund des seit dem → 28. Oktober (S. 173) von Italien gegen Griechenland geführten Kriegs besondere Bedeutung zu: Die sich abzeichnende Niederlage der italienischen Truppen in Griechenland verstärkt türkische Befürchtungen, nach denen im Rahmen einer deutschen militärischen Intervention in Griechenland (→ 10. 12./S. 201) auch ein Angriff auf türkisches Territorium erfolgen könne.

Äquatorialafrika unter de Gaulle

10. November. Die freifranzösischen Truppen unter General Charles de Gaulle nehmen Libreville, den Hauptort der französischen Kolonie Gabun, ein. Mit dieser Eroberung ist es den etwa 30 000 Mann starken freifranzösischen Truppen gelungen, ganz Französisch-Äquatorialafrika einschließlich Kamerun unter ihre Kontrolle zu bringen. De Gaulle fördert mit seinen Eroberungen überdies die Unabhängigkeitsbestrebungen der französischen Kolonien von Vichy-Frankreich.

Charles de Gaulle (* 22. 11. 1890 in Lille) wird am 6. Juni Unterstaatssekretär für Nationale Verteidigung. Nach der französischen Kapitulation rief er zur Fortführung des Krieges gegen Deutschland auf und erklärte sich zum legitimen Repräsentanten Frankreichs

Angriff auf Flotte Italiens in Tarent

11. November. In der Nacht zum 12. November greift die britische Luftwaffe den Hauptstützpunkt der italienischen Flotte in Tarent (Operation Judgement) an.

Die dort stationierten Flotteneinheiten Italiens sind gefechtsbereit und sollen am folgenden Tag zu einem Angriff auf die britische Mittelmeerflotte bei Kreta auslaufen. Vom Flugzeugträger »Illustrious«, der etwa 140 Seemeilen südöstlich von Tarent ankert, starten britische Flugzeuge in zwei Angriffswellen und fügen der italienischen Flotte erhebliche Schäden zu. Drei getroffene Schlachtschiffe sinken; die restlichen werden bald darauf nach Neapel zurückgezogen, so daß der östliche Teil des Mittelmeers von schweren italienischen See-Einheiten frei ist. Der Angriff, der von britischer Seite als Erfolg im Seekrieg gegen Italien gefeiert wird, verschafft der Royal Navy günstige Bedingungen für weitere Operationen.

Irland hält an Neutralität fest

22. November. Eamon de Valera, Premier der Republik Irland (Eire), betont in einer Presseerklärung seinen Willen, den neutralen Status des Landes aufrechtzuerhalten. De Valera, der nicht gewillt ist, eine Allianz mit Großbritannien einzugehen, führt in seiner Erklärung Gründe an, die ihn abhalten, Großbritannien Stützpunkte an der Süd- und Westküste des Landes abzutreten. Die Stützpunkte, 1938 von Großbritannien an Irland zurückgegeben, würden bei einer erneuten Inbesitznahme durch britische Einheiten Irland direkt in den Krieg einbeziehen. Um die nationale Sicherheit seines Landes zu wahren, erklärt de Valera: »Irland ist kein Staat, der 10 Millionen Pfund (45,4 Mio. RM) täglich für Rüstung ausgeben kann, und wenn London schon derart leidet, was würde wohl mit verhältnismäßig ungeschützten Städten wie Dublin, Cork und anderen irischen Ortschaften geschehen?«

Protest gegen die Besatzungsmacht

11. November. Anläßlich des Gedenktags an das Waffenstillstandsabkommen mit dem Deutschen Reich von 1918 kommt es in Frankreich und Belgien zu Protestaktionen der Bevölkerung gegen die deutsche Besatzungsmacht. In Paris formieren sich Studenten auf den Champs-Élysées zu einem Protestmarsch. Am Vortag fand in Brüssel eine Gedenkfeier am Grabmal des Unbekannten Soldaten statt.

Seit dem Sommer haben sich in Frankreich die ersten Organisationen des politischen Widerstands formiert. Im Untergrund versuchen diese, mit Sabotageaktionen und einer Widerstandspresse das Volk gegen die deutschen Okkupanten zu mobilisieren. Am 15. Dezember erscheint die erste Ausgabe der »Résistance«, die von der Pariser Gruppe »Musée de l'Homme« herausgegeben wird. Auch in den Niederlanden formiert sich der Protest gegen die deutsche Gewaltherrschaft. Ein am 28. November veröffentlichter Erlaß, der die Amtsenthebung aller Juden aus staatlichen und kommunalen Stellen der Niederlande verfügt, bewirkt einen Streik der Studenten an der Universität Leiden.

Exil-Konzepte für die Nachkriegszeit

11. November. Offiziellen Verlautbarungen aus London zufolge beabsichtigen die tschechoslowakische und polnische Exilregierung künftig eine stärkere Zusammenarbeit.

Beide Regierungen sind bestrebt, durch die Erarbeitung gemeinsamer Richtlinien ein wirtschaftliches und politisches Konzept zu erarbeiten, das eine größere Abstimmung künftiger Widerstandsstrategien zur Befreiung ihrer Länder von der deutschen Besatzung gewährleisten soll. Die angestrebte Zusammenarbeit soll darüber hinaus eine Grundlage schaffen, die für eine Neuordnung Mitteleuropas in der Nachkriegszeit Gültigkeit hat, wobei auch anderen mitteleuropäischen Staaten nach einem Friedensschluß der Beitritt ermöglicht werden soll.

Die polnische und tschechoslowakische Regierung im Exil unterstützen und verstärken mit ihren Truppen den Kampf Großbritanniens gegen das Deutsche Reich. Am 6. November unterzeichneten der britische Außenminister Edward Frederick Lindley Wood Halifax und der Außenminister des tschechoslowakischen Exilparlaments, Jan Masaryk, eine Militärkonvention, die den Einsatz und die Organisation der tschechoslowakischen Streitkräfte festlegt. Ein schon am 5. August (→ 8. 8./S. 145) geschlossenes britisch-polnisches Militärabkommen stellt auch die Exiltruppen Polens unter das britische Oberkommando. Die polnischen Truppen werden aber dennoch weiterhin von polnischen Offizieren geführt.

Neben der militärischen Unterstützung im Kampf gegen das Deutsche Reich tragen die Exilregierungen mit ihrer politischen Arbeit zur aktiven Unterstützung der Widerstandsbewegung in ihren Ländern bei. Durch Unterstützung der am → 22. Juli (S. 130) gegründeten britischen Geheimdienstorganisation »Special Operations Executive« (SOE) gelangen Informationsmaterialien, Waffen u. a. in die seit 1939 vom Deutschen Reich besetzten Länder.

Erstes Treffen des polnischen Exil-Nationalrates im Januar in Paris: Der Parlamentsvorsitzende Ignacy Jan Paderewski (l.) und der Exil-Präsident Wladyslaw Raczkiewicz besprechen Strategien des Widerstandes in Polen

In riesigen Wagenkolonnen ziehen die Umsiedler nach Rumänien; DRK-Schwestern stehen ihnen helfend zur Seite

Zweite Umsiedlung von Volksdeutschen

2. November. SS-Ortsgruppenführer Werner Lorenz, Leiter der Volksdeutschen Mittelstelle, trifft in Konstanza ein, um die Umsiedlung Volksdeutscher aus der Süd-Dobrudscha einzuleiten. Nach einer vertraglichen Vereinbarung mit Rumänien vom 22. Oktober ist die Umsiedlung deutschstämmiger Bewohner aus dem am 7. September Bulgarien zugesprochenen Gebiet (→ 30. 8./S. 142; 6. 9./S. 155) ins Großdeutsche Reich vorgesehen.

Das am 5. September zwischen dem Deutschen Reich und der UdSSR geschlossene Abkommen über die Umsiedlung von 150 000 Volksdeutschen aus den von der Sowjetunion annektierten Gebieten Bessarabien und der Nord-Bukowina (→ 28. 6./S. 117) leitet die zweite große Umsiedlung von Deutschstämmigen aus Osteuropa ein (→ 26. 1./S. 17). Am 23. September wurde die Umsiedlung von 50 000 Litauendeutschen und eine »Nachumsiedlung« von Deutschstämmigen aus Lettland und Estland vereinbart. Auch die »Rückführung« von Siebenbürgendeutschen wird nach der Unterzeichnung des zweiten Wiener Schiedsspruchs (→ 30. 8./S. 142) durchgeführt. Am 18. September wurde die erste Umsiedlung von 1012 Menschen eingeleitet. Himmler, in seiner Funktion als Reichskommissar für die Festigung des deutschen Volkstums, verfolgt mit dieser »Heimholung« eine doppelte Zielsetzung: Neben seinem Bestreben, die Angehörigen der deutschen Volksgruppe nicht im Interessenbereich der Sowjetunion zu belassen, soll auch das deutsche Volk wiedervereint werden und nicht länger fremden Staaten als »Kulturdünger« dienen. Jedoch stellen die mitten im Krieg zwangsläufig nur ungenügend vorbereiteten Umsiedlungen die Verantwortlichen vor erhebliche Probleme. Der beabsichtigte Bevölkerungsaustausch, d. h. die vollständige Aussiedlung von Polen aus den eingegliederten Ostgebieten (Westpolen) ins Generalgouvernement und die umfassende Ansiedlung von Volksdeutschen im Reichsgau Wartheland und im Gau Danzig-Westpreußen läßt sich nicht realisieren. Aufgrund der deutschen Truppenverlegungen in den Osten (→ 6. 10./S. 175) ist die Deportation von Polen ins Generalgouvernement stellenweise blockiert. Der von Polen zwangsweise geräumte Besitz in den eingegliederten Ostgebieten reicht für eine generelle Ansiedlung der Volksdeutschen nicht aus. Es müssen Lager errichtet werden.

Arrest für junge Widerständler

28. November. Mit einer Folgeverordnung zur Ergänzung des Jugendstrafrechts vom 4. Oktober führt der Ministerrat für die Reichsverteidigung den Jugendarrest im Strafvollzug ein. Je nach Vergehen kann sich die Arretierung der Jugendlichen von einigen Wochenenden bis zu einem Monat erstrecken. Diese Maßnahme richtet sich gegen alle Heranwachsenden, die sich krimineller Vergehen oder »Verhaltensauffälligkeiten« schuldig gemacht haben. Betroffen sind davon auch Mitglieder der Jugendopposition, die sich in Cliquen zusammenschlossen und der staatlich sanktionierten Erziehung und Freizeitgestaltung widersetzten. So haben sich schon in den 30er Jahren die sog. Edelweißpiraten, Meuten, Blasen, die Swing-Jugend, Wilde Cliquen u. a. Gruppierungen herausgebildet, die außerhalb der staatlichen Kontrolle Tanzvergnügungen, Wanderungen und andere Freizeitbeschäftigungen organisieren. Ihre Mitglieder werden aufgrund ihres »unmoralischen« Umgangs, ihres äußerlichen Erscheinungsbildes, das sich durch eine bewußt lässige Kleidung, auffällige Haartracht sowie durch andere Erkennungszeichen von der HJ-Uniformierung absetzt, vom nationalsozialistischen Regime verfolgt.

Am 15. August des Jahres wurde ein »Jugendschutzlager« in Moringen bei Northeim errichtet. Dieses Arbeitserziehungslager hat eine Belegungsstärke von rund 400 Plätzen und wird von einer Kompanie der Waffen-SS bewacht.

Parteienverbote in der Schweiz

19. November. Der Schweizer Bundesrat verbietet die 3000 Mitglieder zählende rechtsgerichtete Partei »Nationale Bewegung der Schweiz« (NBS). Als Sammlungsbewegung gehören der Partei seit dem 22. Oktober auch die Eidgenössische Sammlung, der Bund treuer Eidgenossen sowie die Eidgenössische Soziale Arbeiterpartei an. Diese Maßnahme der Regierung, die sich gegen alle extremistischen Kräfte richtet, soll Strömungen außerhalb der parlamentarischen Demokratie unterbinden. Am 25. November wird die Kommunistische Partei verboten.

Zweites jüdisches Ghetto in Warschau errichtet

15. November. Nach der Einrichtung eines jüdischen Ghettos in Litzmannstadt (Łódź) am → 30. April (S. 75) wird ein zweites Großghetto in Warschau errichtet. Die deutsche Polizei besetzt zusammen mit abkommandierten polnischen Stadtpolizisten ein Netz dichter Sperren an allen Zugangsstraßen des 4 km langen und 2,5 km breiten Bezirks. Stacheldrahthindernisse und hohe Bretterzäune bilden später die Absperrung bis zur Fertigstellung einer 3 m hohen und 16 km langen Ziegelsteinmauer. Eine am 2. Oktober vom Gouverneur des Distrikts Warschau, Ludwig Fischer, erlassene Verordnung verfügte die Einrichtung eines geschlossenen Ghettos unter dem Vorwand, einer drohenden Seuchengefahr vorbeugen zu müssen. Mit einer Sonderverordnung vom 16. Oktober befahl Fischer allen Warschauer Juden, in den jüdischen Wohnbezirk umzusiedeln. Etwa 400 000 Menschen leben im Warschauer Ghetto auf engstem Raum unter menschenunwürdigen Verhältnissen zusammen. Das Ghetto liegt im dichtbebautesten Teil Warschaus mit der schlechtesten Bausubstanz. Es besitzt keinen Park und reicht nicht an den Fluß Weichsel heran; die einzige Grünfläche ist der Friedhof. In einem Wohnraum leben durchschnittlich sechs, manchmal sogar bis zu 20 Personen. Im Schnitt stehen für 1100 Menschen lediglich 1 ha Fläche zur Verfügung.

Die Absonderung des Wohnbezirks hat vor allem wirtschaftliche Folgen für das Ghetto. Die Zufuhr von Lebensmitteln wird nahezu unmöglich gemacht. Der überlebensnotwendige, seit langem praktizierte Schmuggel von Nahrungsmitteln vorbei an deutschen Posten ist erheblich erschwert. Kaum 20% der Menschen können auf dem eng begrenzten Terrain einer Arbeit nachgehen. Das Vermögen der nur wenigen wohlhabenden Juden in diesem Bezirk wird rasch durch den Eintausch gegen das Notwendigste aufgebraucht. Viele Familien sind gezwungen, ihre letzte Habe, die sie auf dem Leib tragen, zu veräußern, um nur das Überleben zu gewährleisten. Die von den deutschen Stellen gewährten Lebensmittelzuteilungen betragen offiziell 1 kg Brot wöchentlich sowie monatlich 250 g Zukker, 100 g Marmelade und 50 g Fett. In der Praxis werden diese Rationen aber wesentlich unterschritten. Oft wird an die Ghettobewohner nur eine Wassersuppe verteilt, die aus gekochtem Heu besteht. Heizmaterial ist in den Zuteilungen nicht vorgesehen. Es muß zu massiv überhöhten Ghettopreisen eingekauft werden. Als Folge der Enge im Ghetto treten erhebliche sanitäre und hygienische Probleme auf. Seuchen, vor allem die Tuberkulose, verbreiten sich schnell. Täglich brechen Menschen, von Hunger oder von Krankheit geschwächt, auf den Straßen zusammen. Vor allem die Sterblichkeit der geschwächten Kinder nimmt drastisch zu.

Viele der im Ghetto lebenden Menschen verfallen in äußerste Apathie. Oft bleiben sie so lange auf ihren Lagern liegen, bis der Tod sie von den Qualen erlöst. Die Ghettoverwaltung, ein von der deutschen Besatzungsmacht eingesetzter Judenrat, steht diesen Verhältnissen machtlos gegenüber. Eine im Ghetto dienstleistende 3800 Mann starke Polizeitruppe, oft getaufte Juden oder ehemalige Angehörige der polnischen Polizei oder Armee, versucht, Widerstände und den Schmuggel von Lebensmitteln unter Kontrolle zu halten. Als weitere »Ordnungskraft« existiert eine jüdische Sonderpolizei, die sog. Dreizehner, eine eng mit der Geheimen Staatspolizei (Gestapo) zusammenarbeitende Organisation. Ihre offizielle Aufgabe ist es, Korruptionsfällen nachzugehen. Viele Mitglieder dieser Polizeieinheiten glauben, mit ihrem Dienst für die Deutschen selbst dem Tod entgehen zu können. An den zahlreichen illegalen Geschäften mit gefälschten Papieren, Privilegien und Lebensmitteln beteiligen sich vor allem Gestapobeamte, Mitglieder der Schutzstaffel (SS) und des Sicherheitsdienstes (SD).

Überall im Ghetto herrscht bedrükkende Armut und Wohnungsnot.

Zwangsumsiedlung in den jüdischen Wohnbezirk der Stadt

Swietorkrzyska-Straße in Warschau; die um das Ghetto errichtete Mauer entsteht mit dem Geld, das der Judenrat an eine deutsche Baufirma zahlen muß

Szene aus dem Warschauer Ghetto; die Strafen für Juden, die ohne Erlaubnis auf die »arische« Seite wechseln, reichen von Arbeitslager bis Todesstrafe

Neue Widerstandsaktionen in Indien

1. November. Nach einer Meldung der italienischen Zeitung »Secola-Sera« aus Bombay hat die von Mohandas Karamchand Gandhi (genannt Mahatma, »dessen Seele groß ist«) ausgelöste passive Widerstandsbewegung in Indien erhebliche Ausmaße angenommen. Grund für das wiederholte Aufleben der Widerstandsaktion ist der Beschluß der britischen Regierung, die Amtszeit des indischen Vizekönigs Victor Alexander John Hope, Marquess of Linlithgow, bis zum Jahr 1943 zu verlängern. Darüber hinaus gründet der Protest auch auf der überraschenden Verhaftung des früheren Präsidenten des panindischen Kongresses, Jawaharlal Nehru (gen. Pandit Nehru) am 31. Oktober. Dieser war von Gandhi dazu ausersehen worden, öffentlich eine Rede gegen den Krieg zu halten.

Der bereits seit gut zwei Jahrzehnten dauernde Kampf der indischen Freiheitsbewegung um staatliche Souveränität und Unabhängigkeit vom kolonialen Mutterland Großbritannien scheitert immer wieder an der Unnachgiebigkeit der britischen Kolonialverwaltung. Erst am → 5. Februar (S. 35) waren erneut Verhandlungen um die Unabhängigkeit zwischen Ghandi und dem von Großbritannien gestützten Vizekönig gescheitert.

Gandhi, Begründer der gewaltlosen Widerstandsform des Zivilen Ungehorsams, wurde am 18. September mit 192 gegen sieben Stimmen wieder zum Führer der indischen Kongreßpartei gewählt. Anläßlich einer Resolution des indischen Nationalkongresses zwei Tage zuvor, in der eine Zusammenarbeit mit Großbritannien abgelehnt und das Streben des Landes nach Abrüstung und Weltfrieden festgelegt wurde, trat Gandhi für eine entschiedene Lösung der indischen Probleme ein.

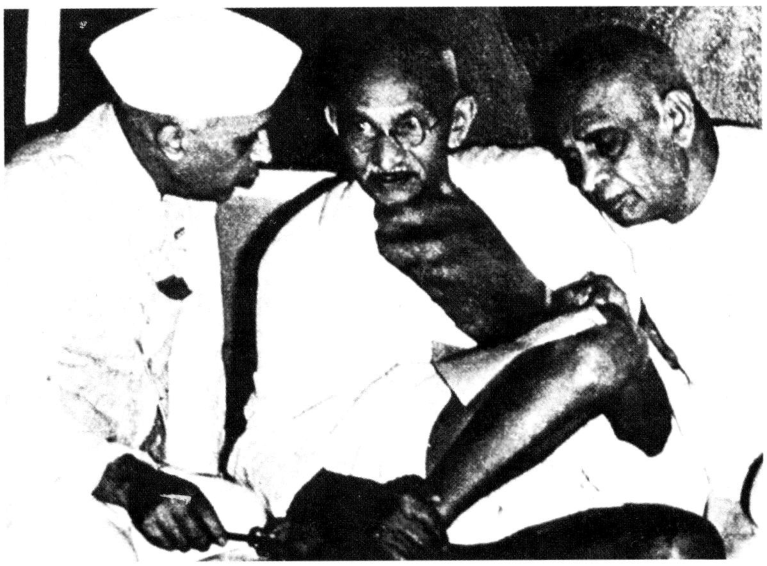

Köpfe der indischen Unabhängigkeitsbewegung (v. l.): Jawaharlal Nehru, Mahatma Gandhi und einer seiner engsten Vertrauten, Vallabhbhai J. Patel

Erster US-Präsident mit dritter Amtsperiode: Franklin D. Roosevelt

Roosevelt kann sich behaupten

5. November. Franklin D. Roosevelt, Mitglied der Demokratischen Partei und amtierender Präsident der USA, wird vom Wahlmännergremium mit 468 von 531 Stimmen für eine dritte Amtsperiode zum Präsidenten der Vereinigten Staaten gewählt. Auf den republikanischen Kandidaten Wendell Louis Willkie entfallen 63 Wahlmännerstimmen. Bezogen auf die Wählerstimmen haben 25 841 155 US-Bürger für Roosevelt und 21 350 325 Wähler für Willkie gestimmt. Roosevelt, seit dem 4. März 1933 im Amt, kann sich damit als bisher einziger Präsident der Vereinigten Staaten für eine weitere vierjährige Amtszeit behaupten.

Präsidenten der USA

Name	Partei	Amtszeit
George Washington	Föderalist	1789 – 1797
John Adams	Föderalist	1797 – 1801
Thomas Jefferson	Republikaner (Dem.)	1801 – 1809
James Madison	Republikaner (Dem.)	1809 – 1817
James Monroe	Republikaner (Dem.)	1817 – 1825
John Qu. Adams	Unabhängiger	1825 – 1829
Andrew Jackson	Demokraten	1829 – 1837
Martin Van Buren	Demokraten	1837 – 1841
William Harrison	Whig (Liberale)	1841
John Tyler	Whig (Demokraten)	1841 – 1845
James K. Polk	Demokraten	1845 – 1849
Zachary Taylor	Whig (Liberale)	1849 – 1850
Millard Fillmore	Whig (Liberale)	1850 – 1853
Franklin Pierce	Demokraten	1853 – 1857
James Buchanan	Demokraten	1857 – 1861
Abraham Lincoln	Republikaner	1861 – 1865
Andrew Johnson	Demokraten	1865 – 1869
Ulysses S. Grant	Republikaner	1869 – 1877
Rutherford Hayes	Republikaner	1877 – 1881
James A. Garfield	Republikaner	1881
Chester A. Arthur	Republikaner	1881 – 1885
S. Grover Cleveland	Demokraten	1885 – 1889
Benjamin Harrison	Republikaner	1889 – 1893
S. Grover Cleveland	Demokraten	1893 – 1897
William McKinley	Republikaner	1897 – 1901
Theodore Roosevelt	Republikaner	1901 – 1909
William H. Taft	Republikaner	1909 – 1913
T. Woodrow Wilson	Demokraten	1913 – 1921
Warren G. Harding	Republikaner	1921 – 1923
Calvin Coolidge	Republikaner	1923 – 1929
Herbert C. Hoover	Republikaner	1929 – 1933
Franklin D. Roosevelt	Demokraten	seit 1933

Japaner feiern 2600 Jahre Kaiser-Dynastie

10. November. Anläßlich des 2600jährigen Bestehens des Japanischen Kaiserreichs finden in Tokio und Berlin Feierlichkeiten statt. Der japanische Botschafter Saburu Kurusu empfängt u. a. Führer und Reichskanzler Adolf Hitler und Reichsaußenminister Joachim von Ribbentrop zu einer Festlichkeit in der japanischen Botschaft.

Auf dem Paradeplatz Yoyogi in der Hauptstadt Japans nimmt Kaiser Hirohito eine große Militärparade ab, an der 30 000 Angehörige gefallener japanischer Soldaten teilnehmen. Die besondere Beachtung der japanischen Geschichte durch die deutsche Regierung entspricht dem im Dreimächtepakt vom → 27. September (S. 154) angestrebten Ziel, außenpolitisch zu einer besseren Abstimmung mit der Großmacht im Fernen Osten zu kommen.

Parade mit Kaiser Hirohito (l.)

Kriegsminister Tojo (r.) empfängt eine Botschaft des Kaisers

KdF-Jubiläum in Berlin gefeiert

27. November. Das siebenjährige Bestehen des Amtes Kraft durch Freude (KdF), eine Organisation der Deutschen Arbeitsfront (DAF), wird in der Berliner Staatsoper mit einem Festakt begangen. In einer Rede äußert der Reichsorganisationsleiter der DAF, Robert Ley, seine Überzeugung, daß KdF erst im Krieg seine wirkliche Existenzberechtigung gefunden habe. So sei die Organisation z. B. für die »kulturelle Truppenbetreuung« zuständig und leiste auch durch ihre vielfältigen Freizeitangebote als Sozialwerk einen wertvollen Beitrag für das Gelingen der Kriegsunternehmungen.

Die 1933 gegründete Organisation KdF ist in mehrere Freizeitämter (u. a. Feierabend, Sportamt, Werkscharen, Schönheit der Arbeit) und in das Volksbildungswerk unterteilt. Größte Propagandawirkung erreichte in den sechs Jahren vor Kriegsausbruch das Amt »Reisen, Wandern und Urlaub«. Preiswerte Ferienreisen im Deutschen Reich sowie ins Ausland auf sog. KdF-Schiffen erfreuten sich besonderer Beliebtheit. Zielsetzung des KdF ist es, die Freizeitgestaltung zu lenken.

Jeep in den USA vorgestellt

11. November. Die US-amerikanischen Automobilhersteller Ford und Willys-Overland übergeben der US-amerikanischen Armee einen neuen geländegängigen Wagen zu Versuchszwecken. Dieser Allzweck-Geländewagen wird nach seiner Abkürzung G. P. (General Purpose = Allzweck) Jeep genannt.

Bereits im September wurde der erste Prototyp fertiggestellt. Die Jeeps sind mit einem 4-Zylinder-Continental-Motor von 45 PS sowie mit einem Vierradantrieb ausgestattet. Im Rahmen ihres militärischen Einsatzes eignen sie sich als Personenkraftwagen sowie als Transporter für Munition. Bis zum Abschluß der Testreihen wurden zunächst 70 Fahrzeuge für die Produktion in Auftrag gegeben. Sollte sich das Fahrzeug beim Einsatz für militärische Zwecke bewähren, sind größere Produktionsaufträge der Armee geplant. Die bisherigen Testergebnisse verliefen nach Angaben der zuständigen Stellen zufriedenstellend.

Erste Bewährungsprobe nicht überstanden: Wie eine Streichholzkonstruktion bricht die erst vier Monate alte Tacoma-Narrows-Brücke im Sturm zusammen

Hauptstraße von Focsani, in dessen Nähe der Erdbeben-Herd lag; von 5560 Häusern wurden hier 2000 vollständig zerstört und 1500 schwer beschädigt

Kleid mit Anklängen an den Altwiener Stil

Betonung weiblicher Anmut als Stilmerkmal

Abendkleid aus Moirétaft in Prinzeßform

Brücke vom Sturm völlig zerstört

7. November. Ein schwerer Sturm mit orkanartigen Böen bis zu 168 km/h zerstört die gerade erst erbaute Tacoma-Narrows-Brücke im US-Bundesstaat Washington. Im Juli des Jahres war das Brückenbauwerk mit einem Kostenaufwand von 6,4 Millionen US-Dollar (28,9 Mio. RM) fertiggestellt worden. Die Fahrer der sich zum Zeitpunkt des Zusammenbruchs auf der Brücke befindenden Automobile verlassen fluchtartig ihre PKW und können sich noch in letzter Sekunde in Sicherheit bringen. Glücklicherweise sind aufgrund des relativ schwachen Verkehrsaufkommens lediglich finanzielle Schäden zu beklagen.

Erdbeben fordert 500 Todesopfer

10. November. In den frühen Morgenstunden wird Rumänien von einem schweren Erdbeben heimgesucht. Die etwa drei Minuten andauernden Erdstöße mit einer Stärke von 9,0 auf der Richterskala haben ihr Zentrum nahe der bulgarischen Grenze und verursachen erhebliche Schäden. In Bukarest haben die von mehrstöckigen Häusern herabstürzenden Trümmer viele Menschen unter sich begraben. Straßen- und Telefonverbindungen sind zum größten Teil unterbrochen. Etwa 500 Menschen kommen ums Leben. Zerstörungen verzeichnet auch das Erdölgebiet in Ploieşti (Walachei).

Wien als neues Zentrum der Mode

18. November. Das »Haus der Mode« im Wiener Lobkowitz-Palais eröffnet die erste »Wiener Modewoche«. Im Beisein von Fachvertretern des Auslands und Pressevertretern werden auf der Eröffnungsschau besonders ausgesuchte Modelle der Wiener Modehäuser aus der kommenden Frühjahrskollektion präsentiert. Die nun alljährlich im Frühjahr und Herbst eines Jahres geplanten Modewochen sollen nach dem Willen der deutschen Reichsregierung Wien anstelle von Paris zum europäischen Modezentrum avancieren lassen (→ 3. 12./S. 205). Neue wirtschaftliche Impulse sind das erhoffte Nebenprodukt dieser Schau.

Theater 1940:

Deutsches Theater im Exil fortgesetzt

Die Spielpläne deutscher Bühnen werden maßgeblich von Inszenierungen klassischer Werke bestimmt. Dramen William Shakespeares, die Hauptwerke Heinrich von Kleists, mit Ausnahme der »Hermannsschlacht«, und die dramatischen Werke Johann Wolfgang von Goethes sowie Friedrich von Schillers genießen den Vorzug. Zeitgenössische Stücke erringen Achtungserfolge nur bei regimetreuen Kritikern. Die Weiterentwicklung und Fortführung der deutschsprachigen Theaterkultur findet daher seit dem Jahr 1933 in der Emigration statt. Hervorzuheben sind hier die Bemühungen von Erwin Piscator in den USA. Piscator, der Begründer des engagierten politischen Theaters, gründet nach der Ankunft in dem Exilland USA 1938/39 die Schauspielschule »Dramatic Workshop« in New York. Dieses Institut, das im September 1940 der School for Social Research angeschlossen wird, setzt mit Lehrern wie Carl Zuckmayer, Kurt Pinthus und Hanns Eisler die Arbeit als freies Theater fort. Bedeutende Schüler der von Piscator geleiteten Schauspielschule sind u. a. Tennessee Williams sowie Arthur Miller. Weitere bedeutende Impulse gehen von der am → 20. April (S. 82) von Paul Walter Jacob in Buenos Aires eröffneten »Freien Deutschen Bühne« aus, die sich trotz aller Schwierigkeiten zu einer der wichtigsten deutschsprachigen Bühnen im Exil entwikkeln kann. Daneben dient das Zürcher Schauspielhaus als Forum für vom NS-Regime verfolgte Dramatiker, Regisseure und Schauspieler. Am 2. November kommt dort das Schauspiel »Der Soldat Tanaka«, eine parabelhafte Faschismus-Anklage des deutschen expressionistischen Dramatikers Georg Kaiser, zur Uraufführung.
International beachtete Theaterereignisse sind das am 13. Mai in Leningrad uraufgeführte Schauspiel »Das Glockenspiel des Kreml« von Nikolai F. Pogodin sowie das einzige dramatische Werk Ernest Hemingways »Die fünfte Kolonne« am 6. März in New York.
(Siehe auch Übersicht »Uraufführungen« im Anhang)

Gerichtsszene aus George B. Shaws Drama »Die heilige Johanna«; Hans-Dieter Kenter inszeniert das Stück an den Münchner Kammerspielen mit Heidemarie Hatheyer (l.) in der Titelrolle; die deutsche Aufführung münzt die Gesellschaftskritik des Dichters in antibritische Schelte um

Bei den traditionell inszenierten Klassikern der deutschen Bühne liegt Friedrich von Schiller nach wie vor ganz vorn; in einer Inszenierung für die Heidelberger Reichsfestspiele tritt die Wiener Burgtheater-Schauspielerin Käthe Dorsch als Maria Stuart in einer ihrer Glanzrollen auf

In München als Verkörperung der »sauberen Jugend« gefeiert: Max Eckard und Paula Denk in der Komödie »Die Karriere des Hofrats Stolpe« von Dietrich Loder

Goethes »Faust« in tschechisch; unter der Spielleitung von Karl Dostal sind im Prager Nationaltheater Ladislav Boháč (r.) als Faust und Jan Pivec als Mephisto zu sehen

Heinrich George, seit 1938 Generalintendant des Berliner Schiller-Theaters, in der Rolle des Vaters Miller in Schillers Bürgerlichem Trauerspiel »Kabale und Liebe«

Schillers Drama »Die Verschwörung des Fiesko zu Genua« wird von Karlheinz Stroux im Staatlichen Schauspielhaus am Gendarmenmarkt in Berlin inszeniert; die weiblichen Hauptrollen spielen bei dieser Aufführung Marianne Hoppe (r.) als Leonore und Maria Koppenhöfer als Julia

Paul Wegener (l.) und Ernst Legal in Henrik Ibsens Schauspiel »John Gabriel Borkmann« im Berliner Schauspielhaus; dieses vorletzte dramatische Werk des norwegischen Dichters ist von düster-pessimistischer Grundstimmung und getragen vom Genieanspruch der Titelfigur

Das Deutsche Theater in Berlin spielt Shakespeares »Sommernachtstraum«; Szenenbild mit Ursula Herking (l.), Axel von Ambesser (2. v. r.), Jane Tilden (r.) u. a.; die NS-Kunstkritik wehrt sich gegen den Primat des englischen und französischen Theaters und verspricht eine vollständige »Neuorientierung der europäischen Kunst« unter deutscher Vorherrschaft

Erste Bühnenrolle nach längerer Abwesenheit aus Deutschland: R. Forster als Richard II. im gleichnamigen Shakespeare-Drama; seine Partnerin ist A. Damman

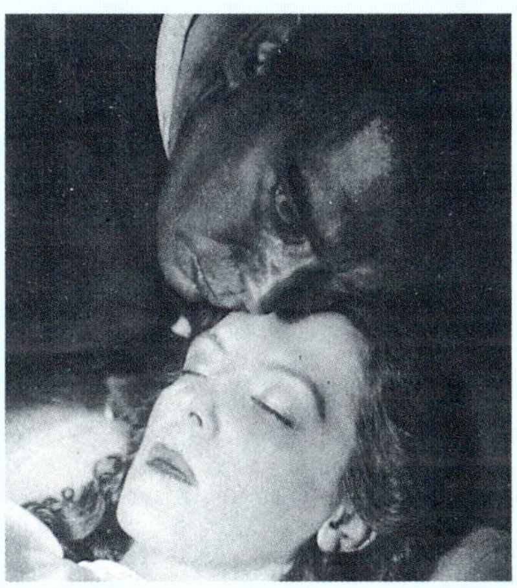

Ewald Balser als Othello und Angela Salloker als Desdemona in Shakespeares »Othello«; Kritiker loben Balser wegen seiner Verbindung von »Adel der Sprache mit männlicher Kraft«

Als »geistiger Interpret seiner Rollen von höchster Spannkraft, hinreißender Sprecher und genialer Komödiant« wird Gustaf Gründgens (hinten, r.), hier in der Rolle des Hamlet, im Dritten Reich gefeiert; im Interesse seiner Kunst macht Gründgens manche Konzession an die Machthaber, ein Umstand, der Klaus Mann 1936 zu seinem Roman »Mephisto« veranlaßt

Doppelrolle für Marika Rökk im Film

27. November. »Kora Terry«, ein Revue- und Abenteuerfilm mit der Schauspielerin, Sängerin und Tänzerin Marika Rökk in der Hauptrolle, kommt in Karlsruhe zur Uraufführung. In einer Doppelrolle verkörpert die temperamentvolle Darstellerin die gegensätzlich charakterisierten »Terry-Schwestern«, die als Revuetänzerinnen mit Erfolg durch die Welt ziehen.

Der Film, nach dem gleichnamigen Roman von Hans Caspar von Zobeltitz unter der Regie des Ehemanns von Marika Rökk, Georg Jacoby, entstanden, wird aufgrund seiner akrobatischen Einlagen und Tanzszenen der Rökk ein Publikumserfolg. Die aus Ungarn stammende Schaupielerin wurde durch zahlreiche Musik- und Operettenfilme, wie z. B. »Die Czárdásfürstin« (1934), »Der Bettelstudent« (1936), »Es leuchten die Sterne« (1938) und »Es war eine rauschende Ballnacht« (1939) bekannt. Der Filmschlager »Für eine Nacht voller Seligkeit« war in aller Munde und trägt zu ihrer großen Popularität bei.

Zarah Leander als Maria Stuart

1. November. Die aus Schweden stammende Schauspielerin Zarah Leander verkörpert die Rolle der Maria Stuart in dem melodramatischen Historienfilm »Das Herz der Königin«. Der Film und das Schicksal der schottischen Königin und ihrer Gegenspielerin Elisabeth I. (Maria Koppenhöfer) entstand unter der Regie von Carl Froelich und wird in Lichtspielhäusern von München und Hamburg uraufgeführt.

Zarah Leander gehört seit ihren Filmerfolgen in »Premiere«, »Le Habanera« und »Zu neuen Ufern« (alle 1937) zu den großen Filmdiven im Deutschen Reich. Ihre Ausstrahlung, ihre rauchig-sonore Stimme und ihr sprachlicher Akzent prädestiniert die Schauspielerin hauptsächlich für die Darstellung tragischer und exotischer Frauenrollen. Als geheimnisumwitterte, schöne Frau trotzt sie so in ihren Rollen allen Schwierigkeiten ihres Filmlebens. Vor allem die Filmsongs tragen zu ihrem großen Erfolg bei, z. B. »Der Wind hat mir ein Lied erzählt« und »Ich hab vielleicht noch nie geliebt . . .!«.

Deutsche Wochenschau

21. November. Die im Deutschen Reich regelmäßig produzierten vier Wochenschauen (Deulig, Fox, Tobis und Ufa) werden zur »Deutschen Wochenschau« zusammengefaßt und der persönlichen Kontrolle von Reichspropagandaminister Joseph Goebbels unterstellt. Als deutsche Wochenschau GmbH werden die Betriebe in das Konzerngefüge der halbstaatlichen Universum Film AG (Ufa) integriert.

Die Wochenschauen spielen seit Kriegsbeginn eine immer größere Rolle in den deutschen Kinoprogrammen. Besonders zur Zeit des Westfeldzugs stellen sie für viele Kinobesucher den Anreiz dar, ein Filmtheater zu besuchen. Alle Wochenschauen werden von den an den Fronten arbeitenden Kameramännern der Propagandakompanien zusammengestellt. Die zum größten Teil mit einer bewegten Kameraführung aufgenommenen Kampf- und Frontszenen vermitteln spannende und anscheinend authentische Berichte über das Kriegsgeschehen. Durch ihren gezielt propagandistischen Einsatz soll den Zivilisten in der Heimat ein enges Verbundenheitsgefühl mit der kämpfenden Truppe vermittelt werden. Die Wochenschauen unterliegen einer strengen staatlichen Überwachung. Ihre Kameramänner benötigen z. B. eine besondere Dreherlaubnis. Anläßlich besonderer Ereignisse beträgt die vor dem Hauptfilm gezeigte Wochenschau oft bis zu einer Dreiviertelstunde. Die Zahl der angefertigten Kopien wird 1940 fürs Inland von 500 auf 1000 erhöht.

Soldaten der Propagandakompanie dokumentieren das Frontgeschehen

Dezember 1940

Mo	Di	Mi	Do	Fr	Sa	So
						1
2	3	4	5	6	7	8
9	10	11	12	13	14	15
16	17	18	19	20	21	22
23	24	25	26	27	28	29
30	31					

1. Dezember, Sonntag

Griechische Truppen erobern in Albanien Pogradec am Ohrid-See.

Josef Bürckel, Chef der Zivilverwaltung in Lothringen, rechtfertigt auf einer Massenkundgebung in Saarbrücken die am 11. November durchgeführte Umsiedlung von französisch gesinnten Lothringern in das unbesetzte Frankreich (→ 22. 10./S. 173).

In einer Volksabstimmung über die Einführung des obligatorischen militärischen Vorunterrichts sprechen sich die Schweizer Eidgenossen mit 429 952 zu 342 838 Stimmen gegen die Vorlage des Bundesgesetzes aus.

Nach offiziellen Angaben aus Washington ist Joseph Kennedy, US-amerikanischer Botschafter in London, von seinem Amt zurückgetreten. → S. 203

Dem italienischen Ingenieur Secondo Campini ist der Bau eines Stratosphärenflugzeugs gelungen, das eine Fluggeschwindigkeit bis zu 1000 km/h erreichen kann. Das motor- und propellerlose Flugzeug wird von komprimiertem Gas angetrieben.

Im Stadion von Genua endet das Fußball-Länderspiel Italien gegen Ungarn vor 40 000 Zuschauern 1:0.

Im Berliner Olympia-Stadion schlägt die Fußballmannschaft des Dresdner SC den 1. FC Nürnberg 2:1 und gewinnt damit zum erstenmal den Tschammer-Pokal. → S. 206

2. Dezember, Montag

Bei einer Geleitzugschlacht im Atlantik versenken deutsche U-Boote neun Schiffe des britischen Geleitzugs »HX-90« mit 52 817 BRT sowie den Hilfskreuzer »Forfar« (16 402 BRT).

Ein Dekret des Heiligen Officiums im Vatikan verbietet der katholischen Kirche jegliche Mitwirkung an Euthanasiemaßnahmen (→ 19. 7./S. 132).

Die geheimen Lageberichte des Sicherheitsdienstes der SS, »Meldungen aus dem Reich«, berichten über umfangreiche Schwarzhandelsgeschäfte mit »Festtagslebensmitteln« (→ 24. 12./S. 209).

Das Drama »Villa Aurea« von Georg Kaiser wird von der deutschen Reichsregierung in die Reihe der verbotenen Literatur aufgenommen.

3. Dezember, Dienstag

Spaniens Außenminister Ramón Serrano Súñer und der britische Botschafter in Madrid, Sir Samuel Hoare, Templewood of Chelsea, unterzeichnen in Madrid ein Finanzabkommen, das den Zahlungsverkehr zwischen beiden Ländern und ihren Kolonien regelt.

Otto Abetz, deutscher Botschafter in Paris, protestiert in einer Denkschrift gegen die planmäßige Vernichtung der französischen Modeindustrie. → S. 205

Horia Sima, Vizepräsident von Rumänien und Führer der Legionärsbewegung »Eiserne Garde«, löst mittels eines Dekrets die Sonderpolizei der Legionärsbewegung auf.

Aufgrund der ablehnenden Haltung der französischen Vichy-Regierung gegenüber Gebietsforderungen von Siam (Thailand) in Indochina – als Vorbedingung für die Ratifizierung des am 12. Juni 1940 geschlossenen Nichtangriffspaktes – kommt es im indochinesisch-siamesischen Grenzgebiet am Mekong zu Kampfhandlungen.

Laut »Neuer Zürcher Zeitung« sind in Belgien nur 1/5 der etwa 2500 belgischen Dörfer von Kriegszerstörungen verschont geblieben.

Das Filmlustspiel »Herz geht vor Anker« wird in München uraufgeführt. Gustav Fröhlich und Winnie Markus spielen die Hauptrollen.

In einer Mitteilung an Reichsaußenminister Joachim von Ribbentrop berichtet Reichssportführer Hans von Tschammer und Osten über seine Bemühungen zur Reform des Internationalen Olympischen Komitees (IOC). → S. 206

4. Dezember, Mittwoch

Die rumänische Regierung veröffentlicht ein Dekret, wonach allein der Staat berechtigt ist, Erdölförderungsanlagen zu errichten und Ölvorkommen auszubeuten; alle schon bestehenden Pipeline-Systeme mit den dazugehörenden Einrichtungen gehen in Staatseigentum über.

Der Chef des Admiralstabes der Vereinigten Staaten, Admiral Harold R. Stark, erklärt in einem Bericht, daß die US-amerikanische Flotte wahrscheinlich die stärkste Kriegsmarine der Welt sei. Nach Fertigstellung der sich noch im Bau befindlichen Schiffe besitze die USA 32 Linienschiffe, 18 Flugzeugträger, 91 Kreuzer, 325 Zerstörer, 185 U-Boote und 15 000 Flugzeuge.

In Berlin werden deutsch-rumänische Wirtschaftsvereinbarungen für den Aufbau der rumänischen Wirtschaft getroffen.

Reichspropagandaminister Joseph Goebbels betont in einer Anweisung an die zuständigen Sachbearbeiter für die Rundfunkprogrammgestaltung, daß »an den Weihnachtsfeiertagen alles vermieden werden muß, was die Männer an der Front und die Frauen in der Heimat noch sentimentaler« stimme, »als es an sich schon aus Anlaß der Tage der Fall« ist.

Anläßlich des 50. Jahrestages, an dem der deutsche Wissenschaftler Emil Behring die ersten grundlegenden Ergebnisse seiner Immunforschung veröffentlichte, wird in Marburg an der Lahn ein Immunbiologisches Forschungsinstitut gegründet.

5. Dezember, Donnerstag

Östlich von Rio de Janeiro kommt es zu einem Seegefecht zwischen dem deutschen Hilfskreuzer »Thor« und dem britischen Hilfskreuzer »Carnarvon Castle«. Das britische Schiff wird hierbei schwer beschädigt.

In einer von der Auslandsabteilung des Großdeutschen Rundfunks in arabischer Sprache gesendeten Erklärung betont die Reichsregierung, daß »Deutschland, das stets von Gefühlen der Freundschaft für die Araber erfüllt war«, arabischen Ländern auch weiterhin die Sympathie und Unterstützung im Kampf um ihre Unabhängigkeit zusichere.

Generalfeldmarschall Walter von Brauchitsch und Generaloberst Franz Halder erläutern in der Berliner Reichskanzlei Adolf Hitler den Operationsplan gegen Griechenland und den Stand der Vorbereitungen für den Ostfeldzug.

Der Film »Rosen in Tirol«, entstanden unter der Regie von Geza von Bolvary, wird in Berlin uraufgeführt. Johannes Heesters, Hans Moser und Theo Lingen spielen die Hauptrollen; Franz Grothe schrieb unter Verwendung der Carl-Zeller-Operette »Der Vogelhändler« die Musik.

6. Dezember, Freitag

Der Chef des italienischen Gesamtgeneralstabs, Marschall Pietro Badoglio, wird seines Amtes enthoben. → S. 202

Die Vereinigten Staaten gewähren Argentinien einen Kredit von 100 Millionen US-Dollar (450 Mio. RM), von dem die Hälfte für argentinische Käufe in den USA bestimmt ist. Der andere Teil soll der Stabilisierung des Peso dienen.

Der unter der Regie von Wolfgang Liebeneiner gedrehte Film »Bismarck« mit Paul Hartmann in der Titelrolle wird in Berlin uraufgeführt. → S. 204

7. Dezember, Sonnabend

In einer Unterredung mit dem Chef der deutschen Abwehr, Admiral Wilhelm Canaris, lehnt Spaniens Regierungschef Generalissimus Francisco Franco Bahamonde einen Kriegseintritt seines Landes endgültig ab (→ 21. 10./S. 172).

Durch Führererlaß werden Lothringen und Saarpfalz zum Gau Westmark zusammengefaßt.

Zwischen der deutschen und der iranischen Regierung werden die seit dem 17. Oktober laufenden Wirtschaftsverhandlungen zur Festsetzung der Kontingente im gegenseitigen Warenverkehr in Berlin erfolgreich abgeschlossen.

US-Präsident Franklin D. Roosevelt sichert in einem Brief an den griechischen König Georg II. dem Land seine politische Unterstützung zu.

8. Dezember, Sonntag

Großbritanniens Premier Winston Churchill schildert in einem Telegramm an den US-amerikanischen Präsidenten Franklin D. Roosevelt die finanziell katastrophale Situation Großbritanniens (→ 17. 12./S. 203).

Herbert Hoover, ehemaliger US-Präsident und Leiter der European Food Distribution Commission, gründet ein Hilfskomitee für fünf europäische Staaten. → S. 203

Die britische Sternwarte in Greenwich ist durch einen Bombenangriff so stark beschädigt worden, daß sie für einige Zeit außer Betrieb gesetzt werden muß.

Die beliebte Radiosendung »Wunschkonzert für die Wehrmacht« wird zum 50. Mal ausgestrahlt. → S. 204

9. Dezember, Montag

In Nordafrika beginnt die britische Gegenoffensive der Nilarmee unter General Archibald Percivall Wavell. → S. 202

Philipp Bouhler, Chef der Reichskanzlei, führt in Preßburg Gespräche mit dem slowakischen Staatspräsidenten Jozef Tiso und dem Leiter der deutschen Volksgruppe, Franz Karmasin, über die Rechtsstellung der deutschstämmigen Bevölkerung in der Slowakei.

Der Ministerrat für die Reichsverteidigung veröffentlicht im »Reichsgesetzblatt« eine neue Kriegsschädenverordnung, wonach durch Kriegseinwirkung entstandene Sachschäden bis zu einer Höhe von 1000 Reichsmark sofort erstattet werden können.

10. Dezember, Dienstag

Admiral Wilhelm Canaris, Chef der Abwehr, übermittelt der griechischen Regierung ein offizielles Friedensvermittlungsangebot. Da Griechenland ablehnt, ist der deutsche Angriff auf das Land beschlossene Sache. → S. 201

Adolf Hitler erläßt die »Weisung Nr. 19« zum Unternehmen »Attila«. Es enthält Richtlinien zur schnellen Besetzung des unbesetzten Frankreichs. → S. 201

Adolf Hitler erklärt in einer Rede vor Mitarbeitern der Berliner Borsig-Lokomotivwerke: »Eine Niederlage Deutschlands wird es nicht geben, weder militärisch, noch zeitmäßig, noch wirtschaftlich!«

Einer Weisung des Oberkommandos der Wehrmacht (OKW) gemäß wird das X. Fliegerkorps aus dem Westen nach Süditalien und Sizilien verlegt, um von dort aus Italien im Kampf gegen britische Kräfte zu unterstützen.

11. Dezember, Mittwoch

Nach der endgültigen Absage Spaniens vom 7. Dezember, in den Krieg einzutreten, verzichtet das Oberkommando der Wehrmacht auf die geplante Eroberung (»Unternehmen Felix«) der seit 1704 unter britischer Verwaltung stehenden Halbinsel Gibraltar (→ 21. 10./S. 172).

Auch in der »Ostmark« Österreich steht die Wissenschaft ganz im Dienste des Krieges; die »Wiener Illustrierte« berichtet in ihrer Ausgabe vom 11. Dezember über Studentinnen der Ingenieurswissenschaften, die an Projekten auf dem Gebiet der Waffentechnik beteiligt sind

In einer Rede in Posen gibt Staatssekretär Fritz Reinhardt bekannt, daß die laufenden Kinderbeihilfen im gesamten Reichsgebiet vom 1. Januar 1941 an bedeutend ausgebaut werden. Der Kreis der Beihilfeberechtigten erweitere sich um 50%.

12. Dezember, Donnerstag

Generalmajor Walter Warlimont, Chef der Abteilung Landesverteidigung im Wehrmachtsführungsamt, kommt in seiner Denkschrift über den Zweifrontenkrieg gegen die Sowjetunion und Großbritannien zu dem Ergebnis, daß das Deutsche Reich den Kampf mit der Sowjetunion nicht herbeiführen sollte.

Jugoslawien, das sich zu Kriegsbeginn für neutral erklärt hat, schließt mit Ungarn, seit dem → 20. November (S. 187) Mitglied des Dreimächtepakts, in Belgrad einen Freundschaftsvertrag.

13. Dezember, Freitag

Führer und Reichskanzler Adolf Hitler unterzeichnet die »Weisung Nr. 20« (Angriff auf Griechenland) für das Unternehmen »Marita« (→ 10. 12./S. 200).

Nach zehnmonatiger Tätigkeit schließt die »Gemischte Zentralkommission des Deutschen Reiches und der UdSSR« die Demarkation der deutsch-sowjetischen Grenze im ehemaligen Polen ab.

Der französische Regierungschef Philippe Pétain entläßt Pierre Laval, seinen Stellvertreter und Außenminister, aus allen Ämtern. → S. 200

Nach Angaben der Zeitschrift »Der Vierjahresplan« beträgt der Papierverbrauch zur Herstellung von Lebensmittelkarten für einen Monat bis zu 3000 t. → S. 206

14. Dezember, Sonnabend

Regierungspräsident Philipp Jung, ehemaliger Staatsminister des Landes Hessen, wird als Bürgermeister und Erster Beigeordneter der Stadt Wien in seine Ämter eingeführt. Er tritt damit die Nachfolge des ausgeschiedenen Hermann Neubachers an.

Eine vom Reichsstatthalter des Gaus Danzig-Westpreußen, Albert Forster, und seinem Volkstumsreferenten Wilhelm Löbsack angefertigte Denkschrift enthält ein erstes »Eindeutschungsprogramm« für Polen.

Ein zwischen Uruguay und Argentinien geschlossener Verteidigungsvertrag legt die Zusammenarbeit beider Staaten zur Errichtung von Flottenstützpunkten am Rio de la Plata fest. → S. 203

In einer Mitteilung an US-Präsident Franklin D. Roosevelt erklärt der US-amerikanische Botschafter in Tokio, Joseph C. Grew: »Es ist sicher, daß es eines Tages zur Kraftprobe zwischen Japan und den USA kommt, und die wichtigste Frage ist, ob es zum Vorteil der USA ist, diese Kraftprobe früher oder später zu haben.«

Adolf Hitler läßt den Leichnam Napoleons II., Herzog von Reichstadt, aus der Wiener Kapuzinergruft nach Paris überführen. → S. 200

»King Lear« von William Shakespeare wird am Studio Theatre des Dramatic Workshops (School for Social Research) unter Leitung des deutschen Dramaturgen Erwin Piscator in New York aufgeführt.

15. Dezember, Sonntag

Italiens Ministerpräsident und Duce Benito Mussolini empfängt in Rom den Reichssportführer Hans von Tschammer und Osten anläßlich der Eröffnung der Zweigstelle des deutsch-italienischen Kulturinstitutes.

16. Dezember, Montag

Adolf Hitler ordnet an, daß auch nicht reinrassige Arier wegen Tapferkeit vor dem Feind für »deutschblütig« erklärt werden können.

In Boston findet der Weltmeisterschaftskampf im Schwergewicht zwischen den US-Amerikanern Joe Louis und Al McCoy statt. → S. 206

17. Dezember, Dienstag

In der Nacht greifen 102 britische Flugzeuge Mannheim an und werfen 89 t Bomben und 14 000 Brandbomben ab (→ 22. 12./S. 204).

Die britische Armee erobert das von Italien besetzte Sollum (Ägypten) zurück und dringt nach Libyen vor (→ 9. 12./S. 202).

Auf einer Pressekonferenz erläutert US-Präsident Franklin D. Roosevelt die Grundzüge eines Planes zur Vermietung oder Verpfändung von Kriegsmaterial an Großbritannien. → S. 203

Baron William M. Beaverbrook, britischer Minister für die Flugzeugproduktion, erklärt in einer Rundfunkrede, daß Großbritannien trotz arger Verluste die Herrschaft in der Luft dank seiner Jagdgeschwader auch weiterhin aufrechterhalten könne.

18. Dezember, Mittwoch

Adolf Hitler unterzeichnet die »Weisung Nr. 21« (Fall Barbarossa), in der die Vorbereitungen für den Ostfeldzug bis zum 15. Mai 1941 terminiert werden (→ 10. 12./S. 201).

Der britische Kolonialminister Lord David W. Lloyd erörtert im Oberhaus die Lage der britischen und französischen Kolonialbesitzungen. Er betont dabei die Notwendigkeit einer koordinierten Wirtschaftspolitik.

19. Dezember, Donnerstag

Angesichts der erfolgreichen britischen Offensive in Nordafrika bittet die italienische Armee um eine baldige Verlegung einer deutschen Panzerdivision nach Tripolis (Libyen) (→ 9. 12./S. 202).

20. Dezember, Freitag

Von der US-amerikanischen Regierung wird ein Amt für die Lenkung der Rüstungsproduktion gegründet, das als Körperschaft die Koordination der Rüstungsproduktion und des Rüstungsgüterankaufs übernimmt.

In Wien wird der Film »Operette« im Großkino Scala uraufgeführt. Am selben Tag kommen drei weitere Filme zur Uraufführung: »Der Kleinstadtpoet« von Paul Kemp in Berlin, in Bochum »Herzensfreud – Herzensleid« (Regie: Hubert Marischka) und in Leipzig »Unser Fräulein Doktor« von Erich Engel.

21. Dezember, Sonnabend

Nach einem geheimen Bericht des Oberkommandos der Wehrmacht (OKW) wird die Wehrmachtmission in Rumänien erheblich verstärkt. Bis zum 25. Dezember sind mehrere Transporte durch Ungarn nach Rumänien vorgesehen.

Nach einer amtlichen Mitteilung nehmen die im Dreimächtepakt vom → 27. September (S. 154) vereinbarten technischen Kommissionen, die den Pakt zwischen Japan, dem Deutschen Reich und Italien zur Durchführung bringen sollen, ihre Arbeit auf. In den Hauptstädten der Bündnisländer sollen jeweils eine politische, militärische und eine wirtschaftliche Kommission eingesetzt werden.

Der Schweizer Bundesrat sieht – in Beantwortung einer Anfrage der Regierung des Kantons Basel – keine Möglichkeit zur Aufnahme diplomatischer Beziehungen mit der Sowjetunion.

F. Scott Fitzgerald, US-amerikanischer Schriftsteller, stirbt im Alter von 44 Jahren in Los Angeles.

22. Dezember, Sonntag

Der bisherige britische Außenminister Edward Frederick Lindley Wood Halifax wird zum Botschafter in den Vereinigten Staaten von Amerika ernannt. Dies wird als besondere Wertschätzung der britisch-amerikanischen Beziehungen gewertet (→ 1. 12./S. 203).

Flugzeuge der Royal Air Force werfen mehrere Brand- und Sprengbomben über Zürich ab. → S. 204

Die ehemals Freie Stadt Danzig erhält das Recht, die Bezeichnung Hansestadt zu tragen.

Die Komödie »Wie führe ich eine Ehe?« von Axel von Ambesser wird am Deutschen Theater Berlin uraufgeführt.

Das südamerikanische 1000-Meilen-Automobilrennen zwischen Bernal und Bahia wird zur schweren Konkurrenz. Mehr als die Hälfte aller Teilnehmer scheidet vorzeitig aus. Sieger wird Esteban Fernandino, der mit seinem Ford eine Durchschnittsgeschwindigkeit von 167 km/h erreicht.

23. Dezember, Montag

Der Führer der chinesischen Kuomintang-Regierung in Tschungking, Marschall Chiang Kai-shek, verbietet alle kommunistischen Organisationen im Lande.

24. Dezember, Dienstag

Anläßlich der zweiten Kriegsweihnacht spricht der Stellvertreter des Führers, Rudolf Heß, über den Rundfunk zum deutschen Volk. → S. 208

Adolf Hitler, Oberster Befehlshaber der Wehrmacht, verbringt die Weihnachtstage bei den Truppen im Westen. → S. 208

25. Dezember, 1. Weihnachtstag

In seinem Sonderzug empfängt Führer und Reichskanzler Adolf Hitler in der Gegend von Beauvais den Oberbefehlshaber der französischen Kriegsmarine und stellvertretenden Ministerpräsidenten Admiral François Darlan (→ 13. 12./S. 200).

26. Dezember, 2. Weihnachtstag

Am letzten Tag des zweitägigen Skispringens an der großen Burgstallschanze in Kitzbühel verbessert der amtierende Weltmeister Joseph Bradl den Schanzenrekord des Norwegers Siegmund Ruud um 2 m auf 62 m.

27. Dezember, Freitag

General der Kavallerie Erik Hansen unterrichtet den rumänischen Staatschef Ion Antonescu über das geplante deutsche Unternehmen gegen Griechenland. Andeutungsweise äußert er sich auch über die deutschen Absichten gegenüber der UdSSR.

28. Dezember, Sonnabend

Italien bittet die deutsche Reichsregierung um Unterstützung bei den Kampfhandlungen in Albanien.

29. Dezember, Sonntag

Nach seinem Wahlsieg vom → 5. November (S. 192) fordert US-Präsident Franklin D. Roosevelt vor dem US-amerikanischen Kongreß in Washington, daß die USA ein »Arsenal der Demokratie« sein müßten.

30. Dezember, Montag

Der Liebesfilm »Wunschkonzert« (Regie: Eduard von Borsody) wird in Berlin uraufgeführt. → S. 204

31. Dezember, Dienstag

In seiner traditionellen Rundfunkansprache zum Jahresabschluß appelliert Reichspropagandaminister Joseph Goebbels an das deutsche Volk: »Reichen wir uns alle die Hände und schließen uns fest und unzertrennbar mit ihm [dem Führer] zusammen«.

Das Wetter im Monat Dezember

Station	Mittlere Lufttemperatur (°C)	Niederschlag (mm)	Sonnenscheindauer (Std.)
Aachen	0,0 (3,1)	90 (62)	– (49)
Berlin	–2,0 (0,7)	50 (41)	– (36)
Bremen	–0,3 (2,2)	101 (54)	– (33)
München	–5,3 (–0,7)	37 (44)	– (41)
Wien	– (0,9)	– (51)	– (41)
Zürich	–3,4 (0,2)	37 (73)	13 (37)

( ) Langjähriger Mittelwert für diesen Monat
– Wert nicht ermittelt

»Unsere Soldaten an der Front brauchen auch zu Weihnachten keinen Mangel zu leiden.« Diesen propagandistischen Eindruck vermitteln fast alle Illustrierten zur zweiten Kriegsweihnacht; Titelseite der »Münchner Illustrierten Presse« vom 19. Dezember.

Der motorisierte Weihnachtsmann

Philippe Pétain entläßt Pierre Laval

13. Dezember. Der französische Regierungschef in Vichy, Philippe Pétain, entläßt seinen Stellvertreter und Außenminister Pierre Laval aus allen Ämtern und stellt ihn unter Arrest. In einem Brief vom gleichen Tag unterrichtet Pétain den deutschen Führer und Reichskanzler Adolf Hitler über seine vollzogenen Maßnahmen, die zur Aufrechterhaltung der nationalen Sicherheit Frankreichs notwendig seien. Pétain führt in seinem Schreiben aus, daß Laval nicht mehr genügend Vertrauen und Autorität im Lande besitze und sich durch seine »Geisteshaltung« bei den Franzosen »verdächtig« gemacht habe.

Entlassen: Außenminister Pierre Laval

Regierungschef Henri Philippe Pétain

Oberbefehlshaber Admiral François Darlan

Laval, der bei den deutsch-französischen Konsultationen in Montoire (→ 21. 10./S. 172) für eine aktive Kollaboration mit dem Deutschen Reich eintrat, versuchte, seine machtpolitische Stellung im Land gegen die Regierung Pétain zu nutzen. Frankreichs Regierungschef, der sich aufgrund fehlender Zugeständnisse gegen eine gemeinsame Kriegführung mit dem Deutschen Reich ausgesprochen hatte, will durch die Entlassung und Verhaftung seines Vizepräsidenten eine gänzliche Auslieferung seines Landes an das Deutsche Reich um jeden Preis verhindern.

Laval wird in seiner deutschfreundlichen Haltung vom deutschen Botschafter in Paris, Otto Abetz, unterstützt. Dieser erreicht durch seine Intervention bei der Regierung Pétain schließlich auch die Freilassung des französischen Politikers. Eine auf Initiative von Abetz zustande gekommene Aussprache mit Pétain am 17. Dezember kann jedoch die Absetzung des Vizepräsidenten nicht rückgängig machen.

Hitler, der sich mit einer großen politischen Geste, nämlich der Überführung der Gebeine Napoleons II. von Wien nach Paris am → 14. Dezember (S. 200), des politischen Rückhalts Frankreichs versichern will, reagiert auf die Entlassung Lavals brüskiert. In einer Unterredung mit dem Oberbefehlshaber der französischen Kriegsmarine und neuem Vizepräsident, Admiral François Darlan am 25. Dezember in seinem Sonderzug bei Beauvais, mißbilligt er dieses politische Manöver. Hitler macht in dem Gespräch deutlich, daß er sich vor Kriegsbeginn und nach Abschluß des deutsch-französischen Waffenstillstandsvertrags am → 22. Juni (S. 112) bemüht habe, eine Besserung in den bilateralen Beziehungen herzustellen, um die ewige »Erbfeindschaft« zu beenden. Nun hege er den Verdacht, daß ihm sein Entgegenkommen von mehreren Seiten als persönliche Schwäche ausgelegt worden sei. Hitler bedauert in seiner Unterredung mit Darlan, »daß die Französische Regierung sich wieder auf den gleichen Weg begebe, der sie nach Vichy geführt habe«. Die politische Richtung, die Frankreich nun eingeschlagen habe, könne für das Land »eine noch viel schrecklichere Belehrung« mit sich bringen.

Die Vorgänge in Vichy verstärken die Vorbehalte Hitlers gegenüber einer deutsch-französischen Zusammenarbeit. Die Ereignisse veranlassen ihn zu Repressionen. So wird französischen Ministern der Aufenthalt in Paris untersagt, die zuvor versprochene Freilassung einer kleinen Zahl von Kriegsgefangenen wird rückgängig gemacht. Von weitergehenden »Strafmaßnahmen« sieht der Reichskanzler jedoch ab, obwohl es ihm nach den Vereinbarungen des Waffenstillstandsvertrags möglich wäre, die ganze Regierung in Vichy abzusetzen und durch eine deutschfreundliche und faschistisch gesonnene Regierungsmannschaft zu ersetzen.

Hitlers Gespräch bei Beauvais

Der Chefdolmetscher im Auswärtigen Amt und ständige Begleiter Adolf Hitlers, Paul Otto Schmidt, wohnt der Unterredung bei Beauvais bei. In seinen Aufzeichnungen hält er über die Ausführungen Hitlers fest:

»Während der letzten Monate habe die Regierung in Vichy öfter den Antrag gestellt, man möge ihr gestatten, ihren Sitz nach Paris oder Versailles zu verlegen. Nach reiflicher Überlegung habe er (der Führer) diese Anträge abgelehnt, weil er der Überzeugung gewesen sei, daß die Autorität der französischen Regierung durch den dann möglichen Vorwurf gelitten hätte, sie stehe unter deutschem Druck ... Grundsätzlich könne es Deutschland gleichgültig sein, welche Persönlichkeiten in der Französischen Regierung säßen. Wenn das Verhältnis zwischen Frankreich und Deutschland so bleiben solle wie bisher, sei es tatsächlich völlig unerheblich, wer die Französische Regierung repräsentiere. Er (der Führer) habe jedoch versucht, das deutsch-französische Verhältnis zu bessern. Dieser Versuch sei nicht unter irgendeinem Druck erfolgt ... Er erkläre jedoch feierlich, daß dies der letzte Versuch sei, eine Politik der Zusammenarbeit zwischen den beiden Nationen in Angriff zu nehmen. Es sei ihm (dem Führer) nicht entgangen, daß . . . Persönlichkeiten der Ansicht wären, es geschehe dies aus Schwäche ...«

Napoleon II. nach Paris überführt

14. Dezember. *Anläßlich des 100. Jahrestags der Überführung des Leichnams von Kaiser Napoleon I. von Sankt Helena nach Paris entschließt sich Adolf Hitler zu einer großzügigen politischen Geste gegenüber Frankreich: Die sterblichen Überreste Napoleons II., Herzog von Reichstadt, werden von der Wiener Kapuzinergruft in den Pariser Invalidendom überführt. Der Sarkophag wird von deutschen Truppen hineingetragen.*

◁ Führende Persönlichkeiten treffen ein (l.) und nehmen an der Feier in Paris (r.) teil

Kriegspläne für das Jahr 1941 liegen fest

10. Dezember. Die Unterzeichnung der »Weisung Nr. 19« zum Unternehmen »Attila« leitet eine Reihe weiterer Operationsbefehle des Führers und Reichskanzlers Adolf Hitler für die Kriegführung ein. »Attila« gibt der Wehrmacht den Auftrag, für den Fall einer weiter um sich greifenden Loslösung französischer Kolonialbesitzungen in Afrika vom Mutterland (→ 10. 11./S. 189) unter größter Geheimhaltung die Besetzung ganz Frankreichs vorzubereiten. Die »Weisung Nr. 20« (»Marita«) vom 13. Dezember gibt den definitiven Befehl für Angriffsvorbereitungen auf das griechische Festland von Bulgarien aus, die voraussichtlich bis zum März 1941 dauern sollen. Vor allem einem Übergriff Großbritanniens, das gemäß seinen Beistandsverpflichtungen die griechische Armee unterstützt, sowie dem Einmarsch jugoslawischer Truppen ins umkämpfte Albanien soll damit vorgebeugt werden. »Weisung Nr. 21« (Fall »Barbarossa«) vom 18. Dezember beinhaltet einen Angriff auf die UdSSR noch vor Beendigung des Kriegs mit Großbritannien. Die Vorbereitungen für einen Feldzug gegen die UdSSR sollen bis zum 15. Mai 1941 abgeschlossen werden.

Durchgeführte und geplante deutsche militärische Operationen 1940

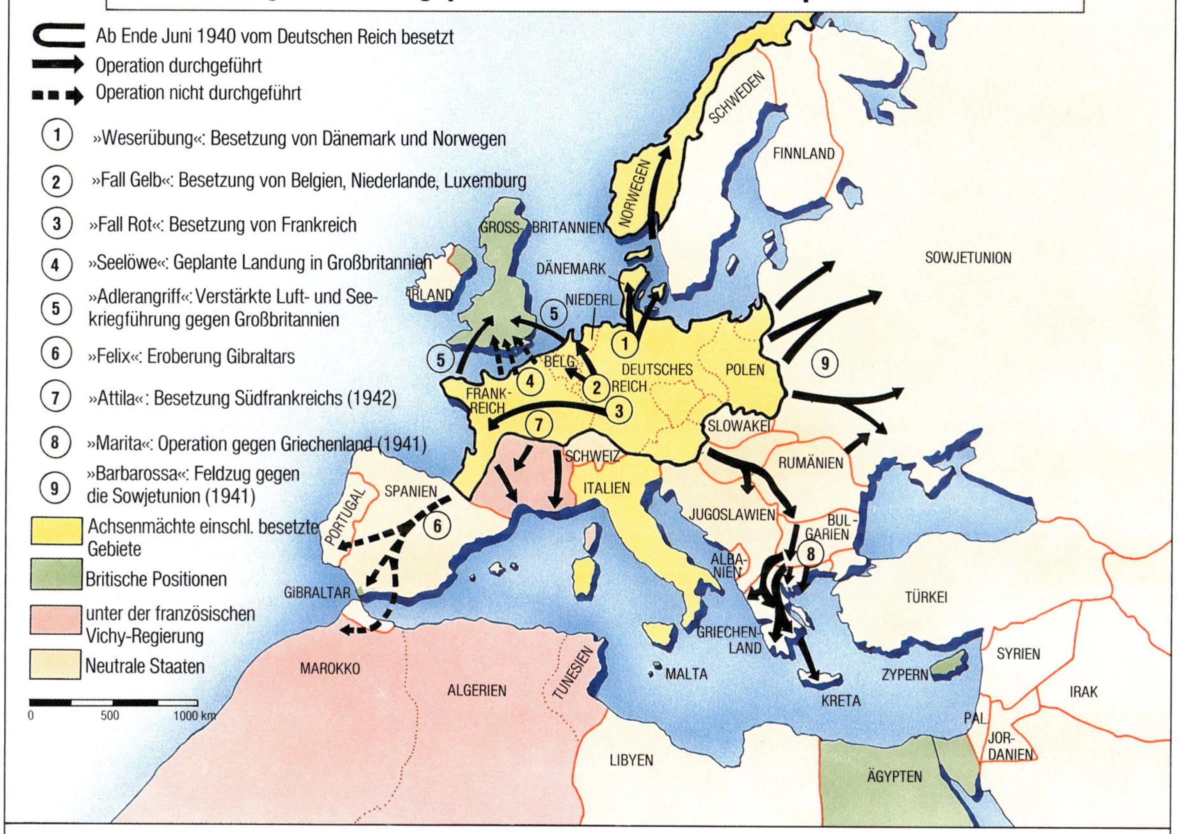

1940 durchgeführte Operationen

▷ Fall »Weserübung« zur Vorbereitung und Durchführung des Unternehmens gegen Norwegen und Dänemark
Weisung: 1. März
Durchf.: 9. April bis 10. Juni

▷ Fall »Gelb« zur Vorbereitung einer raschen Besetzung Hollands, um das niederländische Hoheitsgebiet dem Zugriff Großbritanniens zu entziehen. Durch einen Angriff auf Belgien und Luxemburg sollen starke Teile des französischen und britischen Heeres geschlagen werden und damit die Vernichtung des Feindes einleiten.
Weisung: 24. Februar
Durchf.: 10. Mai bis 4. Juni

▷ Fall »Rot« Befehl zur Durchführung der »Schlacht um Frankreich«
Weisung: 31. Mai
Durchführung: 5. Juni bis 24. Juni

Gescheiterte Operationen

▷ Unternehmen »Seelöwe« zur Vorbereitung einer Landungsoperation in Großbritannien
Weisung: 16. Juli
Aufgegeben: 12. Oktober

▷ Weisung Nr. 17 zur Führung eines Luft- und Seekriegs gegen Großbritannien
Weisung: 1. August
Gescheitert: 15. September, anschließend Terrorangriffe auf britische Städte

▷ Unternehmen »Felix« zur Vorbereitung einer Inbesitznahme der Halbinsel Gibraltar und Schließung der Meerenge, um Großbritannien aus dem westlichen Mittelmeer zu verdrängen.
Weisung: 12. November und 27. November
Aufgegeben: 11. Dezember wegen fehlender Kriegsbereitschaft Spaniens

Planungen für 1941

▷ Unternehmen »Attila«: Besetzung des französischen Mutterlandes
Weisung: 10. Dezember
Durchgeführt: November 1942

▷ Unternehmen »Marita«: Angriff auf Griechenland
Weisung: 10. Dezember 1940
Durchgeführt: April 1941

▷ Unternehmen »Barbarossa«: Vorbereitung eines Feldzugs gegen die UdSSR
Weisung: 18. Dezember 1940
Durchgeführt: Seit Juni 1941

Griechischer General Metaxas, Symbol des Widerstands gegen Italien

Griechenland will Kampf fortsetzen

10. Dezember. In offizieller Mission übermittelt der Chef der Abwehr, Admiral Wilhelm Canaris, über die deutsche Gesandtschaft in Madrid der griechischen Regierung ein Friedensvermittlungsangebot. Falls Griechenland seinen militärischen Widerstand gegen Italien aufgebe und sich künftig neutral verhalten wolle, könne es die eroberten Gebiete in Albanien behalten.

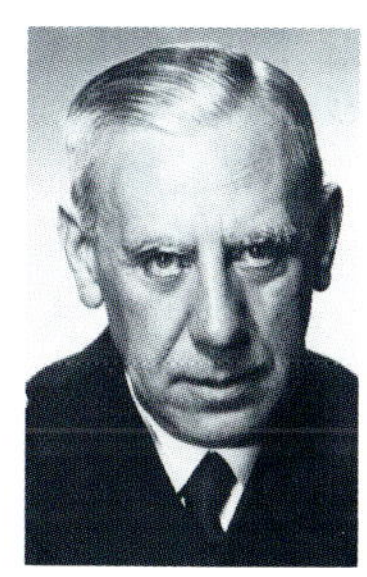

Wilhelm Canaris (* 1. 1. 1887 in Dortmund) ist seit 1935 Konteradmiral und Chef der Abwehrabteilung. Seit 1938 leitet er das Amt Ausland/Abwehr im Oberkommando der Wehrmacht. Er unterstützt den Widerstand gegen Hitler, lehnt ein Attentat jedoch ab.

Das ohne Wissen Italiens unterbreitete Angebot stellt den Versuch der deutschen Reichsregierung dar, den geplanten Kriegseintritt auf dem Balkan aufschieben zu können. Aufgrund der wehrwirtschaftlichen Bedeutung dieser Region als Aufmarschgebiet und Nachschublieferant für einen Feldzug gegen die UdSSR soll der Balkankonflikt nach deutschem Willen auf friedliche Weise gelöst werden. Jedoch ist Griechenland nicht zu einem Entgegenkommen bereit. Mit der Führerweisung zur Operation »Marita« am 13. Dezember ist der Angriff auf Griechenland beschlossen.

Mehr als 35 000 italienische Soldaten gehen am 11. Dezember in britische Gefangenschaft, nachdem General Wavell Sidi Barrani zurückerobert hat

Massive britische Offensive in Nordafrika

9. Dezember. Nachdem sich die britische Nilarmee in Nordafrika bis Anfang Dezember defensiv verhalten hatte, beginnt sie überraschend mit einer Offensive gegen die gegnerischen italienischen Stellungen. Gegen die 10. italienische Armee in der Cyrenaika (Ostlibyen) treten gemeinsam an: Die 7. Panzerdivision von General Archibald Percival Wavell, 16 Infanteriebrigaden sowie indische und australische Kolonialtruppen. Der massive Vorstoß der Briten kann von den italienischen Kräften nicht aufgehalten werden. Schon am 11. Dezember erobern britische Einheiten das am → 16. September (S. 158) von den Italienern eingenommene Sidi Barrani in Ägypten zurück. Am 17. Dezember wird auch der italienische Stützpunkt Sollum genommen. Die britischen Truppenverbände überrennen im ersten Anlauf die auf seiten Italiens kämpfende 1. und 2. libysche Division, die Miliz-Division »3. Januar« sowie die Gruppe Maletti. Vier Generäle und 38 000 Mann geraten in Gefangenschaft. Die britischen Verluste belaufen sich auf 133 Tote, acht Vermißte und 387 Verwundete. An allen Fronten müssen sich die italienischen Truppen auf Rückzugsgefechte beschränken. Obwohl die Italiener mit 80 000 Mann den nur 30 000 Mann starken britischen Truppen zahlenmäßig überlegen sind, können sie sich gegen die starken britischen Panzerkräfte nicht behaupten.

Der Überraschungsangriff Großbritanniens basiert auf einer gravierenden Fehleinschätzung der italienischen Militärführung in Nordafrika. Diese hatte den am 6. Dezember beginnenden 120 km weiten Vormarsch britischer Truppen bis zuletzt nicht als potentielles Angriffsmanöver angesehen. Am 19. Dezember bittet Italien das Deutsche Reich um die Verlegung einer deutschen Panzerdivision nach Tripolis (Tripolitanien, Libyen). Nach seiner »Weisung Nr. 18« vom 12. November sah Führer und Reichskanzler Adolf Hitler den Einsatz deutscher Kräfte in Ägypten jedoch erst dann als sinnvoll an, wenn die Italiener über das eroberte Sidi Barrani hinaus Marsa Matruh in Ägypten erreicht hätten. Der für diesen Fall vorgesehene Einsatz von Luftwaffeneinheiten war an die Bedingung geknüpft, ausreichende Luftbasen von Italien zur Verfügung gestellt zu bekommen.

Durch Flaggensignale wird eine Kolonne britischer Panzer in der libyschen Wüste zum Stillstand gebracht. Die erste größere Offensive der britischen Streitkräfte unter General Wavell richtet sich am 9. Dezember von Süden her gegen italienische Stellungen in der ägyptischen Hafenstadt Sidi Barrani; bei diesem ersten Angriff, der die Italiener völlig unvorbereitet trifft, werden bereits über 1000 Gefangene gemacht. Wirkungsvolle Unterstützung findet das britische Heer durch Einheiten der Royal Navy und der Air Force.

Mussolini entläßt Marschall Badoglio

6. Dezember. Aufgrund des Scheiterns in Afrika und der sich abzeichnenden Niederlage in Griechenland (→ 28. 10./S. 173) entläßt Ministerpräsident und Duce Benito Mussolini den Chef des Gesamtgeneralstabs, Marschall Pietro Badoglio, aus seinem Amt. Nachfolger Badoglios wird General Ugo Graf Cavallero. Der neue Stabschef, von 1936 bis 1937 Oberbefehlshaber in Ostafrika und Leiter des Capo del Comando Supremo, gilt als politischer Rivale Badoglios. Schon seit mehreren Jahren verfechten sie unterschiedliche Konzepte zur Durchsetzung italienischer Expansionsbestrebungen. Dabei stand Badoglio, der sich gegen den Kriegseintritt Italiens ausgesprochen hatte, mit dieser Haltung im Widerspruch zu den Plänen Mussolinis.

Pietro Badoglio (* 28. 9. 1871 bei Alessandria) war von 1919 bis 1921 Generalstabschef des Heeres, leitete 1935/36 den Äthiopienfeldzug und war hier bis 1937 Vizekönig; als Chef des Generalstabs (seit 1939) war er gegen den italienischen Kriegseintritt

Roosevelt erläutert Leih-Pacht-Gesetz

17. Dezember. Auf einer Pressekonferenz erklärt US-Präsident Franklin D. Roosevelt an einem Beispiel die Möglichkeit der neutralen USA, durch Verpfändung oder leihweise Überlassung von Waffen Großbritanniens Kampf für die Freiheit Europas zu stärken. Die Absicht Roosevelts, das durch den Krieg wirtschaftlich und militärisch geschwächte Großbritannien zu unterstützen und vor allem die britischen Seestreitkräfte im Atlantik kampfbereit zu erhalten, soll einer möglichen Alleinherrschaft und damit auch einer Bedrohung US-amerikanischer Seestreitkräfte durch die deutsche Kriegsmarine vorbeugen.
In seiner sog. Gartenschlauchrede legt Roosevelt den Grundgedanken des am 11. März 1941 unterzeichneten Lend Lease Act (Leih-Pacht-Gesetz) dar, mit dem Großbritannien Waffen aus den USA beziehen kann. Mitbegründet wurde diese Konzeption durch ein Schreiben des britischen Premiers Winston Churchill vom 8. Dezember. Darin äußert Churchill seine Überzeugung, daß Großbritannien künftig nicht mehr in der Lage sein werde, »den riesigen Armeen Deutschlands die Stirn bieten zu können«.

»Gartenschlauchrede« (Auszug)
»Nehmen Sie an, das Haus meines Nachbarn gerät in Brand, und ich habe einen langen Gartenschlauch ... Wenn er meinen Gartenschlauch nehmen und ihn an seinen Hydranten anschließen könnte, hätte ich die Möglichkeit, ihm beim Ersticken seines Feuers zu helfen. Was soll ich nun tun? Vor dieser Aktion könnte ich ihm sagen: ›Nachbar, mein Gartenschlauch kostet mich 25 Dollar. Sie müssen mir 15 Dollar dafür bezahlen.‹ Welches Geschäft geht nun vor sich? Ich möchte nicht 15 Dollar – ich möchte meinen Gartenschlauch zurück, nachdem das Feuer erloschen ist. Schön! Wenn er das Feuer gut übersteht, ... gibt er ihn mir zurück und bedankt sich ... Nehmen Sie jedoch an, er ist während des Brandes in Stücke gerissen oder es sind Löcher drin ... Ich werde ihm ... dann sagen: ›Ich habe Ihnen diesen Schlauch gern geliehen; ich sehe jedoch, daß ich ihn nicht mehr gebrauchen kann, ...‹ Er antwortet: ›Gut, ich werde ihn ersetzen.‹ Wenn ich jetzt einen hübschen Gartenschlauch zurückerhalten werde, stehe ich gut da ...«

Churchill ist vor allem über den sich stetig verringernden britischen Schiffsraum besorgt. Der britische Premier, der davon ausgeht, daß sich die Entscheidung in diesem Krieg 1941 auf den Meeren abspielen wird, gesteht ein, daß bei zunehmenden Schiffsverlusten Truppentransporte sowie die Versorgung der Bevölkerung mit Nahrungsmitteln erheblich erschwert würden. Er betont die Gefahr, »daß wir unterwegs zusammenbrechen, bevor die Vereinigten Staaten Zeit haben, ihre Abwehrmaßnahmen zu vollenden«. Churchill, der die Schiffsverluste seiner Kriegsmarine von Ende September bis zum 3. November auf 420 300 t veranschlagt und dabei auf die katastrophale wirtschaftliche Situation seines Landes zu sprechen kommt, macht Roosevelt klar, daß es für die Aufrechterhaltung der Atlantikroute unerläßlich sei, eine große Anzahl US-amerikanischer Kriegsschiffe, insbesondere Zerstörer, geschenkt, geliefert oder geliehen zu bekommen. Das bedeutet, daß die US-amerikanische Kriegsproduktion erheblich gesteigert werden muß. Sie ist laut Unterstaatssekretär Knudsen um 30% hinter den Planziffern zurück.

Neuer britischer Botschafter in den USA: Edward Lindley W. Halifax

Kennedy tritt als Botschafter zurück

1. Dezember. Nach einer amtlichen Verlautbarung aus Washington ist Joseph Kennedy von seinem Amt als US-Botschafter in London zurückgetreten. Der 52jährige Kennedy will sich nach einer zweijährigen Amtszeit als Botschafter nun den innenpolitischen Problemen seines Landes widmen. Dabei stehe nach seinen Erklärungen die »Wahrung der amerikanischen Form der Demokratie« im Mittelpunkt seiner Bemühungen. Der bisherige Botschafter, ein vehementer Verfechter einer Nichteinmischung der USA in den europäischen Konflikt, stand mit seiner Haltung in Opposition zu der von US-Präsident Franklin D. Roosevelt stetig erhöhten Interventionsbereitschaft des Landes.
Am 22. Dezember wird aus London die Ernennung des bisherigen britischen Außenministers Edward Lindley Wood Halifax zum Botschafter in Washington bekanntgegeben. Der bisherige Kriegsminister Sir Robert Anthony Eden übernimmt das Außenministerium.

Joseph Patrick Kennedy wurde am 6. September 1888 in Boston im US-Bundesstaat Massachusetts geboren. Als Finanzmanager war er Berater der US-Regierung, bevor er 1937 als Botschafter seines Landes nach London ging.

Stützpunkte am Rio de la Plata

14. Dezember. Die Regierungen Argentiniens und Uruguays schließen einen Verteidigungsvertrag. Das Abkommen sieht den gemeinsamen Bau von Flug- und Flottenstützpunkten am Rio de la Plata vor. Die geplanten Anlagen sollen in erster Linie den jeweiligen Landstreitkräften als militärische Basen dienen. Vorgesehen ist jedoch, die Stützpunkte im Rahmen der gemeinsamen Verteidigung der westlichen Hemisphäre auch anderen Nationen auf dem amerikanischen Kontinent zur Verfügung zu stellen. Das Militärabkommen regelt über strategische Fragen hinaus auch den seit langem zwischen Argentinien und Uruguay bestehenden Konflikt über die Souveränität in den Gewässern des Rio de la Plata. Mit der Bereitwilligkeit, die Stützpunkte auch anderen amerikanischen Nationen zur Verfügung zu stellen, kann auch die USA ihre strategische Position in Südamerika ausbauen.

Hilfe für besetzte Länder

8. Dezember. Der Leiter der European Food Distribution Commission und ehemalige Präsident der USA (1929–1933), Herbert Clark Hoover, gründet in New York ein »Nationales Komitee über Lebensmittelfragen für fünf kleine Demokratien«.

Hoover organisierte bereits 1918 ein Hilfsprogramm für Europa (sog. Hoover- oder Quäker-Speisungen)

Die Organisation, die von 140 führenden Persönlichkeiten der Vereinigten Staaten unterstützt wird, setzt es sich zur Aufgabe, die Menschen in dem vom Deutschen Reich in Nord- und Westeuropa besetzten Staaten mit Lebensmittellieferungen zu unterstützen.
Hoover, der während und nach Beendigung des Ersten Weltkriegs ein europäisches Hilfsprogramm (Quäker- oder Hoover-Speisungen) organisierte, will sich mit seinem Komitee vor allem den Versorgungsproblemen in Finnland, Norwegen, den Niederlanden, Belgien und in Polen widmen. Diese, mit Ausnahme Finnlands, unter unmittelbarer deutscher Besatzung stehenden Staaten sind gezwungen, einen großen Teil ihrer Lebensmittelproduktion ins Deutsche Reich zu exportieren.
Die von Hoover beabsichtigten Hilfsmaßnahmen stoßen auf Protest in den USA. Viele befürchten, daß die Aufrechterhaltung der deutschen Herrschaft erleichtert werde.

Wie Basel eine Woche zuvor wird auch Zürich Opfer eines tragischen Versehens britischer Bomberpiloten

Auf Zürich fallen britische Bomben

22. Dezember. Kampfflugzeuge der Royal Air Force werfen bei einem Flug über schweizerischem Gebiet versehentlich etwa 55 Spreng- und Brandbomben über Zürich ab. Der noch vor Beginn der Verdunkelung gegen 21 Uhr auf Zürich niedergehende Bombenhagel wird von der Schweizer Bundesregierung vehement verurteilt. Elf Menschen werden durch das Bombardement verletzt. Die »Neue Zürcher Zeitung« kommentiert die »frevelhafte Leichtfertigkeit, mit der die fremden Flugzeuge sich ihrer Bomben über einer friedlichen Stadt eines neutralen Landes entledigten«: Die geographischen Kenntnisse der Piloten werden in Zweifel gezogen, da Zürich zum Zeitpunkt des Angriffs noch hell erleuchtet gewesen sei. »Diese unbegreiflichen Irrtürmer und Verwechslungen« setzen die Schweiz schon seit einiger Zeit wiederholten Luftangriffen aus. Erst vor einer Woche wurde Basel Opfer eines versehentlichen Luftbombardements britischer Flugstaffeln.

Bei einem schweren Luftangriff der Royal Air Force auf Mannheim in der Nacht zum 17. Dezember kamen 23 Menschen ums Leben. Etwa 100 britische Flugzeuge richteten durch den Abwurf von 89 t Spreng- und 14 000 Brandbomben im Stadtgebiet erhebliche Zerstörungen an.

Innenhof des von britischen Bomben beschädigten Skala-Theaters in Mannheim; Bombardements der Royal Air Force gegen deutsche Wohnviertel sind 1940 die Ausnahme, Ziele sind militärische und industrielle Komplexe

Berlin sendet 50. »Wunschkonzert«

8. Dezember. Zum 50. Mal strahlt der Berliner Reichssender die beliebte Unterhaltungs- und Musiksendung »Wunschkonzert für die Wehrmacht« aus. Das seit dem 1. Oktober 1939 – mit einer kurzen Unterbrechung im Sommer 1940 – jeden Sonntagnachmittag um 15 Uhr ausgestrahlte Programm eröffnet den Zuhörern an der Front und in der Heimat die Möglichkeit, spezielle Musikwünsche sowie Grüße an ihre Familienangehörigen per Rundfunk zu übermitteln. Der bewußt propagandistische Einsatz dieser Sendung, die mit beliebten Schlagerstars und Orchestermusik das Gefühl »einer zusammengeschweißten Volksgemeinschaft« wachrufen will, steht unter strengen Zensurbestimmungen von Propagandaministerium und Wehrmacht. Die eingesandten Texte werden selektiert.

»Wunschkonzert« ist Filmthema

30. Dezember. Der Liebes- und Musikfilm »Wunschkonzert« (Regie: Eduard von Borsody), in dessen Mittelpunkt die Radiosendung »Wunschkonzert für die Wehrmacht« steht, wird in Berlin uraufgeführt. Ilse Werner und Carl Raddatz spielen die Hauptrollen. Aufnahmen von Wunschkonzertsendungen bilden die Grundlage für eine Liebesgeschichte.

»Bismarck«-Film von Liebeneiner

6. Dezember. Das Leben des großen preußischen Staatsmanns »Bismarck« wird verfilmt. Die Titelrolle verkörpert der Staatsschauspieler Paul Hartmann. Der unter der Regie von Wolfgang Liebeneiner entstandene und in Berlin uraufgeführte Film dokumentiert in fiktiven Spielfilmszenen die Zeit von der Berufung Otto von Bismarcks zum preußischen Ministerpräsidenten im Jahr 1862 bis zur Gründung des deutschen Kaiserreichs am 18. Januar 1871 in Versailles. Die filmische Ehrung von Persönlichkeiten aus der deutschen Geschichte (wie Schiller am 13. November) ist ein Schwerpunkt der Filmproduktionen während des Dritten Reichs.

Abetz will Mode in Paris erhalten

3. Dezember. Der deutsche Botschafter in Paris, Otto Abetz, protestiert in einem Memorandum gegen die beabsichtigte Auflösung der französischen Modeindustrie.

Auf Veranlassung des Propagandaministeriums und der Deutschen Arbeitsfront (DAF) sind seit dem Sommer schon eine Reihe französischer Modeeinrichtungen zum Teil oder vollständig beschlagnahmt worden. Bislang wurden schon Kollektionen im Wert von 2 Millionen Franc (etwa 9,9 Mio. RM) sichergestellt. Sonderkommandos des Propagandaministeriums kopieren nicht selten während der Modeschauen in Paris die vorgestellten Modelle. Abetz macht in seinem Beschwerdeschreiben deutlich, daß aufgrund der hohen Arbeitslosigkeit in Frankreich die ureigensten Wirtschaftszweige im Lande, darunter die Landwirtschaft, der Weinbau und die Modeindustrie, erhalten werden müßten. Um den Bestand gewisser wirtschaftlicher Entwicklungsmöglichkeiten im Land zu bewahren und auch die Volksmassen nicht gegen die deutsche Besatzungsmacht aufzubringen, fordert er daher, die weitverzweigte Modeindustrie im besetzten Teil Frankreichs funktionsfähig zu erhalten. Die Schaffung deutscher Modezentren kann nach Abetz nur durch eigene schöpferische Kraft verwirklicht werden und nicht durch die Zerschlagung der französischen Konkurrenz.

Otto Abetz, seit der französischen Niederlage deutscher Botschafter bei der Vichy-Regierung in Paris

Konzession an die geheimen Sehnsüchte der Soldaten: Kontaktanzeigen im Magazin »Westfront-Illustrierte«

»Feldpostmädchen« für Frontsoldaten

Um die Kampfmoral zu erhalten, schenken Heeresleitung, das Amt Kraft durch Freude (KdF) und Propagandaministerium der Unterhaltung und Betreuung der Soldaten an der Front auch im zweiten Kriegsjahr 1940 größte Aufmerksamkeit. Nicht nur mit Theateraufführungen und »Bunten Abenden« (→ 30.9./S. 166) wird versucht, den harten Alltag der Soldaten erträglich zu gestalten. Auch die reibungslose Beförderung der Feldpostsendungen steht im Mittelpunkt der Bemühungen der zuständigen Stellen.

Grüße und Nachrichten von der Familie sowie die Feldpost der Soldaten an ihre Frauen, Mütter und Kinder sollen den Kontakt der Soldaten zur Heimat aufrechterhalten, die kämpfende Truppe stärken und dem Verbundenheitsgefühl des ganzen deutschen Volkes dienen. Im Rahmen der Förderung zwischenmenschlicher Kontakte zwischen Frontsoldaten und der Heimat veröffentlicht die Militärzeitschrift »Westfront-Illustrierte« eine besondere Anzeigenserie. Regelmäßig erscheinen ganzseitige Porträtfotos von attraktiven, jungen Frauen, die Briefkontakt mit Soldaten aufzunehmen wünschen. Diese sog. Feldpostmädchen werden in der Zeitschrift kurz mit ihrem Vornamen und Wohnort vorgestellt. Auf den Abbildungen ist die Feldpostnummer angegeben, die als Adresse der jeweiligen Dame gilt. Diese Kontaktanzeigen richten sich in erster Linie an alleinstehende Soldaten, denen die Möglichkeit gegeben werden soll, ihre Erlebnisse mit einer »Freundin« in der Heimat austauschen zu können. Ob die abgebildeten Mädchen wirklich unter diesem Namen mit der angegebenen Feldpostnummer existieren, oder ob die Briefe der Soldaten von einem Beauftragten beantwortet werden, bleibt ungeklärt.

Die Feldpost wird aber auch noch für ganz andere Zwecke eingesetzt: Immer wieder gelangen Feldpostkarten an deutsche Frontsoldaten, denen durch Illustration und entsprechende Texte auf der Rückseite die Schrecken der deutschen Kriegführung deutlich gemacht werden sollen.

»Blutspender für den Glauben und Willen der Angehörigen« und »Herzstück der geistigen Kriegführung« soll die Feldpost sein

Rohstoffmangel jetzt Problem Nr. 1

13. Dezember. Die Zeitschrift »Der Vierjahresplan« stellt in einem Beitrag zur Rohstoffsituation im Deutschen Reich mit Besorgnis fest, daß der für die Herstellung von Lebensmittelkarten pro Monat notwendige Papierbedarf 2000 bis 3000 t betrage. Angesichts der zunehmenden Verknappung von Rohstoffen vor allem in den Bereichen Edelmetalle, Leder, Papier, Kautschuk, Wolle und Energie wird versucht, durch den verstärkten Einsatz von Ersatzstoffen sowie durch umfangreiche Sammelaktionen Abhilfe zu schaffen. Die Bevölkerung wird in mehreren Aktionen dazu aufgerufen, privat entbehrliche Gegenstände der industriellen und staatlichen Nutzung zur Verfügung zu stellen. Ein Beispiel dafür ist die im Rahmen der Metallspende (→ 14. 3./S. 59) durchgeführte Sammlung von Edelmetallen, die der Rüstungsproduktion zufließen. Auch der Papiermangel soll durch die Sammlung von Altpapier in Haushalten und Betrieben ausgeglichen werden. Schon am 8. Februar forderte die Wirtschaftsgruppe der Deutschen Arbeitsfront (DAF) in einem Appell alle Betriebsleiter auf, jegliche nicht mehr benötigten Altpapiermengen der deutschen Wirtschaft zwecks Wiederverwertung zur Verfügung zu stellen.
Aber auch der täglich anfallende Hausmüll soll der Wiederverwertung und Rohstoffgewinnung zugeführt werden. So werden Hausfrauen dazu angehalten, Küchenabfälle wie Kartoffelschalen und Knochen in gesonderten Behältern für die Viehfutterherstellung aufzubewahren; gesammelte Tuben und Konservendosen dienen der Zinngewinnung, Lumpen und Altwolle finden in Spinnereien für die Herstellung neuer Stoffe Verwendung. Dennoch können diese Aktionen den Rohstoffmangel der von Auslandslieferungen nahezu abgeschnittenen deutschen Wirtschaft nicht vollständig kompensieren. Aufgrund des herrschenden Papiermangels wurde bereits im Februar die zugeteilte Papiermenge für Zeitungsverlage um 25% herabgesetzt. Viele Zeitungen haben in der Folge ihre Kultur- und Lokalbeiträge auf ein Minimum reduziert, um in ihren zwei- bis vierseitigen Ausgaben genügend Platz für politische Meldungen zu schaffen. Auch Handwerksbetriebe sind vom Rohstoffmangel betroffen.

Auch in Großbritannien wird aus zerstampften Knochen Leim hergestellt

Lagerung von Strohabfällen zur Herstellung von Textilfaserstoffen

Nicht benötigte Autoreifen müssen an Sammelstellen abgeliefert werden

Buchführung über patriotische Taten: »Opfer für Volk und Vaterland« in Form von Spenden können in sog. Opferbücher eingetragen werden

Dresden erstmals als Pokalsieger

1. Dezember. 60 000 Zuschauer erleben im Berliner Olympia-Stadion das Fußballendspiel im diesjährigen Tschammer-Pokalwettbewerb (benannt nach dem Reichssportführer Hans von Tschammer und Osten). Die Mannschaften des Dresdner SC und des 1. FC Nürnberg bieten dem Publikum ein spannendes Spiel, das nach Ablauf der regulären Spielzeit 1:1 steht. Erst in der 4. Minute der Spielverlängerung gelingt dem Dresdner Halbrechten Schaffer der spielentscheidende Treffer. Durch diesen Sieg gelangen die sächsischen Spieler zum erstenmal in den Besitz des Vereins-Pokals.

Tschammer will Reform des IOC

3. Dezember. In einem Schreiben an Reichsaußenminister Joachim von Ribbentrop berichtet Hans von Tschammer und Osten, Reichssportführer und Präsident des Deutschen Olympischen Ausschusses, über den Stand seiner Bemühungen, das Internationale Olympische Komitee (IOC) nach deutschen Vorstellungen zu reformieren. Im Herbst hatte unter Leitung des Reichssportführers eine deutsche Verhandlungsdelegation Kontakte mit dem Präsidenten des IOC, Henri Graf de Baillet-Latour, in Brüssel aufgenommen. Ziel der deutschen Delegation war, Interessen bei Stellenbesetzungen im Komitee durchzusetzen.

Joe Louis bleibt Box-Weltmeister

16. Dezember. In Boston verteidigt der Boxweltmeister im Schwergewicht, Joe Louis (USA), zum zwölften Mal den Titel, den er im Juni 1937 gewonnen hat. Der farbige Champion läßt seinem Gegner Al McCoy (eigentl. Florian Le Brasseur) keine Chance. Schon in der ersten Runde geht der Herausforderer für einige Sekunden zu Boden. Auch in den folgenden Runden muß er starke Schläge des Weltmeisters einstecken. Zur sechsten Runde tritt McCoy, der durch eine Augenverletzung schwer beeinträchtigt ist, nicht mehr an. Louis wird zum Sieger erklärt. Er verteidigt damit den Titel zum viertenmal in diesem Jahr.

Unterhaltung 1940:

Unterhaltung soll Kriegsmoral stärken

Bunte Abende werden überall vom KdF organisiert

»Wiener Blut« mit P. Höffner, H. Hofer, Ch. Brüning (v. l.)

Kultur- und Unterhaltungsveranstaltungen leiden in ganz Europa unter der zunehmenden Verlagerung des Kriegsgeschehens von der Front ins Hinterland. Häufiger Luftalarm beeinträchtigt einen geregelten Spielbetrieb von Theater- und Lichtspielhäusern in fast so starkem Maße wie der ohnehin durch Einberufung von Kräften zur Front reduzierte Personalbestand im künstlerischen und technischen Bereich. Trotz aller Widrigkeiten stellen Theater-, Revue- und Kabarettveranstaltungen eine willkommene Ablenkung vom harten Alltag dar und erfreuen sich eines regen Zuspruchs bei der vom Krieg gezeichneten Bevölkerung.

Im Deutschen Reich, wo die Unterhaltung auch gezielt propagandistisch genutzt wird, um die nationalsozialistische Gesinnung der »Volksgemeinschaft« zu stärken, werden vor allem Auftritte großer Stars gefördert. Im Rahmen des öffentlich veranstalteten »Wunschkonzerts für die Wehrmacht« präsentieren sich nicht selten so bekannte Schauspieler wie Heinz Rühmann, Marika Rökk und Zarah Leander in Live-Veranstaltungen. Darüber hinaus gibt es vor allem in den Großstädten nach wie vor zahlreiche Revuen, Tanzabende mit Unterhaltungsmusik und bunte Abende der Vergnügungsetablissements. Auch Unterhaltungsfilme mit populären Stars wie Hans Moser und Theo Lingen in »Rosen in Tirol«, »Operette« mit Willi Forst, »Kleider machen Leute« mit Heinz Rühmann sowie auch der Film »Wunschkonzert« erfreuen sich großer Beliebtheit.

Jedoch ist es trotz des noch reichhaltigen Angebots der Vergnügungsindustrie nicht allen Bevölkerungsschichten möglich, ihre wenigen freien Stunden mit dem Besuch von Kulturveranstaltungen zu verbringen. So berichten die geheimen Lageberichte des Sicherheitsdienstes der SS vermehrt von Unmutsäußerungen in der Bevölkerung über die Eintrittspreise der KdF-Kleinkunstbühnen. Die NS-Freizeitorganisation Kraft durch Freude (KdF) z. B. ist bestrebt, auch im Krieg ein breites Kulturprogramm aufrechtzuerhalten, verlangt aber für einen bunten Abend mit der Kabarettistin Claire Waldoff 1,80 Reichsmark (RM). Für einen KdF-Ballettabend kostet die billigste Eintrittskarte 1,70 RM. Von Arbeitern, deren Stundenlohn durchschnittlich 0,80 RM beträgt, werden diese Preise als nicht mehr tragbar angesehen. Für breite Bevölkerungsschichten stelle sich daher die Frage, ob es aufgrund dieser Umstände nicht billiger sei, ein privat organisiertes Kino oder ein Stadttheater zu besuchen.

Während im Deutschen Reich der Kultur- und Unterhaltungsbereich von Einflüssen anglo-amerikanischer Prägung soweit wie möglich abgeschottet wird, feiern Tanzveranstaltungen mit leichter Swing-Musik oder Jazz in Großbritannien und den USA große Erfolge.

Damen-Baseball: Freizeitspaß Nr. 1 in den USA ist der Sport

Der Münchner Humorist Karl Valentin

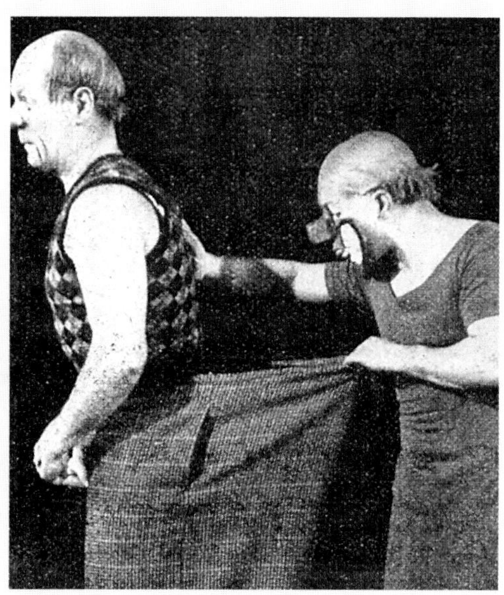

Der Clown Charlie Rivel (r.) und Partner

Besinnlichkeit zum Fest

24. Dezember. Der Stellvertreter des Führers, Reichsminister Rudolf Heß, hält anläßlich der zweiten Kriegsweihnacht eine Rundfunkansprache an das deutsche Volk. In seinen Ausführungen gedenkt Heß dabei besonders der Soldaten an der Front, die »zusammengerückt um das kleine Bäumchen aus dem Feldpostpäckchen in ihren Mannschaftsräumen« sitzen. In seiner romantisch verklärten Rede führt er aus: »Es duftet nach der Heimat, nach Tannennadeln, nach Kerzenlicht. Eine Zither, eine Mundharmonika, ein kleines Orchester oder das Radio spenden euch weihnachtliche Lieder. Die Gedanken wandern durch Raum und Zeit nach Hause zu den Frauen und Kindern, zu Eltern und Bräuten. Sie wandern zurück in das Glück der Kindheit. Sie wandern voraus zu Glück und Frieden.« Anläßlich des Heiligen Abends der »deutschen Volksfamilie« geht Heß rückblickend auf die großen deutschen Erfolge dieses Jahres in Nord- und Westeuropa ein und hebt die großen Opfer, die dieser Krieg bisher gefordert hat, hervor. Als Trost für alle trauernden Frauen, Mütter und Schwestern im Deutschen Reich erklärt der Führerstellvertreter jedoch: »Nur wer vergessen ist, ist wirklich tot.« In der Hoffnung auf den Zusammenhalt von Deutschen an der Front und in der Heimat äußert Heß die Gewißheit, »daß auch heute das Deutsche Reich noch nicht auf dem Höhepunkt seiner Kraft angelangt ist« und die Wehrmacht »zu Wasser, zu Land und in der Luft« alle Kriegserfordernisse siegreich erfüllen wird.

Nach heftigen Gefechten auf See und einem Angriff der deutschen Luftwaffe in der Nacht zum 24. Dezember auf Manchester herrscht auf britischer und deutscher Seite bis zum zweiten Weihnachtstag Waffenruhe. Auf den afrikanischen sowie griechisch-albanischen Kriegsschauplätzen gehen die Kämpfe jedoch unvermindert weiter. Vielen deutschen Soldaten ist es ermöglicht worden, die Weihnachtsfeiertage in der Heimat bei der Familie zu verbringen. Um das starke Aufgebot an Fronturlaubern transportieren zu können, sind von der Deutschen Reichsbahn mehrere Sonderzüge eingesetzt worden. Zu Hause erwartet die Soldaten bei Temperaturen um −2 °C und etwas Schnee eine durchaus weihnachtliche Atmosphäre. Viele Frauen versuchen trotz der kriegsbedingten Einschränkungen, ein friedensähnliches Weihnachtsfest in ihrem Heim zu gestalten. Aufgrund des geringen Warenangebots in den Geschäften haben schon viele Familien frühzeitig mit den Weihnachtseinkäufen begonnen. Begehrte Geschenkartikel sind alle marken- und bezugsscheinfreien Waren. So sind vor allem Keramik, Glas, Geschirr und Bestecke sehr beliebt. Insbesondere Bücher fanden großen Absatz im Weihnachtsgeschäft. Eßwaren fallen als Geschenkartikel ganz aus, und auch Tabakwaren sowie hochprozentiger Alkohol sind kaum noch erhältlich. Als offiziellen Dank für ihren Einsatz in der Heimat lädt Reichspropagandaminister Joseph Goebbels eine kleine Zahl ausgesuchter Frauen und Kinder von Frontsoldaten zu einer Weihnachtsfeier in sein Berliner Ministerium. Goebbels gab dem Rundfunk die strikte Anweisung, ausgesprochen sentimentale Sendungen an den Weihnachtstagen zu vermeiden.

Für die Soldaten, die die Weihnachtsfeiertage nicht in der Heimat verbringen können, stellt die Feldpost den einzigen Kontakt zu Familie und Freunden her; die politische Führung legt auf diese Verbindung großen Wert

Adolf Hitler (vor dem Fenster l.) zu Besuch beim Geschwader des Kommodore Oberstleutnant Galland (r. neben Hitler)

Der Führer und von Brauchitsch verbringen Weihnachten an der Front

24. Dezember. Der Führer und Oberbefehlshaber der Wehrmacht, Adolf Hitler, verbringt wie im Vorjahr die Weihnachtstage bei seinen Truppen an der Westfront. Auch Generalfeldmarschall Walter von Brauchitsch, Oberbefehlshaber des Heeres, hält sich am Heiligen Abend bei den Soldaten im Westen auf, um im Kreise ausgesuchter Truppenverbände an einer Weihnachtsfeier teilzunehmen. Aus diesem Anlaß hält von Brauchitsch an das Heer eine Rede, die über alle Sender des Großdeutschen Rundfunks übertragen wird.

Britische Soldaten am Weihnachtsmorgen in der Nähe von Bardia: Während einige Kilometer weiter westlich die alliierten Truppen um die libysche Hafenstadt kämpfen, die sie am 5. Januar 1941 erobern können, feiern ihre Kameraden den Weihnachtsgottesdienst im Wüstensand; ein improvisierter Altar für die Eucharistie muß genügen

Weihnachtsbotschaft von König Georg VI.

25. Dezember. Georg VI., König von Großbritannien und Nordirland, richtet über den Rundfunk eine Weihnachtsbotschaft an sein Volk. Unter besonderer Hervorhebung von Not und Leiden der Kinder und Frauen während dieses Kriegsjahrs appelliert er an die Moral der Zivilbevölkerung. Er führt aus: »Wenn der Krieg einerseits zu Trennungen führt, so führt er andererseits zu einer neuen Einigkeit, einer Einigkeit, die von den gemeinsamen Gefahren und Leiden herrührt, welche wir alle gern auf uns nehmen. Das Schönste, was die Zivilbevölkerung tun kann, ist, in der Not Kameradschaft und gutnachbarschaftlichen Geist walten zu lassen. Dadurch, daß die Zivilpersonen die Prüfungen und Mißhelligkeiten mit Humor und Entschlußkraft tragen, erfüllen sie nicht nur ihre Pflicht, sondern sie helfen den Soldaten, den Krieg zu gewinnen.« Die Soldaten Großbritanniens sind auch während der Weihnachtsfeiertage im Kampfeinsatz. Nach Beginn der britischen Offensive in Nordafrika konzentrieren sich die Kämpfe auf Ostlibyen und Ägypten.

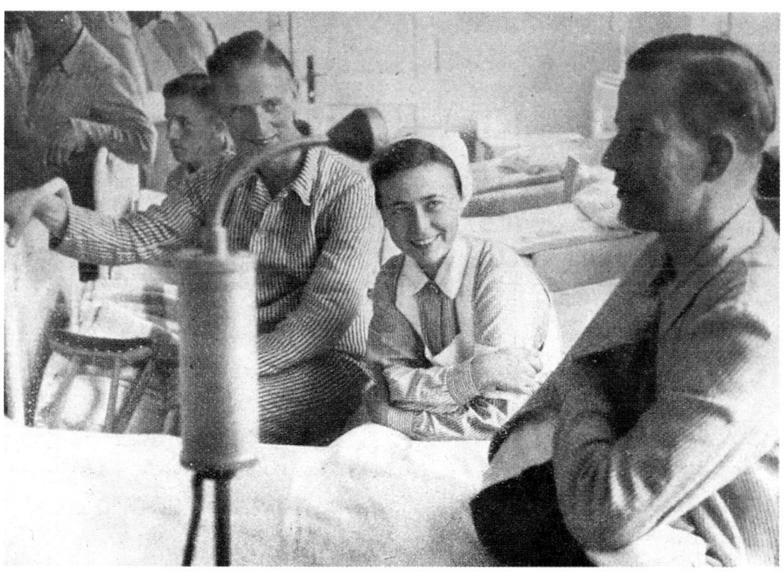

Verwundete deutsche Soldaten haben zu Weihnachten in manchen Lazaretten die Möglichkeit, »tönende Grüße« auf Schallplatte in die Heimat zu senden

Ersatz für ein gemeinsames Familienfest: Die deutschen Illustrierten propagieren zur Weihnachtszeit den Fotogruß für den Vater an der Front

Hamsterfahrten und Schwarzhandel sollen festliche Weihnacht im Familienkreis sichern

24. Dezember. Zu Weihnachten werden im Deutschen Reich 750 g Hülsenfrüchte oder Reis, 500 g Zucker, Marmelade und Bohnenkaffee als Sonderzuteilung ausgegeben. Jedoch hält diese großzügige Geste große Teile der Bevölkerung nicht davon ab, durch Schwarzhandel oder Hamsterfahrten aufs Land sich die notwendigen Zutaten für das Festtagsmenü zu beschaffen. So wurden schon einige Wochen vor dem Weihnachtsfest entsprechende Beschaffungsaktionen in verstärktem Maße registriert. Die geheimen Lageberichte des Sicherheitsdienstes der SS vom 2. Dezember berichteten aus Dortmund: »Die Hamsterei von Festtagslebensmitteln steht in voller Blüte, die Jagd nach Wild und Geflügel hat schon lange begonnen, und es werden Wucherpreise dafür verlangt.« Der Ausgleich für die knapp gehaltene Fleischration auf den Lebensmittelkarten muß im Schnitt mit 10 Reichsmark pro Pfund Gänsefleisch bezahlt werden. Aber auch Geschenkartikel und Spielzeug sind in den Geschäften nur zu überhöhten Preisen zu erhalten. So kosten z. B. Adventskränze 6 bis 10 Reichsmark.

Neue Postwertzeichen 1940 im Deutschen Reich

Sonderausgabe zur Leipziger Frühjahrsmesse; Motiv (v. l.): Deutsche Bücherei und Gutenberg; Uhrturmhaus am Augustplatz; Marktplatz und Altes Rathaus; Große Technische und Baumesse

Wohltätigkeitssonderausgabe zur Wiedervereinigung von Eupen, Malmedy und Moresnet; abgebildet sind die südlich von Aachen gelegenen Städte Eupen (r.) und Malmedy

Wohltätigkeitssonderausgaben anläßlich der Erfindung des Diphtherie-Serums vor 50 Jahren; abgebildet ist der Bakteriologe Emil Behring, Begründer der Serumtherapie

Wohltätigkeitssonderausgabe zum 51. Geburtstag Hitlers

Wohltätigkeitssonderausgabe zum Tag der Arbeit am 1. Mai

Wohltätigkeitssonderausgabe zum Erwerb von Helgoland 1890

Wohltätigkeitssonderausgabe zum 7. Rennen um »Das Braune Band«

Ausgabe zur 2. »Nationalen Briefmarkenausstellung«

Ausgabe zum Großen Deutschlandpreis um »Das Blaue Band«

Wohltätigkeitsausgabe für das Winterhilfswerk; die abgebildeten Bauwerke: Artushof in Danzig, Rathaus in Thorn, Pfalz bei Kaub, Stadttheater in Posen, Heidelberger Schloß, Porta Nigra in Trier, Neues Deutsches Theater in Prag, Rathaus in Bremen, Rathaus in Münster

Anhang

Deutsches Reich (mit Österreich) und die Schweiz 1940 in Zahlen

Die Statistiken für die drei deutschsprachigen Länder umfassen eine Auswahl von grundlegenden Daten. Es wurden vor allem Daten aufgenommen, die innerhalb der einzelnen Länder vergleichbar sind. Maßgebend für alle Angaben waren die amtlichen Statistiken. Die Zahlen beziehen sich auf die jeweiligen Staatsgrenzen von 1940. Nicht in allen gesellschaftlichen Bereichen finden jährliche Erhebungen statt, so daß mitunter die Daten aus früheren Jahren aufgenommen werden mußten. Das Erhebungsdatum ist jeweils angegeben (unter der Rubrik »Stand«). Die aktuellen Zahlen des Jahres 1940 werden – wo möglich – durch einen Vergleich zum Vorjahr relativiert. Wichtige Zusatzinformationen zum Verständnis einzelner Daten sind in den Fußnoten enthalten.

Deutsches Reich (mit Österreich)

Erhebungsgegenstand	Wert	Vergleich Vorjahr (%)	Stand
Fläche			
Fläche (km²)[2]	729 774	–	1940
Bevölkerung			
Wohnbevölkerung[2]	98 173 000	+ 0,8	1940
männlich[3]	38 762 000	–	1939[1]
weiblich[3]	40 614 000	–	1939[1]
Einwohner je km²	134,5	+ 0,7	1940
Ausländer[3]	1 019 892	–	1939[1]
Privathaushalte[3]	20 335 000	–	1939[1]
Einpersonenhaushalte	1 984 000	–	1939[1]
Mehrpersonenhaushalte	18 351 000	–	1939[1]
Lebendgeborene[2]	1 769 804	+ 1,2	1940
Gestorbene[2] [4]	1 145 715	+ 3,4	1940
Eheschließungen[2]	808 422	– 19,7	1940
Ehescheidungen[3]	71 950	–	1939[1]
Familienstand der Bevölkerung [3]			
Ledige insgesamt	36 733 000	–	1939[1]
männlich	18 800 000	–	1939[1]
weiblich	17 933 000	–	1939[1]
Verheiratete	36 765 000	–	1939[1]
Verwitwete und Geschiedene	5 878 000	–	1939[1]
männlich	1 531 000	–	1939[1]
weiblich	4 347 000	–	1939[1]
Religionszugehörigkeit [2]			
Christen	90 698 000	–	1939[1]
katholisch	46 544 000	–	1939[1]
evangelisch	44 154 000	–	1939[1]
Gottgläubige	2 774 000	–	1939[1]
andere	3 953 000	–	1939[1]
Altersgruppen [3]			
unter 6 Jahren	7 736 700	–	1939[1]
6 bis unter 10 Jahren	4 408 400	–	1939[1]
10 bis unter 16 Jahren	7 469 900	–	1939[1]
16 bis unter 20 Jahren	5 612 900	–	1939[1]
20 bis unter 30 Jahren	11 487 600	–	1939[1]
30 bis unter 40 Jahren	13 857 600	–	1939[1]
40 bis unter 50 Jahren	10 518 500	–	1939[1]
50 bis unter 60 Jahren	8 399 000	–	1939[1]
60 bis unter 65 Jahren	3 601 800	–	1939[1]
65 und darüber	6 282 700	–	1939[1]

1) Letzte verfügbare Angabe;
2) Deutsches Reich mit Österreich, Sudeten- und Memelland, annektierte polnische Gebiete, Eupen, Malmedy und Moresnet sowie Reichsprotektorat Böhmen und Mähren;
3) Gebietsstand 17. 5. 1939: Deutsches Reich mit Österreich, ohne Memelland, Danzig, annektierte Ostgebiete, Eupen, Malmedy und Moresnet sowie Reichsprotektorat Böhmen und Mähren;
4) Ohne Sterbefälle von Wehrmachtsangehörigen;
5) Gebietsstand 31. 12. 1937;
6) Reichsdurchschnitt und Jahresdurchschnitt;

Erhebungsgegenstand	Wert	Vergleich Vorjahr (%)	Stand
Die zehn größten Städte [3]			
Berlin	4 338 756	–	1939[1]
Wien	1 929 976	–	1939[1]
Hamburg	1 711 877	–	1939[1]
München	829 318	–	1939[1]
Köln	772 221	–	1939[1]
Leipzig	707 365	–	1939[1]
Essen	666 743	–	1939[1]
Dresden	630 216	–	1939[1]
Breslau	629 565	–	1939[1]
Frankfurt am Main	553 464	–	1939[1]
Erwerbstätigkeit			
Erwerbstätige[3]	39 792 295	–	1939[1]
männlich	24 866 793	–	1939[1]
weiblich	14 925 502	–	1939[1]
nach Wirtschaftsbereichen			
Land- und Forstwirtschaft, Tierhaltung und Fischerei	10 847 516	–	1939[1]
Produzierendes Gewerbe	16 504 041	–	1939[1]
Handel und Verkehr	6 850 883	–	1939[1]
Sonstige	5 589 855	–	1939[1]
Betriebe [3]			
Landwirtschaftliche Betriebe	3 915 031	–	1939[1]
Industrie und Handwerk	2 152 557	–	1939[1]
Baugewerbe	266 803	–	1939[1]
Handel und Verkehr	1 757 380	–	1939[1]
Außenhandel [2]			
Einfuhr (Mio. RM)	5 012	– 3,7	1940
Ausfuhr (Mio. RM)	4 864	– 13,9	1940
Einfuhrüberschuß (Mio. RM)	144	– 72,2	1940
Verkehr			
Eisenbahnnetz (km)[3]	77 795,6	–	1939[1]
Beförderte Personen (in 1000)[3]	2 301,8	–	1939[1]
Beförderte Güter (in 1000 t) [3]	620 300	–	1940
Straßennetz (km)[5]	37 552,2	–	31. 3. 1938[1]
davon Autobahn (km)[5]	3 746,0	+ 13,4	1940
Bestand an Kraftfahrzeugen[3]	3 786 367	–	1939[1]
davon PKW	1 502 207	–	1939[1]
davon LKW	403 223	–	1939[1]
Zulassung fabrikneuer Kfz	164 348	– 69,4	1940
Binnenschiffen zum Gütertransport (Tragfähigkeit in t)[5]	760 000	+ 11,3	1940
Beförderte Güter (t)[5]	89 758 000	– 29,3	1940
Handelsschiffe/Seeschiffahrt (BRT)[5]	4 346 000	–	1939[1]
Beförderte Güter (t)[5]	49 946 000	–	1939[1]
Luftverkehr			
Beförderte Personen	101 792	– 63,0	1940
Beförderte Güter (t)	2 542,2	– 40,4	1940
Bildung			
Schüler an			
Volksschulen[3]	8 240 319	–	25. 5. 1940
Haupt- und Bürgerschulen[3]	206 476	–	25. 5. 1940
Mittelschulen[3]	285 464	–	25. 5. 1940
Gymnasien[3]	756 783	+ 3,1	25. 5. 1940
Studenten[3]	60 577	+ 11,2	1940
Rundfunk			
Hörfunkteilnehmer[3]	14 059 600	+ 13,1	1940
Gesundheitswesen			
Ärzte	47 832	–	1939[1]
Zahnärzte	15 006	–	1939[1]
Krankenhäuser	4 861	–	1939[1]

Erhebungsgegenstand	Wert	Vergleich Vorjahr (%)	Stand
Sozialleistungen [5]			
Mitglieder der gesetzlichen Krankenversicherung	28592000	+ 5,5	1940
Rentenversicherung der Arbeiter	3645539	–	1938[1]
Rentenversicherung der Angestellten	463092	–	1938[1]
Knappschaftl. Rentenversicherung	415323	–	1938[1]
Empfänger von Arbeitslosengeld und -hilfe	176863	14,9	1940
Sozialhilfe	1464369	– 8,5	1940
Löhne und Gehälter			
Bruttostundenverdienst/Tariflohn[5]			
männlicher Facharbeiter (Rpf.)	79,2	+ 0,1	1940
weiblicher Facharbeiter (Rpf.)	51,5	± 0,0	1940
Index der tariflichen Stundenlöhne in der gewerblichen Wirtschaft[5] (1928 = 100)	84,3	+ 0,1	1940
Preise			
Einzelhandelspreise ausgewählter Lebensmittel (RM)[6]			
Butter, 1 kg	3,50	+ 10,8	1940
Weizenmehl, 1 kg	0,45	+ 2,3	1940
Schweinefleisch, 1 kg	1,60	– 1,8	1940
Rindfleisch, 1 kg	1,70	+ 1,8	1940
Eier, 1 Stück	0,12	± 0,0	1940
Kartoffeln, 5 kg	0,50	+ 2,0	1940
Vollmilch, 1 l	0,26	+ 13,0	1940
Zucker, 1 kg	0,76	– 1,3	1940
Index der Lebenshaltungskosten für einen 5-Personen-Arbeitnehmer-Haushalt mit mittlerem Einkommen (1938 = 100)	104,0	+ 3,0	1940

Erhebungsgegenstand	Bremen	Berlin	Breslau	Aachen	Stuttgart	München
Klimatische Verhältnisse						
Mittlere Lufttemperatur (°C)						
Januar	– 8,2	– 9,6	– 11,2	– 5,0	– 6,9	– 9,1
Februar	– 5,2	– 7,1	– 8,1	1,1	0,4	– 2,8
März	3,4	2,1	1,6	5,7	5,1	3,1
April	8,3	8,8	8,6	9,1	9,8	8,5
Mai	13,3	13,2	12,6	13,2	13,8	12,0
Juni	17,0	19,0	18,6	16,6	17,1	16,0
Juli	16,2	17,8	18,4	16,2	16,8	16,5
August	14,9	15,4	15,4	15,3	15,6	14,4
September	12,2	11,2	13,2	13,5	13,9	13,0
Oktober	7,9	8,3	8,0	9,2	8,7	7,8
November	6,4	6,0	5,9	7,2	6,5	4,7
Dezember	– 0,3	– 2,0	– 3,7	± 0,0	– 2,4	– 5,3
Niederschlagsmengen (mm)						
Januar	18	23	27	29	24	36
Februar	26	32	22	49	44	50
März	83	73	37	87	88	70
April	77	20	23	80	44	57
Mai	21	47	60	36	62	329
Juni	63	48	33	61	170	103
Juli	115	63	43	83	201	92
August	76	85	62	55	67	128
September	64	41	79	77	159	201
Oktober	57	10	34	17	22	55
November	112	86	55	100	84	83
Dezember	101	50	23	90	42	37
Sommertage	16	35	34	20	36	35
Gewittertage	20	18	12	25	21	31
Frosttage	105	115	126	83	94	131
Eistage	54	61	66	31	47	57

1) Letzte verfügbare Angabe;
5) Gebietsstand 31. 12. 1937;
6) Reichsdurchschnitt und Jahresdurchschnitt;

Schweiz

Erhebungsgegenstand	Wert	Vergleich Vorjahr (%)	Stand
Fläche			
Fläche (km²)	41 294,9	± 0,0	1940
Bevölkerung			
Wohnbevölkerung	4 226 400	+ 0,7	1940
männlich	1 958 349	–	1930 [1]
weiblich	2 108 051	–	1930 [1]
Einwohner je km²	102,3	+ 0,6	1940
Ausländer	355 522	–	1930 [1]
Privathaushalte	1 002 915	–	1930 [1]
Lebendgeborene	64 115	+ 0,4	1940
Gestorbene	50 759	+ 2,6	1940
Eheschließungen	32 472	+ 3,0	1940
Ehescheidungen	3 093	+ 3,2	1940
Familienstand der Bevölkerung			
Ledige insgesamt	2 258 337	–	1930 [1]
männlich	1 114 709	–	1930 [1]
weiblich	1 143 628	–	1930 [1]
Verheiratete	1 530 068	–	1930 [1]
Verwitwete und Geschiedene	277 995	–	1930 [1]
männlich	77 253	–	1930 [1]
weiblich	200 742	–	1930 [1]
Religionszugehörigkeit			
Christen	3 996 653	–	1930 [1]
katholisch	1 629 043	–	1930 [1]
evangelisch	2 330 303	–	1930 [1]
sonstige	37 307	–	1930 [1]
Juden	17 973	–	1930 [1]
andere, ohne Konfession	51 774	–	1930 [1]
Altersgruppen			
unter 5 Jahren	325 122	–	1930 [1]
5 bis unter 10 Jahren	347 651	–	1930 [1]
10 bis unter 15 Jahren	325 618	–	1930 [1]
15 bis unter 20 Jahren	363 122	–	1930 [1]
20 bis unter 30 Jahren	730 520	–	1930 [1]
30 bis unter 40 Jahren	606 450	–	1930 [1]
40 bis unter 50 Jahren	502 742	–	1930 [1]
50 bis unter 60 Jahren	428 653	–	1930 [1]
60 bis unter 70 Jahren	280 361	–	1930 [1]
70 bis unter 80 Jahren	127 329	–	1930 [1]
80 und darüber	28 832	–	1930 [1]
Die zehn größten Städte			
Zürich	335 700	+ 0,6	1940
Basel	162 600	± 0,0	1940
Genf	123 700	+ 0,2	1940
Bern	125 500	+ 2,5	1940
Lausanne	92 100	+ 1,4	1940
St. Gallen	63 400	– 0,2	1940

Erhebungsgegenstand	Wert	Vergleich Vorjahr (%)	Stand
Winterthur	60 000	+ 1,7	1940
Luzern	55 400	+ 1,3	1940
Biel	41 100	+ 1,0	1940
La Chaux-de-Fonds	30 700	– 0,5	1940
Erwerbstätigkeit			
Erwerbstätige	1 942 626	–	1930 [1]
männlich	1 331 358	–	1930 [1]
weiblich	611 268	–	1930 [1]
nach Wirtschaftsbereichen			
Land- und Forstwirtschaft, Tierhaltung und Fischerei	413 336	–	1930 [1]
Baugewerbe, Industrie und Handwerk	781 581	–	1939 [1]
Handel und Verkehr	306 650	–	1939 [1]
Sonstige	187 108	–	1939 [1]
Ausländische Arbeitnehmer	201 190	–	1930 [1]
Arbeitslose	16 374	– 59,4	1940
Betriebe			
Landwirtschaftliche Betriebe	238 481	–	1939 [1]
Industrie und Handwerk	99 686	–	1939 [1]
Baugewerbe	16 396	–	1939 [1]
Handel, Gastgewerbe, Reiseverkehr	112 750	–	1939 [1]
Sonstige	15 597	–	1939 [1]
Außenhandel			
Einfuhr (Mio. sFr.)	1 853	– 1,9	1940
Ausfuhr (Mio. sFr.)	1 315	+ 1,4	1940
Einfuhrüberschuß (Mio. sFr.)	537	– 9,1	1940
Verkehr			
SBB-Eisenbahnnetz (km)	2 915	± 0,0	1940
Beförderte Personen (in 1000)	124 509	+ 4,5	1940
Beförderte Güter (in 1000 t)	20 249	+ 18,7	1940
Bestand an Kraftfahrzeugen	85 559	– 15,2	1940
davon PKW	65 947	– 15,3	1940
davon LKW	17 794	– 15,0	1940
Luftverkehr			
Beförderte Personen	1 610	– 97,4	1940
Bildung			
Schüler an			
Primarschulen	452 506	– 0,7	1940/41
Sekundar- und untere Mittelschulen	73 634	+ 0,3	1940/41
Gymnasien	12 219	+ 1,2	1940/41
Studenten	9 649	+ 7,6	1940/41
Rundfunk			
Hörfunkteilnehmer	634 248	+ 6,9	1940
Gesundheitswesen			
Ärzte	3 512	+ 0,7	1940
Zahnärzte	1 431	+ 0,4	1940
Krankenhäuser	536	– 1,3	1940
Sozialleistungen			
Mitglieder der gesetzlichen Krankenversicherung	2 104 112	+ 1,7	1940
Finanzen und Steuern			
Gesamtausgaben des Staates (Mio. sFr.)	512,1	– 19,2	1940
Gesamteinnahmen des Staates (Mio. sFr.)	481,9	– 17,1	1940
Schuldenlast des Staates (Mio. sFr.)	2 962,8	– 4,0	1940
Löhne und Gehälter			
Bruttostundenverdienst			
männlicher Arbeiter (sFr.)	1,41	+ 3,0	1940
weiblicher Arbeiter (sFr.)	0,74	+ 2,8	1940
Index der tariflichen Stundenlöhne in der gewerblichen Wirtschaft (1939 = 100)	102	+ 2,0	1940

[1] Letzte verfügbare Angabe

Erhebungsgegenstand	Wert	Vergleich Vorjahr (%)	Stand
Preise			
Einzelhandelspreise ausgewählter Lebensmittel (sFr.)			
Butter, 1 kg	5,71	+15,1	1940
Weizenmehl, 1 kg	0,62	+26,5	1940
Schweinefleisch, 1 kg	3,96	+12,8	1940
Rindfleisch, 1 kg	3,00	+ 5,6	1940
Eier, 1 Stück	0,15	+15,4	1940
Kartoffeln, 1 kg	0,24	+14,3	1940
Vollmilch, 1 l	0,34	+ 3,0	1940
Zucker, 1 kg	0,73	+30,4	1940
Index der Lebenshaltungskosten (1914 = 100)	151	+ 9,4	1940

Erhebungsgegenstand	Zürich	Basel	Bern	Genf	Davos	Lugano
Klimatische Verhältnisse						
Mittlere Lufttemperatur (°C)						
Januar	– 5,5	– 6,5	– 5,3	– 2,8	– 8,9	0,1
Februar	0,2	0,6	0,8	2,3	– 4,9	3,1
März	4,9	5,3	4,4	6,0	– 2,0	7,0
April	9,2	9,7	8,5	9,6	2,3	11,6
Mai	12,7	13,4	12,2	13,8	6,5	15,7
Juni	16,2	16,7	15,0	16,8	9,8	17,5
Juli	16,6	17,0	15,8	18,2	11,2	19,5
August	16,1	16,2	15,6	17,9	10,5	20,2
September	14,2	14,4	13,8	15,7	8,5	17,5
Oktober	8,7	8,8	8,1	10,0	4,0	11,7
November	5,5	6,0	4,7	6,5	– 1,4	8,1
Dezember	– 3,4	– 3,4	– 4,3	– 2,0	–11,0	0,2

Erhebungsgegenstand	Zürich	Basel	Bern	Genf	Davos	Lugano
Niederschlagsmengen (mm)						
Januar	55	29	28	47	76	4
Februar	78	26	32	61	85	14
März	81	50	72	53	89	73
April	84	51	90	78	56	140
Mai	153	42	68	22	132	152
Juni	123	116	116	146	103	285
Juli	164	115	213	97	164	359
August	134	68	72	18	89	38
September	235	208	202	159	107	73
Oktober	57	83	65	53	28	193
November	123	107	155	147	89	146
Dezember	93	67	47	74	100	2
Tage mit						
Schneefall	49	28	29	19	80	7
Gewitter	17	18	23	18	12	31
Nebel	23	48	65	22	9	1
Hellem Wetter	40	50	37	74	48	97
Trübem Wetter	162	159	180	165	144	98
Sonnenscheindauer (Std.)						
Januar	47	73	42	35	95	106
Februar	52	64	58	69	66	135
März	127	135	142	191	123	181
April	166	139	156	179	171	197
Mai	219	205	220	263	140	201
Juni	219	187	206	250	158	214
Juli	214	179	208	273	175	249
August	236	233	248	203	213	282
September	160	148	172	195	162	179
Oktober	57	67	68	102	106	78
November	64	59	71	83	76	112
Dezember	13	70	26	27	95	110

Die Regierungen des Deutschen Reichs (mit Österreich) und der Schweiz 1940

Neben den Staatsoberhäuptern des Deutschen Reichs (mit Österreich) und der Schweiz sind in der Zusammenstellung die einzelnen Kabinette des Jahres 1940 in chronologischer Reihenfolge enthalten. Hinter den Namen der wichtigsten Regierungsmitglieder steht in Klammern der Zeitraum ihrer Tätigkeit.

Deutsches Reich

Staatsform:
Nach dem Führergrundsatz aufgebauter Einheitsstaat (Diktatur)
Reichspräsident:
Adolf Hitler (NSDAP; 1934 – 1945)

Führer und Reichskanzler:
Adolf Hitler (NSDAP; 1933 – 1945)
Auswärtiges:
Joachim von Ribbentrop (NSDAP; 1938 – 1945)
Inneres:
Wilhelm Frick (NSDAP; 1933 – 1943)
Finanzen:
Johann Ludwig Graf Schwerin von Krosigk (parteilos; 1932 – 1945)
Wirtschaft:
Walther Funk (NSDAP; 1938 – 1945)
Arbeit:
Franz Seldte (NSDAP; 1933 – 1945)
Justiz:
Franz Gürtner (parteilos; 1933 – 1941)
Volksaufklärung und Propaganda:
Joseph Goebbels (NSDAP; 1933 – 1945)
Chef des OKW:
Wilhelm Keitel (1938 – 1945)
Oberbefehlshaber des Heeres (mit Kabinettsrang):
Walter von Brauchitsch (1938 – 1941)
Oberbefehlshaber der Kriegsmarine:
Erich Raeder (1936 – 1943)
Luftfahrt:
Hermann Göring (NSDAP; 1933 – 1945)
Munitionsbeschaffung und Bewaffnung:
Fritz Todt (17. 3. 1940 – 1942)
Forsten:
Hermann Göring (NSDAP; 1934 – 1945)
Post:
Wilhelm Ohnesorge (NSDAP; 1937 – 1945)
Verkehr:
Julius Dorpmüller (NSDAP; 1937 – 1945)
Ernährung:
Richard Walther Darré (NSDAP; 1933 – 1942)
Wissenschaft, Erziehung und Volksbildung:
Bernhard Rust (NSDAP; 1934 – 1945)
Kirchen:
Hanns Kerrl (NSDAP; 1935 – 1941)
Reichsminister:
Rudolf Heß (NSDAP; 1933 – 1941), Hans Frank (NSDAP; 1934 – 1945), Hjalmar Schacht (parteilos; 1937 – 1943 bzw. 1944), Konstantin Freiherr von Neurath (parteilos; 1938 – 1945)
Reichsminister bzw. Staatsminister und Chef der Präsidialkanzlei des Führers und Reichskanzlers:
Otto Meißner (NSDAP; 1937 – 1945)
Reichskommissar für den Arbeitsdienst:
Konstantin Hierl (NSDAP; 1934 – 1945)
Reichskommissar für den Sport:
Hans von Tschammer und Osten (NSDAP; 1933 – 1943)
Reichskommissar für die Rückgliederung des Saargebiets:
Josef Bürckel (NSDAP; 1935 – 1941)
Reichskommissar für die besetzten norwegischen Gebiete:
Josef Terboven (NSDAP; 24. 4. 1940 – 1945)
Reichskommissar für die niederländischen Gebiete:
Arthur Seyß-Inquart (NSDAP; 19. 5. 1940 – 1945)
Chef der Reichskanzlei (Minister):
Hans Heinrich Lammers (NSDAP; 1933 – 1945)
Reichspressechef:
Otto Dietrich (NSDAP; 1938 – 1945)

Die Reichsstatthalter

Anhalt und Braunschweig:
Rudolf Jordan (1937 – 1945)
Baden:
Robert Wagner (1933 – 1945)
Bayern:
Franz Ritter von Epp (1933 – 1945)
Danzig-Westpreußen:
Albert Forster (1939 – 1945)
Hamburg:
Karl Kaufmann (1933 – 1945)
Hessen:
Jakob Sprenger (1933 – 1945)
Lippe und Schaumburg-Lippe:
Alfred Meyer (1933 – 1945)
Mecklenburg und Lübeck:
Friedrich Hildebrandt (1933 – 1945)
Oldenburg und Bremen:
Karl Röver (1933 – 1942)
Preußen:
Adolf Hitler (1933 – 1945; mit der Ausübung der Geschäfte ist von 1935 bis 1945 Hermann Göring beauftragt)
Sachsen:
Martin Mutschmann (1933 – 1945)
Sudetenland:
Konrad Henlein (1939 – 1945)
Thüringen:
Fritz Sauckel (1933 – 1945)
Warthegau:
Arthur Greiser (1939 – 1945)
Württemberg:
Wilhelm Murr (1933 – 1945)

Österreich

Staatsform:
Österreich wurde 1938 dem Deutschen Reich eingegliedert. Am 1. Mai 1939 wurde die österreichische Landesregierung aufgelöst. Die Gaue Wien, Niederdonau, Oberdonau, Salzburg, Steiermark, Kärnten, Tirol und Vorarlberg sind Reichsgaue mit eigenen Reichsstatthaltern.

Schweiz

Staatsform:
Republikanischer Bundesstaat
Bundespräsident:
Marcel Pilet-Golaz (freisinnig; 1934, 1940)

Politisches Departement (Äußeres):
Giuseppe Motta (katholisch-konservativ; 1920 – 23. 1. 1940), Marcel Pilet-Golaz (freisinnig; 6. 3. 1940 – 1945)
Departement des Inneren:
Philipp Etter (katholisch-konservativ; 1934 – 1959)
Justiz und Polizei:
Johannes Baumann (freisinnig; 1934 – 31. 12. 1940)
Finanzen und Zölle:
Ernst Wetter (freisinnig; 1938 – 1945)
Militär-Departement:
Rudolf Minger (BGB; 1929 – 31. 12. 1940)
Volkswirtschaftliches Departement:
Hermann Obrecht (freisinnig; 1935 – 25. 6. 1940), Walter Stampfli (freisinnig; 19. 7. 1940 – 1947)
Post- und Eisenbahn-Departement:
Marcel Pilet-Golaz (freisinnig; 1930 – 6. 3. 1940), Enrico Celio (katholisch-konservativ; 6. 3. 1940 – 1950)

Staatsoberhäupter und Regierungen ausgewählter Länder 1940

Die Einträge zu den wichtigsten Ländern des Jahres 1940 informieren über die Staatsform (hinter dem Ländernamen), Titel und Namen des Staatsoberhaupts sowie in Klammern dessen Regierungszeit. Es folgen – soweit vorhanden – die Regierungschefs, bei wichtigeren Ländern auch die Außenminister des Jahres 1940; jeweils in Klammern stehen die Zeiträume der Amtsausübung. Eine Kurzdarstellung gibt – wo es sinnvoll erscheint – einen Einblick in die innen- und außenpolitische Situation des Landes. Über bewaffnete Konflikte und Unruhegebiete, auf die hier nicht näher eingegangen wird, informiert der Anhang »Kriege und Krisenherde des Jahres 1940« gesondert.

Abessinien (Äthiopien)

Italienisches Vizekönigreich (Kaiser: Haile Selassie I.; 1930 – 1936, 1941 – 1974); *Kaiser:* König Viktor Emanuel III. von Italien (Kaiser während der Annexion des Landes durch Italien 1936 – 1941)
Vizekönig: Amadeus Herzog von Aosta (1937 – 18. 11. 1940)
Abessinien (Äthiopien), italienisches Vizekönigreich, ist seit 1936 mit Eritrea und Italienisch-Somaliland zur Großkolonie Italienisch-Ostafrika vereinigt.

Afghanistan

Königreich; *König:* Mohammed Sahir (1933 – 1973)
Ministerpräsident: Sardar Muhammad Haschim Khan (1929 – 1946)

Ägypten

Königreich; *König:* Faruk I. (1936 – 1952)
Ministerpräsident: Ali Mahir Pascha (1936, 1939 – 23. 6. 1940, 1952), Hasan Sabri Pascha (29. 6. – 14. 11. 1940), Husain Sirri Pascha (15. 11. 1940 – 1942)
Britischer Botschafter: Miles Wedderburn Lampson (1936 – 1946, zuvor britischer Oberkommissar 1933 – 1936)

Albanien

In Personalunion mit Italien vereinigt; *Ministerpräsident:* Sefket Verlaxhi (1924, 1939 – 1941)
Das Land ist von 1939 bis 1943 in Personalunion mit Italien vereinigt.

Algerien

Französisches Nebenland; *Generalgouverneur:* Georges Le Beau (1935 – 19. 7. 1940), Admiral Jean Charles Abrial (19. 7. 1940 – 1941)
Algerien ist ein politisch und wirtschaftlich dem Mutterland angegliedertes französisches Nebenland, das dem französischen Innenministerium untersteht.

Annam

Kaiserr. unter französ. Protektorat; *Kaiser:* Bao-Dai (1925 – 1945, danach Staatschef von Vietnam 1945/48/49 – 1955)
Annam ist als Kaiserreich unter französischem Protektorat Teil der Indochinesischen Union.

Argentinien

Bundesrepublik; *Präsident:* Roberto M. Ortiz (1938 – 1942)

Australien

Bundesstaat im British Empire; *Premierminister:* Robert Gordon Menzies (1939 – 1941, 1949 – 1966)
Britischer Generalgouverneur: Alexander Gore Arkwright Hore-Ruthven 1. Baron Gowrie of Canberra and of Orleton (1936 – 1944)
Australien ist am 3. September 1939 in den Krieg gegen das Deutsche Reich eingetreten.

Belgien

Königreich; *König:* Leopold III. (1934–1951)
Ministerpräsident: Hubert Graf Pierlot (katholisch; 1939–1945, ab 25. 5. 1940 in Vichy, ab 22. 10. 1940 in London)
Außenminister: Paul Henri Spaak (1936–1939, 1939–1944, ab 25. 5. 1940 in Vichy, ab 20. 9. 1940 in London, 1944–1949, 1954–1957, 1961–1966), Hubert Pierlot (18. 4.–4. 9. 1939)
Am 10. Mai 1940 beginnt unter Verletzung der Neutralität Belgiens, der Niederlande und Luxemburgs die deutsche Westoffensive.

Bhutan

Königreich; *König:* Jigme Wangchuk (1926 – 1952)
Das Land erkennt die britisch-indische Vormacht an (Kontrolle der Außenpolitik), regelt seine inneren Angelegenheiten jedoch selbständig.

Birma

Britische Kronkolonie (seit 1937, zuvor Teil von Britisch-Indien); *Generalgouverneur:* Archibald Douglas Cochrane (1936 – 1941)

Bolivien

Diktatur/Republik; *Vorläufiger Präsident:* Carlos Quintanilla (1939 – 12. 3. 1940)
Präsident: Enrique Penaranda y del Castillo (12. 3. 1940 – 1943)

Brasilien

Diktatur; *Präsident:* Getúlio Dornella Vargas (1930 – 1945, 1950 – 1954)
Außenminister: Osvaldo Aranha (1938 – 1944)

Bulgarien

Königreich/Diktatur; *König:* Boris III. (1918 – 1943)
Ministerpräsident: Georg Kiosse-Iwanow (1935 – 16. 2. 1940, Außenminister 1935 – 16. 2. 1940), Bogdan Dimitrov Filow (16. 2. 1940 – 1943)

Chile

Republik; *Präsident:* Pedro Aguirre Cerda (1938 – 1941)

China

Republik; *Präsident:* Lin Sen (1932 – 1943)
Zwischen China und Japan tobt seit 1937 der Chinesisch-Japanische Krieg (siehe Anhang »Kriege und Krisenherde«).

Costa Rica

Republik; *Präsident:* León Cortés Castro (1936 – 8. 5. 1940), Rafael Angel Calderón Guardia (8. 5. 1940 – 1944)

Dänemark

Königreich; *König:* Christian X. (1912 – 1947)
Ministerpräsident: Thorvald Stauning (1924 – 1926, 1929 – 1942)
Außenminister: Peter R. Munch (1929 bis April 1940)
Am 9. April 1940 beginnt die Besetzung Dänemarks und Norwegens durch das Deutsche Reich.

Dominikanische Republik

Republik; *Präsident:* Jacinto Bievenudo Peynado (1938 – 1940), Manuel de Jesús Troncoso de la Concha (12. 3. 1940 – 1942)

Ecuador

Republik; *Präsident:* Andrés F. Córdova (vorläufig: 1939 – 10. 8. 1940), Julio E. Moreno (vorläufig: 10. – 31. 8. 1940), Carlos Alberto Arroyo del Río (1939, 1. 9. 1940 – 1944)

El Salvador

Republik/Diktatur; *Präsident:* Maximiliano Hernández Martínez (1932 – 1944)

Estland

Republik/von der Sowjetunion besetzt; *Staatspräsident:* Konstantin Päts (1938 bis Juni 1940)
Ministerpräsident: Karl Eenpalu bzw. Einbund (1932, 1938 – 21. 6. 1940)
Aufgrund des deutsch-sowjetischen Beistandspakts von 1939 besetzen 1940 sowjetischen Truppen Estland. Am 16. August 1940 wird die Estnische Sozialistische Sowjetrepublik proklamiert. Von 1941 bis 1944 steht Estland unter deutscher Besetzung, Ende Juli 1944 erobert die Rote Armee das Land zurück.

Finnland

Republik; *Präsident:* Kyösti Kallio (1937 – 28. 11. 1940, zuvor Ministerpräsident 1922, 1925/26, 1929/30, 1936/37), Risto Heikki Ryti (19. 12. 1940 – 1944, zuvor Ministerpräsident 1939/40)
Ministerpräsident: Risto Heikki Ryti (1939 – 19. 12. 1940)
Der Friede von Moskau beendet am 12. März 1940 den im Jahr zuvor ausgebrochenen Finnisch-Sowjetischen Winterkrieg.

Frankreich

Republik; *Präsident:* Albert Lebrun (1932 – 12. 7. 1940)
Chef d'Etat: Philippe Pétain (11. 7. 1940 – 1944)

3. Kabinett Daladier (1938 – 20. 3. 1940):
Ministerpräsident: Édouard Daladier (1933, 1934, 1938 – 20. 3. 1940)
Außenminister: Édouard Daladier (1934, 1938, 1939 – 20. 3. 1940)

Kabinett Reynaud (21. 3. – 17. 6. 1940):
Ministerpräsident: Paul Reynaud (21. 3. – 17. 6. 1940)
Außenminister: Paul Reynaud (21. 3. 1940)
Zur Unterzeichnung des Waffenstillstandsabkommens mit dem Deutschen Reich und zur Errichtung des Vichy-Regimes siehe den Anhang »Kriege und Krisenherde«.

Griechenland

Königreich/Diktatur; *König:* Georg II. (1922 – 1924, 1935 – 1947)
Ministerpräsident/Diktator und Außenminister: Ioannis Metaxas (1936 – 1941)
Am 20. Oktober 1940 fordert Italien Stützpunkte auf griechischem Boden. Als Griechenland dies ablehnt, beginnt am 28. Oktober der Angriff Italiens auf Griechenland, der sich zuungunsten von Italien entwickelt (siehe den Anhang »Kriege und Krisenherde«).

Großbritannien

Königreich; *König:* Georg VI. (1936 – 1952)
Premierminister: Neville Chamberlain (konservativ; 1937 – 10. 5. 1940), Winston Churchill (konservativ; 10. 5. 1940 – 1945, 1951 – 1955)
Außenminister: Edward Frederick Lindley Wood, 1. Baron Irwin, 3. Viscount (seit 1934), 1. Earl (seit 1944) of Halifax (1938 – 23. 12. 1940), Anthony Eden (23. 12. 1940 – 1945)

Guatemala

Diktatur; *Präsident:* Jorge Ubico Castaneda (1931 – 1944)

Haiti

Republik; *Präsident:* Stenio Vincent (1930 – 1941)

Honduras

Diktatur; *Präsident:* Tiburcio Carías Andino (1933 – 1948)

Indien (Britisch-Indien)

Britisches Vizekönigreich; *Vizekönig:* Victor Alexander John Hope 2nd Marquess of Linlithgow (1936 – 1943)

Indochinesische Union

Französisches Protektorat; *Generalgouverneur:* Georges Catroux (vorläufig: 1939 bis Juni 1940), Jean Decoux (25. 6. 1940 – 1945)

Irak

Königreich; *König:* Faisal II. (1939 – 1958)
Ministerpräsident: Nuri Pascha al-Said (1930, 1930 – 1932, 1938/39, 1939 – 31. 3. 1940, 1941/42, 1942/43, 1943/44, 1946/47, 1949, 1950 – 1952, 1954/55, 1955 – 1957, 1958), Raschid Ali al-Kailani (1933, 31. 3. 1940 – 1941, 1941)

Iran

Kaiserreich; *Schah:* Resa Pahlawi (1925 – 1941)
Ministerpräsident: Matin Daftari (1939 – 2. 7. 1940), Ali Mansur (2. 7. 1940 – 1941)

Irland (Eire)

Republik; Irland ist Freistaat innerhalb des British Commonwealth.
Premierminister: Eamon de Valera (Fianna Fáil; 1921 – 1922, 1932 – 1948, 1951 – 1954, 1957 – 1959)

Island

Republik (in Personalunion mit Dänemark bis 1944); *Ministerpräsident:* Herman Jonasson (1934 – 1942)

Italien

Königreich/Diktatur; *König:* Viktor Emanuel III. (1900 – 1946, 1936 – 1941 zugleich Kaiser von Äthiopien)
Ministerpräsident: Benito Mussolini (1922 – 1943, 1943 – 1944); Außenminister 1922 – 1929, 1932 – 1936, 1943; Innenminister 1922 – 1924, 1926 – 1943; Kriegsminister 1933 – 1943; Marineminister 1933 – 1943; Luftfahrtminister 1933 – 1943)
Außenminister: Galeazzo Ciano, Graf von Cortellazzo (1936 – 1943)
Italien tritt unter dem Eindruck der deutschen Siege am 10. Juni 1940 in den als »Parallelkrieg« geplanten Konflikt ein.

Japan
Kaiserreich; *Kaiser:* Hirohito (seit 1926) *Ministerpräsident:* Noboyuki Abe (1939–12. 1. 1940), Mitsumasa Yonai (16. 1.–16. 7. 1940), Fumimaro Prinz Konoe (1937–1939, 21. 7. 1940–1941)
Japan befindet sich seit 1937 mit China im Kriegszustand (Chinesisch-Japanischer Krieg bis 1945; siehe den Anhang »Kriege und Krisenherde«).

Jemen (Sana)
Königreich; *König:* Hamid Ad Din Jahja (1918 – 1948, davor Imam 1904 – 1918)

Jordanien
Siehe Transjordanien

Jugoslawien
Königreich; *König:* Peter II. (1934–1941) *Regent:* Prinz Paul (1934–1941) *Ministerpräsident und Außenminister:* Milan Stojadinović (1935–1939), Alexander Cincar-Marković (1939–1941)
Jugoslawien, das sich zu Beginn des Zweiten Weltkriegs für neutral erklärt hat, schließt am 12. Dezember 1940 einen Freundschaftsvertrag mit Ungarn.

Kambodscha
Königreich unter französischem Protektorat; *König:* Sisovath Monivong (1927/28 – 1941)
Das Königreich Kambodscha ist ein zur Indochinesischen Union gehörendes französisches Protektorat.

Kanada
Parlamentarische Monarchie im British Commonwealth; *Premier- und Außenminister:* William Lyon Mackenzie King (liberal; 1921 – 1926, 1926 – 1930, 1935 – 1948)
Kanada ist am 10. September 1939 in den Krieg gegen das Deutsche Reich eingetreten.

Kirchenstaat
Siehe Vatikanstadt

Kolumbien
Republik; *Präsident:* Eduardo Santos (1938 – 1942)

Korea
Japanisches Generalgouvernement Chosen (1910 – 1945); *Generalgouverneur:* Jiro Minami (1936 – 1942)
Während des Zweiten Weltkriegs errichtet Japan in Korea eine Militärdiktatur, die Wirtschaft des Landes wird völlig für militärische Zwecke eingesetzt; der größte Teil der von den Bauern produzierten Nahrungsmittel wird von Japan requiriert. Erst Japans Niederlage im Zweiten Weltkrieg beendet die japanische Herrschaft über Korea.

Kuba
Republik; *Präsident:* Federico Laredo Brú (1936 – 10. 10. 1940), Fulgenico Batista y Zaldívar (10. 10. 1940 – 1944, 1952 – 1958/59)

Kuwait
Emirat unter britischem Protektorat; *Emir:* Scheich Ahmad (1921 – 1950)

Laos
Königreich unter französ. Protektorat; *König:* Sisavong Vong (1904 – 1959)
Laos ist ein seit 1893 zur Indochinesischen Union gehörendes französisches Protektorat.

Lettland
Diktatur/von der Sowjetunion besetzt; *Ministerpräsident:* Karlis Ulmanis (1934 – 22. 6. 1940 und Staatspräsident 1936 bis Juni 1940)
Die UdSSR gliedert am 5. August 1940 Lettland ihrem Herrschaftsbereich ein.

Libanon
Französisches Völkerbundsmandat; *Präsident:* Emile Eddeh (1936 – 1941)

Liberia
Republik; *Präsident:* Edwin J. Barclay (1930 – 1943)

Liechtenstein
Fürstentum; *Fürst:* Franz Joseph II. (seit 1938)

Litauen
Diktatur/von der Sowjetunion besetzt; *Diktator:* Anton Smetona (1919 – 1922, 1926 bis Juni 1940)
Ministerpräsident: Anton Merkys (1939 – 15. 6. 1940)
Am 17. Juni 1940 besetzen sowjetische Truppen das Land. Am 6. August sind alle drei Baltischen Staaten Sowjetrepubliken.

Luxemburg
Großherzogtum; *Großherzogin:* Charlotte (1919 – 1964)
Ministerpräsident: Pierre Dupong (1937 – 1953)
Außenminister: Joseph Bech (1937 – 1958)
Am 10. Mai beginnt unter Verletzung der Neutralität Luxemburgs, der Niederlande und Belgiens die deutsche Westoffensive (siehe den Anhang »Kriege und Krisenherde«).

Mandschukuo
Kaiserreich unter japanischem Protektorat; *Kaiser:* Engk'e Erdemtü (1932/34 – 1945, als P'u I letzter Kaiser von China 1908 – 1912)

Marokko
Sultanat unter französischem Protektorat; *Sultan:* Sidi Muhammad V. (1927 – 1955, 1955 – 1957, König 1957 – 1961)
Großwesir: Muhammad al-Muqri (1917 – 1955)
Französischer Resident: Auguste Nognès (1936 – 1943)

Mexiko
Bundesrepublik; *Präsident:* Lázaro Cárdenas (1934 – 1. 12. 1940), Miguel Avila Camacho (1. 12. 1940 – 1946)
Mexiko macht im September 1940 mobil und errichtet einen Verteidigungsrat.

Monaco
Fürstentum; *Fürst:* Ludwig II. (1922 – 1949)

Mongolische Volksrepublik
Volksrepublik; *Präsident:* Amor Gochighigin Bumatsende (1934 – 1953)
Ministerpräsident: Korlin Tschoibalsan (1924 – 1952)
Von 1937 bis 1945 sind Teile der Inneren Mongolei unter japanischem Einfluß als Innermongolische Föderation autonom. Zunächst enge Bindungen an die UdSSR.

Nepal
Königreich; *König:* Tribhuvana (1911 – 1950, 1952/53)
Ministerpräsident: Maharadscha Sri Dschuddha Schamscher Rana (1931 – 1945)

Neuseeland
Dominion im British Commonwealth; *Premierminister:* Michael Joseph Savage (1935 – 26. 3. 1940), Peter Fraser (März 1940 bis 1949)
Britischer Generalgouverneur: George Vere Arundell Monckton-Arundell 8. Viscount Galway (1935 – 1940), Cyril Newall (1940/41 – 1946)
Am 3. September 1939 ist Neuseeland in den Krieg gegen das Deutsche Reich eingetreten.

Nicaragua
Republik; *Präsident:* Anastasio Somoza García (1937 – 1947, 1950 – 1956, ab 1944 als Diktator)

Niederlande
Königreich; *Königin:* Wilhelmina (1890 – 1948)
Ministerpräsident: Dirk Jan de Geer (1926 – 1929, 1939 – 3. 9. 1940, ab Mai 1940 im Exil in London), Pieter Sjoerds Gerbrandy (3. 9. 1940 – 1945, im Exil in London)
Außenminister: Jacob Adriaan Nicolaas Patijn (1937 – 27. 7. 1939), Eelco Nicolaas van Kleffens (1939 – 1946, ab Mai 1940 im Exil in London)
Reichskommissar für die niederländischen Gebiete: Arthur Seyß-Inquart (NSDAP; 19. 5. 1940 – 1945)
Unter Verletzung der Neutralität der Niederlande, Belgiens und Luxemburgs beginnt am 10. Mai 1940 die deutsche Westoffensive (siehe den Anhang »Kriege und Krisenherde«).

Nordirland
Teil von Großbritannien; *Ministerpräsident:* James Craig Viscount Craigavon (1921 – 25. 11. 1940), John Miller Andrews (27. 11. 1940 – 1943)

Norwegen
Königreich; *König:* Håkon VII. (1905–1957)
Ministerpräsident: Johan Nygaardsvold (1935–9. 4. 1940)
Reichskommissar: Josef Terboven (24. 4. 1940 – 1945)
Leiter des Verwaltungsrats (ab 1942 der Nationalregierung): Vidkun Quisling (15./24. 4. 1940 – 1945)
Am 9. April 1940 besetzen deutsche Truppen Norwegen. Der König befiehlt den Widerstand der norwegischen Truppen, läßt diese jedoch nach der Niederlage kapitulieren, zumal die alliierten Verbände abgezogen werden. König und Regierung begeben sich ins Exil nach London, wo sie den Widerstand organisieren.

Oman
Sulanat; *Sultan:* Said bin Taimur (1932 – 1970)

Palästina
Britisches Völkerbundsmandat; *Oberkommissar:* Harold MacMichael (1938 – 1944)

Panama
Republik; *Präsident:* Augusto Boyd (1939 – 1940), Arnulfo Arias (1940 – 1941)

Papst
Siehe Vatikanstadt

Paraguay
Republik; *Präsident:* José Félix Estigarribia (1939 – 5. 9. 1940), Higino Moríñigo (8. 9. 1940 – 1948)

Persien
Siehe Iran

Peru
Republik; *Präsident:* Manuel Prado y Ugarteche (1939 – 1945)

Philippinen
Gouvernement der USA mit beschränkter Autonomie; *Präsident:* Manuel Luis Quezón y Molina (1935 – 1942/44)
US-Oberkommissar: Francis Bowes Sayre (1939 – 1941)

Polen
Vom Deutschen Reich besetzt; *Ministerpräsident der Exilregierung in London:* Władysław Eugeniusz Sikorski (1939 – 1943)
Westpolen wurde 1939 dem Deutschen Reich eingegliedert, Ostpolen der UdSSR (Teilung am Bug). Mittelpolen wurde 1939 als Deutsches Generalgouvernement Polen organisiert.

Portugal
Diktatur; *Präsident:* António Oscar Fragoso Carmona (1926 – 1951)
Ministerpräsident: António de Oliveira Salazar (1932 – 1968)
Außenminister: António de Oliveira Salazar (1936 – 1947)

Rumänien
Königreich/Militärdiktatur; *König:* Karl II. (1930 – 6. 10. 1940), Michael I. (1927 – 1930, 6. 10. 1940 – 1947)
Ministerpräsident: Gheorghe Tatarascu (1934 – 1937, 1939 – 4. 7. 1940), Ion Gigurtu (4. 7. – 4. 9. 1940), Ion Antonescu (5. 9. 1940 – 1944)
Außenminister: Grigore Gafencu (1932, 1938 – 1. 6. 1940), Ion Gigurtu (1. – 29. 6. 1940), Michael Manoilescu (4. 7. – 4. 9. 1940), Michael Sturdza (15. 9. – 19. 12. 1940), Konstantin Greteanu (21. 12. 1940 – 1941)
Am 26. Juni 1940 fordert die Sowjetunion ultimativ die Abtretung Bessarabiens und der nördlichen Bukowina und besetzt diese Gebiete. Am 6. September wird König Karl II. von General Ion Antonescu zur Abdankung gezwungen. Antonescu ruft Karls Sohn Michael I. zum König aus und proklamiert den profaschistischen »Nationalen Staat der Legionäre«, der dem Dreimächtepakt beitritt. Im Oktober werden deutsche Truppen im Land stationiert.

Sansibar
Sultanat unter britischem Protektorat; *Sultan:* Chalifa II. (1911 – 1960)

Saudi-Arabien
Königreich; *König:* Abd Al Asis Ibn Saud (1932 – 1953)

Schweden
Königreich; *König:* Gustav V. (1907 – 1950)
Ministerpräsident: Per Albin Hansson (Sozialist; 1932 – 1936, 1936 – 1946)
Außenminister: Christian Günther (1939 – 1945)

Siam
Siehe Thailand

Sowjetunion
Siehe UdSSR

Spanien
Republik; *Präsident der »Nationalen« Gegenregierung bzw. Nationaler Staatspräsident (ab 1936) und Vorsitzender des Ministeriums:* Francisco Franco Bahamonde (1936 – 1975). Spanien ist »nicht kriegführend«.

Südafrikanische Union
Dominion im British Commonwealth; *Ministerpräsident und Außenminister:* Jan Christiaan Smuts (1919 – 1924, 1939 – 1948)
Generalgouverneur: Patrick Duncan (1937 – 1943)

Syrien
Französisches Völkerbundsmandat; *Präsident:* Von 1939 bis 1941 wird Syrien unmittelbar durch die französischen Oberkommissare verwaltet.
Französischer Oberkommissar: Maxime Weygand (1923/24, 1939 – 17. 5. 1940), Eugène Mittelhauser (5. Juni bis November 1940), Jean Chiappe (24. – 27. 11. 1940), Henri Dentz (9. 12. 1940 – 1941)

Thailand (bis 1939)
Königreich; *König:* Rama VIII. (1935 – 1946)
Ministerpräsident: Marschall Luang Pibul Songgram (1938 – 1944, 1948 – 1957)

Tibet
Autonomer Staat unter der Herrschaft eines Dalai-Lama; *14. Dalai-Lama:* Tanchu Dhondup (1935 geboren und gefunden, 1940 inthronisiert, im Exil ab 1950)
7. Pantschen-Lama: Tschökji Gjaltsen (ab 1938)

Transjordanien
Emirat unter britischem Protektorat; *Emir:* Abd Allah Ibn Al Husain (1921 – 1946, König 1946 – 1951)
Ministerpräsident: Taufik Pascha Abu 'l-Huda (1939 – 1945, 1948 – 1950)

Tschechoslowakei
Deutsches Reichsprotektorat; *Reichsprotektor:* Konstantin Freiherr von Neurath (1939 – 1941)

Tunesien
Französisches Protektorat; *Bei:* Ahmad II. (1929 – 1942)
Französischer Generalresident: Eirik Labonne (1938 – 23. 7. 1940), Jean Estéva (26. 7. 1940 – 1943)

Türkei
Republik; *Präsident:* Mustafa Ismet Pascha, seit 1934 genannt Ismet Inönü (1938 – 1950; zuvor Ministerpräsident 1923 – 1937)
Ministerpräsident: Refik Saydam (1939 – 1942)
Außenminister: Sükrü Saracoglu (1938 – 1942, 1944)

UdSSR
Republik; *Parteichef:* Josef W. Stalin (1922 – 1953)
Präsident (Vorsitzender des Präsidiums des Obersten Sowjets): Michail I. Kalinin (1919/23 – 1946)
Ministerpräsident (Vorsitzender des Rates der Volkskommissare): Wjatscheslaw M. Molotow (1930 – 1941)
Außenminister: Wjatscheslaw M. Molotow (1939 – 1949)
Verteidigung: Kliment J. Woroschilow (1925 – 8. 5. 1940)

Ungarn
Monarchie/Diktatur; *König:* Otto II. (1922 – 1944/45) lebt in Bayern, nachdem sein Vater, König Karl IV. († 1922), 1921 zweimal an der Rückkehr nach Ungarn gehindert worden ist, 1921 hat die Nationalversammlung die Thronenthebung der Habsburger ausgesprochen.
Reichsverweser (Diktator): Miklós Horthy (1920 – 1944)
Ministerpräsident: Pál Graf Teleki (1920/21, 1939 – 1941)
Da die Spannungen zwischen Ungarn und Rumänien wegen der ungarischen Revisionswünsche zum Krieg zu führen drohen, erhält Ungarn im Zweiten Wiener Schiedsspruch Nordsiebenbürgen.

Uruguay
Republik; *Präsident:* Alfredo Baldomir (1938 – 1943)
Unter Präsident Baldomir werden die demokratischen Verhältnisse wiederhergestellt. Der Zweite Weltkrieg fördert die Industrialisierung des Landes.

USA
Bundesrepublik; *32. Präsident:* Franklin D. Roosevelt (Demokrat; 1933 – 1945)
Vizepräsident: John Nance Garner (1933 – 1941)
Außenminister: Cordell Hull (1933 – 1944)
USA und Kanada gründen ein gemeinsames Verteidigungsamt.

Vatikanstadt
Absolute Monarchie; *Papst:* Pius XI. (1922 – 10. 2. 1939), Pius XII. (1939 – 1958)
Kardinalstaatssekretär: Eugenio Pacelli (1930 – 1939, danach als Pius XII. Papst bis 1958), Luigi Maglione (1939 – 1944)

Venezuela
Republik; *Präsident:* Eleazar López Contreras (1936 – 1941)

Kriege und Krisenherde des Jahres 1940

Die herausragenden politischen und militärischen Krisensituationen des Jahres 1940 werden – alphabetisch nach Ländern geordnet – im Überblick dargestellt. Internationale Kriege und Krisenherde sind dem alphabetischen Länderverzeichnis vorangestellt.

Zweiter Weltkrieg

Die nationale und internationale Politik steht 1940 im Zeichen des Zweiten Weltkriegs. Folgende Staaten treten 1940 in den Krieg ein bzw. befinden sich schon im Kriegszustand (in Klammern das Jahr des Kriegseintritts):
Deutsches Reich (1939)
Polen (1939)
Großbritannien (1939)
Australien (1939)
Britisch-Indien (1939)
Neuseeland (1939)
Frankreich (1939)
Südafrikanische Union (1939)
Kanada (1939)
Norwegen (9. 4. 1940)
Dänemark (9. 4. 1940)
Niederlande (10. 5. 1940)
Belgien (10. 5. 1940)
Luxemburg (10. 5. 1940)
Italien (10. 6. 1940)

Untergang der baltischen Staaten

Die Rote Armee besetzt nach einem sowjetischen Ultimatum am 15. Juni Litauen und am 17. Juni Lettland und Litauen.

Chinesisch-Japanischer Krieg

Während des seit 1937 andauernden Chinesisch-Japanischen Kriegs schließen Japan und Thailand am 12. Juni 1940 einen Freundschaftsvertrag. Mit Zustimmung der französischen Vichy-Regierung besetzt Japan strategisch wichtige Gebiete in Indochina und schneidet den chinesischen General Chiang Kai-shek von zentralen Nachschublinien ab. Im Juli verkündet der japanische Ministerpräsident Fumimaro Prinz Konoe, daß Japan die »göttliche Mission« habe, die Neuordnung Ostasiens auf Indochina und die Südsee auszudehnen. – Im Juli schließt Großbritannien auf japanischen Druck hin für drei Monate die Birmastraße, die Hauptnachschublinie Chinas.

Dänemark/Norwegen besetzt

Am 9. April 1940 beginnt das deutsche Unternehmen »Weserübung«. Die neutralen Länder Dänemark und Norwegen werden von deutschen Truppen besetzt. Dänemark fügt sich unter Protest der Aktion, König Christian X. und die dänische Regierung amtieren unter der deutschen Besatzung weiter. Die norwegischen Streitkräfte hingegen leisten Widerstand, König Håkon VII. und die Regierung rufen ebenfalls zum Widerstand auf. Am 24. April ernennt der deutsche Führer und Reichskanzler Adolf Hitler Josef Terboven zum Reichskommissar für Norwegen und läßt eine deutsche Zivilverwaltung errichten. Am 5. Mai läßt sich die norwegische Regierung als Exilregierung in London nieder.
Nach der Besetzung Narviks durch die Deutschen kapituliert auf Weisung des Königs am 10. Juni der Befehlshaber der norwegischen Streitkräfte in Nordnorwegen, das bis zum Nordkap und bis Kirkenes besetzt wird.
Der Plan, die beiden skandinavischen Länder Dänemark und Norwegen zu besetzen, war seit langem vorbereitet worden. In einer Weisung des deutschen Führers und Reichskanzlers Adolf Hitler vom 1. März 1940 hieß es: »Die Entwicklung der Lage in Skandinavien erfordert es, alle Vorbereitungen dafür zu treffen, um mit Teilkräften der Wehrmacht Dänemark und Norwegen zu besetzen (›Weserübung‹). Hierdurch soll britischen Übergriffen nach Skandinavien und der Ostsee vorgebeugt, unsere Erzbasis in Schweden gesichert und für Kriegsmarine und Luftwaffe die Ausgangsstellung gegen England erweitert werden.«
Auch Großbritannien erkannte die Bedeutung der norwegischen Küste und begann am 8. April mit der Verminung der norwegischen Küstengewässer. Den deutschen Truppen gelingt es jedoch, die Briten an der Besetzung der Küste zu hindern.

Deutsche Westoffensive

Am 10. Mai 1940 beginnt die deutsche Westoffensive: Deutsche Truppen marschieren in die neutralen Länder Belgien, Luxemburg und Niederlande ein. Königin Wilhelmina und die niederländische Regierung begeben sich am 13. Mai ins Exil nach London, am 15. Mai kapitulieren die Niederlande. Am 28. Mai kapituliert die belgische Armee, König Leopold III. begibt sich in deutsche Kriegsgefangenschaft. Die Kapitulation der neutralen Staaten und die Eroberung des Kessels von Dünkirchen beenden die erste Phase der deutschen Westoffensive.
Am 5. Juni setzt mit dem Vormarsch in das französische Hinterland die zweite Phase ein. Die deutschen Truppen überschreiten die Somme und stoßen hinter der Maginot-Linie bis zur Schweizer Grenze vor. Am 14. Juni wird die französische Hauptstadt Paris besetzt.

Luftschlacht um England

Beim sog. »Battle-of-Britain«-Tag (15. September 1940) verliert die deutsche Luftwaffe nach deutschen Angaben 57 Maschinen. Mit dem »Adlertag« hatte das Deutsche Reich am 13. August den verschärften Luftkrieg gegen Großbritannien eingeleitet. Militärische Ziele waren die britische Rüstungsindustrie und die Zerstörung der britischen Luftwaffe; hinzu kamen Angriffe auf Wirtschaftszentren, Hafen- und Industrieanlagen und gegen die Zivilbevölkerung.
Am 17./18. August warfen 568 deutsche Flugzeuge 684 t Sprengbomben und 1019 Brandschüttkästen auf London. Die deutschen Luftangriffe sollten eine Invasion auf den britischen Inseln (Unternehmen »Seelöwe«) vorbereiten. Nach schweren Verlusten verliert das Deutsche Reich die »Luftschlacht um England«. Der deutsche Führer und Reichskanzler Adolf Hitler verschiebt am 17. September das Unternehmen »Seelöwe« »bis auf weiteres«.

Frankreich besetzt

Zwischen dem Deutschen Reich und der neuen französischen Regierung unter Philippe Pétain wird am 22. Juni 1940 im Wald von Compiègne der Waffenstillstand unterzeichnet. Das geschieht in jenem Eisenbahnwaggon, in dem am 11. November 1918 am Ende des Ersten Weltkriegs den Deutschen die Waffenstillstandsbedingungen der Alliierten diktiert worden waren.
Marschall Philippe Pétain, seit dem 17. Juni »Chef des französischen Staates« (Etat Français), verlegt am 1. Juli den Regierungssitz von Paris nach Vichy in den unbesetzten Teil Frankreichs. Er erhält vom Parlament alle verfassunggebenden und exekutiven Vollmachten.
Der deutsche Führer und Reichskanzler Adolf Hitler trifft am 24. Oktober in Montoire mit Pétain zusammen, um über eine mögliche Zusammenarbeit zu verhandeln. Obwohl keine konkreten Absprachen getroffen werden, beginnt mit diesem Tag die Kollaboration der Vichy-Regierung mit Hitler-Deutschland.

Freifrankreich erobert Libreville

Truppen des Exilpolitikers General Charles de Gaulle erobern am 10. November 1940 Libreville, die Hauptstadt von Gabun. Damit haben de Gaulles Truppen die gesamte Kolonie Französisch-Äquatorialafrika in ihre Hand gebracht und ihr Ziel erreicht, der Vichy-Regierung einen Teil des französischen Kolonialimperiums zu entreißen. Ein britisch-französischer Landungsversuch bei Dakar im Senegal Ende September hingegen scheitert.
Der französische General Charles de Gaulle hatte am 18. Juni in einer Rundfunkrede in London zur Fortführung des Kriegs gegen die Deutschen aufgerufen und sich zum legitimen Repräsentanten Frankreichs erklärt. Nach dem Waffenstillstandsangebot der Regierung Philippe Pétain hatte de Gaulle am 17. Juni Frankreich verlassen, um von London aus den französischen Widerstand zu organisieren. In London gründete er das »Französische Komitee der Nationalen Befreiung«.

Kriegseintritt Italiens

Italien tritt am 10. Juni 1940 auf der Seite des Deutschen Reichs in den Krieg ein und erklärt Frankreich und Großbritannien den Krieg.

Italien: Offensive in Libyen

Italienische Truppen unternehmen am 13. September 1940 eine Großoffensive über die libysch-ägyptische Grenze. Der Angriff kommt bereits am 16. September wegen Nachschubschwierigkeiten zum Stehen. Am 9. Dezember beginnt der Gegenangriff der britischen Nilarmee.

Italien: Überfall auf Griechenland

Am 28. Oktober 1940 beginnt der italienische Angriff auf Griechenland. Der Versuch Italiens, Griechenland zu erobern, scheitert jedoch bereits nach wenigen Wochen. Truppen Großbritanniens, das mit Griechenland verbündet ist, landen in Griechenland und auf Kreta. In zwei Gegenoffensiven schlagen die griechischen Armeen im November 1940 und im Frühjahr 1941 die italienischen Truppen bis nach Albanien hinein zurück.

Rumänien: Einmarsch der UdSSR

Die Rote Armee besetzt am 28. Juni 1940 die rumänischen Gebiete Bessarabien und Nordbukowina, die der UdSSR am 2. August als »Moldauische Sozialistische Sowjetrepublik« eingegliedert werden. Der rumänische König Karl II. bittet das Deutsche Reich vergebens um eine Garantie für die rumänischen Grenzen und um Entsendung einer Militärmission.
Im sog. Zweiten Wiener Schiedsspruch sprechen die Außenminister des nationalsozialistischen Deutschen Reichs und des faschistischen Italien, Joachim von Ribbentrop und Galeazzo Ciano, Graf von Cortellazzo, am 30. August 1940 Ungarn das rumänische Nord-Siebenbürgen und das Szeklerland zu, die Staatsgrenzen Rumäniens werden garantiert.

Umsturz in Rumänien

Marschall Ion Antonescu zwingt den rumänischen König Karl II. zur Abdankung zugunsten seines Sohnes Michael. Antonescu regiert gemeinsam mit der faschistischen Eisernen Garde als »Führer« mit fast unbeschränkten Vollmachten.

Ungarn tritt Dreimächtepakt bei

Ungarn tritt am 20. November 1940 dem deutsch-italienisch-japanischen Dreimächtepakt bei. Es schließen sich ferner Rumänien und die Slowakei an.

Frieden UdSSR – Finnland

Der Friede von Moskau beendet am 12. März 1940 den am 30. November 1939 mit einem sowjetischen Angriff begonnenen Sowjetisch-Finnischen Winterkrieg. Finnland tritt u. a. die Karelische Landenge und Teile Ostkareliens an die UdSSR ab.

USA unterstützen Alliierte

Die USA schließen am 2. September 1940 ein Verteidigungsbündnis mit Großbritannien. Den Briten werden 50 Zerstörer aus dem Ersten Weltkrieg überlassen, als Gegenleistung erhalten die USA in Pacht militärische Stützpunkte in Neufundland und im karibischen Raum. Vor dem Hintergrund der militärischen Erfolge des Deutschen Reichs in Europa sowie Japans in Ostasien und Indochina bemüht sich US-Präsident Franklin D. Roosevelt um den Abbau der Neutralitätsgesetze zugunsten der Westmächte, lehnt jedoch angesichts des Widerstands der Bevölkerung einen Kriegseintritt ab.

Ausgewählte Neuerscheinungen auf dem Buchmarkt 1940

Die Auswahl berücksichtigt nicht nur Neuerscheinungen von literarischem oder wissenschaftlichem Wert, sondern auch vielgelesene Bücher des Jahres 1940. Innerhalb der einzelnen Länder sind die erschienenen Werke alphabetisch nach Autoren geordnet (siehe auch Übersichtsartikel auf S. 44/45).

Deutsches Reich

Johannes R. Becher
Abschied
Einer deutschen Tragödie erster Teil 1900 – 1914
Roman
Im Verlag »Das internationale Buch« in Moskau veröffentlicht der spätere DDR-Kulturminister und Dichter der DDR-Nationalhymne, Johannes R. Becher (1891 – 1958), den autobiographisch gefärbten Roman »Abschied«, in dem er die Entwicklung eines Bürgersohns zum revolutionären Marxismus schildert.
Hans Gastl, Sohn eines konservativen Staatsanwaltes, nähert sich nach der privaten Erfahrung von Standesunterschieden und Unrecht immer mehr sozialistischen Positionen an. Diese Annäherung bedeutet zugleich Abschied vom bürgerlichen Elternhaus.
Bechers Entwicklung als Schriftsteller läßt sich ebenfalls als Ablösung von bürgerlichen Traditionen interpretieren. So begann er als expressionistischer Avantgardist (»Verfall und Triumph«, 1914), bevor er sich in seinem lyrischen Schaffen unverhüllt zum Kommunismus bekannte. 1918 wurde er Mitglied des kommunistischen Spartakusbundes und 1919 der KPD. Ein Prozeß »wegen Vorbereitung zum Hochverrat« aufgrund seiner Gedichtsammlung »Der Leichnam auf dem Thron« (1926) und des Romans »Levisite oder Der einzig gerechte Krieg« (1926) wurde nach internationalen Protesten (Maxim Gorki, Romain Rolland, Thomas Mann, Bertolt Brecht) niedergeschlagen.

Henry Benrath
Die Kaiserin Theophano
Roman
Henry Benrath (1882 – 1949), eigentlich Albert Heinrich Rausch, verfaßte zahlreiche an August von Platen und Stefan George geschulte Gedichtsammlungen. Seine Haupterfolge erzielt er jedoch mit historisch-biographischen Romanen, denen jahrelange Forschungen vorausgingen. 1940 erscheint bei der Deutschen Verlags-Anstalt in Stuttgart »Die Kaiserin Theophano«, eine Schilderung des Lebens der deutsch-römischen Kaiserin, die nach dem Tod ihres Gatten, Kaiser Otto II., als Regentin ihren Sohn Otto (III.) auf das Kaisertum vorbereitete.

Werner Bergengruen
Am Himmel wie auf Erden
Roman
In dem historischen Roman »Am Himmel wie auf Erden«, der bei der Hanseatischen Verlags-Anstalt in Hamburg erscheint, verarbeitet der 1937 aus der Reichsschrifttumskammer ausgeschlossene Werner Bergengruen (1892 – 1964) die Geschichte des 15. Juli 1524. Für diesen Tag hatten die führenden Astrologen Europas eine Wiederholung der biblischen Sintflut vorhergesagt. Um einer Panik unter der Bevölkerung vorzubeugen, verpflichtete der brandenburgische Kurfürst Joachim I. den Hofgelehrten Carion zu absolutem Stillschweigen. Als der Kurfürst am Morgen des 15. Juli bei einem heraufziehenden Gewitter aus der Stadt flieht, beginnt in Berlin ein Aufstand gegen die Despotie des Kurfürsten unter dem Motto »Fürchtet euch nicht!«. – Zahlreiche Situationen dieses Romans sind als Parallelen zwischen der Gewaltherrschaft eines Landesfürsten und der Situation im Deutschen Reich unter der Barbarei des NS-Regimes zu verstehen. Der Aufruf »Fürchtet euch nicht!« kann als Appell zur moralischen Selbstbehauptung interpretiert werden.

Lion Feuchtwanger
Exil
Roman
»Exil«, erschienen beim Querido-Verlag in Amsterdam, ist der dritte und letzte Teil von Lion Feuchtwangers Romanzyklus »Der Wartesaal«, in der der Autor »die Geschehnisse in Deutschland zwischen den Kriegen von 1914 und 1939« behandelt, eine Zeit, in der »das Alte ... noch nicht tot und das Neue noch nicht lebendig« ist, »eine scheußliche Übergangszeit ... ein jämmerlicher Wartesaal«: »Zweck der Trilogie ist es, diese schlimme Zeit des Wartens und des Übergangs, die dunkelste, welche Deutschland seit dem Dreißigjährigen Krieg erlebt hat, für die Späteren lebendig zu machen. Denn es wird diesen Späteren unverständlich sein, wie wir ein solches Leben so lange ertragen konnten; sie werden nicht begreifen, warum wir so lange warteten, ehe wir die einzig vernünftige Schlußfolgerung zogen, die nämlich, der Herrschaft der Gewalt des Widersinns unsererseits mittels der Gewalt ein Ende zu setzen und an ihrer Statt eine vernünftige Ordnung zu setzen.« Bereits erschienen sind die Romane »Erfolg. Drei Jahre Geschichte einer Provinz« (1930) und »Die Geschwister Oppenheim« (1933). Hauptfigur von »Exil« ist der von den Nationalsozialisten als Kulturbolschewist beschimpfte Komponist Sepp Trautwein, ein im Grunde unpolitischer Künstler, der der politischen Entwicklung im Deutschen Reich hilflos gegenübersteht. In der Emigration gerät er in eine Schaffenskrise, die ihm den Zusammenhang zwischen Kunst und Leben, Gesellschaft und Individuum verdeutlicht und ihn zu einer realistischen Welt- und Kunstauffassung führt.

Hans Leip
Das Muschelhorn
Schicksal und Vollendung der Abdenas
Roman
Der Hamburger Hans Leip (1893 – 1983), bekannt für spannende Romane und Erzählungen aus dem Leben der Seeleute und Küstenbewohner, schildert in dem beim Verlag Cotta in Stuttgart erschienenen Roman »Das Muschelhorn. Schicksal und Vollendung der Abdenas« die Geschichte von fünf Generationen eines friesischen Geschlechts von der Zeit der seeräuberischen Likedeeler bis zur Reformation. Zentrale Gestalt ist Bojer Abdeans, ein Schüler des Bildschnitzers und Bildhauers Tilman Riemenschneider, der zuletzt Leuchtturmwächter wird.

Rudolf Alexander Schröder
Die weltlichen Gedichte
Gedichte
Rudolf Alexander Schröder (1878 – 1962) gründete 1899 in München mit Otto Julius Bierbaum die Zeitschrift »Die Insel«, aus der der Insel Verlag hervorging; 1913 gründete er mit Hugo von Hofmannsthal und Rudolf Borchardt die »Bremer Presse«. Er verfaßte patriotische Gedichte (»Neue deutsche Oden«, 1914; »Heilig Vaterland«, 1914) und wandte sich später als Mitglied der Bekennenden Kirche antik-formstrenger Lyrik und dem protestantischen Kirchenlied zu, zu dessen bedeutendsten Erneuerern er im 20. Jahrhundert zählt. Ergebnis sind »Die weltlichen Gedichte«, die 1940 beim Verlag Fischer in Berlin erscheinen.

Großbritannien

Graham Greene
Die Kraft und die Herrlichkeit
(The Power And the Glory)
Roman
»Die Kraft und die Herrlichkeit« gilt als bedeutendster Roman von Graham Greene (* 1904). Der Titel bezieht sich auf die Auseinandersetzung zwischen Staat und Katholizismus in einem totalitären Staat, in diesem Fall auf das Mexiko der 30er Jahre. Dort verbietet ein kommunistisches Regime jegliche Ausübung der katholischen Religion und läßt oppositionelle Priester liquidieren. Ein junger Priester widersetzt sich der Unterdrükkung, beginnt während des Lebens im Untergrund die Gesetze der katholischen Kirche zu mißachten und wird zum Alkoholiker. Ständig muß er vor einem fanatischen Polizeileutnant fliehen, der mit Hilfe des Kommunismus die durch die Kirche korrumpierte Welt verbessern will. Als sich der Priester in einem Nachbarland in Sicherheit gebracht hat, wird er in eine Falle gelockt. Die Gespräche zwischen dem Polizeileutnant und Priester vor dessen Hinrichtung bilden den thematischen Kern des Romans. Nach der Hinrichtung sehen die Katholiken in dem Priester einen Märtyrer. – Die deutsche Übersetzung erscheint 1948.

Charles Percy Snow
Fremde und Brüder
(Strangers and Brothers)
Roman
»Fremde und Brüder« ist der erste Teil des gleichnamigen Zyklus von elf Romanen, in denen Charles Percy Snow (1905 – 1980) charakteristische gesellschaftliche Erscheinungen der englischen Mittel- und Oberschicht zwischen den Jahren 1914 und 1968 behandelt. Nach der Hauptfigur wird der Zyklus auch als Lewis-Eliot-Zyklus bezeichnet. Im Mittelpunkt der Handlung stehen Personen des öffentlichen Lebens, »vernünftige Männer, die zu vernünftigen Ergebnissen kommen«. – Die deutsche Übersetzung erscheint 1964. Weitere Romane dieses Zyklus sind »Die lichten und die dunklen Gewalten« (1947), »Jahre der Hoffnung« (1949), »Die Lehrer« (1951), »Entscheidung in Barford« (1954), »Wege nach Haus« (1956), »Das Gewissen der Reichen« (1958), »Die Affäre« (1960), »Korridore der Macht« (1964), »Der Schlaf der Vernunft« (1968) und »Letzte Dinge« (1970).

Italien

Riccardo Bacchelli
Alte Welt, ewig neu
(Mondo vecchio sempre nuovo)
Roman
Mit »Alte Welt, ewig neu« liegt Riccardo Bacchellis (1891 – 1985) Romantrilogie »Die Mühle am Po« komplett vor. Bereits erschienen sind »Möge Gott dich behüten« (1938) und »Das Elend kommt im Kahn« (1939). Geschildert wird am Beispiel von drei Generationen einer Familie das verworrene politische Schicksal Italiens im 19. Jahrhundert vom Rußlandfeldzug des französischen Kaisers Napoleon I. bis zum Ersten Weltkrieg. Im Vordergrund stehen die Bemühungen um die politische Einigung Italiens. – Die deutsche Übersetzung erscheint 1952.

Dino Buzzati
Die Festung
(Il Deserto dei tartari)
Roman
In dem Roman »Die Festung« kommt Dino Buzzatis (1906 – 1972) pessimistisch-tragisches Weltgefühl am deutlichsten zum Ausdruck. Ein junger Leutnant wartet jahrzehntelang in einer entlegenen Grenzfestung auf den feindlichen Angriff, avanciert zum Major und verliert jeglichen Bezug zu allem, was außerhalb seiner Festung liegt. Als er alt und krank ist, tritt das ein, worauf er sein ganzes Leben lang gewartet hat: Die Tartaren stürmen gegen die Festung an. Doch der Offizier, vom Tod gezeichnet, kann sich an der Verteidigung nicht mehr beteiligen. – Die deutsche Übersetzung des Romans erscheint 1942.

Palästina

Samuel Josef Agnon
Nur wie ein Gast zur Nacht
(Oreach nata lalun)
Roman
Der Roman »Nur wie ein Gast zur Nacht« des seit seiner Jugend in Palästina lebenden Josef Agnon (1888 – 1970), Literaturnobelpreisträger 1966, ist die literarische Verarbeitung eines Besuchs seiner Heimatstadt Buczaz in Galizien. Geschildert wird in einem tagebuchartigen Bericht der Alltag der Juden in einem verarmten Städtchen. – Die deutsche Übersetzung des Romans erscheint 1964.

Schweden

Karin Maria Boye
Kallocain
(Kallocain)
Roman
Karin Maria Boye (1900 – 1941), Gründerin der psychoanalytischen Zeitschrift »Spektrum« (1931), verfaßte symbolhafte Gedichte, in denen vor allem der Gegensatz zwischen Idee und Realität, Konvention und intensivem Leben, Pflicht und Neigung zum Thema gemacht wird (»Um des Baumes willen«, 1935). Unter dem Eindruck der politischen Verhältnisse

im Deutschen Reich, in Italien und der Sowjetunion schrieb sie den Roman »Kallocain« (1940), in dem sie das Bild eines totalitären Staates in seiner Vollendung zeichnet. Mit Hilfe der neuen Droge Kallocain, unter deren Wirkung jeder die geheimsten Regungen seines Unterbewußtseins preisgibt, will der Staat seine Bürger restlos beherrschen. Bei den Versuchspersonen zeigt sich jedoch etwas Unerwartetes: Sie bekennen sich zu einer Sehnsucht nach Sonne und freier Entfaltung, nach Spontaneität, Liebe, Vertrauen und Hingabe. Diese »schuldigen« Träumer werden liquidiert. – Die deutsche Übersetzung erscheint 1947.

USA

William Faulkner
Das Dorf
(The Hamlet)
Roman
»Das Dorf« ist der erste Roman von William Faulkners (1897 – 1962, Literaturnobelpreisträger 1949) Trilogie über die Unterwanderung der Südstaatengesellschaft in der Stadt Jefferson durch die skrupellose Snopes-Familie. Der zweite Band, »Die Stadt«, erscheint 1957, 1959 erscheint als letzter Teil der Roman »Das Haus«. Gefühllosigkeit, Berechnung, Betrug und Ausnutzen menschlicher Eigenschaften sind die Elemente, die den Aufstieg des armen Flem Snope begründen. Die Menschen der weißen Südstaatengesellschaft erscheinen meist als korrupt und verroht, als Repräsentanten der verfallenden, von alten Adelsfamilien geprägten Plantagenbesitzerkultur. – Die deutsche Übersetzung erscheint 1957.

Ernest Hemingway
Wem die Stunde schlägt
(For Whom the Bell Tolls)
Roman
Mit dem während des Spanischen Bürgerkriegs im Jahre 1937 spielenden Roman »Wem die Stunde schlägt« gelingt Ernest Hemingway (1899 – 1961), Literaturnobelpreisträger 1954, einer seiner größten Bucherfolge. Erzählt wird die Geschichte des jungen Amerikaners Robert Jordan, der im Spanischen Bürgerkrieg freiwillig auf seiten der Republikaner kämpft und den Auftrag erhält, eine strategisch wichtige Brücke zu sprengen. Jordan verliebt sich in die Spanierin Maria, mit der er eine kurze Zeit des Glücks verlebt, immer den Tod vor Augen. Als er erfährt, daß die Falangisten von der geplanten Brückensprengung wissen, versucht er vergeblich, das Himmelfahrtskommando zu stoppen. Trotzdem muß er dem Befehl gehorchen und den Auftrag durchführen. Schwer verwundet bleibt er zurück und ermöglicht so den anderen Kämpfern und seiner Geliebten die Flucht. Mit seinem Mut, seiner moralischen Integrität und seiner Ausdauer verkörpert Jordan den Hemingwayschen Helden. – Die deutsche Übersetzung erscheint 1941.

Carson McCullers
Das Herz ist ein einsamer Jäger
(The Heart is a Lonely Hunter)
Roman
In psychologischen Romanen und Kurzgeschichten voller poetischer Schwermut schilderte Carson McCullers, geb. Smith (1917 – 1967) am Beispiel absonderlicher Charaktere die Einsamkeit und Kommunikationslosigkeit des modernen Menschen und die Unmöglichkeit von Liebesbeziehungen; so auch in ihrem Erstlings-Roman »Das Herz ist ein einsamer Jäger«. Hauptfigur ist der taubstumme Graveur John Singer, der nach dem Verlust eines Freundes Mittelpunkt einer Gruppe ähnlich Vereinsamter wird. Er begeht Selbstmord, als er vom Tod seines Freundes, der in eine Irrenanstalt eingeliefert wurde, erfährt. – Die deutscher Übersetzung erscheint 1950.

William Saroyan
Ich heiße Aram
(My Name is Aram)
Erzählungen
In den 14 Erzählungen des Bandes »Ich heiße Aram« behandelt William Saroyan (1908 – 1981) Episoden aus dem Leben der armenischen Einwandererfamilie Garoghlanian in den USA. Aus der Perspektive der kindlichen Erzählerfigur Saroyan Garoghlanian werden Szenen aus dem amerikanischen Alltag humorvoll, in einfacher Sprache und witzigen Charakterzeichnungen dargestellt. Die deutsche Übersetzung dieser Erzählungen erscheint 1946.

Thomas Wolfe
Es führt kein Weg zurück
(You Can't Go Home Again)
Roman
Thomas Wolfe (1900 – 1938), achtes Kind eines Steinmetzen, begann wenig erfolgreich als Dramatiker. In seinem ersten Roman, »Schau heimwärts, Engel! Eine Geschichte vom begrabnen Leben« (1929), erzählte er seine eigene Lebensgeschichte von der Geburt bis zum Abschluß seiner Studien. Nach dem Erfolg dieses Werks versuchte er, in drei weiteren autobiographisch gefärbten Romanen die private Legende vom einsamen jungen Menschen zu einem nationalen Mythos zu stilisieren: »Von Zeit und Strom« (1935), »Geweb und Fels« (postum 1939) und »Es führt kein Weg zurück« (postum 1940). – Die deutsche Übersetzung von »Es führt kein Weg zurück« erscheint 1942.

Richard Wright
Sohn dieses Landes
(Native Son)
Roman
Richard Wright (1908 – 1960), ein Landarbeitersohn, schildert in seinem ersten Roman »Sohn dieses Landes« naturalistisch die Geschichte eines Negers aus den Slums von Chicago, der – »unschuldig schuldig« – durch das Milieu zum Mord getrieben wird und auf dem elektrischen Stuhl endet. Das Werk Wrights ruft eine lebhafte Diskussion über die Stellung der Schwarzen hervor. – Die deutsche Übersetzung erscheint 1941.

Uraufführungen Schauspiel, Oper, Operette und Ballett 1940

Die bedeutendsten Uraufführungen aus Schauspiel, Oper, Operette und Ballett sind alphabetisch nach Autoren/Komponisten geordnet (siehe auch Übersichtsartikel auf S. 64, 194).

Deutsches Reich

Bertolt Brecht
Das Verhör des Lukullus
Hörspiel
Der Schweizer Sender Radio Beromünster überträgt am 12. Mai unter dem Titel »Lukullus vor Gericht« erstmalig Bertolt Brechts (1898–1956) Hörspiel »Das Verhör des Lukullus«, in dem der bereits 1933 aus dem Deutschen Reich emigrierte Autor an seine frühen Lehrstücke aus den 20er Jahren anknüpft. Der römische Feldherr Lukullus – die Personifikation des Kriegs – macht vor dem Gericht der Unterwelt die bittere Erfahrung, daß sein auf Erden bedeutender Name im Reich der Toten nichts gilt. Der Sieger zahlreicher Schlachten erscheint in den Zeugenaussagen der Besiegten, der Legionäre und Mütter als Verursacher von Zerstörung und Leid. Nur von seinem Koch wird er als »menschlich« bezeichnet, weil er die Kunst des Kochens zu würdigen wußte, und ein Bauer ist Lukullus für die Einführung des Kirschbaums nach Italien dankbar. Das Hörspiel endet mit einem Preislied auf jene Obstkultur, die noch Generationen erfreuen wird.

Werner Egk
Joan von Zarissa
Ballett
Einen triumphalen Erfolg erringt Werner Egk (1901–1983) mit dem abendfüllenden Ballett »Joan von Zarissa«, das am 20. Januar in der Inszenierung von Heinz Tietjen in der Staatsoper Berlin uraufgeführt wird. Die Titelrolle des Stücks, in dem Egk, der selbst das Libretto verfaßte, den Don-Juan-Stoff verarbeitete, tanzt Bernhard Wosien, die Rolle der Isabeau Ilse Meudtner, den Narren Lefou Rolf Jahnke. Die Choreografie schuf Lizzie Maudrik, das Bühnenbild Josef Fennecker.

Georg Kaiser
Der Soldat Tanaka
Schauspiel
Georg Kaiser (1878–1945), einer der bedeutendsten Dramatiker des deutschen Expressionismus, wendet sich in seinem Schweizer Exil gegen Faschismus und Krieg. Das wichtigste Stück dieser Zeit ist das Schauspiel »Der Soldat Tanaka«, das am 2. November im Zürcher Schauspielhaus uraufgeführt wird. Durch die Verlegung der Fabel nach Japan klagt Kaiser nicht nur die politische Situation im Deutschen Reich an, sondern Faschismus und Militarismus allgemein. Der Soldat Tanaka erkennt, daß seine Landsleute Not leiden und seine Schwester an ein Geishahaus verkauft wird, nur damit sich der Kaiser eine teure Armee halten kann. Die deutsche Erstaufführung dieses Stücks erfolgt am 13. Februar 1946 im Berliner Hebbel-Theater.

Italien

Luigi Dallapiccola
Nachtflug
(Volo di notte)
Oper in einem Akt
Die nach Antoine de Saint-Exupérys gleichnamigem Roman komponierte Oper »Nachtflug«, die am 18. Mai im Teatro della Pergola in Florenz uraufgeführt wird, ist das erste Werk, in dem Luigi Dallapiccola (1904–1975) die Technik des Zwölftonsystems benutzt, allerdings vorwiegend in Kontrast zu tonalen Passagen. Die Singstimme bleibt trotz der modernen Klänge kantabel, der Text wird teilweise gesprochen.

Schweiz

Heinrich Sutermeister
Romeo und Julia
Oper in zwei Akten
Maria Cebotari singt unter der Leitung von Karl Böhm die Julia bei der Uraufführung von Heinrich Sutermeisters (* 1910) Oper »Romeo und Julia«, die am 13. April in der Staatsoper Dresden uraufgeführt wird. Der Komponist schrieb den Text nach William Shakespeares gleichnamiger Tragödie und ergänzte ihn durch Shakespeare-Sonette und deutsche Barockdichtungen. Der Stoff ist im wesentlichen auf die Liebestragödie reduziert, weshalb diese Oper vielfach als »Liebes- und Belcantooper« bezeichnet wird. Die Melodik wird von impressionistisch wirkenden Harmonien gestützt, wodurch Sutermeister die Gefahr des übertriebenen Sentimentalen vermeidet.

UdSSR

Nikolai F. Pogodin, eigentl. N. F. Stukalow
Das Glockenspiel des Kreml
(Kremljowskije kuranty)
Schauspiel in drei Akten
»Das Glockenspiel des Kreml«, uraufgeführt am 13. Mai im Dramatischen Theater in Leningrad, ist nach »Der Mann mit dem Gewehr« (1937) das zweite Stück, in dem Nikolai F. Pogodin (1900–1962) den Revolutionär Wladimir I. Lenin und dessen Nachfolger Josef W. Stalin persönlich auftreten läßt. Das Schauspiel behandelt im Stil des sozialistischen Realismus die Elektrifizierung der Sowjetunion, zeigt das Leben in Moskau nach der Oktoberrevolution und kehrt die einfache Menschlichkeit Lenins hervor. – Die deutsche Erstaufführung des Stücks findet 1951 in Dresden statt.

Jewgeni L. Schwarz
Der Schatten
(Ten)
Märchenspiel in drei Akten
Die mit märchenhaften Elementen versetzten und oft für Jugendbühnen geschriebenen Dramen von Jewgeni L. Schwarz (1896–1958) werden von der offiziellen Kritik wenig beachtet. Obwohl die Stücke nicht der politischen Orientierung in der UdSSR entsprechen, werden sie aufgeführt. Seine berühmtesten Stücke sind »Der Schatten«, uraufgeführt am 11. Februar im *Teatr komedii* in Leningrad, und »Der Drache« (entstanden 1943/44). In der Märchenkomödie »Der Schatten« trennt sich der Schatten eines Gelehrten und Märchenforschers von diesem und ergreift die Macht in einem »imaginären monarchistischen Staat«. Das Stück, in dem sich das Märchenelement der politischen Satire nähert, wird bald vom Spielplan abgesetzt. – Die deutsche Erstaufführung findet 1947 in Berlin statt.

USA

Ernest Hemingway
Die fünfte Kolonne
(The Fith Column)
Schauspiel in drei Akten
Das bereits 1938 in Druck erschienene Schauspiel »Die fünfte Kolonne« von Ernest Hemingway (1899–1961), Literaturnobelpreisträger 1954, wird am 6. März in einer Bearbeitung von Benjamin Glazer in New York uraufgeführt. Es ist das einzige Theaterstück Hemingways. Schauplatz ist das von den Republikanern verteidigte Madrid während des Spanischen Bürgerkriegs. In die Hauptstadt haben sich zahlreiche Anhänger des Falangisten-Chefs Francisco Franco eingeschlichen. Sie bilden die »fünfte Kolonne« der Faschisten. Der US-amerikanische Journalist und Playboy Philip Rawlings hilt mit, mehrere hundert getarnte Franco-Anhänger zu enttarnen und zu töten. Das Stück erregt vor allem wegen dieser Tötungen großes Aufsehen.

Filme 1940

Die neuen Filme des Jahres 1940 sind im Länderalphabet entsprechend der Nationalität der Regisseure und hier wiederum alphabetisch nach Regisseuren aufgeführt. Bei ausländischen Filmen steht unter dem deutschen Titel der Originaltitel (siehe auch Übersichtsartikel auf S. 122).

Deutsches Reich

Karl Anton
Stern von Rio
La Jana als verführerische Nachtklubtänzerin Concha ist der Star in Karl Antons Abenteuer- und Revuefilm »Stern von Rio«, der am 20. März in Berlin uraufgeführt wird. Der junge Vicente (Werner Scharf) findet einen außerordentlich großen Diamanten, den er Concha schenken möchte; doch der Besitzer (Gustav Diessl) des Gebiets, auf dem der Diamant gefunden wurde, erhebt Ansprüche auf den Edelstein. Zwischen den Männern beginnt ein Kampf um den Diamanten und um Concha. Zum Publikumserfolg wurde der Film insbesondere durch die als »gewagt« empfundenen Tanzszenen.

Eduard von Borsody
Wunschkonzert
Star des Liebesfilms »Wunschkonzert«, der unter der Regie von Eduard von Borsody am 30. Dezember in Berlin uraufgeführt wird, ist Ilse Werner. Thematischer Mittelpunkt ist die Radiosendung »Wunschkonzert«, die während des Zweiten Weltkriegs an jedem Sonntagnachmittag ausgestrahlt wird, um die Moral der Daheimgebliebenen zu stärken. »Der Film ist zum Mittler des Gemeinschaftsgefühls geworden und hat sich zum Träger nationaler Kultur erhoben«, schreibt die »Filmwelt« nach der Premiere, »hat uns die kämpfende und siegende Front nähergerückt, ... hat uns auf den Straßen im Osten und Westen mitmarschieren lassen. Ist nicht der Film ›Wunschkonzert‹ das schönste Beispiel hierfür? Hier schwingt der Gleichklang der Herzen der Front und der Heimat, des ganzen Volkes.« Ausgezeichnet wird der Film mit sämtlichen Prädikaten der Reichsfilmkammer.

Erich Engel
Nanette
In Berlin wird am 23. Januar der Film »Nanette« von Erich Engel uraufgeführt. Jenny Jugo, Hans Söhnker und Albrecht Schonhals spielen die Hauptrollen in dieser Liebeskomödie, die mit dem Prädikat »künstlerisch wertvoll« ausgezeichnet wird. Die Musik komponierte Peter Kreuder.

Carl Froelich
Das Herz der Königin
Zarah Leander als schottische Königin Maria Stuart und Maria Koppenhöfer als ihre intrigante Gegenspielerin, die englische Königin Elisabeth I., sind die Stars des deutlich antibritisch gefärbten Historienfilms »Das Herz der Königin«, der am 1. November unter der Regie von Carl Froelich in Hamburg uraufgeführt wird. Der Film erhält das Prädikat »künstlerisch wertvoll, kulturell wertvoll«.

Gustaf Gründgens
Zwei Welten
Am 6. Januar wird in Berlin unter der Regie von Gustaf Gründgens die Komödie »Zwei Welten« uraufgeführt. Thema dieses Lustspiels ist die Erntehilfe der Jugend. Hauptdarsteller sind Marianne Simson, Antje Weissgerber, Max Eckard und Ida Wüst. Die Musik komponierte Michael Jary. Der Film erhält das Prädikat »künstlerisch wertvoll«.

Veit Harlan
Jud Süß
Technisch perfekt und mit hervorragenden Leistungen der Schauspieler inszeniert Veit Harlan den antijüdischen Propagandafilm »Jud Süß«, der am 5. September in Venedig uraufgeführt wird. Historisches Vorbild dieses die tatsächliche Geschichte verfälschenden Films ist der jüdische Finanzmann Joseph Süß-Oppenheimer, genannt Jud Süß (im Film Ferdinand Marian), der Berater und Finanzier des Herzogs Karl Albert von Württemberg (Heinrich George), der 1738 in Stuttgart hingerichtet wurde. Als Inhaber eines großen Vermögens trat Süß-Oppenheimer 1732 mit dem Herzog in Verbindung, der ihm zuerst die Direktion des Münzwesens übertrug und ihn schließlich zum Geheimen Finanzrat und Kabinettsminister ernannte. Süß-Oppenheimer wurde ein unentbehrlicher Berater für den Herzog, den er auch beim Kampf gegen die Landstände unterstützte. Als Minister besetzte er alle entscheidenden Ämter mit Personen seiner Wahl, ließ elf Millionen Gulden Falschgeld prägen, errichtete ein Salz-, Wein- und Tabakmonopol, verkaufte für Riesensummen Privilegien, holte viele Juden ins Land und belastete das Volk mit Abgaben aller Art. Wegen seiner Steuerpolitik und seines aufwendigen Lebensstils zog er sich den Haß der Bevölkerung zu. Nach dem Tod des Herzogs 1737 wurde er wegen Amtserschleichung, Betrug und Hochverrat angeklagt und zum Tod verurteilt. – Propagandistische Absicht der Verfilmung Harlans ist die Demonstration sog. typisch jüdischen Verhaltens: »Hier zeige ich das Urjudentum, wie es damals war und wie es sich heute noch ganz rein in dem einstigen Polen erhalten hat. Im Gegensatz zu diesem Urjudentum steht nun der Jud Süß, der elegante Finanzberater des Hofes, der schlaue Politiker, kurz: der getarnte Jude.« Der Film erhält das Prädikat »staatspolitisch und künstlerisch besonders wertvoll, jugendwert«.

Georg Jacoby
Kora Terry
Marika Rökk spielt in dem Film »Kora Terry«, den Georg Jacoby nach dem gleichnamigen Roman von Hanns von Zobeltitz gedreht hat, die grundverschiedenen Zwillingsschwestern Kora und Mara Terry, die beide denselben Mann lieben, den Geiger Michael Varany (Will Quadflieg). Bei einer Auseinandersetzung zwischen den Schwestern verunglückt Kora tödlich, und Mara lebt als Kora weiter. Sie gewinnt ihre eigene Identität als Mara zurück, und es kommt zum Happy-End mit dem Geiger Varany. Der Film wird am 27. November in Karlsruhe uraufgeführt.

Helmut Käutner
Kleider machen Leute
Heinz Rühmann als Schneidergeselle Wenzel ist der Hauptdarsteller in Helmut Käutners Film »Kleider machen Leute« nach der gleichnamigen Novelle von Gottfried Keller. Am 16. September wird der Film in Konstanz uraufgeführt. In weiteren Hauptrollen sind Hertha Feiler als Nettchen und Fritz Odemar als Stroganoff zu sehen.

Max W. Kimmich
Der Fuchs von Glenarvon
Am 24. April wird der Spionagefilm »Der Fuchs von Glenarvon« von Max W. Kimmich uraufgeführt. Die Hauptrollen in dem während des irischen Freiheitskampfs gegen Großbritannien spielenden Film verkörpern Olga Tschechowa, Karl Ludwig Diehl, Ferdinand Merian, Elisabeth Flickenschildt, Traudl Stark, Albert Florath, Lucie Höflich und Hans Mierendorff. Der Film erhält das Prädikat »künstlerisch wertvoll«.

Wolfgang Liebeneiner
Bismarck
Paul Hartmann spielt die Titelrolle in Wolfgang Liebeneiners historischem Film »Bismarck«, der am 6. Dezember in Berlin uraufgeführt wird. Geschildert wird die Zeit von der Berufung Otto von Bismarcks zum preußischen Ministerpräsidenten im Jahre 1862 bis zur Gründung des deutschen Kaiserreichs am 18. Januar 1871 in Versailles. Der Film erhält das Prädikat »staatspolitisch und künstlerisch besonders wertvoll, jugendwert«. In weiteren Hauptrollen sind zu sehen Friedrich Kayssler als preußischer König bzw. deutscher Kaiser Wilhelm I., Werner Hinz als Kronprinz Friedrich, Walter Franck als französischer Kaiser Napoleon III., Lil Dagover als Kaiserin Eugénie und Käte Haack als Johanna von Bismarck.

Theo Lingen
Herz modern möbliert
Theo Lingen führt die Regie und ist der Hauptdarsteller in der Verwechslungskomödie »Herz modern möbliert«, die nach dem gleichnamigen Bühnenstück von Franz Gribitz in Berlin uraufgeführt wird. In weiteren Rollen spielen Hilde Krahl, Gusti Huber und Gustav Fröhlich.

Herbert Maisch
Friedrich Schiller – Triumph eines Genies
Herbert Maischs biographischer Film »Friedrich Schiller – Triumph eines Genies« mit Horst Caspar in der Titelrolle, uraufgeführt am 13. November in Stuttgart, zählt zu den erstaunlichsten Filmkunstwerken des Dritten Reichs: Ein Film, der von Anfang bis Ende ein Lobgesang auf die Freiheit und eine Anklage gegen Unterdrückung und Tyrannei ist, erhält das Prädikat »staatspolitisch wertvoll, künstlerisch wertvoll, jugendwert«. Schiller wird als jugendliches Genie dargestellt, als Verkörperung des deutschen Geistes und zugleich als Vorläufer des Führers Adolf Hitler.

Curt Oertel
Michelangelo
Als eines der Meisterwerke von Curt Oertel gilt der Dokumentarfilm »Michelangelo« über das Leben des italienischen Bildhauers, Malers, Baumeisters und Dichters Michelangelo Buonarroti. Sprecher des Filmberichts ist Mathias Wiemann. Das Werk, das am 15. März in Berlin uraufgeführt wird, erhält das Prädikat »volksbildend, Lehrfilm«.

Arthur Maria Rabenalt
Die 3 Condonas
Berühmt wird Arthur Maria Rabenalts Film »Die 3 Condonas«, uraufgeführt am 1. August in Hamburg, wegen seiner guten Zirkusszenen. In dem Drama um eine Artistenfamilie und eine tödlich endende Liebesaffäre spielen René Deltgen, Josef Sieber, Ernst von Klipstein und Lena Norman die Hauptrollen.

Karl Ritter
Bal paré
Ilse Werner spielt die Hauptrolle in der Jungmädchengeschichte »Bal paré«, die unter der Regie von Karl Ritter am 22. Mai in Wien uraufgeführt wird. Auf ihrem ersten Bal paré begegnet die junge Maxi einem Industriellen (Paul Hartmann), der sich ihrer als väterlicher Freund und großzügiger Mäzen annimmt. Komplikationen ergeben sich erst, als sich sein Sohn (Hannes Stelzer) heftig in sie verliebt und es darüber zum Streit zwischen Vater und Sohn kommt, der jedoch mit einem Happy-End behoben wird.

Herbert Selpin
Trenck, der Pandur
In Herbert Selpins historischem Abenteuer- und Spionagefilm »Trenck, der Pandur«, der am 23. August in Wien uraufgeführt wird, ist Hans Albers erstmals in einer Kostümrolle zu sehen. Er spielt den preußischen Offizier und Abenteurer Friedrich Freiherr von der Trenck, der 1748 mit einem Panduren-Regiment für die österreichische Kaiserin Maria Theresia (Käthe Dorsch) gegen die Franzosen kämpft. Deren Gunst verscherzt er sich vorübergehend, weil er einer Prinzessin (Sibylle Schmitz) zu nahe tritt. Der Film erhält das Prädikat »volkstümlich wertvoll, jugendwert«.

Hans Steinhoff
Die Geierwally
Mit Heidemarie Hatheyer in der Titelrolle inszeniert Hans Steinhoff den Tiroler Frauenroman »Die Geierwally« von Wilhelmine von Hillern. Der Film wird am 13. August in München uraufgeführt. Geierwally, die Tochter eines Bergbauern, liebt den armen Jäger Bären-Joseph (Sepp Rist) und wird eifersüchtig, als eine fremde Frau (Winnie Markus) auftaucht. Als sich herausstellt, daß die Fremde nicht die Geliebte, sondern die Schwester des Bären-Joseph ist, finden die beiden Liebenden zueinander. Der Film erhält das Prädikat »künstlerisch wertvoll, volkstümlich wertvoll«.

Viktor von Tourjansky
Feinde
Mit dem Prädikat »staatspolitisch wertvoll, künstlerisch wertvoll, jugendwert« ausgezeichnet wird Viktor von Tourjanskys antipolnischer Film »Feinde«, der am 7. November in München uraufgeführt wird. Eine Gruppe in Polen lebender Deutscher wird im Jahre 1939 so von den Polen terrorisiert, daß sie sich zur Flucht heim ins Reich entschließt. In den Hauptrollen: Brigitte Horney, Willy Birgel, Iwan Petrovich und Beppo Brem.

Österreich

Willi Forst
Operette
Unter der Regie von Willi Forst wird am 20. Dezember in Wien der Film »Operette« uraufgeführt, ein musikalisches Zeitbild um den Hofopernleiter Franz Jauner (im Film Willi Forst) zu Beginn der klassischen Wiener Operette. Willy Schmidt-Gentner schrieb die Musik zu diesem Film-Musical unter Verwendung von Operettenmelodien von Johann Strauß, Franz von Suppè und Karl Millöcker. In weiteren Hauptrollen dieses mit Prädikat ausgezeichneten Films sind Maria Holst als Maria Geistinger, Dora Komar als Emmi Krall, Paul Hörbiger als Alexander Girardi, Leo Slezak als Franz von Suppè, Edmund Schellhammer als Johann Strauß und Curd Jürgens als Karl Millöcker zu sehen.

Hubert Marischka
Der ungetreue Eckehart
In Berlin wird am 25. Januar die Komödie »Der ungetreue Eckehart« von Hubert Marischka uraufgeführt. Hans Moser spielt die Hauptrolle in diesem Familien- und Verwechslungsschwank, in dem in weiteren tragenden Rollen Lucie Englisch, Ethel Reschke, Theo Lingen und Hedwig Bleibtreu zu sehen sind.

Franz Seitz
Das jüngste Gericht
In Wien wird am 12. Januar die Komödie »Das Jüngste Gericht« von Franz Seitz uraufgeführt. Thema sind die Ereignisse des Jahres 1910, als im Zusammenhang mit dem Erscheinen des Halleyschen Kometen der Weltuntergang vorhergesagt wurde. In den Hauptrollen spielen Hans Holt, Olly Holzmann, Susi Nicoletti und Herta Mayen.

Gustav Ucicky
Der Postmeister
Heinrich George als Postmeister und Hilde Krahl als seine Tochter Dunja sowie Siegfried Breuer als Rittmeister Minskij und Hans Holt als Fähnrich Mitja sind die Hauptdarsteller in Gustav Ucickys Film »Der Postmeister« nach der gleichnamigen Novelle von Alexander S. Puschkin. Die Geschichte über ein Mädchen vom Lande, das in der Hauptstadt Petersburg auf die schiefe Bahn gerät, wird am 25. April in Wien uraufgeführt und erhält das Prädikat »künstlerisch besonders wertvoll«. Bei der deutsch-italienischen Filmkunstwoche in Venedig erhält er den Pokal der Filmkunstwoche.

USA

Charlie Chaplin
Der große Diktator
(The Great Dictator)
Charlie Chaplins Film »Der große Diktator« ist eine beißende Satire auf den deutschen Führer und Reichskanzler Adolf Hitler. Chaplin ist in einer Doppelrolle zu sehen als Diktator Hynkel und als vom Regime verfolgter jüdischer Friseur, der dem Diktator täuschend ähnlich sieht. Nachdem dem Friseur in einer gestohlenen Uniform die Flucht aus dem Konzentrationslager gelingt, wird er von den Wachen des Diktators mit Hynkel verwechselt und zu einer riesigen Tribüne geführt, auf der er den Einmarsch in das Nachbarland Austerlich verkünden soll. Doch der Friseur hält eine Rede, in der er zum Frieden aufruft.

Walt Disney
Pinocchio
Der Comicfilmzeichner und Filmproduzent Walt Disney stellt am 8. Februar der Weltöffentlichkeit seinen abendfüllenden Musikfilm »Pinocchio« nach dem Buch des Italieners Carlo Collodi vor. Da Disney neue technische Verfahrensweisen sofort anwendet, ist es ihm gelungen, im Bereich des Trickfilms ein praktisch unangefochtenes Monopol aufzubauen. Der Disney-Film »Fantasia«, der ebenfalls 1940 in die Kinos kommt und ein großer Erfolg wird, verwendet erstmals (quasi-)Stereoton. In seinen Filmen verbindet Disney technisches Können mit wirkungsvollen Geschichten, eine Mischung, die besonders auf das Familienpublikum abzielt. Das Disney Animation Studio arbeitet nach industriellen Prinzipien. Bereits 1934, als Disney mit Farbfilmen begann, hatte er 700 Mitarbeiter in London und Paris. Disneys populäre Comicfiguren fördern den Verkauf von Spielzeug, Uhren und T-Shirts, die mit diesen Figuren bedruckt sind. Dies wiederum festigt die Popularität der Disney-Kreationen.

John Ford
Die Früchte des Zorns
(The Grapes of Wrath)
John Fords »Die Früchte des Zorns« ist die Verfilmung des berühmtesten Romans von John Steinbeck. Geschildert wird der Leidensweg der Familie eines verarmten Farmpächters. Während der Depression Anfang der 30er Jahre verlassen die Joads ihre Heimat Oklahoma und ziehen nach Kalifornien, wo sie aber nicht das versprochene Paradies finden, sondern Massen anderer Notleidender, die bei der befristeten Erntehilfe für Hungerlöhne Arbeit erhalten. In den Hauptrollen dieses Films, der zu den progressivsten amerikanischen Filmen seiner Zeit zählt, spielen Henry Fonda, Jane Darwell, Dorris Bowdon, Russel Simpson und John Carradine.

Alfred Hitchcock
Rebecca
(Rebecca)
»Rebecca« ist der erste Hollywoodfilm von Alfred Hitchcock. Als Vorlage diente der gleichnamige Roman von Daphne du Maurier. Hitchcock versucht weniger, die Vorlage in einen Kriminalreißer als in einen psychologischen Thriller umzusetzen. In den Hauptrollen sind Laurence Olivier als Maxim de Winter und Joan Fontaine als Mrs. de Winter zu sehen.

Preston Sturges
Der große McGinty
(The Great McGinty)
»Der große McGinty«, der erste Film von Preston Sturges, ist eine Satire auf die Korruption in der Politik. Der Landstreicher Dan McGinty (Brian Donlevy) wird Helfer eines korrupten Parteibosses (Akim Tamiroff) und bringt es mit großer Skrupellosigkeit und Berechnung bis zum Gouverneur. Als er in dieser Position beginnt, soziale Ideen zu entwickeln und gegen die Korruption zu kämpfen, wird er entmachtet.

Sportereignisse und -rekorde des Jahres 1940

Die Aufstellung erfaßt Rekorde, Sieger und Meister in wichtigen Sportarten. Aufgenommen wurden nur solche Wettbewerbe, die in den vergangenen Jahren bereits regelmäßig ausgetragen worden sind und ab 1940 kontinuierlich zu den Sportprogrammen gehörten. Sportarten in alphabetischer Reihenfolge.

Automobilsport

Grand-Prix-Rennen			
Großer Preis von (Datum) Kurs/Strecke (Länge)	Sieger (Land)	Marke	Ø km/h
Tripoli (12. 5.) (393 km)	Alberto Farina (ITA)	Alfa-Romeo	206,345
Langstreckenrennen			
Kurs/Dauer (Datum)	Sieger (Land)	Marke	Ø km/h
Indianapolis/500 ms (30. 5.)	Wilbur Shaw (USA)	Maserati	183,911
Mille Miglia (1486 km)/ Brescia (28. 4.)	F. Huschke v. Hanstein (GER)/ Walter Bäumer (GER)	BMW	166,723
Targa Florio (288 km) Palermo (23. 5.)	Emilio Villoresi (ITA)	Maserati	142,287
Rallyes			
Rallye Monte Carlo	nicht ausgetragen		

Boxen/Schwergewicht

Ort/Datum	Weltmeister (Land)	Gegner (Land)	Ergebnis
New York/9. 2.	Joe Louis (USA)	Arturo Godoy	PS (15 Rd.)
New York/29. 3.	Joe Louis (USA)	Johnny Paychek	k. o. (2. Rd.)
New York/20. 6.	Joe Louis (USA)	Arturo Godoy	k. o. (8. Rd.)
Boston /16. 12.	Joe Louis (USA)	Al McCoy	k. o. (6. Rd.)

Eiskunstlauf

Deutsche Meister	
Herren (Wien, 4./5. 1.)	Horst Faber (München)
Damen (München, 12./13. 1.)	Lydia Veicht (München)
Paare (Wien, 4./5. 1.)	Maxi Herber (München)/ Ernst Baier (Berlin)

Fußball

Länderspiele	Ergebnis	Ort	Datum
Deutschland (+5, =2, −3)			
Deutschland – Ungarn	2:2	Berlin	7. 4.
Deutschland – Jugoslawien	1:2	Wien	14. 4.
Italien – Deutschland	3:2	Mailand	5. 5.
Deutschland – Rumänien	9:3	Frankfurt	14. 7.
Deutschland – Finnland	13:0	Leipzig	1. 9.
Slowakei – Deutschland	0:1	Preßburg	15. 9.
Ungarn – Deutschland	2:2	Budapest	6. 10.
Deutschland – Bulgarien	7:3	München	20. 10.
Jugoslawien – Deutschland	2:0	Zabgreb	3. 11.
Deutschland – Dänemark	1:0	Hamburg	17. 11.
Österreich			
1940 keine Länderspiele möglich			
Schweiz			
Italien – Schweiz	1:1	Turin	3. 3.
Ungarn – Schweiz	3:0	Budapest	31. 3.

Landesmeister	
Deutschland	FC Schalke 04 – Dresdner SC 1:0 (21. 7. Berlin)
Österreich	Rapid Wien
Schweiz	Servette Genf
Belgien	kein Meister ermittelt
Dänemark	Boldklubben 93
England	nicht ausgetragen
Finnland	Sudet
Frankreich	FC Rouen (Nord) SG Nizza (Südost) AS Bordeaux (Südwest)
Holland	Feyenoord Rotterdam
Italien	Inter Mailand
Jugoslawien	Gradjanska Agram
Norwegen	Frederikstad IF
Schottland	nicht ausgetragen
Schweden	Elfsborg IF
Spanien	Atletico Aviacion Madrid

Landespokal	
Deutschland	Dresdner SV – 1. FC Nürnberg 2:1 n. V. (1. 12., Berlin)
Österreich	nicht ausgetragen
Schweiz	Grasshoppers Zürich
England	nicht ausgetragen
Frankreich	Racing Paris
Italien	AC Florenz
Holland	nicht ausgetragen
Schottland	nicht ausgetragen

Gewichtheben

Weltrekordhalter (Land)	Dreikampf	Drücken	Reißen	Stoßen
Josef Manger (GER)	435,0 kg	145,0 kg		
Reginald Walker (GBR)			135,0 kg	
Jakov Kuzenko (URS)				170,0 kg

Leichtathletik

Deutsche Meisterschaften		
Disziplin	Sieger (Ort)	Leistung
Männer		
100 m	Harald Mellerowicz (Berlin)	10,6
200 m	Willi Bönecke (Berlin)	22,1
400 m	Cuno Wieland (Halle)	49,0
800 m	Rudolf Harbig (Dresden)	1:51,6
1500 m	Ludwig Kaindl (München)	3:58,8
5000 m	Otto Eitel (Eßlingen)	14:45,2
10 000 m	Anton Haushofer (München)	31:29,4
Marathon[1)]	Erich Puch (Potsdam)	2:35:04,0
Mannschaft	Sportfreunde Potsdam	
110 m Hürden	Ernst Becker (Berlin)	15,4
400 m Hürden	Max Mayer (München)	55,2
3000 m Hindernis	Rolf Seidenschnur (Kiel)	9:13,2
4 × 100 m	Berliner Sport-Club	43,0
4 × 400 m	Luftwaffen-SV Berlin	3:18,4
Hochsprung	Hermann Nacke (Jena)	1,93
Stabhochsprung	Rudolf Glötzner (Weiden)	4,00
Weitsprung	Günther König (Stettin)	7,42
Dreisprung	Fritz Gleim (Frankfurt)	14,89
Kugelstoßen	Heinrich Trippe (Berlin)	16,31
Diskuswurf	Johann Wotapek (Wien)	48,37
Hammerwurf	Erwin Blask (Berlin)	53,76
Speerwurf	Karl-Heinz Berg (Berlin)	67,73
Zehnkampf[2)]	Rudolf Glötzner (Weiden)	6894

1) Berlin, 18. 8.;
2) Weimar 20./21. 7.

Frauen		
100 m	Erika Biess (Charlottenburg)	12,2
200 m	Grete Winkels (Köln)	25,6
800 m	nicht ausgetragen	
80 m Hürden	Erika Biess (Charlottenburg)	11,6
4 × 100 m	Hamburger SV	49,7
Hochsprung	Gunda Friedrich (Würzburg)	1,60
Weitsprung	Erika Junghans (Naumburg)	5,70
Kugelstoßen	Gisela Mauermayer (München)	13,20
Diskuswurf	Gisela Mauermayer (München)	45,94
Speerwurf	Lisa Gelius (München)	42,50
Fünfkampf	Lisa Gelius (München)	332

Weltrekorde (Stand: 31. 12. 1940)				
Disziplin	Name (Land)	Leistung	Datum	Ort
Männer				
100 m	Jesse Owens (USA)	10,2	20. 6. 1936	Chicago
200 m (Gerade)	Jesse Owens (USA)	20,3 [4]	25. 5. 1935	Ann Arbor
200 m (Kurve)	Jesse Owens (USA) [3]	20,7	5. 8. 1936	Berlin
400 m	Rudolf Harbig (GER)	46,0	12. 8. 1939	Frankfurt
800 m	Rudolf Harbig (GER)	1:46,6	15. 7. 1939	Mailand
1000 m	J. Ladoumegue (FRA)	2:23,6	19. 10. 1930	Paris
1500 m	John Lovelock (NSE)	3:47,8	6. 8. 1936	Berlin
Meile	Sydney Wooderson (GBR)	4:06,4	28. 8. 1937	London
3000 m	Henry Kälarne (SWE)	8:09,0	14. 8. 1940	Stockholm
5000 m	Taisto Mäki (FIN)	14:08,8	16. 6. 1939	Helsinki
10 000 m	Taisto Mäki (FIN)	29:52,6	17. 9. 1939	Helsinki
110 m Hürden	Forrest Towns (USA)	13,7	27. 8. 1936	Oslo
400 m Hürden	Glenn Hardin (USA)	50,6	26. 7. 1934	Stockholm
3000 m Hdn. [3]	Volmari Iso-Hollo (FIN)	9:03,8	8. 8. 1936	Berlin
4 × 100 m	USA	39,8	9. 8. 1936	Berlin
4 × 400 m	USA	3:08,2	7. 8. 1932	Los Angeles
Hochsprung	Melvin Walker (USA)	2,09	12. 8. 1937	Malmö
Stabhochsprung	Cornelius Warmerdam (USA)	4,60	29. 6. 1940	Fresno
Weitsprung	Jesse Owens (USA	8,13	25. 5. 1935	Ann Arbor
Dreisprung	Naoto Tagima (JAP)	16,00	6. 8. 1936	Berlin
Kugelstoßen	Jack Torrance (USA)	17,40	5. 8. 1934	Oslo
Diskuswurf	Willi Schröder (GER)	53,10	28. 4. 1935	Magdeburg
Hammerwurf	Erwin Blask (GER)	59,00	27. 8. 1938	Stockholm
Speerwurf	Yrjö Nikkanen (FIN)	78,70	16. 10. 1938	Kotka
Zehnkampf	Glenn Morris (USA)	7900	7./8. 8. 36	Berlin
Frauen				
100 m	Stanislawa Walasiewiczowna (POL)	11,6	1. 8. 1937	Berlin
200 m	Stanislawa Walasiewiczowna (POL)	23,6	15. 8. 1935	Warschau
400 m [3]	Nellie Halstead (GBR)	56,8 [4]	9. 7. 1932	London
800 m	Lina Radke-Batschauer (GER)	2:16,8	2. 8. 1928	Amsterdam
	Olive Hall-Holt (GBR)	2:17,4 [4]	25. 7. 1936	Birmingham
	Zdena Koubkova (CSR) [5]	2:12,4	11. 8. 1934	London
	Marta Wretman (SWE) [3]	2:13,8	11. 8. 1934	London
1500 m [3]	Anna Saizewa (URS)	4:41,6	10. 6. 1940	Moskau
80 m Hürden	Claudia Testoni (ITA)	11,3	23. 7. 1939	Garmisch
4 × 100 m	Deutschland	46,4	8. 8. 1936	Berlin
Hochsprung	Dorothy Odam-Tyler (GBR)	1,66	29. 5. 1939	Brentwood
Weitsprung	Christel Schulz (GER)	6,12	30. 7. 1939	Berlin
Kugelstoßen	Gis. Mauermayer (GER)	14,38	15. 7. 1934	Warschau
Diskuswurf	Gis. Mauermayer (GER)	48,31	11. 7. 1936	Berlin
	Nina Dumbadse (URS) [3]	59,54	29. 10. 1939	Tiflis
Speerwurf	Nan Gindele (USA)	46,74	18. 6. 1932	Chicago
	Erika Mathes (GER)	47,80	17. 7. 1938	Stuttgart
Fünfkampf	Gis. Mauermayer (GER)	3921	16./17. 7. 38	Stuttgart

Deutsche Rekorde (Stand: 31. 12. 1940)				
Disziplin	Name (Ort)	Leistung	Datum	Ort
Männer				
100 m	Arthur Jonath (Bochum)	10,3	5. 6. 1932	Bochum
200 m	Helmut Körnig (Berlin)	20,9	19. 8. 1928	Berlin
400 m	Rudolf Harbig (Dresden)	46,0	12. 8. 1939	Frankfurt
800 m	Rudolf Harbig (Dresden)	1:46,6	15. 7. 1939	Mailand
1000 m	Herbert Jakob (Berlin)	2:25,0	18. 6. 1939	Erfurt
1500 m	Ludw. Kaindl (München)	3:50,2	20. 8. 1939	Köln
3000 m	Friedrich Schaumburg (Berlin)	8:17,2	16. 9. 1936	Stockholm
5000 m	Hermann Eberlein (München)	14:27,2	9. 7. 1939	Berlin
10 000 m	Max Syring (Wittenberg)	30:06,6	13. 7. 1940	Jena
110 m Hürden	Erwin Wegner (Berlin)	14,5	2. 7. 1935	Weißenfels
400 m Hürden	Friedr.-Wilh. Hölling (Breslau)	51,6	9. 7. 1939	Berlin
4 × 100 m	Nationalstaffel SC Charlottenburg	40,1 40,8	29. 7. 1939 22. 7. 1929	Berlin Breslau
4 × 400 m	Nationalstaffel Luftwaffen-SV Berlin	3:11,8 3:15,0	9. 8. 1936 20. 8. 1939	Berlin Görlitz
Hochsprung	Gustav Weinkötz (Köln)	2,00	1. 8. 1937	München
Stabhochsprung	Rudolf Glötzner (Weiden)	4,14	16. 8. 1939	Duisburg
Weitsprung	Luz Long (Leipzig)	7,90	1. 8. 1937	Berlin
Dreisprung	Heinz Wöllner (Leipzig)	15,27	6. 8. 1936	Berlin
Kugelstoßen	Hanns Woellke (Berlin)	16,60	20. 8. 1936	Berlin
Diskuswurf	Willy Schröder (Magdeburg)	53,10	28. 4. 1935	Magdeburg
Hammerwurf	Erwin Blask (Berlin)	59,00	27. 8. 1938	Stockholm
Speerwurf	Gerhard Stöck (Berlin)	73,96	25. 8. 1935	Berlin
Zehnkampf	Hans-Heinr. Sievert (Hamburg)	8790,46	7./8. 7. 1934	Hamburg
Frauen				
100 m	Käthe Krauß (Dresden) Marie Dollinger (Nürnberg)	11,8 11,8	4. 8. 1935 4. 8. 1935	Berlin Berlin
200 m	Käthe Krauß (Dresden)	24,4	16. 9. 1938	Wien
800 m	Lina Radke-Batschauer (Breslau)	2:16,8	2. 8. 1928	Breslau
80 m Hürden	Erika Biess (Berlin)	11,4	28. 7. 1940	Parma
4 × 100 m	Nationalstaffel SC Charlottenburg	46,4 48,1	8. 8. 1936 18. 6. 1936	Berlin
Hochsprung	Feodora zu Solms (Wünsdorf)	1,64	18. 9. 1938	Wien
Weitsprung	Christel Schulz (Münster)	6,12	30. 7. 1939	Berlin
Kugelstoßen	Gisela Mauermayer (München)	14,38	15. 7. 1934	Warschau
Diskuswurf	Gisela Mauermayer (München)	48,31	11. 7. 1936	Berlin
Speerwurf	Luise Krüger (Dresden)	46,27	13. 8. 1939	Dresden
Fünfkampf	Gisela Mauermayer (München)	418	16./17. 7. 38	Stuttgart

3) inoffiziell, offiziell nicht anerkannt
4) Yardstrecke
5) zunächst anerkannt, später ersatzlos gestrichen (männlicher Geschlechtsstatus)

Pferdesport

Disziplin/Turnier	Sieger (Land)	Pferd (Gestüt)	Tag
Galopprennen			
Deutsches Derby	Gerhard Streit (GER)	Schwarzgold (Schlenderhahn)	
Trabrennen			
Deutsches Derby	Johannes Frömming (GER)	Adriatica (Knauer)	
Turniersport			
Springreiten			
Deutsches Derby	nicht ausgetragen		

Radsport

Disziplin	Plazierung, Name (Land)	Zeit/ Rückstand
Straßenweltmeisterschaft		
1940 nicht ausgetragen		
Rundfahrten (Etappen)		
Tour de France	1940 nicht ausgetragen	
Giro d'Italia (20) Datum: 17. 5. – 2. 6. Länge: 3525 km 91 Starter, 47 im Ziel	1. Fausto Coppi (ITA) 2. Enrico Mollo (ITA) 3. Giordano Cottur (ITA)	107:31:10 2:40 11:45

Schwimmen

Deutsche Meisterschaften (Berlin)		
Disziplin	Sieger (Ort)	Leistung
Männer		
Freistil 100 m	Werner Birr (Berlin)	1:02,4
Freistil 200 m	Werner Plath (Berlin)	2:16,2
Freistil 400 m	Werner Plath (Berlin)	4:54,0
Freistil 1500 m	Werner Plath (Berlin)	20:03,3

Disziplin	Sieger (Ort)	Leistung
Freistil 4 × 100 m	Spandau 04	4:17,8
Freistil 4 × 200 m	Hellas Magdeburg	10:11,8
Brust 200 m	Joachim Balke (Bremen)	2:43,8
Brust 4 × 200 m	Hellas Magdeburg	11:42,1
Rücken 100 m	Ulrich Schröder (Bonn)	1:11,3
Lagenstaffel	Bremischer SV	5:08,0
Kunstspringen	Erhard Weiß (Dresden)	168,23
Turmspringen	Erhard Weiß (Dresden)	137,30
Wasserball	SV Duisburg 98	
Frauen		
Freistil 100 m	Ursula Pollack (Spandau)	1:10,5
Freistil 400 m	Inge Schmitz (Spandau)	5:54,9
Freistil 3 × 100 m	Spandau 04	3:41,2
Brust 200 m	Ingrid Schmidt (Eimsbüttel)	3:03,3
Brust 3 × 200 m	Undina Mönchengladbach	9:51,0
Rücken 100 m	Lisl Weber (Bayreuth)	1:20,0
Lagenstaffel	ASV Breslau	5:52,3
Kunstspringen	Gerda Daumerlang (Nürnberg)	114,47
Turmspringen	Olga Eckstein (Erkenschwick)	62,75

Weltrekorde (Stand: 31. 12. 1940)

Disziplin	Name (Land)	Leistung	Datum	Ort
Männer				
Freistil 100 m	Peter Fick (USA)	56,4	11. 2. 1936	Newhaven
Freistil 200 m	Jack Medcia (USA)	2:07,2	12. 4. 1935	Chicago
Freistil 400 m	Jack Medica (USA)	4:38,7	30. 8. 1934	Honolulu
Freistil 800 m	Shozo Makino (JAP)	9:55,8	15. 9. 1934	Tokio
Freistil 1500 m	Tomikatsu Amano (JAP)	18:58,8	10. 8. 1938	Tokio
Freistil 4 × 100 m	USA	3:54,4	8. 3. 1940	Newhaven
Freistil 4 × 200 m	JAP	8:51,5	11. 8. 1936	Berlin
Brust 100 m	Dick Hough (USA)	1:07,3	15. 4. 1939	Newhaven
Brust 200 m	Jack Kasley (USA)	2:37,2	28. 3. 1936	Newhaven
Rücken 100 m	Adolphe Kiefer (USA)	1:04,8	18. 1. 1936	Detroit
Rücken 200 m	Adolphe Kiefer (USA)	2:24,0	11. 4. 1935	Chicago
Frauen				
Freistil 100 m	Willie den Ouden (HOL)	1:04,6	27. 2. 1936	Amsterdam
Freistil 200 m	Ragnhild Hveger (DAN)	2:21,7	11. 9. 1938	Aarhus
Freistil 400 m	Ragnhild Hveger (DAN)	5:00,1	15. 9. 1940	Kopenhagen
Freistil 800 m	Ragnhild Hveger (DAN)	11:11,7	3. 7. 1936	Kopenhagen
Freistil 1500 m	Ragnhild Hveger (DAN)	21:10,1	11. 8. 1940	Helsingør
Freistil 4 × 100 m	Dänemark	4:27,6	8. 2. 1938	Kopenhagen
Brust 100 m	Hanni Hölzner (GER)	1:20,2	13. 3. 1936	Plauen
Brust 200 m	Maria Lenk (BRA)	2:56,0	8. 11. 1939	Rio de Janeiro
Rücken 100 m	Cornelia Kint (HOL)	1:10,9	22. 9. 1939	Rotterdam
Rücken 200 m	Cornelia Kint (HOL)	2:38,8	29. 11. 1939	Rotterdam

Deutsche Rekorde

Disziplin	Name (Land)	Leistung	Datum	Ort
Männer				
Freistil 100 m	Helmut Fischer (Bremen)	56,8 E	26. 4. 1936	Berlin
Freistil 200 m	Werner Plath (Berlin)	2:12,6	27. 2. 1937	Berlin
Freistil 400 m	Werner Plath (Berlin)	4:47,6	26. 3. 1939	Bremen
Freistil 800 m	Werner Plath (Berlin)	10:21,7	21. 7. 1940	Budapest
Freistil 1500 m	Heinz Arendt (Berlin)	19:50,7	11. 7. 1937	Berlin
Freistil 4 × 100 m	Bremischer SV	4:03,4	26. 10. 1935	Norderney
Freistil 4 × 200 m	Bremischer SV	9:16,4	27. 10. 1935	Norderney
Brust 100 m	Joachim Balke (Bremen)	1:09,5	13. 11. 1938	Bremen
Brust 200 m	Joachim Balke (Bremen)	2:37,4	25. 3. 1939	Bremen
Rücken 100 m	Heinz Schlauch (Erfurt)	1:06,8	6. 2. 1938	Duisburg
Rücken 200 m	Heinz Schlauch (Erfurt)	2:29,8	8. 2. 1938	Kopenhagen
Frauen				
Freistil 100 m	Gisela Arendt (Berlin)	1:06,6	10. 8. 1936	Berlin
Freistil 200 m	Gisela Arendt (Berlin)	2:35,3	29. 8. 1937	Gera
Freistil 400 m	Inge Schmitz (Spandau)	5:41,4	28. 7. 1938	Breslau
Freistil 800 m	Ruth Halbsguth (Berlin)	12:16,2	5. 9. 1937	Berlin
Freistil 1500 m	Wera Schäferkordt (Düsseldorf)	23:29,4	11. 8. 1940	Düsseldorf
Freistil 4 × 100 m	Nixe Charlottenburg	4:56,0	30. 8. 1936	Berlin
Brust 100 m	Hanni Hölzner (Plauen)	1:20,2	13. 3. 1936	Plauen
Brust 200 m	Helga Grauthoff (Bochum)	2:58,3	2. 10. 1940	Duisburg
Rücken 100 m	Lisl Weber (Bayreuth)	1:15,9	13. 10. 1940	München
Rücken 200 m	Lisl Weber (Bayreuth)	2:52,9	16. 11. 1940	Leipzig

Ski Alpin

	Herren	Damen
Deutsche Meister		
Abfahrt	Pepi Jennewein	Christl Cranz
Slalom	Pepi Jennewein	Christl Cranz
Kombination	Pepi Jennewein	Christl Cranz
Österreichische Meister		
1940 nicht ermittelt		
Schweizer Meister		
Abfahrt	Adi Scheuing	Erna Steuri
Slalom	Rudolf Rominger	Nini v. Arx-Zogg

Tennis

Meisterschaften	Ort	Datum
Wimbledon	nicht ausgetragen	
French Open	nicht ausgetragen	
Intern. Deutsche	nicht ausgetragen	
Daviscup-Endpiel	nicht ausgetragen	

Turnier	Sieger (Land) – Finalgegner (Land)	Ergebnis
Herren		
US Open	Bill McNeill (USA) – Bobby Riggs (USA)	4:6, 6:8, 6:3, 6:3, 7:5
Australian Open	Adrian Quist (AUS) – Jack Crawford (AUS)	6:3, 6:1, 6:2
Damen		
US Open	Alice Marble (USA) – Helen Jacobs (USA)	6:2, 6:3
Australian Open	Nancy Bolton (AUS) – Thelma Coyne (AUS)	5:7, 6:4, 6:0
Herren-Doppel		
US Open	Jack Kramer (USA)/ Fred Schroeder (USA) – Gene Mulloy (USA)/ A. J. Prussoff	6:4, 8:6, 9:7
Australian Open	John Bromwich (AUS)/ Adrian Quist (AUS) – Jack Crawford (AUS)/ Vic McGrath (AUS)	6:3, 7:5, 6:1
Damen-Doppel		
US Open	Sarah Fabyan (USA)/ Alice Marble (USA) – Dorothy Bundy (USA)/ Majorie Van Ryn (USA)	6:4, 6:3
Australian Open	Thelma Coyne (AUS)/ Nancy Bolton (AUS) – Jean Hartigan (USA)/ Emily Niemeyer (USA)	7:5, 6:2
Mixed		
US Open	Bobby Riggs (USA)/ Alice Marble (USA) – Jack Kramer (USA)/ Dorothy Bundy (USA)	9:7, 6:1
Australian Open	Colin Long (AUS)/ Nancy Bolton (AUS) – Harry Hopman (AUS)/ Nelli Hopman (AUS)	7:5, 2:6, 6:4

Abkürzung zu den Sportseiten

AUS Australien
BRA Brasilien
ČSR Tschechoslowakei
DAN Dänemark
FIN Finnland
FRA Frankreich
GBR Großbritannien
GER Deutschland
HOL Niederlande
ITA Italien
JAP Japan
NSE Neuseeland
POL Polen
SWE Schweden
URS UdSSR, Sowjetunion
USA Vereinigte Staaten von Amerika

Nekrolog 1940

Bekannte Persönlichkeiten aus allen Bereichen des gesellschaftlichen Lebens, die im Jahr 1940 gestorben sind, werden – alphabetisch geordnet – in Kurzbiographien dargestellt.

Italo Balbo

italienischer Faschistenführer (* 5. 6. 1896, Quartesana/Provinz Ferrara), stirbt am 28. Juni in Tobruk in Ostlibyen.
Balbo organisierte 1922 den militärischen Ablauf des Marschs auf Rom, der zur Ernennung Benito Mussolinis zum Ministerpräsidenten führte. 1923 wurde er General der faschistischen Miliz. Von 1929 bis 1933 war er Luftfahrtminister, von 1934 bis 1940 Generalgouverneur von Libyen und Marschall. Er sprach sich gegen den Kriegseintritt Italiens auf der Seite des nationalsozialistischen Deutschen Reichs aus und befürwortete eine Neutralitätspolitik.

Peter Behrens
deutscher Architekt und Designer (* 14. 4. 1868, Hamburg), stirbt am 27. Februar in Berlin.
Behrens war 1893 Mitbegründer der Münchner Sezession und begann mit symbolistischen Gemälden und jugendstilhaften Entwürfen für die Industrie. 1899 wurde er in die Künstlerkolonie Darmstadt-Mathildenhöhe berufen, wo er seinen ersten Bau errichtete, ein Wohnhaus mit Jugendstil-Innenausstattung. Von 1903 bis 1907 leitete er die Kunstgewerbeschule in Düsseldorf. Als er 1907 künstlerischer Berater der AEG in Berlin wurde, bekam erstmals ein Designer entscheidenden Einfluß auf die Bauten und Produkte eines Konzerns. Behrens wurde der führende deutsche Industriearchitekt (Turbinen-Montagehalle aus Stahl und Glas in Berlin, 1909) und Industrieformgestalter (Haushaltsgeräte, Lampen u. a. Massenprodukte) mit bahnbrechender Wirkung für ganz Europa. Es folgten massige, neuklassizistische Repräsentationsbauten, die die wirtschaftliche Macht der Auftraggeber widerspiegeln sollten (Mannesmann-Verwaltungsgebäude in Düsseldorf, 1911/12, Continental in Hannover, 1913 – 1920, Farbwerke Hoechst in Frankfurt am Main, 1920 – 1925 u. a.).

Walter Benjamin
deutscher Literaturkritiker und Schriftsteller (* 15. 7. 1892, Berlin), scheidet am 26./27. September aus Angst vor der Auslieferung an die Gestapo im spanischen Exil Port Bou durch Freitod aus dem Leben.
Benjamin analysierte als Marxist die moderne Gesellschaft. 1936 veröffentlichte er den Essay »Das Kunstwerk im Zeitalter der technischen Reproduzierbarkeit«, in dem er sich mit dem Einfluß der modernen visuellen Medien (Fotografie, Kino) auf die Funktion von Kunstwerken auseinandersetzte; die Einzigartigkeit, die »Aura«, die »einmalige Erscheinung einer Ferne« des Kunstwerks sei durch die Reproduzierbarkeit entmythologisiert und entwertet worden, die von der Filmindustrie aufgebauten Stars fungierten als »Aura«-Ersatz. Weitere Werke: »Ursprung des deutschen Trauerspiels« (1928), »Einbahnstraße« (Aphorismen, 1928).

Carl Bosch

deutscher Chemiker, Chemienobelpreisträger 1931 (* 27. 8. 1874, Köln), stirbt am 26. April in Heidelberg.
Bosch entwickelte von 1910 bis 1913 die von Fritz Haber entdeckte katalytische Hochdrucksynthese weiter, d. h. die Darstellung von Ammoniak aus Stickstoff und Wasserstoff unter hohem Druck. Dieses sog. Haber-Bosch-Verfahren wurde das bedeutendste großtechnische Verfahren zur Herstellung von Ammoniak. 1931 erhielt Bosch zusammen mit Friedrich Bergius den Nobelpreis für Chemie. 1935 wurde er Vorsitzender des Aufsichts- und Verwaltungsrats der I. G. Farbenindustrie AG, 1937 Präsident der Kaiser-Wilhelm-Gesellschaft.

Menno ter Braak
niederländischer Essayist und Romancier (* 26. 1. 1902, Eibergen/Provinz Geldern), scheidet nach dem Einmarsch deutscher Truppen am 14. Mai in Den Haag durch Freitod aus dem Leben.
Ter Braak trat in seinen zeitkritischen und moralphilosophischen Essays unter dem Einfluß Friedrich Nietzsches für eine natürliche, spontane Lebensweise ein. Als entschiedener Gegner des Nationalsozialismus stand er in Kontakt mit deutschen Emigranten, u. a. Thomas Mann.

Michail A. Bulgakow
sowjetischer Schriftsteller (* 15. 5. 1891, Kiew), stirbt am 10. März in Moskau.
Der bis 1920 praktizierende Arzt Michail A. Bulgakow gilt als einer der bedeutendsten sowjetischen Schriftsteller des 20. Jahrhunderts. Er arbeitete außerdem als Dramaturg an verschiedenen Moskauer Bühnen. Seine Dramen, Romane und Erzählungen erscheinen in der Sowjetunion allerdings erst Jahre und Jahrzehnte nach seinem Tod. Insbesondere seine satirischen Erzählungen sowie die schonungslose Darstellung der Kriegserlebnisse während der Revolutionszeit in dem später dramatisierten Roman »Die weiße Garde« (1925) provozierten heftige Kritik. In seinem 1925 entstandenen Hauptwerk, dem 1968 in deutscher Übersetzung erscheinenden Roman »Der Meister und Margarita« schildert er das leibhaftige Auftreten des Teufels im Moskau der 30er Jahre. Auch hier zeichnet sich sein Erzählstil wieder durch die humoristisch-satirische Beschreibung des Lebens in der Sowjetunion in Verbindung mit grotesk-phantastischen Elementen und religionsphilosophischen Betrachtungen aus.

Arthur Neville Chamberlain

britischer konservativer Politiker, Premierminister von 1937 bis zum 10. Mai 1940 (* 18. 3. 1869, Edgbaston bei Birmingham), stirbt am 9. November in Heckfield bei Reading.
Arthur Neville Chamberlain, Sohn des Politikers Joseph Chamberlain (Kolonialminister 1895 – 1903) und Halbbruder des Politikers und Friedensnobelpreisträgers Sir Joseph Austen Chamberlain (Außenminister 1924 – 1929), leitete während des Ersten Weltkriegs 1916/17 den Nationalen Hilfsdienst. Während seiner Tätigkeit als Gesundheitsminister 1923 und von 1924 bis 1929 arbeitete er die Sozialgesetzgebung aus. Als Schatzkanzler unter James Ramsey MacDonald und Stanley Baldwin von 1931 bis 1937 verfolgte er konsequent eine schutzzöllnerische Politik. Am 28. Mai 1937 wurde er Premierminister und versuchte während seiner Amtszeit eine Politik der Aufrüstung und gleichzeitigen Entspannung zu verwirklichen. Durch seine Beschwichtigungspolitik gegenüber dem nationalsozialistischen Deutschen Reich und dem faschistischen Italien wollte er einen Krieg verhindern (Münchner Abkommen 1938). Erst nach der Zerschlagung der Tschechoslowakei durch Hitler schloß er Garantieverträge mit Polen u. a. Staaten. Das Scheitern der britischen Norwegenexpedition führte zu seinem Rücktritt am 10. Mai 1940. Unter seinem Nachfolger Winston Churchill war er bis zum 3. Oktober 1940 Vorsitzender des Geheimen Rats.

William Edward Dodd
US-amerikanischer Historiker und Diplomat (* 21. 10. 1869, Wake County bei Clayton/North Carolina), stirbt am 9. Februar in Round Hill in Virginia.
Dodd, von 1908 bis 1933 Professor in Chicago, war von 1933 bis 1937 US-Botschafter in Berlin. Seine außenpolitische Arbeit war durch eine kritische Einstellung zum Regime der Nationalsozialisten geprägt.

Wilhelm Dörpfeld

deutscher Archäologe (* 26. 12. 1853, Wuppertal-Barmen), stirbt am 25. April auf der griechischen Insel Lefkas.
Wilhelm Dörpfeld gilt als der Begründer der modernen Grabungstechnik in der klassischen Archäologie und als der bedeutendste Bauführer bei den deutschen Ausgrabungen von den 70er Jahren des 19. Jahrhunderts bis in die 30er Jahre des 20. Jahrhunderts, z. B. in Olympia, Troja, Mykene, Tiryns, Athen, Eleusis, Pergamon, Pylos und Korfu. Von 1887 bis 1911 war er Direktor des Deutschen Archäologischen Instituts in Athen. Er veröffentlichte zahlreiche bedeutende Werke über die antike Baukunst sowie das griechische Theater.

Carl Einstein
deutscher Kunsthistoriker und Schriftsteller (* 26. 4. 1885, Neuwied), scheidet am 5. Juli bei Pau in Frankreich vor dem Einmarsch deutscher Truppen durch Freitod aus dem Leben.
Als Erzähler wurde Einstein durch den avantgardistischen Roman »Bebuquin oder Die Dilettanten des Wunders« (1912) bekannt, in dem er surrealistische Elemente vorwegnahm. Sein Stück »Die schlimme Botschaft« (1921) brachte ihm eine Anklage wegen Gotteslästerung ein und wurde beschlagnahmt. Einstein beschäftigte sich intensiv mit primitiver Kunst (»Negerplastik«, 1915) und veröffentlichte 1926 eine Abhandlung über »Die Kunst des 20. Jahrhunderts«.

F. Scott Fitzgerald
US-amerikanischer Schriftsteller (* 24. 9. 1896, Saint Paul/Minnesota), stirbt am 21. Dezember in Los Angeles.
Nach journalistischen Arbeiten in New York und Hollywood begann seine rasche literarische Karriere Anfang der 20er Jahre. Der Roman »Der große Gatsby« (1925), das erfolgreichste Werk von F(rancis) Scott Fitzgerald, fängt die Atmosphäre des hektischen »jazz age« vor dem Hintergrund der sog. »verlorenen Generation« in der Nachkriegsära ein: Erfolgsstreben, Materialismus, Konformismus und Doppelmoral ergeben jene Scheinwelt voller Glanz und Glitter, in der sich die Romanfiguren stellvertretend für eine ganze Nachkriegsgeneration bewegen.
In einem weiteren Roman »Zärtlich ist die Nacht« (1934), ebenfalls ein Bestseller, zeichnet er ein Porträt der oberen Gesellschaftsschicht der USA in den Jahren von 1917 bis 1930. Diese Gesellschaft wird als moralisch degeneriert, steril und materialistisch dargestellt, wobei die Charakterzeichnungen zwischen melancholischem Sentiment und hartem Zynismus schwanken.

Fritz Grünbaum
österreichischer Kabarettist (* 4. 7. 1880), stirbt am 14. Januar im Konzentrationslager Dachau.
Grünbaum zählte bis zum Anschluß Österreichs an das nationalsozialistische Deutsche Reich 1938 zu den bekannten Wiener Kabarettisten und Bühnenautoren. Während des Ersten Weltkriegs hatte er in der österreichischen Armee als Offizier gekämpft. Aufgrund seiner jüdischen Herkunft kam er ins KZ.

Michael Hainisch
erster Bundespräsident der Republik Österreich von 1920 bis 1928 (* 15. 8. 1858, Aue = Gloggnitz/Niederösterreich), stirbt am 26. Februar in Wien.
Michael Hainisch, Sohn der österreichischen Frauenrechtlerin Marianne Hainisch, begann 1898 als Mitglied des ständigen Arbeiterbeirats im Handelsministerium seine politische Karriere. Am 9. Dezember 1920 wurde der christlich-soziale Politiker zum ersten Bundespräsidenten der Republik Österreich gewählt (wiedergewählt 1924). 1920/30 war er Handels- und Verkehrsminister im dritten Kabinett Johann Schober.

Arthur Harden
britischer Biochemiker (* 12. 10. 1865, Manchester) stirbt am 17. Juni in London.

Harden und der Schwede Hans von Euler-Chelpin erhielten 1929 den Chemienobelpreis verliehen für ihre Forschung über die Zuckervergärung und den Anteil der Enzyme an diesem Vorgang. Harden erforschte zunächst die chemischen Auswirkungen von Bakterien und beschäftigte sich ab 1903 mit der alkoholischen Gärung. Dabei fand er heraus, daß sich das von Eduard Buchner entdeckte Ferment Zymase aus zwei Komponenten zusammensetzt, der Zymase und der Cozymase, die gemeinsam die Gärung bewirken.

Walter Hasenclever

deutscher Schriftsteller (* 8. 7. 1890, Aachen), scheidet am 21. Juni im französischen Exil im Lager Les Milles bei der Annäherung deutscher Truppen durch Freitod aus dem Leben.
Hasenclever, der als radikaler Pazifist bereits 1933 Deutschland verlassen mußte, begann seine literarische Laufbahn zunächst mit lyrischen Werken, die er in dem Sammelband »Der Jüngling« 1913 veröffentlichte. Sein Drama »Der Sohn« (1916) brachte erstmals den expressionistischen Stil und seine typischen Themenkreise (Generationskonflikt, Menschheitsverbrüderung) auf die Theaterbühne. »Dieses Stück hat den Zweck, die Welt zu ändern«, schrieb Hasenclever in einem Manifest. »Es ist die Darstellung des Kampfes durch die Geburt des Lebens, der Aufruhr des Geistes gegen die Wirklichkeit.« Weitere bekannte Dramen Hasenclevers sind »Antigone« (1917), »Ein besserer Herr« (1926) und »Napoleon greift ein« (1930). Postum werden die Romane »Die Rechtlosen« (1963) und »Irrtum und Leidenschaft« (1969) veröffentlicht.

Verner von Heidenstam

schwedischer Dichter, Literaturnobelpreisträger 1916 (* 6. 7. 1859, Olshammer/Örebro), stirbt am 20. Mai in Övralid in Östergötland.
Von Heidenstam war der führende Vertreter der neuromantischen Bewegung in Schweden. In dem Essay »Renässans« (1889) entwickelte er seine idealistische Kunstauffassung. In seinen erzählerischen Werken stellte er vielfach die Geschichte des schwedischen Volkes dar, so in dem Novellenzyklus »Karl XII. und seine Krieger« (1897f.), in dem Epos »Der Stamm der Folkunger« (1905 – 1907) und in dem Volkslesebuch »Die Schweden und ihre Häuptlinge« (1908 – 1910).

Andreas Heusler

schweizerischer Germanist und Nordist (* 10. 8. 1865, Basel), stirbt am 20. Februar in Arlesheim.
Heusler forschte auf den Gebieten Heldensagen und Verswissenschaft. Von 1894 bis 1919 war er Professor für Nordistik bzw. Germanistik in Berlin und seit 1907 Mitglied der Preußischen Akademie der Wissenschaften, bevor er 1919 eine Professur in Basel annahm. Seine wichtigsten Veröffentlichungen sind: »Zur Geschichte der altdeutschen Verskunst« (1891), »Lied und Epos in germanischer Sagendichtung« (1905), »Die altgermanische Dichtung« (1923) sowie eine dreibändige »Deutsche Versgeschichte« (1925 – 1929).

DuBose Heyward

US-amerikanischer Schriftsteller (* 31. 8. 1885, Charleston/South Carolina), stirbt am 16. Juni in Tryon/North Carolina.
Heywards bekanntester Roman ist »Porgy«, eine unsentimentale Darstellung des Lebens der Schwarzen in Charleston. Das erfolgreiche Werk wurde von Heyward und seiner Frau, der Dramatikerin Dorothy Hartzell Kuhns, für die Bühne umgearbeitet. Zusammen mit Ira Gershwin schrieb Heyward das Libretto für George Gershwins erfolgreiche Oper »Porgy and Bess« (1935), die ebenfalls auf dem Roman »Porgy« basiert.

Paul Hirsch

deutscher SPD-Politiker (* 17. 11. 1868, Prenzlau), stirbt am 1. August in Berlin.
Paul Hirsch war nach der Novemberrevolution der erste sozialdemokratische Ministerpräsident Preußens (11. November 1918 bis 26. März 1920). Er veröffentlichte zahlreiche Abhandlungen zur Sozial- und Kommunalpolitik sowie zur Politik der preußischen SPD. 1933 emigrierte er.

Fridolin Hofer

schweizerischer Dichter (* 26. 10. 1861, Meggen bei Luzern), stirbt am 16. März in Römerswil bei Luzern.
Hofer verfaßte Gedichte in der Tradition Joseph von Eichendorffs und Eduard Mörikes: »Stimmen aus der Stille« (1907), »Im Feld- und Firnelicht« (1914), »Daheim« (1918), »Neue Gedichte« (1924), »Festlicher Alltag« (1930).

Erich Jaensch

deutscher Psychologe und Philosoph (* 26. 2. 1883, Breslau), stirbt am 12. Januar in Marburg an der Lahn.
Jaensch stellte in das Zentrum der von ihm entwickelten Persönlichkeitstypologie den Grad der psychischen Integration und unterschied zwischen integrierten und desintegrierten Typen (»Die Eidetik und die typologische Forschungsmethode«, 1925). Grundlage für diese Typologie war die Eidetik. Darunter verstand Jaensch das vor allem bei Kindern und Jugendlichen auftretende Phänomen subjektiver Anschauungsbilder. Die Eidetiker haben danach nicht nur phantasievolle Vorstellungen, sondern besondere Anschauungserlebnisse und können sich Objekte oder Situationen derart plastisch vorstellen, als ob sie real wären.

Paul Klee

schweizerischer Maler und Grafiker (* 18. 12. 1879, Münchenbuchsee bei Bern), stirbt am 29. Juni in Muralto bei Locarno.
Klee zählt zu den Hauptmeistern der abstrakten Malerei. Er studierte von 1898 bis 1901 bei Franz von Stuck in München. In München kam er in Kontakt mit Wassily Kandinsky und beteiligte sich 1911 an der Ausstellung der Künstlergemeinschaft Blauer Reiter. Eine Reise mit August Macke und Louis Moilliet nach Tunis 1914 brachte den Durchbruch zu der starken Farbigkeit und dem dünnlinigen Strich, der für Klees Schaffen kennzeichnend wurde. Von 1921 bis 1931 war Klee Lehrer am Bauhaus, von 1931 bis 1933 Professor an der Akademie in Düsseldorf. Nach der Devise »Kunst gibt nicht das Sichtbare wieder, sondern macht sichtbar« verarbeitete Klee in verschiedenen grafischen und malerischen Verfahren auch Elemente des Surrealismus und schuf sich eine charakteristische Symbolwelt.

Peter Klöckner

deutscher Industrieller (* 8. 11. 1863, Koblenz), stirbt am 5. Oktober in Duisburg.
Klöckner gründete 1906 in Duisburg die Firma Klöckner & Co., die sich zu einer der bedeutendsten deutschen Unternehmensgruppen der Montan- und Investitionsgüterindustrie mit etlichen Niederlassungen entwickelte.

Walter Kollo

eigentlich Walter Kollodziejski, deutscher Operettenkomponist (* 28. 1. 1878, Neidenburg), stirbt am 30. September in Berlin.
Kollo zählt zu den populärsten deutschen Komponisten von Operetten und Singspielen. Besonders volkstümlich wurden die Werke »Wie einst im Mai« (1913) (mit den Schlagern »Es war in Schöneberg, im Monat Mai« und »Die Männer sind alle Verbrecher«), »Der Juxbaron« (1916), »Die tolle Komteß« (1917), »Drei alte Schachteln« (1917), »Die Frau ohne Kuß« (1923) und »Noch und noch« (1924).

Selma Lagerlöf

schwedische Erzählerin, Literaturnobelpreisträgerin 1909 (* 20. 11. 1858, Gut Märbacka/Värmland), stirbt am 16. März auf Gut Märbacka.
Selma Lagerlöf erhielt 1909 den Literaturnobelpreis verliehen »in Würdigung des hohen Idealismus, der lebendigen Einbildungskraft und der durchgeistigten Darstellung, die sich in ihren Werken offenbaren«. Berühmt wurde sie mit dem Roman »Gösta Berling« (1891), der zu den meistgelesenen Büchern der schwedischen Sprache zählt. Um die Titelfigur, einen wegen Trunksucht suspendierten Priester, gruppieren sich zahlreiche Episoden aus den 20er Jahren des 19. Jahrhunderts. Mit diesem Werk wollte die Dichterin »eine Art romantisierter Kulturgeschichte« über die Menschen ihrer Heimat schaffen; von daher erklärt sich die eigenartige Form dieses Romans, in dem immer neue Geschichten, Märchen und Figuren eingeführt und erst nachträglich mit der nur zögernd fortschreitenden Handlung verbunden werden. Zu den bekanntesten Werken Selma Lagerlöfs zählt ferner die als Lesebuch für die Volksschule geschriebene »Wunderbare Reise des kleinen Nils Holgersson mit den Wildgänsen« (1906/07). Weitere Erzählungen und Romane: »Herrn Arnes Schatz« (1904), »Christuslegenden« (1913), »Das Mädchen vom Moorhof« (1913), die sog. Löwensköld-Trilogie (1925 – 1928).

Hugo Lederer

österreichischer Bildhauer (* 16. 11. 1871, Znaim/Mähren), stirbt am 1. August in Berlin.
Lederer war einer der bedeutendsten Denkmalbildhauer im Deutschen Reich im ersten Drittel des 20. Jahrhunderts. Mit seinem Hauptwerk, dem 1906 vollendeten Bismarck-Denkmal in Hamburg, schuf er einen neuen Typ des Monumentaldenkmals. Er gestaltete zahlreiche weitere Denkmäler, aber auch Bildnisbüsten, Bronzeakte und Brunnen.

Robert Maillart

schweizerischer Ingenieur und Architekt (* 6. 2. 1872, Bern), stirbt am 5. April in Genf.
Maillart, einer der Pioniere des Stahlbetonbaus, konstruierte vor allem Brücken. Er erfand das Kastentragwerk, bei dem die Fahrbahn als mittragendes Element in die konstruktive Funktion integriert ist. Die dadurch mögliche schwingende oder fließende Brückenform entwickelte Maillart zu großer technischer und ästhetischer Vollendung weiter. Bekannte Brücken sind die Thurbrücke bei Felsegg im Kanton Sankt Gallen (1933), die Arvebrücke bei Genf (1936) und die Schwandbachbrücke bei Hinterfultingen im Kanton Bern (1933). Im Hochbau erfand Maillart 1908 die Pilzdecke, bei der Pfeiler und Decke eine konstruktive Einheit bilden. Bekannt wurde Maillarts »Zementhalle« der Landesausstellung in Zürich (1938/39).

Hendrik Marsman

niederländischer Schriftsteller (* 30. 9. 1899, Zeist), kommt am 21. Juni bei einem Schiffsuntergang im Ärmelkanal auf der Flucht nach Großbritannien ums Leben.
Marsman, ein Vertreter des Vitalismus, schrieb unter dem Einfluß Friedrich Nietzsches und der deutschen Expressionisten Gedichte, in deren Mittelpunkt der Gedanke an den Tod steht, die jedoch von einer heidnischen Lebensbejahung geprägt sind (»Tempel en Kruis«, 1940). Darüber hinaus verfaßte er Romane, Novellen und Essays.

Giuseppe Motta

schweizerischer katholisch-konservativer Politiker, Bundespräsident 1915, 1920, 1927, 1932 und 1937 (* 29. 12. 1871, Airolo/Kanton Tessin), stirbt am 23. Januar in Bern.
Motta wurde 1911 Mitglied des Bundesrats, leitete von 1912 bis 1919 das Finanz- und Zolldepartement und prägte von 1920 bis 1940 die Außenpolitik der Schweiz als Leiter des politischen Departements (Außenministerium). Während seiner Amtszeit wurde die Schweiz 1920 Mitglied des Völkerbunds, nachdem der Völkerbundsrat die Aufgabe der integralen bzw. absoluten Neutralität der Schweiz zugunsten der differenzierten Neutralität (Beteiligung an Wirtschaftssanktionen) gebilligt hatte. 1938 erreichte Motta die Rückkehr von der differenzierten zur integralen Neutralität. 1924 war Motta Völkerbundspräsident. 1915, 1920, 1927, 1932

und 1937 bekleidete er turnusmäßig das Amt des schweizerischen Bundespräsidenten.

Paul Nipkow

deutscher Ingenieur (* 22. 8. 1860, Lauenburg/Pommern), stirbt am 24. August in Berlin.

Nipkow, einer der Pioniere des Fernsehens, erfand 1884 die nach ihm benannte Nipkow-Scheibe, die in den Anfängen des Fernsehens zur Bildabtastung verwendet wurde. Das sich hinter der Scheibe drehende Bild wurde dabei in einzelne Bildpunkte zerlegt.

Harold Sidney Harmsworth, 1. Viscount Rothermere

britischer Verleger (* 26. 4. 1868, Hampstead/London), stirbt am 26. November in Hamilton auf den Bermudainseln.

Rothermere baute mit seinem Bruder Alfred Charles William Harmsworth, Viscount Northcliffe, den Zeitschriftenkonzern Amalgamated Press auf (»The Evening News«, »Daily Mail«, »Daily Mirror«, »The Observer«), den er nach dem Tod seines Bruders von 1922 bis 1938 leitete.

Edmund Rumpler

österreichischer Kraftwagen- und Flugzeugkonstrukteur (* 4. 1. 1872, Wien), stirbt am 7. September in Tollow (Züsow) im Bezirk Rostock.

Rumpler, von 1902 bis 1905 Oberingenieur bei den Adler-Werken in Frankfurt am Main, gründete 1908 in Berlin die Rumpler Luftfahrzeug GmbH. Zusammen mit Ignaz Etrich baute er ab 1910 die Etrich-Rumpler-Taube, das leistungsfähigste und erfolgreichste Flugzeug vor dem Ersten Weltkrieg. 1912 führte er den ersten 8-Zylinder-Flugmotor in V-Form ein. Während des Kriegs baute er die Kampfdoppeldecker Ru C I und Ru D I sowie die Fernaufklärungsflugzeuge Ru C IV und Ru C VII. 1921 konstruierte er das stromlinienförmige »Tropfenauto« mit Schwingachse und (1926) Vorderradantrieb.

René Schickele

elsässischer Schriftsteller (* 4. 8. 1883, Oberehnheim/Unterelsaß), stirbt am 31. Januar in Vence.

In »Maria Capponi« (1925), dem ersten Teil seiner Elsaß-Trilogie »Das Erbe am Rhein«, schilderte der zwischen Impressionismus und Expressionismus stehende elsässische Erzähler, Lyriker und Dramatiker Schickele die tragische Situation von Menschen, die sich zwei Nationen zugehörig fühlen, der deutschen und der französischen. Das Elsaß sollte für Schickele, der sich zeitlebens als Kosmopolit fühlte, gegen Krieg und nationale Vorurteile kämpfte und sich für eine deutsch-französische Verständigung und eine europäische Kultureinheit einsetzte, »jener Garten« sein, in dem »deutscher und französischer Geist ungehindert verkehren, sich einer am andern prüfen und die neuen Denkmäler Europas errichten«. Den Rahmen für die Elsaß-Trilogie bildet die Geschichte der Adelsfamilie von Breuschheim in der Zeit vor dem Ersten Weltkrieg bis zur Ruhrbesetzung Mitte der zwanziger Jahre. Die beiden Folgebände erscheinen 1927 und 1931 unter den Titeln »Blick auf die Vogesen« und »Der Wolf in der Hürde«. – Schickele war von 1914 bis 1920 Herausgeber der pazifistischen Zeitschrift »Die weißen Blätter«. Er schrieb außer Romanen (»Die Flaschenpost«, 1937) symbolistische Lyrik (»Weiß und Rot«, 1910), Essays (»Schreie auf dem Boulevard«, 1913) und Tagebücher. Daneben verfaßte er Übersetzungen vom Französischen ins Deutsche (Gustave Flaubert, Honoré de Balzac).

Katharina Schratt

österreichische Schauspielerin (* 11. 9. 1853, Baden bei Wien), stirbt am 17. April in Wien.

Katharina Schratt erhielt ihre künstlerische Ausbildung bei Alexander Stakosch und bekam 1872 ein Engagement am Berliner Hoftheater. Nach mehreren Gastspielen folgte 1883 ihre Verpflichtung am Wiener Burgtheater, dem sie bis 1900 angehörte. 1887 erhielt sie den Titel Hofschauspielerin.

Seit dem Tod seiner Gattin Elisabeth (»Sisi«), die 1898 von einem Anarchisten auf der Uferpromenade des Genfer Sees erstochen wurde, gab es nur noch eine Frau, die der 70jährige Kaiser Franz Joseph in sein Vertrauen zog: Katharina Schratt. Schon die Kaiserin hatte die Beziehung zwischen der zwar verheirateten, aber von ihrem ungarischen Ehemann getrennt lebenden Schratt und dem vereinsamten Kaiser gefördert. Sie soll ihm sogar geraten haben, die Schauspielerin zu heiraten, falls sie, Elisabeth, stürbe. Doch die Schratt blieb in den Briefen des Kaisers stets die »liebe theuerste Freundin«, die er immer mit »Sie« anredete.

Hermann Stehr

deutscher Schriftsteller (* 16. 2. 1864, Habelschwerdt), stirbt am 11. September in Oberschreiberhau in Niederschlesien.

Stehr begann als realistisch-psychologischer Erzähler unter dem Einfluß des Naturalismus (»Leonore Griebel«, 1900). Der Roman »Nathanael Maechler« (1929) ist der erste Teil der Romantrilogie »Das Geschlecht der Maechler«, in dem der aus Schlesien stammende Stehr die Lebensgeschichte einer Handwerkerfamilie aus dem Riesengebirge schildert. Mit der Vorstellung, Ahnenblut und Schollentradition würden das Leben des einzelnen bestimmen, näherte sich Stehr der den Rassenmythos verkündenden Literatur. Die weiteren Bände der Trilogie sind »Die Nachkommen« (1933) und »Demian oder Das große Schermesser« (postum 1944). Die Nationalsozialisten feierten Stehr als Künder deutscher Seele. Weitere Erzählungen und Romane: »Der begrabene Gott« (1905), »Drei Nächte« (1909), »Geschichten aus dem Mandelhause« (1913), »Der Heiligenhof« (1918), »Das Märchen vom deutschen Herzen« (1926).

Sir Joseph John Thomson

britischer Physiker, Physiknobelpreisträger 1906 (* 18. 12. 1856, Cheetham Hill = Manchester), stirbt am 30. August in Cambridge.

Thomson, von 1884 bis 1919 Professor der Experimentalphysik und Direktor des Cavendish Laboratory in Cambridge, war einer der Begründer der modernen Atomphysik. Seine Verdienste liegen vor allem auf dem Gebiet der Elektrizitätslehre. Er untersuchte experimentell und theoretisch den Durchgang von Elektrizität durch verdünnte Gase und entdeckte dabei 1897 das freie Elektron. Diese Entdeckung bestätigte die atomistische Struktur der Elektrizität und war eine der Grundlagen für die moderne Elektronentheorie. Für diese Arbeiten erhielt Thomson 1906 den Nobelpreis für Physik.

Leo Dawidowitsch Trotzki

eigentlich Leib Bronschtein, sowjetischer Politiker (* 7. 11. 1879, Iwanowka?/Gouvernement Cherson), wird am 21. August im mexikanischen Exil Coyoacán ermordet von Ramon del Rio Mercader, einem Agenten des sowjetischen Geheimdienstes NKWD.

Trotzki, Vertreter der These von der »permanenten Revolution«, wurde 1898 als Gründer des Südrussischen Arbeiterbundes verhaftet und 1899 nach Sibirien verbannt. 1902 gelang ihm die Flucht ins Ausland. Während der Revolution von 1905 war er Sprecher der Menschewiki im Petersburger Sowjet, wurde verhaftet und lebte von 1907 bis 1917 als Journalist erneut im Exil. Am 6. November 1917 ließ Trotzki als Vorsitzender des Militärrevolutionären Exekutivkomitees des Petrograder Sowjets durch bolschewistische Truppen und übergelaufene Militäreinheiten alle strategisch wichtigen Punkte der russischen Hauptstadt Petrograd (Leningrad) besetzen. Am 7. November (= 25. Oktober nachrussischer Zeitrechnung) stürzten die Bolschewiken die provisorische russische Regierung. Trotzki wurde in der neuen Sowjetregierung Volkskommissar des Äußeren und war Leiter der Sowjetdelegation bei den Friedensverhandlungen mit den Mittelmächten in Brest-Litowsk am 10. Februar 1918. Am 9. März 1918 trat Trotzki als Volkskommissar des Äußeren zurück, am 15. März 1918 wurde er zum Volkskommissar für Verteidigung ernannt. In dieser Stellung baute er die Rote Armee auf und schuf die Grundlage für den Sieg der Bolschewiken im Bürgerkrieg. Nach dem Tod Wladimir I. Lenins am 21. Januar 1924 begann die systematische Ausschaltung Trotzkis durch Josef W. Stalin. Im November 1924 wurde er als Volkskommissar für Verteidigung durch Lew B. Kamenew ersetzt, mit dem er später die »Vereinigte Opposition« gegen Stalin bildete. 1926/27 verlor er alle Parteiämter, wurde 1928 nach Kasachstan verbannt und 1929 exiliert. Im Exil bekämpfte er publizistisch den Stalinismus und gründete 1938 die Vierte Internationale. Seine wichtigsten Werke: »Die permanente Revolution« (1930), »Mein Leben« (1930), »Geschichte der russischen Revolution« (1931 – 1933), »Stalin« (postum 1941).

Édouard Vuillard

französischer Maler und Grafiker (* 11. 11. 1868, Cuiseaux/Saône-et-Loire), stirbt am 21. Juni in Baule im Departement Loiret.

Vuillard, der zu den Mitbegründern der unter dem Einfluß des japanischen Farbholzschnitts und Paul Gauguins stehenden Malergruppe Nabis (1888) gehörte, zählt zu den Hauptmeistern des Nachimpressionismus. Er wurde vor allem als »Intimist« bekannt, als Schöpfer kleiner Interieurbilder mit zarten Farben. Von großer Bedeutung für die Entwicklung der Grafik in der zweiten Hälfte des 20. Jahrhunderts sind auch seine großflächig gegliederten Lithografien.

Julius Ritter Wagner von Jauregg

österreichischer Psychiater, Medizinnobelpreisträger 1927 (* 7. 3. 1857, Wels), stirbt am 27. September in Wien.

Wagner von Jauregg erhielt 1927 den Medizinnobelpreis verliehen für die Entdekkung der Malariatherapie von Psychosen, vor allem der progressiven Paralyse. Er beschäftigte sich u. a. mit der somatischen Symptomatologie.

Nathanael West

eigentl. Nathan Wallenstein, US-amerikanischer Schriftsteller (* 17. 10. 1902, New York), kommt am 21. Dezember bei El Centro im US-Bundesstaat California bei einem Autounfall ums Leben.

West, der seit 1935 als Drehbuchautor in Hollywood arbeitete, wurde vor allem durch seine Romane bekannt. »Der Tag der Heuschrecke« (1939) von Nathanael West gilt als einer der bedeutendsten Romane aus dem Filmmilieu. Die Beziehungen dieser Menschen des Showgeschäfts sind von Gewalt, Hysterie, Sadismus, Sensationsgier und Selbstbetrug geprägt. Der Roman endet mit der Schilderung eines brutalen Massentumults vor einem Premierentheater. – Eine Parodie auf den amerikanischen Mythos vom sozialen Aufstieg ist der Roman »Eine glatte Million« (1934). Lemuel Pitkin verliert beim Versuch, auf der sozialen Leiter emporzusteigen, nicht nur seinen Besitz, sondern auch seine Gliedmaßen. Bei einer Versammlung von Faschisten wird der völlig Verkrüppelte erschossen. – Zu den bekannten Werken Wests gehört außerdem der satirische Roman »Schreiben Sie Miß Lonelyhearts« (1933), die Geschichte eines Journalisten, dessen Aufgabe es ist, unter dem Pseudonym Miß Lonelyheart Briefe ratsuchender Leser zu beantworten.

Matthias Zdarsky

österreichischer Skilehrer und Bindungskonstrukteur (* 25. 2. 1856, Trebitsch/Tschechoslowakei), stirbt am 20. Juni in St. Pölten.

Zdarsky war einer der Begründer des alpinen Skilaufs. 1897 veröffentlichte er das Handbuch »Die Alpine (Lilienfelder) Skifahr-Technik«, das erste Skilehrbuch. Er konstruierte außerdem zahlreiche Skimodelle und Bindungen für Skiausrüstungen.

Personenregister

Das Personenregister enthält alle in diesem Buch genannten Personen (nicht berücksichtigt sind mythologische Gestalten und fiktive Persönlichkeiten sowie Eintragungen im Anhang mit Ausnahme des Nekrologs). Herrscher und Angehörige regierender Häuser mit selben Namen sind alphabetisch nach den Ländern ihrer Herkunft geordnet. Kursive Zahlen verweisen auf Abbildungen.

Sachregister

Das Sachregister enthält Suchwörter zu den in den einzelnen Artikeln behandelten Ereignissen sowie Hinweise auf die im Anhang erfaßten Daten und Entwicklungen. Kalendariumseinträge sind nicht in das Register aufgenommen. Während politische Ereignisse im Ausland unter den betreffenden Ländernamen zu finden sind (Beispiel: »Monroe Doktrin« unter »USA«), wird das politische Geschehen im Deutschen Reich unter den entsprechenden Schlagwörtern erfaßt. Begriffe zu herausragenden Ereignissen des Jahres sind ebenso direkt zu finden (Beispiel: »Dreimächtepakt« eben dort). Ereignisse und Begriffe, die einem großen Themenbereich (außer Politik) zuzuordnen sind, sind unter einem Oberbegriff aufgelistet (Beispiel: »Luftfahrt« unter »Verkehr«).

Bildquellenverzeichnis

Bettmann-Archiv, New Nork/USA (5); BMW-Archiv, München (2); Bundesarchiv Koblenz (4); Comité International Olympique, Lausanne (1); Deutsches Literaturarchiv/Schiller Nationalmuseum, Marbach (1); Deutsches Museum, München (1); Deutsches Theatermuseum, München (1); La Documentation, Paris (1); dpa, Frankfurt (1); Evangelischer Pressedienst, Frankfurt am Main (1); Gandhi National Museum Library, Raj Ghat/Indien (1); Archiv Gerstenberg, Wietze (5); Gullers Pictorial AB, Stockholm (1); Harenberg Kommunikation, Dortmund (469); Hauptkommission zur Untersuchung von Naziverbrechen, Berlin (4); Internationales Archiv für den Bahnradsport/Udo Schmidt-Arndt, Köln (1); Archiv Dr. Karkosch, Gilching (4); Keystone Pressedienst, Hamburg (11); Archiv Ernst Klee, Frankfurt (1); Kunstsammlung Nordrhein-Westfalen, Düsseldorf (1); Library of Congress, Farm Security Administration, Washington DC/USA (6); Freya von Moltke, Vermont/USA (1); Clément Moreau/Carl Meffert (1); Musée National d'Art Moderne, Centre Georges Pompidou, Paris/Frankreich (1); Österreichische Nationalbibliothek, Wien (1); Österreichisches Institut für Zeitgeschichte, Wien (1); Perls Galleries, New York/USA (1); Janusz Piekalkiewicz, Rösrath-Hoffnungsthal (2); Popperfoto, London/GB (1); The Salvador Dalí Museum, St. Petersburg/Florida/USA (1); Presseagentur Schirner, Meerbusch (2); Schwaneberger Verlag, München (23); Sprengel Museum, Hannover (1); Stadtarchiv Duisburg (6); Stadtarchiv Mannheim (1); Süddeutscher Verlag, Bilderdienst, München (7); Erna Vieth, Castrop-Rauxel (1); Wallraf-Richartz Museum, Köln (1); Weltwoche, Zürich (3); WZ-Bilddienst, Wilhelmshaven (1); Redaktionsbüro Dr. Christian Zentner, München (3); Zydowski Instytut Historyczny, Warschau (5)

Trotz größter Sorgfalt konnten die Urheber des Bildmaterials nicht in allen Fällen ermittelt werden. Es wird ggfs. um Mitteilung gebeten.